经以济世

科技兴邦

贺教方印

重大方向项目

心王玉柱

李政林
二〇〇八

教育部哲学社會科學研究重大課題攻關項目

"十四五"时期国家重点出版物出版专项规划项目

新时代治国理政方略研究

THE RESEARCH ON THE STRATEGIES OF GOVERNANCE IN THE NEW ERA

刘焕明

等著

中国财经出版传媒集团

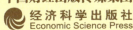

经济科学出版社

Economic Science Press

图书在版编目（CIP）数据

新时代治国理政方略研究/刘焕明等著 . -- 北京：
经济科学出版社，2022.11
教育部哲学社会科学研究重大课题攻关项目 "十四
五" 时期国家重点出版物出版专项规划项目
ISBN 978 - 7 - 5218 - 4332 - 3

Ⅰ. ①新… Ⅱ. ①刘… Ⅲ. ①中国特色社会主义 – 社
会主义建设模式 – 研究 Ⅳ. ①D616

中国版本图书馆 CIP 数据核字（2022）第 219707 号

责任编辑：孙丽丽 纪小小
责任校对：杨 海
责任印制：范 艳

新时代治国理政方略研究

刘焕明 等著

经济科学出版社出版、发行 新华书店经销
社址：北京市海淀区阜成路甲 28 号 邮编：100142
总编部电话：010 - 88191217 发行部电话：010 - 88191522
网址：www. esp. com. cn
电子邮箱：esp@ esp. com. cn
天猫网店：经济科学出版社旗舰店
网址：http://jjkxcbs. tmall. com
北京季蜂印刷有限公司印装
787×1092 16 开 30 印张 600000 字
2023 年 6 月第 1 版 2023 年 6 月第 1 次印刷
ISBN 978 - 7 - 5218 - 4332 - 3 定价：122. 00 元

课题组主要成员

首席专家 刘焕明

主要成员 王永贵　邱耕田　徐玉生　陈绪新
贾淑品

总　序

哲学社会科学是人们认识世界、改造世界的重要工具，是推动历史发展和社会进步的重要力量，其发展水平反映了一个民族的思维能力、精神品格、文明素质，体现了一个国家的综合国力和国际竞争力。一个国家的发展水平，既取决于自然科学发展水平，也取决于哲学社会科学发展水平。

党和国家高度重视哲学社会科学。党的十八大提出要建设哲学社会科学创新体系，推进马克思主义中国化、时代化、大众化，坚持不懈用中国特色社会主义理论体系武装全党、教育人民。2016 年 5 月 17日，习近平总书记亲自主持召开哲学社会科学工作座谈会并发表重要讲话。讲话从坚持和发展中国特色社会主义事业全局的高度，深刻阐释了哲学社会科学的战略地位，全面分析了哲学社会科学面临的新形势，明确了加快构建中国特色哲学社会科学的新目标，对哲学社会科学工作者提出了新期待，体现了我们党对哲学社会科学发展规律的认识达到了一个新高度，是一篇新形势下繁荣发展我国哲学社会科学事业的纲领性文献，为哲学社会科学事业提供了强大精神动力，指明了前进方向。

高校是我国哲学社会科学事业的主力军。贯彻落实习近平总书记哲学社会科学座谈会重要讲话精神，加快构建中国特色哲学社会科学，高校应发挥重要作用：要坚持和巩固马克思主义的指导地位，用中国化的马克思主义指导哲学社会科学；要实施以育人育才为中心的哲学社会科学整体发展战略，构筑学生、学术、学科一体的综合发展体系；要以人为本，从人抓起，积极实施人才工程，构建种类齐全、梯队衔接的高校哲学社会科学人才体系；要深化科研管理体制改革，发挥高校人才、智力和学科优势，提升学术原创能力，激发创新创造活力，建设中国特色新型高校智库；要加强组织领导、做好统筹规划、营造良好学术生态，形成统筹推进高校哲学社会科学发展新格局。

哲学社会科学研究重大课题攻关项目计划是教育部贯彻落实党中央决策部署的一项重大举措，是实施"高校哲学社会科学繁荣计划"的重要内容。重大攻关项目采取招投标的组织方式，按照"公平竞争，择优立项，严格管理，铸造精品"的要求进行，每年评审立项约40个项目。项目研究实行首席专家负责制，鼓励跨学科、跨学校、跨地区的联合研究，协同创新。重大攻关项目以解决国家现代化建设过程中重大理论和实际问题为主攻方向，以提升为党和政府咨询决策服务能力和推动哲学社会科学发展为战略目标，集合优秀研究团队和顶尖人才联合攻关。自2003年以来，项目开展取得了丰硕成果，形成了特色品牌。一大批标志性成果纷纷涌现，一大批科研名家脱颖而出，高校哲学社会科学整体实力和社会影响力快速提升。国务院副总理刘延东同志做出重要批示，指出重大攻关项目有效调动各方面的积极性，产生了一批重要成果，影响广泛，成效显著；要总结经验，再接再厉，紧密服务国家需求，更好地优化资源，突出重点，多出精品，多出人才，为经济社会发展做出新的贡献。

作为教育部社科研究项目中的拳头产品，我们始终秉持以管理创新服务学术创新的理念，坚持科学管理、民主管理、依法管理，切实增强服务意识，不断创新管理模式，健全管理制度，加强对重大攻关项目的选题遴选、评审立项、组织开题、中期检查到最终成果鉴定的全过程管理，逐渐探索并形成一套成熟有效、符合学术研究规律的管理办法，努力将重大攻关项目打造成学术精品工程。我们将项目最终成果汇编成"教育部哲学社会科学研究重大课题攻关项目成果文库"统一组织出版。经济科学出版社倾全社之力，精心组织编辑力量，努力铸造出版精品。国学大师季羡林先生为本文库题词："经时济世　继往开来——贺教育部重大攻关项目成果出版"；欧阳中石先生题写了"教育部哲学社会科学研究重大课题攻关项目"的书名，充分体现了他们对繁荣发展高校哲学社会科学的深切勉励和由衷期望。

伟大的时代呼唤伟大的理论，伟大的理论推动伟大的实践。高校哲学社会科学将不忘初心，继续前进。深入贯彻落实习近平总书记系列重要讲话精神，坚持道路自信、理论自信、制度自信、文化自信，立足中国、借鉴国外，挖掘历史、把握当代，关怀人类、面向未来，立时代之潮头、发思想之先声，为加快构建中国特色哲学社会科学，实现中华民族伟大复兴的中国梦做出新的更大贡献！

教育部社会科学司

前　言

　　新时代治国理政方略是以习近平同志为核心的党中央在新时代治国理政实践中总结提炼出来的具有鲜明时代特点和历史意义的新理念新思想新战略；是党带领人民治理国家重大方针、原则的最新概括，包括治国治党治军各领域，涉及坚持党对一切工作的领导，一体推进不敢腐、不能腐、不想腐体制机制，建设现代化经济体系，全面深化改革的新战略，推进国家治理体系和治理能力现代化，坚定社会主义道路自信、理论自信、制度自信、文化自信，坚持以人民为中心的崇高价值理念，意识形态工作是党的一项极端重要的工作，打造共建共治共享的社会治理格局，建设社会主义生态文明，推动军队和国防现代化的新战略，"一国两制"和祖国统一的新思想和构建人类命运共同体等各方面。新时代治国理政方略，既是推动党和国家各项事业健康持续发展的根本遵循，也是提升国家治理体系和治理能力现代化水平的重要途径，更是实现社会主义现代化和中华民族伟大复兴的路线图和方法论。随着新时代背景下中国特色社会主义事业不断向前迈进，中国共产党人将继续把新时代治国理政同国际国内大局紧密地联系在一起。从理论到实践再到未来，始终坚持以习近平新时代中国特色社会主义思想为指导，坚定不移走中国特色社会主义道路，积极应对全球经济竞争和安全威胁，努力探索出一条既符合中国国情又适应世界发展趋势的新时代治国理政方略。在党的二十大上，我们党对新时代党和国家事业发展作出科学完整的战略部署，从顶层设计到具体部署，在政治、经济、文化、社会、生态、外交、军事等方面，提出了一系列新论断、新思路、新举措和新目标，进一步提高党的领导水平和执政水平，着力推进治国理政现代化，不断开创马克思主义中国化、时代化新境界。

新时代治国理政方略是应对国内外形势深刻变化的必然选择。新时代是一个充满机遇与挑战的历史时期。当今世界正处于百年未有之大变局，我国发展处在可以大有作为的重要战略机遇期，同时面临着许多严峻复杂的国内外环境。国内方面，经济结构转型升级，供给侧结构性改革深入实施，区域协调发展取得新进展；改革创新持续深化，中国特色社会主义制度更加成熟定型；社会主要矛盾已经转化为人民日益增长的美好生活需要和不平衡不充分的发展之间的矛盾；国家治理体系和治理能力现代化建设迈出重大步伐；对外开放水平全面提升，国际地位显著提高。国际方面，全球疫情蔓延势头明显减弱，国际形势总体向好，但仍面临不少风险挑战。中美战略竞争更趋激烈，中美关系面临复杂严峻挑战；西方"逆全球化"思潮泛起，贸易保护主义抬头；非传统安全威胁上升，地区热点问题相互交织；区域经济合作不断深化，世界格局多极化趋势进一步凸显；欧洲大国博弈加剧，欧盟外交和防务政策调整频繁；生态环境形势严峻，人类生存危机严重叠加。在这种情况下，中国既要应对国内发展问题也要面对来自外部的各种压力。当前我国经济社会运行良好，综合国力显著提升。但是，我们必须清醒地认识到：新常态给我国带来了前所未有的机遇和挑战，未来5年是关键时间节点。如何抓住机遇迎接挑战，确保经济高质量发展和社会和谐稳定，这是事关党和国家长治久安和实现中华民族伟大复兴目标的重大现实问题。因此，在新时代下研究探讨治国理政方略显得尤为必要。新时代治国理政方略必须以习近平同志为核心的党中央统揽全局、统筹各方做出系统全面的决策部署为基本遵循，坚持问题导向，突出解决影响党和国家事业长远发展的关键问题，以改革创新精神推进国家治理体系和治理能力现代化，提高国家治理效能；坚持走和平合作共赢道路，构建人类命运共同体。这是我国在国际形势发生深刻变化的新形势下应对复杂局面所面临的紧迫任务，更是中国共产党人肩负中国人民利益至上使命所作出的战略选择。

新时代治国理政方略是马克思主义中国化、时代化的实践成果。它是一个有机整体，其内容丰富而又具体，具有鲜明的时代性与实践性特征。首先，从历史和现实层面来看，新时代治国理政是对以往治国理政理论的继承与发展，同时也有许多创新之处，既包括过去治国理政中积累起来的宝贵经验，也包含了现在治国理政需要攻克的各种难题和未来治国理政可能出现的挑战与困难。新时代治国理政方略的时代性，主要体现在新时代中国社会主要矛盾发生历史性转变；新时期"四个全面"战略部署的形成上；新时代党的建设总要求的确立上；中国梦伟大目标的实现上；全面从严治党向纵深发展的深化上；依法治国基本方略的贯彻上；中华民族复兴道路的开辟上；等等。这些时代特征赋予了新时代治国理政一系列新论断和新思路，为新时代治国理政方略提供了坚实的基础和强大的支撑，也使其充满着丰富而生动的时代感。新时代治国理政方略的实践性，就是从实际出发来研究和解决我们面临的许多现实问题，具体表现为：把解决实际问题贯穿到整个党的思想路线之中，贯穿于各项具体工作之中，贯穿到党的建设全过程，包括以改革创新精神推进国家治理体系和治理能力现代化，以坚持党对一切工作的领导推动党的建设伟大工程开展，以实现人的自由全面发展促进经济社会协调发展，以构建人类命运共同体提升国际竞争力等方面。其次，从逻辑层面来看，新时代治国方略是以习近平同志为核心的党中央在国家治理体系和治理能力现代化进程中提出的重大战略部署；新时代治军方略是习近平军队建设战略思想的集中体现；新时代治党方略是党在新形势下全面从严治党的重大战略举措。这些方面共同构成了一个完整而系统的思想体系，是新时代中国特色社会主义治国理政方略的重要组成部分，都体现了鲜明的时代性和实践性特征。为了更好地理解和贯彻这一思想体系，需要对这一思想体系进行深入透彻的研究。如何一体推进"三不"反腐败体制机制；怎样建设现代化经济体系；如何处理党性和人民性之间关系的问题，这些都值得深入研究。最后，从价值层面上看，新时代治国理政具有很强的时代目标和实践意义。新时代治国理政以实现中华民族伟大复兴为目标，贯穿着"两个一百年"奋斗目标这一时代主题。它要求我们围绕目标来开展工作，要把解决好人民群众最关心、最直接、最现实的利益问题作为出发点和落脚点；正确处理党同人民群众的血肉联系；大力推进全面从严治党；不断提高党驾驭复杂局面的能力等方面的内容。因此，新时代治国理政方略也具有时代性、实践性的特征，它不仅对中国共产党自身建设提出了更高的标准与要求，而且为实现中华民族伟大复兴提供了正确的路径指引。

新时代治国理政方略是中国共产党人在社会主义现代化建设进程中不断探索和创新的理论结晶。新时代治国理政方略是在探索如何推进国家治理现代化过程中而逐步形成的重大战略思想，是一系列基本原则、总体思路、重大举措的有机统一。这一方略主要包括的内容有：关于"坚持党对一切工作的领导"的思想。坚持党对一切工作的领导是治国理政的重要前提，也是我们党和国家事业兴旺发达、长治久安的根本保证。关于"一体推进不敢腐、不能腐、不想腐体制机制"。研究一体推进"三不"反腐败体制机制既可以为进一步深化党风廉政建设和反腐败斗争提供理论借鉴，又有利于推动全面从严治党向基层延伸。关于"建设现代化经济体系"。资本在人类历史上曾经创造出许多伟大业绩，但其本性决定了它必然会在一定程度上对人类社会产生负面效应。这使得我们不得不思考中国如何在社会主义市场经济体系中驾驭资本的问题。关于"全面深化改革的新战略"。全面深化改革涉及"五位一体"全方位的根本性转变，需要以完善和发展中国特色社会主义制度为目标，有良好的政治生态前提和各层级领导小组的积极推进。关于"推进国家治理体系和治理能力现代化"。实现治理体系与治理能力现代化要从价值、制度、协调三个维度上加以考量，以形成系统完备的顶层设计和有效实施。关于"坚定社会主义道路自信理论自信制度自信文化自信"。"四个自信"既相互联系又相互促进，共同彰显了社会主义所拥有的无限魅力和民族精神、时代精神相融合的凝聚力。关于"坚持以人民为中心的崇高价值理念"。坚持以人民为中心，是我们党的崇高价值理念，也是新时代坚持和发展中国特色社会主义的基本方略之一。关于"新时代党的意识形态工作"。意识形态工作是党的一项极端重要的工作，要加强对马克思主义及其中国化最新成果的学习宣传贯彻，巩固全党全国各族人民团结奋斗的共同思想基础。关于"打造共建共治共享的社会治理格局"。打造共建共治共享的社会治理格局要从传统文化中汲取营养，要与法治文明相契合，要在科学技术领域有所作为。关于"建设社会主义生态文明"。建设社会主义生态文明不仅包括自然生态系统，还蕴涵天人地之间的关系。其中，如何实现人与自然和谐共处是构建和谐社会必须面对和解决的问题。关于"推动军队和国防现代化的新战略"。强国必须强军，军强国才能稳定。人民军队是保卫祖国统一、反对外部侵略的钢铁长城，要把党在新形势下对加强国防建设提出的一系列重大战略思想作为指导部队各项工作的行动指南，必须履行好党和人民赋予的神圣责任，为实现中华民族伟大复兴提供强有力支撑。关于"一国两制"和祖国统一的新思想。"一国两制"是实现祖国统一大业的正确方针；祖国统一是中华民族振兴的出路。两岸统一，大势所趋、不可逆转。两岸统一，一定会实现，也一定能实现。关于"构建人类命运共同体"。任何一个国家的发展都离不开世界，只有将这个问题放在全球视角下进行研究和思考，才能更好地把握这一重大课题的重大意义及其推进路径。在当今时代，"人类命运共同体"不仅是一种理念，更是一项宏伟而艰巨的历史任务。中国作为一个大国，应积极地参与到这一伟大事业中去，以实际行动践行自己对和平与安全、合作与共赢等主题所做的贡献，为实现全人类共同繁荣做出应有的贡献。

上述诸方面是新时代治国理政方略的重要组成部分，它们之间相互联系、相互促进、不可分割。研究新时代治国理政方略对于全面理解党中央治国理政的新理念、新思想、新战略，深入贯彻落实党的二十大精神具有十分重大的意义；对于推进国家治理体系和治理能力现代化，指导我国未来发展具有深远而长远的现实意义；对于增强人民群众的获得感、幸福感和安全感具有极其重要的实践价值；对于坚定中国特色社会主义道路自信、理论自信、制度自信、文化自信具有深刻影响；对于实现中华民族伟大复兴的中国梦具有至关重要的战略意义；对于推动构建人类命运共同体具有宝贵的时代意义；等等。因此，研究新时代治国理政方略就显得尤为重要。

摘　要

党的十八大以来，以习近平同志为核心的党中央提出一系列治国理政方略，随着时间的推进，其形式和内容都在不断走向深入。新的历史条件下，中国特色社会主义进入新时代，面对新的历史机遇和挑战，党和国家继续坚定不移走中国特色社会主义道路，并对治国理政的理念、思想和战略都做出新的调整和诠释。实践表明，这些治国理政方略不愧为全面深化改革和推进国家治理现代化的科学指导与行动指南。这些方略秉承马克思主义的优良传统，不断推陈出新，具备中国特色社会主义的独特魅力，充分彰显了思想性、实践性和时代性，使马克思主义更加具备中国气派，是新时代中国化的马克思主义。

新时代是取得全方位、开创性成就的时代。党的十八大以来，面对复杂的国内外环境，我们党直面困难、稳中求进，在坚持党对一切工作的领导、全面从严治党、全面深化改革、民主法治建设、治理体系和治理能力建设、意识形态、思想文化建设、生态文明建设、国防和军队建设等方面都取得了突破性进展。这些进展的取得除了外部因素的驱动外，更根本的动力则来自新时代社会主要矛盾从追求"生存"到追求"自我实现"的深刻转变。在中国特色社会主义新时代，在物质财富逐渐丰富，国家逐渐强起来的同时，人们对经济发展的高质量，对政治、文化、社会和生态等方面都提出了进一步诉求。同时，区域、社会阶层、领域间的"发展不平衡不充分"仍然存在，这就对新时代党中央治国理政提出新要求。例如，在以人民为中心的发展思想的引领下，提升和完善战略布局和总体布局，全面落实经济建设、政治建设、文化建设、社会建设、生态文明建设"五位一体"总体布局等，都是顺应社会矛盾的变化这一总背景而推进的变革。

新时代，我们党重申党对一切工作的集中统一领导。党的领导是建设中国特色社会主义的根本保证。在新时代重申这一原则不但是马克思主义的内在要求，也是传承中华优秀传统文化的内在要义，更是历史和人民在长期实践下的自主选择。中国革命和建设的双重经验不断告诉我们，党对一切工作的集中统一领导应当是全方位、多层次的。在政治工作中，要加强党对党和国家机构深化改革的领导；在文化建设中，要加强党对意识形态工作的领导权；在社会建设和生态建设汇总方面，要把党的领导和社会主义制度优势转化为社会治理优势；除此之外，军队国防外交、人才培养、民族宗教、工会工作等领域也要根据这些工作的不同特点加强党的统一集中领导。具体策略上则要加强思想教育，不断提高党的执政能力和执政水平，建立健全坚持党对一切工作领导的制度。

新时代，要一体推进不敢腐、不能腐、不想腐体制机制建设。一体推进反腐败体制机制既是我们党将反腐败斗争进行到底的庄严政治宣示，也是我国反腐败工作走向标本兼治、惩防并举的主要体现；是我们党长期以来反腐败斗争的宝贵经验总结，也是新时代推进国家治理体系和治理能力现代化建设的内在要求。一体推进这一反腐败体制机制建设上承马克思主义经典作家的反腐倡廉思想，也符合中华优秀传统文化的反腐败实践。当前，尽管反腐败斗争已经取得压倒性胜利，但我们仍需保持高压反腐不松懈，加大官员不敢腐的惩戒力度；深化权力制约与监督，扎紧不能腐的制度藩篱；加强廉洁教育和党性修养，最终构筑不想腐的思想堤坝。

新时代，要加快构建现代化经济体系。中国特色社会主义市场经济体制建设的成功经验表明，社会主义制度内在蕴含着驾驭资本的潜能，资本自身的两面性也意味着其蕴含与社会主义制度相结合的可能性。当下，建设现代化经济体系对于我国的经济发展至关重要。我们仍要不断坚持马克思主义政治经济学这个根本方法，坚持效率优先、质量第一、公平和谐相统一的三个基本目标，推进创新、协调、绿色、开放和共享新发展理念，协调协同、有序、联动、公平、多元与和谐六大特征。坚定不移推进供给侧结构性改革，加强分配体系建设，协调产业体系要素，完善市场体系制度，发挥创新体系潜能。

新时代，要全面深化改革的新战略。要进一步看到政治生态对于全面深化改革的重要性，正确认识全面深化改革的制度基础与深层动力，明确改革对制度优化发展的不可或缺性。进一步深化党的组织制度改革，深化干部人事制度改革，深化党的基层组织建设制度改革，深化人才发展体制机制改革。使全面深化改革与党中央治国理政水平提升统一起来，科学决策、周密部署、有效组织、稳步推进全面深化改革的各个方面，从理论和实践两个维度推动党中央治国理政水平的提升。

新时代，要扎实推进国家治理体系和治理能力现代化。要以善治为核心，不断实现公共利益最大化。具体来看，要进一步重视科学的顶层设计，鼓励基层"摸着石头过河"，使管理、治理和服务相互支撑、协同发力，不断推进从管理型政府到服务型政府的转变。此外，还要进一步优化制度执行力，提高执政党治理现代化水平和促进法治水平现代化，在全社会构建崇德守法的社会治理方式，加快构建和创新基层的社会治理方式，不断推进共建共享共治的社会治理格局。

新时代，要进一步坚定"四个自信"。"四个自信"是中国的自信，也是马克思主义的自信。不但体现了马克思主义的理论修为，也体现了党对全体人民精神状态的新要求。道路自信表明社会主义道路在当下拥有的无限魅力，为解决人类面临的共同问题提供着中国方案；理论自信体现着对西方话语霸权的突破和超越，不断为世界贡献中国智慧；制度自信让中国能够在复杂态势下不断引领世界，既提升着中国在全球经济治理中的制度性话语权，也为人类面临的共同难题提供着中国方案；文化自信则是中国软实力不断提升的理论写照，不断促进着物质文明与精神文明的协同发展。

新时代，是一个坚持以人民为中心的时代。以人民为中心，是马克思主义的根本理论品格，是历史唯物主义的基本立场，也是马克思主义政党秉承的基本观点。我们党以人民为中心，始终把人民对美好生活的向往作为奋斗目标，始终依靠人民创造历史伟业，坚持人民是一切成就的阅卷人，只有人民才配享用改革发展的最终成果。新时代坚持以人民为中心要正确处理三大关系——党性和人民性的关系、以人民为中心和以经济建设为中心的关系以及中国人民利益与世界人民利益的关系。

新时代也是极端重视意识形态工作的时代。从革命战争时代到社会主义建设时代，意识形态工作是党的生命线。意识形态工作不但具有政治性，同时具有科学性。随着当下全球化浪潮中多种社会思潮不断蔓延，以及网络对意识形态的推波助澜，各种"终结论"的沉渣泛起还有腐败带来的价值认同危机，意识形态工作呈现出极大复杂性。在新时代，要牢牢把握意识形态的领导权，坚持以人民利益为根本的价值追求，有效开展多元社会思潮的深刻批判，注重意识形态网络阵地的建设治理。

总体来看，党的十八大以来，党和国家在上述问题上成效显著，深刻验证了马克思主义的真理性，也丰富了马克思主义基本原理的理论内涵。"四个全面""新发展理念"丰富了唯物史观，进一步推进了马克思主义中国化；供给侧结构性改革、经济新常态等概念的提出和践行发展与深化了马克思主义政治经济学；"人类命运共同体"理念的提出丰富了科学社会主义的国家学说；社会主义核心价值观的践行正在融通马克思主义理论与民族优秀传统文化；社会主义本质论的提出则构筑了中国特色社会主义的科学社会主义基础。理论的进步不断提升着治国理政的新境界，国家治理现代化规律不断得到深化，国家治理现代化的路线图得到制定和推进，我国人民建设社会主义制度的信心得到进一步巩固。

总之，党的十八大以来，治国理政方略的提出和推进使中国人民更有主张、更有定力，建设中国特色社会主义制度的决心更加稳固、更加自信。

Abstract

Since the 18th National Party Congress, the Party Central Committee with Comrade Xi Jinping as its core, has put forward a series of strategies for the Governance of China, the form and content of which have been moving toward depth as time progresses. Under the new historical conditions, socialism with Chinese characteristics has entered a New Era, and in the face of new historical opportunities and challenges, the CPC and the State will continue to unswervingly follow the path of socialism with Chinese characteristics, and make new adjustments and interpretations to the ideas, thoughts and strategies of governance. These strategies adhere to the fine tradition of Marxism, constantly bring forth the new through the old, possess the unique charm of socialism with Chinese characteristics, fully manifesting the ideological, practical and contemporary, making Marxism more Chinese style, and adapting Marxism to China's conditions in the New Era.

China have acquired all-round and pioneering achievements in the New Era. Since the 18th National Party Congress, in the face of the complex domestic and international environment, our Party has faced difficulties and made progress while keeping performance stable. In the New Era, our Party reaffirms the Party's centralized and unified leadership over all work, which is the fundamental guarantee for building socialism with Chinese characteristics. In the New Era, it is necessary ensuring that officials do not dare, are not able, and ultimately have no desire to be corrupt to promote the construction of systems and mechanisms and we must accelerate the construction of a modern economic system. The successful experience of building a socialist market economy with Chinese characteristics shows that the socialist system inherently contains the potential to control capita, and the duality of capital also means that it contains the possibility of combining with the socialist system.

In the New Era, it is necessary to comprehensively deepen the new strategy of reform, further attach the importance of political ecology for comprehensively deepen in preform, correctly understand the institutional basis and deep driving force of comprehensively deepening reform, and clarify the indispensability of reform to the optimization and development of the system. In the New Era, it is necessary to solidly promote the modernization of China's system and capacity for governance. And we must further strengthen the "Four Matters of Confidence", which are the self-confidence of China and Marxism. It not only reflects the theoretical cultivation of Marxism, but also reflects the Party's new requirements for the mental state of all the people. The New Era is an era that insists on the people-centered. The people-centered is the fundamental theoretical character of Marxism, the basic position of historical materialism, and the basic viewpoint upheld by Marxist political parties. The New Era is also an era of extreme emphasis on ideological work. From the era of revolutionary war to the era of socialist construction, the Party, which is not only political, but also scientific.

In general, since the 18th National Party Congress, the CPC and the State have achieved remarkable results on the above issues, which has profoundly verified the truth of Marxism and enriched the theoretical connotation of the basic principles of Marxism. The roadmap for the modernization of state governance have been formulated and promoted, and the confidence of the Chinese people in building a socialist system has been further consolidated.

In short, since the 18th National Party Congress, the proposal and promotion of the strategies for governing the country have made the Chinese people more assertive and determined. The determination to build the socialist system with Chinese characteristics is more stable and confident.

目　录

Contents

Contents

第一章

新时代治国理政方略的形成背景

党的十八大以来，以习近平同志为核心的党中央提出了一系列治国理政新理念新思想新战略，内涵也在不断丰富。进入新时代，面对新的历史条件，党和国家坚定不移地走中国特色社会主义道路，形成了新时代坚持和发展中国特色社会主义的基本方略，成为全面深化改革和推进国家治理现代化的科学理论指导与行动指南。新方略秉承了马克思主义理论的优良传统，具有中国特色社会主义独特魅力，彰显了思想性、时代性和实践性。习近平新时代中国特色社会主义思想极大丰富和发展了马克思主义，为马克思主义在 21 世纪的发展与传播增添了强大生命力，是当代中国马克思主义、21 世纪马克思主义。

第一节　新时代历史性成就和历史性变革

党的十八大以来，是党和国家发展进程中很不寻常的时期。尤其是外部环境更趋复杂严峻，全球经济增长乏力，局部冲突和动荡频发，世界进入新的动荡变革期。同时，我国的发展也步入了一个新阶段。我们党对新时代党和国家事业发展作出科学完整的战略部署，提出实现中华民族伟大复兴的中国梦，明确"五位

1

一体"总体布局①和"四个全面"战略布局②,确定稳中求进工作总基调,以中国式现代化推进中华民族伟大复兴,改革开放和社会主义现代化建设取得了历史性成就。

一、新时代取得全方位开创性的历史性成就

党的二十大对新时代中国特色社会主义建设的主要成就进行了总结,并指出,十年来我们党"全面贯彻新时代中国特色社会主义思想,全面贯彻党的基本路线、基本方略,采取一系列战略性举措,推进一系列变革性实践,实现一系列突破性进展,取得一系列标志性成果,经受住了来自政治、经济、意识形态、自然界等方面的风险挑战考验,党和国家事业取得历史性成就、发生历史性变革"③。

(一)党的建设新的伟大工程全面推进

党的十八大以来,我们党以加强党的执政能力建设、先进性和纯洁性建设为主线,坚定不移全面从严治党,持续深入推进新时代党的建设新的伟大工程。我们党从制定和落实中央八项规定开局破题,持之以恒正风肃纪,以"钉钉子精神"纠治"四风",反对特权思想和特权现象,坚决整治群众身边的不正之风和腐败问题,刹住了一些长期没有刹住的歪风,纠治了一些多年未除的顽瘴痼疾。我们党开展了史无前例的反腐败斗争,以"得罪千百人、不负十四亿"的使命担当祛疴治乱,不敢腐、不能腐、不想腐一体推进,"打虎""拍蝇""猎狐"多管齐下,反腐败斗争取得压倒性胜利并全面巩固,消除了党、国家、军队内部存在的严重隐患,确保党和人民赋予的权力始终用来为人民谋幸福。以党的政治建设统领党的建设各项工作,坚持思想建党和制度治党同向发力,严肃党内政治生活,持续开展党内集中教育,提出和坚持新时代党的组织路线,突出政治标准选贤任能,加强政治巡视,形成比较完善的党内法规体系,推动全党坚定理想信

---

① "五位一体"总体布局指经济建设、政治建设、文化建设、社会建设和生态文明建设五位一体,全面推进。党的十八大首次提出中国特色社会主义事业总体布局是"五位一体"。

② 习近平总书记在党的十八大后逐步提出了全面建成小康社会、全面深化改革、全面依法治国、全面从严治党的战略布局,并在党的十九大明确新时代中国特色社会主义事业战略布局是"四个全面"。随着全面建成小康社会取得决定性进展,党的十九届五中全会对"四个全面"战略布局作出新的表述,将"全面建成小康社会"调整为"全面建设社会主义现代化国家"。

③ 习近平:《高举中国特色社会主义伟大旗帜 为全面建设社会主义现代化国家而团结奋斗——在中国共产党第二十次全国代表大会上的报告》,人民出版社2022年版,第6页。

念、严密组织体系、严明纪律规矩。党的二十大指出，"经过不懈努力，党找到了自我革命这一跳出治乱兴衰历史周期率的第二个答案，自我净化、自我完善、自我革新、自我提高能力显著增强，管党治党宽松软状况得到根本扭转，风清气正的党内政治生态不断形成和发展，确保党永远不变质、不变色、不变味"①。10年来，我们党明确了新时代党的建设总要求，全面从严治党体系不断健全，党的建设质量不断提高，使我们党始终坚守初心使命，始终走在时代前列，始终成为中国特色社会主义事业的坚强领导核心。

（二）我国经济实力实现历史性跃升

党的十八大以来，以习近平同志为核心的党中央提出并贯彻新发展理念，着力推进高质量发展，推动构建新发展格局，实施供给侧结构性改革，制定了一系列具有全局意义的区域重大战略，我国经济实力、科技实力、综合国力实现了历史性跃升。10年来，我国经济总量大幅提升，"国内生产总值从五十四万亿元增长到一百一十四万亿元，我国经济总量占世界经济的比重达百分之十八点五，提高七点二个百分点，稳居世界第二位；人均国内生产总值从三万九千八百元增加到八万一千元"②，制造业规模、外汇储备稳居世界第一。基础设施建设取得重大成就，建成了世界最大的高速铁路网、高速公路网。区域协调发展战略不断推进，"城镇化率提高十一点六个百分点，达到百分之六十四点七"③，形成了以城市群、都市圈为依托构建大中小城市协调发展格局。现代产业体系不断完善，新型工业化不断推进，制造业高端化、智能化、绿色化发展，培育了一批具有世界先进水平的战略性新兴产业。科技自立自强加快推进，自主创新能力和水平持续提升，"嫦娥"探月、"海斗"深潜、"北斗"导航、量子计算，重大科技和前沿科技领域成果持续涌现，战略性新兴产业发展壮大，进入创新型国家行列。

（三）全面深化改革取得重大突破

党的十八届三中全会指出："实现中华民族伟大复兴的中国梦，必须在新的历史起点上全面深化改革"，必须"进一步解放思想、解放和发展社会生产力、解放和增强社会活力，坚决破除各方面体制机制弊端"。④

① 习近平：《高举中国特色社会主义伟大旗帜 为全面建设社会主义现代化国家而团结奋斗——在中国共产党第二十次全国代表大会上的报告》，人民出版社2022年版，第14页。
②③ 习近平：《高举中国特色社会主义伟大旗帜 为全面建设社会主义现代化国家而团结奋斗——在中国共产党第二十次全国代表大会上的报告》，人民出版社2022年版，第8页。
④ 中共中央文献研究室编：《十八大以来重要文献选编》（上），中央文献出版社2014年版，第512页。

为加强改革顶层设计、总体布局、统筹协调、整体推进和督促落实，中央政治局于 2013 年底成立中央全面深化改革领导小组，2018 年 3 月又进一步上升为中央全面深化改革委员会，成为中共中央直属决策议事协调机构，体现了中央敢于突进改革深水区，敢于啃"硬骨头"，敢于涉险滩，敢于面对新矛盾、新挑战，冲破思想观念束缚，突破利益固化藩篱，坚决破除各方面体制机制弊端的巨大政治勇气。

党的十八大以来，在以习近平同志为核心的党中央坚强领导下，我们党推出数以千计的改革举措，改革的系统性、整体性、协同性不断增强，我国经济体制、政治体制、文化体制、社会体制、生态文明体制和党的建设制度等方面的改革全面发力，重要领域和关键环节改革取得突破性进展，一批重要理论创新、制度创新、实践创新成果正在形成，"各领域基础性制度框架基本建立，许多领域实现历史性变革、系统性重塑、整体性重构，新一轮党和国家机构改革全面完成，中国特色社会主义制度更加成熟更加定型，国家治理体系和治理能力现代化水平明显提高"①，为我国未来经济社会发展不断注入了新活力，为实现"两个一百年"奋斗目标、实现中华民族伟大复兴提供持续动力。

（四）全过程人民民主扎实推进

党的十八大以来，我们党不断深化对社会主义民主政治发展的规律性认识，提出全过程人民民主的重大理念，为社会主义政治文明发展提供指引和遵循。除了开展网上公布法律草案向社会公众征求意见、向部门和地方发函征求意见，以及立法调研、座谈会、听证会、论证会等多种民主参与形式之外，基层立法联系点已成为群众有序参与国家立法的有效形式。自党的十八届四中全会决定提出建立基层立法联系点制度以来，全国人大常委会法制工作委员会建立的基层立法联系点数量增至 22 个，覆盖全国 2/3 的省份，辐射带动全国设立了 427 个省级立法联系点、4 350 个设区的市级立法联系点②，已经初步形成国家级、省级、设区的市（自治州）级基层立法联系点三级联动的工作体系，极大拓展了基层群众参与国家立法的深度和广度，丰富了全过程人民民主的实践和内涵，在增强国家治理效能方面发挥了独特作用和优势。党的二十大指出，"全过程人民民主是社会主义民主政治的本质属性，是最广泛、最真实、最管用的民主"，"全面发展全过程人民民主，社会主义协商民主广泛开展，人民当家作主更为扎实，基层民主活

---

① 习近平：《高举中国特色社会主义伟大旗帜　为全面建设社会主义现代化国家而团结奋斗——在中国共产党第二十次全国代表大会上的报告》，人民出版社 2022 年版，第 9 页。
② 全国人大常委会法制工作委员会：《基层立法联系点是新时代中国发展全过程人民民主的生动实践》，载于《求是》2022 年第 5 期。

力增强"。① 在中国特色社会主义新时代，我国民主渠道不断拓展，民主形式更加丰富，协商民主广泛多层制度化发展不断推进，基层民主更加完善，最广泛的爱国统一战线不断巩固和发展，人民民主的制度化、规范化、程序化全面推进，全过程人民民主成为民主民意表达的重要平台和载体，成为新时代中国发展全过程人民民主的生动实践。

（五）全面依法治国总体格局基本形成

党的十八大以来，我们党坚持走中国特色社会主义法治道路，以宪法为核心的中国特色社会主义法律体系不断完善。依法行政扎实推进，行政执法体制改革不断深化，行政执法监督机制不断强化。不断深化司法体制综合配套改革，规范司法权力运行，全面准确落实司法责任制，努力让人民群众在每一个司法案件中感受到公平正义。社会主义法治精神得到弘扬，尊法、学法、守法、用法在全社会蔚然成风。监察机关独立性是破解反腐败痼疾的有效手段。2018 年 3 月，第十三届全国人民代表大会第一次会议选举产生了国家监察委员会，并表决通过了《中华人民共和国监察法》，在国家层面有了行使监察权的专门机构，同时也意味着我国国家机构体系已经从传统意义上的"一府两院"转变为"一府两院一委"②。党的二十大指出，十年来，"社会主义法治国家建设深入推进，全面依法治国总体格局基本形成，中国特色社会主义法治体系加快建设，司法体制改革取得重大进展，社会公平正义保障更为坚实，法治中国建设开创新局面"③。

全面依法治国总体格局基本形成，更好地发挥了社会主义法治固根本、稳预期、利长远的保障作用。

（六）新时代党的创新理论深入人心

党的二十大报告指出，"我们确立和坚持马克思主义在意识形态领域指导地位的根本制度，新时代党的创新理论深入人心"④。我们党创立了新时代中国特色社会主义思想，实现了马克思主义中国化、时代化新的飞跃，为新时代党和国家事业发展提供了根本遵循。意识形态领域形势发生全局性、根本性转变。坚持正确舆论导向，加强阵地建设和管理，落实意识形态工作责任制，旗帜鲜明反对和抵制各种错误观点。社会主义核心价值观广泛传播和深入践行。思想政治工作

---

① 习近平：《高举中国特色社会主义伟大旗帜　为全面建设社会主义现代化国家而团结奋斗——在中国共产党第二十次全国代表大会上的报告》，人民出版社 2022 年版，第 9 页。

② "一府"是指人民政府，"两院"是指人民法院、人民检察院，"一委"是指监察委员会。

③④ 习近平：《高举中国特色社会主义伟大旗帜　为全面建设社会主义现代化国家而团结奋斗——在中国共产党第二十次全国代表大会上的报告》，人民出版社 2022 年版，第 10 页。

体系不断完善，理想信念教育常态化制度化，马克思主义理论研究和建设、中国特色哲学社会科学、中国特色新型智库建设取得新进展，社会主义核心价值观融入法治建设、融入社会发展、融入日常生活，全社会文明程度不断提升，全体人民在理想信念、价值理念、道德观念上紧紧团结在一起。我们党将文化建设纳入社会主义建设总体布局。坚定历史自信、文化自信，坚持古为今用、推陈出新，将马克思主义同中华优秀传统文化相结合，实现中华优秀传统文化的创造性转化和创新性发展，不断赋予科学理论鲜明的中国特色，不断夯实马克思主义中国化、时代化的历史基础和群众基础，让马克思主义在中国牢牢扎根。互联网建设管理能力获得较大提升，文化事业日益繁荣，网络生态持续向好，网络综合治理体系和互联网内容建设取得实效，营造了清朗的网络空间。新闻舆论传播手段不断创新，传播力、引导力、影响力、公信力不断增强。全党全国各族人民文化自信明显增强、精神面貌更加奋发昂扬。

（七）完成了全面建成小康社会的历史任务

党的二十大报告指出，"我们经过接续奋斗，实现了小康这个中华民族的千年梦想，我国发展站在了更高历史起点上"①。党的十八大以来，我们党坚持精准扶贫，打赢了人类历史上规模最大的脱贫攻坚战，"全国八百三十二个贫困县全部摘帽，近一亿农村贫困人口实现脱贫，九百六十多万贫困人口实现易地搬迁，历史性地解决了绝对贫困问题，为全球减贫事业作出了重大贡献"②。我们党深入贯彻以人民为中心的发展思想，一大批惠民举措落地实施，城乡居民收入增速超过经济增速，人民生活全方位改善。"人均预期寿命增长到七十八点二岁。居民人均可支配收入从一万六千五百元增加到三万五千一百元。城镇新增就业年均一千三百万人以上。建成世界上规模最大的教育体系、社会保障体系、医疗卫生体系，教育普及水平实现历史性跨越，基本养老保险覆盖十亿四千万人，基本医疗保险参保率稳定在百分之九十五。及时调整生育政策。改造棚户区住房四千二百多万套，改造农村危房二千四百多万户，城乡居民住房条件明显改善。"③共同富裕取得新成效，低收入者收入增加，中等收入群体持续扩大，人民群众获得感、幸福感、安全感更加充实、更有保障、更可持续。

---

①② 习近平：《高举中国特色社会主义伟大旗帜 为全面建设社会主义现代化国家而团结奋斗——在中国共产党第二十次全国代表大会上的报告》，人民出版社2022年版，第7页。

③ 习近平：《高举中国特色社会主义伟大旗帜 为全面建设社会主义现代化国家而团结奋斗——在中国共产党第二十次全国代表大会上的报告》，人民出版社2022年版，第11页。

(八) 绿色循环低碳环保迈出坚实步伐

党的十八大以来，我们党将生态文明建设提升到总体布局的高度，提出了
"美丽中国"的生态文明建设目标，站在人与自然和谐共生的高度谋划发展。全
党全国牢固树立和践行"绿水青山就是金山银山"的理念，贯彻绿色发展理念的
自觉性和主动性显著增强。生态文明制度体系更加健全，发展方式绿色转型加
速，产业结构、能源结构、交通运输结构等不断调整优化，建立了支持绿色发展
的财税、金融、投资、价格政策和标准体系，推动形成绿色低碳的生产方式和生
活方式，全面节约资源有效推进，能源资源消耗强度大幅下降。主体功能区制度
逐步健全，国家公园体制试点积极推进。污染防治攻坚向纵深推进，精准治污、
科学治污、依法治污，着力解决突出环境问题，生态环境治理明显加强，基本消
除重污染天气，环境状况得到改善。全方位、全地域、全过程加强生态环境保
护，以国家重点生态功能区、生态保护红线、自然保护地等为重点，实施生物多
样性保护重大工程，加大生态系统保护力度，提升生态系统多样性、稳定性、持
续性，森林覆盖率持续提高。积极参与应对气候变化全球治理，积极稳妥推进碳
达峰、碳中和，引导应对气候变化国际合作，成为全球生态文明建设的重要参与
者、贡献者、引领者。十年来，我国"绿色、循环、低碳发展迈出坚实步伐，生
态环境保护发生历史性、转折性、全局性变化，我们的祖国天更蓝、山更绿、水
更清"[1]。

(九) 国防和军队现代化建设全面推进

进入新时代，我们党综合考虑国家安全和发展全局需要，提出到 2027 年实
现建军一百年奋斗目标、到 2035 年基本实现国防和军队现代化、到本世纪中叶
全面建成世界一流军队的国防和军队现代化新"三步走"战略[2]，制定了新形势
下军事战略方针，全力推进国防和军队现代化，开创了强军兴军新局面。党的
二十大指出，"如期实现建军一百年奋斗目标，加快把人民军队建成世界一流军
队，是全面建设社会主义现代化国家的战略要求"[3]。坚持党对人民军队的绝对
领导，大刀阔斧深化国防和军队改革，重构人民军队领导指挥体制、现代军事力
量体系、军事政策制度，人民军队体制一新、结构一新、格局一新、面貌一新。

---

① 习近平：《高举中国特色社会主义伟大旗帜 为全面建设社会主义现代化国家而团结奋斗——在
中国共产党第二十次全国代表大会上的报告》，人民出版社 2022 年版，第 11 页。

② 许其亮：《如期实现建军一百年奋斗目标》，载于《人民日报》2022 年 11 月 7 日，第 06 版。

③ 习近平：《高举中国特色社会主义伟大旗帜 为全面建设社会主义现代化国家而团结奋斗——在
中国共产党第二十次全国代表大会上的报告》，人民出版社 2022 年版，第 55 页。

坚决把全军工作重心归正到备战打仗上来，全面加强练兵备战，提高人民军队打赢能力。推动实战化训练步步走深，有效应对外部军事挑衅，震慑"台独"分裂势力，加强边境管控和反蚕食斗争，遂行海上维权、反恐维稳等重大任务，塑造了军事斗争有利态势。加快国防和军队现代化建设，建设与我国地位相称、与国家安全和发展利益相适应的巩固国防和强大军队，全面推进国防科技创新，建设强大的现代化后勤，加快武器装备建设大发展，国产航母、新型核潜艇、歼－20、运－20、东风系列导弹等大国重器列装，我军现代化水平和实战能力显著提升，提高了捍卫国家主权、安全、发展利益战略能力。

（十）全面准确推进"一国两制"实践

党的二十大指出，"'一国两制'是中国特色社会主义的伟大创举，是香港、澳门回归后保持长期繁荣稳定的最佳制度安排，必须长期坚持"①。面对香港局势动荡变化，我们党依照宪法和基本法有效实施对特别行政区的全面管治权，制定实施香港特别行政区维护国家安全法，落实"爱国者治港"原则，全面准确推进"一国两制"实践，坚持"一国两制""港人治港""澳人治澳"、高度自治的方针，实现了香港局势由乱到治的重大转折，推动香港进入由乱到治走向由治及兴的新阶段。深入推进粤港澳大湾区建设，支持香港、澳门发展经济、改善民生，促进香港、澳门保持长期稳定发展良好态势。党的二十大指出，"解决台湾问题、实现祖国完全统一，是党矢志不渝的历史任务，是全体中华儿女的共同愿望，是实现中华民族伟大复兴的必然要求"②。我们党坚持并贯彻新时代解决台湾问题的总体方略，"促进两岸交流合作，坚决反对'台独'分裂行径，坚决反对外部势力干涉，牢牢把握两岸关系主导权和主动权"③。坚持并强调一个中国原则，加强两岸人民的互动交流，在坚持"九二共识"基础上扩大两岸在经济领域方面的合作与交流，深化两岸各领域融合发展，创造两岸居民一家亲的友好氛围，促进两岸同胞心灵契合。面对"台独"势力分裂活动和外部势力干涉台湾事务的严重挑衅，我们坚决开展反分裂、反干涉重大斗争，展示了我们维护国家主权和领土完整、反对"台独"的坚强决心和强大能力，进一步掌握了实现祖国完全统一的战略主动，进一步巩固了国际社会坚持一个中国的格局。

---

① 习近平：《高举中国特色社会主义伟大旗帜 为全面建设社会主义现代化国家而团结奋斗——在中国共产党第二十次全国代表大会上的报告》，人民出版社 2022 年版，第 57 页。

② 习近平：《高举中国特色社会主义伟大旗帜 为全面建设社会主义现代化国家而团结奋斗——在中国共产党第二十次全国代表大会上的报告》，人民出版社 2022 年版，第 58 页。

③ 习近平：《高举中国特色社会主义伟大旗帜 为全面建设社会主义现代化国家而团结奋斗——在中国共产党第二十次全国代表大会上的报告》，人民出版社 2022 年版，第 12 页。

（十一）我国国际影响力、感召力、塑造力显著提升

进入新时代面临着世界之变、时代之变、历史之变，"中国始终坚持维护世界和平、促进共同发展的外交政策宗旨，致力于推动构建人类命运共同体"①。中国倡导构建人类命运共同体，已为世界广泛认同，实施共建"一带一路"倡议，积极推动全球化世界贸易一体化深入发展，发起创办亚洲基础设施投资银行，设立丝路基金，为世界落后国家基础设施提供服务，举办首届"一带一路"国际合作高峰论坛、亚太经合组织领导人非正式会议、二十国集团领导人杭州峰会、金砖国家领导人厦门会晤、亚信峰会，持续推进全方位、多层次、立体化的全方位外交布局，为我国发展营造了良好外部条件。中国奉行独立自主的和平外交政策，坚持在和平共处五项原则基础上同各国发展友好合作，践行共商共建共享的全球治理观，积极参与全球治理体系改革和建设，坚持真正的多边主义，推动世界贸易组织、亚太经合组织等多边机制更好发挥作用，扩大金砖国家、上海合作组织等合作机制影响力，为维护世界和平和地区稳定发挥建设性作用。中国坚持对外开放的基本国策，坚持经济全球化正确方向，推动贸易和投资自由化、便利化，积极应对逆全球化思潮抬头，单边主义、保护主义明显上升的势头，推动经济全球化朝着更加开放、包容、普惠、平衡、共赢的方向发展。中国提出了全球发展倡议、全球安全倡议，为践行全人类共同价值、构建人类命运共同体提供了中国方案。

二、新时代发生深层次根本性的历史性变革

党的十八大以来，我国外部环境发生一系列深刻变化，国内经济发展也进入了新常态，党推动改革开放和社会主义现代化建设发生历史性变革。

（一）全面加强党的领导发生深刻变革

针对党的领导弱化问题，党中央提出坚持和改善党的领导，强调党的领导是做好党和国家各项工作的根本保证，强调"党政军民学"，强调增强政治意识、大局意识、核心意识和看齐意识（"四个意识"），完善坚持党的领导的体制机制，对坚持党的领导的模糊和错误思想认识进行了纠正，对某些地方和部门党的领导弱化现象予以扭转，进一步加强党的建设。

---

① 习近平：《高举中国特色社会主义伟大旗帜 为全面建设社会主义现代化国家而团结奋斗——在中国共产党第二十次全国代表大会上的报告》，人民出版社 2022 年版，第 60 页。

9

（二）全面从严治党发生深刻变革

针对党执政考验和党内廉洁问题，党中央作出全面从严治党部署。大力推进理想信念教育。严明党的政治纪律和政治规矩，坚持党的领导；严肃党内政治生活，抓好根本、抓好关键、抓好导向；全面强化党内监督，净化政治生态，坚持民主集中制、坚持批评与自我批评。严厉整治形式主义、官僚主义、享乐主义和奢靡之风（"四风问题"）。坚持反腐无禁区、全覆盖、零容忍，严肃查处多起影响恶劣的重大腐败案件。纠正了不正之风，攻克了顽瘴痼疾，在反腐败斗争中形成了压倒性态势。党内政治生态愈加风清气正。加强了党性，也更加坚定了党员的理想信念，党的执政基础和群众基础得到进一步的巩固。

（三）发展理念和发展方式发生深刻变革

针对我国外部经济持续低迷和国内经济增长速度换挡期、结构调整阵痛期、前期刺激政策消化期"三期叠加"的复杂形势，党中央对我国的经济发展作出进入新常态的判断，提出新发展理念，加快完善理顺政府与市场关系的体制机制，推进供给侧结构性改革、"一带一路"倡议等重大部署，加快推进经济结构调整、推进精准脱贫扶贫。党和国家的发展观念发生了深刻的变化，发展向质量效率更高、公平与可持续性更强的方向迈进。

（四）各方面体制机制发生深刻变革

针对我国在各方面体制机制中存在的突出矛盾和问题，党中央作出全面深化改革的决策，强调停顿、倒退只能使改革开放没有出路；改革要敢于直面矛盾啃"硬骨头"，敢于涉险滩，敢于整治顽瘴痼疾，向更加全面纵深推进。改革在很多领域都取得了突破，尤其在核心领域逐步打造了主体框架。涉及民生改革的一系列举措逐步落地实施，如户籍和生态环保等制度。人民的获得感得到了显著的提升。

（五）全面依法治国发生深刻变革

我国法治建设较经济建设相对滞后，针对立法、执法、司法和守法方面出现的问题，对社会的和谐稳定、实现公平正义产生了严重负面影响的状况，党中央作出全面推进依法治国的决策，统筹加强依法治国基本格局的各环节建设，深化国家司法体制改革，加快健全司法制度，依法解决社会治理所面临的实际问题，中国特色社会主义法治体系建设日趋完善。各级干部运用法治方式解决问题的能力得到有效增强，国家机构依法履职能力得到有效提升，在全社会范围内法治意识得到全面提升，人民的合法权益得到有效维护。

（六）党对意识形态工作的领导发生深刻变革

针对我国的建设发展、社会的稳定被境内外敌对势力严重干扰，特别是在意识形态领域，存在着一些错误思潮，党中央作出了加强党对意识形态工作领导的部署，坚持马克思主义的指导地位，阐明立场、健全工作责任制，加强网络宣传舆论监管，坚决遏制对错误思想观点的炒作和传播。在意识形态领域工作方面，加强党的领导权、增强党的主导权、掌握党的话语权，化被动为主动，培育和践行社会主义核心价值观，提升文化软实力，促进社会和谐、国家安定。弘扬中华优秀传统文化，讲清渊源、脉络及走向，彰显文化自信，增强文化影响力。

（七）生态文明建设发生深刻变革

针对生态环境恶化问题，党中央对生态环境的保护构建了最为严格的制度，将其提升到宪法高度。为了发展的可持续，倡导"两山"理念①，生态制度建设得到全面加强，从资源到生产再到消费，立足全过程。践行群众路线，针对反映突出的环境问题，整治人居环境，提升群众舒适度、满意度，并积极地参与到全球的环境治理中去，为美丽中国的建设起到了推动作用。

（八）国防和军队现代化发生深刻变革

为肃清军队内部的不正之风、排除国防军队建设领域原有体制的障碍，以及使军队结构更加合理，党中央作出开展全军范围内正风肃纪的决策，在部队开展党风廉政建设，在部队内部进行反腐败斗争。健全军队指挥机构和指挥体制，坚持改革强军、科技兴军，重塑军队组织架构及力量体系，加强练兵备战。治军方式向依法、从严实现根本性转变。提出总体国家安全观，组建中央国家安全委员会。党对军队的绝对领导得到了有力加强，国防和军队改革有了突破性进展，维护了国家安全。

（九）中国特色大国外交发生深刻变革

针对外部环境所面临的如干扰、遏制等严峻挑战，提出构建人类命运共同体，推动"一带一路"倡议，进一步加快世界贸易一体化策略的实施。促进全球

---

① "两山"理念即绿水青山就是金山银山。

治理体系的变革，推进中国特色外交，为国内发展创建外部条件。对钓鱼岛展开了维权斗争，对东海防空识别区进行了划设并实现对其管控的常态化，加强南海海域管控，特别是对南海重点岛礁的管控以及南海岛礁的扩建，在海权的维护方面取得了历史性突破。为我国发展营造了和平的国际环境和良好的周边环境，赢得了在国际中的战略主动。

第二节　新时代社会主要矛盾的深刻变化

新时代社会主要矛盾的深刻变化，从物质、政治、文化、社会、生态等方面产生更高需求，对区域、阶层及领域发展的不平衡、不充分存在的矛盾进行审视，就需要我们党理清社会主要矛盾是什么，提出应对策略。

一、需求侧体现出需求的层次和结构已经开始从"生存"向"自我实现"转变

中国特色社会主义进入了新时代，当我们向强起来迈进的同时，就不仅是在物质方面的需求有所提升，还在自我实现，甚至在人的全面发展方面产生了更为广泛和更为高层的需求。需求层次可以从两个角度来理解，一个是从个体角度，即从马斯洛需求层次的变化来理解；另一个是从整体角度，是社会的较低层次向较高层次需要的转变。人们除了物质文化需求之外，在民主、公平、法治等方面都提出了诉求，如希望拓宽自身权利表达渠道、切实履行自身社会监督责任等。这些说明，人民的需求已经从物质文化向民主政治、社会文化等方面全方位扩展。

（一）物质需求：对高质量经济发展的追求

随着改革开放的推进，我国生产力发展取得巨大成就，为满足人民的基本物质文化需要提供了经济基础。党的十八大以来，我国在多方面都取得了历史性成就，人民不仅仅只满足于物质上的需求，开始对生活的质量和"幸福感"更加关注。对"美好生活"的追求，也成了需求结构和需求层级全面提升的集中体现。原有社会需求结构中的物质需求，如吃穿住行的刚需，并未消失，而是被进一步激活。随着经济的不断发展，在被进一步激活的物质需求基础上，生活需要开始衍生。人民希望得到更满意的收入，拥有更稳定的工作。"幸福感"和"获得

感"成为人民渴望拥有的。物质需求的升级，意味着需要与之相适应的经济发展水平，也就是更高层次、更高质量的经济发展。

（二）政治需求：对人民权利实现的追求

坚持中国特色社会主义政治的道路，社会主义民主政治得到不断发展，中国特色社会主义法治体系日益完善。人民对政治参与有更多期待，如希望政治生活更加民主、政治参与渠道更加丰富；对民主权利的实现有更多期待，如希望民主选举、协商、监督得到切实保障；对法治环境的建设有更多期待，如希望科学立法、严格执法、公正司法及全民守法的基本格局稳定。

（三）文化需求：对高尚精神文化享受的追求

坚持中国特色社会主义先进文化的发展道路，不断加强社会主义精神文明建设，积极推进社会主义核心价值观的培育和践行，促进社会和谐、国家安定。弘扬中华优秀传统文化，讲清渊源、脉络及走向。与此同时，中华文化的影响力不断扩大，我国的文化软实力也大幅提升。随着改革开放的推进和经济社会的发展，人民对文化的需求也有了新的变化，主要表现为：对高层次文化的需求，对优秀文化的需求，对社会现实有真实反映的文化的需求，对能使精神世界加以丰富的文化的需求，对树立正确三观能够加以引导的文化的需求，以及对确立崇高理想信念能够加以指引的文化的需求。

（四）社会需求：对健全民生保障体系和公平正义的追求

一定要把保障民生放到重要位置上来，让老百姓的生老病死都有保障，让人民获得安定感，持续提高人民群众的生活水平，持续增强人民群众的获得感。我国在教育、养老、就业、医疗等领域均获得了明显进步，建构了世界最大的社会保障体系，涵盖了最低生活保障、城乡养老、医疗保障、住房保障等方面。但我国的人口数量众多，人民的需求也在不断提升，因此呈现出对社会领域的需求更加多样、需求层次更高的变化。

（五）生态需求：对优美环境的追求

在社会主义建设发展过程中，我国努力吸取经验教训，避免走上"先污染后治理"的发展之路，实现可持续发展。但是在发展过程中，因种种原因，对生态环境不可避免地造成了破坏，对经济社会发展的可持续性产生了严重的影响，同时也对人民群众的健康产生了一定的影响。随着广大民众环保理念的持续增强，对生态环境的修复与保护成为大家愈发关注的重点。人民群众希望生活环境自然优美，青山绿水、蓝天白云、空气清新。党的十八大以来，适应时代要求，党和政府把生态文明建设摆在改革发展和现代化建设全局位置，将生态文明建设纳入顶层设计之中，形成了"五位一体"建设总体布局。把污染防治与防范化解重大风险、精准脱贫一同列为三大攻坚战来进行安排。政府选择使用有效的策略治理环境污染问题，也让一些污染严重省份的环境质量获得较大提升，推进污染防治取得更大成效。

二、供给侧体现出发展的不平衡、不充分是社会主要矛盾中的新难题

习近平同志在党的二十大报告中指出，"明确我国社会主要矛盾是人民日益增长的美好生活需要和不平衡不充分的发展之间的矛盾，并紧紧围绕这个社会主要矛盾推进各项工作，不断丰富和发展人类文明新形态"[1]。从供给侧看，"发展不平衡、不充分"成为突出问题，制约了人民更高的需求结构和层次。发展"不平衡、不充分"体现在以下几个方面：

（一）区域发展不平衡

党的十一届三中全会召开以来，我国经济发展速度获得前所未有提升，社会方方面面进步明显。但是经济的发展主要集中在城市及东部沿海地区，而中西部广大地区，无论是从发展速度还是从发展成果来看，都与东部沿海地区存在很大的差距。根据国家统计局数据，2020 年我国各省市人均可支配收入，将排名前三名中的江苏、浙江、上海与排名最后三位的贵州、甘肃、西藏进行比较，上海人均可支配收入达 72 232（元/人）、浙江达 52 397（元/人）、江苏达 43 390（元/人），而贵州是 21 795（元/人）、甘肃是 20 335（元/人），西藏仅有 21 744（元/人）。通过数据不难发现甘肃人均可支配收入只相当于上海的 28.15%，西藏也仅相当于上海的 30.1%，可支配收入的差距会在生活质量上得以体现。此外，虽然近年来中西部地区居民人均可支配收入大多呈现出持续增长趋势，且中西部地区与东部地区居民人均可支配收入的差距呈现出逐渐缩小的态势，但区域发展差距依旧较大。

---

① 习近平：《高举中国特色社会主义伟大旗帜　为全面建设社会主义现代化国家而团结奋斗——在中国共产党第二十次全国代表大会上的报告》，人民出版社 2022 年版，第 7 页。

（二）社会阶层发展不平衡

改革开放以来，随着我国经济的发展、社会流动的增加，社会分化加速，新行业、新阶层不断涌现。根据不同的划分标准，学者划分出的阶层也有所不同。有学者以家庭收入为主要依据，并且纳入权力、声望等因素，把新中国各阶层人群划分为"上、中上、中、中下、下"五个阶层[①]；也有以职业分类为前提，以组织资源、经济状况以及文化程度占有情况为根据，把社会分成十个阶层的。但不管以哪种方式划分，客观存在的问题是：改革开放以来，各社会阶层之间的收入存在较大差距，每个阶层的获得感是不同的。贫富差距较大，农民工人阶层是低收入人群，而一些企业家先富起来了，这种收入差距是惊人的，解决收入分配问题涉及社会公平正义，需要引起我们党的高度重视。

（三）领域发展不平衡

党的十八大站在历史与全局的战略高度，对新时代"五位一体"总体布局的不断完善作出了部署，并制定了统筹推进"五位一体"的战略目标。但就目前现实情况来看，各个领域的发展还是存在着不平衡和不充分。

经济领域。发展不平衡，区域之间、城乡之间的经济发展水平存在差异。首先就表现在收入上，居民之间的收入存在高低差异，高低收入两个群体的差距逐步扩大。产业结构也不合理，需要进行调整。发展不充分，主要表现在经济发展的质量上，质量较低。同时，经济发展所创造的各种商品，仍旧无法让人民的生活水平得到明显提升。如今，我国经济发展面临"三期叠加"，表明我国经济发展经历深刻调整与转变，有助于解决经济发展不平衡不充分的问题。但从侧面也说明了较为复杂的现状。

政治领域。发展不平衡，是因为我国城乡、区域之间的经济发展差距，决定了政治资源分配存在明显差异。发达地区获得了较为丰富的政治资源，民众有着积极的政治行动，同时还拥有较强的法制意识；而边远地区及农村地区的政治资源相对匮乏，人们的政治参与意识和法治意识相对淡薄。我国民主与法治建设从全国范围看也存在着发展不充分的问题。社会主义民主政治体制和规范有待完善。人民充分行使自己权利的具体落实制度不够健全、渠道不够畅通，执法不严等问题依然存在，损害了法律的权威性，削弱了人民参与民主的积极性。

文化领域。文化的地域性强，每个地区的本地文化都独具特色。文化发展各地差异明显，文化资源分布也不均衡。相对而言，发达地区及城市有更多的文化

---

① 胡柳娟：《批判与引领》，南京大学出版社 2021 年版，第 647 页。

设施，如图书馆、博物馆、大剧院以及高校等；而边远地区及农村地区，文化设施数量少，种类不够丰富。文化发展相对落后在很多文化乱象上有所体现，如一些网络媒体为了盈利，持续打造并传播一些"审丑"文化来满足当地人的需求；而人民较为喜欢的健康有益、积极向上的文化产品却供应不足。另外主流文化传播方式需要调整，主流文化传播效果有所局限。

社会领域。社会发展不平衡，主要体现在经济发展的不平衡决定了人们对基础民生设施的占有度存在差距，对实现社会公平正义及共同富裕产生了阻碍。社会发展不充分主要体现在温饱问题解决后，食品安全问题面临新的挑战；人们对社会保障体系、公平正义有了更高层次的需要，但我国社会发展目前还不能满足这一需要。

生态领域。自然环境有其自身发展特点，一旦受到污染需要较长时间恢复。导致环境污染的因素复杂，如涉及产业结构、生活方式以及环保意识，短时间内无法解决，需要大量的时间成本和经济成本来治理污染。因此在未来若干年内，环境污染问题的治理任重而道远，人民对优美生存环境的向往存在已久。

总的说来，经济领域是当前最活跃的领域，文化领域的创造力还没完全被激发，生态领域环保任务艰巨。而发展的"不充分"涉及的是一些行业、地区的发展不足，质量和效率不高、可持续性不强。从本质上看，社会的总需求和总供给能够在一定程度上反映社会主要矛盾。我国当前的社会主要矛盾是从富起来到强起来的过程中产生的矛盾，从这个层面上来看，打破不平衡、弥补不充分的过程也就是社会发展的过程。中国共产党是中国特色社会主义事业的领导力量，要让人民过上幸福的好日子，就一定要理清社会的主要矛盾是什么，并积极应对。

第三节　新时代对党中央治国理政提出新要求

新时代围绕新起点、新任务，阐释的新理论，应按照提升与完善战略布局和总体布局、"五位一体"的战略布局，回应人民需要，加强党的自身建设，不断提升解决问题的能力。

一、历史性变革对党中央治国理政提出新要求

（一）历史性变革使我国发展站在新起点、进入新阶段

党的十八大以来，无论在深度还是广度上，中国特色社会主义的理论与实践

都得到了不断开拓，党和国家事业出现了前所未有的变革，当代中国发展步入了新时期、新阶段。

我国发展上升到了新台阶，发展达到了新的高度，在一个更高的平台上开始新的征程。这个新起点、新高度、新征程立足于改革开放 40 多年来所取得的重要成果，是全体人民基本实现小康之后开始的新征程。

中国特色社会主义进入了新的发展阶段。在经历了近代的上下求索、救亡图存后，新中国成立以来一路艰难探索、砥砺前行，改革开放带来了蓬勃的发展，也随之开辟了中国特色社会主义道路。我们的目标早已超越解决温饱、摆脱贫困，正朝向高科技与现代化的社会主义国家前进。获得的成就举世瞩目，表明中华民族达到了前所未有的发展高度，取得了突出的发展成果，即将实现强国梦，这也表明社会主义在中国有着较强的生命力，持续拓展发展新境界，同时表明我们的制度能够有效推动国家的现代化进程，为解决世界性难题提供了中国智慧、打造了中国方案。

（二）历史性变革对党赋予新责任

党领导人民推动党和国家事业发生历史性变革，同时又在这一过程中被赋予新责任、新使命。党和国家事业的变革是前所未有的，一定要勇于发现新问题，并对其加以解决。我们一定要直面所发现的新情况、新问题，要有信心有能力地研究和解决。对世情、国情、党情进行深入分析、作出准确判断。不因取得一点成绩就沾沾自喜，要正视不足之处；要适应机遇与挑战并存的新形势。针对形势变化带来的风险，应充分做好准备，力争取得好结果。对我国发展的阶段性特征准确地把握，进行思考的角度应着眼于历史现实、理论实践、国内国外的结合，着眼于发展所处的历史方位，着眼于发展的大局。立足于我国最基本的国情，把握这一阶段持续变化的情况，在加快经济发展的过程中，对于我国存在的一些不足之处，要有勇气去面对。

1. 提升与完善战略布局和总体布局

党的十八大以来中国特色社会主义事业形成了"五位一体"的总体布局和"四个全面"的战略布局。总体布局是一种长期策略，是一种实现最高目标的长期规划理念；战略布局是针对具体问题和设置的，主要用途也是解决具体问题。中国特色社会主义制度，离不开总体布局和战略布局这两种策略的支持。总体布局，顾名思义，具有宏大视野的特征，总体布局的核心内容是"五位一体"，战略布局的核心内容是"四个全面"，战略布局主要针对一些核心问题。然而两者有深刻联系，为了让总体布局能够持续推进，我们党提出了全面建成小康社会、全面深化改革、全面依法治国以及全面从严治党"四个全面"的战略布局，推动了我们党的社会治理能力的提升，成为强国之路的理论支撑，是需要各级领导干部认真对待的。

"四个全面"的战略布局主要回答了党在社会主义初级阶段选择使用的总政策，在现代化道路上直面问题并且解决问题。

全面建成小康社会是我们党的远景目标，是推动国家进入现代化的重要方案。关于小康社会的建设目标，也出现了"升级"，从"全面建设小康社会"转变为"全面建成小康社会"，这种目标的升级，主要和我国当前的矛盾转化有关，目前国内存在城乡发展差距的问题、地区发展差异的问题以及总体上发展水平还不够高的问题，这一切都需要在发展过程中不断去解决。针对存在的这些现实问题，党中央提出了全面建成小康社会，主要内容涉及经济发展稳定推进、人民民主持续增强、文化软实力提升明显、老百姓生活水平获得提升，在防止环境污染以及节约资源方面，也取得了明显进步。这些目标是顾全大局的执政观体现。建设中国式现代化，基于自己国情的中国特色，本质要求坚持中国共产党的领导。全面深化改革的主要目的在于，理清在当今世界中，什么样的道路才是中华民族最应该走的道路，全面深化改革的其中一项内容就是突破利益固化的藩篱，促进公平正义，建立现代化的社会主义国家，打造"系统健全、专业规范、运行顺畅"的现代化制度体系。

自从党的十八届四中全会召开以来，对我国依法治国策略做出了具体安排，也为全面建成小康社会提出了具体策略。党的十九大提出在 2035 年让依法治国能够顺利实施，为国家进入现代化做好法律支持，法治国家需要不断完善，需要持续优化，是一个任重道远的过程。全面依法治国主要目标是，解决好"改革、发展与稳定"三者的关系，通过完善法律制度，让这三者相辅相成，从而实现中华民族的伟大复兴。就党的十八大以来的社会环境来讲，一方面要把党的领导放到重要位置上，另一方面全面实现依法治国的远景目标，两者是相互促进的。

全面从严治党。我们党是国家制度建设的主要领导者，要确保党的权威性不动摇，而全面从严治党是符合社会发展潮流的，也是解决我国面临各种不确定性问题的必经之路。党的建设是我们党保持活力和领导地位的基本要求，得到了各族人民的大力拥护，为推动新时代党和国家的事业飞速发展注入了新力量。为了让我们的政党可以提前步入现代化，如今已经形成了一套相对完善的体系，提出"党的持续净化、持续完善、持续革新、持续提高"能力的增强。

2."五位一体"的总体布局

"五位一体"的总体布局主要回答了发展路径和要求的相关问题，要想建设好中国特色社会主义事业，就离不开总体布局的不断规划设计。总体布局和战略布局均为针对我国社会主义制度而开展的工作，在我们党的领导下，这一战略布局也在持续丰富和完善。生态文明建设提升到总体布局层面，一定程度上加强了我国的环境风险意识，现代化建设，既要注重绿色发展，又要注重经济创新，同时还要把人民生活水平提高放到重点考量上来。要充分考虑全局性和协调性的匹配度。党的十八大之后，针对"五位一体"的基本设计理念，从具体操作层面努力加快社会主义现代化的建设步伐，在各领域建立了统筹推进、重要部署的框架。战略布局是在明确新时期我国出现的新矛盾的前提下实施的战略安排。总体布局，顾名思义更加重视全局性的战略安排。无论是总体布局还是战略布局，出发点都是相同的，那就是建设中国特色社会主义制度的相关理论。

"以人民为中心"是新时期，我国社会的基本发展理念，在创新、统筹、环保、开放、共享的发展理论的指导下，统筹"五位一体"总体布局和"四个全面"战略布局的发展获得了较大进步；明确提出发展立场与理念，并且持续变革发展方式，以满足社会的具体需要，并为建立富强、民主、文明的社会主义现代化国家打造坚实基础。

重视党的自身建设，是如今对党提出的新要求，也是国家未来发展的新要求，更是我们党不能松懈、紧握手中的执政法宝。一定要坚持党的领导，同时要对我们党进行不断完善，从严治党，是我们党执政的前提条件，也是我们党成为国家发展的领导力量的根本保证；一定要坚持培养政治观念、大局观念、核心观念、看齐观念，坚定理想信念，充实精神力量；一定要抓牢作风建设，重视党的纪律建设，要做到依法依规；一定要严格做好党内监督，让权力的运行更加公开和透明，以坚决制止的观念惩治腐败。此外，需要持续增强执政水平与领导能力，加强理论学习与提升战略定力。解决好当前存在的问题，只要党的领导更加强有力，更加科学高效，人民群众就会支持我们党，党的事业也会不断向前。

（三）历史性变革推动实践创新与理论创新

我国当前所面对的社会变革是前所未有的，当前面对的实践创新也是人类社会前所未有的。在践行"四个全面"的过程中，我国的实践创新也在高频、高效地向纵深推进。理论创新也是成果丰硕。习近平总书记系列重要讲话的核心内容与思想观念，其中有很多关于创新的核心思想、核心观点、重大判断、主要方法的相关表述，把对中国特色社会主义规律的认识提升到了新台阶、新层次，进一步提升了对共产党执政理念、社会主义建设理念、人类社会发展理念的认知水平，拓宽了当代中国马克思主义发展的新视野。

站在历史与未来的交汇点上，我们必须强化问题意识和现实导向，把总结经验与迎接挑战有机结合，探寻战胜挑战的有效途径。应对巨大挑战，要从根本上扭转局面，理念和方向至关重要。

1. "以人民为中心"发展思想的转变

"以人民为中心"的发展思想是我们党执政为民的出发点。"以人民为中心"是在 2015 年党的十八届五中全会上第一次提出的,这一观点主要解决这样一个问题,即"发展为人民、发展依赖于人民、发展成果由人民分享"的问题。"以人民为中心",让人民充分享受改革开放带来的果实,让人民继续树牢主人翁的意识。在当今经济全球化时代,最能够表达人民群众核心利益的是实现共同富裕。检验我们所有工作能不能得到人民群众的肯定,需要通过人民生活水平有没有提高来判断。社会主义的发展需要依靠人民。发展以人民为主体,一定要把人民的利益作为出发点,要意识到改革开放离不开人民的支持,并且,由人民享受改革发展成果。"以人民为中心"的思想在立场上重视以人为本的思想观念,把人民作为一切改革的出发点,这让中国特色社会主义相关理论得到完善,表达了新时代我们党执政的新特征,即"人民立场、整体协调"。"以人民为中心"的发展思想将人民群众参与和实现中国梦的创造性与积极性调动了起来,升华了中国特色社会主义建设的历史观和权力观。

2. 新发展理念的引领

新发展理念为新时代背景下,关于我国发展的两个核心问题——"如何实现发展,实现发展的理论"指明了方向。党的二十大将贯彻新发展理念作为"新时代我国发展壮大的必由之路"[①]。发展理念是基于当前存在的亟待解决的问题而提出的。党的十八大后,很多新理论、新看法盛行于我国,并针对我国经济发展进行了广泛讨论:世界经济增长动力不足,中国经济发展步入转型期;我国发展存在很多机遇,但也面临不少困难。新发展理念提供了发展理念的精神要求,展示了我们党直面问题的态度。发展的理念有严密的逻辑性。发展的价值取向,最终由发展的逻辑来规范,也对我国社会未来发展方向有明确的指导作用。理念指导行动的顺利推进与否,发展的理念合理与否,一定程度上会对发展的成败产生较大作用。总体而言,新的发展理念成为影响发展的核心要素,要用核心要素推动发展的全面提升。在核心领域制定的详细要求又解决了诸如提供足够的发展动力、降低地区间差异、注重环境保护、激发发展活力以及共享发展成果等诸多问题。一方面为推动中国特色社会主义进入新阶段提供了理论指导,同时也为新时代中国特色社会主义的发展提供了理念指引。

只要全国人民团结一心,坚定对我们党的信心,全党奋力进取,全国人民同心同德,中国特色社会主义就完全可以打开新局面、实现新成就,就一定可以为

---

① 习近平:《高举中国特色社会主义伟大旗帜 为全面建设社会主义现代化国家而团结奋斗——在中国共产党第二十次全国代表大会上的报告》,人民出版社 2022 年版,第 70 页。

世界稳定提供新经验、做出新贡献。

二、新时代社会主要矛盾对党中央治国理政提出的新要求

（一）聚焦工作目的和重心，满足和回应人民群众的需要

人民群众是历史的主体和创造者，在社会历史发展过程中，我们要以人民群众的现实需要作为参照对象，以此推动社会的发展。20 世纪 70 年代，一方面人民对物质文化的需求变强；另一方面，社会生产力还较为落后，这成为我国社会发展的重要矛盾。为了让人们的物质需求得到充分满足，应坚持以经济建设为中心。历史与现实证明，我国经济建设取得了巨大成就，人们的基本物质需要得到了满足。新时代中国特色社会主义背景下，旧矛盾得到基本解决，但出现了新矛盾，我们党对新矛盾进行了积极回应，并提出了"以人民为中心"的优秀思想理念。我们对社会治理工作进行正确地分析判断，需要将社会主要矛盾新论断作为基本切入点。破解新时代社会主要矛盾，一定要把"以人民为中心"作为出发点，要深刻认识到党和人民的深刻关系。由于各地经济发展存在较大差距，这一定程度上阻碍了民生保障体系的完善，让社会难以实现公平正义。

了解人民的真实需求，并着眼于人民群众的需要制定相关政策，还能够进一步总结人民群众最基本的需要在哪些方面还没有得到满足，来反观自身不足。我们要善于倾听人民群众的心声，特别是那些不同的声音，对于来自群众的意见，一定要认真倾听，想办法鼓励人民群众积极参与到政治生活中来，并且让人民的利益诉求得到充分满足。树立群众责任意识，明确自身责任，勇于责任担当。所有对人民群众利益构成伤害，并且违反了人民群众价值观认同的做法，均需追究个人责任。不断破除那些阻碍人民追求美好生活的因素，推动民生建设并且让所有人都能够充分享用成果。不断完善依法治国依法行政制度，从而努力让社会公平的目标能够达成。一定要鼓舞并且肯定人民对财富的无限追求，并且允许一部分人先富起来，并带动其他人一起致富。

（二）确定工作基本任务，提升解决问题的能力

人民对美好生活的需要进一步明确了工作基本任务。人的需要具有多样性，人民对美好生活的需要涉及生活的方方面面。在当前的现实生活中，人民的需要主要集中在民生领域的医疗、养老、教育等方面的物质追求，对公平正义、社会有效治理、人际和谐关系等方面的追求，以及期盼获取更加优质、多元化文化产

品以及设施等，从而不断满足人民日益增长的精神追求。其次，还有人民对安全的需要，如食品安全、人身安全，以及国家和社会安全。在新时代我国社会主要矛盾转化的背景下，党中央治国理政必须以满足人民的需要为基本任务。治理工作服务的对象为"人民"，要充分考虑人民的真实需要，对公平和正义的实现产生不利作用的那些因素，一定要尽力避免，让民生保障得到不断健全，最终达到共同富裕的目的，让人民生活在一个安全的环境中。

党一定要和群众融为一体，这样才能了解群众所需，并有针对性地为群众解决问题。深入群众，掌握群众的生活和心理的相关变化，尤其是保障弱势群体的切身利益，并且对症下药，充分结合群众所需，采取相应的政策措施从而解决问题。我们党维护群众利益、顺应群众意愿，但是社会发展无法回避弱势群体的生存状态问题。一方面要鼓励弱势群体建立强大的自信，另一方面政府也要想办法为弱势群体的基本生活提供帮助；一方面要重视弱势群体的基本需要，同时要保障这些人的社会尊严，提升每个人的生活幸福指数。此外，有必要在弱势群体中建立党组织，不断提升党组织的服务水平，提供政治支持和社会支持。提升广大老百姓的需求层次、拓展需求品质，东西部差距、城乡差距都应该引起高度重视，党需要坚定发展方向，强化实事求是的工作作风。各级党组织特别是基层党组织，针对人民群众实际存在的问题，应建立长效联系机制，及时回应诉求；秉承理性、实事求是的态度和原则，如处理效率与质量的关系时，需要实事求是、审时度势地把握。搭建完善党组织与人民群众沟通的渠道。信息发达的今天，要特别重视网络平台上的各种声音和各类意见，通过规范的沟通，给予积极回应、解决。让人民群众能过上好日子，做自己的主人，并享受改革开放红利带来的各种好处。

（三）明确工作中的基本原则，加强党自身能力建设

新时代我国社会主要矛盾发生深刻变化，我们党所处的环境更加复杂多样，任务更加艰巨繁重，这就更加必须全面坚持和加强党的领导。中国特色社会主义最本质的特征以及最大优势，就是接受中国共产党的领导。因此，社会一切领域都要把党的领导放到重要位置上来，同时要着眼于当前的社会问题，解决当前急需解决的困惑，在党的领导下，研究治理规律，统筹指导治理实践。

必须坚持以人民为中心。根据马克思主义哲学原理，历史的创造离不开人民，人民是我国强大的主要动力来源，人民的行为方式影响着党和国家的前途命运。党将人民对美好生活的向往作为自己的奋斗目标。在我国社会主要矛盾转化后，人民的需求不断变化，不同时代有不同需求。坚持以人民为中心的原则，需要党中央把握民生，实现精准施策，向实现共同富裕前进，让人民获得全面

发展。

必须坚持公平正义。我国社会发展地区间的差异越来越大，最明显的现象就是各阶层人群享受不同的社会保障，贫富差距也会逐步明显。要想缩小这种差距，就得降低其对基本民生产生的不良影响，一定要把公平正义放在重要位置，让人们的公平权益得到充分保障，建立和完善基本权利保障制度体系，构建共建共治共享的社会治理格局。

必须坚持基本公共服务均等化。确保基本公共服务的覆盖面，每个人都可享受到基本公共服务；确保基本公共服务的质量，让人民享受更全面、优越的公共服务；不断缩小人与人之间所享受的基本公共服务的差距；不断保障人人享受基本公共服务的权利。

必须坚持动态稳定。承认社会中存在影响社会稳定的因素，并努力应对此类因素对社会稳定性可能造成的破坏。保持社会稳定不意味着一味强调"息事宁人"，这样有助于以客观的心态来应对社会中存在的矛盾，及时发现社会问题，并采用相关解决方案，既要确保社会和谐也要维护社会稳定，一旦发生什么问题，一定要积极沟通，并探索解决方案。

增强管党治党能力，强化政党自身执政水平建设。对于中国共产党而言，不管是领导还是执政，党的自身不断完善会有效提升治国理政能力，不然的话，就会丧失群众的支持。随着经济社会的持续发展，假设不努力强化管党治党能力，党的执政水平往往就会被弱化。在社会主要矛盾转变的情况下，应加强政党自身能力建设。

坚持和加强党中央集中统一领导。坚持党的领导是国家治理经验的总结。社会主要矛盾的变化是判断我国发展历史方位的基本依据，是把握社会主义初级阶段的科学认识，关系到党和国家事业的全局。解决社会主要矛盾首先要理解社会主要矛盾，要理解其理论逻辑与历史逻辑；其次要注意总结和借鉴历史发展的重要经验；再则要把握社会主要矛盾的显著特征，对主要矛盾的解决需要加强党中央的集中统一领导，并切实落实到经济、政治、文化等工作之中。提升我们党的领导能力，达到专业化的集体决策目的；保障党员基本权益，提升党员对组织的信赖度。

构建党风廉政建设责任体系。党的十八大以来，党中央提出的"把权力关进制度的笼子里"[①] 等，显现出党对反腐败的决心。随着国家治理现代化的发展，反腐败的相关立法工作也应加大开展力度。《中华人民共和国监察法》的颁布进一步提高了反腐败的合法性和有效性。

---

① 《习近平谈治国理政》，外文出版社 2014 年版，第 388 页。

不断健全党的组织体系，特别是要努力提高基层党组织的职业素养，增强整合社会与高水平服务的能力。改革开放已经四十余年，我国的经济社会取得了全面发展，社会的大流动成为主流趋势，因此应构建完善政党网格化管理组织模式，整合各类党组织的资源优势，合理配置资源。积极探索整合社会力量的组织运行形态，对社会力量进行政治整合，导入党的组织体系结构，不断完善并健全政治沟通机制；充分整合社会各界力量，对于存在的社会利益矛盾进行充分化解，并努力扩大人民群众对党的支持力度，维护党的执政地位。①

第四节　新时代治国理政方略形成的理论与现实价值

新时代治国理政方略是马克思主义基本原理与中国的具体实际相结合、与中华优秀传统文化相结合，为马克思主义发展史做出了突出贡献，具有十分重大的理论价值和深远的现实价值。

一、新时代治国理政方略形成的理论价值

（一）"四个全面""新发展理念"丰富了唯物史观

深刻理解"四个全面"思想，对我们看问题的方式提出了新要求，看问题要有全面的、运动的、辩证的观点和方法。"四个全面"涉及内容主要有：明确的发展目标、均衡的各地区经济、让最广大人民群众得到实惠、让经济获得全面提升。"四个全面"贯彻了我们党一贯坚持的实事求是精神。马克思认为，世界万物是普遍联系的，针对这一理论，我们提出了协调发展的优秀理念，我们党要在马克思主义哲学理论指导下开展各项工作，同时和我国古代天人合一思想进行整合，提出新的符合社会传统的发展理念。开放发展是对马克思主义理论的不断拓展和完善。但马克思理论并非保守理论，它包含了共享发展的内容。作为历史的优秀参与人与创造者，全体人民应共享发展成果，这样才能充分体现社会主义制度的优越性。

---

① 胡柳娟：《习近平新时代社会主要矛盾转化对党执政使命的新要求》，载于《广东行政学院学报》2019 年第 6 期。

（二）供给侧结构性改革、经济新常态等概念的提出发展了马克思主义政治经济学

习近平总书记提出"经济新常态"概念，以及构建中国特色社会主义政治经济学，对供给侧进行全面改革，增强经济发展的韧性，同时不断完善有中国特色的社会主义经济理论体系，并把脱贫放到重要位置上来，为全面建成小康社会做出具体行动，让人民群众充分享受社会发展带来的好处，并充满幸福感，有效防止西方经济学的资本异化情况在我国发生。社会主义市场经济论具有我国独特的社会特征，为我国经济发展提供了动力。

（三）"人类命运共同体"理念发展了科学社会主义的国家学说

人类命运共同体理念，是顺应人类天性而提出的，是世界发展的未来前景和趋势，是对人类社会发展方向的深入思考；继马克思提出"全世界无产者，联合起来！"的口号之后，针对西方所谓的"普世价值"，我国倡导凝聚人类共同价值，建设人类命运共同体；并分6个时间段全面分析了社会主义短短的五百年发展历程，提出了中国特色社会主义的相关背景与发展过程，对21世纪科学社会主义关于国家发展战略和全球治理架构作出新概括、新阐释。

（四）社会主义核心价值观融通了马克思主义理论与民族传统文化

党中央治国理政的新理念新思想新战略是马克思主义和民族特点相结合的产物，是符合中国国情的一项发展战略。社会主义核心价值观，作为一个新时代的指导思想，对处于自卑情绪的思想文化进行了纠正，同时有效避免了历史虚无主义思潮的泛滥，在此凸显了马克思主义作为我国社会主义制度指导思想的核心地位。

（五）社会主义本质论构成了中国特色社会主义的科学社会主义基础

党的十八大以来，习近平关于公平正义、人民主体、以人民为中心的发展观、让人民有更多的获得感等论述，丰富和发展了社会主义本质论，进一步巩固了中国道路的科学社会主义基石，彰显了中国特色社会主义的制度优势和道路自信。

二、新时代治国理政方略形成的现实价值

（一）有利于进一步推动国家治理体系和治理能力"四个统一，三个结合"的实现

推进国家治理体系和治理能力现代化是《中国共产党第十八届中央委员会第三次全体会议公报》的新提法。治理是一个新的词汇，它强调多主体，国家管理者是主体，人民也是主体，还有各组织、各单位，都是参加管理的主体之一。因此，治理体现的是管理主体从唯一走向多元。其实现路径，可以概括为"统一"与"结合"。

统一是四个方面的统一：一是管理国家公共事务必然离不开党和政府的领导，但与此同时还需要多元主体参与，两者统一协调方可取得良好成效。二是法治与德治的统一。作为儒家文化的主体国家，以德治国是文化传统，依法治国是未来需要，两者统一方能实现国家的现代化。在建立并完善社会主义核心价值体系的前提下，全面建立依法治国、依法行政的社会，培养全民守法重道德的良好社会风尚，通过善法实施善政，从而达到外部控制同内省教化相一致的目的。三是既要重视管理，同时做好服务，力争实现两者相统一的效果。管理与服务是并行不悖、相辅相成的关系，只有以人为本、以人民的利益为重，解决群众之所急，在管理过程中提供好的服务，协调好管理和服务的关系，才可以让服务有水平，让管理有效果。四是常态和非常态管理相协调。在现实社会中，风险无处不在，社会常态并不稳定，有可能被各种突发公共事件所破坏，国家治理一定要从现实社会的实际出发，一方面要有通用的行政管理规则，另一方面也要做好非常态的管理应急机制。两者相互协调，管理方能取得实效。这四个统一缺一不可，是让管理能顺利推进并取得良好效果的优秀机制。

结合是三方面的结合：一是对思想、社会生产力和社会活力进行解放与发展。需要解放的力量，既有物质也有精神；需要能释放的活力，既有制度也有人本身，相互促进，可以有效增强改革与社会发展的动力。二是要努力做好顶层设计，同时坚持不断开拓探索，努力创新完善治理制度。三是需要协调好政府和市场的关系，既要发挥市场的资源配置能力又要发挥政府的宏观调控作用，推进治理策略完善。这三个结合的实现路径是从管理方法的角度，体现出了治理的特有属性。治理能力现代化是对治理体系所包含的体制机制、制度安排的运用能力，应充分地发挥治理体系功能，增强治理能力。

（二）回应意识形态领域面临尖锐挑战的有力的精神武器

这些年，我国意识形态建设取得了一定的成果，积极向上的社会氛围逐步显现，然而，因为我国仍旧处于社会主义初级阶段，再加上全球化经济以及全球化信息流带来的冲击，我国主流意识形态出现了较多威胁因素。这些对意识形态构成威胁的因素主要有：（1）借经济增速变慢看衰中国。这种论调在西方社会广泛存在。在过去几十余年中，总的算来有三轮中国崩溃论，第一轮于 20 世纪 80 年代末，唱衰中国政治崩溃；第二轮于 1997 年亚洲金融危机后，唱衰中国经济崩溃；第三轮于 2008 年国际金融危机后，唱衰中国社会崩溃。虽然我们用发展的现实有力地否定了这些所谓的崩溃论，但这种唱衰并未停止，几年前又有论调唱衰中国金融崩溃。（2）借"文化大革命"话题来抹黑政治制度。甚至公开对中国基本制度提出了批评，宣传历史虚无主义思潮。（3）借国有企业改革挑拨对立情绪。一些人对国有企业的价值持怀疑态度，积极倡导新自由主义，试图将这种理念制度推广，并且故意将个别现象扩大化。（4）借宗教活动扩大宗教势力。（5）借民生问题对政府的政策指手画脚。上述这些对国家的长治久安发出了挑战，要充分意识到这些挑战所带来的不安定因素。在我国经济社会发展过程中，遇到一些难题是正常现象。通过治国理政新方略可以直面困难，并探寻合适的解决方案。一定要重视我们党的意识形态工作，坚定中国特色社会主义道路自信、理论自信、制度自信、文化自信，培育社会主义核心价值观，从而有效应对意识形态领域面临的尖锐挑战。

（三）有助于全方位展示全面从严治党的新实践

我们党作为执政党，面临着许多严峻挑战，肩负着庞大的责任，但是，现在党内却存在着不少急需解决的问题。总体上，党员干部都有着积极向上的心态，然而部分党员干部中依旧存在很大问题，比如脱离群众、形式主义、贪污腐败、官僚主义等情况，一定要发狠解决这些问题。每个党员都要树立责任意识、权利与义务意识，全党必须警醒起来。肩负"党要管党、从严治党"这个重大的责任，就是对党的责任。我们党自成立以来，就树立了全心全意为人民服务的目标。办好中国的事，关键在党。"如果管党不力、治党不严，人民群众反映强烈的党内突出问题得不到解决，那我们党迟早会失去执政资格，不可避免被历史淘汰。"[1]

---

[1]　中共中央文献研究室编：《十八大以来重要文献选编》（下），中央文献出版社 2018 年版，第 355 页。

全面从严治党是治国理政的新理念新思想新战略的基本出发点。治国理政的新理念新思想新战略的贯彻、实施和全面展示离不开全面从严治党的新实践。2014 年 10 月 23 日，党的十八届四中全会审议通过的《中共中央关于全面推进依法治国若干重大问题的决定》对"从严治党"的具体要求进行了详细解释，指出党的纪律是党内规矩。党规党纪严于国家法律，党的各级组织以及所有党员除了遵守国家法律之外，同时要更加严格要求自己，要认真遵守党纪党规，并且坚定理想信念，践行党的宗旨，一定要把防范违法乱纪的认识提高到新高度。对违反党规党纪的作风一定要加大处罚力度，要防微杜渐、立足大局，着眼于具体事情，坚决打击违法乱纪行为不动摇。在党中央的领导下，遵循治国必先治党的基本原则，遵循治党一定要从严的理论框架，增加全面从严治党的决心和信心，在世界高速发展的今天，全面从严治党，取得了很大突破，也完善了相关理论。

实践上，党中央从严治党，一步一个脚印，取得了明显效果。顺利开展了各项行之有效的专题教育活动，顺利开展了全社会系统性的反腐败斗争。应该说，党中央的全面从严治党决心是坚定的，是充满信心的，是取得重大实效的。理论上，习近平总书记提出了关于党风廉政建设的一系列新理念新思路新举措，并进一步探索了反腐倡廉带来的舆论支持。

（四）全方位地展现开放、包容、负责任的中国特色大国形象

就国家形象而言，我们在外交过程中呈现的是一种"软实力"，可以有效推动我国政治、经济和社会全面发展。如今，国际形势面临前所未有之大变局，"中国威胁论"因中国的发展和强大而甚嚣尘上。然而，事实并非如此。中国的强大不会对任何国家造成威胁，只会给世界各国带来好处。这一点，中国政府早有承诺，国际社会早有共识。

以正确的义利观开展外交活动，创立亚洲基础设施投资银行（以下简称"亚投行"）等，积极参加国际事务，体现大国担当和大国责任，对和谐世界充满向往。亚投行的建立在中国良好国际形象的树立方面，以及实现中国梦的平等交往的外部环境的营造方面起到了积极的促进作用。亚投行是亚洲区域国家与国家之间合作的一个重要机构，其打造"人类命运共同体"，让我国和周边邻居国家能和平稳定共谋发展，完美展示了中国负责任的大国形象。

"人类命运共同体"思想是全人类的共同愿望，期盼和平、反对战争是全人类的美好期待。针对西方提出有关中国的"新殖民主义"论调，我们党通过提出"人类命运共同体"这一理念去坚决回应。中国与一些相对落后国家开展外交工作，并未曾附加政治条件，这和西方文化有重大区别，我们的外交政策，期待和建交国成为平等互利、合作共赢的"互惠、互信"的"人类命运共同体"。

"一带一路"践行和平发展的理念。"一带一路"展示开放包容的形象。"一带一路"成为团结亚洲各国的重要纽带，助力实现互利共赢。世界大势是和平与发展，这也应该是人类共同的美好愿望。我们尊重历史、把握时代特征，一方面表达中国和平发展的基本构想，另一方面也展示了我国包容开放的胸怀，和周边邻居开展合作，实现互利共赢、共同发展，推动并加快亚洲各国的经济发展，让亚洲各国友好相处，为共同的美好未来畅通道路，传递出中国的发展成果一定要和世界共享的核心理念。

第五节 新时代治国理政方略形成的重大意义

伟大的思想孕育于伟大的时代。新的发展时期对党中央治国理政的各项理念不断完善提出新要求。党的十八大以来，党中央在治国理政理念的指导下，取得了丰硕成果，顺应了时代发展势头，迎合了人民的新期待，建立了较为完善的治国理政相关思想和战略。治国理政方略的形成具有重大而深远的意义。

一、新时代治国理政方略的形成是时代发展的必然要求

新时代治国理政方略是一个系统完整的科学理论体系，是马克思主义中国化的最新理论成果。形成新时代治国理政方略，是推进党和国家事业发展的必然要求。

（一）意识形态建设的方略是应对国外社会思潮对当前我国意识形态挑战的法宝

西方"历史虚无主义""普世价值""宪政民主""新自由主义"等错误思潮常常持续不断对我国各个领域进行渗透，暗流涌动，对我国的主流意识形态构成了威胁，甚至影响国家的长治久安，需要引起高度警惕。党的十八大以来，意识形态建设方略的研究能够发挥价值凝聚和思想指引作用，坚持制度自信、道路自信、理论自信，坚持世界眼光与中国国情的统一，响应时代变化，把握实践特点，以一系列新认识、新论述为改革发展与社会主义现代化建设提供了根本指导。

（二）全面从严治党的方略是处理当前执政党面临复杂执政环境的一剂良药

党现在面临着长期考验，涉及执政、改革以及市场经济等多方面内容。这些考验都具有一定的长期性、危险性，必须引起我们党的高度重视，此外我们党还遇到一些风险，主要涉及四方面内容：一是党员干部精神懈怠，部分党员干部工作积极性不够，意识形态存在一定错误倾向，丧失斗志；二是个人能力还有很大提升空间，部分党员干部的工作能力较低，没有能力担当重任，不利于党的队伍建设和完善；三是一些党员严重脱离群众，不能做到深入群众，使党和人民的联系出现了裂痕；四是消极腐败的危险，贪污腐败盛行，一些官员谋私利，不能顾大局，严重影响党的声誉。"四大危险"更加尖锐，执政环境越复杂，越要增强忧患意识，越要从严治党，党的十八大以来，从严治党方略的研究是处理当前执政党面临复杂执政环境的一剂良药。

（三）国家治理能力的新理念新思想新战略是党中央开拓治国理政新境界的必要前提

国家治理能力的高低是一个国家核心竞争力的综合体现。党的十八届三中全会提出中国社会的改革还需要继续推进，通过改革，让我国的社会制度得到完善，让我们党的执政能力得以提升，让我国的法制建设取得进步。发展一定离不开改革。是否是一个现代国家，主要通过国家治理能力来衡量，随着经济全球化的深入推进，现代国家离不开改革，一个国家能否长治久安、能否融入世界，也离不开改革。显而易见，构建一整套完善科学的国家治理体系，是维护经济社会可持续发展的利器，但是没有绝对完美的治理体系，这就需要不断完善治理体系，并提升治理能力。国家治理水平能否提升，主要表现在是否能集合全民意志上，以及是否能团结一心。国家治理能力的改革，包括如何提升领导能力、如何提升制度创新水平、如何保障社会的公平正义以及解决发展平衡问题、公共服务水平能否满足时代发展需要。而这些能力的建立需要长期的、艰辛的努力过程才能实现。

（四）党中央大国外交的方略是展示中国特色复兴之路的亮点

以习近平同志为核心的党中央统筹国内国际两个大局，从"实然"和"应然"两个角度提出"人类命运共同体"这一具有我国传统文化特色的外交方针，"命运共同体"以及"五位一体"也体现了我国的大国担当和中华文明的文化自信。合作共赢一定是世界未来外交的基本出发点，参与外交活动，一定要有良好的中国特色，要让中华文明得到充分展示，并在新环境中，逐步形成中国特色外交理论，丰富和平发展思想、坚持正确义利观，构建中国外交理论体系的主要框架，建立并完善中国外交的具体方略，为中国未来对外交往指明方向。民族复兴离不开外交，在此基础上，党中央打造了独特的外交体系，为国家富强做好保障，在外交上持续采用新理念和新方法，展现了中国的外交新特色。所以，"人类命运共同体"、亚投行、"一带一路"倡议等理论的提出，标志着在我国复兴之路上又出现了新理论的支撑。

二、新时代治国理政方略的形成深化了对"三大规律"的认识

党的十八大以来，党中央的一系列治国理政方略也都源于对共产党执政规律、社会主义建设规律和人类社会发展规律这"三大规律"的认识。

（一）"四个全面"战略布局，深化了我们党对"三大规律"的认识

党中央从坚持和发展中国特色社会主义全局出发，提出了"四个全面"战略布局，并把加快建成小康社会提高到新认识层面，继续深化改革，不断完善我国法律制度，不断强化从严治党的决心和信心。"四个全面"战略布局，集中体现了我们党高度重视执政能力的建设，体现了我们党在充分认识人类社会发展规律的基础上，实现了执政水平的大升级。"四个全面"深化了对共产党执政规律的认识。共产党执政规律的核心内容，即从严治党，这是我们党坚决提升和完善自身的基本做法。党中央治国理政主要涉及从严治党和依法治国两方面内容。这两方面内容有助于科学执政、民主执政、依法执政的成功顺利实施，有效提升了我们党的执政能力。"四个全面"深化了对人类社会发展规律的认识，注重生产关系同生产力的发展一定要相匹配，上层建筑需要和经济基本情况相匹配。社会主义建设，一定要牢牢掌握规律，自觉运用马克思相关理论。"四个全面"战略思想提出既要努力发展生产、深化改革，同时也要做好依法治国、全面从严治党，这意味着我们党不是"铁拐李"单腿走路，而是既注重生产力的发展，又注重生产关系的调整，既对我国基本国情有深刻理解，同时又可以顺应经济全球化的新形势。

（二）新发展理念直接服务于"三大规律"

在党的十八届五中全会上，我们党提出了创新、协调、绿色、开放、共享新

31

发展理念，并且把其作为未来社会建设和完善的指导方针。在《中华人民共和国国民经济和社会发展第十三个五年规划纲要》（简称"'十三五'规划"）的指导下，制定了明确的任务，一定要在马克思理论中探寻影响社会主义建设的核心要素，生产力同生产关系两者的辩证原则是理论指导方针，这成为对执政党的核心要求。而新发展理念，重点表达了我们党尊重科学，并且坚持可持续发展的原则，为中国走上富强之路奠定了理论基础。新发展理念是有深刻的科学依据的，原因在于，对于社会主义制度而言，创新发展是我国走向富强之路的出发点；协调发展理念能够缓和人与环境以及社会各阶层之间的矛盾；绿色发展理念的核心内容是发展过程中重视环境保护，从而让天人合一的文化传统得到充分体现；开放发展理念是经济全球化的必然要求；人无时无刻不处于社会之中，因此分享就变得尤为重要，共享发展理念反映了人与社会的紧密联系。

（三）充分认识社会主义初级阶段的规律特征是领悟人类社会发展规律的真谛

人是不能脱离历史的，在某个特定历史阶段，采用的制度一定是和该历史阶段相匹配的。所有政党都是一定历史阶段中的政党，所以，一定要理清该政党处于什么样的社会环境和历史时期。出台对该政党行之有效的理论和路线思想指导方针，方可实现执政为民的意图，推动经济社会发展。作为执政党，中国共产党可以充分得到全党全国各族人民的坚定支持，是由于我们党制定并提出的很多政策是基于民情的，是以人为本的，符合我国当前的国情，也能够满足我国经济社会的发展需要。

总之，"三大规律"的三者统一，是党中央治国理政的实践追求。科学认识并切实遵循"三大规律"，是党和国家事业破浪前行、蓬勃发展的基本经验。

三、治国理政方略的形成开拓了治国理政的新境界

（一）深化了对国家治理现代化规律的认识

新时代治国理政方略深化了对国家治理现代化道路、模式的认识，指明发展现代化有很多种方法，选择什么样的社会制度一定要结合本国国情。所有发展中国家都有实现现代化的愿望，然而历史上，很多国家并没有结合自己的文化特点，而是单纯地追求西方式的民主制度，结果遭遇了挫折与失败。基于前车之鉴，我们党在领导中国革命的那些艰苦岁月里，重点考虑了什么样的社会制度才

适合中国实际。人民决定了国家治理体系，而国家治理体系与国家经济社会发展水平、国家历史文化发展都有着密不可分的联系。

（二）制定了推进国家治理现代化的路线图

国家治理现代化，需要新理念新思想新战略来支撑。它明确提出了国家治理现代化的实现目的是什么，同时指出了实现国家治理现代化的详细方法，详细描述了国家治理体系建设的详细步骤和相关理论，只有协调推进、互相配合，才有希望让整体性的系统功能成功实现，从而成功推动国家治理现代化的实现。

（三）发挥了重要的指导作用

新时代治国理政的方略，对持续完善国家治理框架以及促进治理水平专业化提供了强大支撑，大幅提升了我国人民对社会主义制度的信心。建立完善的国家治理体系，并且提升国家治理能力，如何把握前进方向？这是亟待解决的重要问题。我国国家治理体系的确需要不断地改进、完善，但如何改进、如何完善这一体系，按习近平总书记对这一体系的阐释，我们要有主张、有定力。

第二章

坚持党对一切工作的领导

"中国共产党的领导是中国特色社会主义最本质的特征，也是中国特色社会主义制度的最大优势。"① 进入新时代，基于中国的历史与现状、中国共产党取得的历史成就和肩负的历史使命，习近平总书记把马克思主义基本原理与中国实际相结合，对党的历史地位进行了新的定位，对中国共产党与中国特色社会主义之间的关系有了新的认识，是对共产党执政规律、社会主义建设规律和人类历史发展规律的深刻认识。坚持党领导一切，无论在理论上还是在实践上都具有极其重要的意义。新时代充分党的领导核心作用，全面理解党领导一切的逻辑进路和丰富内涵是基本历史和理论前提，在此基础上才能进一步探索实现党的全面领导的实践路径。

第一节　坚持党对一切工作领导的逻辑进路

新时代强调坚持党对一切工作的领导，既有坚实的理论基础、具有理论上的逻辑必然性；也是经过中国近代以来全部历史反复检验和证明的、具有人民选择的历史必然性；更是进入新时代的中国应对新的国际挑战、破解改革发展中的现实难题、实现奋斗目标和伟大梦想的根本政治保障，具有实践必然性。

---

① 《习近平谈治国理政》第三卷，外文出版社 2020 年版，第 181 页。

一、坚持党对一切工作领导的理论逻辑

坚持党对一切工作的领导不仅是无产阶级政党自成立之初就具有的内在规定性，是其阶级属性的彰显，也是由其肩负的历史使命决定的。在无产阶级政党发展的不同阶段，马克思主义经典作家都从理论上进行了较为深刻的阐述。

（一）马克思主义创始人对无产阶级政党的先进性及其领导权的论证

对于共产党人在革命实践中何以具有领导权，马克思主义创始人在不同时期的经典著作中从多个角度展开了论证。

从与资产阶级对比的视角，马克思、恩格斯认为共产党人始终代表着整个无产阶级运动的利益。在《共产党宣言》中，马克思、恩格斯对此做了较为集中的阐述。他们指出，资产阶级在其上升时期曾经起过极其重要的革命作用，促进了生产力的巨大发展，以"与自由竞争相适应的社会制度和政治制度、资产阶级的经济统治和政治运动"取代了"封建的所有制关系"。[①] 然而，资产阶级并没有消灭阶级对立，"从封建社会的灭亡中产生出来的现代资产阶级社会""只是用新的阶级、新的压迫条件、新的斗争形式代替了旧的"。[②] 因此，在资产阶级社会中，阶级对立和剥削依然存在，"资产阶级文明和资产阶级所有制关系"已经成为生产力发展的强大障碍。随着资产阶级社会的发展，它不仅使它原本用来推翻资产阶级的武器对准了自己，而且锻造了使用这一武器的无产阶级，即自己的"掘墓人"，并使社会日益分裂为资产阶级和无产阶级两个互相对立的阶级。与资产阶级政党不同，无产阶级政党"不是同其他工人政党相对立的特殊政党"[③]。同时，值得注意的是，与其他无产阶级政党不同，共产党人在革命实践中"始终代表整个运动的利益""强调和坚持整个无产阶级共同的部分民族的利益"，是"最坚决的、始终其推动作用的部分"。同时，在革命理论中，共产党人对于革命得以开展的条件、革命的进程以及革命可能产生的结果，比一般无产阶级更为了解。[④]

从党所肩负的历史使命的视角，马克思、恩格斯阐明了无产阶级及共产党人在无产阶级革命中的重要地位。他们指出，在与资产阶级对立的阶级中，只有无

---

① 《马克思恩格斯选集》第 1 卷，人民出版社 2012 年版，第 405 页。
② 《马克思恩格斯选集》第 1 卷，人民出版社 2012 年版，第 401 页。
③ 《马克思恩格斯选集》第 1 卷，人民出版社 2012 年版，第 413 页。
④ 《马克思恩格斯选集》第 1 卷，人民出版社 2012 年版，第 406 页。

产阶级是真正革命的阶级，他们需要通过暴力革命推翻资产阶级政权而建立自己的统治。在这个过程中，共产党人既要为当前的目的而斗争，同时又要代表运动的未来，因此，不仅要"使无产阶级成为阶级……夺取政权"，而且最终要实现"每个人的自由发展是一切人的自由发展的条件的联合体"。① 为了实现近期和长远目标，共产党需要通过教育等手段，促进无产阶级阶级意识的形成，使他们自觉地意识到两大阶级的对立，以便能够拿起武器，投身于阶级斗争中去；支持反对和推翻一切现存制度的不同形式的革命运动、团结一切可以团结的世界范围内的民主政党。② 历史使命的艰巨性，决定了必须坚持党对无产阶级运动的领导。

在总结革命经验时，马克思、恩格斯更进一步，论证了党的集中领导的极端重要性。在反思 1848 年和 1849 年的欧洲革命时，马克思、恩格斯特别强调了应妥善处理无产阶级特别是共产主义者同盟与小资产阶级民主派之间的关系，指出无产阶级应该坚决拒绝丧失自身独立地位的任何形式的联合，否则会沦为资产阶级的附庸。共产主义者同盟应该建立"独立工人政党组织，并且使自己的每一个支部都成为工人协会的中心和核心"，而不是成为其他阶级的"随身附和的合唱队"，从而防止丧失自己的独立地位。③ 在总结巴黎公社革命的失败教训时，恩格斯聚焦于党的集中领导和权威的重要性，明确强调：如果没有权威，"怎么对付得了托轮之流、杜朗之流或涅恰耶夫之流，又怎么能够用关于支部自治……的华丽辞藻阻止警探和叛徒的渗入"。巴黎公社的教训就在于"缺乏集中和权威"。因此，必须把我们的力量"集中在同一个攻击点上"，否定集中和权威的人根本无从真正了解革命。④

总之，在马克思、恩格斯看来，无论是从党区别于资产阶级政党的内在规定性还是从其肩负的历史使命来看，共产党人掌握领导权是革命取得胜利的充分必要条件，也是从革命中总结出的宝贵经验。

（二）列宁在社会主义建设中对党的领导及其地位的阐述

在探索苏联社会主义建设道路时，列宁立足现实，极为重视党在社会主义建设中的领导核心地位和对一切工作的全面领导。这些论述主要体现在国家及社会生活的方方面面维护党的领导核心地位。

在党何以能领导的问题上，列宁在社会主义取代资本主义的艰巨任务中进行了阐述。论及无产阶级专政与苏维埃政权的实质时，列宁指出，要使社会主义战

---

① 《马克思恩格斯选集》第 1 卷，人民出版社 2012 年版，第 413 页。
② 《马克思恩格斯选集》第 1 卷，人民出版社 2012 年版，第 435 页。
③ 《马克思恩格斯选集》第 1 卷，人民出版社 2012 年版，第 558 页。
④ 《马克思恩格斯选集》第 4 卷，人民出版社 2012 年版，第 500 页。

胜真正资本主义，就需要无产阶级这一真正的革命阶级完成推翻剥削者、争取引导群众跟自己走、同动摇于资产阶级和无产阶级之间的阶级阶层保持中立三个任务，其中有两点极为重要：其一是用暴力革命推翻资本主义在经济和政治上的主要代表，即资产阶级；其二是无产阶级作为革命先锋队要争取所有被剥削者，使他们摆脱对资产阶级的依赖。列宁此处虽然没有明确提出坚持党的领导，但他在探索社会主义战胜资本主义的任务时已经不言而喻地把其看作基本原则。在随后的论述中，列宁对党的领导地位及实现党的领导进行了更为明确的阐述。他指出，为了战胜资本主义，首先要坚持共产党的领导。共产党要发挥作为领导的执政党的作用，必须得到无产阶级和群众的信任。为此，共产党要慎重对待全体被剥削者，妥善处理好与其的关系，唯有如此，共产党"才能在反对资本主义一切势力的最无情最坚决的最后斗争中领导无产阶级"。其次，从作为被剥削阶级的无产阶级的立场上来说，只有在共产党的领导下，他们才有能力真正战胜资产阶级，从而推翻资产阶级统治。只有坚持共产党的领导，无产阶级"才能发挥自己进行革命冲击的全部威力"，才能使工人贵族、老工联领袖和合作社领袖等对待革命的冷淡态度和反抗不起作用，从而使无产阶级"发挥自己的全部力量"。①

主张坚持党的全面领导，也是列宁党建思想中的一个重要方面。列宁较为深刻地阐述了党的领导对象和领导方式。他指出，作为无产阶级先锋队，共产党是"直接执政的"，是领导者。②"一切政治经济工作都是由工人阶级的先锋队共产党来领导的。"③对具体领导哪些方面的工作，列宁在不同场合也进行了较多论述。例如，在工会、合作社以及其他群众性的工人组织内部所建立的共产党支部，"应该完全服从整个党的领导"④。在关于全俄省、县国民教育局政治教育委员会工作会议上的讲话中，列宁特别强调了坚持党的领导，尤其是政治领导。他指出，在社会主义建设包括教育事业中，"要重视承认党的领导作用问题"；要解决各种教育问题，特别突出的任务就是"配合党的领导"；在这一方面，坚持共产党的领导是原则性问题，"不能有任何怀疑"。⑤

总之，在列宁看来，在无产阶级革命和社会主义建设中，共产党不仅能够担负起使社会主义真正取代资本主义的艰巨任务，而且能够团结不同的群众性组织，能在国家和社会生活的方方面面处于领导地位，这是必须坚持的原则性问题。

---

① 《列宁选集》第4卷，人民出版社2012年版，第237页。
② 《列宁选集》第4卷，人民出版社2012年版，第423页。
③ 《列宁选集》第4卷，人民出版社2012年版，第624页。
④ 《列宁选集》第4卷，人民出版社2012年版，第253页。
⑤ 《列宁选集》第4卷，人民出版社2012年版，第304、305、306页。

从探索社会主义的实现道路到社会主义由理想变为现实之后的社会主义建设，经典作家都对党的领导地位进行了较为深入的阐述，论证了党的领导的逻辑必然性，是中国革命、建设和改革中何以全面坚持党的领导的重要理论依据。以此为前提，中国共产党的性质、奋斗目标等都与经典作家的论述是一致的。中国共产党作为中国工人阶级的先锋队、中国人民和中华民族的先锋队，其奋斗目标是实现社会主义和共产主义。正是在党的领导下，我们才取得了革命、改革和建设中的伟大胜利，从而形成了中国特色社会主义。

二、坚持党对一切工作领导的历史逻辑

坚持党对一切工作的领导，既有着深厚的中华优秀传统文化根基，也是由近代以来中国革命、建设和改革的艰巨历史任务所决定的，是历史和人民的选择。

（一）坚持集中统一领导是对中华优秀传统文化的承续

习近平总书记通过古今对比，生动形象地阐述了中国何以坚持党对一切工作的领导。他在党的十八届中央纪委三次全会上指出，如果不坚持党的领导，在当代中国就无法实现国家和民族的统一，无法实现古人所说的"六合同风，九州共贯"。① 作为一个地域辽阔、人口众多的多民族国家，我国在漫长的历史发展中，形成了为整个中华民族普遍认同和接受且具有强大生命力的维护国家统一的优良传统。五千年中华文明之所以能够得以延续，其中重要的原因在于有着这一强大向心力的优良传统。习近平总书记引用典故"六合同风，九州共贯"进行概括是非常恰当的。

"六合同风，九州共贯"出自《汉书·王吉传》，原句是"《春秋》所以大一统者，六合同风，九州共贯也"。"六合"指的是上下和东西南北，泛指"天下"。这句典故的大意是指《春秋》崇尚大一统，提倡全国各地风俗教化相同，九州方圆政令法规贯通划一，延伸到现在意指"共同的价值观、共同的家国情怀、共同的精神追求，遍及中华大地，贯穿华夏神州"。只有在这一基础上，才实现了中华民族和合一体的大家庭、生生不息、繁荣兴盛和团结统一的政治局面。② 我国历史上秦汉雄风、大唐气象、康乾盛世等辉煌时期无不与中华民族的强大向心力和凝聚力有关。

这一优良传统是中国自古至今治理国家的强大力量，习近平总书记精辟地用

---

① 习近平：《论坚持党对一切工作的领导》，中央文献出版社 2019 年版，第 6 页。
② 辛鸣：《坚持党对一切工作的领导》，载于《中国纪检监察报》2020 年 1 月 13 日，第 05 版。

四个"独一无二"对其进行了概括：独一无二的团结又统一的多民族国家；独一无二的连绵几千年的独具特色且博大精深的价值观念和文明体系；独一无二的适合自身实际又符合时代特点且取得巨大成功的发展道路；独一无二的以人民为中心具有紧密组织且长期执政的中国共产党。① 习近平反复强调的"独一无二"，强烈地凸显了中华民族实现团结统一的强大向心力和凝聚力。习近平总书记强调坚持党对一切工作的领导正是对这一中华优秀传统的传承和发展。

（二）坚持党对一切工作的领导是历史和人民的选择

近代中国以来，中国社会陷入内忧外患的艰难处境，在中国人民奋起反抗的激烈斗争中诞生的中国共产党自成立之日起就义无反顾地承担起谋求民族独立和人民解放、实现国家富强和人民幸福的历史使命。正是在这一艰难历程中，历史和人民选择了中国共产党，从而最终实现了中华民族的一系列历史性飞跃。

面对 1840 年以后几近灭亡的民族危机，中国社会各阶层虽然试图通过各种努力以改变这一状况，但都以失败告终。以林则徐为代表的封建地主阶级，以洪秀全为代表的农民阶级，以康有为、梁启超为代表的资产阶级改良派以及以孙中山为代表的资产阶级革命派无不希望救亡图存、结束中国落后挨打的被动局面。然而，在波澜壮阔的救亡运动中，洋务运动、农民起义、维新变法、辛亥革命都无力彻底达成近代中国以来的历史任务。虽然失败的原因各有不同，但在根本性问题上却存在共同之处，那就是各自为战、一盘散沙，没有强有力的政治组织形成强大的向心力和凝聚力。

中国共产党的成立改变了这一状况，使迷茫中的中华民族有了方向和希望。十月革命的胜利，使得当时先进知识分子看到了解决中国问题的希望。在马克思主义与中国工人运动相结合的过程中、在中国人民进行民族革命和民主革命的过程中，成立了中国共产党。此后，"中国人民谋求民族独立、人民解放和国家富强、人民幸福的斗争就有了主心骨"②。在中华民族陷入亡国灭种的危难境地中，中国共产党带领人民进行了艰苦卓绝的斗争，彻底结束了半殖民地半封建社会，实现了民族独立和人民解放，在改革开放的伟大进程中取得了社会主义现代化建设的辉煌成就。历史表明：没有共产党，就没有新中国，就没有中华民族从站起来到富起来再到强起来的历史性飞跃。这是中国人民在实践中得出的结论。

---

① 辛鸣：《坚持党对一切工作的领导》，载于《中国纪检监察报》2020 年 1 月 13 日，第 05 版。
② 《习近平谈治国理政》第三卷，外文出版社 2020 年版，第 10～11 页。

三、坚持党对一切工作领导的实践逻辑

党领导一切的政治地位是在长期的革命、建设和改革实践中把马克思主义与中国现实相结合逐渐得出的经验总结。

（一）新民主主义革命时期对党的领导的初步提出与定位

在革命初期，党经历了各种曲折，处境艰难，虽然有众多外界因素使然，但从党自身来说，根本的原因在于没有形成一个坚强的领导核心。以陈独秀为代表的"右倾"投降主义导致大革命失败以后，以李立三、王明等为代表的"左倾"盲动主义和教条主义又使革命力量遭受严重损失。正如邓小平后来在强调领导集体的重要性时总结的那样："遵义会议以前，从陈独秀、瞿秋白、向忠发、李立三到王明，都没有形成过有能力的中央。我们党的领导集体，是从遵义会议开始逐步形成的。"① 期间，三湾改编和古田会议创造性地强调了党在政治上和组织上对军队的绝对领导，但在根本上还是没有形成强有力的领导核心。

遵义会议纠正了错误路线的问题，确定了以毛泽东为核心的党中央的领导集体，也逐渐认识到了党的领导在革命中的重要作用。毛泽东在总结长征何以胜利时说道："谁使长征胜利的呢？是共产党。没有共产党，这样的长征是不可能设想的。中国共产党，它的领导机关，它的干部，它的党员，是不怕任何艰难困苦的。谁怀疑我们领导革命战争的能力，谁就会陷进机会主义的泥坑里去。"② 因此，在遵义会议之后，党的领导地位愈加受到重视并正式出现在党的文件中。为了应对抗日战争时期党面临的严峻外部环境，尤其是党内存在的统一精神不足、各自为政、党政不分等现象，中共中央提出根据地党的领导的"统一与一元化"，要求"党领导一切其他组织"。相关文件不仅从党的先进性角度指出了为什么党能领导一切，而且规定了党的领导对象和领导方式。"党……应该领导一切其他组织……。根据地领导的统一与一元化，应当表现在每个根据地有一个统一的领导一切的党的委员会……各级党委……是该地区的党政军民的统一领导机关。"同时文件还规定，中央代表机关及各级党委为各地区的最高领导机关，"各级党委的工作应当是照顾各方面，讨论与检查党政军各方面的工作，而不仅仅局限于地方工作"。③ 可见，此文件在规定党的统一领导时，首次明确提出了"党领导

---

① 《邓小平文选》第三卷，人民出版社 1993 年版，第 309 页。
② 《毛泽东选集》第一卷，人民出版社 1991 年版，第 150 页。
③ 《建党以来重要文献选编（1921～1949）》（第 19 册），中央文献出版社 2011 年版，第 423 页。

一切"的观点。随后，中共中央又进一步提出了要落实领导的一元化，反对一切妨害"以党为中心的一元化的领导的建立"的行为、建立党的"坚强的领导核心"和拥护"党的一元化领导"等重要观点。①

（二）社会主义建设时期对党领导一切的全面规定与系统阐发

新中国成立初期，以毛泽东同志为核心的党的领导集体依然强调党领导一切的重要性。毛泽东 1962 年首次对党领导一切做了更为全面的规定，涉及"工、农、商、学、兵、政、党这七个方面"，也就是说党的领导涉及党自身，以及"工业、农业、商业、文化教育、军队和政府"。② 同年，周恩来在对全国科学工作、戏剧创作等会议代表的讲话中较为全面地阐释了"党领导一切"的思想。他围绕"党能否领导一切""如何领导一切""什么是一切"三个方面进行了解释。周恩来明确指出，党的领导是得到知识分子认可的，"是党和人民的胜利，也是知识分子的光荣"。因此，"必须肯定，党应该领导一切，党能够领导一切"。③在党领导一切问题上，周恩来澄清了几个可能出现的错误认识。其一，党领导一切的范围不是指党要管一切事情。它"是说党要管大政方针、政策、计划，是说党对各部门都可以领导"，至于具体业务，党不要干涉。否则"小权过多，大权旁落，党委势必成为官僚主义、事务主义的机构"。④ 其二，党的领导是组织领导，不是党员个人领导；党委领导是集体领导，不是书记个人领导。个人没有权力领导一切，否则就是"最坏的官僚主义"；要职责分明，大事要经过党委讨论，书记不能随便做决定；书记也不能干涉行政，行政上的事由行政决定。⑤

（三）改革开放以来对党领导一切的丰富发展和时代创新

邓小平在改革开放中认识到了忽视党的领导带来的严重危害，一再强调坚持党的领导的重要性。一是在社会主义发展史的视域中反思党的领导。邓小平分析认为，无产阶级运动的实践证明："没有共产党的领导就不可能有社会主义革命，不可能有无产阶级专政，不可能有社会主义建设。"⑥ 二是从基本原则的高度定位党的领导，提出"坚持四项基本原则的核心，就是坚持党的领导"。邓小平指

---

① 《建党以来重要文献选编（1921～1949）》（第 20 册），中央文献出版社 2011 年版，第 14、604 页。

② 《毛泽东文集》第八卷，人民出版社 1999 年版，第 305 页。

③ 《建国以来重要文献选编》（第 15 册），中央文献出版社 1997 年版，第 235 页。

④ 《建国以来重要文献选编》（第 15 册），中央文献出版社 1997 年版，第 236 页。

⑤ 《建国以来重要文献选编》（第 15 册），中央文献出版社 1997 年版，第 236、237 页。

⑥ 《邓小平文选》第二卷，人民出版社 1994 年版，第 169 页。

出，"人民的团结，社会的安定，民主的发展，国家的统一，都要靠党的领导"。① 一旦离开党的领导，就无法进行社会主义的经济、政治、军事和文化建设，更无法实现社会主义现代化。三是反对对待党的领导的两种错误倾向。第一，不能因为党犯了错误而否定党的领导。"党的领导当然不会没有错误"，但历次错误都是依靠党而不是离开党予以纠正的。当问题出现了，"必须认真考虑和努力解决的问题"是"党如何才能密切联系群众，实施正确的和有效的领导"，而决不能把错误当成要求削弱和取消党的领导的理由，否则"只能导致无政府主义，导致社会主义事业的瓦解和覆灭"。② 第二，避免权力过于集中导致的官僚主义。不能"不适当地、不加分析地把一切权力集中于党委"，甚至变成个人领导。如果权力过于集中到个人或少数人手里，必然会导致官僚主义和犯各种错误，从而损害民主生活、集中领导和民主集中制。四是强调党的核心领导。邓小平不仅在总结党的执政经验中强调党的领导核心，而且在应对西方颠覆社会主义的企图中提出是否坚持党的领导至关重要。他指出，可靠的领导集体必须要有核心。③ 有了这一前提，即使领导人发生变动，也不会影响党的领导。针对西方对社会主义的颠覆活动，邓小平强调要顶住这股逆流，"是否坚持社会主义道路和党的领导是要害"，否则发展的不过是一个西方资本主义的附庸国。④

在改革开放的持续推进中，党对一切工作的领导得到进一步重申和发展。21世纪之初，面对处于深刻变动中的世界局势，中国特色社会主义需要应对各种挑战，需要解决诸多新情况、新问题，在此情景下，江泽民强调了党的领导的核心地位："中国共产党是领导建设有中国特色社会主义伟大事业的核心力量……当今中国的事情办得怎么样，关键取决于我们党。"⑤ 由此进一步提出了"治国必先治党，治党务必从严"⑥ 的观点。

党的十八大以来，习近平总书记反复强调党领导一切，不仅把坚持党的全面领导置于新时代中国特色社会主义思想和基本方略第一条的重要地位，而且明确从党自身出发，就如何提高党的执政本领进行了重大部署。把党的政治建设摆在首位，把党的思想建设作为党的建设的基础性建设，强调加强党的素质建设、组织建设以及健全监督体系等重要内容。

此外，结合国际与国内发展形势，习近平创新性地对党领导一切进行了新的

---

① 《邓小平文选》第二卷，人民出版社 1994 年版，第 342 页。
② 《邓小平文选》第二卷，人民出版社 1994 年版，第 170～171 页。
③ 《邓小平文选》第三卷，人民出版社 1993 年版，第 310 页。
④ 《邓小平文选》第三卷，人民出版社 1993 年版，第 311 页。
⑤⑥ 《江泽民文选》第二卷，人民出版社 2006 年版，第 496 页。

定位与阐发。处于世界百年未有之大变局，进入新时代的中国面临着更多的风险和挑战，在世界政治、经济、科技、文化等处于复杂多变的环境中，需要应对逆全球化、贸易摩擦、疫情给全球经济带来的重大影响等一系列国际问题；而在国内，实现中华民族伟大复兴和全面深化改革的任务依然艰巨，发展不平衡不充分的突出问题尚未完全解决、民生问题还有不少短板、社会矛盾和问题交织叠加、意识形态领域斗争依然复杂……很多方面都处在薄弱环节。① 应对国际挑战、破解国内难题，需要靠党把握正确的方向。基于此，习近平总书记从社会主义本质的高度和社会主义基本制度的角度对党的领导进行了更高的定位，提出了从中国特色社会主义本质和制度高度强调党的领导是最本质的特征和最大的优势；形象生动地概括和比喻了党的领导是"最高政治领导力量""众星捧月，这个'月'就是中国共产党""党中央是坐镇中军帐的'帅'"，等等。总之，坚持党对一切工作的领导是新时代党和国家各项工作的根本保证，是应对国际挑战和破解现实难题以保证全方位的经济社会的稳定与发展的根本点。依靠党中央的坚强领导，我国虽然取得了历史性成就，但与面临的严峻形势、要解决的现实问题和承担的历史使命相比，"党的领导水平和执政水平，党的组织建设状况和党员干部素质、能力、作风都还有不小差距"②。因此，从加强党自身建设的角度出发，习近平总书记适时地提出"全面从严治党""以党的政治建设为统领""牢记初心使命，推进自我革命"等一系列举措。

坚持党对一切工作的领导是马克思主义政党根本性质的体现，是中国历史和人民的选择，也是党和国家的根本，关涉中华民族的命运和全国各族人民的幸福，因而是理论逻辑、历史逻辑和实践逻辑的辩证统一。实践证明："中国有了中国共产党执政，是中国、中国人民、中华民族的一件大事。"③ 从中华民族近代以来的历史可以看出，若没有党的领导，我们的国家和民族不可能取得历史性成就，不可能有今天的国际地位，也不可能日益走向国际舞台的中央。只有坚持党领导一切，使党"在应对国内外各种风险和考验的历史进程中始终成为全国人民的主心骨，在坚持和发展中国特色社会主义的历史进程中始终成为坚强领导核心"④，我们才有实现一切奋斗目标的根本政治保证。

---

① 《习近平谈治国理政》第三卷，外文出版社 2020 年版，第 7~8 页。
②④ 习近平：《论坚持党对一切工作的领导》，中央文献出版社 2019 年版，第 2 页。
③ 《习近平谈治国理政》第二卷，外文出版社 2017 年版，第 20 页。

第二节　坚持党对一切工作领导的丰富内涵

坚持党对一切工作的领导，是党的十八大以来习近平总书记反复强调的重要论断，贯穿于中国特色社会主义全方位，体现在国家治理、政治制度、党的建设以及民族工作、学校教育、文艺工作、网络安全等方方面面，具有内容丰富、内涵深刻的特点。坚持党对一切工作的领导，是增强"四个自信"、推动总体布局和战略布局的根本力量，也是实现伟大目标的关键力量。

一、习近平总书记关于坚持党对一切工作领导的重要论述

习近平总书记关于坚持党对一切工作领导的重要论述主要从三个大的方向展开，即国家大局的宏观维度、党的领导的具体方面以及加强和改善党的领导。

（一）关于党总揽全局、协调各方领导核心作用的重要论述

从国家大局的宏观维度，习近平总书记在论述坚持党对一切工作的领导时反复论述了坚持党的领导地位的重要性，强调党的领导在党和国家全局中的核心作用。在十八届中共中央政治局第一次集体学习时，习近平首次提出："中国共产党是中国特色社会主义事业的领导核心，所以必须加强和改善党的领导，充分发挥党总揽全局、协调各方的领导核心作用。"[1] 纵观所有论述，习近平主要从中国特色社会主义本质、我国根本政治制度、经济体制等方面阐述了党领导的核心地位。

从社会主义根本属性和根本特征的角度，习近平在坚持已有社会主义本质理解的基础上，提出党的领导是中国特色社会主义诸多特征中"最本质的特征"。党的领导的这一重要地位在宪法中得到确认并予以保证。"我国宪法确认了中国共产党的执政地位，确认了党在国家政权结构中总揽全局、协调各方的核心地位。"[2] 在做出这一定位的基础上，习近平进一步连续在"三个层面"阐述了党的地位及其与中国特色社会主义之间的关系：中国特色社会主义"最本质的特

---

[1]　习近平：《论坚持党对一切工作的领导》，中央文献出版社2019年版，第5页。
[2]　习近平：《论坚持全面依法治国》，中央文献出版社2020年版，第201页。

征""制度的最大优势"和"社会主义法治最根本的保证"。①

从我国根本政治制度的角度，习近平总书记强调党是领导一切的。首先，立足这一高度，习近平不仅明确提出党是"最高政治领导力量"，而且从我国根本制度角度，提出党的领导"是我们的最大制度优势"。② 因此，为了充分发挥这一制度优势，担负起伟大斗争、伟大工程、伟大事业、伟大梦想的重大职责，必须深化机构改革，解决党长期执政过程中的一系列机构职能关系问题。其次，从党的领导与人民当家作主、依法治国的关系论述党的领导的核心地位。在我国的根本政治制度中，"最根本的是坚持党的领导"③。

从经济体制的角度，强调社会主义市场经济体制的重要特征是党总揽全局、协调各方。改革开放以来的实践证明，我们之所以能取得一系列重大成就，人民生活水平之所以得到大幅提升，都归功于坚持党的领导不动摇，充分发挥了在党的领导下全体党员和各级党组织的积极作用。一方面，在充分发挥市场在资源配置中起基础作用的同时，党以坚强有力的领导成为政府发挥作用的根本保证；另一方面，在全面深化社会主义市场经济体制改革的过程中，党能够以其政治优势引领和推动"社会主义市场经济体制不断完善、社会主义市场经济更好发展"④。

（二）关于坚持党的全面领导的重要论述

习近平总书记把党对具体工作的领导概括为我国"改革发展稳定、内政国防外交、治党治国治军"的全过程。他更是运用比喻和典故形象地阐明这一点。例如，党的领导是支撑中国特色社会主义四梁八柱的"总的骨架"，党中央则是"顶梁柱"⑤；又如，把党的领导核心作用比作"众星捧月"，党就是其中的"月"；把国家治理体系比作一盘"大棋局"，党中央就是"坐镇中军帐的'帅'"。⑥

此外，习近平总书记还运用典故强调党对各项事业的领导核心作用。只有坚持党的领导及其决策核心，才能实现新时代的"六合同风，九州共贯"⑦。这一典故出自《汉书·王吉传》，用来阐释中国社会大一统的根本原因，其完整的表述是"《春秋》所以大一统者，六合同风，九州共贯也。""六合"指"上下和东西南北"，泛指"天下"。在中国特色社会主义新时代，有学者将"同风"理解

① 习近平：《论坚持党对一切工作的领导》，中央文献出版社2019年版，第10页。
②⑤ 习近平：《论坚持党对一切工作的领导》，中央文献出版社2019年版，第11页。
③ 《习近平关于社会主义政治建设论述摘编》，中央文献出版社2017年版，第26页。
④ 习近平：《论坚持党对一切工作的领导》，中央文献出版社2019年版，第8页。
⑥ 习近平：《论坚持党对一切工作的领导》，中央文献出版社2019年版，第9页。
⑦ 习近平：《在全国民族团结进步表彰大会上的讲话》，人民出版社2019年版，第5页。

为马克思主义中国化的最新理论成果，把"共贯"解释为党的指导思想、基本路线、基本方略。① 因此，要实现"六合同风，九州共贯"，必须发挥党对各项事业的领导核心作用。习近平总书记在运用典故的基础上，将党的全面领导层层分级，认为党的领导决策核心是中央委员会、中央政治局、中央政治局常务委员会；党的各级组织要贯彻落实中央作出的决策部署，对党委负责、向党委报告。只有在党委的统一领导下，才能群策群力、集思广益，办好事情。

习近平总书记从经济社会发展的各个具体方面对党的全面领导进行了较为详细的论述。在经济工作中，党的领导的主要职能是议大事、抓大事。在此前提下，各级党委分工明确、各司其职。中央政治局及其常务委员会主要审议关涉经济社会发展大局的重大问题；中央财经领导小组研究确定经济社会发展的重要方针政策、处理一系列重大问题，如重大财经问题、重大生产力布局、重大建设项目的实施原则和措施；各级党委负责领导本地经济工作，结合本地经济发展实际，落实中央决策部署。此外，习近平总书记还阐释了党的领导在国有企业、金融工作、农村工作中的重要地位。在国有企业中，坚持党对其领导是"重大政治原则"，中国特色现代企业制度就"特"在把党的领导和党组织"融入"和"内嵌"到公司治理过程中，并做到"组织落实、干部到位、职责明确、监管严格"。② 在金融工作中，不仅要在整体上增强"四个意识"，坚持党中央从宏观上对金融工作的集中统一领导，还要加强金融系统内党的领导和建设，避免弱化党的领导和建设，反对在公司治理中搞"两张皮"。在农村工作中，要确保党始终总揽全局，提高党的工作能力和水平。抓好"三农"③ 工作，实现乡村振兴，"关键在党"，因此要完善党领导"三农"工作体制机制；④ 在扶贫攻坚中，要发挥政治优势，注意巩固党的阶级基础和群众基础，具体工作中要落到实处，"层层签订脱贫攻坚责任书、立下军令状"⑤。围绕党对经济工作的一系列领导，习近平总书记还重点论述了加强党自身的能力和水平建设，提升党领导经济工作的观念、体制和方式方法。

在政治工作中，加强党对党和国家机构深化改革的领导。党在政治工作中的领导既涉及我国的根本政治制度，正确处理党的领导与人民当家作主、依法治国的关系，又涉及党的政治建设和政治领导。第一方面内容在前述内容中已经阐释，在此不再赘述；后一方面内容在后面将专门论述，在此也就不展开论述了。

---

① 辛鸣：《坚持党对一切工作的领导：从"六合同风、九州共贯"到中国特色社会主义最本质特征》，载于《中国纪检监察报》2020 年 1 月 13 日。
② 习近平：《论坚持党对一切工作的领导》，中央文献出版社 2019 年版，第 148 页。
③ "三农"指农业、农村、农民。
④ 习近平：《论坚持党对一切工作的领导》，中央文献出版社 2019 年版，第 206 页。
⑤ 习近平：《论坚持党对一切工作的领导》，中央文献出版社 2019 年版，第 106 页。

因而此处党在政治工作中的领导主要涉及党在党和国家机构改革中的核心领导作用。坚持和加强党的全面领导，是深化党和国家机构改革的内在要求和重要任务。党的领导与社会主义制度是"治国理政的本根"。① 为了维护和推进党的领导在党和国家机构改革中的作用，习近平强调，既要坚持党的集中统一领导，确保党的全面领导，又要加强中央和国家机关党的建设，提高机关党建的质量和水平。

在文化建设中，加强党对意识形态工作的领导权。习近平提出，"意识形态工作是党的一项极端重要的工作"②。这是对文化工作中意识形态工作的高度重视。"党管宣传、党管意识形态、党管媒体是坚持党的领导的重要方面"，要理直气壮地讲党性原则。要实现这一点，具体说来，宣传思想工作就要巩固马克思主义的指导地位和夯实全党全国人民团结奋斗的共同思想基础，要加强领导干部的学习和实践，做到"守土有责、守土负责、守土尽责"③。新闻舆论工作要坚持党的领导，维护党的团结和党中央权威；在文艺工作中，坚持党的领导是社会主义文艺发展的根本保证，要处理好党性和人民性、政治立场和创作自由的关系。

在社会建设和生态建设中，把党的领导和社会主义制度优势转化为社会治理优势。习近平强调，在社会建设中要自觉坚持党的领导，增强"四个意识"，从党和国家大局出发分析困难和挑战，"坚定不移走中国特色社会主义社会治理之路"④。同时，在治理生态问题的过程中，党中央要担负起生态文明建设的政治责任，做好全面部署，各级党委和政府要负主要领导责任，使各部门分工协作、共同发力。

除了以上几个方面外，习近平对党的全面领导还从军队国防外交、人才培养、民族宗教、工会工作等方面进行了重点论述。他提出，坚持党对军队的绝对领导是"强军之魂"，坚持党对军队的绝对领导既有合理性也有必要性。⑤ 党是军队的缔造者，这是"人民军队完全区别于一切旧军队的政治特质和根本优势"，它"发端于南昌起义，奠基于三湾改编，定型于古田会议"。⑥ 实践证明，坚持党对军队的绝对领导是军队始终保持强大的凝聚力、向心力和战斗力的根本保证。军队建设的首要就是听党指挥，贯彻执行党的理论和路线方针不动摇。

在人才培养中，加强党对教育工作的领导。办好教育首先要坚持党的全面领导。教育部门和各级各类学校要在政治上自觉同党中央保持高度一致，把党建工

① 习近平：《论坚持党对一切工作的领导》，中央文献出版社 2019 年版，第 228 页。
② 习近平：《论坚持党对一切工作的领导》，中央文献出版社 2019 年版，第 23 页。
③ 习近平：《论坚持党对一切工作的领导》，中央文献出版社 2019 年版，第 27 页。
④ 《习近平谈治国理政》第二卷，外文出版社 2017 年版，第 384 页。
⑤ 习近平：《论坚持党对一切工作的领导》，中央文献出版社 2019 年版，第 82 页。
⑥ 习近平：《论坚持党对一切工作的领导》，中央文献出版社 2019 年版，第 191 页。

作作为办学治校的重要工作和基本功，贯彻到学校工作的各个方面。① 在具体办学以及人才培养等方面，习近平也着重强调了坚持党的领导的重要性。例如，做出了"党校姓党，是党校工作的基本原则"②；"掌握党对高校工作的领导权"，"抓好政治领导和思想领导"，坚持社会主义办学方向，掌握高校思想政治工作的主导权③等重要论述，为新时代人才培养指明了方向。

在民族宗教、工会、群团组织乃至妇女等更为具体的工作中，依然不能放松党的全面领导。以工会工作为例，习近平从中国特色社会主义最本质特征和制度优势的角度论述了党的领导在工会工作中的重要地位，认为工会工作成效如何，关键在于坚持的政治方向，而在我国，工会工作的正确政治方向就是坚持党的领导和社会主义制度。因此"工会要永远保持自觉接受党的领导这一优良传统"④。

总之，无论是在关系国家根本制度、大政方针等根本性问题上，还是在治国理政中的具体方面，习近平都较为深入地论述和强调了应坚持党的领导。

（三）关于加强和改善党的领导的重要论述

党对一切工作的领导，需要加强和改善党的领导，处理好党内及其与党外各党派和社会团体之间的关系。在习近平关于坚持党对一切工作领导的系列重要论述中，比较注重立足于党自身，从加强党的领导和党自身建设两个方面论述了如何保证党内团结。

1. 维护党中央权威和集中统一领导

在党的十八届六中全会上，习近平从全国人民的共同愿望、提高党的创造力、凝聚力、战斗力以及保证社会经济发展的社会主义方向等角度出发，提出"坚持党中央集中统一领导，确立和维护党的领导核心"⑤的观点。在党的十九大报告中，习近平进一步把党的政治建设作为新时代党的建设总要求，而政治建设的首要任务在于"坚持党中央权威和集中统一领导"⑥。2020年12月25日，中共十九届中央政治局民主生活会上，习近平把维护党中央权威和集中统一领导看作坚持和加强党的全面领导的首要任务，明确为中央政治局的政治准则和根本政治要求。2019年初的中央纪律检查委员会会议提出领导干部要做到"两个维护"⑦，在

---

① 习近平：《论坚持党对一切工作的领导》，中央文献出版社2019年版，第277、278页。
② 习近平：《论坚持党对一切工作的领导》，中央文献出版社2019年版，第109页。
③ 习近平：《论坚持党对一切工作的领导》，中央文献出版社2019年版，第162页。
④ 习近平：《论坚持党对一切工作的领导》，中央文献出版社2019年版，第282页。
⑤ 习近平：《论坚持党对一切工作的领导》，中央文献出版社2019年版，第156页。
⑥ 《习近平谈治国理政》第三卷，外文出版社2020年版，第48~49页。
⑦ "两个维护"即坚决维护习近平总书记在党中央和全党的核心地位，坚决维护党中央权威和集中统一领导。

大是大非面前，要立场坚定、旗帜鲜明，正确维护党中央权威。随后，这一论断作为坚持和完善党的领导的最重要方面与其最关键因素被写入《中共中央关于加强党的政治建设的意见》中。此后不同的场合中，习近平从政法工作、干部培养等多方面论述了坚持"两个维护"的重要意义。

2. 加强党自身建设

大致说来，这方面的论述主要从党的各方面建设方面展开。从整体上论述加强党的建设。在党的十九大报告中，习近平提出了"坚持和加强党的全面领导、坚持党要管党、全面从严治党"[①]。全面从严治党作为党的建设总要求之重要组成部分，强调全面推进党的"五大建设"。[②] 在这"两个坚持"中，前者是后者的前提。在习近平看来，这个前提关涉党和国家的前途命运，是全部事业的基础，是根本的方向性问题。

在从整体上论述党的自身建设的同时，习近平也非常重视在具体场合中论述以党的全面领导为引领加强党自身建设的各个方面。第一，党的政治建设是首位。"党的政治建设是党的根本性建设，决定党的建设方向和效果。"[③]党的政治建设不仅决定了党在其他方面的建设，而且是坚持党中央权威和集中统一领导的关键与统领，也是从政治角度衡量一个马克思主义政党的重要标准。在相关论述中，习近平还以历史的视野阐释了将党的政治建设放在首位的必要性及其实现路径。他指出，党历来注重从政治上建党：从古田会议到党的七大，逐步提出了党的政治建设；从新中国成立到改革开放以后，政治建设是"生命线"，强调"讲政治"等一直受到重视，因此政治建设是党发展壮大、走向胜利的重要保证。

第二，加强思想建设、组织建设、作风建设和纪律建设。其一，思想建设是党的基础性建设。习近平从共产党人安身立命的根本论述了加强党的思想建设的重要性。共产党人安身立命的根本是崇高的信仰、坚定的理想信念和坚持不懈的精神追求。没有对马克思主义的信仰、对社会主义和共产主义的信念，就经受不住任何考验。其二，严明党的组织纪律。在论及为何加强党的组织纪律时，习近平强调党的严密组织体系和强大的组织能力是领导社会主义事业核心力量的重要体现，只有切实增强党性、遵守组织制度、加强组织管理、执行组织纪律、落实组织责任，才能真正做到"在党爱党、在党为党、在党忧党"[④]。在纪律建设中，习近平强调应把守纪律讲规矩摆在更加重要的位置，而政治纪律和政治规矩又是第一位的。只有组织严密、纪律严密，才能保持党的团结，从而具有应对复杂形势、抵御风险的能力。

---

① ③　《习近平谈治国理政》第三卷，外文出版社 2020 年版，第 48 页。
②　"五大建设"指政治建设、思想建设、组织建设、作风建设和纪律建设。
④　习近平：《论坚持党对一切工作的领导》，中央文献出版社 2019 年版，第 55 页。

习近平总书记在不同场合中对"坚持党对一切工作的领导"的重要论述，内容丰富、内涵深刻，既是在立足世情国情党情基础上做出的正确研判，又是在坚持马克思主义政党理论和传承中华优秀传统文化前提下的理论创新，是新时代坚持和完善党的全面领导，充分发挥党总揽全局、协调各方的领导制度体系的重要理论遵循。

二、坚持党对一切工作领导的丰富内涵

习近平关于坚持党对一切工作领导的重要论述不仅内容丰富，而且内涵深刻，阐明了党的领导主体和范围、执政方式、价值旨归等重要内容，对新时代认识和坚持党的领导有着积极的意义。

"党政军民学，东西南北中，党是领导一切的。"① "党政军民学"通常指行业和领域；"东西南北中"通常指地域。从习近平总书记的这一重要论断来看，它与"坚持党对一切工作的领导""坚持党的全面领导"所表达的意思是一致的，并且都围绕"党""一切""领导"这三个核心词汇深刻阐明了领导的主体、领导的范围、执政方式、价值旨归。

（一）就领导主体而言，党领导一切的主体是中国共产党

中国共产党在整个国家政治体系中具有最高的领导地位。这一地位不是自封的，而是经过了历史的考验、人民的选择和实践的检验。从鸦片战争到五四运动、从新民主主义革命到中华人民共和国成立，在近代中国的历史长河中，虽然围绕救亡图存，中国社会中曾出现过不同的政治组织和政治团体，但他们各自为战、一盘散沙，内部没有形成强有力的凝聚力、对外没有团结起中华儿女，因而不可能成为近代中国完成求得民族独立和人民解放、实现国家繁荣富强和人民共同富裕两大历史任务的领导力量。1912 年《中华民国临时约法》后出现的政治现象就足以证明这一点。此法通过后，效仿西方多党制的现象在当时社会非常流行，不同力量集会结社组成政党、试图参与组阁之风极为时髦，但最终都以失败告终。当孙中山总结这一时期多党制的现象时，明确批评道："不但是学不好，反且学坏了！"② 与之形成鲜明对比的是，中国共产党既具有严密的组织体系，也具有强大的组织能力，不仅在内部形成了强大的凝聚力和战斗力，在组织之外也具有强大的领导能力，从而能够团结和组织中国人民进行艰苦卓绝的斗争并最

---

① 《习近平谈治国理政》第三卷，外文出版社 2020 年版，第 16 页。
② 《孙中山选集》（下卷），人民出版社 2011 年版，第 792 页。

终取得了革命的胜利。在社会主义建设和改革的过程中，中国共产党带领人民取得了经济社会发展的巨大成就，迎来了实现伟大复兴的光明前景。正如习近平总书记所说的：我们党始终初心不改、矢志不渝，"团结带领人民经历千难万险，付出巨大牺牲，敢于面对曲折，勇于修正错误"，从而攻克了一系列难关、创造出彪炳史册的人间奇迹。① 立足当下和面向未来，中国依然面临诸多风险和挑战，应对百年未有之大变局，只有坚持党是最高的政治领导力量，我们才能在新时代新长征路上涉险滩、攻难关，创造新的辉煌。

（二）就领导范围而言，党的领导是全面的、系统的、整体的

"一切""全面""总揽"意指党的领导范围覆盖了经济社会发展中的方方面面。党的领导"不是空洞的、抽象的，必须体现到治国理政的方方面面，体现到国家政权的机构、体制、制度等的计划、安排、运行之中，确保党的领导全覆盖"②。这是从中国革命、建设和改革中得出的经验总结。早在抗日战争时期，在坚持党的一元化领导时就已经认识到：党"应该领导一切其他组织，如军队、政府与民众团体"③。如本章第一节所述，新中国成立以后，毛泽东从"工、农、商、学、兵、政、党"七个方面强调"党是领导一切的"。④ 改革开放的过程中，邓小平把党的领导纳入"四项基本原则"中，既强调了坚持党的领导的重要性，又在改革中反思和改善党的领导。江泽民、胡锦涛在不同时期也分别强调坚持党领导一切的重要性。进入新时代，习近平在不同场合的重要讲话中都强调了要坚持党的领导，各行业、各领域、各地区全面覆盖。从本节的前述内容来看，习近平对党的领导范围的论述较之前的领导人更全面和具体，既涉及宏观的国家基本制度，也包括经济社会发展的各方面，凸显了坚持和加强党的领导重要地位。无论哪一个行业、领域和地区，都要坚决服从党的领导、听从党的指挥，贯彻和落实党的路线方针政策。

（三）就领导方式而言，党的领导是总揽全局、协调各方

"事在四方，要在中央。"坚持党的领导是全面、系统和整体的，不是等同于党统包统揽、包办具体事务、事无巨细都要抓，而是要坚持总揽全局、协调各方的原则。首先，坚持党的政治领导。2019 年 1 月颁布的《中共中央关于加强党

---

① 《习近平谈治国理政》第三卷，外文出版社 2020 年版，第 12 页。
② 《习近平新时代中国特色社会主义思想三十讲》，学习出版社 2018 年版，第 79 页。
③ 《建党以来重要文献选编（1921—1949）》（第 19 册），中央文献出版社 2011 年版，第 423 页。
④ 《毛泽东文集》第八卷，人民出版社 1999 年出版，第 305 页。

的政治建设的意见》明确规定：党是最高政治领导力量。从内涵上来看，党的政治领导是指党把握全局和政治方向、制定路线方针政策、完善政治制度等根本性和方向性工作。① 可见，党的政治领导作为最高的领导力量，不是要抓具体工作，而是体现在对国家重大决策的领导，对政治立场、方向、原则、道路等根本性问题的领导。从领导地位来看，党的政治领导最重要。党的领导主要是政治领导、思想领导和组织领导，其中政治领导处于最重要的地位。习近平的系列重要讲话中明确提出，"坚持党的领导，首先是坚持党中央权威和集中统一领导，这是党的最高原则"②，而"党中央权威和集中统一领导，最关键的是政治领导"③。总之，发挥党的领导核心作用，必须坚持党的政治领导。

其次，在领导方式上，党起着领导核心作用，主要表现为把方向、谋大局、定政策、促改革、保落实。把方向，就是以马克思主义为指导，与党中央保持高度一致，坚持中国特色社会主义方向。谋大局，是指立足于国内大局和世界格局，正确认识大局、自觉服从大局、坚决维护大局，从宏观和战略层面思考问题，把各方面工作纳入党和国家大局中，共谋国内乃至人类发展大计。定政策，即始终坚持以人民为中心的价值立场，立足新时代我国社会的主要矛盾，回应人民诉求和关切，坚持基本原则，制定切实可行的政策措施。促改革，是指根据时代和形势的发展，坚持自我革命和社会革命，保证全面深化改革顺利进行，不断解放和发展生产力。保落实，是指党的各级组织贯彻落实中央决策。党中央是党的领导的决策核心；党的各级部门要贯彻落实；党的各级组织也要贯彻落实。另外，各级组织对党委负责、向党委汇报工作；各地区、各部门党委（党组）要加强向党中央报告工作。④ 把方向、谋大局、定政策、促改革、保落实的领导方式使党的领导既能全部覆盖，又不陷入事务主义，"眉毛胡子一把抓"。

正是基于对党总揽全局、协调各方执政方式的上述理解，有学者把党的地位定位为：中国政治方向的掌舵者、国家政治体系的统领者、社会治理的主导者和重大决策的决断者。⑤

（四）就价值旨归而言，党的领导始终坚持以人民为中心

党的领导的主体、范围、方式等的根本目的和归宿都是人民。坚持党领导一切，就是坚持党性和人民性相统一，一切以人民为中心。习近平反复强调"人民

---

① 耿洪彬：《始终坚持党的政治领导》，载于《解放军报》2019 年 10 月 25 日，第 07 版。
② 《习近平谈治国理政》第三卷，外文出版社 2020 年版，第 85～86 页。
③ 《习近平谈治国理政》第三卷，外文出版社 2020 年版，第 83 页。
④ 习近平：《论坚持党对一切工作的领导》，中央文献出版社 2019 年版，第 7 页。
⑤ 何毅亭：《中国共产党是最高政治领导力量》，载于《学习时报》2019 年 5 月 17 日，第 A1 版。

是执政党的最大底气，也是党执政最深厚的根基"，是"我们共和国的坚实根基"和"强党兴国的根本所在"。① 因此，中国共产党最鲜明的党性就是人民性，党来自人民，为人民而生，党代表人民的根本利益，除了人民利益之外没有特殊利益；全心全意为人民服务是党的根本宗旨；人民是历史的创造者，只有依靠人民，凝聚起众志成城的磅礴力量，才能创造历史伟业。实践证明，来自于人民、服务于人民、依靠于人民的价值旨归，正是中国共产党人的初心。党奋斗的根本目标正如习近平所说的那样，"归根结底就是让全体中国人都过上更好的日子"②。一切以人民为中心是中国共产党人永恒不变的奋斗宗旨和价值追求。

三、坚持党对一切工作的领导需要澄清的重大关系

正确理解"坚持党对一切工作的领导"的过程中还需要澄明其中存在的一系列错误认识，处理好与党的领导相关的一系列重大关系。

（一）领导与执政的关系

在党政关系上存在两种对立观点，即"党政不分论"和"党政对立论"。坚持"党政不分论"的人把党的领导等同于党管理一切，既然党是管理一切的，那么党的领导就是党"包办""包揽"一切。在这种错误观念的影响下，出现了一些领导干部和基层组织滥用权力、冒险越权的行为；与这一行为对应的是推卸责任，党委部门以外的部门则容易产生"事不关己，高高挂起"的错误想法，既然是党领导一切，那就应该由党包揽一切政务工作，从而消极怠工，当起了"甩手掌柜"，一旦出现问题就推卸责任。坚持"党政对立论"的人则认为，既然党的领导主要是政治领导，要党政分开，那么党只管党，不管政权，"党"与"政"之间应该是互不干扰。没有条件地党政分开，必然弱化党的领导，其最终危害的还是人民的利益。针对这一点，王岐山曾严厉地指出："没有前提地搞党政分开，结果弱化了党的领导，削弱了党的建设。"③

上述两种错误观点混淆了"领导"与"执政"的关系。前者是后者的政治基础，后者是前者的实现形式，但两者的区别仅是分工上的不同。党的领导是全面的，然而也不能以党组织取代国家机构，直接执掌和行使国家权力。因此，领导与执政的不同在于分工以及与此相应的工作方式上的不同，党的领导通过执政

---

① 《习近平谈治国理政》第三卷，外文出版社 2020 年版，第 137 页。
② 《习近平谈治国理政》第三卷，外文出版社 2020 年版，第 134 页。
③ 王岐山：《开启新时代 踏上新征程》，载于《人民日报》2017 年 11 月 7 日，第 02 版。

方式来实现，"党政分开"就是以此为前提，在任何情况下都不能由此否定党的领导，也不能党政不分、以党代政。

（二）集中与民主的关系

"民主集中制是党的根本组织原则"，坚持党对一切工作的领导并不等同于主张坚持一党专制，"不是说不要民主集中制了，不要发扬党内民主"，要处理好两者之间的关系。① 发扬民主与坚持集中是一致的。一方面，要实行正确的集中。在论及改革过程中加强党的领导时，习近平提出，"治国犹栽树，本根不摇在枝叶繁茂"，党的领导就是治国理政的本根，坚持就是首先要加强政治建设以维护党中央权威和集中统一领导，"要以实际行动维护党中央一锤定音、定于一尊的权威"，这就要求"无论在哪个领域、哪个层级、哪个单位，都要服从党中央集中统一领导"。② 另一方面，"党内民主是党的生命"，必须发扬党内民主，尊重和发挥各级党组织和广大党员的积极性和创造性。坚持民主与集中的辩证统一，既要反对以集中之名搞"家长制"，又要反对以民主之名自行其是，个人专断与软弱涣散都会危害党的领导。③ 因此，涉及党和国家的重要大事，如党代会报告、文件、决策，政府工作报告以及部门等重要工作文件，必须发扬党内民主，广泛征求意见。就这一问题，在中央党校县委书记研修班的座谈会上，习近平总书记要求县委书记要带头执行民主集中制，但不能搞"家长"，也不能"搞一团和气""和稀泥"；"要按照程序进行决策……做到总揽不包揽、分工不分家、放手不撒手"。④ 习近平对县委书记的这段讲话比较透彻地阐明了在坚持党对一切工作的领导中，处理好集中与民主之间关系的方式方法。实践证明，坚持集中和民主辩证统一的生动活泼的政治局面，是党营造风清气正的良好政治生态、确保党的事业蓬勃发展的重要保障。

（三）党的领导与法治的关系

要处理好党的领导与法治的关系。党法关系是政治与法治关系的集中体现，是治国理政中的"根本问题"，关系到"法治兴、党兴、国家兴"。⑤ 然而在现实社会中，却存在无视法律，把党的领导凌驾于法律之上的错误观点，没有认识到两者之间是有机结合的统一体；或者讨论"党大还是法大"的关系问题。因此，

①③ 习近平：《论坚持党对一切工作的领导》，中央文献出版社2019年版，第229页。
② 习近平：《论坚持党对一切工作的领导》，中央文献出版社2019年版，第228页。
④ 《习近平谈治国理政》第二卷，外文出版社2017年版，第147页。
⑤ 《习近平关于社会主义政治建设论述摘编》，中央文献出版社2017年版，第97页。

厘清"党"与"法"、"党治"与"法治"之间的关系，具有极其重要的理论意义和现实价值。首先，社会主义法治必须坚持党的领导，党的领导是最根本的保证。"法是党的主张和人民意愿的统一体现"①，党领导人民制定和实施宪法和法律。其次，公平正义是党崇高的价值追求。党自身首先要在宪法法律范围内活动，严格执行科学执政、民主执政、依法执政的原则，把权力关进制度的笼子里。党员干部要做尊法、学法、守法、护法的模范，提高法治意识和依法办事的能力。因此，"党"和"法"、"党的领导"与"依法治国"是高度统一的，"党大还是法大"的争议是一个伪命题。任何人都不能"以言代法、以权压法、徇私枉法"。②

坚持党对一切工作的领导是事关党和国家事业的重大问题，是实现伟大目标的关键力量。习近平关于这一问题的系列重要论述从国家大局的宏观维度、党的领导的涵盖范围以及如何加强和改善党的领导等方面全面地阐释了其基本内容，剖析了其丰富内涵，是进一步推进党的全面领导的重要理论遵循。

第三节　坚持党对一切工作领导的实践路径

坚持党对一切工作的领导是决定党和国家前途命运的重大原则。党成立以来，百年的伟大历史充分证明，正是因为毫不动摇地坚持了党对一切工作的领导，我们才能成功应对风险挑战、克服艰难险阻，开启新时代新征程。因此，应在本章前两节解决了党的领导何以必要的基础上，进一步探究党的领导何以可能，即探究党对一切工作领导的实现机制。大致来说，可以从三个大的方面，即从思想教育、党自身建设和制度保障方面把党对一切工作的领导落到实处。

一、加强思想教育，坚决维护党中央权威和集中统一领导

"坚持和加强党的全面领导，首先要维护党中央权威和集中统一领导。"③ 这关系到党和国家的前途命运以及人民的根本利益。坚决维护党中央权威和集中统一领导对于加强党内团结统一、治理好党和国家至关重要，这是从我国近代以来

---

① 《习近平关于社会主义政治建设论述摘编》，中央文献出版社2017年版，第99页。
② 《习近平关于社会主义政治建设论述摘编》，中央文献出版社2017年版，第100页。
③ 习近平：《论坚持党对一切工作的领导》，中央文献出版社2019年版，第157页。

的历史中得出的经验总结，"是马克思主义政党建党的重大原则"①。就像恩格斯在总结欧洲革命时所说的那样："没有权威，就不可能有任何的一致行动""没有统一的和指导性的意志，要进行任何合作都是不可能的"②，这一问题"任何时候任何情况下都不能含糊、不能动摇"③。

（一）加强思想教育，强化维护党中央权威和集中统一领导的思想自觉

认识影响行动，思想引领实践。坚决维护党中央权威和集中统一领导，首先要重视思想教育，保持高度的思想自觉。思想教育能够"着力解决学习不深入、思想不统一、行动跟不上的问题，既绵绵用力又集中发力，推动全党思想上统一、政治上团结、行动上一致"④。加强思想教育，要以先进的思想武装头脑，认真研读经典著作，系统学习历史，深刻领悟习近平总书记系列重要讲话，在学懂弄通的基础上狠下功夫，通过学习教育进一步凝心聚魂，把对党对一切工作领导的认识内化于心、外化于行。以此为思想前提，从而自觉地增强"四个意识"、做到"两个维护"。

首先，要认真学习马克思主义理论。马克思主义理论是科学的世界观和方法论，是我们解决问题的思想启迪和方法论启发；马克思主义理论是科学理论，它揭示了人类历史的发展规律，指明了我们的前进方向；马克思主义理论也是人民的理论和实践的理论，它不仅告诉我们要始终植根于人民、依靠人民推动历史不断前行，而且是我们改造的强大精神力量。认真学习这一理论，能够提升思想境界，坚定马克思主义信仰和共产主义理想，而且能帮助我们立足现实，为解决现实问题提供重要的理论指南。对于学习马克思主义理论的重要性，习近平曾强调指出，要认真学习和实践马克思主义关于人类历史发展规律的思想，关于人民立场的思想，以及关于政党建设、经济、政治、文化、社会、生态等方面的思想。把马克思主义理论与中国实际相结合，运用马克思主义分析和解决实际问题，运用科学理论指导我们应对重大挑战、抵御重大风险、克服重大阻力、化解重大矛盾、解决重大问题。

其次，要系统学习历史。"欲知大道，必先为史。"历史是人类最好的老师。在十八届中共中央政治局第七次集体学习时，习近平曾强调，历史是最好的教科

---

① 《习近平谈治国理政》第三卷，外文出版社 2020 年版，第 84 页。
② 《马克思恩格斯文集》第 10 卷，人民出版社 2009 年版，第 372 页。
③ 习近平：《论坚持党对一切工作的领导》，中央文献出版社 2019 年版，第 159 页。
④ 《习近平谈治国理政》第三卷，外文出版社 2020 年版，第 540 页。

书。这门功课不仅必修，而且必须修好。在"不忘初心、牢记使命"主题教育总结大会上，习近平在讲话中也着重论述了学习历史的重要性，提出加强思想教育，要把学习马克思主义理论同学习党史、新中国史、改革开放史、社会主义发展史结合起来。结合学习这四部历史，可以在学思践悟中坚定理想信念，在奋发有为中践行初心使命。具体说来，党史是中国共产党成立以来的奋斗史、理论创新史和自身建设史，是学习其他历史的基础；国史是新中国成立后中国人民在中国共产党的带领下进行革命、建设和改革的历史，通过学习国史能够激发我们投身伟大事业之中；改革开放史是党的十一届三中全会以来共产党人推进改革开放和社会主义现代化建设的历史，学习这段历史能够深化对党史和国史的学习；社会主义发展史是世界社会主义从空想到在多国实现和发展的历史，通过学习这段历史能够更好地坚持和发展中国特色社会主义。对四部历史的真学真懂真用，能够提高政治素质，坚定理想信念，形成理论自觉。

此外，要深入学习党的十八大以来习近平总书记的一系列重要讲话。习近平在不同场合中的重要讲话内容丰富、内涵深刻，涉及党和国家生活的方方面面，精辟地阐明了新时代我国许多重大理论和实践问题，为我们加强理想信念教育，进行新时代的伟大斗争提供了基本的理论遵循。

通过加强教育，形成思想自觉，不断增强对党和国家的认同感，在思想上深刻地认识到坚持党对一切工作的领导是历史的选择和人民的选择，从而从内心认同并维护中央权威和集中统一领导。

（二）增强"四个意识"，自觉维护党中央权威和集中统一领导

习近平指出，坚持"两个维护"，要"当政治上的明白人"[①]。领导干部在"政治上是否站得稳、靠得住"，应"自觉在思想上政治上行动上同党中央保持高度一致……在各项工作中毫不动摇地、百折不挠贯彻落实党中央决策部署"。[②]

首先，增强政治意识、提高政治站位。增强政治意识、提高政治站位要求每一位党员旗帜鲜明地讲政治，这是坚持党对一切工作领导的首要条件。政治意识是指要从政治上看待、分析和处理问题。作为"四个意识"之首，政治意识是最根本的意识。增强政治意识要求党组织和全体党员要站稳政治立场、把准政治方向、提升政治能力，对瞬息万变、错综复杂的国际国内形势，始终保持清醒的政治头脑，不断增强政治敏锐性和政治鉴别力；要做政治上的明白人，保持政治清醒与行动自觉，在纪律面前要做到令行禁止；要坚定政治信念、严守党的政治纪

---

① 习近平：《论坚持党对一切工作的领导》，中央文献出版社 2019 年版，第 170 页。
② 《习近平谈治国理政》第三卷，外文出版社 2020 年版，第 83 页。

律和政治规矩，对党绝对忠诚，始终同党中央保持高度一致。

其次，增强大局意识，提升应对大局的能力。大局意识是指自觉从大局看问题，自觉服从和坚决维护大局，它是坚持党对一切工作领导的基本前提。正确认识大局，就是立足于我国经济社会发展实际，透过现象看到我国全面深化改革中各种深层次利益关系和矛盾冲突，为解决问题找到新思路、新办法；自觉服从大局，就是正确处理个人与集体、局部与全局、当前与长远的利益关系，做到个人服从集体、局部服从全局、暂时服从长远；坚决维护大局，自觉坚持一切以党和国家大局为重，想问题、办事情都以此为重心，使中央政令和决策部署得到贯彻落实和畅通。

再次，增强核心意识，对党绝对忠诚。核心意识是指在思想上、政治上、组织上、行动上能够信赖、维护、服从和认同核心。具体地说，增强核心意识，除了要信赖和维护核心外，还要"在思想上充分信赖核心、政治上坚决维护核心、组织上自觉服从核心、感情上深刻认同核心"[①]；行动上保持对党的绝对忠诚，就是更加紧密地团结在以习近平同志为核心的党中央周围，把党中央部署的各项任务落到实处。进入新时代，习近平在带领人民接续推进中国社会伟大革命、开创中国特色社会主义伟大事业的过程中所展现出的巨大政治勇气、坚定意志、忧患意识以及责任担当赢得了中国人民和国际社会的高度赞誉。因此"核心"的确立，是党和国家及全国人民的根本利益所在。

最后，增强看齐意识，凝心聚力谋发展。看齐意识是"要向党中央看齐，向习近平总书记看齐，向习近平新时代中国特色社会主义思想和党的十九大确立的理论和路线方针政策看齐，向党中央的重大决策部署看齐"[②]。在此基础上做到坚决响应和执行党中央的倡导和决定，坚决抵制党中央禁止的事情。[③] 这既是政治要求，也是政治纪律。只有在思想上看齐、行动上紧跟、工作中担当，才能真正凝心聚力，不折不扣贯彻落实中央精神、一心一意谋国家长久的发展。

"四个意识"是一个有机整体，增强"四个意识"能够使我们在思想上同党中央保持一致；在政治上与党中央同心同德，对党忠诚；在组织上信任党中央，牢记自身的义务与责任；在行动上自觉向党中央看齐，把"四个意识"落到实处。[④]

（三）坚持知行合一，坚决做到"两个维护"

坚持党对一切工作的领导，首先要坚持"两个维护"。坚决做到这一点首先

---

①② 黄一兵：《坚持党对一切工作的领导》，载于《求是》2018 年第 2 期。

③ 《习近平谈治国理政》第三卷，外文出版社 2020 年版，第 99～100 页。

④ 《习近平新时代中国特色社会主义思想三十讲》，学习出版社 2018 年版，第 78～79 页。

要在"知"上下功夫，厘清两者之间的关系。其一，坚决维护习近平总书记党中央的核心、全党的核心地位与坚决维护党中央的权威和集中统一领导是内在一致的。维护无产阶级政党的核心是马克思主义政党的基本观点。无论是马克思所说的"乐队指挥"，还是毛泽东所说的桃子的"核心"，都强调领导核心的重要性。[①] 从根本上来看，维护党中央的权威就是维护政党领袖的核心地位。对于这一点，列宁早就做出了阐释："在现代的文明国家内，阶级是由政党来领导的；政党通常是由最有威信、最有影响、最有经验、被选出担任最重要职务而称为领袖的人们所组成的比较稳定的集团来主持的。"[②] 因此，"两个维护"本质上是一致的：前者是后者的基础，后者是前者的关键，没有党中央的核心、全党的核心，就会导致各自为阵、各自为政，就没有党中央的权威和集中统一领导。

其二，"两个维护"统一于党的建设的伟大工程。党的建设"以政治建设为统领"，这是"党的根本性建设"。[③] 在政治建设中，"两个维护"是首要前提和政治原则。党的十八大以来，党的建设的伟大工程取得的一系列成就一方面依赖于习近平总书记推进的全面从严治党，另一方面也是因为党中央权威凝聚起了强大合力。因此，党的建设的进一步推进，依然要坚决做到"两个维护"。

其次，做到知行合一，在思想上、政治上、组织上、行动上与党中央保持高度一致。一方面通过理论学习，提高理论修养，在思想上与党中央保持高度一致。另一方面政治立场要坚定，对党绝对忠诚。把加强党的政治建设落实到党员干部的队伍建设上，提高其抵御风险和应对挑战的能力，坚决做到把"两个维护"内化于心、外化于行。

二、加强和改善党的领导，不断提高党的执政能力和执政水平

坚持党对一切工作的领导，必须不断加强和改善党的领导。党的十八大以来，我们在加强和改善党的领导方面取得了显著成就，党的执政能力和执政水平得到了一定程度的提升，但依然面临诸多问题。就当前来说，党面临的环境极其复杂，党内部还有很多问题尚未解决，这意味着党面临的"四大考验"[④] 具有长期性和复杂性，"党要团结带领人民进行伟大斗争、推进伟大事业、实现伟大梦

---

① 《邓小平文选》第三卷，人民出版社 1993 年版，第 310 页。
② 《列宁全集》第 39 卷，人民出版社 2017 年版，第 21 页。
③ 《习近平谈治国理政》第三卷，外文出版社 2020 年版，第 48 页。
④ "四大考验"指执政考验、改革开放考验、市场经济考验、外部环境考验。

想，必须毫不动摇坚持和完善党的领导，毫不动摇把党建设得更加坚强有力"①。

（一）在持续推进自我革命中加强和改善党的领导

首先必须有正视现实问题的勇气、刀刃向内的自觉，不断推进党的自我革命。这种勇气和自觉来自两个方面。一是无产阶级政党的内在性。作为马克思主义政党，无产阶级政党就是为了广大无产阶级的利益而产生的，其肩负着打破旧世界、建立自由人联合体的新世界的历史使命。为了完成这一历史使命，无产阶级政党不仅要进行彻底的革命以改变世界，还要针对不断变化的世界进行自我革命，始终保持先进性和纯洁性。回顾中国共产党的历史，党总是在不断推动社会革命的同时，勇于推进自我革命，"始终坚持真理、修正错误，敢于正视问题、克服缺点，勇于刮骨疗毒、去腐生肌"②，从而成为打不倒、压不垮的先进的无产阶级政党。二是由党存在的问题决定的。为人民谋幸福、为民族谋复兴是中国共产党的初心和使命。然而，初心易得，始终难守。当前，少数党员干部自我革命意志衰退：患得患失、明哲保身，甚至骄奢腐化，检视问题和自我批评的能力退化、弱化，最终导致突破纪律底线乃至违法犯罪。无论何时，当出现问题时，都需要"公开承认错误，揭露犯错误的原因，分析产生错误的环境，仔细讨论改正错误的方法——这才是一个郑重的党的标志"③。

在自我革命方面，我们党已经取得了很多经验，在继承和发展马克思主义建党学说的基础上，形成了关于党的自我革命的丰富理论，如坚定理想信念、加强党性修养、从严管党治党等。新时代推进党的自我革命既要处理好四个方面的关系，又要坚持"四个统一"的基本问题。

习近平把党的自我革命的四个方面的关系理解为"既破又立，既有施药动刀的治病之法又有固本培元的强身之举"，具体说来就是：党的自我净化过程如同治病救人，这一过程就是"通过过滤杂质、清除毒素、割除毒瘤，不断纯洁党的队伍，保证党的肌体健康"的过程；党的自我完善就是坚持补短板，堵塞各种制度漏洞，健全监督机制，提升党的执政能力；党的自我革新就是依据时代发展，破除旧的观念和体制弊端，勇于革故鼎新；党的自我提高就是善于学习，向书本、实践、群众学习，提升各方面境界，全面加强和改善党的领导。④

推进党的自我革命还要坚持"四个统一"。一是坚持加强党的集中统一领导与解决党内问题相统一。前者在任何情况下都不能动摇，不能否定党的领导，在

---

① 《习近平谈治国理政》第三卷，外文出版社 2020 年版，第 47~48 页。
② 《十九大以来重要文献选编》中，中央文献出版社 2021 年版，第 379 页。
③ 《列宁全集》第 39 卷，人民出版社 2017 年版，第 37 页。
④ 《习近平谈治国理政》第三卷，外文出版社 2020 年版，第 534 页。

此前提下，要有敢于同一切与党的领导想违背的事情做斗争的勇气和决心。二是坚持守正与创新相统一。在坚守党的性质宗旨、理想信念、初心使命不动摇的前提下，要有创新意识，解决好党内的各种矛盾。三是坚持严管与厚爱相统一。既要加强监管，又要激发广大党员和干部的积极性，为新时代的经济社会发展尽全力。四是坚持组织推动和个人主动相统一。各级组织既要严格要求、加强管理，又要鼓励广大党员自我检视，增强免疫力。

（二）以政治建设为统领加强党的自身建设

"办好中国的事情，关键在党。"① 党对一切工作的领导要坚强有力，必须加强党的自身建设，这是党永葆先进性和纯洁性的根本途径。党的十八大以来，全面从严治党成效显著，得到了全国人民的认可，但党内依然存在政治、思想、组织、作风不纯等亟待解决的问题，党的自我革命任重而道远，坚决不能懈怠。

党的建设包括政治、思想、组织、作风和纪律五个方面。其中，党的政治建设是党的建设的统领，居于首要地位。把政治建设置于党的建设之首，是由多方面原因决定的。它既是马克思主义政党的根本要求、国际共产主义运动史上的经验教训和我们党的优良传统，更是当前化解党内矛盾和问题的关键所在。正如习近平总书记所说的那样，"党内存在的各种问题，从根本上讲，都与政治建设软弱乏力、政治生活不严肃不健康有关。党的十九大把党的政治建设纳入党的建设总体布局并摆在首位，是从战略和全局高度做出的重大决策"②。党的十八大以来，党的政治建设虽然取得了一定的成绩，但存在的问题还没有得到根本性解决，忽视政治的现象还比较突出，一些同志"缺乏政治敏锐性、政治鉴别力"③。因此，党的政治建设任重道远。

首先，加强党的政治建设，要把维护党中央权威和集中统一领导作为首要任务。加强党的政治建设，首先要在政治方向上与党中央保持高度一致。就我国目前来说，党内存在的所有政治问题，都与这一方面有关。在任何情况下，党员干部都要立场坚定，对党绝对忠诚，与党中央同心同德，把"四个意识"转化为"听党指挥、为党尽责的实际行动"④。其次，加强党的政治建设，要有共产主义信仰。坚定马克思主义真理信仰、共产主义远大理想和中国特色社会主义共同理想。党员干部要通过理论学习，对马克思主义真懂真信真用，以坚定的理想信念，提高党的政治定力和政治能力，抵御各种考验和风险。最后，在现实工作

---

① 习近平：《在庆祝中国共产党成立100周年大会上的讲话》，人民出版社2021年版，第10页。
② 《习近平谈治国理政》第三卷，外文出版社2020年版，第504页。
③ 《习近平谈治国理政》第三卷，外文出版社2020年版，第93页。
④ 《习近平谈治国理政》第三卷，外文出版社2020年版，第505页。

中，党的政治建设落实到干部队伍的建设上，就是党员干部要担负起党和人民赋予的重大政治责任，不断提高执政能力和领导水平。

思想建设是党的基础性建设，通过加强理论武装，使党员干部牢记党的性质使命，防止意识淡化、信念缺失；组织建设就是通过健全党的各种组织体系，防止各种个人主义和不正之风；作风建设围绕同人民群众的血肉联系这个关键，整治"四风"背后所凸显的对党性的背离，反对形式主义和官僚主义，铲除腐败和侵害群众利益等现象，保持党的肌体健康以赢得人民群众的信任和拥护；纪律建设强调纪律在管党治党中的重要作用，通过加强纪律教育、完善纪律规章，以政策感召和高压震慑等方式，有针对性地制止违反纪律的行为。

（三）提高党的执政能力和领导水平

面对实现中华民族伟大复兴的战略全局和世界百年未有之大变局，党面临的外部环境变化迅速、改革发展任务艰巨、矛盾风险前所未有，党面临的考验也异常艰巨，会遇到难以想象的"惊涛骇浪"。在此背景下，领导14亿人口的社会主义大国，党不仅要自身素质过硬，尤其是政治过硬，还要本领高强，不断提高自身的执政能力和领导水平。

进入新时代，广大党员干部只有不断学习，提升自身的素养、觉悟和能力，提高执政本领，才能带领中国人民实现"两个一百年"的奋斗目标和中华民族伟大复兴的中国梦。习近平首先从宏观的角度对提高党的执政能力和领导水平进行了概括。从微观角度，习近平着眼于党面临的"四大危险"①，对提高执政能力和领导水平的具体方面进行了概括，这就是八个方面的本领：善于学习、勇于实践的学习本领；落实总揽全局、协调各方的政治本领；结合实际工作、锐意进取的创新本领；善于贯彻新发展理念、不断开创发展新局面的科学发展本领；做实做细做好各项工作的狠抓落实本领；勇于战胜各种艰难险阻的驾驭风险本领，以及依法执政本领和群众工作本领。八个方面的本领是一个有机整体，是对新时代提高党执政能力和领导水平认识的新高度，具有重要的指导意义。

提高党的执政能力和领导水平，需要做好三方面的努力。其一，加强理论学习，用先进的思想武装头脑，保持共产党人的政治本色和形成理论自觉，推动全党为实现新时代的历史使命不懈奋斗。其二，提高政治本领和政治定力，筑牢"四个意识"、做到"两个维护"，始终与党中央保持高度一致，贯彻落实党的决策部署。其三，加强专业教育和培训，提升党员干部的专业素养和能力。其四，充分发挥党员干部的模范带头作用，赢得群众的信赖和支持，巩固执政基础。

---

① "四大危险"即精神懈怠危险、能力不足危险、脱离群众危险、消极腐败危险。

三、加强制度保障，建立健全坚持党对一切工作领导的制度

"凡将立国，制度不可不察也。""制度优势是一个政党、一个国家的最大优势。"① 全面从严治党，推进党的自身建设，也要"把制度建设贯穿其中"②。这是由党面临的内外环境决定的。从大的环境来看，当今世界正经历百年未有之大变局，国际形势复杂多变，面临的任务之繁重和风险挑战都前所未有。要应对诸多挑战和风险，必须"运用制度威力应对风险挑战的冲击"③。在此背景下，我们党把制度建设摆到更加突出的位置，把"构建系统完备、科学规范、运行有效的制度体系，使各方面制度更加成熟更加定型"④ 作为制度建设的目标。党中央更是从制度安排上发挥党的领导的优势，着眼于制度体系建设，加强党的全面领导的制度体系建设，为坚持党对一切工作的领导提供了制度遵循。

（一）建立不忘初心、牢记使命的制度

党的初心和使命是党的领导的合法性依据，也是党的根本性质、宗旨以及共同的理想信念的重要体现。党的领导能否长久，取决于党能否坚守性质宗旨不偏离、奋斗目标不松懈、理想信念不动摇。党的初心和使命是激励党始终勇往直前的不竭动力。

通过建立不忘初心、牢记使命的制度，以形成长效机制，把其作为加强党的建设的永恒课题和全体党员干部的终身课题，以锤炼党员干部忠诚担当的政治品格。不忘初心、牢记使命的制度的建立，一方面能确保全党遵守党章，恪守党的性质和宗旨，夯实党的思想基础；另一方面建立健全党员干部学习教育培训的常态化制度、服务群众的长效机制、担当创新的体制机制，从而全面贯彻党的理论路线和方针政策，持续推进党的全面创新，使一切工作顺应时代潮流、符合发展规律、体现人民愿望，从而确保党始终走在时代前列、得到人民衷心拥护。

（二）完善坚定维护党中央权威和集中统一领导的各项制度

"维护党中央权威和集中统一领导是我国革命、建设、改革的重要经验、是成熟的马克思主义执政党的重大建党原则，关系党和国家的前途命运、全国各族

---

① 《习近平谈治国理政》第三卷，外文出版社 2020 年版，第 543 页。
② 《习近平谈治国理政》第三卷，外文出版社 2020 年版，第 504 页。
③ 《习近平谈治国理政》第三卷，外文出版社 2020 年版，第 113 页。
④ 《习近平谈治国理政》第三卷，外文出版社 2020 年版，第 110 页。

人民的共同利益。"① 在我国国家治理体系的大棋局中，党中央是坐镇中军帐的"帅"，车马炮各展其长，一盘棋大局分明。因此，坚持党对一切工作的领导，首先就是要完善与此相关的重大工作的领导体制、重大决策落实机制、请示报告制度、集中统一的组织制度等各项制度，以推动全党自觉与党中央保持高度一致，坚决把"两个维护"落到实处。

（三）完善党领导各级机关、团体和组织等制度，健全各级党委（党组）工作制度

党是我们各项事业的领导核心，坚持党对一切工作的领导需要从中央到地方各部门职责分明、协同有序。党中央是党的领导的决策中心，人大、政府、政协直至人民团体等的党组织需要贯彻落实。因此，完善党领导各级机关、团体及组织等制度，健全各级党委工作制度以保证中央和地方的各级政令得以执行，确保党在各种组织中发挥领导作用，是加强党的全面领导制度体系建设的重要方面。各方协同配合，才能保证中央和地方各级政令得以运行顺畅，才能使系列党内法规、政策、条例得以高效执行。

（四）完善党领导各项事业的具体制度

党对一切工作的领导涵盖了社会经济生活的方方面面，需要管理党员干部、人才培养与选拔，意识形态工作，办学方向等方面。因此，新时代坚持党的全面领导，需要落实到统筹推进总体布局、协调推进战略布局各方面。围绕经济、政治、文化、社会、生态等建设，为打赢三大攻坚战②，加快"一带一路"建设，实施京津冀协同发展、珠三角一体化发展、长三角一体化发展等区域经济协同发展，完善党领导各项事业的制度，形成协同体制机制。

（五）完善党和国家机构职能体系

"坚持和加强党的全面领导，既是深化党和国家机构改革的内在要求，也是深化党和国家机构改革的重要任务，是贯穿改革全过程的政治主题。"③ 党和国家大政方针的决定权在中央，维护党中央的权威，任何党组织和个人必须以坚决贯彻党中央决策部署为前提，做到令行禁止。因此，确保党对一切工作的领导，

---

① 习近平：《论坚持党对一切工作的领导》，中央文献出版社 2019 年版，第 157 页。
② 三大攻坚战分别是防范化解重大风险、精准脱贫、污染防治。
③ 习近平：《论坚持党对一切工作的领导》，中央文献出版社 2019 年版，第 228 页。

要完善党和国家机构职能体系，把党的领导贯彻到党和国家所有机构履行职责全过程，推动各方面协调行动、增强合力。"要按照党中央统一部署，以坚持和加强党的全面领导为统领，以推进党和国家机构职能优化协同高效为着力点"，统筹推进一系列党和国家机构改革，从而最终形成"统一高效的领导体制，保证党实施集中统一领导，保证其他机构协同联动、高效运行"。①

① 陈希：《健全党的全面领导制度》，载于《党建研究》2019 年第 11 期，第 22 页。

第三章

一体推进不敢腐、不能腐、不想腐体制机制

作为马克思主义执政党，腐败现象是我们党面临的最大风险和挑战。党的十八大以来，习近平总书记围绕党风廉政建设和反腐败斗争工作发表了一系列重要论述，创造性地提出了构建一体推进不敢腐、不能腐、不想腐（简称"三不"）体制机制的重大创新理论。这一重大战略部署集中反映了党对反腐败斗争基本规律的深刻认识，对反腐败斗争的深入开展提出了新的要求，也为我国今后的反腐败工作提供了科学的行动指南。以习近平同志为核心的党中央提出的一体推进不敢腐、不能腐、不想腐体制机制对于当前和今后党风廉政建设及反腐败斗争有着重大意义，是我们党长期以来反腐败斗争的宝贵经验总结，为我国实现从源头治理腐败提供了科学的实践指导，也把我国反腐败斗争推向了一个新境界。从当前现实境遇来看，党的十八大以来反腐败斗争成效显著，为构建一体推进不敢腐、不能腐、不想腐体制机制提供了有利条件。而腐败现象依然严峻复杂的现状也要求必须一体推进不敢腐、不能腐、不想腐体制机制，巩固和发展反腐败斗争的压倒性胜利。不敢腐、不能腐、不想腐是一个相互联系的有机整体，三者不可割裂，必须一体推进，同向发力。新形势下，一体推进不敢腐、不能腐、不想腐体制机制必须要保持高压反腐不松懈，加大不敢腐的惩治力度；深化权力制约与监督，扎紧不能腐的制度篱笆；加强廉政教育与引导，筑牢不想腐的思想堤坝。协调一体推进"三不"整体性，打通三者内在联系。

第一节　一体推进"三不"体制机制的重大意义

一体推进"三不"体制机制是我们党深化标本兼治、惩防并举治理腐败，不断巩固发展反腐败斗争压倒性胜利的深刻体现，也是我们党保持反腐高压态势不松懈，将反腐败斗争进行到底的庄严政治宣示。深入研究和把握这一重大战略部署，对我国当前和今后的反腐败工作开展有着重大意义。

一、一体推进"三不"体制机制是我们党长期以来反腐败斗争的宝贵经验总结

党的十八大以来，习近平总书记多次提出了不敢腐、不能腐、不想腐的重要论述。2019 年 10 月 31 日，在中国共产党第十九届中央委员会第四次全体会议上，习近平总书记再次明确提出："构建一体推进不敢腐、不能腐、不想腐体制机制。"[①] 一体推进"三不"体制机制的提出有着深刻的实践基础，是对我们党在长期的反腐败斗争中所取得的宝贵经验的总结。长期以来，中国共产党铁腕反腐，在反腐态度上不可谓不坚决，反腐力度上不可谓不大，反腐手段上不可谓不强硬。从反腐成效来看，尽管在一定程度上遏制了腐败蔓延的趋势，但就整体状况来看，腐败问题还十分严重。面对如此严重的腐败存量和呆账，习近平总书记指出："当前腐败现象多发易发，滋生腐败的土壤依然存在，党风廉政建设和反腐败斗争形势依然严峻复杂。"[②] 从我们党以往的反腐实践来看，我们党在惩治腐败面前是敢于下重手的。但反腐的实际成效也表明了长期以来我们党所沿用的权力反腐模式已经越来越难以应对当前的腐败问题，仅依靠查处腐败案件这种方式也无法彻底消除腐败。党的十八大以来，在习近平总书记制定的构建不敢腐、不能腐、不想腐有效机制，标本兼治惩处腐败的战略方针下，反腐败斗争取得空前的战略成果。

[①] 习近平：《中共中央关于坚持和完善中国特色社会主义制度推进国家治理体系和治理能力现代化若干重大问题的决定》，人民出版社 2019 年版，第 41~42 页。

[②] 中共中央纪律委员会、中共中央文献研究室编：《习近平关于党风廉政建设和反腐败斗争论述摘编》，中央文献出版社、中国方正出版社 2015 年版，第 17 页。

二、一体推进"三不"体制机制为根除腐败提供了实践指导

反腐败斗争是一项复杂的系统工程，腐败现象的发生也有着多种因素的相互作用，腐败绝不是仅仅依靠单个措施，或者是惩治住了哪一方面就能完全根除。腐败现象的治理虽没有放之四海皆准的固定模板，但根据腐败发生的机理以及具体形势依然可以探索出一条符合本国现实需要的腐败治理道路。我国著名制度反腐专家李永忠教授指出："贪欲＋权力＋机会＝腐败。只有约束这三个要素，才能真正消除腐败。"① 这在一定程度上表明了治理腐败就必须要把握好治标与治本两者的内在联系，找出腐败现象规律性的东西。既要加大对腐败现象的打击力度，遏制住腐败蔓延趋势，也要做到釜底抽薪，从源头出发有效防止腐败。反腐败斗争标本兼治，关键在治，治是根本。但反腐败斗争如若仅限于查处几起腐败案件，惩处一批腐败分子，则依然是停留在扬汤止沸的层面，只能救一时之急，而产生腐败的病根依然没有被铲除。一旦反腐高压有所松懈，腐败现象迟早会死灰复燃，甚至是越演越烈。一体推进"三不"体制机制的提出表明我们党的反腐工作由治标为主向标本兼治的转变，在过程中打击腐败的行为，从源头处治理腐败的发生，体现了治标与治本的高度统一。"三不"虽各有侧重点，但三者相互配合、融会贯通，构成了一个科学严谨的行为整体。三者整体推进、共同发力，哪一方面都不松懈，在遏制腐败现象蔓延的同时从制度思想层次盘活反腐困境。随着全面从严治党和反腐败斗争的深入进行，一体推进"三不"体制机制这个反腐败斗争的重要方法论，既为巩固和发展此前取得的反腐败斗争压倒性胜利提供有力支撑，也为实现从源头治理腐败，铲除腐败根源提供了直接的实践指导，指引我国反腐败斗争向纵深挺进。

三、一体推进"三不"体制机制将反腐败斗争推向新境界

一体推进"三不"体制机制的提出，标志着我们党对反腐败斗争规律性认识的深刻把握和在具体实践中贯彻应用的进一步成熟，无论是在对腐败现象的认知上还是在开展反腐败斗争所采取的战略举措上都达到了新的高度，把我国反腐败斗争推向了一个新境界。在党的十九大之后，我们党的反腐败工作并没有满足于以往取得的成果，出现歇歇脚、喘口气的想法，而是力度不减、态度不变，反腐

---

① 李永忠主编：《论制度反腐》，中央编译出版社 2016 年版，第 3 页。

败斗争继续深入推进。急则治标，缓则治本。党的十八大结束不久，党中央根据严峻的反腐形势提出了以治标为主，为治本赢取时间的战略方针。经过数十年来艰苦卓绝的反腐努力，反腐败斗争取得了压倒性胜利。现如今一体推进"三不"体制机制战略部署的提出，表明我们党在治标的同时进一步加大治本的力度。从反腐败斗争的具体实践来看，实现不敢腐、不能腐、不想腐的内在逻辑是一个不断递进上升的发展过程。构建一体推进"三不"体制机制，促使反腐败战略目标和战略部署的不断跟进，我国在今后反腐工作中明确了下一步的重要任务和要求，也把我国的反腐败斗争推向一个新的更高层次。

四、一体推进"三不"体制机制是推进国家治理体系和治理能力现代化的内在要求

一个国家的现代化进程中，包括最主要的两个方面，"一个是国家建设现代化，一个是社会主义国家制度现代化，即实现国家基本制度现代化"[①]。推进国家治理体系和治理能力现代化，是中国特色社会主义现代化建设和政治发展的必然要求，也是我国在新的发展阶段应对风险挑战、赢得主动的有力保证。顺应时代潮流，适应我国社会主要矛盾变化，不断满足人们对美好生活的新期待，需要对今后改革发展方向做出深刻、系统全面、整体统筹的战略思考。我国目前的治理体系和治理能力还不完善，不能满足人民日益增长的各方面需求。站在政治体制不得不改革的关口、两极分化不得不解决的关口、反腐困境不得不突破的关口，只有采取突破性的改革举措才能解决国家治理中存在的紧迫性问题。"三不"体制机制的提出，是从制度层面优化国家治理体系与治理能力的内在要求，消除产生腐败的体制缝隙和漏洞。腐败得以滋生的要件有三，即权力资源（物质条件）、腐败动机（心理条件）和腐败机会（机会条件）。三者联合互动就形成腐败行为。[②] 基于此，"三不"体制机制涵盖防治腐败治理的三个核心环节，三维并举、协同治理，形成不敢腐、不能腐、不想腐的整体合力。诚然，这一体制机制要在推进国家治理体系和治理能力现代化过程中不断丰富与完善，是推进国家治理体系和治理能力现代化的必然要求。

---

① 人民论坛编：《大国治理：国家治理体系和治理能力现代化》，中国经济出版社 2014 年版，第 4 页。

② 刘占虎：《制度反腐、过程防腐与文化倡廉——中国特色反腐倡廉道路的探索与思考》，载于《马克思主义与现实》2014 年第 1 期。

第二节　一体推进"三不"体制机制的理论依据

任何理论的提出及机制的建立都绝非凭空产生，一体推进"三不"体制机制这一战略理念是在结合各方理论研究的基础上产生并发展起来的。马克思列宁主义的反腐廉政思想和中国共产党人的反腐倡廉工作为一体推进"三不"体制机制的形成发展奠定了坚实的理论依据。

一、马克思恩格斯的反腐倡廉思想

（一）腐败根源于私有制和剥削社会

马克思、恩格斯指出，腐败根源于私有制和剥削社会。随着人类社会私有制和社会阶级的出现，国家这个概念也就应运而生。恩格斯指出："官吏既然掌握着公共权力和征税权，他们就作为社会机关而凌驾于社会之上。"[1] 公权力的异化必然损坏人民的公共利益，不可避免地陷入贪污腐败的泥沼。人类社会经过奴隶社会、封建社会，发展到资本主义社会，腐败现象也随之发展。恩格斯指出，"贿赂代替了暴力压迫，金钱代替了刀剑，成为社会权力的第一杠杆。"[2] 马克思认为，资产阶级国家政权，"只不过是民族躯体上的寄生赘瘤"[3]，是"巨额国债和苛捐重税的温床"[4]。资本主义时代的腐败，其根源就在于国家及其官僚制度的存在。在国家形式上，资本主义国家可以采用君主制、民主共和制等，但只要资本主义国家掌握着一切公共权力和强制性的物质资料，西方的民主制就只是行政权力的装饰品。这是由资本主义社会本身剥削的社会制度决定的。当然，资产阶级有时也会为巩固其统治地位之需采取反腐措施，但任何资产阶级都不可能真正实现廉洁政府。只有对社会经济制度加以根本变革，实行公有制，腐败才能根除。

---

① 《马克思恩格斯选集》第4卷，人民出版社2012年版，第188页。
② 《马克思恩格斯选集》第3卷，人民出版社2012年版，第779页。
③ 《马克思恩格斯选集》第3卷，人民出版社2012年版，第100页。
④ 《马克思恩格斯选集》第3卷，人民出版社2012年版，第96页。

（二）廉洁政治在本质上属于无产阶级政权

马克思、恩格斯阐明了一个重要观点，即廉洁政府只属于无产阶级。第一，人民是国家的主人。无产阶级的国家政权是为绝大多数人民谋利益的，是"真正民主的国家政权"。第二，以为人民服务为目的。无产阶级的国家政权应是以人民为中心的政府，国家机关工作人员不论职位高低，都是人民的勤务员。第三，与人民群众保持密切联系。这是由人民群众的历史主体地位决定的。无产阶级利用公共权力将社会化生产资料变为公共财产，"使生产资料摆脱了它们迄今具有的资本属性，使它们的社会性质有充分的自由得以实现"①。

（三）防止国家机关与公职人员由"社会公仆"变为"社会主人"

无产阶级政权的建立，使国家机关与公职人员成为社会公仆，这是历史的巨大进步。然而，由于新政权"在各方面，在经济、道德和精神方面都还带着它脱胎出来的那个旧社会的痕迹"②，不可避免地残存着旧社会腐朽的东西。为此，马克思、恩格斯提出了以下办法：第一，对从政人员实行广泛的普选制。通过普选制，使社会公职最大范围的不再成为行使私权的私有力量。第二，实行广泛的人民群众监督制。人民群众监督制是消灭等级制、实行负责制的重要保证，防止少数人把暂时的差别变成等级，滋长官僚主义等腐朽作风。第三，对公职人员实行罢免制。对不称职的或犯有严重错误的公职人员，实行罢免的制度，认为"组织本身是完全民主的，它的各委员会由选举产生并随时可以罢免，仅就这一点就已堵塞了任何要求独裁的密谋狂的道路"③。第四，反对特权，直指特权是剥削阶级"补充经济剥削的第二重剥削人民的手段"④。第五，精简机构、职责分明，提高工作效率。明确各职能部门职责范围，提高办事效率。第六，要求政务公开，以便让人民群众知真情、知实情。

（四）坚决同党内贪污腐化现象作斗争

为同党内腐败分子作坚决斗争，马克思、恩格斯从多方面阐明方法路径。第一，必须严格划清无产阶级思想和资产阶级思想的界限，"如果其他阶级出身的这种人参加无产阶级运动，那么首先就要求他们不要把资产阶级、小资产阶级等

---

① 《马克思恩格斯选集》第 3 卷，人民出版社 2012 年版，第 817 页。
② 《马克思恩格斯选集》第 3 卷，人民出版社 2012 年版，第 363 页。
③ 《马克思恩格斯全集》第 38 卷，人民出版社 2012 年版，第 278 页。
④ 《马克思恩格斯全集》第 17 卷，人民出版社 1963 年版，第 585 页。

的偏见的任何残余带来，而要无条件地掌握无产阶级世界观"①。第二，与群众保持密切联系。只有虚心向群众学习，吸收群众意见，才能有效抑制弄虚作假的腐朽作风发生。第三，积极开展批评与自我批评，进行党内监督。在党内没有上下级党员之分，任何人"都无权要求别人对自己采取与众不同的温顺态度"②，强调在党内"绝对自由地交换意见是必要的"③。第四，必须及时地把所有的腐败分子坚决清除出党。1879 年 8 月 20 日，恩格斯在写给马克思的一封信中说："一个政党宁愿容忍任何一个愚货在党内肆意地作威作福，而不敢公开拒绝承认他，这样的党是没有前途的。"④

二、列宁的反腐倡廉思想

十月革命后，列宁深刻分析了腐败现象产生的原因，论述了反腐倡廉的基本原则，抨击党内和苏维埃政权中的"官僚主义"。

（一）深入分析官僚主义产生的根源

列宁认为，新政权遗存的腐败现象"根源于旧事物，旧事物虽被捣毁，但是还没有消灭，还没有退到早已成为陈迹的旧文化的阶段去"⑤。从政治根源来看，俄国是一个军事封建帝国主义国家，沙皇拥有至高无上的权力。相应的人民群众没有民主自由，官僚机构不受真正监督。国家机关"仅仅在表面上稍微粉饰了一下，而从其他方面来看，仍然是一些最典型的旧式国家机关"⑥。从经济根源来看，俄国是一个经济相对落后的农业国家。列宁在分析官僚主义产生原因时指出，"农民愈分散，中央机关的官僚主义也就愈难避免"⑦。同时，俄国文化教育事业相对落后。文化不发达，人民的民主意识淡薄、法制观念缺失。从思想根源来看，十月革命后，"旧社会灭亡的时候，它的尸体是不能装进棺材、埋入坟墓的。它在我们中间腐烂发臭并且毒害我们"⑧。从本质上说，剥削阶级唯利是图的思想意识及其影响不能随之迅速改变。

---

① 《马克思恩格斯选集》第 3 卷，人民出版社 2012 年版，第 739 页。
② 《马克思恩格斯全集》第 38 卷，人民出版社 1972 年版，第 77 页。
③ 《马克思恩格斯全集》第 37 卷，人民出版社 1971 年版，第 435 页。
④ 《马克思恩格斯全集》第 34 卷，人民出版社 1972 年版，第 90 页。
⑤ 《列宁选集》第 4 卷，人民出版社 1972 年版，第 698 页。
⑥ 《列宁全集》第 43 卷，人民出版社 2017 年版，第 377 页。
⑦ 《列宁全集》第 41 卷，人民出版社 2017 年版，第 52 页。
⑧ 《列宁全集》第 34 卷，人民出版社 2017 年版，第 380 页。

（二）加强廉政建设，铲除腐败现象

列宁认为，为了把苏维埃政权建设成廉价政府，从根本上必须对国家机关"及时地作一些必要的切实的改变"[1]。为此，他提出一系列措施以加强苏维埃政权的廉政建设，力图铲除腐败现象。第一，大力发展经济，为社会主义的上层建筑奠定牢固的基础。列宁认为，腐败现象的存在与生产力发展的一定历史阶段相联系。第二，实行党政职能分开，明晰权责。列宁指出，"党的任务则是对所有国家机关的工作进行总的领导，不是像目前那样进行过分频繁的、不正常的、往往是琐碎的干预"[2]。第三，严格考试，公开选拔人才。"现在是工农国家做了'主人'，它就应当广泛地、有计划有步骤地并且公开地挑选最优秀的经济建设人员，挑选专业的和一般的、地方的和全国的行政管理人员和组织人员。"[3] 选拔人才还要"经过极严格的考核"[4]。第四，整顿从政队伍纪律，"清除一切懒汉、寄生虫和公产盗窃者"[5]。第五，实行工农民主监督，促进廉政建设。列宁指出，"必须让广大的非党群众来检查一切国家工作，学会自己管理"[6]。第六，以勤政强化廉政。不勤政容易滋生腐败，因此，列宁重视通过勤政来强化廉政工作。

（三）从严治党，加强执政党内部建设

加强执政党自身内部建设，从内因上解决问题。第一，严把"入口关"。为了防止追求名利的投机分子混入党内，列宁认为，首要的任务是把好入党关。他指出："徒有其名的党员，就是白给，我们也不要"[7]，主张吸收党员必须经过严格的考查。第二，严惩腐败分子。列宁提出："对共产党员的惩办应比对非党人员加倍严厉。"[8] 通过多次清党，党员数量虽有减少，但党的战斗力却大大增强。第三，加强党内教育。列宁十分重视从根本上增强党员免疫力，认为"政治上有教养的人是不会贪污受贿的"[9]。第四，健全党内监督制度。主张权力应该而且必须受到严格的监督才能正常运行。没有对权力的有效监督，就会失去规范，必然导致腐败。第五，重视党的报刊舆论监督作用。列宁强调通过党的报刊，通过

---

① 《列宁全集》第 42 卷，人民出版社 2017 年版，第 161 页。
② 《列宁全集》第 43 卷，人民出版社 2017 年版，第 68 页。
③ 《列宁全集》第 41 卷，人民出版社 2017 年版，第 272 页。
④ 《列宁全集》第 43 卷，人民出版社 2017 年版，第 385 页。
⑤ 《列宁全集》第 34 卷，人民出版社 2017 年版，第 164 页。
⑥ 《列宁全集》第 38 卷，人民出版社 2017 年版，第 147 页。
⑦ 《列宁全集》第 37 卷，人民出版社 2017 年版，第 217 页。
⑧ 《列宁全集》第 42 卷，人民出版社 2017 年版，第 437 页。
⑨ 《列宁全集》第 42 卷，人民出版社 2017 年版，第 208 页。

《真理报》来讨伐营私舞弊行为。

三、中国化马克思主义的反腐倡廉思想

（一）毛泽东的反腐倡廉思想

毛泽东的反腐倡廉思想重点解决了怎样反腐败的问题。在理论层面，他系统地提出一系列反腐主张；在实践层面，他领导全党全民在全社会范围内采取了一系列反腐措施。

1. 注重思想教育，从预防上促廉政建设

毛泽东认为腐败是旧社会的遗毒，是人的落后意识占思想主导地位的表现，属于思想方面的问题。为此，毛泽东主张在思想层面进行教育引导。第一，开展整风运动教育党员和干部。在延安整风及新中国成立后的"三反"① 运动中，有针对地开展反腐倡廉教育。第二，以史为鉴开展防腐教育。在不同时期，毛泽东参照历史经验与教训告诫全党腐败的危害性与严重性，事先预警可能出现的腐败问题。第三，注重正反两方面的典型教育。通过正面引领与反面警示对比教育党员和干部，普及廉洁奉公的思想。

2. 建立健全廉政机制，从机制上促廉政建设

毛泽东十分注重制度建设，以严密的制度解决腐败问题，对党员事先预防和事后预测。第一，严格财经制度。如抗战时期颁布相关条例强调各部门要厉行节约。第二，严格对干部管理的制度。先后制定了一系列关于干部管理的条例，明确规定严惩腐败分子。第三，颁布法规，定罪量刑。各种明确制度及条约为惩治腐败提供了有力的法律武器与严格统一的判定标准，为今后的反腐倡廉奠定了制度基础，使反腐败斗争经常化、制度化、法规化。

3. 严惩不贷，从力度上促廉政建设

毛泽东主张从严治腐，毫不留情地同身边的腐败现象进行顽强的斗争，对党员干部中的消极腐败分子更是严惩不贷。民主革命时期，我们党长期处于被围剿的险恶境地，任何腐败都可能酿成重大危机，必须将防止党内腐败行为的发生放在重要位置进行考虑。1932 年，以毛泽东为首的中华苏维埃共和国临时中央政府颁布第十四号训令《关于战争动员和后方工作的训令》，要求"对苏维埃中贪污腐化分子，各级政府一经查出，必须给以严厉的纪律上的制裁"②。1932 年 5

---

① "三反"指反贪污、反浪费、反官僚主义。
② 《厉行节约反对浪费：重要论述摘编》，中央文献出版社 2013 年版，第 3 页。

月，对腐败分子谢步升处以极刑，标志着红都瑞金打响了惩治腐败分子的第一枪。毛泽东指出："共产党与红军，对于自己的党员与红军成员不能不执行比较一般平民更加严格的纪律。"[1] 对于腐败分子，"其违法情形严重者必须给以法律的制裁……各级党委应有决心将为群众所痛恨的违法乱纪分子加以惩处和清除出党政组织，最严重者应处极刑"[2]。新中国成立之后，中央还通过开展"三反"运动，彻底揭露一切大中小贪污事件，显示了我们党从严治腐、绝不手软的决心。

4. 加强党内外监督，从根本上促廉政建设

建立相应的监督制度，加强监督是抑制腐败现象发生的重要路径。新中国刚成立，毛泽东就建议设立专门机构以反对腐败、加强廉政建设。1956 年，党的八大中明确指出全国自上而下的多层次加强对国家工作的监督。此外，此次会议还对党内的反革命分子和在党内进行分裂破坏的阶级异己分子进行清除。关于党外监督，毛泽东强调要重视人民群众的监督。对于人民群众表达意见和建议的来信，毛泽东一向十分重视，他曾说："必须重视人民的通信，要给人民来信以恰当的处理，满足群众的正当要求，要把这件事看成是共产党和人民政府和人民联系的一种方法，不要采取掉以轻心置之不理的官僚主义的态度。"[3] 关于党外监督，制定了与民主党派"长期共存，互相监督"的方针。

（二）邓小平的反腐倡廉思想

邓小平的反腐倡廉思想，针对当时实际，从战略角度，探索了新时期加强廉政反腐的新思路。

1. 科学揭示腐败现象产生的根源

在很长一段时间内，我们一直将腐败视为剥削制度和剥削阶级的产物，也简单地将社会主义存在腐败的原因归咎于各种非无产阶级思想的侵蚀。对腐败产生原因片面的理解，导致了相当长时间内反腐结果的不尽如人意。粉碎"四人帮"后，邓小平深刻总结了新中国成立以来我们党反腐败斗争的经验教训，对腐败现象产生的根源进行了深刻而全面地剖析。他认为腐败现象发生主要有这几方面原因。第一，体制不完善。邓小平认为，腐败的产生同权力的结构有直接关系。如果权力缺乏应有的控制，公权力就会转变为私权力。邓小平早就指出了我国体制上的弊端，如权力过于集中、职责权限不明、缺乏监督机制等。"从党和国家的

---

① 《毛泽东文集》第二卷，人民出版社 1993 年版，第 39 页。
② 《毛泽东文集》第六卷，人民出版社 1999 年版，第 255 页。
③ 《毛泽东文集》第六卷，人民出版社 1999 年版，第 164 页。

领导制度、干部制度方面来说，主要的弊端就是官僚主义现象、权力过分集中的现象、家长制现象、干部领导职务终身制现象和形形色色的特权现象。"① 这些弊端是破坏权力结构中各部分协调性的重要因素，不仅会造成官僚主义和形式主义盛行，同时也给手握大权却意志薄弱的人制造了可乘之机。"我们过去发生的各种错误，固然与某些领导人的思想、作风有关，但是组织制度、工作制度方面的问题更严重。这些方面的制度好可以使坏人无法任意横行，制度不好可以使好人无法充分做好事，甚至会走向反面。"② 此外，经济体制转型中的漏洞也为腐败现象的发生制造了条件。第二，封建主义残余和资本主义腐朽思想的影响。邓小平明确认识到"我们这个国家有几千年封建社会的历史，缺乏社会主义的民主和社会主义的法制"③。除此之外，邓小平还对资本主义腐朽思想的侵蚀保持高度警惕。由资本主义腐朽思想滋生的拜金主义、极端个人主义等消极现象频频发生，对人民群众甚至党员干部的思想产生了极大的冲击。第三，思想政治工作薄弱。邓小平指出："多年来，我们的一些同志埋头于具体事务，对政治动态不关心，对思想工作不重视，对腐败现象警惕不足，纠正的措施也不得力。"④

2. 深刻剖析腐败现象的严重危害性

邓小平以无产阶级革命家的战略眼光，向全党发出了振聋发聩的警示，使全党清醒地认识到：反腐败关系到党和国家的生死存亡。为此，他从多方面深刻论述了腐败现象的严重危害性。第一，危害改革开放和现代化建设。邓小平指出：如果不开展反腐败斗争，"四个现代化建设，对外开放和对内搞活经济的政策，就要失败"⑤。第二，败坏社会风气。腐败现象会导致唯利是图、及时行乐等消极行为在社会生活中蔓延，严重侵蚀人民群众的健康生活。这些腐败的影响已经相当严重了，邓小平就曾明确指出过"社会风气实在太坏了"⑥。第三，危及政权稳定。邓小平指出："腐败现象的滋生，使一部分群众对党和政府丧失了信心。"⑦ 任凭腐败现象的发展，最终会导致民心丧失与社会动乱，我们党和国家也就会走向覆灭。第四，改变党的面貌。邓小平指出："如果我们党不严重注意，不坚决刹住这股风，那末，我们的党和国家确实要发生会不会'改变面貌'的问题。"⑧ 邓小平使用"改变面貌""确有失败危险""是有关党的生死存亡的问

---

① 《邓小平文选》第二卷，人民出版社 1994 年版，第 327 页。
② 《邓小平文选》第二卷，人民出版社 1994 年版，第 333 页。
③ 《邓小平文选》第二卷，人民出版社 1994 年版，第 348 页。
④ 《邓小平文选》第三卷，人民出版社 1993 年版，第 325 页。
⑤ 《邓小平文选》第二卷，人民出版社 1994 年版，第 404 页。
⑥ 《邓小平文选》第三卷，人民出版社 1993 年版，第 153 页。
⑦ 《邓小平文选》第三卷，人民出版社 1993 年版，第 300 页。
⑧ 《邓小平文选》第二卷，人民出版社 1994 年版，第 403 页。

题"来论述反腐败问题的重要性，为党反腐敲响了警钟。

3. 提出了反腐败的原则、方针和策略

在对腐败现象产生根源和危害性有了明确认识的基础上，邓小平对开创有效反腐的新路子进行了探索。第一，必须紧紧围绕以经济建设为中心的原则。把握反腐败斗争在党的工作中的地位和作用，是新时期反腐败斗争的首要问题。第二，必须坚持长期反腐与改革开放两手抓的方针，指出"我们一手抓改革开放，一手抓惩治腐败，这两件事结合起来，对照起来，就可以使我们的政策更加明朗，更能获得人心"①，"在整个改革开放过程中都要反对腐败。对干部和共产党员来说，廉政建设要作为大事来抓"②。第三，必须实施标本兼治、狠抓惩处、重在建设的策略。邓小平认为惩治腐败要有鲜明的针对性，要针对不同时期存在的突出问题，提出具体明确的工作目标。惩治腐败要以得人心、让人民群众满意为标准。

（三）江泽民的反腐倡廉思想

1989～2002 年，是我国反腐败形势严峻的 13 年。以江泽民同志为核心的中央领导集体结合反腐败新的历史特点，提出了许多反腐败的新观点。

1. 基本方略是"坚持标本兼治，教育是基础，法制是保证，监督是关键"

江泽民在党的十五大报告中指出，反腐倡廉要"坚持标本兼治，教育是基础，法制是保证，监督是关键。通过深化改革，不断铲除腐败现象滋生蔓延的土壤"③。这是党的十五大提出的跨世纪治腐方略。第一，标本兼治，两者缺一不可，它们是同一个问题的两个方面。一方面，治标能够为治本创造良好的条件；另一方面，治本可以巩固治标的成果。第二，教育是基础。教育是从根本上解决腐败的重要途径，其中反腐倡廉教育作用更为突出，其具有的导向作用，规范教化作用，引领、警示与震慑作用等是防止腐败发生的关键。江泽民强调新时期要抓好反腐倡廉教育，增强领导干部拒腐防变能力。第三，法制是保证。反腐败还要依靠健全的法制。从中国共产党反腐的历史经验来看，反腐败也必须在法制的轨道上进行。第四，监督是关键。监督不仅是教育和法制在反腐败斗争中取得成效的重要举措，也是防止党政领导机关和领导干部滋生腐败的关键一环。监督在任何时候都不能松懈，要善于发挥党内外各种监督在防止腐败现象发生中的重要作用。这四个方面作为一个整体，必须相互协调，才能发挥出整体合力。

---

① 《邓小平文选》第三卷，人民出版社 1993 年版，第 314 页。
② 《邓小平文选》第三卷，人民出版社 1993 年版，第 379 页。
③ 《江泽民文选》第二卷，人民出版社 2006 年版，第 46 页。

2. 要贯穿改革开放和现代化建设的全过程

江泽民提出党必须坚决地同一切腐败思想和行为作斗争，不断保持党的纯洁性。第一，反腐败是党同人民群众保持密切关系的需要。在改革开放过程中，追求经济的增长是一方面，但只一味地追求经济增长而忽视腐败现象，最终也会使党失去执政地位。第二，反对腐败是建立社会主义市场经济体制的条件。江泽民认为，反对腐败就会妨碍市场经济的发展这种看法是毫无根据的。不能割裂两者之间的联系，夸大两者的对立关系。第三，反腐败工作为顺利推进改革开放和现代化建设提供保证。开展反腐败斗争，是贯彻执行党的基本路线的必然要求。第四，反对腐败是抵御敌对势力"和平演变"图谋的客观要求。江泽民曾鲜明指出：反"和平演变"，必须坚持不懈地开展反腐败斗争。敌对势力实施"和平演变"，手段多样、形式隐蔽，必须加以警惕和抵制。

3. 领导干部要发挥表率作用

领导干部必须增强责任感和自觉性，积极主动地承担反对腐败的政治责任。第一，领导干部要带头廉洁自律。江泽民多次告诫我们，"上梁不正下梁歪，中梁不正倒下来"①。第二，领导干部要管好自己身边的人。1998年1月，在中央纪委第二次全会上的讲话中，江泽民提出领导干部应加强对自己配偶子女、工作人员的管束。第三，领导干部要做好自身所属工作。江泽民指出，反腐败是全党的任务，全党同志都责无旁贷，领导干部更要率先垂范。

（四）胡锦涛的反腐倡廉思想

党的十六大以后，以胡锦涛同志为总书记的党中央，带领全党继续深入推进党风廉政建设和反腐败斗争。

1. 指明了"从砺党、忧党到兴党"的清晰定位

多难兴邦、多难砺党。"砺党说"是胡锦涛对我们党建党以来历史经验的精辟总结。中国共产党就是在不断克服前进道路上的艰难险阻中而日益壮大的，我们党百折不挠、越挫越勇，最终百炼成钢。"常怀忧党之心"是共产党员必备的品质。胡锦涛在西柏坡的讲话中引用了很多古语，包括"艰难困苦，玉汝于成""居安思危，戒奢以俭""忧劳兴国，逸豫亡身"等，每一句都在深刻告诫共产党员要心存忧党意识，防范一切威胁我们党执政地位的腐败现象发生。在党的十六届四中全会上，胡锦涛提出加强执政能力建设这个重大命题，并确定了加强

---

① 《十四大以来重要文献选编》中，人民出版社1997年版，第1132页。

执政能力建设的总体思路。在党的十七届四中全会上，又提出从四个"着眼于"① 着手，明确了党的建设的新要求。全会要求全党必须居安思危，增强忧患意识，常怀忧党之心，恪尽兴党之责，勇于变革、敢于创新。

2. 作出了"把反腐倡廉建设放在更加突出的位置"的科学论断

新世界新阶段，胡锦涛反复强调要"全面加强党的思想建设、组织建设、作风建设、反腐倡廉建设、制度建设，增强自我净化、自我完善、自我革新、自我提高能力，建设学习型、服务型、创新型的马克思主义执政党，确保党始终成为中国特色社会主义事业的坚强领导核心"②。第一，"反腐倡廉建设"突出了主动性。主动是做好任何工作的前提。对于腐败现象，要做到早发现、早研究、早预防、早解决，主动将腐败现象扼杀在萌芽状态。第二，"反腐倡廉建设"体现了系统性。"反腐倡廉建设"不是单纯地解决腐败问题，它更强调在解决问题的基础上如何促进各方面的发展。因此，它是一个系统性工程，涉及社会主义现代化建设的方方面面。反腐倡廉建设必须投身于各项建设的大潮中，与各项建设步伐一致，把握协调性，形成有机结合体。第三，"反腐倡廉建设"包含了斗争性。面对腐败多发的严峻形势，胡锦涛强调我们党必须以壮士断腕的决心和勇气面对一切腐败现象和腐败分子，依法严惩，绝不手软。

3. 提出了"加强反腐败国际合作"的新思路

胡锦涛认为，腐败现象在世界各国都会出现，任何一个国家也都会竭尽全力去反对腐败。反对腐败是国际社会共同面对的重要考验，尤其是在一些跨国腐败案件中，各国的合作反腐更是不可缺少。加强反腐败国际合作，有利于各国更加有效地惩治和预防腐败，也有利于实现各国人民要求政治廉洁的共同期盼。③ 胡锦涛审时度势，基于国际反腐败形势，积极推进各国在反腐败问题上的交流合作，如在推动打击跨国犯罪公约、反腐败公约等方面做出巨大贡献。胡锦涛在反腐败领域提出的新思路、新做法，加速推动我国构建了反腐败工作的国际平台。

---

① 四个"着眼于"即着眼于继续解放思想、坚持改革开放、推动科学发展、促进社会和谐，着眼于提高党的执政能力、保持和发展党的先进性，着眼于增强全党为党和人民事业不懈奋斗的使命感和责任感，着眼于保持党同人民群众的血肉联系。

② 胡锦涛：《坚定不移沿着中国特色社会主义道路前进　为全面建成小康社会而奋斗》，人民出版社2012年版，第50页。

③ 中央纪委研究室编：《十六大以来反腐倡廉建设重要文献卷》，中国方正出版社2007年版，第120～122页。

第三节　一体推进"三不"体制机制的内容体系

一体推进"三不"体制机制有着一个不断深化的形成过程。就其内容来看，"不敢腐"侧重于惩戒和震慑，"不能腐"侧重于对权力的制约和监督，"不想腐"侧重于对公职人员的思想教育与引导，三者共同统一于全面从严治党和反腐败斗争的具体实践中。

一、一体推进"三不"体制机制的形成过程

作为党的十八大以来我国开展反腐败斗争的重大战略方针部署，一体推进"三不"体制机制有着一个逐渐深化的过程。在第十八届中央纪律检查委员会第二次全体会议上，习近平总书记明确提出："把权力关进制度的笼子里，形成不敢腐的惩戒机制、不能腐的防范机制、不易腐的保障机制。"[①] 这是习近平总书记对一体推进"三不"体制机制的初步表述，从中可以看到此时还尚未明确提出"不想腐"的构建目标。2014 年 6 月 26 日，在听取中央巡视工作领导小组汇报的讲话后，习近平总书记正式提出："实现不敢腐、不能腐、不想腐，要把制度篱笆扎起来。"[②] 此后，习近平总书记在诸多重大场合中都明确提出了要在反腐败具体实践中构建一体推进"三不"体制机制的重要指示，不断推动着我国反腐败斗争的深入开展。2015 年 1 月，习近平总书记提出"着力营造不敢腐、不能腐、不想腐的政治氛围"[③]，并在随后的讲话中指出了一体推进"三不"体制机制在反腐败斗争具体实践中的侧重点，以此来坚决遏制腐败现象的蔓延趋势。2016 年 7 月，在庆祝中国共产党成立九十五周年的讲话中，习近平总书记总结了党的十八大以来的反腐成效，提出在党中央的坚强带领下，"不敢腐的震慑作用得到发挥，不能腐、不想腐的效应初步显现，反腐败斗争压倒性态势正在形成"[④]。在党的十九大报告中，习近平总书记再一次充分肯定一体推进"三不"

---

① 《习近平谈治国理政》，外文出版社 2014 年版，第 388 页。

② 中共中央纪律委员会、中共中央文献研究室编：《习近平关于党风廉政建设和反腐败斗争论述摘》，中央文献出版社、中国方正出版社 2015 年版，第 100 页。

③ 中共中央文献研究室编：《习近平关于全面从严治党论述摘编》，中央文献出版社 2016 年版，第 185 页。

④ 中共中央文献研究室编：《习近平关于全面从严治党论述摘编》，中央文献出版社 2016 年版，第 195 页。

体制机制取得重大成效。之后的几年，在指导反腐败斗争工作方面，习近平总书记又多次强调一体推进"三不"体制机制，将其作为我国反腐败斗争的战略目标和实践举措，并提出要加强三方面的协调性，做到同步部署、同步实施，实现反腐败斗争惩防并举的整体推进。2019年10月，中国共产党第十九届中央委员会第四次全体会议上，习近平总书记强调要构建一体推进"三不"体制机制的战略目标，将三方面看成是一个相互协调的有机整体。从中可以清晰地看到，一体推进"三不"体制机制并非一蹴而就，而是有着一个逐渐深化的形成发展过程。在这一过程中，党中央从顶层设计角度出发，以整体战略角度来治理腐败，并在反腐败斗争中根据实际情况不断做出调整，创造性地提出了一体推进"三不"体制机制重大创新理论，成为我国当前标本兼治惩治腐败的重要举措。

二、一体推进"三不"体制机制的内容结构

从世界各国反腐败成功经验来看，标本兼治的反腐战略无疑是成效最为显著的科学战略。一体推进"三不"体制机制作为我们党反腐败斗争的基本方针和新时代全面从严治党的重要方略，在今后反腐败斗争的具体实践中必须要协调一体推进，打通三者的内在联系。一体推进"三不"体制机制是一个相互统一的有机整体，并不是三个孤立存在的不同环节，只有统筹联动、同向推进，才能发挥出最大的效用，达到部分之和大于整体的总体效果。"不敢腐"侧重于高压反腐的惩戒和震慑，是一体推进"三不"体制机制的基础和前提，没有"不敢腐"就谈不到构建"不能腐"和"不想腐"。党的十八大之后，面对如此严峻的反腐形势，只有以零容忍态度严惩腐败，有力削减腐败存量、有效遏制腐败增量，大幅度地减少腐败发生数量，坚决压制住腐败的邪火，才能为今后的反腐败工作打下良好基础。然而仅仅实现"不敢腐"还是不够的，这只能遏制腐败蔓延的势头，从表面上消除病症，初步实现了反腐败斗争的标，还没有去除病根。腐败的发生机制也是极为复杂多样的，单独从某一方面入手难以形成有效的治理。以往的反腐败实践经验证明，再好的高压式的权力反腐也只能管得了"一时"而管不了"一世"，控得了一域却难治全局。因此，接下来就要在保持"不敢腐"的基础上实现"不能腐"和"不想腐"，从而达到反腐败的治本。这既是大势所趋，也是历史发展必然。"不能腐"侧重于制度建设，就是要通过改革和制度的力量，把权力关进制度的笼子里，让权力回归到原有的良性运作状态。"不能腐"巩固"不敢腐"，更为"不敢腐"和"不想腐"提供了有力的制度保障，是反腐败斗争的治本之策，也是国家治理能力和治理体系现代化的重要表现。"不想腐"侧重于教育引导，是"不敢腐"和"不能腐"在思想上的升华。要实现"不想

腐",就必须要借助于"不敢腐"和"不能腐"的反腐成果,可以说"不敢腐"和"不能腐"推进得越深入,"不想腐"的目标就构建得越完善,而"不想腐"的构建也进一步推动"不敢腐"和"不能腐",共同统一于党的十八大以来我国反腐败斗争的具体实践中。反腐败斗争是一个系统工程,一体推进"三不"体制机制方法论的提出为我国反腐败斗争的胜利提供了清晰脉络走向,针对我国当前的反腐症结对症下药,三方面层层递进,形成一条完整的反腐链条和立体式的反腐体系,在当前的反腐败具体实践中,已经显著成效,彰显出强大的生命力和优越性。

第四节 一体推进"三不"体制机制的现实境遇

一体推进"三不"体制机制有着深刻的实践基础和实践要求。党的十八大以来反腐败斗争成效显著,为一体推进"三不"体制机制的构建提供有利条件,打下坚定基础。另外,反腐败斗争形势的严峻性、复杂性和持久性也表明构建一体推进"三不"体制机制是全面从严治党和反腐败斗争不断向纵深推进的必然要求和现实需要。

一、一体推进"三不"体制机制的实践基础

党的十八大结束不久,习近平总书记就在多个重要公开场合态度鲜明、措辞严厉地直指党员干部中存在的腐败问题,向外界传达着新一届中央领导集体坚决惩治腐败的毅力与决心。本着不反腐就要亡党亡国,宁得罪成百上千的腐败分子、不负十四亿人民的为政理念,党中央以雷霆万钧之势在全党全国上下掀起了一场旷日持久的反腐风暴。党的十八大以来,中央反腐败力度在党的历史上史无前例,从中央到地方,从国内到海外,历时长、强度高、范围广,反腐无禁区、全覆盖、零容忍,"打虎拍蝇"、海外追捕成效显著,形成了强力震慑,腐败增量得到遏制,腐败存量持续减少,不敢腐的目标初步实现。此外,强调加强对权力运行的制约与监督,制定完善了一系列党规党纪,依靠改革和制度的力量把权力关进制度的笼子里。同时,注重思想教育和引导,使廉洁理念深入人心,筑牢拒腐防变的思想道德防线。从我们党的具体反腐实践来看,反腐败斗争的一系列举措始终紧紧围绕着不敢腐、不能腐、不想腐这个主脉络展开,只是根据不同时期的具体情况而有所侧重。在以习近平同志为核心的党中央带领下,经过全党全国上下的共同努力,我国反腐败斗争取得了有目共睹的成就,整体政治生态环境得

到显著改善，这些反腐成效充分显示出组合治理产生的整体效用。"我们开展了史无前例的反腐败斗争，以'得罪千百人、不负十四亿'的使命担当祛疴治乱，不敢腐、不能腐、不想腐一体推进，'打虎'、'拍蝇'、'猎狐'多管齐下，反腐败斗争取得压倒性胜利并全面巩固，消除了党、国家、军队内部存在的严重隐患，确保党和人民赋予的权力始终用来为人民谋幸福。"[1] 这不仅表明我国已经成功遏制住了腐败增量、削减了腐败存量，而且还对腐败发生规律等深层次领域有了深入研究，总结出一整套系统完善的反腐理论和举措，为我国今后的反腐败斗争打下坚实基础。现如今，反腐理念深入人心，在全社会达成高度共识，反腐败斗争有着扎实的政治基础和群众基础。在反腐高压态势之下，反腐败斗争大踏步向前推进，政治生态得到全面净化。一体推进"三不"体制机制的提出紧扣反腐败斗争新形势，有着深刻的现实支撑，可以说是时机成熟、条件完备、恰到好处。通过一体推进"三不"体制机制战略部署，为实现反腐败斗争的压倒性胜利筑牢根基。

二、一体推进"三不"体制机制的客观形势

冰冻三尺非一日之寒。腐败现象由来已久，已经渗透到社会的各个领域，可以说是根深蒂固，加之诱发腐败因素的复杂性和腐败表现形式的多样性，这些都决定了反腐败斗争必将是一项长期、复杂的艰巨任务，不可能毕其功于一役，短期内就能铲除。党的十八大以来，我们党以前所未有的力度开展反腐败斗争，取得显著成就。中国社会科学院廉政研究中心出版的《反腐倡廉蓝皮书：中国反腐倡廉建设报告 No.7》指出，党的十八大以来的反腐倡廉建设基本实现了零死角、全覆盖，中央反腐决心坚定。2017 年，对当前反腐败工作满意度的调查显示，领导干部中有 96.1%、普通干部中有 95.5%、专业人员中有 89%、企业管理人员中有 74.6%、城乡居民中有 79.2% 表示"满意"或"比较满意"。对反腐败信心的调查显示，对党风廉政建设和反腐败斗争"有信心"和"比较有信心"的占比分别为 96.70%、96.50%、93.40%、90.90% 和 89.20%，比 2012 年分别提高 8.7 个、22.4 个、41.2 个、37.3 个和 29.2 个百分点。[2] 上述数据表明，党的十八大以来，中央以零容忍态度惩治腐败，坚决遏制腐败蔓延势头，党内政治生活呈现新气象，社会风气上扬，人民群众对党风廉政建设和反腐败斗争的满意

---

① 习近平：《高举中国特色社会主义伟大旗帜　为全面建设社会主义现代化国家而团结奋斗——在中国共产党第二十次全国代表大会上的报告》，人民出版社 2022 年版，第 13 页。

② 中国社会科学院中国廉政研究中心：《中国反腐倡廉建设报告 No.7》，社会科学文献出版社 2017 年版，第 53 页。

度不断上升，高压反腐以实际效果反驳了"反腐党亡，不反腐国亡"的谬论。但不容忽视的是，当前反腐败斗争虽呈现压倒性态势，但尚未取得彻底胜利。滋生腐败的土壤依然存在，腐败现象虽有减少却没有彻底绝迹，在腐败表现形式上甚至还出现了腐败变种，变着花样贪污腐败，一旦反腐力度有所削减，腐败问题随时都有可能会死灰复燃。从近年来查处的案例来看，一些腐败分子在党的十八大之后，甚至是在党的十九大以来仍不收手、不收敛，在反腐高压之下恣意妄为、顶风作案，造成极其恶劣的影响。此外，一些雅贿、会所中的腐败、以借为名打掩护行贿赂之实等新型腐败现象层出不穷、屡禁不止。同时，还有一部分腐败分子只是畏惧于当前反腐高压而潜伏下来，仍没有彻底断了贪腐的念想，一旦反腐力度有所松懈，腐败现象势必又将卷土重来。在"四风"问题上，整治享乐主义和奢靡之风这方面取得了很大的进展，但在官僚主义和形式主义这一块，尤其是近年来在环保问题上一些地方表现出的"一刀切""样子工程"等行为，表明仍需要继续加强整治力度。这些反映出的问题都验证了党中央对当前反腐形势复杂性、严峻性的正确判断，反腐败斗争不能有丝毫懈怠，"三不"中哪一方面都不能掉以轻心。面对这一客观形势，新时代下深入推进反腐败斗争，实现反腐败斗争的彻底性胜利，就要继续加大反腐力度，更加科学有效地防治腐败。开弓没有回头箭，反腐败斗争不能退也无路可退，必须要以反腐败永远在路上的韧劲和执着与腐败现象斗争到底。一体推进"三不"体制机制的提出有着深刻的必要性，也十分契合当前的具体客观形势，必须充分发挥出一体推进"三不"体制机制的综合效用，多管齐下、同向发力，为实现反腐败斗争的更大胜利提供更为坚强有力的方向引导。

三、一体推进"三不"体制机制的实践要求

党的十八大以来，以习近平同志为核心的党中央持之以恒正风肃纪，坚持有腐必反、有贪必肃，取得了反腐败斗争的压倒性胜利。但受国际国内错综环境和各种因素影响，党内存在的突出问题尚未得到根本解决，"只要存在腐败问题产生的土壤和条件，反腐败斗争就一刻不能停，必须永远吹冲锋号。"① 在反腐败斗争中，党中央坚持"先立后破、不立不破"。习近平总书记在十九届中央纪委三次会议上强调，"不敢腐、不能腐、不想腐是一个有机整体，而不是三个阶段

---

① 习近平：《高举中国特色社会主义伟大旗帜 为全面建设社会主义现代化国家而团结奋斗——在中国共产党第二十次全国代表大会上的报告》，人民出版社 2022 年版，第 69 页。

的划分，更不是三个环节的割裂"①。党的十八大以来，反腐败斗争之所以取得显著成绩，就在于我们党坚持标本兼治，把不敢腐、不能腐、不想腐作为综合治理腐败的三根支柱，不断强化不敢腐的震慑、扎牢不能腐的笼子、增强不想腐的自觉。促进三者贯通使其协同发力、相得益彰，增强标本兼治的整体效能，切断权力货币化闭环，清除政治生态污染源。

第五节　一体推进"三不"体制机制的对策建议

一体推进"三不"体制机制是一个有机整体，是反腐败斗争标本兼治的重要体现。面对当前反腐败斗争出现的新问题、新形势，"不敢腐"的惩戒力度还需要进一步加大，"不能腐"的制度篱笆还需要进一步扎紧，"不想腐"的思想堤坝还需要进一步筑牢，三者齐头并进，打好这套"组合拳"。

一、保持高压反腐不松懈，加大不敢腐的惩戒力度

学界普遍认为"不敢腐"只能治标，不能从根本上消除腐败。但通过反腐败成效和治理逻辑来看，构建"不敢腐"的惩戒机制在实践进程中对遏制腐败蔓延具有重要作用。

（一）加大查处惩治力度，增加腐败成本

加大查处腐败力度，削弱腐败动机，是减少并控制腐败蔓延态势的有效方式。目前，在处理贪污腐败案件问题上，面临着"同级监督不上、上级不敢监督"的困境，对主要领导不敢监督、不想监督、不愿监督以及"熟人社会"监督难等问题较突出。因此，应密切联系群众，全面部署、重点调查，层层传导反腐压力，不论涉及人员、权力大小，真正做到"反腐无禁区、全覆盖、零容忍"。

反腐败斗争必须要保持高压态势不松懈、惩戒力度不放松，通过强大震慑作用净化政治生态，进一步实现"不敢腐"。从以往的反腐败经验总结中可以看到，反腐败斗争贵在常抓不懈才能有效削减腐败存量、遏制腐败增量，以反腐败斗争永远在路上的韧劲和执着深入推进才能形成长久机制，一旦力度松懈必将会前功

---

① 习近平：《取得全面从严治党更大战略性成果　巩固发展反腐败斗争压倒性胜利》，载于《人民日报》2019年1月12日，第01版。

尽弃。"党中央坚定不移反对腐败的决心没有变，坚决遏制腐败现象蔓延势头的目标没有变。"① 习近平总书记的这一表态充分体现了党中央铁腕反腐的钢铁般的决心与毅力没有发生任何改变，向外界传递出了反腐败斗争将会进一步持续深入进行的明确信号。在实现"不敢腐"的这一目标上，惩戒力度绝不能有丝毫放松，惩处腐败的相关党纪法规和行动措施应当更为严厉。坚持以零容忍态度严厉惩处，做到无死角、无禁区，无论是谁只要腐败早晚都要受到严厉惩处。通过持续的反腐高压态势，让已经腐败的付出相应代价，让心存侥幸的彻底断了腐败的念想。可以说党纪国法严格执行的力度越大，"不敢腐"的目标就实现得越彻底。在具体的惩处腐败行动上，坚持"打虎"不松懈，查办这些大案要案的同时，更加注重"拍蝇"，着力解决群众身边的基层腐败。通过对基层腐败的治理，进一步强化震慑，以切实行动让人民群众感受到反腐实际成效，维护好人民群众的切身利益。

（二）深化国际反腐合作，推进追逃追赃工作开展

反腐败斗争不仅仅局限于国内，应当进一步加强反腐国际合作，统筹好国际国内"两个战场"。在"打虎""拍蝇"的同时，更要撒下天罗地网进行"猎狐"。不仅要把已经逃到海外的腐败分子缉拿归案、绳之以法，更要从源头做好防逃工作。如若不能彻底堵死腐败分子外逃这条后路，就会让腐败分子心存侥幸，一有风吹草动便时刻准备"跳船"，逃之夭夭。这既会助长腐败分子的嚣张气焰，也会影响"不敢腐"目标的实现。加强国际反腐败合作，切断腐败分子逃亡海外的"退路"。党的十八大以来，通过引渡、国际刑警组织进行缉捕、开展刑事司法协助，我国已基本建成覆盖全球各大洲主要国家的追逃追赃网络，深化国际反腐败执法合作，提升了国际形象。因此，应呼应国际社会的反腐诉求，深化反腐败国际交流合作，进一步加强对腐败分子的震慑作用。

反腐败斗争顺党心、合民意，是关乎党和国家生死存亡的一项重大政治任务。通过"打虎""拍蝇""猎狐"等措施一体推进，让一把削铁如泥的无形反腐利剑时刻高悬，从而以强大的反腐震慑力不断筑牢当前已经形成的反腐败斗争压倒性态势。

二、深化权力制约与监督，扎紧不能腐的制度篱笆

腐败的本质是权力滥用、以权谋私，反腐败，必须强化监督、管住权力。纵

---

① 《习近平谈治国理政》第二卷，外文出版社 2017 年版，第 161 页。

观古今中外反腐实践，制度反腐无疑是反腐败斗争的必然选择和治本之策。"没有健全的制度，权力没有关进制度的笼子里，腐败现象就控制不住。"[①] 在习近平总书记看来，权力缺乏有效监督，久而久之便必然会产生腐败，就会异化成为个人谋取私利的工具。因此，反腐败斗争必须要全方位地扎紧制度的篱笆，让腐败分子无机可乘，从而实现权力的良性运作。

（一）提升反腐败法治水平

习近平总书记明确提出："坚持和完善党和国家监督体系，强化对权力运行的制约和监督。"[②] 这一重要讲话，充分表明了将会把进一步加强权力制约与监督作为今后反腐败斗争中的重大战略部署。党和国家监督体系是在党长期执政过程中逐步形成的重要制度保障，是开展反腐败斗争的有效措施。尤其是最新设立的国家监察委员会，是国家监察体制的重大改革创新。着眼于当前的反腐败现状，必须补齐监督短板，推动党委纪委"两个责任"协调贯通，充分调动各方监督力量，形成强大的监督合力。"一把手"是少数关键，在形成对"一把手"手中权力有效制约与监督的同时，还要实现对公职人员的全覆盖，将腐败现象的苗头及时遏制住，达到"治未病"的效果。同时，没有透明的公开制度，在一定程度上也就谈不上实行有效的监督。因此，建立完善的公开制度，让权力在阳光下运行。当前，反腐的当务之急，是要拓宽人民反腐的制度化渠道。根据现行法律，人民群众的举报渠道有人大、信访、举报热线、领导接待日等，但实践证明，这些途径难以满足反腐形势的需要，尚需开辟新的渠道以确保群众监督，切实发挥其有效性。同时，在新媒体日益发展的今天，新闻舆论监督也成为人民群众反腐的重要阵地。

通过加强制度建设，把权力关进制度的笼子里以实现反腐目标。这一观点，无论是在政界还是在学术界都已达成共识，并且在当前我国具体的反腐败实践运用中成果显著，为今后的反腐败斗争奠定明确基调。一方面通过改革的力量形成科学的权力结构，解决权力失衡，过度集中在一个地区、一个部门"一把手"手中的病灶。另一方面继续完善相关规章法约，进一步堵死制度反腐中存在的法律漏洞，这也是我国当前开展反腐败斗争的当务之急。同时，制度的生命力在于执行，而不是在形成以后挂在墙上、写在纸上。再好的制度如若在形成后执行不到位，也难以发挥出应有的效果。习近平总书记此前也注意到了制度执行不力的情

---

① 中共中央纪律委员会、中共中央文献研究室编：《习近平关于党风廉政建设和反腐败斗争论述摘编》，中央文献出版社、中国方正出版社 2015 年版，第 125 页。

② 习近平：《中共中央关于坚持和完善中国特色社会主义制度推进国家治理体系和治理能力现代化若干重大问题的决定》，人民出版社 2019 年版，第 40 页。

况，制度虽制定了许多，但往往在实际中没有发挥出应有的效果，最终流于形式、不了了之。因此，在今后的反腐败斗争中还需进一步狠抓制度的落实，让制度落地生根，筑起遏制腐败现象蔓延的"堤坝"，实现反腐败斗争的稳定长久。

（二）党内监督和人民群众监督相结合

在我国，人民群众是国家的主人，但人民群众并不直接掌握惩处腐败分子的权力。人民群众的监督只有通过将他们发现的腐败信息传递给党内专责监督机关才能发挥作用。也就是说，只有党内监督和人民群众监督密切配合，只有将人民群众监督"无缝对接"党内监督，才能形成反腐败的强大力量。新的历史时期，反腐败形势依然严峻，反腐败工作任重而道远，这就要求我们进一步推进党内监督和人民群众监督相结合。

一是全面提升监督意识，深化监督主体联合。首先要立足于解决监督主体，也就是人的问题。提高监督主体的监督意识，是当前工作的一大重要目标。只有监督主体敢监督、会监督、想监督，监督工作才能顺利开展。"长期以来，党内存在的一个突出问题，就是不愿监督、不敢监督、抵制监督等现象不同程度存在，监督下级怕丢'选票'，监督同级怕伤'和气'，监督上级怕穿'小鞋'。"[①]习近平总书记的这段论述形象地表明，我们的一些党员干部，没有从党和人民的立场出发去考虑监督，而是把监督放在一个权衡自我利益的框架下进行考量。利益权衡的结果，往往是拒绝从事监督，丧失监督的自觉性和主动性。二是聚焦反腐倡廉，推动监督内容贯通。要推动党内监督和人民群众监督的有效衔接，还必须解决监督内容的问题。有了共同的关注和目标，党内监督和人民群众监督才会结合形成合力。三是完善监督制度，推动监督机制对接。我国的宪法和法律赋予人民群众监督公权力和党员领导干部的权利，但人民群众的监督毕竟区别于体制内监督，它无法直接对监督对象实施惩戒处理，而只能以控告、检举的形式向纪检监察机关提供线索、反映问题。只有启动自上而下的组织监督，也就是由党内专责监督机关做出回应并采取行动时，人民群众监督的作用才能真正发挥出来。否则，人民群众监督对腐败分子就无法构成杀伤力和震慑力。现阶段，我国的纪检监察机关还没有建立完善的对于群众举报的快速响应机制，也没有针对群众举报查核工作的问责机制，导致举报线索搁置率高、调查核实率低的情况突出。这些因素都制约了人民群众监督的发展。要改变这一局面，就要不断完善监督制度，推动党内监督和人民群众监督的机制对接。在实现两种监督的对接过程中，党内监督主体处于支配地位，决定着能不能对接、要不要对接、对接紧不紧的问

---

① 《习近平谈治国理政》第二卷，外文出版社 2017 年版，第 185 页。

题。在这个意义上，推进党内监督和人民群众监督相结合，关键在党。

三、加强廉洁教育与党性修养，筑牢不想腐的思想堤坝

建设"不想腐"关键在于加强教育与引导，通过思想道德教育，加强党性修养，让权力行使者从内心深处自觉拒绝腐败，从而筑牢不想腐的思想堤坝。

作为反腐败斗争的治本之策，习近平总书记始终高度注重"不想腐"体制机制在反腐败斗争中的重要作用。习近平总书记曾把理想信念比喻成共产党人精神上的"钙"，如果没有理想信念，人生的"总开关"没有拧紧，就会"缺钙"，就会得"软骨病"。长久下去就有可能会腐化变质，成为滋生腐败的温床，造成不可设想的后果。"不想腐"的形成是一个长久过程，也是整体推进"三不"体制机制中难度最大的一个目标，需要一个潜移默化、逐渐深入的渐进过程。当前"不想腐"的堤坝正在搭建，并没有完全建成，还需在下一步的腐败治理工作中进一步推进加深。一方面要进一步加强廉政教育的正面引导，坚定共产党人的理想信念，严格遵守党纪国法，不断加强自身的党性修养和道德教育，自觉抵制外界的各种诱惑，守住廉洁自律的为官从政底线。做到公私分明、克己奉公，坚守共产党人应有的精神追求，成为人民的好公仆、党和国家的好干部。党员干部内心道德高尚，心怀人民，对腐败行为嗤之以鼻，不屑于腐败，抵挡住"糖衣炮弹"的侵蚀，内心无贪欲就自然不会贪腐。另一方面要以典型腐败案件的警示教育来推动廉政建设，用好这些现实中的"活教材"。反腐以高压态势持续推进，通过对腐败案件的透明开放，释放出强烈的震慑效应，让权力行使者因畏惧腐败后带来的严厉惩处而不敢以身试法，只能规规矩矩行使权力。通过对具体典型案件的曝光来进一步构建"不想腐"，达到查处一个、警醒一片的效果，使得廉政理念深入人心，从思想上铲除腐败发生的根源。

一体推进不敢腐、不能腐、不想腐，这不仅是反腐败斗争的基本方针，也是新时代全面从严治党的重要方略。构建一体推进不敢腐、不能腐、不想腐体制机制，既要坚持思想建党与制度治党的紧密结合，又要抓住治权这个关键，编密扎紧制度的篱笆，还要从公权力主体维度强化理想信念和政德教育，营造干部清正、政府清廉、政治清明的政治生态。

第四章

建设现代化经济体系

党的十九大报告明确提出，"我国经济已由高速增长阶段转向高质量发展阶段，正处在转变发展方式、优化经济结构、转换增长动力的攻关期，建设现代化经济体系是跨越关口的迫切要求和我国发展的战略目标"[1]。党的二十大再次提出，"我们要坚持以推动高质量发展为主题，把实施扩大内需战略同深化供给侧结构性改革有机结合起来，增强国内大循环内生动力和可靠性，提升国际循环质量和水平，加快建设现代化经济体系，着力提高全要素生产率"[2]。本章将从建设现代化经济体系的问题向度、历史演变、顶层设计、具体举措四个维度展开论述。

第一节　建设现代化经济体系的问题向度

改革开放四十余年的经济发展是我们党不断驾驭资本的过程。我们在新中国成立初期建立了社会主义社会的基本制度，改革开放后完善社会主义市场经济体制，到现在学会娴熟地驾驭资本。娴熟地驾驭资本的重要标志是，我们党在十八

---

① 《习近平：决胜全面建成小康社会　夺取新时代中国特色社会主义伟大胜利——在中国共产党第十九次全国代表大会上的报告》，中华人民共和国中央人民政府网站，http：//www. gov. cn/zhuanti/2017 – 10/27/content_5234876. htm，2017 年 1 月 27 日。

② 习近平：《高举中国特色社会主义伟大旗帜　为全面建设社会主义现代化国家而团结奋斗——在中国共产党第二十次全国代表大会上的报告》，人民出版社 2022 年版，第 28 页。

届三中全会上提出的"让一切劳动、知识、技术、管理、资本的活力竞相迸发[①]，让一切创造社会财富的源泉充分涌流，让发展成果更多更公平地惠及全体人民"[②]，也就是说，我们不但让资本的要素活跃起来，而且让资本带来的利益惠及人民群众，我们党领导集体的总体规划源自马克思主义基本原理关于共产主义的构想，而且有着结合历史实践的现实考量。

党的十九大报告中，党中央提出"建设现代化经济体系"更是把驾驭资本问题推向更高的理论和实践层面。从西方学者的观点看，现代化经济体系作为一种体系，囊括资本的方方面面，即资本运行的产业体系、资本运行的市场体系、资本运行的区域发展体系、资本运行的开放度。然而，我国的制度是社会主义制度，资本运行必须与社会主义制度结合起来，我们不但要利用资本带来的利处，而且要限制资本，使其为人民群众服务。这就面临着一个基础问题——社会主义制度与资本能够结合吗？在苏联斯大林的思想体系中，整个社会主义建设几乎处于排斥资本的状态。我国的社会主义建设运用资本进行经济建设的理论基础是什么？这是下面我们要探讨的问题，我们将从我国的指导思想——马克思主义理论出发。首先，从资本的两面性（文明面与限度）论证社会主义制度介入的必要性；其次，从我国社会主义制度的建设经验和理论成就出发，论证中国社会主义制度驾驭资本的可能性。

一、资本的两面性蕴含其与社会主义制度结合的可能性

现代社会的核心是什么？一种回答是理性，此种观点的滥觞起源于黑格尔，黑格尔以绝对理念论证当代社会中自我意识的反思功能推动社会的发展，在不断地反思中走向公平正义的当代社会，后来的福山在《历史的终结与最后的人》中更是把黑格尔主义推向极致，认为以民主和自由为核心的新自由主义是历史的终结。然而，马克思抓住了当代问题的实质，他认为，"资本一出现，就标志着社会生产过程的一个新时代"[③]，马克思的论证建立在他在《德意志意识形态》中创立的历史唯物主义基础上，即生产力决定生产关系，生产关系对生产力起到反作用。以工业革命为代表的生产力发展推动了生产关系的发展，生产关系越来越细化，细化的生产关系引起广泛的社会交换，随之出现货币和雇佣劳动，雇佣劳

---

① 习近平：《高举中国特色社会主义伟大旗帜　为全面建设社会主义现代化国家而团结奋斗——在中国共产党第二十次全国代表大会上的报告》，人民出版社 2022 年版，第 28 页。
② 《〈中共中央关于全面深化改革若干重大问题的决定〉辅导读本》，人民出版社 2013 年版，第 3 页。
③ 《马克思恩格斯全集》第 23 卷，人民出版社 1972 年版，第 193 页。

动产生的剩余价值与货币的结合，产生了独特的社会形态——资本。马克思在《资本论》中就是以此论证出资本为现代社会的核心。

资本的积极作用在于推进生产力发展。当然资本的出现通过了"羊吃人"的"圈地运动"以及黑奴贸易，本身就有恶的一面，这一点马克思在《资本论》中关于资本积累方面也做了一些论证。然而，资本也有积极的一面，资本作为一种新型的联结生产关系的工具，使得分工细化、资源优化配置、激发人的欲望，在一定程度上增强了人的创造力，推动生产力发展。其标志是，以人工智能为核心的新的技术手段出现，以互联网为代表的新的社会协作方式涌现。尤为重要的是，生产力的发展为社会主义的完善创造了条件。不但创造了物质条件，而且带出了更多的自由时间，自由时间又是人全面发展的重要条件。不但如此，还锻造出有着独立意识的高素质人才，为共产主义社会的迈入储备了人力资源。

资本的另外一个积极作用是促进社会文明的进步，一个显著的标志就是在一定程度上社会正义不断完善。在封建社会和奴隶社会时，人身就是不平等的，有着奴隶阶层和奴隶主阶层、地主阶层和农民阶层的区分，在社会地位、经济地位方面有着严格的区分。但是资本的出现产生了一种积极后果，这种人身的不平等解除了。资本运作的基础是商品交换，市场经济条件下的社会交换必须建立在自由意志的基础上，也就是说，交换双方必须是处于自由意愿，而这个自由意愿的表达场所就是市场，这就造就了一种看似人人平等的资本正义，这相比于以前的社会确实具有巨大的进步性。但是，这种劳动正义本身隐含着巨大的不平等。马克思在《资本论》中揭示了"剩余价值"的剥削是资本对劳动的剥削，表面的平等背后是巨大的不平等，资本剥削的是工人的劳动时间。马克思论证出未来历史必将是从资本剥削的社会转变到劳动者协作的新型社会，这种社会就是未来的共产主义社会，实现一种劳动正义。因此，虽然资本正义有着隐性剥削的问题，但是它作为走向劳动正义的过渡形式，依然具有积极意义。

资本的两面性蕴含着其与社会主义制度结合的可能性。在《资本论》的前期手稿《1857－1858年经济学手稿》中，马克思提出了人类社会的三种形态——人的依赖关系、物的依赖关系、人与人全面发展的社会。资本主义社会虽然为未来社会准备了人力、物力等物质条件，但是使社会成为人依赖物的社会。具体而言，巨大的社会分工需要商品交换，商品交换产生中介性产物——货币，货币的巨大中介作用使得其成为具有统治权力的物，人被迫依赖于物，由此，资本主义社会是异化的社会，人类创造的物（如货币）反而压迫人本身，同时，这个社会也是物象化的社会，人与人之间的不平等转化为人与物之间的不平等。但是，如前所述，人与物结合的社会为人与人结合的社会创造了巨大的物质条件、自由平等的文化基础。面对资本给人类社会带来的生产力发展与物象化危机，对于拥有社会主义制度的我们，依然需要马克思的辩证法态度，即扬弃的态度，具体而言，顺应历史发展的规律，利用资本创造的物质文化条件，力戒其物象化问题，走出一条社会主义制度驾驭资本之路。

二、社会主义制度蕴含着驾驭资本的潜能

习近平总书记认为社会主义制度必须坚持人民至上，他在党的十九届四中全会上强调，"新时代谋划全面深化改革，必须以坚持和完善中国特色社会主义制度、推进国家治理体系和治理能力现代化为主轴，深刻把握我国发展要求和时代潮流，把制度建设和治理能力建设摆到更加突出的位置"[1]。习近平总书记反复强调，治理现代化必须"坚持人民至上、生命至上"[2]。这种观点也和我们历代执政核心的方针一致，江泽民提出的"三个代表"的要义就是要我们党始终代表人民的利益；胡锦涛提出的科学发展观的核心是以人为本；习近平总书记更是表明社会主义的治理和建设必须坚持人民至上。

习近平总书记的立场与马克思主义政治经济学的立场一致。马克思主义政治经济学的出发点是现实的人，而资本主义经济学家的出发点是理性经济人。李嘉图、斯密等西方学者假设经济交往的发生是两个独立的人出于需要进行交换，这种思维是一种脱离现实的抽象思维。马克思政治经济学的起点是现实的人，这种现实的人是有血有肉的感性活动的人。西方社会从抽象的人出发的理论归宿是形式上的平等和公平，而马克思从现实人出发的理论必然走向现实人之间的自由平等，人与人不但存在物质上的平等，而且在文化和精神上也是平等的。马克思论证的这种共产主义社会的平等与习近平总书记认为的社会主义社会的人民至上在本质上是一致的，都是服务于现实的人。

社会主义制度的旨归在于现实的人，那么，马克思主义关于社会主义制度的论述排斥资本吗？马克思提到社会主义最多的是在《哥达纲领批判》中，但是其中关于社会主义的论述也不多，在这为数不多的论述中，马克思提出了共产主义制度与资本主义制度是根本对立的，社会主义是自由人的联合体，在社会主义社会里生产资料归全体成员所有，实行按需分配。这让许多人误解为共产主义制度就是排斥资本。最近的一些学者提出了不同看法，他们的看法如下：其一，马克思提到的"公平分配劳动所得"前面有"例如"两个字，也就是说，这只是其

---

① 《实现"两个一百年"奋斗目标的重大任务》，载于《人民日报》2020年1月2日，第9版。

② 习近平：《同舟共济，继往开来，携手构建新时代中非命运共同体——在中非合作论坛第八届部长级会议开幕式上的主旨演讲》，人民出版社2021年版，第3页。

中可能的一种形式，并不排斥按照生产要素分配的过渡性分配制度。其二，结合《资本论》及其手稿，在受制于生产力条件的情况下，劳动是人们谋生的手段，共产主义的实现在于物质财富达到一定丰富的程度。而物质财富的丰富和共产主义的按需分配的中间必有一个过渡过程。因此，"商品价值关系存在的生产力基础，与按劳分配存在的生产力条件几乎完全一致。所以我们从马克思的理论逻辑里面可以看到，按劳分配与商品货币关系与多种所有制经济共同发展、多种分配形式并存的市场经济都是不可分割的"①。

百余年的世界社会主义的实践证明，社会主义制度可以驾驭资本。列宁虽然在《国家与革命》中主张全体公民直接接管工厂，不用商品交换，但是在接下来的实践中，特别在《论合作制》中，列宁要用共产党领导的科层制来管理企业组织，货币交换关系在国家和农民的交换中依然有存在的必要。但是随着列宁的去世与斯大林的上台，这种新经济政策宣告结束，为后来解体的苏联留下了永久的遗憾。后来邓小平重提社会主义的本质问题，做出论断，社会主义的本质是发展生产力和解放生产力。随后，在农村实行家庭联产承包责任制，在城市实行有计划的市场经济，中国大地进行了一场轰轰烈烈的改革开放。改革开放的实践表明，社会主义制度可以驾驭资本，达成发展生产力和共同富裕的双重目标，社会主义制度与资本可以在一定时期内共存。因此，马克思主义经典作家与百余年的社会主义制度建设表明，社会主义制度可以驾驭资本。

总之，本部分内容致力于解决基本理论问题（社会主义制度与资本如何融合问题）。首先解决的是两者结合的必要性问题，即资本的两面性需要社会主义制度进行介入，扬弃资本的影响，利用资本带来的文明面，并摒弃资本的限度。其次，从社会主义制度本身出发，根据社会主义制度的人民至上与马克思基本原理的现实人的相通之处，说明社会主义制度的根本理论旨归，又深入苏联和中国社会主义制度建设的经验，特别是列宁在《论合作制》中的探索以及中国改革开放四十余年的实践经验，证明这一理论旨归，表明资本与社会主义制度结合的可能性。本部分的结论是社会主义制度驾驭资本有着理论和现实的可能性与必要性。

第二节　现代化经济体系的历史演变

现代化经济体系的构建并不是一蹴而就的，而是有着历史演变的脉络，考察

---

① 荣兆梓：《从〈哥达纲领批判〉到社会主义基本经济制度三位一体的新概括》，载于《政治经济学评论》2020 年第 4 期。

这一脉络对于理解和把握现代化经济体系有着至关重要的理论意义，这也符合马克思的历史唯物主义的理论意图。马克思的历史唯物主义作为一种方法论，主张在历史中把握理论本身，事物演变逻辑与历史发展基本是一致的。本节就从改革开放以来社会主义经济制度的演变来敞开建设现代化经济体系的历史视域。

一、社会主义市场经济体制的初步确立

面对"文革"之后的困境，邓小平同志提出改革开放，运用市场经济发展社会主义。这就提出了社会主义与市场经济结合的问题。社会主义与市场经济结合除了有走出当时艰难的历史时期的考虑之外，还有着理论的考量。邓小平同志就提出一个核心的理论问题——什么是社会主义？贫穷不是社会主义，发展生产力才是社会主义。而当时体制中存在的一些问题，比如"三铁"（铁工资、铁交椅、铁饭碗）在一定程度上阻碍了生产力的发展，社会主义制度就是要发展生产力。

当时要解决的一个理论问题是市场是否属于经济制度？长期以来，特别是苏联的建设经验表明计划经济才属于社会主义制度，市场经济属于资本主义制度。事实上，在资本主义制度进入垄断之后，为调节各种各样经济方面的问题，也实行过计划经济。邓小平同志的论断是，市场经济和计划经济是手段，不是制度本身的问题，他还提出，市场和计划只是优化配置资源的一种手段，最终目的都是优化资源配置。

市场经济被引入社会主义制度之后，首先确立了至今还极其重要的市场经济的基本机制，即价值规律。市场中商品的价值是由社会必要劳动时间决定的，但是受到供求关系的影响，当供过于求时商品的价格就下降；当供不应求时，商品价格就上升，这里面其实涉及一种竞争问题，商品买方的竞争影响购买力，最终影响价格，卖方的供应多少也对价格有着影响。

这种理论来自马克思的《资本论》，价值规律成为我国市场经济建设的基本规律，这种市场机制有着自身的优势。其一就是具有内在自主性，供需的变化影响生产，生产又影响投资，资本的投放可以在一定程度上在供需之间形成一种良性的循环。其二，充分发挥人的趋利性的优势，商品生产者生产的目的是获得利润，利润作为价值规律的一个中介，激发了生产者的积极性，由此市场活跃了起来。其三，市场的变化不以个人的意志为转移，个人只有服从于市场，利用市场规律才可能发展自己。

需要特别指出的是，我们利用的价值规律是以价格为中介的传导机制。市场中的价格首先是一种信息，这种信息传达给生产者，也传达给消费者。生产者可

以根据价格对市场状态进行考察和预判。信息传达功能使得资源可以得到有效的调节，人、资金和管理资源可以有效地从一个部门流向另一个部门，使得生产者可以不断地创新自己的产品。这种调节机制会使得资源分配合理化，从而导致供求之间存在一些张力，对立的尖锐得到化解。

市场经济的引入，不但确立了价值规律的指导地位，而且确立了我们市场的主体——企业。企业是我国国民经济的细胞，计划经济体制下企业都是国有的，内在活力较弱，导致资源浪费问题。而市场经济下确立了其基本性质——营利性，也就是说，企业的运营不但要追求使用价值，而且要实现价值增值。这就需要企业具有独立性，企业的自主运营不受行政等方面的干预，如果企业受到过多的外在干预，就会对追求自我创新不感兴趣。企业的自主运营和营利性会使得企业的领导班子和员工具有极大的积极性，从而激发内在活力。

企业制度的介入，必然涉及一个根本问题，那就是产权制度问题。现代产权制度就是要确立中央政府、地方政府、企业之间的权责范围，给予企业一定的自主权，同时还要确立交易相关的程序和要素的权力范围。产权改革是激活企业自主权的重要前提，也是建立市场经济的重要保证，具有必要性。过去在完全计划经济的情况下，企业的利润几乎是不能得到保证的。其中的问题是投资者和受益者不是一体的，投资不问收益。同时，企业由政府投资，钱又是从银行贷出的，那么企业不但要向政府上交利润，还要归还银行利息，这就导致企业运行步履维艰，更难谈利润问题。

市场经济还必须确立市场主体（企业）的基本制度，当时我们就引进了西方市场经济的股份制。股份制是从工场手工业到大工厂业的重要产物。随着社会的一体化，许多产业规模越来越大，比如铁路、交通等行业。这些行业靠单个个体的资金很难支撑，于是就引入了股份制。同时，股份制也适应了我国发展多种所有制的需要，既然个人可以入股，国家也可以入股。这不但创新了国有资本的形式，而且促进了资源在全社会的优化配置。

股份制的确立带来一系列深远的影响。其中之一是股份制使得政企分开，政府可以派驻董事会的成员，但是企业的管理人是职业经理人，这就减少了一些腐败行为，也有助于激活国有资本。另外，引入股份制的意义还在于形成了不同于西方经济体系的社会主义市场经济体制。西方市场经济大多是以个人名义参股，而我国的股份制达到了国家和个人都可以参股的和谐局面，创造出前所未有的新体制。这不但能激活国有资本的活力，而且国家可以利用自己控股的资本重点发展高科技、资金密集型产业，推进国家的产业优化和升级。

以上价值规律的确立，企业制度、股份制的引入，其目的是要建立较为完善的社会主义市场经济体制。从内部来看，这一体制是由地方、中央、各个产业、多种市场组成的体系，包含着生产、消费、分配等多种要素；从所有制来看，包含着国有、集体、民营等多种所有制形式；从流通来看，必须具有开放性和统一性的特点。社会主义市场经济体制需要达到的完善程度是：可以最大限度地调动企业、生产者、劳动者的积极性；推动生产力的不断发展；内在体系具有极强的调节能力。20世纪80年代的诸侯经济在一定程度上破坏了统一的市场，不利于生产力的发展，其后对诸侯经济的改革就是要建立统一的社会主义市场经济体制。

当时要建立的社会主义市场经济体制主要包括商品市场、产权交易市场与劳动力市场。商品市场是一切市场的基础，囊括了诸多消费品，包括工业品、农业品和新科技产品。以产权交易为核心的市场有着三个方面的含义：使用权交易、产权交易、股权交易，产权交易市场必须有着严格的产权界定，这是一切产权交易的基础。劳动力市场是社会主义市场经济的基本市场。根据马克思的劳动价值理论，劳动是一切价值的创造者。社会主义市场经济体制的劳动力市场的规范与否直接决定了我国经济的发展程度。

完善的社会主义市场经济体制需要良性的社会秩序，因此社会主义市场经济秩序的确立也是当时建设社会主义市场经济的重要环节，此环节是避免社会主义市场经济的盲目性、实现宏观调控、体现社会主义优越性的重要环节。一方面其内容包括了市场的规范、企业进入市场的规范、市场竞争的规范等；另一方面包括社会主义制度对市场的宏观调控，使得市场的利润流向弱势群体等。其中重要方面也包括了市场的立法、执法等，以确保市场秩序的规范。

改革开放的开放不但是对内开放，也是对外开放，这就囊括了市场的国际化。改革开放的初期，正值全球化突飞猛进的时期，1958年开始全球化进程不断加快，西欧签订了"罗马协议"，1988年美国与加拿大签订自由贸易区协定，之后各国纷纷建立跨国经济圈。因此，我们社会主义市场的国际化与开放是顺应经济全球化趋势的结果。我国也积极融入世界市场体系，加入关税及贸易总协定，推进沿海地区的对外开放，形成了由沿海到内地的贸易发展格局。

本部分重点论述了建设现代化经济体系的早期阶段，在这个时期我们建立了社会主义市场经济体制，包括确立了价值规律的核心地位、企业制度的引入、产权制度的确立、市场经济秩序的稳定、市场经济体系的确立。其中价值规律的再次确立是基础，企业制度和产权制度的引入是内在保证，市场经济秩序的稳定是外在保证，社会主义市场经济体制的良性运转是最终目的。

二、社会主义市场经济体制的科学发展阶段

改革开放初期已经确立基本的社会主义市场经济体制，随着经济的发展，发

展中存在经济结构失调、区域发展不协调、生态恶化等问题，这些问题指向更深的问题：什么是经济现代化？怎样建设现代化？这是以胡锦涛同志为代表的中国共产党人面对的一个问题，对此，党中央提出了使得国民经济又好又快发展的问题。"科学发展观坚持辩证唯物主义和历史唯物主义的基本原理，用一系列新思想、新观点、新论断，深化了社会发展规律的认识，指明了实现经济社会又快又好发展的科学道路。"[①]

对于经济建设而言，科学发展观首先要解决的是经济结构问题，当时的经济结构面临一系列问题，首先，世界经济结构发生了显著变化，信息技术迅猛发展，成为不可忽视的发展力量，高科技产业在整体国民经济中的带动作用越来越明显，发达国家的制造业也在向发展中国家转移。而我国的工业制造业水平较低，与信息技术相关的产业相对来说比较弱，我们面对的问题是如何既抓住产业革命升级的浪潮发展高科技产业，又抓住西方基础制造业转移的机遇。其次，加入世界贸易组织（WTO）之后，我国面临着如何使国内市场与国外市场对接的问题，高科技产业较弱的现状导致在国际竞争中处于弱势，如何改变这一弱势至关重要。最后，我国经济经过几十年的发展之后，产业结构也出现问题，主要表现在：第三产业在三大产业中占比较低，第二产业中高科技产业比重较低，加工制造业占有比重比较大。

一个突出问题是经济发展不平衡问题。表层表现是区域发展不平衡，东中西部地区发展不平衡，随着当时西部大开发等大政策的出台，区域经济发展之间的差距有所缩小，但是总体来说差异还是比较大；另外一个突出表现是投资和消费的比例失调，在2004年，全国社会消费品零售总额增长率达到1997年以来的最高水平，与固定资产投资增速的差距较上年略有缩小，但仍相差15.7个百分点。[②] 当时，如何拉动国内市场成为当时经济发展的突出问题。

经济结构的不合理导致增长方式以粗放为主，有着众多资源密集型企业，对环境破坏较大，进而导致一系列问题：资源开发过度化、环境污染严重、生态破坏加剧。以改革生态结构为目的，治理生态环境已经成为经济发展的首要工作。同时加生态环境破坏的治理，加大技术投入，增加政府资金支持都是当时解决问题的必要手段。

科学发展观解决当时产业结构问题的目标是使产业结构高级化和合理化。产业基本上分为：农业为主的第一产业；工业为主的第二产业；服务业为主的第三产业。较低级的产业结构格局为第一产业比重较大，第三产业比重较小；而要想

---

① 董振华：《解放思想——发展中国特色社会主义的一大法宝》，人民出版社2008年版，第41页。

② 李晓西：《新世纪中国经济轨迹——2001～2004年分季度经济形势分析报告》，人民出版社2005年版，第677页。

使产业结构高级化，就是要不断实现第一产业比重的下降，第三产业比重的上升。产业的合理化就是三大产业以及各个产业内部之间的聚合能力强，发挥出结构优势，三大产业之间在规模和比例上互相配合，不断地提高生产力和人民的生活水平。产业结构的高级化推动产业结构的合理化，合理化又促进产业的高级化。

为调整产业结构，国家以科学发展观为指导，重点做出了以下工作：其一，大力发展第三产业。当时不但提高服务业的体量，而且提高服务业的质量，加强交通、餐饮、生活服务等产业的发展，提高这些产业的国际竞争力，推进服务业的连锁经营和规模化经营。其二，改造一些基础产业以及资源密集型产业，如煤炭、电力等技术落后、资源消耗严重的产业，对这些产业进行技术升级和改造，政府对这些产业也提供了较多的信息服务，促进其资源优化配置。其三，优化工业内部产业结构，当时正值信息化浪潮的迅猛发展时期，所以工业内部产业结构升级的一个重点就是工业化与信息化的结合，使得基础工业信息化的程度提高，特别是一些重工业、重化工工业、机器装备业的信息化技术提供，大力以信息化带动一些新化工、新能源等产业的发展。其四，大力升级现代农业，运用先进的技术提高农业生产能力，使得农业规模化、集约化经营。

当时的科学发展观对于经济结构调整的一个核心方面是提升自主创新能力。当时核心技术的自主化能力比较弱，一些高科技战略性产业，一半以上的技术需要进口，付给国外公司大笔的知识产权费用。当时国家出台各种政策鼓励自主创新。具体而言，首先，推进以企业为主体的创新能力建设，鼓励各类企业加大创新投入，加强企业之间关于创新领域的联合；其次，加强科技创新与科技引进之间的联合，技术的引入并不是目的，技术引入的最终目的是要实现技术创新，不断地把技术创新与技术引进结合起来，提高创新的能力。

针对区域发展不协调问题，科学发展观对于当时经济发展的意义还在于提出了五个统筹理念。

其一，统筹城乡经济发展，旨在解决"三农"问题，解决农村与城市发展不平衡问题。城乡的差距加大是最为常见的一种现象，如果不加限制会产生较为严重的后果。例如，有些国家就陷入拉美陷阱。所谓拉美陷阱，就是当人均国内生产总值（GDP）达到1 000美元之后，经济就会停滞不前，其中的重要原因就是收入差距加大。统筹城乡经济发展包括一系列战略举动，比如使得城市基础设施向农村延伸、各种扶植政策向农村倾向。最为重要的是，激活农村农民的积极性，通过产业引入与拓宽致富渠道增强其积极性。

其二，统筹区域经济发展。统筹区域经济发展要解决两个方面的问题：一方面是东中西部地区经济发展不均衡问题；另一方面是每个区域的内部经济发展不均衡问题。协调的目的是要形成一种区域经济定位明确、各区域之间良性协调的局面。科学发展观统筹的区域协调问题从大局入手，使得整体经济的多要素协调互动，促进整体经济的推进。同时，为协调区域经济发展，要发挥区域本身的优势，发展优势产业，补足短板，增强带动作用。最为重要的是，区域发展要走一条阶梯发展的道路，东部经济发达地区与一省内发达地区要把先进技术与经验逐步传达和转移到经济比较弱的区域，促进其发展，同时，中西部经济比较弱的区域也要在发展劳动密集型产业的同时，引入和发展一些高科技产业。

其三，统筹经济和社会发展。从历史唯物主义的高度看，经济基础决定上层建筑，上层建筑对经济基础有着一定的反作用，历史唯物主义也告诉我们在这两者发展中存在一些不平衡因素，在一定时期内，经济的发展与社会的发展存在一定程度的脱节，也就是说，人民日益增长的对文化的需要可能滞后于经济生活本身。这就需要我们大力发展科教文卫事业，大力发展文化产业。同时，建立一种社会保障机制，从体制创新入手，文化部门需要建立舆论导向研究机构，针对舆论及时作出回应和引导。

其四，统筹人与自然的关系。经济发展起来之后，当时我们面临的突出环境问题是：资源短缺严重，我们总体人均资源较少，但是大规模的粗放型开发导致一些资源浪费严重；环境污染严重，特别是水污染、大气污染、空气污染严重。从科学发展观的理念出发，给出的对策包括树立新生态观、建立新发展模式、构建新制度等方面。具体而言，改变过去单纯以人类为中心的发展理念，从人类社会与自然环境的互动角度出发，思考人类生活圈、水圈、大气环境等各个要素之间的互动关系，确立一种整体论的思维方式；国外许多地区和当时我们国家一些地区走的是一种先污染后治理的道路，使得治理成本极大，而科学发展观要走出的是发展中保护环境之路；在管理方面，过去存在部门分割细化，难以形成合力，要想形成强有力的合力，必须形成统一领导、统一管理的格局，可以通过立法等方式加以强化。

其五，统筹国内发展与对外开放的关系。其含义是统筹国内国外两大市场，形成一种合力，达成一种扩大内需与外需、资源优化配置的目的，进而可以充分利用两种资源，为我所用。当时的国内市场面临的消费率低、储蓄量高的情况，与我国长期以来的储蓄文化有关，也带来内需不足的问题，因此拉动内需势在必行，同时研究国际市场的变化也有重要意义，提高我国企业进入国际市场的盈利能力。这其中也要协调两者的关系，不但要防止国外企业和产品的引入过多带来对国内企业的冲击，也要防止出口的不稳定影响总体经济的发展。

总之，社会主义市场经济体制确立之后，面临着一些不协调问题，而科学发展观的提出的主要目的是解决市场发展中的不协调问题，其核心思想是五个统筹，五个统筹的实施在一定程度上补足了经济发展的薄弱环节，解决了经济发展中的一些不平衡问题，促进了整个经济社会的有序和谐。

三、建设现代化经济体系

建设现代化经济体系是我们党在新时代对于经济发展提出的新目标，那么什么是建设现代化经济体系？我们要解析其中的关键词，何谓现代化？现代化是自工业革命以后的社会大变迁，包括政治、经济、文化等方方面面的变革。现代化有着几个显著的标志：科学技术的创新和进步；农业的自动化；生活的城镇化、工业化和信息化。"从历史进程的角度来看，现代化是指使人类社会实现从传统农业社会到现代工业社会的转变过程，它是以工业化的实现为核心的全面社会变革。"[1]

对于中国而言，现代化有着独特的意义，中国的现代化建设意识起源于被列强殖民的岁月。清朝末年政治腐败，西方用舰船打开中国的大门，中国无数仁人志士高举民主和科学的大旗，试图实现中国的现代化，驱逐西方侵略者，这从一系列政治事件中都可以看出，戊戌变法、洋务运动、辛亥革命等均为仁人志士为实现现代化的努力。共产党领导的中国革命使得中国人民彻底站起来了，新中国成立后，中国共产党领导中国人民进行了艰苦卓绝的现代化建设，"两弹一星"等举世瞩目的成就使得中国在科学技术方面离现代化的目标越来越近。改革开放之后，我国翻开了建设现代化的新篇章。我们党提出"三步走"发展战略[2]，要在21世纪中叶，基本实现现代化。

所谓经济体系，是经济个体之间相互关联的体系，从微观层面上，这种经济个体包含了企业、生产者和消费者等，从宏观层面上包含了计划经济和市场经济等，从所有制层面上包括了个体经济、私营经济、股份制经济等。从历史传承来看，世界性的经济体系走过了三个时期：第一个时期是"冷战"时期，以苏联为主的社会主义体系与以美国为主的资本主义体系；第二个时期，苏联解体之后，以美国为首创立了世界性的经济体系，如WTO，当时中国未加入进去；第三个阶段是中国的崛起并加入WTO，逐渐成为除美国、西欧之外的第三个经济体系。

党的十九大正式提出要建立现代化经济体系，使之成为新时代中国特色的经

---

① 叶学平主编：《新时代中国现代化经济体系建设》，武汉大学出版社2018年版，第21页。
② 党的十一届三中全会以后，我国经济建设的战略部署大体分三步走。第一步，实现国民生产总值比一九八〇年翻一番，解决人民的温饱问题。这个任务已经基本实现。第二步，到本世纪末，使国民生产总值再增长一倍，人民生活达到小康水平。第三步，到下个世纪中叶，人均国民生产总值达到中等发达国家水平，人民生活比较富裕，基本实现现代化。然后，在这个基础上继续前进。

济体系的重要支撑，我们的这一宏伟目标是建立在伟大的社会主义建设实践基础上的，有着深刻的现实意义。首先，建设现代化经济体系的提出是在我国经济建设取得一系列成就的基础上提出，改革开放之后的较长历史时期内，城乡居民收入差距也在逐步缩小。西部大开发、振兴东北老工业基地等大的规划不断取得成绩。

以习近平同志为核心的党中央不断推进深化改革，突破经济体制、政治体制的很多限制因素，经济体制改革不断取得成就，生态环境不断得到治理，并取得一系列显著成就。人民生活水平不断提高，恩格尔系数代表基本生活消费占个人消费支出总额的比例，这一方面在逐步下降，旅游、文化支出，交通通信、医疗消费的支出在不断提高。以上国家经济和人民生活水平的提高从更高层次上为建设现代化经济体系提供了现实基础。

除了经济的发展、生活水平的提高外，我国主要矛盾的变化也为建设现代化经济体系提供了前提。以前我们的主要矛盾是人民日益增长的对物质和文化的需要与落后的生产力之间的矛盾，经过改革开放后四十余年的发展，我们党带领人民基本实现了小康，社会矛盾已经发生了变化，我们的主要矛盾已经变化为"人民日益增长的对美好生活的需要和不平衡不充分的发展之间的矛盾"。落后的生产力已经不符合中国的现实，中国现在的情况是有些地方发展了，而有些区域未得到充分发展，发展不平衡；人们的温饱问题已经解决，主要的问题是人们对生活水平提出了更高的要求，不再是一些"硬需要"，而是对幸福感、获得感、提升感都有更高的要求。经济基础决定上层建筑，社会的主要矛盾的变化为经济建设提出了更高的要求，建设现代化经济体系这种更高层次的经济发展可以为解决社会主义新矛盾提供经济基础。

我们所处的新时代也是建设现代化经济体系重要的前提条件。所谓新时代，是建设中国特色社会主义工程取得胜利的伟大时代，这是我们要举什么样的旗帜的问题；新时代是决胜建设全面小康社会的伟大时代，这是我们新时代的历史任务；新时代是不断实现美好生活的时代，这是我们的理想；新时代是我们民族的伟大复兴和实现中国梦的时代，也是我们走向世界历史舞台的时代，还是我们与世界高度融合的时代。因此，新时代是我们为实现目标而不断承担历史使命的时代，也需要我们不断直面问题和解决问题，以使我们真正从富起来到强起来。新时代更需要我们不断地把握历史规律，特别是经济建设规律，把社会主义推向历史新高度。

建设现代化经济体系作为中国特色社会主义"五位一体"的重要组成部分，对于落实我国的基本经济制度也有着积极的意义。改革开放之后，我国实行按劳分配为主多种分配形式并存的收入分配制度，经济制度实现公有制为主，多种所有制形式并存。党的十九大我们又提出加快完善社会主义市场经济体制。这包括了加快国有经济的结构性调整，通过股份制的实施，使国有资本获得新生，达成五年内利润翻番的目标，其中国有资产提升的一个重要方面是权责分明，这也是建设现代化经济体系的核心，通过建设现代化经济体系，可以提升国有资产的活力，从而稳固中国特色社会主义的经济基础。

建设现代化经济体系与我国经济进入新常态也密不可分。随着改革开放四十多年的推进，我国的经济增长已经由高速增长阶段进入高质量增长阶段，进入经济增长新常态。所谓新常态，是指人类的发展要经过三阶段的否定之否定过程，从常态到非常态再到新常态。这是习近平总书记在河南考察时提出的。中国经济进入新常态的特点包括：经济增长速度放缓，但是由于经济体量已经很大，经济增长量级依然很大，处于世界前列。增长的动能发生了变化，原来多侧重于加工业等低科技含量产业，进入新常态，我们的经济增长动能更加多元化，城镇化、服务业、信息化、自动化等都可以作为新的增长动能。新常态下的经济结构也会发生很大的变化，原来的经济贡献主要是第一、第二产业，服务业和高科技产业的占比比较低，新常态下第三产业、高科技行业将明显提高占比。

最为重要的是新常态之下，计划和市场两只"看不见的手"将更加协调，市场主体的能动性将得到进一步的激活。而现代化经济体系建设的重要目标就是经济结构更为协调，三大产业分布更为合理，市场主体得到进一步激活。因此新常态需要实现的目标，新常态面临的突出问题，可以通过建设现代化经济体系得到一定程度的实现与解决。

总之，建设现代化经济体系是由传统农业经济向现代工业社会转变环境下，经济各个层面各个系统的适应性协调。现代化经济体系构建是经济发展到一定程度之后提出的，适应我国主要矛盾的转变，也是构建中国特色社会主义经济体系的必然需要。同时，经济的新常态也需要建设现代化经济体系给予强有力的支撑。

第三节　建设现代化经济体系的顶层设计

建设现代化经济体系需要合理的顶层设计，从根本方法上来看，建设现代化经济体系需要马克思主义政治经济学方法；从基本目标来看，现代化经济体系需要效率优先、质量第一、公平和谐；从发展理念来看，现代化经济体系要体现创新、协调、绿色、开放、共享；从基本特征来看，现代化经济体系要达成协同、有序、联动、公平、多元、和谐。

一、一个根本方法：马克思主义政治经济学方法

作为以马克思主义为指导的社会主义国家，现代化经济体系的根本方法必然为马克思主义政治经济学的方法。马克思主义政治经济学方法包括了《资本论》及其手稿的根本方法和具体理论。

唯物史观是中国特色社会主义政治学最为根本的理论基础，也是建设现代化经济体系的理论基石。西方哲学理论大都以抽象的人为开端，而马克思的理论以现实的人为开端，主张生产力决定生产关系，生产关系对生产力起反作用，经济基础决定上层建筑，上层建筑对经济基础也起到一定的反作用。

改革开放初期，生产力水平相对低下，低下的生产力不足以支撑计划经济，也不能实现严格的按需分配。我们需要借助多种所有制经济来发展，在科学技术和劳动者素质达到一定程度后，才可以逐步实行按需分配。所以我们需要大开国门，实行改革开放，引进西方的先进管理制度和科学技术，由此确定我们所处的阶段是社会主义初级阶段。也就是说，历史唯物主义为我国实现市场经济和多种所有制提供了理论基础，这就打破了以前社会主义国家只能实行计划经济的片面理论。进一步而言，现代化经济体系是权责分明的多元化经济体系，必然包括一些多种所有制元素，而历史唯物主义为其提供了坚实的理论基础。

历史唯物主义的理论指向也为建设现代化经济体系提供了价值归宿，马克思主张的共产主义的旨归是自由人的联合，这种自由的人是一种现实的人，现实的人在具体的资本主义世界生活出现了异化现象，表现为劳动者和劳动本身的异化，劳动者与资本家之间的异化，劳动者与整个社会的异化，也就是说，劳动者生产出来的产品反而不归劳动者本身支配，受到与自己对立的资本家的支配。《资本论》深刻地揭示出人与人之间的关系转变为物与物之间的关系，资本世界的人堕入被物控制的境地。在马克思看来，要摆脱这种境地，就是要重建个人与社会的关系，达成自由人的联合，人与人、集体、社会达成一种和解。

当然，马克思共产主义指向的自由人联合并不是空洞的语词，而是有着现实的指向，一个典型的表现就是人的自由表现在拥有自由时间。在马克思那里，自由不是抽象的，这种自由还表现在对必然的把握，也就是认识到客观世界的规律，达成对规律的把握，这才是自由。马克思的自由联合在社会层面表现出自由人之间结成集体或国家。社会是自愿结成并服务于个人的社会，这就是联合体的本质。自愿的结合达成了理想和现实相统一的自由王国，整个社会不但满足个人的物质需要，而且尊重个人的创造性和主观能动性。

历史唯物主义的旨归是共产主义，共产主义的本质意蕴是联合体尊重个体并为个体服务，这对于建设现代化经济体系来说至关重要，这是整个建设现代化经济体系的理论旨归。从物质目的来看，建设现代化经济体系是为了发展生产力，生产力的发展可以为自由人的联合提供生活质量的提高，生产力越发达，人民的空闲时间越多，越可能达成真正的自由。从实践归宿来看，建设现代化经济体系不但从客观上服务于自由人的联合，而且建构的实践主体必须在构建的实践过程中达成为人服务的目的。

马克思政治经济学的实践观对于建设现代化经济体系也有重要的方法论意义，实践决定认识，认识对实践具有反作用，实践与认识之间的相互生成是实践观的根本意蕴。这种观点对于建设现代化经济体系至少有三个方面的意义。其一，通过实践合理设定现实的目标。实践首先承认环境对人的意义，从现实实践中遇到的问题出发，设定现代化经济体系面临的问题，如经济结构问题、发展不均衡问题。从问题本身设定解决的途径和目的，再根据现实的可行性设置合理的目标。实践目的的达成是现实问题、现实条件、主客观可能性不断交织的过程，构建经济体系的短期和长期目标也是如此，是由我国所处的新时代决定的，是由我国四十余年的发展决定的。

其二，实践赋予主体以选择性空间。实践与主体的选择有密切的关系。主体的主观选择不是抽象的欲望，而是为现实实践的需要服务的。在建设现代化经济体系的过程中，我们面临的一个重要问题是计划多一点还是市场多一点。如果我们从空洞的理论来谈，那么可能性有无数种，但是如果放在一定的历史视域中，就可以明晰，在改革开放的初期，我们需要充分调动人的主观能动性，市场肯定要多一点，但是进入 21 世纪，经济改革进入深水区，单纯靠市场，许多问题得不到解决，这就需要我们实现整体配套改革，有步骤、有计划地对国有经济进行宏观改革，对产业进行有计划的调整。

其三，实践的知行合一方法可以帮助我们克服构建现代化经济体系中的一些错误理念。教条主义和本本主义是经济改革中的常见问题，为了一些看似美好的理论的实现，忽视具体的实践，很容易走向教条主义。如在农村经济建设中，未来的政策方向是走农村城镇化之路，一些地区的政策导向也确实如此。但是部分地区却以此盲目的、违背农民意愿的进行并村，在未给农民建设新的乡村的情况下就强行拆村，这就是典型的本本主义，没有深入实践的知行合一维度。

历史辩证法也是建设现代化经济体系的核心方法。从根本上说，现代化经济体系的体系就是一种系统。联系、变化、发展的观点延伸出系统论的观点，系统论直接就是现代化经济体系的方法。马克思的普遍联系观点直接就是系统论的前提。普遍联系观点主张的万物普遍联系发展坚持了事物内部各个要素之间有着交互的联系，这也是普遍联系观点的基本内涵。系统论是由贝塔朗菲等人在 20 世纪提出的。他们主张系统是一个普遍联系的整体，这个整体具有一定的目的性，内在有着一定的结构，系统与环境是相互依存关系，系统有着内在的不同等级。系统本身有着多种分类，如自然系统、实体系统、人造系统、概念系统、简单系统、复杂系统、静态系统与动态系统等。

契合马克思主义普遍联系观点的系统论可以为建设现代化经济体系提供基本的、直接的方法。首先，系统论的网状理论可以为描述和看待现代化经济体系提供视角，系统论主张系统由各个要素之间的联系构成，单纯的一个要素并非系统，如果元素之间没有相互作用也不再是一个系统，如人的死亡和汽车的严重损坏，它们之间的联系大范围是中断的，就不是一个系统。那么我们看待经济体系也是如此，整个经济体系由生产、分配、消费等要素构成，它们之间有着紧密的联系，牵一发而动全身。

其次，系统论整体和部分之间的关系原理为建设现代化经济体系提供了解决问题的方法。系统论主张整体大于局部，作为整体的系统有着自己的演化规律，不以单个元素的直观意愿为转移。推动整体前进，就是推动局部前进。这种方法告诉我们，面对现代化经济体系，不是某一个体的运作，而是从整体入手，才能驱动整体系统前进。如推动整个经济系统的前进，不仅仅是做好某一行业的工作，这就要摒弃长期以来的偏见，以整体的眼光看问题，从所有制造子系统、制造业子系统等的开放和推进入手。

最后，系统的结构性决定了建设现代化经济体系要把握系统的结构特征。系统的结构性是系统的组织方式，具有多种特点。系统一般具有稳定性，在一定的范围或一定的时间内，系统是稳定的，如新陈代谢一般在一天是稳定的、细胞的出生和死亡是稳定的。结构还具有层次性，对于复杂的经济社会系统，一般包括物理的、化学的、心理的三个层面。结构也具有一定的相对性，一个总体系统的结构和子系统的结构是相关的，总体系统的结构在一个更大的总体系统中也是一个子系统。系统的结构性证明了系统的各个子要素是有限制的，有一定的条件空间。

把握系统的结构性的意义在于，推进整个经济体系的优化需要把握系统的结构。首先，把握系统的稳定性，在稳定中推进。在激活经济发展的过程中，除了维持现代化经济体系的稳定之外，还要利用经济系统的层次性，从根本性的层次上推进经济系统的优化。如在经济结构中，实体经济系统与虚拟经济系统相比更为根本，我们就需要稳定实体经济系统，利用实体经济系统推进整个经济体系的发展。其次，结构和功能是密切相关的，把握结构才能把握功能。功能是对外在环境和条件的反映。结构的有序和合理才能发挥有效的功能。我们在面对经济体

106

系的时候，要想使得经济系统发挥出以人为本的功能，必须调整整个系统的结构，重建这个系统的结构秩序，结构秩序的重新调整才能使系统发挥最大功能。

系统本身的矛盾性也是我们构建经济体系的重要方法，系统的要素之间不但是协调一致的关系，而且系统要素之间也是矛盾的，具有一定的对立性。我们在使用矛盾观的时候必须对矛盾进行清晰的区分，矛盾的同一性分为直接同一性与间接同一性，直接同一性就是矛盾双方相互联系、依存于直接性的状态，无中介性，如政治经济学的基本范畴——商品（Commodity，C）和货币（Money，M），两者是直接同一的，货币是有一定劳动时间的商品，商品就是货币。间接同一性是矛盾的双方以对方为中介，两者的同一具有中介性。经济学最为基础的简单商品循环——C—M—C，商品转化为货币就是双方的交换。因此，商品本身不是货币，不具有直接同一性，但是商品必须进行交换获得货币才能成为商品，因此两者是互为中介的。矛盾的对立其实也有两种不同的对立，即直接对立和间接对立。直接对立就是事物内存两种不同要素之间的相互排斥、相互斗争。间接对立是事物两种不同的因素所在的主体或子系统之间的对立。比如，马克思明确指出，商品和货币之间是内部统一和外部对立，商品和货币关系中货币是普遍化的、得到认可的、能够普遍交换的商品。但是对于商品和货币所有者而言，两者是一种外部对立关系，商品所有者希望高价出售，货币所有者希望低价出售，两者是矛盾的。

系统内的矛盾观点对于看待经济体系的演变和发展具有重要意义。经济体系的运作最根本就是商品和货币之间的关系。西方经济学的均衡论认为，大规模地投放货币能够推进经济增长，原因在于商品和货币之间的运动可以促进经济的增长。按照这种经济学观点，无限制的、大规模的经济刺激是可行的。但是从系统的矛盾特点来看，商品和货币具有直接同一关系，所以这种观点有一定的合理之处，然而这种观点没有看到商品和货币是间接或外部对立的。商品所有者和货币所有者具有矛盾性，大规模投放货币并不一定能够获得商品所有者手中的商品，商品所有者手中的商品也不一定能够获得消费者手中的货币。资本主义经济危机中大规模的生产过剩就说明了这一点。

矛盾观也为看待经济体系的"人民至上"维度提供了理论依据。整个经济系统的基底系统是劳动和资本之间的关系。西方经济学家否定马克思的劳动价值论，认为资本家付给工人的工资就是劳动本身。但是马克思认为，工资并不能涵盖劳动的成果，有一部分没有付给工人工资的那部分劳动成果就是资本家剥削的剩余价值。因此，在西方经济学语境中，资本已经完全付给了劳动工资，整个经济运行给予劳动者更多的福利是没有理论基础的。但是我们社会主义社会坚持劳动价值论，劳动者是整个经济体系财富的创造者，那么资本获得的利润可以在最高的、最根本的层面上归全体劳动者所有，这就为构建经济体系的共享理念奠定了基础。

矛盾观延伸出的两点论与重点论为建设现代化经济体系提供方法论的指导，矛盾分为主要矛盾和次要矛盾，每个矛盾又分为主要方面和次要方面。这是矛盾发展的不平衡性。那么面对经济体系，把握住主要矛盾和主要方面至关重要。对于经济体系而言，主要矛盾就是供给和消费之间的矛盾。主要矛盾理论是供给侧改革的重要理论支撑。劳动者是社会主要矛盾的主要方面。解决好劳动者的基本权利保障问题才能最大限度地激发劳动的积极性。

马克思主义的辩证法与系统论的结合还表现在系统中的质量互变规律，唯物辩证法告诉我们，质变引起新的量变，量变引起质变，量变引起质变的关节点（度）的把握是我们需要研究和掌握的关键，这一原理对于我们认识现代化经济体系的历史演变具有重要意义。中国经济发展四十余年是一个巨大的量变过程，这个量变过程必然达到质变，那么巨大的系统性量变如何更好地达成质变涉及度的把握，关键在于过去的粗放型经济体系与现代化经济体系的联结点，这包括了产业结构的联结点、社会主义市场经济体系建设的联结点等。

除了历史唯物主义和历史辩证法之外，政治经济学的具体理论对于建设现代化经济体系也有重要的意义。其中，较为重要的理论是马克思的资本循环理论。资本循环理论分为三个阶段：第一个阶段是用货币购买劳动力和一定的生产资料，这表示为G—W；第二个阶段是生产阶段，使得劳动力和生产资料生产出一定的剩余价值；第三个阶段是从商品资本到货币的转化，把商品卖出换成货币。三个阶段是资本循环的基本环节，马克思提出了三个阶段连续性理论，即三个阶段在时间上是继起的，在空间上必须同时并存，这是马克思资本循环连续性理论的关键。

马克思的资本循环理论给予的启示是现代化经济体系必须是连续的，如何保障这种连续性是我们改革的方向。这就需要我们在建设现代化经济体系之时从以下几个方面入手。其一，从激活企业活力入手，增强资本循环的连续性，通过进一步改革，以股份制的形式，把国有资本完全推向市场，权责分明，使其积极参与市场竞争，达成优化资源配置，使得资源可以填补循环中的空缺，改变循环的延迟。同时，使得企业内部的利益分配合理化也是提高企业积极性的重要手段，通过股份制的形式，最大限度地激活员工的积极性，使其可以发挥自身最大的潜能。

其二，充分发挥政府的协调职能，保证现代化经济体系运行的连续性。政府除了给企业的管理放权之外，还要充分发挥对市场的协调作用，包括全面的统筹、大数据分析信息、整体的信息引导、整体的协调、做好监督监控工作。除此之外，政府还必须建立充分的社会保障系统，包括失业保险、医疗保险等，为企业解决后顾之忧。

其三，危机的处理也是现代化经济体系运作连续性的重要方面。当前新冠肺炎疫情对资本循环的连续性有着一定的冲击，在疫情发生的初期，经济体系运作的连续性在一定程度上被中断，这具有一定的客观原因。问题是如何保证连续性而又可以对新冠肺炎疫情的危机进行合理的处理。各地也采取了一些强有力的措施，如用大数据对每个人的健康进行监测，这是政府主导的大规模的系统工程，这一工程的实施是我们党应对危机和保障经济体系运作连续性的重要手段。因此，马克思关于资本循环连续性的理论为思考现代化经济体系的运作稳定性提供了重要的方法论依据。

综上所述，马克思的政治经济学方法是我们建设现代化经济体系的根本方法。政治经济学方法既包括了马克思政治经济学使用的哲学方法（马克思主义基本原理），也包括了政治经济学具体理论的方法。具体而言，唯物史观的生产力和生产关系辩证关系原理为我们的基本经济制度（公有制为主体，多种所有制并存）提供了理论基础，因为生产力的发展才是实现共产主义的根本保证；历史唯物主义的指向，共产主义的本质意蕴为建设现代化经济体系提供价值归宿，共产主义主张消除资本带来的异化，实现自由人的联合，这是我们建设现代化经济体系的目的（人民至上）的根本理论基础。马克思政治经济的核心理念实践观是我们建设现代化经济体系的基本方法向度，实践观把建设中国特色社会主义的人民主体放置于历史序列中，告诉我们要根据具体的环境和主体的能动性做出合理的选择和计划。政治经济学的基本方法——唯物辩证法为建设现代化经济体系提供基本的方法论，这种方法的意义体现为系统论对构建现代经济系统的启示，包括了网状结构、整体和部分关系、系统内在矛盾观、系统矛盾的不平衡性、系统演变的质量互变规律对建设现代化经济体系的方法论意义，这些系统的内在特征对于建设现代化经济体系具有根本性、直接性、方法论的指导意义。此外，马克思政治经济学的具体理论（如资本循环连续性理论）为我们看待现代化经济体系的运作方式提供了根本方法。

二、三个基本目标：效率优先、质量第一、公平和谐

我们建设现代化经济体系的基本理念包括了三个方面：效率优先、质量第一、公平和谐。效率优先、质量第一是现代化经济体系共有的特征，而公平和谐是社会主义经济制度下经济体系特有的特征，体现了社会主义制度的优越性。这三个方面也是以马克思基本理论为指导的集中体现。生产力和生产关系原理决定

了社会主义经济改革的目的必须是解放和发展生产力，那么效率必须置于优先地位，质量必须置于第一的地位。而社会主义社会的价值旨归又决定我们必须坚持人民至上，那么，公平和谐也必须置于重要地位。

（一）效率优先

所谓经济效率就是经济的收益与经济成本的比例，经济效率主要包括生产效率以及配置效率，所谓生产效率是在产出一定的情况下投入的多少，所谓配置效率是一定的资源投入进去之后产出的多少。当然，随着经济的进一步发展，门类越来越多，经济效率的含义也越来越广泛。

第一，经济效率的优先性表现在生产部门的效率的提高，以前经济效率的提高主要为投入和产出，当前经济联系越来越紧密，经济效率的提高囊括了全要素生产率，投入和产出不仅仅包括了资源和产品本身，也包括了资本、管理、技术等，所以当前生产部门的效率优先采用全要素生产率作为测度。这种测度实际上是一种以科技进步为主导的测度，投入和产出实际上包括科学技术的进步，组织本身的管理更新、专业化程度等。以全要素生产率来看，物质资源配置优化涉及的领域和环节越来越多。具体而言，城市化的推进进程是影响生产效率的总体环境，劳动力市场的转向是影响生产效率的人力资源环境。科技进步和科学技术人才的增长是全要素生产效率提高的关键与要素，信息化程度的提高给生产效率的增长注入新的力量，能源本身的利用率是生产效率提高的主要因素，政府管理等外在环境因素的优化也是生产效率提高的必要条件。

第二，经济效率的优先还必须达成资本配置效率的提高。从改革开放的历史来看，起初主要为国有资本，后来引入市场经济之后，演变为国有资本与民营资本并存的局面，再后来就演变为混合所有制。当前经济效率提高的一些阻碍因素在于，整个宏观的制度环境在一定程度上给予民营资本运行一定的阻碍。当前提高资本效率的因素在于以下几个方面：构建一种国有、私有经济公平竞争的市场环境，促进其流通；继续推进国有资本改革，充分提高国有资本的运行效率；提高民营企业的资本运行效率，提高市场竞争力；构建和发展一些政府与社会经济相结合的中介性组织或者团体，提高整体的行政效率。

第三，经济效率优化的达成还表现在提高城市化的经济效率。中国正在推进着大规模的城市化，但是当前城市化过程中的突出问题是粗放型的城市化导致效率比较低。一个重要的表现是大量农村来的劳动力由于报酬低等问题无法在城市长期生活下来，导致真正的城市化无法推进，使得农村劳动力真正能够留在城市进行一定程度的消费才能真正激活城市化的效率。这涉及一些关键的因素：劳动力的最低工资必须得到保证，劳动力的就业服务和就业指导必须到位，城市的楼市房价也必须得到进一步压制，才能使得优质劳动力留在城市，工会组织对于劳动力本身的关心和提供的实实在在的服务等也要有所落实和提高。

第四，经济效率优化的达成还需能源利用效率的提高。能源的利用是当前制约经济效率的关键因素，一方面，能源效率的提高表现在节能方面，另一方面则表现在减排维度。特别是低碳化标准的引入对于减排提出的新要求，这也是保护环境的需要。这涉及多维度的因素：立法部门对于节能减排需要进行立法；政府部门还需要对企业的节能减排进行必要的企业激励；推广实行污染税，通过税务的方法把减排落到实处；政府部门帮助企业做好节能减排工作，则包括财政支持等。

第五，科学技术创新的效率也是经济效率优化的重要方面。科学技术创新的效率包括了科学技术生成的效率与科学技术转化为生产力的效率。科学技术创新的效率与投入和产出比密切相关，投入和产出过程中科学技术创新占的比重越来越大，科技创新效率也是衡量一个国家经济发展水平的重要标志。科技创新的效率相关要素众多，这些要素必须以企业为主体。具体而言，企业在科技创新中的主体地位应当明确，如果不明确会引起科学创新生成和转化率低的问题；企业创新的外部激励机制也起到至关重要的作用，包括了企业对科学技术是否重视，是否提高科学技术人才的工资待遇，是否有充足的机制引进先进的技术，是否可以把先进的技术转化为具体的生产力。

总之，现代化经济体系的效率优先指的是经济的投入和产出的比例，包括多重维度。其中生产效率的提高是效率优先的基本维度，资本配置效率的提高是效率优先的运行要素，城市化效率是现代经济运行效率的外在维度，能源利用效率是现代经济运行效率的源流维度，科学技术的创新是现代经济运行效率的关键维度。以上这些维度不但是效率优先的基本含义，也是建设现代化经济体系的首要目的。

（二）质量第一

经济发展的质量与效率既有区别，也有联系，经济发展的效率侧重于投入与产出的比例，经济发展的质量更侧重于发展的长期性、稳定性、发展的目的。两者的联系在于经济发展的质量是经济发展效率的延续，经济发展的效率是经济发展质量的前提，没有效率的经济发展必定没有质量可言。具体而言，经济发展质量包括以下方面。

首先，经济发展的质量要以最终目标为导向，最终目标必须以人为本。根据社会主义矛盾的变化，我们以前的最终目标为不断地满足人民日益增长的物质和文化的需要，现在的最终目标是不断地满足人们对美好生活的需要，从逻辑上说，后者包括了前者。其次，经济发展的质量还包括了阶段性和层次性目标。从经济发展的过程来看，发展的手段、方式、具体要求是否实现，包含了经济结构的阶段性目标和经济要素之间的协调程度。从时间维度来看，经济发展的质量包括长期目标和短期阶段性目标是否实现。长期目标和短期阶段性目标又包括以下几个方面：

其一，经济发展的结构、要素、区域是否协调是衡量经济发展质量的内在标准。

所谓经济发展的协调性，是指"经济系统内部各子系统之间、各子系统内部各元素之间、经济发展与社会发展、经济发展与自然条件之间，保持互相协作、相互配合、相互促进的良性循环态势"①。经济发展的协调性包括内部协调和外部协调。内部协调的第一个维度是地区之间的经济发展协调。具体而言，各个地区之间在历史变迁、自然条件等方面是否存在良性互补关系，各地区在产业结构之间是否存在协调关系，包括了第一、第二、第三产业之间的协调和配合；这也包括社会再生产的各个环节之间是否存在协调关系，即生产、分配、流通、消费之间是否有着各自的分工和协调。

经济发展的外部协调主要包括两个方面的内容。第一个方面是经济发展是否与社会发展协调，这是两大系统的协调，包括丰富的内容：人口的发展是否与经济协调；劳动力的就业是否与经济发展协调；科学技术的发展是否与经济发展协调等。第二个方面是自然环境的变化是否与经济发展协调。人的自然环境包括诸多内容，如自然资源、气候、水资源等。自然环境和经济发展两大系统的协调包括自然资源的使用情况是否适应经济的长期发展；经济发展是否与生态的良性循环协调；经济发展是否与环境的保护达成协调的程度。

其二，经济发展速度是否保持在稳定、合理的层面也是衡量经济发展质量的重要指标。

最终目标是能否实现经济又好又快地发展，这是建设现代化经济体系的重要指标，稳定的经济增长意味着经济的发展是良性的，如果经济发展出现大的波动，会对经济发展的相关资源造成大的破坏。这里面涉及的因素有几个方面：（1）就业是否稳定，就业的影响是通过对社会的影响间接传导给经济的，如果发生大规模失业的话，会引起社会不稳定，最终引起经济的波动。（2）经济结构是否稳定也是一个重要因素，特别是服务业的一定比例和稳定标志着经济发展的稳定程度。（3）经济增长的预期是否稳定，一个稳定的预期对社会主体心理的影响极为重要，当前建设现代化经济体系的理念下，新型城镇化、创新型社会、农业

---

① 张海波：《经济发展质量：经济学范畴与统计测度》，武汉大学出版社 2012 年版，第 97 页。

现代化都在推进，这给予未来经济发展极大的强心剂，决定了未来中国经济的稳定性。

其三，经济发展是否可持续是衡量经济发展质量的过程性指标。

经济发展是否可持续主要指经济的增长是否可持续，这是衡量经济增长的重要维度。过去经济的增长模式主要为投资、消费、出口，这种经济增长模式在当前表现出不可持续性，内在消费继续存在，大规模的粗放型投资的时期已经过去，在贸易摩擦与新冠肺炎疫情之下出口也不可持续。当前经济发展的可持续性主要表现在科技创新的力度，以及使用科技创新推进经济的可持续发展。这就需要提高对高科技创新的支持力度，创建适应高科技创新的制度环境。除此之外，经济可持续发展还包括了经济增长方式、经济制度的转轨是否成功，当前我们建设现代化经济体系的重大挑战就是，从投资、出口、消费三驾马车驱动的经济增长转变为科技创新为核心的经济增长。这一转变是建设现代化经济体系成败与否的关键，也是经济是否可持续发展的关键，涉及的一些阻碍因素必须排除。

其四，经济发展的安全性是衡量经济发展质量的重要维度。

国家经济安全属于国家安全的重要内容，包括了诸多方面：本国的资本能否控制本国的关键行业和重要领域；本国的资本是否能够维持本国人民的基本生活水平；国家经济发展在受到国外不利因素干扰的情况下是否能够维持正常运转；国内企业在国外的经济贸易利益是否受到威胁等。就外在因素而言，经济安全的一些方面涉及国外势力的干扰、国际环境的好坏、本国经济组织在国际上的地位等。总体而言，经济安全包括自然资源和非自然资源因素的制约，自然资源涉及当前储备资源的使用年限、人均可耕地面积、水资源的储量、农业活动使用的水资源、森林的含量、能源自给的比率。非自然资源因素包括：本国的通货膨胀率是否在一个安全的范围内；外汇储备是否合理；银行坏账率是否在可控的范围内，政府收支是否平衡；重要科技领域与国际领域的差距是否可以追赶等。

总之，经济发展的质量是经济发展效率的重要保证。从时间维度上看，经济发展质量的最终标准是是否以人为本，是否提高了人民的生活水平；经济发展质量的过程性目标是经济结构在一定时间内是否协调和稳定。对于建设现代化经济体系而言，经济发展质量必须得到保证，经济发展的结构、要素、区域之间必须协调；经济发展速度必须稳定在合理的变化幅度内，就业必须得到保障；经济发展的增长方式也必须具有可持续性，实现由过去投资、内需、外贸拉动到科技创新拉动的转变；经济安全也是经济发展质量的重要方面，自然资源是否能够保证本国经济发展，非自然资源（通货膨胀率）的变化必须在合理的范围内；国际环境能否保障本国经济的合理发展。

（三）公平和谐

公平与和谐是不同的，社会公平包含了权利公平、机会公平、规则公平、社会公平等，公平是社会主义国家制度安排的重要依据，也是促进经济效率提升的重要手段，更可以实现社会的安全运行。公平社会是以往社会共有的一种理想。改革开放之后，社会公平又被赋予了新的含义。首先，社会公平必须以一定的物质为基础，社会主义社会的公平是一定要实现共同富裕，我们的政策是允许一部分人先富起来，先富带动后富，最终实现共同富裕。其次，我们坚持按劳分配，又不放弃社会调节，对于老弱病残等弱势群体给予一定的帮助。最后，改革开放后我们依然坚持区域协调发展，全国的各个地区具有平等发展权，东中西部协调发展才能实现社会主义社会的公平。

广义上的和谐社会是一种各个要素达成和谐的一种社会，包括以下几个方面："第一，社会的管理控制体系能够发挥作用。第二，文化中的核心价值观念有凝聚力。第三，不同利益群体的需要能够得到满足。第四，社会成员具有流通的途径。"[1] 和谐社会之于建设现代化经济体系而言，主要包括以下几个方面。就经济发展的内部因素而言，经济增长是否可持续，经济结构、速度是否可协调；就经济发展的主体因素而言，每个社会成员是否最大限度地发挥了自己的能动性，这是我们构建现代化经济体系的旨归；另外，社会成员是否共享了发展的劳动成果，这也是衡量社会和谐的重要标志。从经济发展外部环境的和谐程度来看，建设现代化经济体系需要营造的和谐社会环境包括：社会成员的经济活动需要较高的道德规范、良好的社会风气；经济活动还需要治安良好的社会环境，这种社会环境可以有效化解各种社会矛盾。

总之，社会公平与社会和谐不同，公平是物质层面的共同富裕、分配层面上的按劳分配兼顾社会调节、区域之间的同步发展等；社会和谐不但包括经济发展内部的和谐，而且包括经济发展外部环境的社会稳定、社会矛盾的化解等。

三、新发展理念：创新、协调、绿色、开放、共享

新发展理念是针对整个中国特色社会主义建设提出的，对于经济发展而言，新发展理念依然具有重要的意义，是建设现代化经济体系时具有核心地位的顶层设计理念。

---

[1] 广西老科学技术工作者协会、广西老年基金会编：《社会公平与社会和谐》，广西人民出版社 2007 年版，第 68 页。

创新发展理念是现代化经济体系的动力源泉。金融创新是创新的资本环节，现代化经济体系的构建必须充分发挥金融创新对于实体经济的支撑作用，充分鼓励和引导金融机构支持高科技行业企业发展，通过金融互联网和移动手机银行等手段，实现对实体经济的支持；科学技术的创新是根本，通过优化高科技产业的资金链，引进先进技术，推进科学技术跨越性发展，实现企业高科技创新与企业结合，以此才能提高全社会经济供给端的科技含量。推进大众创新和万众创业，营造良好的创业环境、最大限度地激活企业主体的活力，以此为现代化经济体系提供新的动力。

协调发展是现代化经济体系的内在要求。按照系统论的观点，现代化经济体系是一种相对平衡的经济系统。这就要求不同子系统之间达到和谐的状态。当前的主要问题是存在一定程度上的不协调，城乡不协调也是极为显著的问题。这些问题首先表现在收入水平的不协调，基本工资待遇有着较大的差距；其次，城乡不协调还表现在城乡之间的公共投入有较大差距，这些公共投入包括卫生、社会保障方面的投入；最后，城乡之间的不协调表现在城乡的产业关联性弱，城市的工业体系与农村的农业体系并未建立产业上的充分联系。除了城乡不协调、区域不协调外，还有产业之间的不协调等。解决上述问题的目的是促进区域、城乡、部门之间的生产要素的合理流动，这也是建设现代化经济体系的应有之义。为此，还需协调产业结构，优化产业在空间、时间上的布局，加快一些交叉产业在交叉区域的产业聚集建设。

绿色发展理念是解决现代化经济体系产生的人与自然矛盾关系问题的基本理念。绿色发展理念是针对人与自然关系提出的，也是为了解决工业化之后人民面临的环境问题。就建设现代化经济体系的绿色而言，要达成经济本身的绿色，就是要构建绿色经济体系。具体而言，绿色经济体系在规划建设维度上体现为绿色，积极构建一种生态文明经济体系；积极优化产业结构，改善当下产业结构的布局，使其向着绿色的理念演进；另外，产业的绿色化才是最为根本的绿色，这不但是一种节能减排的绿色，而且是整个产业门类和内部技术的绿色。当然，绿色经济体系的建设不是一蹴而就的，必须树立绿色的理念，形成绿色的经济循环，加大生产修复工程的建设。

开放是建设现代化经济体系的必由之路。这种开放包括了对内开放与对外开放。首先对内开放表现为促进东中西部地区经济要素的流通和互动。这种流通必须以有规划的经济带建设为前提，积极发展城市群建设，以城市群打开区域之间开放的壁垒。完善现有的三大城市群（长三角城市群、珠三角城市群、环渤海城市群），打造"一小时经济圈"，真正做到各种资源的互动和流通。此外，中西部地区的中原城市群、关中平原城市群的建设是协调东中西部区域差异的重要途径。真正达成这些城市群的核心城市——中原、郑州等对经济发展的拉动作用。此外，城市群之间的互动也是打通国内各区域之间开放渠道的重要维度，通过铁路枢纽促进制造业的转移，真正做到城市群之间资源的良性流通。

其次，对外开放是建设现代化经济体系的应有之义，现代化经济体系是完全开放的经济体系，要求经济在全球范围内实现互动。对于现代化经济体系而言，对外开放要达成的状态是出口贸易在不断增多，国外先进的技术得到引进和学习，外商的投资不断增多，对外投资或者对外工程承包不断发展，与国外的劳务合作也得到保证，对外经济援助获得相应的经济利润。这些维度的达成表明对外开放处于良性的状态。当然，这种局面的维护需要我们政府有计划地开放，实施一些大的开放项目。比如，我们在改革开放初期先设立经济特区，再设立开放区域，再到全方位的开放，这就是有计划地大规模开放；当前推行的"一带一路"是我国对外开放实施的大规模经济项目，可以有力地推动我们的对外开放。

共享发展是建设现代化经济体系的最终目的，在社会主义制度下，共享发展必然要以人为本，坚持人民至上。共享的本质含义是共享改革发展的成果。这一本质意义可以具体展开多种含义：最为基础的共享是共享教育资源，包括基础教育资源与高等学校教育资源；基础的公共卫生资源必须均等化，展开共享，这是涉及人民卫生健康的根本维度；社会保障体系是实现二次分配和促进社会公平的重要维度。当前在构建现代化经济体系维度下，共享发展最为重要的是实现人民的收入与经济增长速度的协调，使得人民群众可以共享发展成果，这涉及在产业体系下，人民群众的就业是否能够得到保障，企业的最低工资标准的提高与否，以及脱贫攻坚工程是否得到有效实施。

总之，建设现代化经济体系是党的十九大以来的重要发展理念，也是建设现代化经济体系的根本要求，创新发展理念是现代化经济体系的动力源泉，协调发展是现代化经济体系各个要素和各个产业之间关系的内在要求，绿色发展理念是解决现代化经济体系产生的人与自然矛盾关系问题的基本理念，开放理念则是现代化经济体系的外部要求，共享发展是整个现代化经济体系构建的最终目的。

四、六大基本特征：协同、有序、联动、公平、多元、和谐

现代化经济体系是一个复杂的系统，从静态来看，这一体系包括各个产业之间的协同关系；从动态来看，这一体系表现为各个要素之间联动的效率；从产出分配来看，经济体系则表现为分配的公平程度；从外部条件来看，经济体系包括与外部社会环境、开放程度的关系，经济体系与环境的关系等。依据以上维度，经济体系的基本特点也包括以下方面。

从产业体系来看，现代化经济体系需要创新引领和协同发展的产业体系。现代化经济体系已经不再是过去的劳动力密集型与资源密集型产业，而是一种以创新为核心引领的产业体系。这就需要以创新为导向，重新整合产业体系，它可以分散出以下几个维度的特征。其一，企业本身有着强有力的创新动力，就是需求拉动、市场竞争拉动是否能够转化为科学技术拉动；其二，产业本身的管理、战略、文化氛围能否促进科学技术的创新性提高，这种创新是否能够达成产业内部的有效沟通，促进新科技的产生或应用；其三，科学技术创新与市场本身的创新高度结合，市场的中介要素是否服务于科学技术创新与社会需要的结合；其四是创新环境的优化也是达成现代化经济体系创新导向的重要维度，国家政策是否有着持续创新的机制，是否提供创新的环境。

从市场的运行来看，现代化经济体系需要统一开放、竞争有序的市场运行。统一开放和竞争有序的市场机制是现代化经济体系的中介环节，具有极其重要的地位。这一基本特征又可包括以下几个方面：其一，市场主体进入市场是否规范是现代化经济体系的市场维度的前提条件，要防止大量重复性建设或者雷同主体的出现和涌入，这会造成资源的浪费，也要防止没有资质的企业进入市场。准入制度是否良好的关键是建立高效、有序的准入审批程序；其二，市场竞争的有序是现代化经济体系市场维度的核心环节，包括地区和行业之间的界限是否被打破，正当的竞争是否被鼓励，不正当的竞争（如虚假商品和宣传）是否得到制止；其三，市场主体的退出机制也是现代化经济体系的重要环节，现代市场经济的主旨是优化资源配置，而优化资源配置必须让一些低效率企业退出市场，所以退出机制的建设必不可少，这包括了企业兼并是否规范、债务责任是否划分清晰、企业破产的制度是否建立、企业的职工是否得到妥善的安置等。

从空间分布来看，现代化经济体系需要彰显优势和协调联动相结合的空间格局。目前我国的东中西部地区都是以经济圈来协同发展。最为核心的是三大都市经济圈：京津唐都市经济圈、长三角都市经济圈、珠三角都市经济圈，除此之外，我们还有大西南经济圈，包括了四川、重庆等；中原经济圈和合肥经济圈则是中部地区比较大的经济圈；以西安、成都、重庆为核心的西三角经济圈也囊括了西南大部分城市。这些经济圈的建设目的就是发挥联动作用，实现资源互补。必须发挥其带动作用，提升本身的优势，具体而言，京津唐都市经济圈具有鲜明的政治优势，聚集人口较多，具有聚集优势；长三角都市经济圈有着海运、河运等区位优势；珠三角都市经济圈则是开放的前沿，具有改革开放制度创新力强的优势；大西南经济圈开发还有大的发展空间，具有潜力大的优势；中原经济圈和合肥经济圈有着人力资源优势，承接着传统产业移入，有着实体产业优势。以上优势的充分发挥才能真正实现诸多经济圈的联动。

从分配制度来看，现代化经济体系需要体现效率和促进公平的分配体制。效率和公平的矛盾是经济体系的核心矛盾，关于此矛盾可以用倒"U"形理论说明。这一理论假设认为，一国经济发展初期的收入分配比较平等，在其发展过程中，为了提高经济效率，必须扩大收入差距，使社会阶层日趋不平等，当"经济发展达到一定发达阶段后收入分配才又重新趋于平等"①。这一收入分配的变化趋势如果用数轴表示就是倒"U"形。美国的发展也表明，当人均年国民生产总值（GNP）超过1万美元时就会迅速拉大收入差距。对于经济体系而言，贫富差距的拉大引起的重要问题在于无法拉动消费，最终形成经济危机。对于社会主义国家而言，收入分配加大也是违背社会主义社会的本意的。作为社会主义国家，如何既实现发展的公平又不失去市场的效率是发展的现实难题。最根本的是要实现教育的公平，通过教育的公平达成社会阶层的流动，一定程度上缓解贫富差距的拉大。另外，二次分配和社会保障是否真正得到落实也是实现社会公平的重要手段。我们相信中国特色的社会主义理论有着解决这一问题的无限潜力。

从开放程度来看，现代化经济体系需要多元平衡、安全有效地开放经济。多元平衡、安全有效是当前全球化经济发展的必然趋势，当前在全球化不断推进的同时有着一股逆全球化趋势，以美国为代表的国家贸易保护主义抬头、贸易摩擦频发等就是鲜明的代表。为此我们必须在既有的全球化格局基础上，积极地发展"一带一路"，改善"一带一路"沿线国家的投资环境，减缓西方国家贸易受阻的压力。另外，多元平衡、安全有效更需要修炼内功，这也是针对国内市场提出的要求，积极培育高水平的企业、调整国内产业结构才能推动我们企业走向国际市场，才能实现真正的安全有效。在具体产业分布上，加强沿海地区的开放地位，使其从加工业为主向科技为主导的产业转移，使得传统的加工制造业向内地转移。多元平衡更需要改善出口结构，除了制造业出口外，极大推动文化产业、金融服务的出口。坚持引进来和走出去相结合的原则也是多元平衡和安全高效的重要手段，扩大国内急需品的进口，把进口转化为技术优势。

从人与自然关系来看，现代化经济体系需要人与自然的共生。人与自然和谐共处也是我们建设现代化经济体系的基本理念。经过四十余年的充分发展，我国局部地区出现了资源浪费、生态破坏严重、环境污染问题，这为建设现代化经济体系提出了新的挑战。实现人与自然和谐共处，不但是环境维度的要求，也是产业内部的要求。人与自然矛盾尖锐的一个根本原因是传统的粗放型工业为主的结构，那么一个根本的理念就是要提升主导产业，使其向绿色产业发展，并且配有高科技含量的新型行业，以此推动整体的产业转型；同时，湿地是地球的肺，加

---

① 曾昭宁：《公平与效率：中国走向现代化的抉择》，石油大学出版社1994年版，第30页。

强湿地的保护也刻不容缓，海洋、淡水资源的保护是重要方面，加强对森林生态系统的保护、草原生态的平衡。因此，坚持建设、保护、恢复三管齐下，推进产业结构升级，才能真正实现现代化经济体系的绿色化。

总之，现代化经济体系蕴含着六大特征。从产业体系来看，现代化经济体系为创新引领和协同发展的产业体系；从市场的运行来看，现代化经济体系有着统一开放、竞争有序的市场运行；从空间分布来看，现代化经济体系需要彰显优势和协调联动的空间格局；从分配制度上来看，现代化经济体系需要体现效益和促进公平的分配体制；从开放程度上看，现代化经济体系有着多元平衡、安全有效的开放经济；从人与自然关系来看，现代化经济体系要求人与自然的共生。

第四节　建设现代化经济体系的举措

建设现代化经济体系是一个系统工程，需要五大子系统，即供给子系统、分配子系统、产业体系子系统、市场子系统、创新子系统的同步构建。

一、推进供给体系改革

供给侧结构性改革是为了解决我国当前面临的经济问题。第一个重要问题是我国经济进入新常态，由高速增长进入高质量增长。增长速度有所放缓，原来的增长动力为投资、出口、消费，这三驾马车已经不足以支撑当前经济的发展，必须引入高科技产业来拉动。第二个面临的重要问题是实体经济的供给出现问题，无效供给过多，比如房地产经济过度发展，全国出现一定程度的炒房倾向，虚拟经济过度繁盛，影响实体经济的发展。

针对这些问题，供给体系的改革就是要解决上述供给端出现的问题，具体的含义是去杠杆、降成本、去库存、去产能、补短板。这些具体的举措又可分出四个基本维度。第一个维度是充分释放我国的劳动力潜能，可包含四个方面的具体措施。其一，针对当前出生人口不足问题，需要适度放开生育政策，进一步推进人口红利。其二，进一步改革城乡二元结构，推进城市化进程。当前我们虽然在改变城乡二元经济结构方面取得一些成就，但还需进一步推进，进一步取消户籍限制，鼓励一些农民进城，化解城市住房的库存过多问题。其三，进一步提高劳动力的素质。当前高等教育也面临着诸多问题，比如学校的教学内容不能适应当前快速发展的社会需要；教学方式过于老套，不能吸引学生。这些问题导致部分大学毕业生素质堪忧。出现这一问题的原因众多，其中一个重要原因是高等教育依然是稀缺资源，这就导致高校改革的动力不足。高校改革的重要方向应该是为高等教育引入民营资本，促进两者形成一定的竞争，提升总体的教育水平。其四，做好精准扶贫，发展贫穷地区教育。贫穷地区人口占据总人口的一定数量，这些地区的脱贫对于整体劳动力的释放具有重大意义。对于这些贫困人口，我们要区别对待，进一步做好脱贫地区的教育工作。针对具有较多劳动力、有自然资源优势、地理资源丰富的地区，要给予足够的资金支持、政策支持，使其脱贫，在脱贫的过程中尤其要重视发展教育事业；针对处于贫困山区，自然条件比较好但是需要生态保护的地区，可以给予整体搬迁，帮助其脱贫，并且给予优质的教育资源；在扶贫工作中，尤其要把教育扶贫放在首位，不但要大力发展基础教育，还要大力发展高等教育，还可大力发展现有劳动力的职业技术教育。在扶贫的考核机制方面，要把教育扶贫放在首位。

供给侧结构性改革的第二个维度是从供给端提高全要素生产率。所谓全要素生产率，是在生产主体内部各个要素综合得出的生产效率。这种评价机制不再以单个的生产本身为评价标准，而是融合生产相关的技术升级、管理创新、产品质量提升等。为提高全要素生产率，首先需要政府机关改善审批制度，提高政府效率，推进企业效率的提高。其次，鼓励产学研相结合，科学技术是供给端生产效率提高的关键，如何使科研与生产结合起来是提高全要素生产率的关键，这就需要高校、科研机构与企业紧密结合，搭建结合的平台至关重要。再次，为有潜力的创业企业提供足够的资金，推进创业企业的发展也是提高全要素生产率的重要手段。最后，给予创新型企业足够的税费优惠，使用研发费用抵税等手段鼓励其引进先进技术。

供给侧结构性改革的第三个维度是推进国有企业改革。国有企业占据着国计民生的关键行业，在提升供给意义上进行改革对于供给侧结构性改革的成功有着重大意义。我们当前的策略是通过重组实现强强联合，通过深入贯彻股份制把国有资本最大化，提升竞争力。同时促进国有企业的去产能和去杠杆。所谓杠杆就是通过借债扩大经验规模，大批国有企业举债甚大，对一些国有银行造成很大的压力，只有在一定程度上去杠杆才能真正使这些国有企业脱困，实现扭亏为盈。另外，以"中国制造2025"为契机，促进国有企业转型，提高国有企业的科学技术能力。

供给侧结构性改革还需要提升需求端的潜能。供给侧结构性改革是从供给端入手调整产业结构，但是如果需求端得不到提升或者不旺盛，供给侧结构性改革依然不能得到保证。首先，需求端的改革需要政府采取积极的货币政策，扩大财政支出，适当增加财政赤字率，同时，实行宽松的货币政策，增加货币发行量，降低利率。只有通过这些手段，才能刺激家庭、企业的消费。但是，消费的刺激一定不能过度，在一些关键行业，如房地产，现在已经存在一定的泡沫，那么对此领域不能再用货币等手段扩大泡沫的量。

二、加强分配体系建设

经济体系建设不但包括产业结构，而且涉及分配体制，分配体制的合理是社会稳定的重要保证。"坚持以人民为中心的发展思想"[①]，这是我们收入分配制度总的基调。就具体内容而言，新时代的收入分配坚持公平与效率相结合，初次分配的效率与再次分配的公平相结合。这种分配制度是由马克思主义为指导思想的地位决定的，马克思的劳动价值论坚持劳动创造剩余价值，社会资本与总财富都是由劳动创造的，这就决定了我们必须在制度上向广大劳动人民群众倾斜。从含义上来说，公平和平等包括了机会的公平和平等、分配的公平；从内在机制上看，公平与效率是基本的内在矛盾，沈开艳等学者认为两者是对立的，一方的发展必须要以牺牲另一方为代价[②]，而我国学者普遍认为两者是辩证统一、彼此促进的关系。

为达成公平，从途径上看，我们可以从分配的起点、分配的过程、分配的结果以及突出问题的解决上加以干预。从起点上看，通过深入改革城乡二元体制和教育医疗制度，实现起点公平。当前的城乡二元体制虽然有所改善，但是城乡之间的差异依然存在，户籍方面依然有部分限制，突出问题是如何安置农民工的户籍，农民工是城乡之间流动最大的群体，这部分人员的户籍安置至关重要，当前虽然在安置农民工子女上学方面有所改善，但是在户籍上面还没做出根本性改变，推进农民工融入城市，成为新市民，可以最大限度地改善当前的二元结构。除了城乡二元结构之外，农村和城市、各个地区之间在教育、医疗水平上的差距也越来越大。农村和城市在基础教育上的水平差距很明显，提高农村基础教育中的教师素质是重要突破口，要最大限度地鼓励大学生前往农村基层从教；另外，农村卫生院的医疗水平也有待提高，通过各种激励机制鼓励优秀医疗人才留在农村才是提高农村医疗水平的重要途径。

从分配过程来看，分配过程干预的目标是要实现分配秩序和制度的公平，不断完善市场的要素分配制度，进一步强化产权制度，完善和稳定市场秩序，完善

---

① 习近平：《坚定信心 勇毅前行 共创后疫情时代美好世界——在2022年世界经济论坛视频会议的演讲（2022年1月17日）》，人民出版社2022年版，第6页。

② 沈开艳、陈建华：《当代中国政治经济学》，上海社会科学院出版社2018年版，第262页。

工资分配制度，真正做到按劳分配。

从分配结果来看，初次分配的再分配是我们合理分配的着力点，体现了社会主义制度的优越性，不断调整高收入阶层，扩大中等收入者的比例，通过税收调节过高收入。可以调动各种手段达成上述目标，如通过公共财政税收扶植和扩大中等收入阶层；通过社会保障和医疗、教育的投入加强低等收入群体的保障。

从突出问题的解决来看，我们要实施解决收入分配加剧问题的制度和机制。首先，通过破除行业垄断，调节不合理收入。政企不分容易滋生腐败，我们改革的第一个方向是真正实现政企分开，放开市场准入，真正做到公平竞争，真正把现代市场企业制度引入国有企业。同时加强对于收入分配的监管，通过立法把垄断行业的监管纳入法律轨道。其次，加强产权制度改革，产权制度的改革目的是使每个人都能够享有机会、制度的平等。通过完善农民对宅基地和土地的实际产权，使得农民的生产要素也可以进入市场，推动农村的各种资源的市场化。

总之，分配体系的建设是一个系统工程，从分配的起点、过程、结果、问题求解四个维度开展收入分配的改革。从分配起点上看，深入改革城乡二元结构，保护农民工的利益，加强教育医疗的均分化，把资源尽可能地向贫困地区倾斜；从分配过程看，主要是建立公平的制度和秩序，确保分配过程的公平；从分配结果的调整来看，通过对高收入者的调节、低收入者收入的提高、中等收入者的扩大，不断地使整个收入再分配的结构合理化。从突出问题的解决上看着力于解决不合理收入问题，通过破除垄断，减少腐败的可能性；通过产权制度改革等，最大限度地保证拥有生产要素的弱势群体的权益。

三、协调产业体系要素

效率优先、质量第一、公平和谐是我们建设现代化经济体系的基本原则，围绕这一原则，现代化经济体系的构建必须从体系本身入手，深入产业的聚集、产业的集中、产业周期、产业链等维度，建设现代化经济体系。

推进产业聚集是产业体系建设的重要方式。何谓产业集聚？即相关产业聚集在特定区域或者特定交通线。产业聚集的第一大特点是空间的聚集性，出于资源、专业性、历史原因，大量相似企业聚集在一起就称为产业的空间聚集；第二个显著特点是根植性，每个单个的产业行为主体深深地嵌入该区域的产业发展、文化历史环境中。第三个显著特点是自我增殖性，产业一旦聚集，市场主体就会依存环境而自我增殖，不依人的主观意愿为转移地自我发展。自我增殖的原因众多，离成本地近、生产要素转移无阻隔都是原因。当然，聚集的产业都是相关产业，所以内部产业都具有相关性，这就导致产业聚集区的产业具有极强的相关性。为推进产业聚集，需要我们利用各种手段进行综合性调整。

首先，通过交通优化、空间布局的合理化等手段，不断地推进产业聚集。产业聚集能够优化资源配置，促使产业内部的专业分工和协作。这就需要我们有意识地进行布局，针对一些有空间聚集苗头的产业区，有意识地培育、优化交通设施，推进产业合理布局，使其形成产业优势。其次，提升产业聚集区的创新能力。产业的聚集必然引发竞争，竞争本身就会促进产业的创新，但是如果局限于外部设施和创新思路，那么创新一定会遇到天花板，这就需要我们不断地推进高校、企业、产业园的结合，整合产学研于一体。再次，不断推进产业聚集区的资源共享。产业聚集区不但面临内部竞争，而且面临外部竞争。如果能够推进产业聚集区的资源共享，必然可以增强其核心竞争力，大力发展与产业有关的教育、检测设备、大型实验室的建设，才能最大限度地提升产业聚集区的竞争力。最后，产业聚集会出现一定同质化竞争，不断地从顶层设计入手，推进产业之间的差异化经营，从价格、产品设计、品质等方面推进产业内部的差异化，从而达成产业聚集区的产业丰富性、多样性。

强化产业布局是推进现代产业体系建设的核心，产业布局是某国家或者某区域的产业在某一特定空间中的分布状态，分为动态和静态两种："它在静态上是指形成产业的各部门、各要素、各链环在空间上的分布和地域上的组合。在动态上，表现为各种资源、各种生产要素甚至各产业为选择最佳区位而形成在空间地域上的流通、转移或组合的配置与再配置的过程。"[①]

产业布局最核心的是工业布局，工业点的布局要坚持分散和集中相结合的原则，除了接近原料地和消费地之外，工业分布要坚持大中小工业点相结合，新旧工业相结合，资源的综合利用和生态保护相结合的原则。旅游业作为新兴产业，该产业的布局要坚持先天资源优势为主体，充分发展中介条件。第三产业的布局应强调服务区和实际服务内容对周边的吸引力，还应考虑到达该地区的交通便利程度，以及该地区居民的文化氛围、该服务区的辐射范围。

产业链的布局也是现代产业体系的重要组成部分。产业链具有丰富的内容，大致分为四个组成部分：价值链、空间链、企业链、供需链。这四个部分的对接关系是产业链的基本要素。现代化经济体系要求的产业链契合度必须做好四个方面的工作。第一，产业的价值链与其他三个链条的对接。李雪平认为，"每一个企业都是在设计、生产、销售、发送和辅助其产品的过程中进行种种活动的集合体。所有这些活动可以用一个价值链来表明"[②]。那么，合理的产业链就在于企

---

① 戚晓曜：《中国现代产业体系的构建研究》，中国经济出版社 2011 年版，第 121 页。
② 李雪平：《西方国家的新贸易保护主义与中国的应对措施研究》，人民出版社 2019 年版，第 152 页。

业的这一链条能够加强供需之间的联结。第二，从对接的主体来看，企业链与供需之间必须呈现无缝的对接，对接的内容包括技术的标准与生产的要素等。第三，从对接的基础来看，各个部分不但在内容上，而且在机制上也必须对接，技术创新必须有着高度的对接度，而且分工和交易、市场竞争的结构也必须协调。

总之，现代化经济体系的产业体系必须合理调整产业聚集、合理进行产业规划以及产业链建设。通过交通布局、空间布局，不断地推进产业聚集区的资源共享，避免产业聚集区内部的同质化；产业布局方面，第二产业布局要坚持新旧工业、大中小型企业结合的原则，第三产业优先考虑服务区与服务内容对周边的吸引力等；产业链方面，应该加强产业链与空间链、企业链、供需链的对接，从主体上，加强企业链和供需链的契合，从机制上必须不断地加强分工、交易之间的对接。

四、完善市场体系制度

市场经济中的市场主要包括生产资料市场、消费品市场、金融市场、技术市场、信息市场、劳动力市场、股票市场、房地产市场。完善社会主义市场体系就是要不断完善这些市场，促使其积极、健康、合理发展。

首先，企业是市场的主体，完善社会主义市场体系必然要从企业入手，企业建设的关键就是要建立权责分明的企业体制。企业必须自主经营、自负盈亏。不断完善政企分离制度，坚持政府做好宏观调控工作，企业领导对企业有着决定权。当前民营企业的权责在一定程度上已经较为分明，最为重要的是国有企业的深入改革。一是在国有企业中还需进一步引入股份制，实行董事会制，聘用职业经理人，坚持职业经理人对于企业经营权的领导。二是在企业中也要发挥党组织的政治核心作用，确保对国家重大方针政策的贯彻执行。通过党组织的组织机制，激活员工参与企业管理的积极性，包括企业重大规划的讨论、经营目标和方针的制定等。三是充分发挥职工代表大会的作用，最大限度地鼓励员工参与具体的管理。

其次，合理规划居民消费结构，激活消费潜能。市场的消费端是市场的重要组成部分，所谓消费结构受到四个方面的因素制约，第一个重要因素是生产力发展水平，根据马克思主义原理，生产决定消费，那么一个国家的生产能力也就决定了消费能力。第二个重要因素是居民的收入水平，收入水平与消费水平一般呈现正相关；收入水平的提高会引起消费结构的升级。第三个因素是价格水平，价格水平越高，居民的消费能力越低，消费品内部的价格差异也会影响消费能力，如果受到自然因素的影响，农业消费品的价格过高会导致对工业品消费能力的下降。第四个因素是消费者的心理，一个国家居民的存储心理对消费有着较大的影响，对于我国居民来说，一直以来有着浓重的储蓄心理，这种心理可以增加对大件商品（房地产等）的消费，小件商品的消费会受到削弱。另外，不同的年龄、职业等都会对消费的心理产生影响，我国已经进入老龄化社会，所以对于养老相关商品的消费会比较高。

为了合理规划消费结构，激活居民消费，首先要鼓励顺应时代发展趋势的消费。未来的家庭消费中，家务劳动会逐步社会化，家政服务越来越会深入千家万户，这就需要鼓励服务业的发展；居民的消费方式日益信用化，过去的消费多是实体货币的消费，当前，由于家庭的存款多用于基金和理财投资，所以家庭的消费主要为信用卡等的消费，这在一定程度上鼓励了消费，所以，如何最大限度地鼓励信用消费会对刺激市场消费起到积极作用。其次，合理优化消费结构，降低直接维护生存的消费，提升享受型消费和非实体性消费（如服务业等），鼓励劳务性消费，不断提升享受型消费的档次。

深入完善社会主义市场经济体制。为激活市场活力，首先应深入改革国有企业，不断提高国有企业的创新力、抗风险能力，不断扩大国有资本含量。在一定程度上鼓励民营资本进入电力、水利等关系到国计民生的关键部门。不断健全对中小企业的扶植制度，从金融上确立资金扶植制度，从技术上鼓励引进先进技术，从税收上鼓励企业创新。不断地强化货币政策、金融政策、宏观经济政策三要素的互动，以三要素的均衡推进激活市场主体的活力。

五、发挥创新体系潜能

创新型经济是我国经济的重要突破口，这一经济类型的创立是一个系统工程。所谓创新型经济，就是把科技创新作为国家经济发展的战略，大力提高创新的能力。为推动创新体系建设，需要我们从基础设施、体系协调等多维度入手。

第一，必须大力发展创新的基础设施和基础领域。当前在互联网主导的经济体系下，创新的新基础设施包括了物流、移动支付和互联网金融。此方面的重要性不言而喻，物流如毛细血管一样，渗透在中国经济的各个角落，就拿外卖来说，在中国，外卖的可达性极强，这就是物流的巨大作用；移动支付也是中国经济的新的基础设施，正是移动支付的普及使得诸多新经济得以蓬勃发展，比如餐饮连锁企业，以前的餐饮连锁相对来说比较少的一个重要原因是，我们用现金交易，这就导致大规模的连锁会出现收款贪污问题，而当前的移动支付使得全国性连锁餐饮企业的财务实现公开和透明，方便了全国连锁企业的出现。

另外，互联网金融是个人和企业通过手机软件和互联网等手段，把金融方面

125

的业务融入互联网之中的一种方式，这是推动实体经济发展的重要基础设施。此外，还需进一步强化基础研究领域，所谓基础性研究是指与技术相关的重大科学研究，涉及人文社会科学与数学等理科的研究，这就需要我们大力资助此方面的研究，支持国家重点发展行业的基础研究，大力资助数学等基础科学的发展。

第二，激活协调创新的主导、基础、主体要素。在国家经济创新的要素中，政府为主导，市场的资源配置起到基础作用，各类创新个人为创新主体。政府要进行创新的总体规划，分层次、分阶段展开创新的布局，大力引进和发展创新型企业；充分发挥市场的资源优化配置作用，适当指导和帮助构建国有企业、民营企业对于员工的创新激励机制，允许科学技术能力、管理能力等创新要素入股，优化资源配置。

第三，通过科学技术体制的改革，提高科技成果的转化效率。把科研院所推向市场，改变过去计划科研的局面，建设一种科研院所为市场经济服务的格局。构建企业与科研机构联系的中介，如建设国家级的大型实验室，向企业开放，通过中介的引导，加大科研的转化力度。总之，体制改革必须以政府、企业、科研院所、高校之间建立紧密联系为归宿。

第四，在全社会倡导创新文化。在基础教育维度，将创新的理念引入各门功课的教学内容，中学的重要考试中都要融入创新的元素。高等教育更要以创新为主导，各门学科的教学内容、最后的考试都要把知识点传授和创新融合起来，强化毕业设计在开题、答辩中的创新性。通过公益宣传等手段，在全社会中引入创新意识；进一步保护知识产权，特别是要重视在互联网时代网络知识产权的保护。加强知识产权方面的立法，切实保护知识创作者的权益。

总之，经济领域的创新体系建设涉及创新的各个维度。大力推进创新的基础设施和基础领域建设；加强创新体系内部的协调；推动科技体系向着与市场结合的维度变革；在全社会大力倡导创新的氛围。只有进行体系性的变革，我们才能在新时代真正建成创新型国家。

第五章

全面深化改革的新战略

坚定不移推进全面深化改革是党的十八大以来中国特色社会主义建设的重要目标，也是新时代党中央治国理政的重要内容。基于新时代迫切的现实需求和改革开放的成功经验，党的十八大以来党中央不断强化治国理政能力，全面深化改革由目标提出到方案形成，成为新时代改革总路线图和新一届中央领导集体治国理政的重要纲领，并在新时代中国特色社会主义实践中不断深化。全面深化改革涉及"五位一体"全方位的根本性转变，需要有良好的政治生态作为前提，要通过政治生态转变创造改革空间和激发广大党员干部的担当作为。全面深化改革立足中国特色社会主义制度，承接改革开放的"后半程"，制度建设既是基础，也是主要任务。全面深化改革的具体推进，依靠从中央到地方各级全面深化改革领导小组提供的组织保障，党政组织的强大动员与执行确保全面深化改革不断推进。这一伟大实践是对党中央治国理政的全面提升。

第一节　全面深化改革的方案形成与推进措施

全面深化改革是党中央针对党的十八大以来国内国际环境剧烈变化，经中央集体充分讨论研究，审时度势提出的新时代中国特色社会主义建设重要目标。从党的十八大到十八届三中全会，这一目标历时一年转化为具体方案，成为新时期党中央治国理政的重要纲领。《中共中央关于全面深化改革若干重大问题的决定》围绕经济、政治、文化、社会、生态文明、党建六大主线，对其改革内容做出了具体规定。全面依法治国、全面从严治党、大力推动简政放权、创新制度机制、共享改革发展成果是全面深化改革的重要推进措施。从当前全面深化改革在全国各地的推进来看，具有周密部署与迅速行动相结合、顶层设计与统筹推进相结合、分步实施与有序推进相结合、谋划深远与敢于"破冰"相结合等特点。

一、全面深化改革的背景与方案形成

全面深化改革方案经历了一个从目标提出到纲领形成的过程。2012 年 11 月，党的十八大将全面深化改革开放确立为新时期重要奋斗目标。2013 年 11 月，党的十八届三中全会审议通过《中共中央关于全面深化改革若干重大问题的决定》，确立了全面深化改革的行动纲领，并由习近平亲自担任起草小组组长，经过多方征求意见和修改，历时一年形成定稿。这一纲领性文件，提出了全面深化改革的总体方案，不仅是新时期改革的总路线图，更是新一届中央领导集体治国理政的重要施政纲领。

党的十八大以来，我国国内国际环境发生剧烈变化，新的矛盾和问题不断涌现，必须以新思维和新战略来予以应对。2008 年以来国际经济危机的遗留问题至 2012 年前后开始显露，在经济刺激政策过后，部分经济领域出现疲软，导致增长后劲乏力。同时，发展不均衡、不协调、不可持续问题突出，城乡之间发展差距和居民收入水平差距拉大，教育、医疗、住房等诸多关系人民群众切身利益的民生领域面临诸多矛盾。一方面，部分城乡群众生活困难，基本社会保障难以到位；另一方面，经济高速发展下滋生的各种腐败现象频频发生，反腐败成为新时期党和政府面临的重要问题。要切实解决上述问题，继续推动改革开放，必须深化改革。"两个一百年"奋斗目标和中华民族伟大复兴中国梦的实现，都离不开全面深化改革。全面深化改革就是要在新时期继续解放思想、实事求是，继续坚定不移推动改革开放向前发展。要完成新时期新的历史任务，就要通过全面深化改革去化解当前发展中面临的矛盾与问题，推动我国社会主义制度的完善和发展。

全面深化改革从决策部署到方案形成，都离不开党中央的集体决策。早在2013 年 4 月，中共中央政治局就做出决定，将全面深化改革问题作为党的十八届三中全会的重要议题予以讨论和审议，向党内外和地方各级广泛征求意见，将这一全社会各行业、各阶层普遍关心的问题纳入公众充分讨论的范畴。党中央面向全社会开展全面深化改革问题的意见征求，充分尊重广大党员干部和人民群众的意见建议，体现了社会主义民主原则，因而得到普遍赞成和拥护。

全面深化改革问题的议题确定和征求意见结束后，文件起草和修改则成为其中最为重要的工作。文件起草组是根据中央政治局的决定而设立的，由习近平亲自担任组长，副组长则由刘云山、张高丽担任，起草组参加人员涵盖中央相关部门负责人以及部分省市领导人。文件起草组受中央政治局常委会领导，负责十八届三中全会相关决定尤其是全面深化改革决定的起草工作。其操作工作受到党中央高度重视，中央政治局分别召开 2 次全体会议和 3 次常委会会议对全面深化改革决定草稿进行审议。在历时 7 个月的文件起草期间，党中央多次以实地调研、专题论证等形式广泛征求意见，并多次讨论、反复修改。全面深化改革决定的征求意见稿还多次面向党内老同志、各民主党派中央、全国工商联负责人和无党派人士进行意见建议听取。文件起草组对各方面广泛征集的意见和建议进行认真整理与研究，并据此进行补充、修改和完善。

二、全面深化改革方案的具体内容

《中共中央关于全面深化改革若干重大问题的决定》紧紧围绕经济、政治、文化、社会、生态文明、党建六大改革主线，在各领域提出一系列改革任务，如表 5－1 所示。

表 5－1　　　　　　　　　全面深化改革领域及任务清单

改革领域	项目任务——关键词
经济	坚持和完善基本经济制度。公有制经济和非公有制经济都是社会主义市场经济的重要组成部分
	加快完善现代市场体系。凡是能由市场形成价格的都交给市场，政府不进行不当干预
	加快转变政府职能。增强政府公信力和执行力，建设法治政府和服务型政府
	深化财税体制改革。建立事权和支出责任相适应的制度，适度加强中央事权和支出责任
	健全城乡发展一体化体制机制。让广大农民平等参与现代化进程、共同分享现代化成果
	构建开放型经济新体制。放宽投资准入，统一内外资法律法规，保持外资政策稳定、透明、可预期

续表

改革领域	项目任务——关键词
政治	加强社会主义民主政治制度建设。发挥人民代表大会制度的根本政治制度作用
	推进法治中国建设。维护宪法法律权威。让人民群众在每一个司法案件中都感受到公平正义
	强化权力运行制度和监督体系。让权力在阳光下运行，是把权力关进制度的笼子里的根本之策
文化	文化体制改革。推动政府部门由办文化向管文化转变
社会	推进社会事业改革创新。解决好人民最关心最直接最现实的利益问题
	创新社会治理体制。加强对社会组织和在华境外非政府组织的管理
生态	生态文明建设。建立系统完整的生态文明制度体系，用制度保护生态环境
党建	加强党的领导。坚决维护中央权威，保证政令畅通

此外，在国防和军队建设领域的改革也主要提出 1 个板块，即加强国防和军队建设，着力解决制约国防和军队建设发展的突出矛盾和问题。

三、全面深化改革方案的推进措施

一是全面依法治国、全面从严治党。一方面，加强党纪国法制度建设，以制度约束党政机关权力运行。自 2013 年以来，党中央、国务院和有关部门不仅先后出台了《建立健全惩治和预防腐败体系 2013—2017 年工作规划》《党政机关厉行节约反对浪费条例》《2014－2018 年基层人民检察院建设规划》《人民法院第四个五年改革纲要（2014—2018）》等法规文件，而且加强了各级党委和政府的纪律检查与反贪部门体系建设，并制定了有关国内公务接待和差旅费方面的管理细则规定。另一方面，强化反腐败、树新风的治理行动，在全社会树立廉洁新风尚。自 2014 年以来，党中央深入推进反腐败斗争，继续严格强化中央八项规定、全面开展党的群众路线教育实践活动、禁止公款送礼和严管公款消费。

二是大力推动简政放权，充分激发社会活力。从 2014 年开始，国务院出台决定，进一步减少政府行政审批事项和简化行政审批流程。仅 2014 年一年，就有 7 批共 632 项行政审批事项被国务院各部委先后取消或下放。[①] 从中央到地方自上而下的简政放权，进一步规范了行政审批服务，释放了社会活力与空间。

① 《国务院一年多取消下放 7 批共 632 项行政审批等事项》，中央政府门户网站，http://www.gov.cn/xinwen/2014－09/09/content_2746921.htm，2014 年 9 月 9 日。

　　三是切实强化制度创新，重视创新驱动。自 2013 年上海设立自贸区以来，我国先后将这一试验模式逐步推广到广东、天津、福建、辽宁、浙江、河南、湖北、重庆、四川、陕西、海南、山东、江苏、广西、河北、云南、黑龙江等地，遍及东、中、西各个经济区域，形成了我国自贸区"1 + 3 + 7 + 1 + 6"的新格局。自贸区模式的主要优势在于将以往那种单纯依靠政策优惠吸引资本的简单方式，转变为通过改善整体营商环境和制度创新来吸纳资本与人才。如中国（上海）自由贸易试验区（以下简称"上海自贸区"）提出的负面清单制、贸易便利化、金融服务开放、事中事后监管制等制度创新，在投资管理、贸易监管、金融创新、政府职能转变等方面致力于打造良好的营商环境，强调整体制度创新驱动经济发展。这一制度创新成为我国继经济特区模式以来，又一项对外开放的重要经济模式。

　　四是高度重视社会民生，强化改革成果共享。从 2014 年开始，党和政府在生育、教育、就业、税收、养老、户籍等多项事关国计民生的重要方面进行了改革，为进一步促进民生、实现改革成果共享奠定了坚实基础。全国人大宣布对计划生育这项国策进行调整，满足新时代我国人口发展战略需求；国务院启动考试招生制度改革和毕业生促就业新政，满足人民群众对教育公平和就业公平的诉求，对毕业生创新创业予以小额担保贷款资助，对离校未就业毕业生给予社保补贴和鼓励，不断稳定社会就业形势；国务院出台各种税费减免措施，切实减轻小微企业税费负担，增强企业活力，稳定就业供给；《关于建立统一的城乡居民基本养老保险制度的意见》经国务院印发，决定合并新型农村社会养老保险和城镇居民社会养老保险，建立全国统一的城乡居民基本养老保险制度，实现全体社会成员老有所养；推进户籍制度改革，取消了我国长期实行的"农业"和"非农业"二元户籍管理模式，实现全体社会成员户籍身份平等。

四、全面深化改革方案的总体特点

　　一是周密部署、迅速行动，营造时不我待的改革大氛围。2014 年是全面深化改革元年，这一年开始，从中央到地方就不断加快改革部署，迅速推进改革行动，不断营造时不我待、只争朝夕的改革时间紧迫感。2013 年 11 月，中央全面深化改革领导小组在党的十八届三中全会上正式批准成立。其后，中央全面深化改革领导小组积极回应改革问题，仅 2014 年就召开了多次会议进行研究部署。2014 年 1 月，中央全面深化改革领导小组首次会议召开，这一改革"指挥部"的工作规则、组织架构、落实措施等运行制度得以确立。首次会议不仅通过了全面深化改革领导小组 2014 年工作要点，而且还对经济体制、生态文明体制、文化体制、社会体制、司法体制等多项具体改革议题进行了审议和讨论。在 2014 年 2 月底召开的中央全面深化改革领导小组第二次会议上，习近平强调，"起跑决定后程"①，再一次强调改革的紧迫性。2014 年 6 月，中央全面深化改革领导小组召开第三次会议，对财税体制、户籍制度和司法体制三个全局性、基础性的改革领域进行讨论，主动去啃改革"硬骨头"。这次会议不仅提出了三个领域的改革总体方案，而且还确定了上海作为司法改革试点，充分凸显了我国改革进程中强调顶层设计与基层试点相结合、稳中求进的基本经验模式。2014 年 8 月，中央全面深化改革领导小组召开第四次会议，对人民群众普遍关心的考试招生制度、中央企业高管薪酬制度、媒体融合发展等议题进行部署，确立全面深化改革的具体路线图。2014 年 9 ~ 12 月，中央全面深化改革领导小组又召开了 4 次会议，对农村改革、科技管理、协商民主、上海自贸区、新型智库建设、公共文化服务、公务员制度改革、纪检监察改革、巡回法庭试点、提高改革质量等问题进行了研究。仅一年时间，中央全面深化改革领导小组就召开了八次会议，从组织运行规范到各种重要体制改革再到具体领域部署，将全面深化改革从蓝本变为行动。

二是顶层设计、统筹推进，绘就"全国一盘棋"的改革施工图。全面深化改革是一项事关全局的重大决议，既要着力化解发展中遇到的各种根本性、深层次问题，又要保证改革的整体性、协调性和均衡性，这就需要站在更高的角度进行统筹规划，顶层设计由此成为全面深化改革的重要政策工具。党的十八届三中全会明确强调改革中的方案设计、关系协调、实施推进、考核监督等各个环节都需要做到"全国一盘棋"，加强改革中的顶层设计。从 2014 年中央全面深化改革领导小组召开的 8 次会议来看，这些会议议题涉及财税体制改革、户籍制度改革、司法体制改革、文化体制改革、央企负责人薪酬改革、招生制度改革、农村经营制度改革、公务员制度改革、媒体融合发展等多个领域，都属于顶层设计范畴。《党的十八届三中全会重要改革举措实施规划（2014 - 2020 年）》在中央全面深化改革领导小组第四次会议上审议通过，被习近平概括为"指导今后一个时期改革的总施工图和总台账"②。《中共中央关于全面深化改革若干重大问题的决定》一共列出改革任务 60 项，在中央全面深化改革领导小组的推动下逐项实施落地，包括财税体制、户籍制度、司法体制、农村经营体制等多项重要改革不断走向深入并取得实效。在中央全面深化改革领导小组自上而下地推动下，顶层设计已经从一种新的政策思维变为新的政策工具，为全国各地不同层级政府广泛吸纳借

---

① 慎海雄：《每日电讯：全面深化改革，起跑决定后程》，人民网，http://opinion.people.com.cn/n/2014/0310/c1003 - 24585542.html，2014 年 3 月 10 日。
② 《习近平谈治国理政》第二卷，外文出版社 2017 年版，第 97 页。

鉴。如上海发布《关于进一步深化上海国资改革促进企业发展的意见》，强化省级层面顶层设计，致力于推动全省国有资产和国有企业改革攻坚。在中央全面深化改革领导小组的统一决策和部署下，各种深层次矛盾和问题得以通过高位推动的方式予以解决，为省级以下地方政府的改革攻坚创造了条件和空间，使得广大基层党员干部能够将顶层设计与"摸着石头过河"相结合，在实践中发挥主观能动性，不断将改革推向深入。

三是分步实施、有序推进，注重改革的整体节奏与阶段衔接。中央全面深化改革领导小组在 2014 年第二次会议上提出了可检验的成果形式和时间进度安排。对改革中遇到的已经推出、新启动、需要长期抓落实、暂不启动四类不同项目和任务，采取不同方式进行对待。对已经推出的，要加强跟踪了解与总结；对新启动的，要加大力度；对需要长期抓落实的，要坚持不懈；对暂不启动的，要创造条件做前期准备。中央全面深化改革领导小组成立以来，始终注意遵循改革发展的时间先后顺序，通过改革任务出台的先后顺序设定统筹进度，分解任务，做到整体有序衔接、各项工作有条不紊。由此可见，强调时间进度安排和实施落地整体节奏，是全面深化改革的一个重要特征。

四是谋划深远、大刀阔斧，深入改革深水区"破冰"。从 2014 年中央全面深化改革领导小组第一次会议开始，就强调"随着改革不断推进，对利益关系的触及将越来越深"[1]。其后的历次会议，都会涉及一些深层次的制度问题，触动既有利益格局的分配。尤其是 2014 年 8 月 19 日不动产登记局"三定方案"[2] 中公布的"牵头建立不动产登记信息管理基础平台，指导不动产登记资料社会查询服务"这一职责，引起全社会的普遍关注。这一制度的确立和职责的提出，使得各种因房地产登记和查询制度不完善而导致的"房叔""房婶"等官员财产不透明和可能涉及的贪腐问题无处遁形，人民群众对官员财产信息的公开监督随着这一机构和制度的建立而逐渐开始"破冰"。2014 年 7 月 16 日《关于全面推进公务用车制度改革的指导意见》和《中央和国家机关公务用车制度改革方案》公布后，更是对公务机关用车行为扣上"紧箍咒"，其中规定"取消一般公务用车，普通公务出行社会化，适度发放公务交通补贴"，直接将公车改革进程大幅"提速"。上海自贸区建立、上海司法改革试点实施、京津冀一体化探索、行政审批权下放、户籍制度改革推进，以及中央八项规定持续强化，这些举措都在不断冲

---

① 习近平：《把握大局审时度势统筹兼顾科学实施　坚定不移朝着全面深化改革目标前进》，载于《人民日报》2014 年 1 月 23 日，第 01 版。

② 根据《中央编办关于整合不动产登记职责的通知》和《中央编办关于国土资源部不动产登记人员编制有关问题的批复》，国土资源部办公厅近日印发执行《地籍管理司（不动产登记局）主要职责内设机构和人员编制规定》，确定地籍管理司（不动产登记局）的主要职责、人员编制和内设机构等"三定方案"。

击既有利益格局和各种陈规陋习，为全面深化改革持续推进不断"破冰"。

全面深化改革，为国家治理现代化提供了动力之源和重要法宝。习近平总书记在党的十九大报告中回顾过去 5 年的经验时，明确指出并肯定了全面深化改革的进度与成效，以及通过制度完善推动国家治理现代化水平的提高。坚定不移推进全面深化改革，要求以全局观念和系统思维谋划改革，要冲破传统的发展理念和博弈思维，割舍已固化的部门利益，通过更高层面的协调机制，把各类资源纳入统一治理的框架之中，坚定不移推进全面深化改革，实现各领域现代化转型与发展。

第二节　全面深化改革的政治生态与行动框架

推进全面深化改革必须要有良好的政治生态作为基础和前提。良好的政治生态对全面深化改革具有重要意义，是全面从严治党和全面深化改革的必要前提，为广大党员干部勇于担当作为提供必要的政治空间和政治支持，需要严肃党内政治生活和重塑政治文化。良好的政治生态重在贯彻落实"三个区分开来"①，以鼓励激励机制、容错纠错机制、能上能下机制"三项机制"作为重要措施，包括制度体系、考核体系和选人用人体系三方面内容。政治生态要从政治制度、政治文化、政治生活三方面评判，通过强化党纪国法意识、增强政治认知与国情研判、营造活泼宽容的政治氛围等来营造。良好政治生态下的全面深化改革要从四个方面展开行动：以"四个意识"作为思想引领、以领导班子凝聚力作为关键举措、以正确选人用人作为鲜明导向、以反腐倡廉作为重要保障。

一、政治生态对全面深化改革的重要性

党的十八大以来，习近平总书记多次强调，"做好各方面工作，必须有一个良好政治生态"②。所谓政治生态，概括地讲，就是指各类政治主体生存和发展

---

① "三个区分开来"即把干部在推进改革中因缺乏经验、先行先试出现的失误和错误，同明知故犯的违纪违法行为区分开来；把上级尚无明确限制的探索性试验中的失误和错误，同上级明令禁止后依然我行我素的违纪违法行为区分开来；把为推动发展的无意过失，同为谋取私利的违纪违法行为区分开来。出自习近平总书记在省部级主要领导干部学习贯彻党的十八届五中全会精神专题研讨班上的讲话。

② 中共中央文献研究室：《习近平关于全面从严治党论述摘编》，中央文献出版社 2016 年版，第33 页。

的整体外部环境，影响全面深化改革举措的具体推进与实施。

习近平总书记指出："自然生态要山清水秀，政治生态也要山清水秀。"① 党的十八大以来，党中央高度重视党内政治生态建设，一方面以雷霆万钧之势强化反腐倡廉力度，加大对各种腐败问题的惩处；另一方面及时加强鼓励激励、容错纠错、能上能下"三项机制"建设，推动广大党员干部勇于担当、善于作为。这些措施不仅净化了党内政治生态，巩固了党的领导地位，而且在全社会形成了一种敢于直面问题、勇于担当作为的良好改革风尚，为全面深化改革提供了必要的实施落地环境。

净化党内政治生态是全面从严治党和全面深化改革的必要前提，是党在新时期政治生态研判基础上做出的正确政治抉择。一方面，党要永葆青春活力和战斗力，就必须不断进行自我革命和自我净化，通过全面从严治党剔除党在发展过程中产生的各种腐败问题、宗派主义、官僚主义等毒瘤，保持党的先进性和纯洁性，保持党和人民群众的密切联系，为全面深化改革提供最正确的领导；另一方面，全面深化改革的实施落地需要全国各个层级的党员干部勇于实践、不断创新，这就必须加强党的政治纪律，坚持党的组织制度和组织原则，确保党的各项政策主张能够得到贯彻实施。净化党内政治生态，不仅事关党的领导地位，而且关系到党和国家政治安全，并最终影响我国第二个百年奋斗目标的实现。

营造良好政治生态，为广大党员干部勇于担当作为提供必要的政治空间和政治支持，是全面深化改革的题中应有之义。良好的政治生态会影响人们的政治情感和政治认知，并最终决定人们的政治取向和政治行为。党的十八大以来，党中央围绕全面深化改革和全面建成小康社会的目标，不断致力于营造党内良好政治生态，通过推动"三项机制"建设等各种制度化的手段和措施，切实激发广大党员干部想做事、能做事的氛围与活力。良好政治生态能够帮助广大党员干部统一认识，深化对全面深化改革目标的理解，将全党的思想、意志、行动都统一到全面深化改革上来，保证全面深化改革能够得到正确贯彻实施；对广大党员干部的改革创新行为采取更大的包容，对假公济私、营私舞弊、贪污腐化行为坚决打击，不断增强党自我净化、自我完善、自我革新、自我提高的能力，对勇于担当、善于担当、敢于担当的行为，允许容错试错，鼓励创新、宽容失败，在严管厚爱中激发广大党员担当作为的勇气。

营造良好政治生态不仅要严肃党内政治生活，而且要推动党政机关政治文化

---

① 《奏响"四个全面"的时代强音——习近平总书记同出席全国两会人大代表、政协委员共商国是纪实》，载于《人民日报》2015年3月15日，第01版。

的转变。长期以来，我们党形成了诸多政治生活的优良传统，如"三会一课"①
制度、批评和自我批评等。这些政治生活的制度化执行与推广，正是我们党保持
先进性和战斗力的重要基础。党内政治纪律的强调、党组织生活的制度化和规划
化、民主集中制的严格执行、党管干部制度的坚持，这些制度措施都在很大程度
上将党内政治生态进一步扩展至党政机关政治文化，使得广大机关干部，无论党
内党外，都能听从党的指挥，锐意进取。营造良好政治生态必须高度重视党管人
才制度，为当前社会主义建设打造坚定的干部队伍和提供充足的人才保障，坚持
正确用人导向和标准，对干部进行严格把关和管理，强调"人人是环境，个个是
生态"②，才能真正形成全面深化改革的良好政治生态。

二、政治生态的主要内容

党的十八大以来，习近平总书记高度重视营造良好政治生态，充分调动干部
积极性，反复强调建立健全容错纠错机制，提出"三个区分开来"厘定"可容"
范围，用制度激发干部担当作为。在《关于进一步激励广大干部新时代新担当新
作为的意见》经中央政治局常委会审议通过后，鼓励激励机制、容错纠错机制、
能上能下机制"三项机制"成为"三个区分开来"的重要措施，也是新时期营
造良好政治生态的重要内容。实行"三项机制"就是为了将"三个区分开来"
的要求落到实处，有效调动广大干部担当作为、干事创业的积极性、主动性、创
造性。从当前部分省份的实践来看，"三项机制"的实施已经成为地方各级党委
和政府统筹推进全面深化改革的重要政治基础和激发干部担当作为的重要前提和
保障。

一是系统化的制度体系。新时期政治生态营造注重将鼓励激励、容错纠错、
能上能下作为有机整体，通过正式文件的制定和规范，形成一套协调统一的制度
体系，为"三项机制"的实施提供基本政策依据。其一，在鼓励激励方面，除了
继续以往的年度评优表彰制度外，更加强调对"干得好"的一线干部提拔重用，
突出对"污名化"干部的处置应对，为担当作为干部提供必要的组织支持与保
护。其二，在容错纠错方面，明确纪律红线和法律底线，梳理改革试错成本意
识，对于改革创新、推进发展方面的干部行为，结合其主客观动机、个人责任、

---

① "三会"是定期召开支部党员大会、支委会、党小组会；"一课"是按时上好党课。"三会一课"
制度是党的组织生活的基本制度，是党的基层支部应该长期坚持的重要制度，也是健全党的组织生活，严
格党员管理，加强党员教育的重要制度，是我党经过长期实践证明的一种行之有效的党组织生活制度。
② 《中共中央党校举行春季学期第二批进修班开学典礼》，载于《人民日报》2015 年 5 月 14 日，
第 01 版。

实际损失、纠错态度进行区别化处置，尤其强调对应容该容的大胆容错。其三，在能上能下方面，既要及时提拔重用勇于担当作为的干部，更要建立履职情况较差干部的调整退出机制。根据干部年终考核情况，对履职较差干部进行向"下"调整甚至退出，并强化对已"下"干部的后续教育管理，做到严管与厚爱相结合。

二是精准化的综合考核。以"三项机制"为主要措施的政治生态营造，高度重视综合考核的约束和引导作用，通过精准考核和对考核结果的精准运用，引导广大干部在全面深化改革中勇于担当作为。其一，考核指标的精准化。强化"党建引导一切"的工作理念，注重以党的建设为抓手，重视对地区高质量发展的综合考核，对不同地区、不同行业、不同领域、不同项目设定不同的考核目标和系数，实行差异化量化考核，充分发挥党建对高质量发展和全面深化改革的引领作用。其二，考核方式的精准化。将日常考核与年终考核、全覆盖走访与专项考核、巡视巡察与经济审计等相结合，做到多渠道、多角度了解干部实际工作情况与工作能力，从发展基础、工作实绩、干部评价、群众口碑等方面对干部进行综合考核，尤其注重对干部改革创新、危机应对、承压抗压等素养的考察。其三，考核工作机制的精准化。例如，按照"三项机制"实施要求，江苏省内设立了省、市、县三级考核工作委员会，党政一把手分别兼任同级委员会的主任和副主任，党委常委任委员，考核办设在党委组织部。[①] 截至 2018 年 2 月，全国范围内的省、市、县三级监察委员会已全部完成组建。[②] 通过一体化考核，避免了多头管理、重复考核现象，使得考核指标执行更为精细化和精准化。

三是科学化的选人用人。根据全面深化改革的用人需要，围绕"用、容、调"，合理把握容错边界，坚守选人用人标准，畅通"能上能下"渠道，形成良性干部担当作为氛围。其一，人尽其才，大胆"用"。将勇于担当的干部放到最适合的岗位，尤其强化对一线干部人才的选用，充分激发广大一线基层干部的活力。其二，严中有爱，精准"容"。全面深化改革面临很多新问题、新矛盾，需要对改革创新者予以支持和保护。如江阴市创新推行风险备案制度，对承担重大改革任务、开展上级尚无明确限制的探索性试验以及推进改革创新、先行先试的，进行风险备案，对列入备案的事项，适用相应容错规定快速处置。三是当"下"应"下"，果断"下"。综合采取调离、改任非领导职务、免职、降职等方式，对不适宜、不胜任岗位的干部进行组织调整，强化能"下"的震慑力。

---

① 《省市县三级监察委员会全部完成组建，仅用时三个多月》，中国江苏网，https://baijiahao.baidu.com/s? id=1593389404289521760&wfr=spider&for=pc，2018 年 2 月 26 日。

② 姜洁：《蹄疾步稳描绘监察体制改革蓝图——写在省市县三级监察委员会全部完成组建之际》，载于《人民日报》2018 年 2 月 26 日，第 04 版。

三、政治生态评判标准与营造措施

（一）政治生态优良的判断标准

一是政治制度切实有效。在党的领导下，我国建立起中国特色社会主义政治制度，依法保障人民群众合法权益。同时，以党章为最高原则的党内法规制度，也是我国政治生活中的重要规范。良好政治生态首先就是要让党和政府的行为均置于制度约束之下，按照制度规范有序运行。

二是政治文化健康向上。政治文化反映的是一个政治团体内部对政治认知、政治行为的整体主观取向，良好的政治文化能够引导团体成员清正廉洁、勇于担当作为。广大党员干部是政治文化的核心营造主体，对这一群体而言，形成健康向上的政治文化，最基本的就是要坚决维护党的领导，维护社会公平正义。这就要求自觉维护民主集中制决策原则和积极进行反腐倡廉行动。

三是政治生活严肃规范。政治生活是党内政治生态的直接反映，最突出的就是"三会一课"制度是否正常举行，批评与自我批评是否落到实处，民主集中制是否得到贯彻，尤其在组织决策和选人用人上体现得最为明显。政治生活松弛散漫，会导致权力放任和腐败滋生，使得政治生态不断恶化。因此，必须坚持政治生活的严肃规范，营造风清气正的党内政治生态。

四是政治要素合理配置。良好政治生态的实现，有赖于各种政治要素的合理配置和良性互动。一方面，要强化制度与人的良性互动。在严格的政治制度规范约束下，充分提高广大党员干部的领导与协调能力；另一方面，要强化党内规章制度与国家法律法规的协调衔接。既要处理好两者的次序位阶，又要强化党纪国法的有效互补。同时，还要注重各层级党委和政府的充分协调与配合，构建良性的上下关系。

（二）营造良好政治生态的手段与措施

政治生态的营造重在加强"四个意识"，也即政治意识、大局意识、核心意识、看齐意识，以强化提升广大党员干部的政治站位。坚持党的领导是营造良好政治生态的重要前提，这既是我们在政治生活中必须坚持的根本立场，也是我国政治体制的优势体现。建设中国特色社会主义是营造良好政治生态的最终目标，政治生态营造必须围绕这一根本目标展开，激发广大党员干部担当作为，确保党和人民群众在根本利益和奋斗目标上始终高度一致。

一是强化党纪国法意识是基本前提。一方面，广大党员干部必须严格执行党的廉洁自律准则，按照中央八项规定精神要求，不断提高自身修养和素质，严于律己、公正廉洁，全心全意为人民服务。同时，还要加强自身法治与德治素养提升，自觉遵守各项纪律处分条例、党内监督条例，在日常工作中时刻牢记党的政治、组织、廉洁、群众、工作和生活等多方面纪律规定，自觉达到一名合格党员的基本要求。另一方面，也要严格遵守我国《宪法》和法律规范，以法律为基本准绳，绝不挑战法律的权威性，绝不做违法、犯法之事。党的十八大以来，我国立法体系不断健全，法律法规逐步完善，司法改革也取得重大进展，依法治国水平和能力均得到很大提升。遵纪守法不仅是广大党员干部推进全面深化改革中必须遵守的基本行为准则，也是新时代每个公民都必须遵守的行为规范。

二是增强政治认知与国情研判是重要基础。改革开放四十余年来，在党的领导下，全国各族人民共同努力，创造了巨大的物质财富，积累了丰富的发展经验。但新时期受国内国外以及政治、经济、文化等多方面因素影响，我国社会主义伟大事业也受到前所未有的冲击和挑战。不仅有 2008 年以来经济危机冲击的各种遗留问题尚待解决，而且新冠肺炎疫情冲击导致的国际局势紧张和国内经济疲软也亟待调整恢复，国内和国际形势都充满了太多不确定性。这些不确定性构成了我国国家安全和全面深化改革的新挑战。我们要深入观察国内国际新形势，既要树立充分的民族自信和制度自信，认识到改革开放四十余年所取得的成就，也要充分认清当前的局势和困难，理清老问题和新挑战的源头与特点，在复杂环境中始终保持清醒。

三是营造活泼宽容的政治氛围是重要保障。当前我们所从事的全面深化改革和已全面建成的小康社会都是中国历史上前所未有的一项伟大事业，既要坚持党的领导这一基本前提，也要充分发动和利用群众力量，依靠人民群众的广泛参与来推动和实现。一方面，要营造党内宽容的政治氛围。切实贯彻习近平总书记提出的"三个区分开来"①，深入落实"三项机制"，才能从根本上激发广大党员干部勇于担当作为，推进全面深化改革。另一方面，要塑造紧密活泼的党群干群关系。群众路线是毛泽东思想三个活的灵魂之一，是党的生命线和根本工作路线。新时期面对复杂政治经济形势，广大党员干部要以人民群众的需求为根本出发点，将各项工作与人民群众的日常生产生活密切结合，切实"想群众之所想、急群众之所急"，通过实地调研、走访等方式深入基层，与群众交心，了解群众困

---

① "三个区分开来"即把干部在推进改革中因缺乏经验、先行先试出现的失误和错误，同明知故犯的违纪违法行为区分开来；把上级尚无明确限制的探索性试验中的失误和错误，同上级明令禁止后依然我行我素的违纪违法行为区分开来；把为推动发展的无意过失，同为谋取私利的违纪违法行为区分开来。出自习近平总书记在省部级主要领导干部学习贯彻党的十八届五中全会精神专题研讨班上的讲话。

难和需求，不断创新公共服务、增进民生福祉，夯实党的群众基础。

第三节　全面深化改革的制度基础与深层动力

全面深化改革要推动中国特色社会主义制度更加成熟、更加定型，制度建设既是改革前提，也是改革目标。全面深化改革是承接改革开放的"后半程"是社会主义建设的重要内容，中国特色社会主义制度基础和优势是其重要起点。制度建设对全面深化改革具有重要意义，制度基础决定全面深化改革的起点和归宿，制度创新则是新时代中国特色社会主义建设的必然要求和全面深化改革的必要举措。全面深化改革能够释放更多制度活力，使各方面制度更加成熟定型，对社会主义制度本身意义非凡。要通过制度优势释放改革新动力，要坚持党的集中统一领导，坚持以人民为中心，坚持以问题为导向，坚持运用法治思维和法治方式，坚持改革的系统性、整体性和协同性，坚持顶层设计与基层探索有机结合，坚持蹄疾步稳推进改革。

一、我国制度优势与改革新起点

习近平总书记指出，面对新形势新任务，我们必须坚定不移推进全面深化改革，"坚定不移破除利益固化的藩篱，破除妨碍发展的体制机制弊端"[①]。全面深化改革是对改革开放的继续，是在中国特色社会主义制度基础上的自我补充和自我完善。早在 2014 年习近平总书记就曾提出，我国社会主义制度经历了确立与发展完善的"两个半程"，中国特色社会主义建设的根本在于制度建设，强调全面深化改革作为"后半程"的建设重点，其目的、方向、路径都是与改革开放高度一致的，从内在理念来看两者也是一脉相承的。全面深化改革正是以改革开放这一中国特色社会主义建设"前半程"所取得的物质成就和制度基础为起点，继续推进实现国家治理体系和治理能力现代化的新目标，指明了新时期全面深化改革的根本目的、基本方向和时代任务。

社会生产力和人民群众生活水平的提高是中国特色社会主义制度建设的两大关键落脚点。一方面，我国实行改革开放这一基本国策后，在与世界经济交往合作的过程中，社会生产力水平得到很大提升，社会物质财富不断增长积累，形成

① 《习近平谈治国理政》第三卷，外文出版社 2020 年版，第 179 页。

了令世界各国普遍羡慕的"中国速度"，至 2009 年短短 30 余年时间，就一跃成为仅次于美国的第二大经济体①，经济发展速度可谓惊人。另一方面，我国广大人民群众的生活水平也在不断提升，吃穿住行等日常生活得到很大改善，人均收入水平和家庭消费能力也在不断增长。至 2015 年，我国人均 GDP 已经达到 8 000美元水平，成为一般意义上的中上等收入国家。这些成就的取得，离不开中国特色社会主义制度的优越性和改革开放所释放的制度红利。全面深化改革正是在改革开放取得的制度建设成果基础上，进一步加强制度建设，释放制度红利，以实现中华民族伟大复兴中国梦的宏伟目标。

人民群众是历史的创造者，而创造者潜能与活力的激发正是靠合理制度予以保障的。在党的正确领导下，全国各族人民团结一致、艰苦拼搏才取得了改革开放以来的巨大成就。无论是凝聚人民群众改革共识，还是调动和发挥人民群众积极性，以及改革成果的共享普惠，都离不开中国特色社会主义制度的基础性作用。改革开放以后，以经济建设为中心被确立为社会主义初级阶段党的基本路线的核心，由此确定了社会主义市场经济体制作为我国基础性制度之一。社会主义市场经济体制兼顾了公平和效率两大基本问题。一方面，将实现全社会公平正义和广大人民群众共同富裕作为社会主义市场经济的根本目的，彰显了社会主义制度的根本属性；另一方面，强调市场作为手段在资源配置中起到基础性作用，重视市场经济的效率性原则，体现了社会主义制度对经济规律和生产力进步的尊重。为增强公有制经济对市场经济的适应能力和确保市场经济的社会主义属性，我国政府高度重视国有企业改制，通过引入股份制和混合所有制改革，既激发了公有制经济的整体活力和控制力，又有效避免了单一私有制经济可能带来的两极分化弊端，很好地实现了市场基础性配置作用与政府宏观调控作用之间的有效平衡。

中国特色社会主义的制度优势，概括起来可以分为以下四个方面：一是凝聚共识，激发活力。我国社会主义制度从政治、经济、文化、社会、生态等多个方面保障人民群众基本权利的真实有效，并通过阶段性目标的确定，有助于人们在具体问题上达成一致共识，从而调动他们致力于社会主义事业建设的积极性和创造性。二是效率优先，解放生产力。中国特色社会主义制度的一个最大优势就是解放和发展生产力，吸纳世界文明一切先进成果为我所用，通过引入市场经济，进一步强调效率优先原则，优化政府职能与市场职能在社会主义经济建设中的合理配置，从而最大限度激发经济主体活力，促进社会主义经济社会全面发展。三是兼顾公平，强调共同富裕。社会主义制度高度重视社会的公平正义问题，通过

---

① 《外媒视角》，载于《人民日报》（海外版）2016 年 3 月 14 日，第 11 版。

政治制度、法律制度确保人们在政治地位和法律权利上的平等，通过财政税收等再分配制度平衡国内收入，通过社会福利和优抚制度确保弱势群体权利得到保障。四是人民至上，全国上下一体。社会主义制度强调人民当家作主，人民的利益才是整个制度设计的根本所在。自上而下高度统一的制度设计有利于将党和人民紧密联系在一起，实现集中力量办大事的独特优势。职责同构原则下的机构设置与少数民族区域自治制度相结合，则有助于维护民族地区团结稳定，增强国家的凝聚力和统一性。

全面深化改革作为中国特色社会主义建设"后半程"的重要抓手，必须以制度建设为重点，不断寻找改革新的生长点，进一步解放和发展生产力，凸显我国社会主义制度的优越性。在新时期社会历史条件下，面对新的社会主要矛盾转化，必须坚持改革方向、提高决策能力，明确全面深化改革的重难点，做好重点领域和关键环节的率先突破，以大无畏精神攻坚克难，推动我国社会主义制度的不断丰富和完善。

二、制度创新对改革的重要性

制度优势是一个国家最大的优势，制度稳则国家稳。[①] 制度基础决定着全面深化改革的起点和归宿，制度创新是新时代建设中国特色社会主义的必然要求和实现全面深化改革总目标的必要举措。

制度具有决定社会主义事业建设全局的重要作用。党统领社会主义建设事业全局的责任和使命，决定了政治、经济、文化、社会、生态等各主要领域都将被纳入改革范畴，这是由党在社会主义初级阶段的历史使命所决定的。这项使命的完成，需要党领导全国各族人民在生产力发展和制度建设两方面进行努力。中国特色社会主义基本制度的确立为解放和发展生产力提供了重要行动基础，同时也决定了"五位一体"总体布局，两者同源于社会主义初级阶段的主要矛盾与现实需求，是一种相辅相成、互为统一的关系。社会主要矛盾和现实需求的解决，需要制度来进行规范，而制度提供的实践基础则为解放和发展生产力创造了前提条件，最终依靠发展解决各种矛盾与问题。

制度创新具有实现社会长期稳定健康发展的重要作用。改革开放以来，党通过在发展过程中不断充实和完善中国特色社会主义制度，保证了改革开放的持续推进、生产力的持续发展和人民生活水平的持续提升，改革成果也被持续共享。新时期面临各种复杂的新问题和新挑战，坚定不移推进全面深化改革，就是要在

---

① 《习近平谈治国理政》第三卷，外文出版社 2020 年版，第 119 页。

社会主义基本制度已经建立的基础上，对其不断进行完善与发展，坚定不移坚持社会主义方向和性质，继续解放和发展生产力，继续提高人民群众生活水平。当前，围绕政治制度、经济制度这两项基本制度和其他相关制度，不断推进中国特色社会主义制度创新与发展，已成为实现全面深化改革总目标的必要举措，确保中国特色社会主义事业行稳致远。

三、政治生态下改革的行动框架

（一）以"四个意识"作为思想引领

广大党员干部必须严格遵守党的政治纪律和政治规矩，自觉在思想上、政治上、行动上涵养践行政治意识、大局意识、核心意识、看齐意识，这也是全面深化改革的政治引领。一是规范党内政治生活。通过党内政治生活这一重要途径，以"四个意识"为引领，强调广大党员干部对相关党内法规制度的执行及落实，不断增强党组织的先进性和战斗性。结合"两学一做"学习教育活动、党的群众路线教育实践活动和"不忘初心、牢记使命"主题教育活动，引导广大党员干部以习近平新时代中国特色社会主义思想作为政治实践活动的基本遵循和行动指南。二是规范党内政治文化。广大党员干部要求以"四个意识"为基准，大力倡导实事求是、艰苦奋斗、清正廉洁的共产党人价值观，重塑党内政治文化新样态。新时期增强"四个意识"，就是要坚定对马克思列宁主义的信仰，强化对共产主义社会和中国特色社会主义建设事业的理想信念，坚定社会主义核心价值观自信。

（二）以领导班子建设作为重要抓手

全面从严治党的关键是从上自下管好各级领导干部这一"关键少数"。只有通过不断增强各级领导班子的凝聚力，才能自上而下形成良好政治生态。

一是强化以上率下。领导干部要身先士卒，对各种要求项和禁止项都要做到率先达标，在下级党员干部面前做好标兵和示范。在当前政治体制下，"一把手"这一"关键少数"中的"关键少数"，对所在地区和部门的政治生态具有重大影响，必须高度重视对党政机关"一把手"的重点培养和重点监督。一方面，要充分信任"一把手"，增强"一把手"担当作为的意识与能力；另一方面，要约束"一把手"，将对"一把手"的约束纳入制度建设和法治建设的轨道上来，通过上级部门"一把手"和纪检部门力量加强对下级"一把手"的监督。

143

二是强化集体领导。集体领导是我们党长期形成的优良传统,是贯彻民主集中制的关键环节。集体领导最核心的要义就是强调重大事项与重大问题的决策,必须通过领导班子集体充分讨论来决定。在集体领导中,既要凸显"一把手"的权威性和决断力,又要充分彰显社会主义民主的优越性。按照集体领导、民主集中、个别酝酿、会议决定等党内议事规则,所有重大事项必须在集体讨论基础上以少数服从多数方式予以表决,并由"一把手"最后表态发言,对表决结果一锤定音。

三是强化班子团结。领导班子团结是增强各级党组织战斗力的重要组织保障。只有领导班子团结一致,才能增强对整个党政机关组织与行动的有效领导,才能做到目标明确、方向一致,才能最终贯彻落实各项党政职能。从大方向上看,领导班子成员要始终坚持"四个服从"①,用党性原则推动领导班子内部团结;从具体行动上看,领导班子成员除了重大决策事务上必须与中央和上级保持高度一致外,在日常政治生活中也要高度重视"三会一课"制度的重要作用,尤其强调各种专题民主生活会的积极教育意义,通过开展批评和自我批评,形成领导班子之间良好的工作氛围,不断增强团队的向心力,提升班子的整体功能。

(三)以正确选人用人作为明确导向

习近平总书记强调,选人用人是党内政治生活的风向标。党员领导干部的选用关系到党和国家各项事业的成败,对党员干部担当作为具有重要影响。在坚持严格选人用人标准基础上,人选对、用得好,就能够营造激发其他党员干部的担当作为氛围和生态。

一是注重树立鲜明的政治导向。对干部的选拔任用,要严格执行《党政领导干部选拔任用工作条例》,优先考察其政治品格,政治上可靠、合格才能列入考察对象,还要综合考察其工作能力和群众口碑,使选拔上来的领导干部政治可靠,领导能力与岗位职责相匹配。

二是注重树立选贤任能的导向。党员干部的选用一定要明确标准,从制度和行动上确保能人贤才能够脱颖而出,具备担当作为的做事空间。在领导干部的选用上,要适当向基层一线党员干部倾斜,要将那些综合素质高、干事能力突出的党员干部选拔到更高、高广阔的干事平台,同时也要及时淘汰那些不能全心全意为人民服务的懒官、庸官、劣官,对这些人进行岗位调整或再教育,以适应新时期对党员干部的要求,由此形成一种能者上、庸者下、劣者汰的选人用人导向。

---

① "四个服从"指党员个人服从党的组织,少数服从多数,下级组织服从上级组织,全党各个组织和全体党员服从党的全国代表大会和中央委员会。

三是注重引导实干肯干的导向。要在选人用人、考核评价等环节加强对全心全意为人民服务好干部的鼓励和支持。要对真正想干事能干事的干部，给予适当的容错试错机会和必要的组织保护与支持。要注重面向广大基层一线、艰苦偏远地区、攻坚克难重大任务等优先选拔任用那些具有担当作为、甘于奉献精神的基层党员干部。让好干部人尽其才，慵懒腐败者无处遁形，营造埋头实干的好风尚。

（四）以反腐倡廉作为重要保障

权力染上铜臭味是最大的政治风险。金钱与权力的组合往往成为权力寻租的重要来源，因此党内政治生态的营造必须首先防范权力寻租问题。要通过反腐倡廉这把"利剑"和"净化器"，将权钱交易、权色交易等利益寻租的丑恶行为一网打尽，对各种贪污腐败保持零容忍态势。

一是始终保持反腐败高压态势。党风廉政建设和反腐败斗争是党自我"净化"的有力武器。腐败问题就像健康身体上长出的恶疮、毒瘤，如果不及时根除，就会影响人的身体状况，甚至可能危及生命。要营造良好的政治生态，就必须同腐败问题进行坚决斗争，既要做到又打"老虎"又打"苍蝇"，不断消灭腐败存量，又要时时刻刻强化反腐倡廉教育宣传和加强党政制度规范化建设，压缩腐败滋生的空间、铲除腐败滋生的土壤，还党内政治生态一片"绿水青山"。

二是始终强调纠正"四风"的日常管理。反腐倡廉不仅要根除各种重大利益腐败的存在，还要做到日常生活中的防微杜渐。尤其在我国这样有着深厚人情传统的社会，领导干部防腐拒腐必须首先从日常生活入手，通过纠正"四风"，将腐败问题扼杀在苗头。当前，纠正"四风"最重要的工作就是要深入贯彻落实中央八项规定精神，对于日常生活中出现的各种不正风气和违规行为进行惩戒。通过对这些发生在群众身边的不正之风和腐败现象进行及时、有效查处，既能凸显党对反腐倡廉的决心和意志，又能拉近党和人民群众的关系，同时也能深刻教育广大党员干部。

三是切实加强对党员干部的监督执纪问责。对于已经发生和暴露的腐败问题，做到不遮丑、不避责，发现一起，查处一起，用党纪国法强化对党员干部贪污腐败行为的监督问责；对于日常工作能力、品行突出的党员干部，在各项检查和考核中要予以重点关注，要大胆提拔和任用这些有担当、敢作为的基层党员干部，给他们更好的发展空间。要切实发挥各级党委推进政治生态建设的领导作用，在强化制度建设和任务执行过程中，从正反两个方面引导广大党员干部担当作为，推进党的各项事业有效落实。

四、改革对制度基础的优化发展

（一）依靠改革释放更多制度活力

全面深化改革释放的制度空间，能够为我国社会主义事业发展提供新动能。这一改革最根本的目的就是要加强中国特色社会主义制度建设，用制度的规范化、法治化为社会主义事业保驾护航。习近平总书记指出，全面深化改革是对社会活力的解放，必将成为推动经济社会发展的强大动力。在新时代中国特色社会主义的时代背景下，我国社会主要矛盾发生新的转变。全面深化改革就是着力于解决当前经济社会中存在的不平衡不充分发展问题，这个解决措施已经不同于社会主义初级阶段"前半程"的改革开放，而是要在制度上进行全面补充完善，将改革在深度和广度两个维度向纵深推进，在"深水区"进行顶层设计、全方位谋划和部署。

全面深化改革最终导向推进国家治理现代化，必然要求制度层面的改革与创新。新时期改革的根本方向是治理体系和治理能力的现代化，其基本内容和主要方式是制度发展完善。其中国家治理体系，就是基于人民民主专政原则设定的一整套国家制度规范，是党领导全国各族人民进行现代国家管理、维护最广大人民群众根本利益的制度体系；与之相适应的国家治理能力，就是党领导全国各族人民运用国家制度体系管理国家政治社会生活各方面公共事务的能力。改革开放四十余年来，我国社会主义制度逐步确立和规范，全面深化改革就是要继续这种改革精神和步伐，通过制度层面的补充和完善，进一步释放制度红利，充分发挥我国社会主义制度的巨大优势。

（二）使各方面制度更加成熟定型

党的十九大报告强调提出要坚持全面深化改革，"构建系统完备、科学规范、运行有效的制度体系"①。新时期不断推进全面深化改革，就是要在改革开放的基础上进行再改革、再出发、再创新，要在理论、实践、制度和相关体制机制、具体措施方面进行全方位的创新，最终的成果就是国家治理现代化的全方位提升。全面深化改革作为社会主义初级阶段"后半程"的重要建设内容，既要致力于社会主义生产力的发展和人民群众生活水平的提升，又要推进中国特色社会主

---

① 《习近平谈治国理政》第三卷，人民出版社 2020 年版，第 17 页。

义制度更加成熟定型。一方面，要切实补充和完善我国社会主义制度，明确制度建设是社会主义事业"五位一体"总体布局的基础和归宿，要为社会主义事业建设提供制度依据和保障，更要以制度规范各种改革和创新行为，尤其要做好制度供给、补齐制度短板。另一方面，社会主义制度重在制度的执行与运用，要让制度成为整个社会主义事业建设的总依据和总规范，这就要求任何组织和个人都要做到崇尚制度、遵守制度，在日常政治社会生活中做到遵纪守法，以一种敬畏法治的精神对待社会主义制度规范，将这套制度规范自觉变成人们日常行为的行动准则。

改革的关键在于落实。党的十九届四中全会提出要根据新时代要求，让各项改革相得益彰、发挥综合效应。制度成效的发挥必须在制度执行和实施中才能呈现，要切实以制度为准绳，真抓实干、埋头苦干，循着中国特色社会主义前进方向，按照全面深化改革的要求，落实制度建设和制度创新，推进国家治理体系和治理能力现代化，用更高质量的发展、更高水平的治理、更有获得感的民生福祉来推动我国社会主义制度走向更加成熟定型。

五、制度优势释放改革新动力

全面深化改革是我国社会承接改革开放的又一场深刻的自我革命和创新，是新时代社会主要矛盾转化背景下必须予以推进的一项复杂而艰巨的伟大历史重任。习近平总书记高瞻远瞩，立足中国特色社会主义事业"五位一体"总体布局，提出全面深化改革的系列重要论断，为进一步补充和完善我国社会主义制度、推进新时代改革与创新提供了新的指引和蓝图。

一是坚持党的领导是全面深化改革的重要前提。只有坚持党的领导，切实发挥党在社会主义各项事业中的核心作用，才能将全面深化改革坚定不移地贯彻下去。坚持党的领导，坚决维护党中央权威和各级党委的集中统一领导，才能确保改革的各项任务目标执行到位，切实保障人民群众的根本利益。全面深化改革作为改革开放的继续和深入，必须牢牢把握党在社会主义建设各项事业中的领导地位不动摇。

二是坚持人民利益至上是全面深化改革的出发点和归宿。改革的根本意义在于解放和发展社会生产力，不断提高人民群众生活水平。这就要求全面深化改革在进行制度设计和任务制定时，必须以人民群众的现实需求为导向，从人民群众的根本利益出发来进行改革蓝图的擘画。一方面，要切实做到想群众之所想、急群众之所急，集中精力解决群众最迫切、最紧急、最需要的问题和矛盾，用改革与发展回应群众的呼声，不断满足人民群众的民生福祉需求；另一方面，要用制度建设维护社会公平正义，切实让人民群众能够共享更多改革发展成果，这就集中体现在人民群众生活水平的提升和基本权利的不断扩大。全面深化改革只有坚持人民利益至上，以人民群众为主体，重视人民群众的创造力和活力，让人民群众拥有更多的获得感，才能真正落到实处。

三是坚持问题导向是全面深化改革的基本立场。改革的核心要义就是以发展为基本手段，在现实政治生活中不断发现问题和解决问题。改革是由问题倒逼而产生，又在不断解决问题中得以深化。改革要不断攻坚克难，要不断解决发展过程中面临的各种历史遗留问题和新问题。对问题的发掘与解决，是我们党从革命战争年代，到社会主义建设时期，到改革开放，再到社会主义新时代一以贯之的工作理念和工作精神。党中央在新时期面临更为复杂多变的国内国际形势，对全面深化改革的决策部署和推进实施都始终坚持以现实问题为出发点，着力于解决人民群众最关心、最迫切和当前经济社会中最突出的问题。从顶层设计到方案制定、从部署分工到逐级落实、从督促检查到考核评估的各个环节和各个方面，都始终围绕现实问题解决为导向，以人民群众的满意度为标准，确保全面深化改革各项措施真正落地生效。

四是坚持依法治国是全面深化改革的重要保障。依法治国是人民意志和国家意志的集中体现，是社会主义社会的本质特征之一。全面深化改革的推进实施和成果保障，都必须纳入法治轨道，都必须依靠依法治国来予以保证。习近平总书记强调，凡属重大改革都要于法有据。法律作为社会行为的准绳，不仅为全面深化改革的启动提供了基本依据，也是整个改革推进实施与制度建设的根本保障。全面深化改革涉及立法、行政、司法等多个领域的制度变革和行政改革，这些都要高度重视法治的引领和规范作用，尤其是在广大党员干部中一定要强化法治精神和法治方式的普及与运用。首先，对改革过程中遇到的各种难点与热点问题，必须做到于法有据，要及时推动相关立法工作，进行法律法规的制定或修订，为特定领域的改革创造法治空间；其次，对整个改革推进过程和实施的各个方面都要坚持依法行政，使改革的各项措施方法都符合法律规范；最后，对相关行之有效的改革成果，要及时通过地方或国家立法形式上升为法律法规，使之具有更广泛的约束力和作用范围，尤其要重视对各种先行先试经验的总结和推广，使之在法律程序的形式性与实质性上都符合社会主义法治国家的内在要求。

五是坚持整体性与协调性相统一是全面深化改革的基本要求。全面深化改革是新时期我国社会主义事业建设中一项系统性工程，改革的每一方面、每一环节都是紧密相连的，存在牵一发而动全身的密切关系。因此，全面深化改革必须重视整体推进。无论是任务目标推进，还是各项制度变革与体制机制创新，都必须坚持社会主义事业"五位一体"总体布局的整体协调，避免出现改革步调不一致而造成新的问题与矛盾。要维持这种整体性，除了政治、经济、文化、社会、生态"五位一体"各个领域的改革步调要高度协调一致外，顶层设计与基层探索之间、大干快进与稳步推进之间、大胆创新与狠抓落实之间、任务目标推进与制度补充完善之间都要保持高度协调一致。第一，当前改革已经进入"深水区"和"攻坚期"，面临的利益冲突和改革阻力也会越来越大，单靠地方基层"摸着石头过河"已经很难有较大突破，这就需要党中央深谋远虑、总体部署，通过党中央的顶层设计，为基层自主探索提供基本蓝图和行动空间。第二，在改革的过程中，只有坚决维护党中央权威性和集中统一领导，才能确保顶层设计得到有效贯彻实施，才能形成全面深化改革的"全国一盘棋"整体格局，更加有利于地方基层的自主创新，进一步增强改革的整体效应。第三，全面深化改革要注重实效性，要有"只争朝夕"的紧迫感，但也要坚持一步一个脚印，稳步推进。习近平总书记强调，推进改革胆子要大，但步子一定要稳。战略上要勇于进取，战术上则要稳扎稳打。只有在理论和实践中处理好大干快进与稳步推进之间的关系，才能在思想上和行动上将改革真正落到实处。第四，全面深化改革强调创新，给予广大党员干部充分的容错试错空间，但这种良好政治生态的营造并非不计成本地胡改乱改，而是要切实以人民群众最关心的问题和现实政治生活中的紧迫问题为导向，围绕问题进行改革创新，确保改革成果能够在现实中落地生效。第五，全面深化改革以中国特色社会主义制度的补充和完善为根本目的，强调在各项任务目标推进的过程中对既有制度进行不断的补充和完善，而制度本身的合理性与补充完善又需要具体改革过程的检验和充实。

第四节　全面深化改革的组织体系与运行方式

全面深化改革需要一定的组织主体推动，从中央到地方的各级党委全面深化改革领导小组就是这项工作的重要推动力量。围绕全面深化改革目标，各层级领导小组都要积极推进组织机构改革，以适应全面深化改革的需要。组织机构改革对全面深化改革具有重要影响，主要体现在增强党和国家机构的协同性、转变政府职能、合理设置地方机构。全面深化改革具有从中央到地方一整套组织保障，中央层面的组织机构改革带动省、市、县各级党政机构调整。加强组织领导是全面深化改革的重要保障，党的建设则是其根本保证。全面深化改革组织保障的关键在党的建设，要明确党的建设制度改革的主要任务主要包括深化党的组织制度、干部人事制度、基层组织建设制度和人才发展体制机制改革，重点是抓好干部人事制度改革，最终落实到《深化党的建设制度改革实施方案》的严格执行。

一、组织机构改革对全面深化改革的重要性

自 2018 年 2 月 28 日党的十九届三中全会提出深化党和国家机构改革，这项重大改革任务就已稳步推进，至 2019 年 3 月底基本完成。与以往的机构改革相比，深化党和国家机构改革具有科学论证、问题导向、全面覆盖、系统设计、重点突出的特点。

一是通过加强党的全面领导增强党和国家机构的协同性。针对政出多门、责任不明、推诿扯皮的现象，历次党和国家机构改革都采取了相应举措，但效果不甚理想，问题依然存在。究其原因，是没有认识到如果没有一个强有力的领导力量，机构再怎么调整都很难取得理想的效果。党政军民学，东西南北中，党是领导一切的。深化党和国家机构改革，把加强党对各领域各方面工作的全面领导作为首要任务，就抓住了根本和关键。

二是继续围绕建设服务型政府转变政府职能。在过去相当长一段时间内，政府的职能定位不是特别清晰，导致很多时候政府改革仅以机构关系调整为主要内容。此次改革提出，转变政府职能，是深化党和国家机构改革的重要任务；要坚决破除制约市场运行顺畅与政府功能发挥的体制机制弊端。围绕推动高质量发展，建设现代化经济体系，全面提高政府效能，建设人民满意的服务型政府。

三是合理设置地方机构。中央和地方的关系，一直是公共管理领域的重点问题，也是难点问题，过往的实践情况近似于钟摆。为了制度性地解决这一问题，全面深化改革方案明确提出要自上而下、从中央到地方逐步建立政令畅通、高效活力的行政体系，这套行政体系的改革重在地方政府机构与职能的优化配置。理顺中央与地方权责关系，合理划分中央与地方的权力配置，一直是我国行政改革中的一个重点和难点。全面深化改革就是着眼于理顺中央与地方权力关系，建立财权与事权相配套的自上而下的权力分工体系，充分发挥中央与地方两个积极性，促进两者之间的上下分工合作。一方面，要加强中央对宏观事务的管理能力，确保中央的集中统一领导。按照职责同构原则，确保从中央到省、市、县、乡各级的条线管理畅通，实现党中央集中统一领导下我国政府各层级的法制、政令、市场的高度统一，确保条线对口的组织机构设置、职责分工均能与中央相一致，以达到自上而下政令畅通、政策执行落地到位的效果。另一方面，要保证地方政府活力，对省级以下机构给予更多行政自主权。在确保从中央到地方各级条线畅通的前提下，允许地方根据自身经济社会发展需要自主增设相应组织机构和设置相应职能。在不改变上下对口的原则下，根据地方实际行政编制控制数量，

灵活采取"一套班子两块牌子"的方式，对基层长期实践形成的"上面千条线，下面一根针"的现实处境予以确认和保留，允许"一对多"的情况出现，由一个组织机构负责承办多个上级部门交代的任务；同时，也要严格归口管理制度，对同一领域或行业的工作内容由上级同一部门统一管理，避免基层组织机构出现多头请示汇报的混乱局面。

在这样的新思路指导下，党和国家机构改革将为今后继续实施全面深化改革等"四个全面"战略布局和"五位一体"总体布局，开启全面建设社会主义现代化国家新征程，提供有力的组织保障。

二、改革的组织保障与自上而下的体系构成

一是中央层面的组织体系设置。全面深化改革是一个复杂的系统工程，必须从中央更高层面建立强有力的组织机构和领导机制。一是成立一个综合性的领导与办事机构。《中共中央关于全面深化改革若干重大问题的决定》（党的十八届三中全会《决定》）提出，中央成立全面深化改革领导小组，负责改革总设计和总协调。二是成立一个部门负责领土范围内所有国家安全职责。改革发展必须以国家安全和社会稳定为基本前提。当前，我国国家安全面临着对内对外的双重压力，各种风险和挑战明显增多，党中央决定设立国家安全委员会，确保国家总体安全。三是成立一个部门负责领土范围内所有国土空间用途管制职责。党的十八届三中全会《决定》提出健全国家自然资源资产管理体制的要求，建立统一行使全民所有自然资源资产所有权人职责的体制。由自然资源部门行使相关职责，对山水林田湖进行统一保护、统一修复是十分必要的。四是成立一个部门负责全国范围内所有互联网管理职责。党的十八届三中全会《决定》提出完善互联网管理领导体制，明确中央网络安全和信息化委员会工作职责，采取国家互联网信息办公室与中央网络安全和信息化委员会办公室"一个机构两块牌子"设置，目的是整合相关机构职能，确保网络正确运用和安全。

二是省级以下的组织体系设置。2014年初，全国各地从省级到市级、县级均成立了全面深化改革领导小组。其中，省级层面的全面深化改革领导小组主要由省委书记担任组长，省委常委为主要成员，负责贯彻落实党中央和中央全面深化改革领导小组的相关决策部署，以及全省的改革总设计和跨区域跨部门的改革总协调。此外，省级层面领导小组还下设办公室和改革专项小组，负责承担处理日常事务和工作任务。

三、强化组织领导与改革有序推进

（一）强化组织领导是全面深化改革的重要保障

全面深化改革必须以党的组织领导作保障。一方面，要在党中央集中统一领导和地方各级党委的直接领导下，坚决领会、贯彻全面深化改革的相关精神，尤其是要做到进一步解放思想、勇于实践、大胆创新，在党的正确领导下将全面深化改革不断向前推进。要以党组织为后盾，坚持党性原则和人民利益至上原则，勇于向各种腐败分子和利益集团宣战，在利益矛盾面前不退缩，以大无畏的革命精神推动改革创新落地实施；另一方面，要自觉服从党中央的统一决策部署和地方各级党委的决策规划，要认识到全面深化改革的整体性和长期性，要学会把握大局，用整体眼光看待改革各个方面和可能出现的问题与困难，做到有条不紊、稳中求进。还要正确处理好中央与地方的权责关系、眼前利益与长远利益的辩证关系，以及整体利益与局部利益的相互关系，要认识到全面深化改革必须坚持"全国一盘棋"，认识到这项重大改革不可能"毕其功于一役"。两相结合，才能做到行之有效、行之久远，积小胜为大胜。

与改革开放相比，今天的全面深化改革具有很强的关联性和互动性。改革开放以来的成功经验已经充分证明，坚持党的领导，以党组织为基本依托，实行"全国一盘棋"是我们改革取得丰硕成果的重要前提和保障。全面深化改革是一项整体性和系统性工程，具有"牵一发而动全身"的特点，中国特色社会主义事业"五位一体"总体布局的任何一个方面都不可偏废，各领域各方面的改革措施都必须相互配套、相互协调，做到步调一致、整体有序。这就要求从改革蓝图的制定到具体改革措施的出台，都必须在党的集中统一领导下，依靠党组织力量予以贯彻执行。尤其是在各项具体改革措施的落实上，必须坚持地方各级党委的正确领导，做到决策集中统一、政策互补互促、执行坚强有力、成效实实在在，并通过改革凝聚共识，进一步密切党员干部与人民群众的鱼水关系，增强全面深化改革在地方基层推进实施中的合力。

要将全面深化改革的蓝图变成现实，离不开党的领导和各级党组织的贯彻落实。其中最为关键的是，要有重点、有步骤、有秩序地抓好任务落实和推进工作，务求脚踏实地、行则必成。各地区各部门要根据党中央和国务院的统一部署，对本辖区和职责范围内的重大改革任务积极组织实施、狠抓落地，将中央下达的改革任务与地方基层的创新探索结合起来，针对现实中发现的问题，及时查找原因，提出解决方案，并形成特定的工作方式和方法，不断积累改革创新经验。在全面深化改革的推进实施过程中，地方各级党委尤其要注重地方创新性的发掘，要营造良好的党内政治生态，鼓励广大党员干部勇于担当、敢于作为。用党的组织力量保证干部担当作为的政治空间，将地方各级党委作为干部担当作为坚强的组织后盾。

（二）党的建设是全面深化改革的根本保证

坚持党的领导是全面深化改革的重要前提，而党的建设则是其能够取得成功的根本保障。党在国家政治生活中的领导地位决定了改革的首要关键在于，推进党的建设的制度性改革。为落实这一决定要求，党中央提出要切实加强党的建设，对党的建设工作进行全面决策部署，提出了明确的党委任务分工方案，制订了党的建设的中长期改革规划方案。尤其是《深化党的建设制度改革实施方案》的正式发布，对地方各级党组织在未来几年的建设方案提出了制度化的改革路线图和时间表，成为地方各级党委领导党组织建设进行制度化改革的其中一项重要内容。而党的建设的制度化和规范化有助于提升党的领导能力和组织能力，能够为全面深化改革提供坚强的组织保障。全面深化改革所提出的党的建设的新要求，集中体现在《深化党的建设制度改革实施方案》中，这一实施方案为新时期党的建设的制度化推进提供了行动指南，成为全面深化改革的重要保证。

一是明确新时期党的建设的制度改革这一实施主线。党的建设通常包括政治建设、思想建设、组织建设、作风建设、纪律建设和制度建设六个方面，但长期以来人们主要关注前五个方面，在制度建设上相对滞后。面对新时代我国社会主要矛盾转化的新情况和全面深化改革的时代重任，党中央审时度势，针对新时期出现的党的建设中的新问题，紧紧围绕《中共中央关于全面深化改革若干重大问题的决定》，力图从制度改革的层面进行周密的顶层设计和决策部署，将党的建设这一重要任务在制度建设层面切实提升和强化。

二是明确新时期党要管党新使命，强化从严治党新要求。党在不同历史时期会遭遇不同的历史情境和有不同的历史任务，但只要保持党组织的纯洁性和先进性，就能做到攻无不克、战无不胜。新时代我国社会主要矛盾转化，各种利益问题日益突出，国内国际都面临复杂的新局势。在这种情况下，只有坚持党要管党、从严治党，确保党自身的战斗力和先进性，才能针对现实中的各种重难点问题和突出问题，做到有的放矢、精准解决，在实践中提升党适应复杂局面和解决复杂问题的能力。

三是党的建设制度改革要做到系统有序、运行规范。党的建设的制度改革关系到党的领导地位和党领导的社会主义事业的发展，是一项关系重大、牵动全局的基础性工作，对全面深化改革具有重要意义。对党的建设的制度改革，要从党与全面深化改革的关系入手，根据全面深化改革的整体布局和实施要求，为党在各领域各行业更好、更正确、更顺畅的领导人民群众进行社会主义事业建设提供更加有力的制度支持和保障。这就要求根据新时代政治经济发展的特点，对党的建设相关制度进行破旧立新，及时修订那些相对滞后的制度规范，抓紧制定和出台新的制度要求。

四是党的建设制度改革要做到步调一致、整体协调。作为全面深化改革方案提出的一项重要任务，党的建设制度改革事关整体改革方案的成败，既要做到与全面深化改革总目标和各行业各领域的整体协调统一，又要注意各级党组织之间以及改革内容不同方面之间的整体协调统一。尤其是党组织内部的上下协调统一，是党的建设制度改革取得成功的关键所在。通过制度改革，进一步规范和优化党内上下之间的关系，对各级党委、党组的关系进一步精细化，以省级为基本范围，强化省委领导下的改革政策统一和改革方案同步，确保改革的整体性和协调性。对改革涉及的各项具体任务，由省委统一制定改革方案予以明确规定，严格做到上下一致，确保制度改革有序进行。

五是党的建设的制度改革务求稳妥和有序相统一。首先，要对党的建设的改革事项进行划分，明确具体事项的轻重缓急。其次，要针对关注度和紧迫度不同的事项采取不同的改革步骤，对那些人民群众关注度高、事关全面深化改革全局的重要事情优先予以改革完成，对那些条件不成熟或改革难度较大的事项，经过充分研究论证后，进行积极探索行动，并及时提出改革方案。最后，对改革成果进行制度化总结。《深化党的建设制度改革实施方案》提出的大部分改革要求都已经在 2017 年基本完成，后续要对这些改革成果进行系统总结与提升，形成党内制度文件予以保留和确证，使之成为新时期党应对复杂局面和复杂问题的重要依据与行动指南。

四、党的组织体系与改革的组织保障

（一）进一步明确党的建设制度改革的基本任务

《中共中央关于全面深化改革若干重大问题的决定》高度重视新时期党的建设问题，对新时期党的建设制度改革提出了明确要求，相关内容主要为深化党的组织制度、干部人事制度、基层组织建设制度和人才发展体制机制改革。

一是深化党的组织制度改革。这项改革是党的建设制度改革的重要基础，健全党的组织制度体系是其根本的着眼点，党内民主和党的纪律则是需要进一步强化的两个基本方面，其根本目的在于党中央权威性的维护、党的团结统一整体大局的维护，以及党的生机活力的保持。这些目标的达成，需要对党内生活制度、党委工作制度、党的代表大会和党内选举制度等党内基本制度规范进行进一步的强化，这些基本制度规范也是党内组织建设和制度改革中高度重视的时代新课题，关系到党在新时期全面深化改革方案的整体实现。《深化党的建设制度改革实施方案》在全面深化改革方案提出的相关要求基础上，进一步明确了相对具体的改革要求和改革目标，成为各级党组织进行组织制度改革的重要执行标准。

二是深化干部人事制度改革。党管干部是我们党领导人民群众进行社会主义事业建设的一项基本原则，是新时期全面深化改革组织保障的根本所在。深化干部人事组织改革，就是要进一步加强各级党委对干部人才的培育和管理，引导他们投身于中华民族伟大复兴的中国梦建设。深化干部人事制度改革的关键，是要在选拔、培养、任用三个基本方面构建起环环相扣、行之有效的人才选用体系。要在党的正确领导下，进一步规范干部选拔、任用的标准和程序，强化干部培养的力量和机制，为党和人民选拔出德才兼备、踏实肯干的好干部，为我国社会主义事业组建一支综合素养高、视野开阔、具有开拓创新精神的骨干人才队伍。《深化党的建设制度改革实施方案》对此明确提出，要围绕干部的选拔和任用问题，具体从干部如何选拔、如何任用、如何考评、如何教育、如何监管、如何激励等干部人事制度中至关重要的几个方面进行改革，并提出了改革的具体任务和要求。

三是深化党的基层组织建设制度改革。党的组织建设尤其是基层组织建设，一直是党的建设中一个至关重要的方面。基层党组织建设关系着党与群众的鱼水联系，关系着党的社会基础和组织基础的稳固性。深化党的基层组织建设制度改革，就是要从制度层面进一步规范和强化党的基层组织，对党在基层的执政基础和组织基础进行强化巩固，确保基层党组织的战斗力和凝聚力得以不断增强，为基层党组织战斗堡垒作用和广大党员先锋模范作用的充分发挥创造必要条件和引导激励。在党领导全国各族人民进行的社会主义事业建设中，基层党组织对家庭联产承包责任制、乡镇企业等基层人民群众创造力的发挥起到了至关重要的领导作用。深化党的基层组织建设制度改革，就是要在新时期继续发挥基层党组织在改革开放中的这种战斗堡垒和先锋模范优势，以及对基层社会创新创造的领导力。《深化党的建设制度改革实施方案》从完善各领域基层党组织建设制度、创建基层服务型党组织、完善党员队伍建设的制度规范等相关方面的主要问题，对强化党在基层的领导地位和深化党的基层组织建设提出了相对具体的制度改革的要求和任务。

四是深化人才发展体制机制改革。人才是任何建设事业中最为重要的资源，新时代中国特色社会主义建设必须高度重视人才的支撑作用，最大限度吸纳和开发各种优质人力资源。良好的人才体制机制将最大限度激发人力资源潜能，为社会主义社会的生产力发展和人民生活水平提升做出重要贡献。深化人才发展体制机制改革，就是要从制度层面构建一套与新时代社会主义建设需求相适应的人才发展体制机制，将社会主义的制度优势转化为对人才的吸引力和激励效应。要在强化党管人才这一基本原则与制度的基础上，根据时代发展需求和行业或地区需求，制订合理的人才吸纳方案，既要加大对人才的投入，更要注重营造良好的人才氛围，让人才招得来、留得住，将各领域、各行业的优秀人才吸纳到党领导下的社会主义建设事业中来。尤其要注重对高新技术产业、偏远落后地区人才需求的适当倾斜，让人才真正为这些行业、地区的发展做出贡献，逐步形成配套齐全、具有地区与行业特色、具备一定国际竞争优势的人才发展制度环境。《深化党的建设制度改革实施方案》对此明确提出，要在健全党管人才领导体制、创新集聚人才体制机制、完善人才流动配置、评价激励、服务保障机制等方面，为人才发展提供必要的制度保障，为各地方各行业留人用人提供良好制度环境。

（二）进一步做好干部人事制度改革

干部人事制度改革是党管人才制度建设的一项重要内容，是全社会普遍关注的一个重要问题。在 2018 年 7 月 3 日建党 97 周年之际，习近平总书记就在全国组织工作会议上发表重要讲话，强调新时期"建设忠诚干净担当的高素质干部队伍是关键，重点是要做好干部培育、选拔、管理、使用工作"[①]，并对坚持贯彻新时期好干部标准进行了深刻阐述。根据全面深化改革方案对干部人事制度改革的相关要求，我国在新时期进行干部人事制度改革的总目标就是要以"为民服务"为中心，建立一支勇于担当、敢于作为、清正廉洁的干部队伍。总原则就是坚持党管干部原则，强化各级党委（党组）的领导和把关责任。总要求就是在干部选拔任用、考察识别、考核评价、竞争性选拔、年轻干部培养、选任制和委任制选拔、跨条块跨领域交流、干部能上能下、领导干部问责制等相关具体方面进行制度优化。

加强新时期干部人事制度改革，需要重点突破的问题主要集中在：一是深化干部选拔任用和考核评价制度改革，通过竞争性选拔、年轻储备干部选拔、选任与委任相结合选拔等新时代干部选拔方式的灵活运用和逐步普及，强化干部选用的制度化和规范化，防止出现各种唯人、唯票、唯分的不良选人用人现象，让真正德才兼备、勇于担当作为的干部拥有做事的空间和平台。二是推动干部能上能

---

① 习近平：《切实贯彻落实新时代党的组织路线　全党努力把党建设得更加坚强有力》，载于《人民日报》2018 年 7 月 5 日，第 01 版。

下制度建设，尤其是"能下"的实现并常态化。将干部能上能下制度与领导干部问责制相结合，防止出现干部群体团伙化、利益化倾向，尤其强化干部推荐任用的监督管理。三是推行公务员职务与职级并行、职级与待遇挂钩制度，满足各地区各行业的干部人才需求。四是强化人才流动机制与激励机制的结合，打破体制和身份壁垒。

（三）进一步强化《深化党的建设制度改革实施方案》的落实

《中共中央关于全面深化改革若干重大问题的决定》出台以来，党中央针对其中明确提出的党的建设制度改革要求，成立了党的建设制度改革专项小组，会同中央组织部主抓党的建设各项改革工作的具体实施。

《深化党的建设制度改革实施方案》发布后，最为关键的问题就是要按照这一文件精神做好各级党委的工作落实。一是进一步强化各级党委的组织领导，重视分工负责的落实机制。在中央层面，党的建设制度改革专项小组为落实这项工作的最高办事机构，同时接受全面深化改革领导小组和中央党的建设工作领导小组的双重直接领导，在全国范围内就统筹规划、督促落实、沟通协调等相关工作进行整体把握与协调。党的建设制度改革专项小组由中央组织部和其他中央部委构成，作为牵头单位的中央组织部承担专项小组办公室相关工作，负责综合领导与协调工作；参加单位按照分工要求，承担本行业或领域的相关具体工作，在各司其职的基础上进行积极配合，确保形成改革推进的合力。二是注重制度改革的分类、分步骤推进，强化改革效果的落实。党的建设制度改革事关新时期党自身的发展和党领导下的社会主义事业全局，涵盖的行业和领域多而复杂，涉及的问题也极为庞杂。这项改革是党的有机体的自我净化和自我完善，可谓"牵一发而动全身"，既需要《深化党的建设制度改革实施方案》这样的整体设计，更需要在改革实施过程中的各方面各层级的紧密配合与协调。既要坚持改革的整体视野和系统思维，又要根据不同情况，对不同领域的问题予以区别对待，对相关问题分出轻重缓急后进行分类推进，整体循序渐进。同时，改革过程中要十分注重不同问题的考核督察，要对整个改革进程进行严格过程管理，对各种时间、场合发现的问题要厉行问责、严肃整改。三是注重调查研究的优良传统，做到改革各项措施有的放矢。实地调查研究是我们党长期以来形成的一项优良传统。在党的建设制度改革过程中，要切实了解广大党员干部的现实需求，尤其要对基层党员干部的现实处境和工作困难有所了解，及时总结他们在基层实践中总结的各种首创经验，并将这些好的经验进行制度化提升，成为新时期党的工作制度和工作方法的重要内容。四是要注重新时期复杂环境下的舆论引导。党的建设制度改革首先要让广大党员干部和人民群众都能理解改革的初衷和目的，以及这项改革与全面深化改革的紧密关系。思想上打通了，认识上才能形成共识，行动上才能保持一致。通过党的宣传工作的开展，帮助广大党员干部和人民群众提升认识水平，凝聚改革共识，从而营造良好的深化改革氛围。

第五节　全面深化改革与党中央治国理政提升

全面深化改革是党中央治国理政的重要着力点，这场伟大变革从理论与实践两方面推动了党中央治国理政提升。一是对党中央治国理政新实践的丰富。党中央面对新问题与新挑战，科学决策、周密部署、有效组织、稳步推进全面深化改革，推动社会主义制度更加成熟、更加定型，极大提升了党中央治国理政的实践能力，丰富了实践经验。"许多领域实现历史性变革、系统性重塑、整体性重构"①，并不断以中国新发展为世界提供崭新机遇，使中国改革红利惠及更多世界人民。二是对党中央治国理政新思想的完善。全面深化改革从领导思维、改革方向、改革方略、改革价值诉求等维度丰富了党中央治国理政新思想。中国式现代化作为中国共产党领导中国人民开辟的现代化道路，是实现中华民族伟大复兴的必由之路。全面深化改革在推进中国式现代化的探索中发挥了重要作用，推动了中国式现代化理论体系的形成与完善。三是对党中央治国理政新战略的贯彻。我国社会主义发展的阶段性和当前经济社会问题的复杂性以及改革的复杂性，决定了全面深化改革必须按照党中央战略部署统一推进，各地的具体实践对战略本身的实现与调整具有很大促进作用。四是对马克思主义中国化的新发展。全面深化改革在认识论和方法论两方面丰富了马克思主义中国化相关理论。

一、对党中央治国理政新实践的丰富

改革开放是中国人民和中华民族发展史上的一次伟大革命，是当代中国最鲜明的特色。我国改革开放四十多年取得的伟大成就表明，改革开放只有进行时，没有完成时。新时代坚持和发展中国特色社会主义，推进治理体系和治理能力现代化，必须按照党中央要求推进全面深化改革。在新时代中国特色社会主义建设的整体实践中，全面深化改革是党中央治国理政的重要抓手。

---

① 习近平：《高举中国特色社会主义伟大旗帜　为全面建设社会主义现代化国家而奋斗》，人民出版社 2022 年版，第 9 页。

全面深化改革要向更高层次、更高水平、更高目标深入推进，提升治理体系和治理能力。党的十八大明确提出了全面深化改革的战略部署，党的十八届三中全会做出《中共中央关于全面深化改革若干重大问题的决定》，由此拉开全面深化改革的整体帷幕。党的十九届四中全会做出《中共中央关于坚持和完善中国特色社会主义制度　推进国家治理体系和治理能力现代化若干重大问题的决定》，对全面深化改革目标指向一以贯之，并作出了全面部署。此外，为了确保全面深化改革能够在全国范围内自上而下有效推进，强化党中央在全面深化改革中的领导地位，党中央决定专门成立了全面深化改革领导小组（委员会），对改革进行全面统筹、检查督促、狠抓落实，坚定不移地将改革推向深入。截至 2020 年 4 月，中央全面深化改革领导小组（委员会）已经累计召开会议 52 次，确定了全面深化改革的主体框架，就全面深化改革中遇到的问题，出台了一系列重大举措。[1] 新时代将全面深化改革进行到底，必须坚定不移地贯彻执行党中央关于全面深化改革的战略部署，"遵循改革规律和特点，建立全过程、高效率、可核实的改革落实机制"[2]。当前我国已经走过社会主义实践的前半程，在社会主义实践的后半程需要将全面深化改革落地生根，完善和发展中国特色社会主义制度，推动各方面制度更加成熟、更加定型。

二、对党中央治国理政新思想的完善

习近平关于全面深化改革的系列论述是对党中央治国理政新思想的完善。恩格斯指出："社会主义社会不是一成不变的东西，而应当和其他社会制度一样，把它看成是经常变化和改革的社会。"[3] 改革开放的成功经验已经充分表明，社会主义制度强大的新陈代谢能力，能够将各种矛盾和问题在改革与发展的过程中予以化解，使制度本身不断补充和完善。全面深化改革是继改革开放之后，对中国特色社会主义制度的又一次自我革新，是对党中央治国理政新思想的具体实践与补充完善。

一是全面深化改革必须坚持党的集中统一领导。全面深化改革是中国特色社会主义事业建设的一个重要组成部分，坚持党的领导是一切事业建设取得成功的重要前提和保证。全面深化改革事关新时期改革事业的整体推进，更加要注重维护党中央的权威性和领导地位。只有坚持党的领导，切实发挥各级党委在全面深

---

① 参考中央全面深化改革领导小组历次会议，中国机构编制网，http：//www. scopsr. gov. cn/zlzx/sg-zhy/index. html。

② 《狠抓落实　当好改革实干家》，载于《人民日报》2016 年 2 月 25 日，第 01 版。

③ 《马克思恩格斯文集》第 10 卷，人民出版社 2009 年版，第 588 页。

化改革中的领导、协调、沟通与督导作用，才能将这项改革重任落到实处。

二是全面深化改革必须坚持正确政治方向。习近平总书记多次强调，"改革开放是决定当代中国命运的关键一招"①，全面深化改革作为新时期改革开放的延续和深化，则是实现中华民族伟大复兴中国梦的关键一招。要抓好这关键一招，就必须坚持走中国特色社会主义道路，坚持和发展马克思主义。只有方向正确，道路才会长远。

三是全面深化改革必须坚持战略性和系统性。新时代中国特色社会主义面临的各种问题更为复杂和艰巨，必须通过顶层设计的全面部署才能推动，整个改革进程的实施也更加注重战略决策的重要性和"全国一盘棋"的整体系统性。全面深化改革作为新时代一项重要社会工程，是国家阶段性战略的重要组成部分，必须有战略家思维进行整体运筹帷幄，同时在战术上考虑各部分各要素之间的内在关联与矛盾，做好全局把控。

四是全面深化改革必须坚持以提升人民群众生活水平为根本。人民群众的现实需求是否得到满足，尤其是日常生活水平是否提高，是衡量改革成功与否的重要标准之一。从改革开放到全面深化改革，党始终坚持以人民群众美好生活需求为导向，致力于提升人民群众的获得感与满足感。经由全面深化改革实践而不断形成的"创新、协调、绿色、开放、共享"这五大新发展理念，就是强调改革发展要遵循历史客观规律和符合社会发展内在要求，要与人民群众切身利益紧密关联，只有这样才能得到人民群众的拥护。

三、对党中央治国理政新战略的贯彻

党的十八届三中全会提出，"经济体制改革是全面深化改革的重点"，要"发挥经济体制改革牵引作用"②。经济体制改革是改革开放至全面深化改革一以贯之的重点，这既是以经济建设为中心基本国策的延续，也是党中央在新时代做出的科学战略决策。

一是全面深化改革始终立足于新时代中国特色社会主义的阶段性特征。改革开放以来，我国经济虽然得到长足发展，但人均 GDP 仍然相对较低，我国仍将长期处于社会主义初级阶段的历史定位并未改变，大力发展社会经济，解放和发展生产力仍然是当前最主要的问题。新时代中国特色社会主义思想虽然强调了当

---

① 习近平：《新时代要有新气象更要有新作为 中国人民生活一定会一年更比一年好》，载于《人民日报》2017年10月25日，第02版。

② 《中共十八届三中全会在京举行》，载于《人民日报》2013年11月13日，第01版。

前阶段我国社会主要矛盾的转化，但整体上仍然是处于社会主义初级阶段，全面深化改革依然是为了推进社会主义初级阶段生产力发展和生产关系变革。

二是全面深化改革是新时期改革战略的总体体现。发展新时代中国特色社会主义，经济体制改革依然是一项重点任务，由经济体制改革而逐步进入政治、文化、社会、生态等领域，实现社会主义事业"五位一体"总体布局的大变革，乃是改革开放四十余年成功经验的重要启示。全面深化改革就是在遵循这一改革路径和规律基础上，更加重视新时代特点，以顶层设计得更加科学、合理的形式推动新时代改革向纵深发展。

三是全面深化改革是新时代复杂环境下的重大战略调整。习近平总书记指出"改革是由问题倒逼而产生的"[1]。进入新时代以来，不仅我国社会主要矛盾发生很大转化，而且我国所处的国内国际环境都呈现出日益复杂的局面，国际社会技术竞争和文化冲突更加尖锐，国内劳动力供给状况和社会矛盾问题更加凸显，各种风险和问题呈集中爆发趋势。在这种情况下，党中央审时度势、高瞻远瞩，及时进行全面深化改革的战略调整，必将有效化解我国目前面临的风险和挑战。

四、对马克思主义中国化的新发展

全面深化改革立足新时代中国特色社会主义的阶段性特征，高度遵循我国社会主义发展的内在客观规律，以现实矛盾和问题为导向，坚持从实际出发和解决实际问题，从理论与实践上对马克思主义改革与发展的相关思想进行了补充和完善，客观上促进了马克思主义中国化的新发展。

一是坚持新发展理念，体现了普遍性与特殊性的辩证统一。创新、协调、绿色、开放、共享新发展理念作为新时期最基础最重要的发展理念和原则，具有全面深化改革"指挥棒"的重要意义，这一新发展理念经党的十八届五中全会提出后，就成为全面深化改革一以贯之的重要思想基础。新发展理念是在新时代社会主要矛盾变化的前提下，针对新时期人民群众美好生活现实需求，在我国社会主义事业"五位一体"总体布局基础上提出的具有原则性的思想理念指引。新发展理念产生于新时代社会主要矛盾转化的特殊时期，但其指导意义却是对整个社会主义事业都具有整体性的普遍意义的。

二是坚持现实问题导向，体现了具体问题具体分析和矛盾分析的灵活性。习近平总书记指出，"在任何工作中，我们既要讲两点论，又要讲重点论"[2]。所谓

---

① 《习近平谈治国理政》第一卷，外文出版社 2018 年版，第 74 页。
② 《习近平谈治国理政》第二卷，外文出版社 2017 年版，第 23 页。

两点论，就是要看到优势与不足，重点则是两点中的重点，要在一分为二的基础上针对改革中的具体问题具体分析，弄清楚当前的主要矛盾和矛盾的主要方面，按照事情性质和紧迫程度对改革进行周密部署，做到有步骤、有方法，稳步推进改革向前发展。面对改革中的复杂问题，要"扭住关键""突出问题导向"，既注重"牵一发而动全身"，又讲求"十个指头弹钢琴"。

三是坚持顶层设计，体现了整体与个别相结合的思维方法。全面深化改革作为一项系统性社会工程，涉及政治、经济、社会、文化和生态"五位一体"总体布局的方方面面，具有"牵一发而动全身"的特点。这就要求在改革过程中必须始终坚持党的领导，以党中央的顶层设计来推动改革向前发展，这样才能保证各领域、各方面的整体协调。但改革的整体推进，并不妨碍局部或个别的优先突破，习近平总书记也多次强调全面深化改革要将整体推进与重点突破相结合，兼顾整体与个别的关系。尤其是基层和个别行业的改革创新，往往能够为全面深化改革在全国范围内的顺利推进提供各种具有示范性和创新性的经验，经过党中央的检验与推广就能形成整体改革效应。因此，新时期全面深化改革对顶层设计的重视，既考虑到改革的全局性和整体性，又为局部和个别创新提供了方向、契机和空间，实现了整体与个别的辩证统一。

第六章

推进国家治理体系和治理能力现代化

把中国这样一个有着14亿人口的大国治理好很不容易，因此，在思考治理这一问题时，必须从概念上对治理的基本内涵和外延界定清楚，明确治理的主体、客体。从党的十六大以来，中国共产党就开始坚持一个基本理念，即政治建设和政治体制改革要符合中国社会的基本国情，尊重中国历史和现实形成的特殊经验，同时打开视野，积极吸收一切人类社会的文明成果。随着我国各方面建设走入新时代，一种合乎时代的新的"治理观"呼之欲出。可以看到，近年来，我国在政治和行政管理体制方面进行了各种积极的探索，这些探索构成了推动我们治理体系和治理能力现代化的宝贵经验。党的十九届四中全会通过了《中共中央关于坚持和完善中国特色社会主义制度、推进国家治理体系和治理能力现代化若干重大问题的决定》，对推进国家治理体系和治理能力现代化的宝贵经验作出了总结，对未来的工作作出了全面部署。

第一节　基　本　概　念

一、治理

治理（governance）一词源远流长，但究其内核，主要是指利用国家的行政职能对国家公共事务进行管理。就此而言，治理与"统治"等概念都有着不同程度的意义交叉。统而言之，所谓治理，可以从以下几个角度来加以界定：

第一，治理的主体是国家，也就是说，是国家在一个共同体中行治理之事，任何一种有效的治理都离不开背后强有力的治理主体。因此，尽管对行政主体的界定有强弱之别，但毕竟首先得存在这一主体作为公共权威，使这一权威与社会治理结构良序发展，如此，国家治理才有意义。

第二，治理虽和统治等概念有意义上的交叉，但不能认为治理就是统治。因为后者毕竟在本质上是一个阶级概念，而前者则远非阶级概念，在本质上是一个民主概念。至少，治理与民主在意义上有着很强的融通性。治理虽然也要靠统治阶级依靠行政权力来处理政务，但治理这一概念的提出则有利于化解以往单一的行政管控策略，解决这种策略下管控力量的缺失和不足问题。

第三，基于上一点，可见不论在任何国家，治理能力现代化都不是无源之水、无本之木，而是与该国家的民主水平密切相关，取决于国家民主水平的现代化，是人民高效参与的现代化。在我国，只有人民当家作主的民主集中制得到充分保障和充分落实时才能实现真实的社会治理。而要保证这一点，就要更加坚持不懈地完善全国人民代表大会制度，以及中国共产党领导下的多党协商、多党合作制度，以此为基础加强社会各界理论的团结合作，防止多党党争的现象出现。并在此基础上进一步完善和发展基础自治民主，保障人民群众能够切实行使国家赋予的民主权利。

第四，在社会治理过程中，国家与社团、企业等组织应当形成合作共治的良好格局。在西方的治理观看来，这种治理过程中既不能追求"去国家化"，也不应追求"去社会化"。它们的正确关系在于，国家既不应当去追求超越各种团体的"领袖地位"，更不能扮演对各种社团的救世主角色，甚至为其直接提供经费，各种性质的社团，连同政府本身都应当处于一种平等的关系之中。但一方面，西方国家的这种治理观并不具备牢固的现实基础，也就是说，这种制度安排在现实中过于理想化。另一方面，在我国的特殊制度下，治理能力现代化的前提要求必然是坚持和完善中国共产党的领导地位。

二、治理体系

国家治理体系和治理能力之间不是截然二分的两个概念，相反，两者之间存在密切的逻辑关系。具体来说，前者对后者有着决定性作用，今天提倡的"治理体系现代化"，就其实质而言，即是说，国家治理能力必须要走向现代化，而这种现代化必须以既有的国家治理体系为前提，并在此基础上不断对两者进行辩证性的反思和优化。在这个问题上，我们认为，国家治理体系至少可以从价值、制度、能力和效用这四个密切关联的向度出发进行分析和评判。从研究者的角度来看，上述两者的差异显然非常明显，前者着重探究的是价值和制度维度，是作为国家治理能力的基础而存在的，而后者则是更加着重突出能力这一向度，而效用作为最后的向度，则是最为综合性的向度，可以对"体系"和"能力"两者做出最为统合性的分析和评判。

对国家治理体系的分析可以从三个层面来进行，分别是价值、组织和制度。其中，价值是一种基础性概念，在具体实践中，往往以某些类似主导权的主导性力量而存在。与价值不同，在现代社会中，组织、制度和行为是与价值密不可分的。可以说，不论是组织、制度还是行为，所着重强调的都是实践中的操作维度，重在操作中产生某些实际效果，而这些实际效果的产生则又离不开某种价值引导。在我国，这些价值主要体现在新文化运动以来民主、科学、法治等价值观与中华优秀传统文化的不断融合与发展中。其中，民主着眼于人民群众的主体性的地位，着眼于人民民主权利的真正实现；科学着眼于治理决策和治理实践的规范性、科学性；法治则侧重于强调社会秩序的规范与秩序。正是这三大价值理念引领着整个社会不断走向和谐、有序和公正。

另外，在国家治理活动的具体过程中，如果说价值是作为基础性的原则而存在的，那制度就是作为实质性的内容存在，是一切具体治理行为的实施纲要，且在内容上包含了社会政治、经济和文化生活等方方面面。值得注意的是，这里讲的制度既包含宏观制度，也涵盖微观制度和各种制度细则。组织显然有别于制度，前者在国家治理行为中扮演的角色是主要的承载主体，而组织这一概念则又可以在权力系统、社会治理系统和经济组织系统这三大系统中得到进一步细化。在实际的治理过程中，这三大系统分别对应着政府治理、社会治理和经济治理三大问题。

可见，在治理过程中，价值、制度和组织分别承载着不同的功能，价值发挥引导功能、制度规范框架、组织承载行为，三者密切配合，共同构成一个系统的体系。

如前所述，我们在研究中可以将国家治理能力和国家治理体系分开检视。其中，前者是后者的系统化表达，后者则是前者的外化和现实化，也可以视其为在实践中不断具体化的过程。在作为基本框架的国家治理体系被确立的情况下，国家治理能力可以以多样化、层次化的形式展现出来，并在实践中体现为多种不同能力。但不论国家治理能力以何种力量、何种方式自我展现，都必定要在国家治理体系所确立的基础性框架之内发挥作用。照此理解，今天所倡导的国家治理的"体系"和"能力"两者的现代化，其实质即可以被理解为在国家治理体系的基础上被衍生出来的国家治理能力的不断完善、革新和合理化。

第一，从马克思主义学说来看，不论是何种国家治理形式，都必然尊重其相应的阶级属性。"一般说来，国家阶级话语权的归属、阶级地位以及阶级构成决定着国家治理体系的价值伦理、治理主体与治理结构。处于领导地位的阶级所尊奉的价值伦理、所采取的制度安排及所依赖的社会力量，直接决定了国家治理体系的基本轮廓。"① 简言之，上述观点表明，我们在今天明确提出并着力建设的国家治理体系并不是超越阶级的，而是内在具备着鲜明的阶级属性。在中国特色社会主义制度下，社会治理必定以无产阶级政党的绝对领导作为最根本的基础，其阶级属性直接决定着社会治理的价值追求和选择路径。

第二，新时代中国特色社会主义背景下的治理体系要正确处理党和政府的关系，一方面，要坚持党政分开的原则；另一方面，又要强调党的绝对领导，进而在实践中实现以习近平同志为核心的党中央集中统一领导与行政效能最优体系化。在党的统筹领导下实现治理体系的最优化。有些问题，政府从行政的角度难以化解，这些时候，需要党来统筹安排。比如，在不同阶段，面对不同问题，党中央成立过各种领导小组和委员会，这些举措充分体现了党面对治理问题展现出来的强大治理能力。因此，在这样的形势下，如何进一步正确处理党和政府的关系问题，是关乎治理体系的核心问题。

第三，体系化的治理，或者说治理的体系化必须着眼于发现并理顺现有体制中的各种不顺畅之处，努力提升政府的执政效率，简化执政程序，节约行政成本。这一点，不但是我国接下来必然要面对的问题，也是 20 世纪 90 年代以来西方政治学对治理体系现代化的研究中所重点关注、重点回应的问题。

第四，治理体系现代化需要一种综合性、全景性，迫切需要全民参与的治理观。在我国，夯实全民参与，需要进一步加强党员领导干部作为社会治理的"先锋队"作用。加强社会治理，基层党组织领导是核心，积极加强基层"领头雁"队伍建设是题中之义。凡事党员干部带头示范做，当好"排头兵"是构建全民共建共治共享社会治理格局的关键所在。全民参与，需要在党的领导下，使广大人民群众成为社会治理的主力军。优化社会治理体系，其抓手和最大的受益者都是广大人民群众，从唯物史观的角度来看，推动社会治理的进一步优化的力量依然是人民群众。因此，让广大人民群众参与进来，积极响应政府号召，实现城乡社区发展治理同步协调推进，以强有力的宣传、动员、组织、引导，说到底，全民参与就是深层次的凝聚力量，聚力于民，形成推动发展的合力，打赢这场全民参

---

① 王卓君等：《全球化视野下的国家治理体系：理论、进程及中国未来方向》，载于《南京社会科学》2014 年第 11 期。

与的社会治理战役，政府不再孤军奋战。全民参与，需要进一步夯实干群一心这块社会治理的"奠基石"。不能小觑任何一个社会主体的参与，也不能忽视任何一方的力量。

三 、治 理 能 力

"国家治理能力现代化，主要是指治党治国治军、促进改革发展稳定、维护国家安全利益、应对重大突发事件、处理各种复杂国际事务等方面能力的现代化。"[1] 从这一定义来看，治理能力是指好的制度和卓越的制度执行力的统一体。没有好的制度，国家的发展就没有好的规划、好的蓝图，但制度只是一方面，再好的制度不去落实，这种制度也必定会不可避免地走向空心化。因此，习近平总书记一针见血地指出，"国家治理体系和治理能力是一个有机整体，两者相辅相成，有了好的国家治理体系才能提高治理能力，提高国家治理能力才能充分发挥国家治理体系的效能"[2]。因此，从上面两点界定来看，我们可以这样来理解治理能力的提升：应当在制度体系不断优化的前提下不断提升对该制度的执行能力，并反过来在执行过程中不断改进和完善相应制度体系。就此而言，提高国家治理能力的意义在于：

第一，从理论方面看，推进国家治理能力现代化，体现了党在新时期对社会主义基本理念和社会主义在新时代的发展规律的新认识。这种认识，一方面，是我国在面临复杂形势的新时代背景下，进一步解放思想，不断坚持和完善中国特色社会主义基本制度的必然要求，也在理论上深化了马克思主义国家理论和中国特色社会主义理论体系；另一方面，从唯物史观的观点看，由于制度体系、治理体系属于上层建筑，通过推进国家治理能力现代化，能根据实际需求使上层建筑更好地去适应经济基础，从而进一步带动生产力的发展，使现代化得到进一步推进，更好地促进经济社会的持续、良性发展。

第二，从实践方面看，推进国家治理能力现代化，是新形势下我国进一步全面深化改革的内在必然之义。其一，对国家治理的"体系"和"能力"两方面的不断检视推进不论是主观上还是客观上都能切实加强对国家治理的宏观布局和宏观决策，这就有利于不断克服在改革的全面深化过程中可能遇到的各方面的挑战和障碍，有助于统筹各个领域的改革，从而增强改革的系统性、整体性和协同性，为新时代、新条件下的全面深化改革的总体布局提供最根本的依据；其二，

---

[1] 秦宣：《推进国家治理现代化的方向和路径》，载于《人民日报》2016 年 6 月 22 日，第 07 版。
[2] 胡鞍钢：《中国国家治理现代化的特征与方向》，载于《国家行政学院学报》2014 年第 3 期。

从"体系"和"能力"两个维度推进国家治理的不断现代化，可以在新时代、新条件、新形势和新环境下系统性、整体性地推进中国特色社会主义制度体系，不断提升国家综合能力，有利于进一步贯彻落实依法治国的具体路径，有利于在法的统一引领下将治国、行政和执政统一起来，共同推进。再者，国家治理体系和治理能力的现代化，可以进一步从"现代化"的角度对治理问题进行深度反思，进一步凸显中国特色社会主义的制度自觉。现代意义的国家治理体系认为，必须充分重视、不断挖掘和充分发挥国家治理各个主体的治理潜能，实现治理主体的有序循环和良性互动，在不断地循环和互动中打造一种新型的、现代的国家治理能力观。此外，依法治国是当下治国理政的重要方略，而依法治国的基础则离不开现代意义的国家治理观，因此，全面推进依法治国，其基础必定离不开治理能力和治理体系的现代化。

第三，将"体系"和"能力"的结合体现了党和政府对国家治理这一命题的高超智慧和审核的认知力、把握力。实际上，不论是国家治理中的"体系"维度还是"能力"维度，在任何一个国家当中都具体体现在制度和实践的不同层面之中，两者构成的是不可割裂的整体。如果割裂了这一整体，单靠哪个方面，都无法实现良序的国家治理，无法发挥出治理所应有的效能，也无法发挥中国特色社会主义制度的诸多优越性。习近平总书记指出，"治理国家，制度是起根本性、全局性、长远性作用的。然而，没有有效的治理能力，再好的制度也难以发挥作用。同时还要看到，国家治理体系和国家治理能力虽然有紧密联系，但又不是一码事，不是国家治理体系越完善，国家治理能力自然而然就越强"①。因此，将国家治理的"体系"和"能力"两个维度以现代化的名义统一起来并加以整体性推进，具有重要的理论和现实意义。

第二节　中国国家治理的基础

习近平总书记深刻地阐述了下述观点，"一个国家选择什么样的治理体系，是由这个国家的历史传承、文化传统、经济社会发展水平决定的，是由这个国家的人民决定的"②。总书记的这句话可谓意涵深刻，指明了治理体系的历史性、人民性、时代性等多个重要特征。总体来看，从根本上说，我国的国家治理体系

---

① 中共中央文献研究室：《习近平关于协调推进"四个全面"战略布局论述摘编》，中央文献出版社2015年版，第81页。

② 张德修：《治理现代化离不开传统营养》，载于《人民日报》（海外版）2014年5月8日，第01版。

和国家治理能力的提升必须服务于中国特色社会主义各项制度，因此，讨论国家治理体系和国家治理能力，必须以中国特色社会主义制度为基础，并承认其为各项改革的总依据。对国家治理能力和治理体系的推进，根本目的就是进一步坚持和捍卫这一制度，而不是试图去削弱这一制度。因此，推进国家治理体系和治理能力现代化，要从历史、人民为中心和国情展开讨论。

一、独特的历史和精神坐标

"治理"不但是个行政管理问题，其内核深处更是个哲学命题，从马克思主义哲学的观点看，是思维与存在围绕秩序、规范不断展开的矛盾的辩证发展过程。同时，治理还是个历史范畴。在中国，历朝历代都讲究治理，对治理的理念不断贡献自身的力量，并在实践中积累了大量宝贵的经验和智慧。因此，应建构何种治理体系，如何提升治理能力，这些都是最为基础且十分关键的问题，而这些问题则与不同国家的文化传统密切相关。正是在此意义上，习近平总书记强调，怎样对待本国历史，怎样对待本国传统文化，这是任何国家在实现现代化过程中都必须解决好的问题。

每个国家的存在和发展都离不开自己的历史文化传统。中国传统文化对季节变化赋予一定的道德价值，形成端午节、中秋节、重阳节等节日。我们设立的"烈士纪念日"是一次历史文化的传承与创新，也是国家治理体系的一次创新。

历史记忆是国家民族的精神，这一点，中西方学者莫不都是认为如此。"欲要亡其国，必先灭其史。"因此，尊敬本国本族的历史文化是在新时代进一步推进国家治理体系和治理能力现代化的基础条件。此外，漫长的中国历史不乏多种治理理念，而这些治理理念不但对中国有意义，对世界也有意义。尤其是西方的治理理念和治理实践面临深重危机的当下，治理理念中的中国文化要素对西方世界更有意义。对历史怀有客观、理性的态度，才更符合新时代的精神和气度。因此，在治理问题上的每一次创新和改革都应基于一定的历史知识，没有相关历史知识作为支撑绝对承担不起自身所应当负有的使命。

随着经济全球化的日益深化，文化全球化的历史趋势不可避免。一方面，我们必然面对西方文化和西方意识形态的正面冲击，这是不可回避的现实问题。但另一方面，文化又是具有历史性的。而文化的历史性使得文化得以不断自我生成，并一定程度上对外来文化形成抵御。因此，文化的这种开放性和保守性的辩证统一共同造就了一个国家的治理体系和治理能力的软实力。而中国的历史文化，不论是哪家哪派，无不是超越了时间的限定而活在当下，并对当下的社会治理提供着重要启示。

二、人民的主体性

治理要在中国共产党的领导下以人民为主体，毋庸讳言，这是中国共产党一以贯之的标准。这一点，在抗击新冠肺炎疫情的过程中展现得淋漓尽致。在新冠肺炎疫情这场突如其来的公共卫生危机面前，面对极其复杂的国内外政治、经济乃至军事形势，我们可以看到，我们正是以人民为中心不断推进国家治理体系和治理能力现代化。自新冠肺炎疫情暴发以来，在党中央的坚强领导下，坚持以人民为中心，为了人民、依靠人民、保护人民，我们取得了中国抗疫治理的重大战略成果。中国疫情防控的阶段性胜利则充分体现着中国特色社会主义制度的独特制度优势，且这种独特的制度优势可以随时随地转化为我们国家的治理效能。总体来看，坚持以人民为中心，具有以下几点必要性和必然性。

第一，坚持人民在国家治理中的主体地位离不开党的全面领导。党的十九大报告明确指出，中国特色社会主义的最大"特色"就在于不断坚持和完善中国共产党的领导，这也是我国政治制度的最大优势。作为马克思主义执政党，中国共产党不论是在革命、建设还是在改革年代都将为人民服务作为根本宗旨，将维护好广大人民群众的根本利益作为一切工作的出发点和落脚点。植根于人民、造福于人民，是我们党百年来奋斗历程所彰显的重要法宝，是始终得到人民群众拥护和信赖的根本原因，更是我们党在新时代、新阶段进一步继往开来的不竭动力。推动国家治理现代化，其根本目的是进一步强化人民群众在社会中的主体地位。这一点，党的十九届四中全会明确指出，中国特色社会主义制度和国家治理体系是以马克思主义为指导、植根中国大地、具有深厚中华文化根基、深得人民拥护的制度和治理体系。因此，由于其强大的制度优越性，这种治理体系在实践中拥有非凡的制度效能，能够历史性地推进中国在新时代的进一步发展和进步，确保"两个一百年"奋斗目标的不断实现。因此，中国特色社会主义国家治理现代化的人民性是中国共产党区别于其他政党治国理政的根本区别。坚持人民在国家治理中的主体地位，与人民同呼吸、共命运、心连心，是中国共产党带领人民取得一个又一个胜利的成功密码。

第二，坚持人民在国家治理中的主体地位，就是表明在国家治理中要坚持以人民为中心，树立人民至上的治理思想。从"能力"和"体系"两个维度对国家治理进行现代化推进，从根本上说，就是要满足人民日益增长的美好生活需求。当前，中国特色社会主义进入新时代，人民对美好生活的向往与追求也在不断提出更高的要求。在这种矛盾的驱动下，除了对物质生活的需求之外，随着社会的不断发展，人民群众对民主、法治、公平正义等现代理念的呼声也越来高。正因如此，我国历史方位、社会主要矛盾等变化对党和政府也提出了越来越多的新的工作要求，而国家治理之"体系"和"能力"的现代化则本质上是以满足人民对美好生活的需求为依据，及时关注人民群众的现实困难，解决好人民群众的实际问题。在这次抗击疫情的过程中，党中央始终把人民群众的生命安全放在第一位，在整个抗疫过程中始终坚持人民生命安全至上的崇高理念。因此，可以说，中国共产党团结带领广大人民群众进行革命、建设、改革，根本目的就是让人民群众过上好日子，无论前方会面临多么大的挑战和压力，无论要面临的是多么大的牺牲，在中国共产党人这里，这一点始终都是无法动摇、始终不渝的。

第三，坚持人民在国家治理中的主体地位就要紧紧依靠人民推进疫情防控工作和经济社会发展。马克思主义唯物史观指出，历史的主体和创造者是人民群众，同样的道理，人民群众在国家治理中也应当作为主体，在法理上拥有管理国家一切事务的权力。此次抗击新冠肺炎疫情期间，在党中央的坚强领导下，全国"上下一盘棋"，各地区各部门通力合作，社会各方面全力支持，广大医务人员、科技工作人员、人民解放军、公安干警、社区工作者、志愿者等默默付出。正是以这种紧密依靠中国人民的方式，才赢得了当前疫情防控的良好形势。当前，全球化前景和国际疫情防控都面临极大的不确定性，我国的经济社会发展形势同样面临前所未有的严峻挑战，欲进一步推动社会经济发展，必须更加牢固地发挥现有的制度优势，依靠广大人民群众，最大限度地调动广大人民群众的积极性和主动性。在危机中寻找突破，化危为机，以当下面临的各种挑战为抓手，进一步在抗击疫情的过程中夯实国家治理的群众基础，进一步在"体系"和"能力"两个维度、两个层次上推进国家治理的现代化。

总之，在推进国家治理体系现代化的当下进程中，应当首先认清并站稳人民的立场。要立足于人民的根本利益，想人民之所想，急人民之所急，始终把人民的根本利益放在首位；必须坚持从群众中来到群众中去的党的优良传统，相信并依靠人民群众，做人民群众的贴心人和守护者；要主动挖掘人民群众国家治理的无穷智慧，乐于倾听、汇聚民意，充分发挥人民群众在治理实践中的创造力；要始终把增进人民群众的福祉，不断改善和保障民生放在首位，坚持马克思主义和中国特色社会主义的基本原则，将改善民生、共同富裕的原则贯穿于国家治理的全过程之中；要健全为人民执政、靠人民执政的各项制度，通过完善制度，保证人民在国家治理中的主体地位，从而将中国特色社会主义制度优势有效地转化为最大的治理效能。

171

三、独特的中国国情

治国理政的方式选择必须一方面根植于对社会主义建设规律的正确认识，另一方面则根植于特殊的中国国情。中国历史悠久，在长期的变化发展过程中逐渐形成了十分特殊的制度文化，近代以来，西方列强的入侵更是打破了中国自然的演进道路。这就使得我国的治理体系和治理能力在其现代化的历史进程中有着十分显著的中国特色。

第一，传统中华文明是一种农业文明，而近代西方文明是一种海洋文明；古代中国的家国一体的封建宗法制度根深蒂固，而西方社会很早就确立了个人本位的资本主义制度。鸦片战争后中国逐步沦为半殖民地半封建社会，并以此为起点走向现代化，这是大多数西方国家不曾有过的特殊国情。

第二，新中国成立以来的历史发展表明，对国情的把握不准，会在实践中陷入错误的境地，因此，必须把社会主义发展的普遍规律同具体国情结合起来。20世纪50年代我国曾片面追求"一大二公"①的公有制，这虽然看上去符合社会主义的普遍规律，但却忽视了我国的具体的、特殊的国情，进而使党的思想、政策和实际工作都陷入"左"的泥潭中。其结果是经济社会发展陷入停滞，人民群众的主体地位受到损害。

第三，改革开放以来，新的党中央领导集体对新中国成立以来的经验教训做出了重要反思，彻底放弃了"以阶级斗争为纲"的错误观念。并明确指出"70年里，我们党领导各族人民为中国社会的进步做了很多事。总体来说，就是三件大事：首先，完成反帝反封建的新民主主义革命任务，结束了中国半殖民地半封建社会的历史；其次，消灭剥削制度和剥削阶级，确立了社会主义制度；再次，开创建设有中国特色社会主义的道路，逐步实现社会主义现代化，这件事还正在做"②。这里讲的"逐步实现社会主义现代化"即是当下的基本国情和基本任务。胡锦涛总书记在党的十八大报告中从"我国仍处于并将长期处于社会主义初级阶段的基本国情没有变，人民日益增长的物质文化需要同落后的社会生产之间的矛盾这一社会主要矛盾没有变，我国是世界最大发展中国家的国际地位没有变"这"三个没有变"来概括上面所说的"基本国情"。③ 习近平总书记则明确指出"社会主义初级阶段是当代中国的最大国情、最大实际。我们在任何情况下都要牢牢把

---

① "一大二公"指人民公社规模大；人民公社公有化程度高。

② 中共中央文献研究室编：《十三大以来重要文献选编》下，人民出版社1993年版，第1631页。

③ 胡锦涛：《坚定不移沿着中国特色社会主义道路前进　为全面建成小康社会而奋斗——在中国共产党第十八次全国代表大会上的报告》，人民出版社2012年版，第16页。

握这个最大国情，推进任何方面的改革发展都要牢牢立足这个最大的实际"①。可见，治理体系与治理能力现代化，必须首先面对"社会主义初级阶段"这个国情。

四、要有选择性地借鉴西方经验

要实现治理体系与治理能力现代化，除了继承和发扬我国的优秀传统文化外，还必须要吸收和借鉴人类文明的一切优秀成果。这一点，从中国共产党的发展历史来看，中国共产党本身就从不拒斥任何人类文明成果。不过，这并不意味着中国应照搬西方经验。在政治制度安排和治理结构方面，中国和西方都存在着结构性差异。西方社会的治理理念存在不少理想甚至空想性，而中国的治理理念则始终围绕一个目标和基础展开建构，那就是中国特色社会主义政治制度的安排和各种制度措施都是来自人民的真实意愿。这是中国特色社会主义制度的根本优势，也是我国的政治制度和治理结构优于西方的根本所在。如果毫无保留、毫无批判地全盘照搬西方社会的制度举措，结果必将陷入无序的竞争。

一者，对国家治理体系和治理能力的解读不能望文生义或者断章取义。

如前所述，要从"体系"和"能力"两个维度对国家治理的现代化加以正确理解，就必须正确把握以下几点：（1）推进国家治理体系和治理能力现代化，必须把握党领导人民治理国家这一关键点。实践足以证明，没有党的坚强和正确领导，中国就不会有四十多年的发展奇迹，也不可能在今天成为世界第二大经济体。因此，不能片面看待西方政治文明，而是要全面、冷静、客观地看待西方社会的发展成就和治理理念。（2）应当看到，尽管当前我国在治理的理念和实践中仍然存在不少问题，但当前我国的总体制度设计是符合时代要求的，也符合马克思主义的基本理念。因此，具有很大程度的合理性。亦因此，在今天倡导国家治理能力和治理体系现代化固然是必要的，但对这种必要性需要引入辩证的视角，也就是说，一方面，我们必须承认，就当前已有的治理体系、治理能力之现状而言，仍有不少需要提高的地方；但另一方面，对治理体系和治理能力的优化并不是要彻底否定之前在治理方面对"体系"和"能力"两方面的建构，因为治理属于上层建筑的维度，任何一种关于治理的体系和能力都必定，也必须与生产力和社会发展的基本情况相对应。随着经济社会的不断发展，今天的社会治理体系和治理能力虽然已经有了很大提高，但不能站在今天的立场去贬低之前的时代。同样的道理，不能先行给西方的治理体系贴上"先进"的标签，进而贬低甚至否定当下中国的治理体系。相反，西方社会的"三权分立""多党执政"等制度安

① 《习近平总书记系列讲话精神学习读本》，中共中央党校出版社2013年版，第14页。

排从一开始就不乏批评者。拿民主这一理念来说，这一理念并不新鲜，早在古希腊的城邦当中就开始了民主的实践，但古希腊哲人苏格拉底也正是死于雅典的民主实践。三权分立、议会民主等制度安排固然具有一定合理性，但在实践中则同样容易陷入党派掣肘，从而导致行政效率低下。而现代意义上的民主制虽然起步较西方要晚，不过，我国实行的民主制乃是民主集中制，这种制度更容易"集中力量办大事，把人民群众广泛参与同集中领导，把社会进步同国家稳定，把充满活力同富有效率高度统一起来"①。这一点，通过中国政府在此次抗击新冠肺炎疫情中的表现来看，不光是在中国越来越具有公共认知基础，在世界范围内也被越来越多的学者所认同。比如，弗朗西斯·福山曾认为当代西方民主是"历史的终结"②，但他现在也不得不承认，如果能由优秀的领导者来领导，中国的政治制度实际上要远远优于西方的民主。

二者，要鲜明回应"谁治理、如何治理、治理什么"。

第一，"谁治理"是个政治哲学基础问题。在历史唯物主义看来，人民既然是历史的创造者，在逻辑上必定会成为治理主体，因此，要推进能力和体系两个层面、两个维度的现代化，就必须以人民为中心，在创新中紧密团结，牢固依靠人民群众。实践也一次又一次证明，只要有人民群众的积极参与，无论遇到何种困难和挑战，就没有解决不了的困难。党代表人民群众领导国家，其关键点和着力点即在于调动广大人民群众的积极性、主动性和创造性。尊重和发挥人民群众的主体地位。

第二，"如何治理"则是前一个问题如何落实的问题。也就是应采取何种手段和措施来尊重人民群众的主体地位。对此，首先是要高度重视公平正义的基本理念，在公平正义理念的统领下不断建立其社会公平保障体系，使之不断具备机会、权利等各方面实质性的公平内容，努力营造正义、公平的社会条件。党的十九大报告也明确指出，要不断满足人民日益增长的美好生活需要，不断实现全体人民走向共同富裕的良好局面。其次，实现共同富裕，需要进一步加强党的领导，需要在党的坚强领导下统一布局。需要在政治、经济、文化、生态和社会等治理领域协同推进。最后，要以协同治理为基础建章立制，不断探索构建新的体制机制，使各方面的制度设计都更加科学、更加完善，不断使各项社会治理事务程序化和规范化。

第三，"治理什么"则是治理的落脚点，或者说是治理的目标。从当前治理

---

① 何民捷：《保证和支持人民当家作主——关于社会主义民主政治建设的对话》，载于《人民日报》2016 年 8 月 30 日第 7 版。

② 参见［美］弗朗西斯·福山：《历史的终结及最后之人》，黄胜强、许铭原译，中国社会科学出版社 2003 年版。

的薄弱之处来看，治理问题上的薄弱点主要有三个方面：一是从主观来看，仍有少数领导干部存在脱离群众、能力不足等问题，要有针对性地提高科学执政、民主执政和依法执政水平，提高领导干部队伍的整体素质。二是要优化治理效率，着力解决政策相互掣肘、部门利益固化等不良倾向。要打破这些利益间的相互掣肘，保持政令畅通。三是要在前两者的基础上提高人民群众的满意度和参与度，充分调动各种非政府组织、民间团体的积极性，推进简政放权、民主协商的力度，倾听民间声音，重视民间力量，拓宽广大人民群众对国家治理的参与广度和参与深度。

第三节　中国治理体系的构建

如前所述，从"体系"和"能力"两个角度提高中国国家治理的现代化程度，这既是中国整体实现现代化的必然要求，对全世界来说也有着举足轻重的意义。加上当前复杂的国内外形势，推进治理体系与治理能力现代化的要求更为迫切。下面，本书试论述现代化的治理体系的逻辑构建。

一、善治——中国特色国家治理的内核

任何有意义的国家治理体系一定既是符合中国特色的，也是符合人民群众基本诉求的，只有如此，才会真正顺应社会主义的发展规律。这种合规律性与合目的性的统一，从中国传统的治理理念来看，即为善治。

有学者认为，所谓的善治，"概括地说，善治就是使公共利益最大化的社会管理过程。善治的本质特征就在于它是政府与公民对公共生活的合作管理，是政治国家与公民社会的一种新颖关系，是两者的最佳状态"[1]。应该说，在全球范围内，善治是个具有普遍性的概念，古今中外莫不如此。西方学者也在此意义上谈到"好的服务需要合作、互利，以及共同善和私人善的和谐"[2]。不过，善治虽然具有这种普遍性的特征，但善政本身却不是抽象的概念，而是具体的、历史的、带有阶级性的鲜活理念，由于国情的不同，善治的内涵也存在相应差异。

中国的善治同西方的善治相比，有以下几个特点：

---

[1]　俞可平：《治理与善治》，社会科学文献出版社 2000 年版，第 8 页。

[2]　［英］伦纳德·霍布豪斯：《社会正义要素》，孔兆政译，吉林人民出版社 2011 年版，第 95 页。

第一，我国的特殊政体决定了善治在中国是与国家治理天然结合在一起的，因为中国政府的政治立场始终就是要造福最广大的人民群众，甚至造福人类。人类命运共同体的提出就是明证。

第二，中国的善治必须基于中国特殊的传统文化、历史背景和中国国情展开，必须看到，中国的特殊历史、国情和文化当中蕴含着最为深沉的价值追求，中国特色的制度安排即是蕴含在这些深沉的历史当中，并不断提供着适应国情和时代的治理选择。

第三，中国的善治离不开经济体制改革。或者说，经济体制改革是中国推进治理体系与治理能力现代化的关键之点。这一点，从马克思主义政治经济学的观点看，是由社会基本矛盾决定的。此外，中国的善治必须以"四个自信"作为基础，否认这一前提，也就是否认社会主义制度，否认改革开放以来我们国家在治理问题上所取得的所有成绩。

上述为中国的善治的基本特点。与此对应，西方也有善治的观念，但西方的善治观念至少存在以下几点误区：

第一，与西方哲学中的后现代主义相对应，西方的善治理念过于强调原子式个体主义，过于强调"去中心化"。照此逻辑，定然要与传统的治理和管理模式划清界限。但从治理的本义来看，这是完全不可能的。因此，西方的治理观本身就充满"乌托邦"气质。

第二，与马克思主义的治理理念不同，西方的治理理念摒弃并拒斥阶级分析方法。但这样的一种善治最终只能走向自我欺骗。比如，在对全球治理的分析中，西方的善治理念看上去似乎是试图走向全球化的治理，但实际上不过是试图掩盖在治理的名义下对欠发达经济体的掠夺，还有对这些欠发达经济体的污染输出。而这本身就是不平等的集中体现，是与善治背道而驰的。如此一来，发达国家与欠发达国家之间的差距将不可避免地进一步加大，导致富裕与贫穷的同步存在。这种情况本身就足以表明，善治不是抽象的概念，而是现实的、带有阶级性的。

第三，西方的善治理念带有过强的排他性，其所构建的话语体系在本质上仍然是西方中心主义的话语延伸。过于依赖并强调西方自启蒙以来形成的那一套民主理论，力图进一步强化公民社会，强化三权分立，从权力的制衡着手对社会进行优化治理。弱化政府的主导和统筹作用，片面相信"小政府、大社会"模式。这不但导致西方社会在现实运作中产生了许多十分严重的政治、经济和社会问题，而这些问题，在此次疫情中则得以十分清晰的体现，而且与中国的民主传统和基本国情存在不小的差异。

第四，西方善治观念和民主观念在运行过程中并非易于化解矛盾，而是易于激化矛盾。毫无疑问，第三部门对权力的监督可以对政府施加影响，敦促政府提高责任意识，解决问题，但在现实运作中，第三部门却往往扮演着向政府发难的角色，从对政府和权力不信任的立场出发，以对立的倾向来加剧对政府和治理的不信任。这就必然会割裂善治和当前的国家治理之间的联系。

二、重视科学的顶层设计

改革开放四十余年来，我们国家在政治、经济、社会、文化和生态等方面都分别取得了举世瞩目的成就。这一成就的得来，首先要归功于我们所走的每一步都有科学的顶层设计所引导。这一点，正如毛泽东同志所言，"研究任何过程，如果是存在着两个以上矛盾的复杂过程的话，就要用全力找出它的主要矛盾。抓住了这个主要矛盾，一切问题也就迎刃而解了"[1]。我们看到，改革开放以来取得这些成就的关键在于形成了中国特色社会主义理论体系这一马克思主义中国化的最新成果。"改革开放以来我们取得一切成绩和进步的根本原因，归结起来就是开辟了中国特色社会主义道路，形成了中国特色社会主义理论体系。"[2] 可以说，从思想到制度再到实践，中国共产党在国家治理问题上始终坚持科学的顶层设计。对此，我们可以从以下几点一窥究竟。

第一，面对新环境、新条件，我们党及时作出了改革开放的重大决策，并以伟大的政治勇气将改革开放提升到民族和国家生存的关键点来认识，在此基础上，在实践中对改革开放的各项具体要求提供顶层设计。实践也最终证明，改革开放是当代中国得以不断走出固有的局限，屹立在世界民族之林的活力之源。

第二，顺势而为，成功搭建治国理政的四梁八柱，确立起改革的主体框架。党的十八大以来，在中央的统一规划下，党的领导核心得到确立，"五位一体"和"四个全面"的总体战略布局不断得到协调推进。观念层面，明确确立并广泛宣传了社会主义核心价值观，提出"一带一路"倡议，呼吁构建人类命运共同体等。这些成就无不是以成功的善治作为前提，充分体现着我国治理体系和治理能力现代化水平的提升，而这种提升则离不开党中央科学而又有效的顶层设计。

第三，不但在国内事务的治国理政过程中强调顶层设计，还确立了国际顶层设计的新两步走战略。第一步，从 2020 年到 2035 年，在全面建成小康社会的基础上基本实现社会主义现代化。届时，各方面制度将更加完善，社会文明会提升到新的高度，国家文化软实力和中华文化的影响力将显著增强。第二步，从 2035

---

① 《毛泽东选集》第一卷，人民出版社 1991 年版，第 322 页。
② 中共中央文献研究室编：《十七大以来重要文献选编》上，中央文献出版社 2009 年版，第 69 页。

年到本世纪中叶，在基本实现现代化的基础上，把我国建设成为富强民主文明和谐美丽的社会主义现代化强国，实现国家治理体系和治理能力的现代化。

三、鼓励基层"摸着石头过河"

"摸着石头过河"是改革开放以来我们党面对复杂情况的一条基本思路，它要求面对未知的情况和难题，要勇于当先，不能畏缩不前。要不断在实践中化解问题。在顶层设计中，要善于"摸着石头过河"，在实践中解决实践带来的问题。

毫无疑问，改革开放在新时代、新形势下将继续开展，在未来仍将面临许多难题。而这些难题，仍需要以更大的政治勇气，用更开阔的胸襟和视野，以改革的方式来化解。如前所述，顶层设计是改革开放必不可少的，因为改革开放必须要有全局性、战略性眼光。改革开放不仅仅是"改革"和"开放"的字面意思这么简单，而是如邓小平所言，会"触及许多人的利益，会遇到很多障碍"①。如今，改革已经很大程度上超出了"摸着石头过河"的局面，不断进入深水区。这意味着改革在未来会遇到许多未知的困难和障碍，而这些困难和障碍，很大程度上是利益上的。因此，如何在当前继续做到"既勇于冲破思想观念的障碍，又勇于突破利益固化"②，就必须进一步加强顶层设计，但顶层设计在这里又有两个方面。一方面是继续发挥我国民主集中制的制度优势，通过党科学实际地寻找、开发改革的各种资源；另一方面则是要着眼于基层，通过制度化、程序化的形式进一步扩大基层民主，使基层也敢于"摸着石头过河"，通过这种制度化、程序化的方式理顺各种利益关系，推进各方面利益的整合，将个体理性整合为公共理性。

改革必定允许试错，四十余年来的改革开放积累了非常丰富的经验和教训。改革过程中积累的诸多试错行为和结论也已经成为值得总结和反思的方法体系。通过系统梳理1978年以来四十多年的改革开放史，不但可以为今后的发展总结出值得反思、发扬的宝贵经验，更可以对改革开放在新时代的深入推进提供系统性、体制性保障。而对试错过程的反思本身也就是对顶层设计的反思，这种反思的成果必定会进一步体现在接下来的顶层设计当中。另外，过去四十余年的改革开放虽然成果令人瞩目，但也不同程度存在碎片化的问题。比如，改革开放以来各方面的推进是依据现实需求而存在先后顺序的，这就使得改革开放存在一定程

---

① 《邓小平文选》第三卷，人民出版社1993年版，第176页。
② 中共中央文献研究室：《习近平关于全面深化改革论述摘编》，中央文献出版社2014年版，第116页。

度的碎片化特征。比如，经济、社会、文化、生态等方面的改革有着明确的先后之别。改革开放之初，经济被放在头等重要的位置，而社会层面的公平正义则未得到应有的重视。文化和生态等问题则是在党的十八大之后才得到高度重视，等等。这就意味着全社会还没有形成全方位、多角度、全面性的良序治理框架，治理体系和治理能力的现代化水平还亟待提升。此外，许多改革不乏应急色彩，某些制度、政策的制定并不是考虑到全局性、系统性，而是不同程度带有"头痛医头、脚痛医脚"的特征。不过，现在看来，这种碎片化的改革已经不足以应对改革开放当前要应对的新环境。因此，改革必须超越具体的领域和部门，这就要求顶层设计必须进一步释放基层的活力，让基层在具体实践中"摸着石头过河"。因为顶层设计固然非常重要，不可取代，但任何顶层设计都要通过执行来落地生根。但是，任何顶层设计的结论都应当处于不断变动之中，需要在实践中不断反思和总结，使顶层设计的结论在现实经验中不断得到完善和修正。因此，尽管我们党十分重视顶层设计，并由此出发使顶层设计对基层形成指导和制约，但形势越是复杂，就越是需要给基层留下足够的摸索和试错空间。理由如下：

第一，中国疆域庞大，人口众多，不同地区、部门的发展极其不平衡。这就决定了我们不能在任何时候都搞"一刀切"。任何一项统一的制度安排都不可能同时满足不同地域、不同行业等各方面的要求。顶层设计只能以整体性的制度设计为着力点，不可能面面俱到地考虑到各地、各部门在具体实践过程中的细节问题。就此而言，制度设计是抽象的，但基层面临的实践则是具体的。而科学的顶层设计也不应去追求细节方面的面面俱到，而是只应在总体上确定或固化符合政治要求与权力运转规律等方面的构架与体制。因此，必须鼓励各基层部门在顶层设计确立的框架中自主创新和摸索。

第二，在我国，由于行政层级的链条长，导致各行政部门都在实践中存在自身的利益诉求，而这在实践中常常会导致信息的不对称。一个政策本来是好的，但在执行过程中，经过多个不同层级的传递之后，到了基层往往就会"面目全非"，甚至"上有政策、下有对策"的现象时有发生。这种情况，一方面可能是上级对下级的监督"太远"，导致监管的无力。但另一方面，许多情况下，下级（基层）并不是主观上想要投机取巧，而是政策经过多个层级的"过滤"之后，基层处于一种信息上的严重不对称状态中，导致政策与基层的实际相差甚远。因此，必须允许基层在顶层设计规定的范围内"摸着石头过河"，允许其探索某项制度或政策的实施机制。

第三，多元利益格局已经形成。我国当下的改革环境是一个全球化程度面临危机的复杂国内外环境，各种利益盘根错节，多元利益格局已经形成。通过顶层设计，尽管可以提供整体性、基础性的制度架构，但各行政主体的利益诉求的多

179

元性和具体性则与顶层设计的整体性形成了矛盾。而变动性是多元社会的基本特征，在这样的社会中，顶层设计可以面对并解决的往往都是最抽象、最基本还有最宏观的问题，但在具体问题上，顶层设计是十分有限的。在顶层设计无法发挥作用的地方，恰恰就是基层能够在既定框架下发挥创造力的地方，如此一来，试错式改革即是成立的。

四、管理、治理和服务相互支撑

党的十八届三中全会明确提出要从管理走向治理。党的二十大报告则进一步明确指出，要"深化党和国家机构改革，坚持和完善中国特色社会主义制度、推进国家治理体系和治理能力现代化"[1]。这些科学论断都体现了我国在治理观上的重大创新。但这并不意味着要抛弃管理的理念，恰恰相反，没有管理，治理也是无从谈起的。只有管理、治理和服务相互结合，相互支撑，才能实现治理能力和治理体系的现代化。[2]

第一，管理是治理的逻辑前提。治理的本质是统治，它有不同的类型，反映的是不同的时代诉求。我们要寻找的现代治理模式应当是源于过去，但高于过去的模式。它有现代的人文精神，现代的民主精神，现代的管理工具，现代的道德准则和现代的高度运行效率。从身份上来看，治理者同时也必定是管理者，而作为管理者，对自己的管理和对他人的管理是一致的。中国共产党在社会治理的过程中即是始终扮演着这样一种角色。一方面，中国共产党始终是中国社会的治理者和管理者；另一方面，中国共产党又在从管理者向治理者的方向转变。而不论是作为治理者还是作为管理者，都必定对自身有着严格要求，因为只有管理好自己，才能管理好别人。在这个问题上，党的十八大以来，我们看到，党中央确实以壮士断腕的巨大政治勇气推行全面从严治党，而全面从严治党就是要从根本上提升中国共产党作为管理者的素养，克服执政的"四种危险"，不断提高防腐拒变的能力。这充分体现着中国共产党优秀的自律性、先进性，而自律性和先进性在不同时期为中国共产党提供着治理的合法性。

第二，治理是管理者的自我革命。治理是一个宏大的概念，包含很多子课题和子系统。但不论这些子系统、子课题的内容是什么，只要是治理，都必定本质上致力于提高党的治理水平，更好地维护整个社会的公平正义。因此，对于概

---

① 习近平：《高举中国特色社会主义伟大旗帜　为全面建设社会主义现代化国家而团结奋斗——在中国共产党第二十次全国代表大会上的报告》，人民出版社 2022 年版，第 2 页。

② 蓝志勇等：《现代国家治理体系：顶层设计、实践经验与复杂性》，载于《公共管理学报》2014年第 1 期。

念，不能抽象地简单对待，把管理和治理对立起来。不光是管理和治理不能简单地抽象对立，就连统治和治理都不能抽象地对立。实际上，统治这个概念也并不是一无是处的，而是拥有其内在价值。任何一个国家都离不开一套统治机关，也离不开这套统治机关对人的内在统治。因此，不能一提起统治这个词就马上联想到类似阶级斗争的你死我活的关系。尽管我们今天倡导治理，并力图从统治、管理转向治理的理念，但从本质上看，不论是哪种治理，内在都是蕴含着管理和统治。因此，治理实际上是管理和治理相互统一的辩证过程。这个过程，我们可以从以下几个角度来理解：

第一，国家治理体系和治理能力的现代化首先体现为治理者的综合素质的现代化，这一理念的提出首先就表明了中国共产党是一个勇于自我革命、自我革新的政党。如前所述，治理的对象包括治理者自身。在从管理向治理的转变中，治理者不但要向社会提供良好的管理产品，还要进一步对自身建规立制，使管理者本身的行为受到程序、法律和道德多重约束。这就必然会对执政党的自身素质、治理水平和治理效率提出更多要求甚至是挑战。因此，治理理念的提出本身就是一种革命，是需要政治勇气和担当意识的。

第二，从管理走向治理，或者说从管理者走向治理者是一个简政放权的过程，是一个利益切割的过程。这个过程要顺利开展，必须具有非凡的政治勇气。治理的理念与公仆观相匹配，与特权观念是根本矛盾的。因此，必须通过制度性的改革对权力本身做出某些深度反思。在治理理念的规导下，不能再有任何"当官即是做老爷"的思想，要通过对特权的切割使公共管理部门同公民大众建立起双向的信任渠道。

第三，中国共产党的治理观是以民主为基础的自我革新，进一步体现了中国共产党的为民本质。不同于西方民主，中国共产党倡导的人民民主是一种最为广泛的全体人民共享权力的民主，这种民主不是只确保少数人享有国家权力，而是要使绝大多数人共享国家权力。对此，习近平总书记连续用了八个标准来对民主问题做出了高屋建瓴的回应和评判："评价一个国家政治制度是不是民主的、有效的，主要看国家领导层能否依法有序更替，全体人民能否依法管理国家事务和社会事务、管理经济和文化事业，人民群众能否畅通表达利益要求，社会各方面能否有效参与国家政治生活，国家决策能否实现科学化、民主化，各方面人才能否通过公平竞争进入国家领导和管理体系，执政党能否依照宪法法律规定实现对国家事务的领导，权力运用能否得到有效制约和监督。"[①] 可以说，这八个标准

---

① 习近平：《在庆祝全国人民代表大会成立 60 周年大会上的讲话》，载于《人民日报》2014 年 9 月 6 日，第 02 版。

科学、全面而又辩证地提供了一个国家的制度是否民主的标准，这是中国为世界贡献的民主方案。

五、服务型政府体现治理的精细化

从统治向管理转变，体现的是中国共产党从革命党向执政党的转变，而从管理到治理的转变，则体现着中国特殊的现代化管理之路。治理要求综合化、体系化和高效化，这种综合化、体系化和高效化体现着体制的自我修复、自我完善和自我提升，由此，向服务型政府的转变就成为一种必由之路。

第一，简政放权是治理现代化的应有之义。自 2014 年"简政放权"被首次提出以来，这个理念就在中国大地上不断生根发芽。近年来，我国政府不断在实践中探索简政放权之道，集中体现在精简政府机构、简化审批流程、厘清政企边界等一系列重大事项上。实际上，虽然简政放权这个提法是党的十八大之后首次提出的，但其实这种理念本身已经有过多年的摸索和实践。比如，早在 1992 年，为了适应社会主义市场经济体制，已经提出了"精兵简政"等行政体制改革，1998 年，国务院机构改革把原先的 60 多个部门压缩为 29 个，党的十七大以来，又进一步推行了大部制改革，使政府权力得到进一步约束和规范。这些举措都在不同时期有效推进了我国的政府组织变革。

第二，进一步发挥政府的服务职能。在实践中不断激发市场潜力和活力，让市场在资源配置过程中切实起到决定性作用。市场主体的活力不够，很大程度上还是由于管得太多、太死。权力部门多，权责边界不清，定然会增加企业的各种成本。因此，简政放权必须一以贯之、强力推行，部门利益该削减的就一定要削减。简化各种审批手续，或者将一些审批事项直接下放给市场。除此之外，我国政府近年来还大力推进标准化建设，给各级政府下达硬任务，安排明确的工作推进时间表。

第三，推进治理的精细化，大力消除各级行政主管部门之间的信息壁垒，着力解决信息碎片化和信息孤岛化问题。当前，信息的孤岛化、碎片化问题依然十分严重，而这一状态必定会加大简政放权的难度，因为不同部门的合并和重组定然会涉及某些部门的特殊利益。因此，如此进一步转化政府职能，简化流程、提高效率，是下一步工作的关键。政府各部门之间可进一步吸收和运用"互联网＋"思维，用大数据的手段来推进信息平台建设，打破信息孤岛，提高服务效果。

第四，对简政放权执行不力的相关部门，应及时用"负面清单"的形式加以警告。在转化政府职能，提高治理现代化水平的大背景下，某些部门仍然用"上有政策、下有对策"的态度消极应付。比如，明面上看似简化了行政审批流程，但实际上却暗中引入更为隐蔽、更为顽固的审批程序；又如，为了维护部门利益，一些部门存在变相审核。可见，站在治理现代化的高度，必须对权力进行约束和自我约束，因为但凡是简政放权，总会触动一些部门的既得利益。此外，在简政放权的推进过程中，必须认识到，不可能百分之百都会带来正面效果，也有可能会带来一些负面效果。但不能因为存在产生负面效果的可能就拒绝推进简政放权，甚至以这些负面效果的名义谋划重新授权。这就要求从自我开始改革，再次理顺政府与社会和市场的关系，减少、控制政府对微观经济活动的直接干预。

第四节　实现治理体系与治理能力现代化的具体路径

党的十八届三中全会正式提出推进国家治理体系和国家治理能力现代化这一宏大目标，实现这一目标，必须明确三个前提：第一，要在中国特色社会主义的基本框架下进一步坚持和完善马克思主义的指导思想。但马克思主义理论的产生本身就具有其历史局限性，并没有对治理体系和治理能力现代化做出明确界定和表述，更不可能就中国的特殊国情对此问题提供有深度、科学的明确方案。因此，在中国，治理体系和治理能力的现代化需要在探索中设定方案。第二，中国是一个疆域广大、人口众多的发展中国家，治理体系和治理能力现代化是中国共产党在21世纪顺势而为提出的新理念，过去并没有任何经验可供借鉴。第三，中国是一个正面临深度转型的发展中国家，而且在转型过程中面临来自国内外的复杂挑战。尽管西方发达国家各有不同的关于治理的理念和理论，但任何一种理论都具有其不可分割的内在背景和理路，因此，并不适合以"拿来主义"的态度直接应用。因此，如何实现国家治理现代化，尤其是把抽象的概念付诸实施，仍然是摆在我们面前的非常大的挑战。

一、国家治理体系和治理能力现代化的价值维度

中国特色社会主义制度下的国家治理导向是基于社会主义核心价值体系塑造的治理共识。这在价值维度上主要体现在人民性、科学性和公共正义性。

（一）治理共识要始终坚持人民性的价值导向

中国的国家治理不是任何形式的西方式国家治理，而是有中国特色的国家治理形式，这种治理的最本质特征是具有中国特色的社会主义性质。这一性质决定

了中国的治理必须以人民为中心，旗帜鲜明地坚持人民性。具体来看，有以下几点要求：

一是要牢固保证人民作为治理主体。习近平总书记站在历史唯物主义的高度明确指出："人民是历史的创造者，是决定党和国家前途命运的根本力量。"① 社会治理是人民的事业，治理效果如何，也应当把评判的权利交给人民，每位公民都应明确，宪法赋予每位公民以参与公共事务的权利，而权利与义务的对等性则表明，每个公民也都应相应承担起社会治理过程中应尽的义务。要进一步培育每位公民的主人翁意识，使每位公民走出社会治理只是政府部门的职责这一认识上的误区，积极投身到各种公共事务中，充分发挥每位公民的主体性。

培养每位公民的主体性，具体来说，要培育每位公民的参与意识。我国的社会治理强调党委领导、政府负责、民主协商、公众参与和科技支撑。这不仅是制度上的简单设计，而是为了实现人民群众对美好生活的向往而进行的深思熟虑。对此，习近平总书记曾特地强调："一切社会管理部门都是为群众服务的部门，一切社会管理工作都是为群众谋利益的工作，一切社会管理过程都是做群众工作的过程。从这个意义上说，群众工作是社会管理的基础性、经常性、根本性工作。"② 不过，公民的有效参与不是有条件的，而是有着严格的前提，因此，必须在认知、表达、反馈、利益协调和信息公开等方面建立健全各项能确保公民参与社会治理的各项机制。通过这些机制保障和机制创新，将人民群众的参与权、知情权和监督权等权利落到实处，如此，才能将公民的普遍参与转化为有效的治理效能。

培养每位公民的主体性，还要培育公民的责任意识。习近平总书记指出："决胜全面建成小康社会的伟大进军，每一个中国人都有自己的责任。"③ 责任意识是社会治理过程中公民切实落实参与意识的重要保证。在参与社会治理的过程中，每位公民都应把社会治理作为自身的具体使命，并把"敢于担当、勇于负责"这一嘱托和精神作为一种境界追求，持之以恒地参与社会公共事务。同时，在这一参与过程中还要正确处理个体与集体的权责问题。

二是要讲究治理方法的人民性。习近平总书记指出："积极推动解决人民群众的基本民生问题，不断打牢和巩固社会和谐稳定的物质基础，从源头上预防和

---

① 习近平：《在纪念中国人民抗日战争暨世界反法西斯战争胜利 75 周年座谈会上的讲话》，载于《人民日报》2020 年 9 月 4 日，第 02 版。
② 习近平：《扎实做好保持党的纯洁性各项工作》，载于《求是》2012 年第 6 期。
③ 徐艳玲：《破译决胜小康的价值密码》，新华网，http：//www.xinhuanet.com/politics/2021 - 01/12/c_1126972693.htm，2021 年 1 月 12 日。

减少社会矛盾的产生。"① 治理不是目的散乱的，而是有着集中的目的诉求。这一目的即是不断满足人民群众对美好生活的现实向往。因此，推进社会治理能力和治理体系的现代化，就必须明确问题意识，坚持问题导向，使人民群众的美好生活需求在社会治理的现实实践中不断得到满足和落实。

三是要强化治理成果的人民性，使治理之推进真正沉淀下来，使治理的成果真正实现和满足最广大人民群众的根本利益。"党的一切工作必须以最广大人民根本利益为最高标准。我们要坚持把人民群众的小事当作自己的大事，从人民群众关心的事情做起，从让人民群众满意的事情做起，带领人民不断创造美好生活。"② 社会治理的最终目的不是回应少数人的诉求，满足少数人的期待，而是要建立起社会公共利益的全民共享机制。因此，必须进一步着力营造公平优良的社会环境，使人民群众在最基本的权利、机会面前都能得到公平对待。既要把蛋糕做大，又要把蛋糕分好，使改革和发展的成果能够公平地为人民群众所共享。

（二）国家治理体系和治理能力现代化的落实要坚持以马克思主义为指导

党的十九届四中全会指出，中国特色社会主义制度和国家治理体系是以马克思主义为指导、植根中国大地、具有深厚中华文化根基、深得人民拥护的制度和治理体系，是具有强大生命力和巨大优越性的制度和治理体系。③ 这一重要论述一针见血地挑明了国家治理体系的中国特色之内核及所具有的重大制度优势。

第一，马克思主义是被实践不断证明的科学理论，这就确保了中国特色国家治理体系的科学性。坚持马克思主义，是因为马克思主义的唯物史观深刻地揭示了人类社会的基本规律，阐明了人类历史物质性的客观发展规律，这就为中国特色社会主义的治理观提供了最为根本的历史理论依据。因此，今天我们要推进的治理能力和治理体系，首先必须坚持以马克思主义理论为指导。历史也在不断告诉我们，只有站在马克思主义的科学高度上看待、审视并进行实践，才能真正理解改革开放以来中国各方面的建设所取得的伟大成就。因此，马克思主义的确在不同时代都提供着最为基本的理论和思想武器。甚至可以说，在中国，马克思主义的命运就是中国共产党、中国人民和中华民族的命运。实践已经雄辩地告诉我们，在我国，马克思主义与中国的发展是辩证地联系在一起的，前者兴则后者

① 《让老百姓过上好日子——关于改善民生和创新社会治理》，载于《人民日报》2016年5月6日，第09版。
② 《习近平谈治国理政》第三卷，外文出版社2020年版，第39页。
③ 《中共十九届四中全会在京举行》，载于《人民日报》2019年11月1日，第01版。

兴，反之亦然。我们也看到，在中国，每一次新思想的提出无不意味着马克思主义中国化的最新理论成果。此外，苏东剧变也并不意味着马克思主义是错的、过时了，实际上，导致苏东剧变的因素有很多，但其中最根本、最重要的因素就是没有真正恪守马克思主义的基本原理，而是在实践中背离了马克思主义的教诲。此外，马克思主义具有很强的科学性，这种科学性不仅意味着能对现实有很好的解释力，还可以致力于改变世界，不但是强有力的思想武器，也是非常具有现实性的实践武器。

第二，马克思主义理论具有鲜明的人民性，从其诞生之日起就致力于为广大无产阶级谋福利。马克思主义向来不是专供少数人孤芳自赏，而是要为最广大人民群众谋求福祉。关于制度和人民之间的关系这一问题，马克思曾在其著作中有着十分明确的论述，马克思从唯物主义哲学的角度出发，深刻指出，不论在哪个国家，其所构建的制度都必然是"人民的自我规定"①，从现实和实践的视角来看，任何国家制度都不过是人民自己的作品。换言之，制度和人存在辩证性的统一关系，一方面制度在不断塑造人；另一方面，人也在不断创造着制度，人和制度之间就在这种辩证的关系中不断得到发展。照此逻辑，不同国家的人民有权利为自己选择适于自己国家的特殊制度。因此，在基于体系和能力两个维度对治理问题进行推进的进程中，我们必须坚持马克思主义的群众史观，坚持一切发展为了人民、人民至上的崇高价值导向。习近平总书记也经常强调："我们必须把人民利益放在第一位，任何时候任何情况下，与人民群众同呼吸共命运的立场不能变，全心全意为人民服务的宗旨不能忘，坚信群众是真正英雄的历史唯物主义观点不能丢。"② 又如，党的十九届四中全会也明确指出，要健全为人民执政、靠人民执政各项制度，确保人民群众在国家治理中的主体地位。③

第三，实践性是马克思主义哲学的鲜明理论品格和内在理论品格。这就从根本上确保了中国特色国家治理体系和治理能力能够在其现代化过程中通过人民群众的实践而得到延续和发展。可以说，实践是制度得以孕育，进而得以检验的源头活水，对中国特色国家治理体系的探索离不开对中国特色社会主义制度的不懈实践，反过来，这种国家治理的体系和基本原则又能在理论和实践两个层面不断为中国特色的社会主义伟大事业保驾护航。习近平总书记对此一再强调，中国特色的社会主义制度是人类历史上前所未有的伟大实践，是"在我国历史传承、文化传统、经济社会发展的基础上长期发展、渐进改进、内生性演化的结果"④。

---

① 《马克思恩格斯全集》第3卷，人民出版社2002年版，第39页。
② 《习近平谈治国理政》第二卷，外文出版社2017年版，第295页。
③ 《中共十九届四中全会在京举行》，载于《人民日报》2019年11月1日，第01版。
④ 《习近平谈治国理政》第一卷，外文出版社2018年版，第105页。

简言之，中国特色社会主义制度和国家治理体系从来就不是以"本本主义"的态度从书中照搬的，而是中国共产党在实践中带领全国各族人民在实践中不断探索出来的。对此，习近平总书记指出："中国特色社会主义制度和国家治理体系不是从天上掉下来的，而是在中国的社会土壤中生长起来的，是经过革命、建设、改革长期实践形成的，是马克思主义基本原理同中国具体实际相结合的产物。"①因此，在推进国家治理的"体系"和"能力"两方面的实践进程中，一方面，要进一步强化马克思主义的指导地位，坚持把马克思主义作为改革开放进程中的普遍真理；另一方面，又要处理好普遍性与特殊性的关系，要善于立足中国的基本国情，以现实为依据不断开辟马克思主义的新境界。应该看到，实践已经足以表明，改革开放以来，中国在实践中已经比较成功地发展出了一种以实践为基础推动理论和制度创新的良性制度创新机制。这种机制重视两个方面，其一是重视实践，在实践中不断汲取成功的经验和教训；其二是在实践的基础上对实践本身进行反思和升华，使实践的零散经验上升为体系化、系统化的理论。同时，还要运用正确的理论进一步统摄实践并使之升华成新的理论。正是在这个过程中，制度得以形成，并在正确的理论的引导下不断走向现代化。

第四，马克思主义具有创新和发展的理论性格，而不是一个封闭不前的理论体系。这就保证了在中国特色社会主义制度下，所谓国家治理的"体系"和"能力"也不是一成不变的，而是具备面向未来的能力和勇气，始终朝向未来打开。马克思主义在历经170多年的历史洗礼后仍保持强大的生命力，甚至历久弥新，回应了各种"过时论"，其中，最重要之处在于，马克思主义是开放性的、活的、科学的理论，而不是僵死的教条。这一点，列宁曾深刻指出，马克思主义"绝不是离开世界文明发展大道而产生的一种故步自封、僵化不变的学说"②。因此，坚持以马克思主义为指导，本质上就是以开放性、辩证性的眼光看问题，以中国化的视角来分析和解决问题。要始终明确，在中国特色社会主义制度的前提下，国家治理是一个动态的"过程"，而不是一个僵死的"状态"。因此，如习近平总书记所言，"制度更加成熟更加定型是一个动态过程，治理能力现代化也是一个动态过程，不可能一蹴而就，也不可能一劳永逸"③。党的十九届四中全会正是以此思想为根据来制定国家治理体系和治理能力的现代化要分三步走的总体性和阶段性目标。

---

① 《习近平谈治国理政》第三卷，外文出版社2020年版，第119页。
② 《列宁全集》第23卷，人民出版社2017年版，第41页。
③ 习近平：《坚持和完善中国特色社会主义制度 推进国家治理体系和治理能力现代化》，载于《人民日报》2020年1月2日，第01版。

（三）恪守共同富裕的价值追求

习近平总书记指出："到 2020 年，我国现行标准下农村贫困人口实现脱贫，是我们的庄严承诺。"[①] 这一承诺体现了国家治理的价值追求——共同富裕。调动广大人民群众的创造性、积极性，树立其主体性，必须坚持共同富裕这一价值目标。

第一，从"三步走"到"两个一百年"，中国共产党在实现共同富裕的道路上从来未曾止步。改革开放以来，不论国家发展的重心如何转移，经济建设始终是国家发展的头等大事。中国共产党始终坚持生产力与生产关系相匹配这一基本要求，始终站在生产力发展的最前沿，瞄准生产力变革的领域和空间，为生产力的提高和释放不断提供平台。通过生产力的发展和生产关系的挑战来不断创造和积累更多财富，通过发展来解决发展中产生的各种问题和矛盾，着力使广大人民群众能够共享改革和发展的成果，不断提高抵御各种风险的能力。

第二，维护公平正义，治理的目的是让人民群众有更多的获得感。习近平总书记指出，"改革既要往有利于增添发展新动力的方向前进，也要往有利于维护社会公平正义的方向前进"[②]，通过改革给人民群众带来更多获得感。历史唯物主义告诉我们，历史的创造者不是英雄或是圣人，而是广大人民群众。因此，必须使国家治理体系和治理能力之推进成果符合广大人民群众的价值和利益关切。人民群众期盼什么，哪些方面的需求最为强烈，就往哪个方向进行改革，只有如此，才能真正在现实中不断赢得广大人民群众的衷心拥护，不断切实激发广大人民群众的主体性和创造性。改革是为了人民群众，治理也是为了人民群众。只有让教育更公平、就业更稳定、收入持续增长、保障全民提升、居住不断改善、环境不断得到保护，实实在在地保障民生，提高人民生活水平，让改革发展的成果更加符合公平正义的基本要求，使人民群众具有更多的获得感，才能实现真正意义上的中国特色国家治理。

第三，以精准扶贫提升治理水平。可以看到，党的十八大以来，党中央高度重视扶贫工作，也必须承认，我国当下的扶贫工作已经取得了举世瞩目的伟大成就。比如，贫困人口数量已经大幅度下降，在各地区的扶贫工作中，我们不断积累了不少宝贵经验。不过，我们也得承认，当前的扶贫工作也暴露出不少问题。比如，何为扶贫？有些地方认为，所谓"扶"仅仅意味着不断加大资金投入，或者，开发各种项目，用项目的方式投入资金。也有的地区把扶贫工作唯技术化，认为所谓扶贫不过是个技术问题，只是投入应有的技术安排，但却不把扶贫作为

[①] 《国家主席习近平发表二〇一八年新年贺词》，载于《人民日报》2018 年 1 月 1 日，第 01 版。
[②] 《习近平谈治国理政》第二卷，外文出版社 2017 年版，第 103 页。

一项复杂的，应当多角度、多方位参与的系统工程。或是习惯于让政府包揽一切，但却将其他社会主体排除在外，使其他扶贫主体很少有参与、决策甚至是监督的权力。

从更为广泛的维度看，对国家治理体系和治理能力现代化推进的背景是全面深化改革这一战略目标。甚至可以说，后者是前者的具体目标定位。社会治理这一概念的提出具有深刻的历史背景，"治理和管理一字之差，体现的是系统治理、依法治理、源头治理、综合施策"①。社会治理不同于管理，它强调的是用更为多元、全面的角度来思考和处理问题，在这一过程中，不论是国家管理者还是社会大众都应被纳入其中，并使其在不同领域通过不同角度和方式来发挥作用。

二、国家治理体系和治理能力现代化的制度维度

2014 年 2 月 17 日，习近平总书记在讲话中指出，"改革开放以来，我们党开始以全新的角度思考国家治理体系问题，强调领导制度、组织制度更带有根本性、全局性、稳定性和长期性"②。党的十九大报告指出，社会矛盾和问题交织叠加，国家治理体系和治理能力的现代化程度仍然亟待加强，全面深化改革的任务依然繁重。因此，如何才能把我国独特的制度优势进一步转化为治理优势，并使其真正贯穿到国家治理体系和治理能力两个维度之现代化的全过程，这是当前国家治理体制建设中的重要任务。

（一）优化制度执行力与治理体系和治理能力现代化建设

制度建设方面，优化制度执行力，防止制度"空转"特别重要。制度的"空转"，尤其是局部性的空转，是制度建设中很棘手的老问题。防止制度空转，在今天显然是个十分重要的治理问题，解决这个问题的关键之处在于，要按照现代化的各项要求，建立顶层贯通、相互衔接的良性制度执行机制，对形式主义等制度"空转"现象进行系统治理，不断增进制度执行效力，提升国家治理效能。

一是要营造良好的制度执行环境，不断推动制度执行力的系统性创新。传统的管理理念转为现代化的治理理念，是主客观情况不断变化的结果，也是科技进步、社会发展的必然结果。现代意义上的国家治理之所以不同于传统的国家管

---

① 习近平：《推进中国上海自由贸易试验区建设　加强和创新特大城市社会治理》，载于《人民日报》2014 年 3 月 6 日，第 01 版。
② 《习近平谈治国理政》第一卷，外文出版社 2018 年版，第 104 页。

理，从根本上说，是由于现代社会中衍生出了一套高度系统化、组织化的治理体系，而这套体系在中国特色社会主义的语境下则是以高度系统化和组织化的方式来进一步坚持和保障中国特色社会主义的根本制度，以制度的系统性构建为抓手，推进国家治理在"体系"和"能力"两个层面不断展开和提升，确保每项制度都能在总体框架内转"实"起来。

二是要进一步加强依法治国，以法治化的方式为制度的执行提供动力。相对于制度来说，法治更具备刚性的约束力。因此，法治作为一种手段，可以在深层次上提供制度的执行力。同时，法治效力的发挥需要将顶层设计和分层对接统一起来，将中央和地方各种原本分散的法律法规和各种规章制度进行系统性清理和整理，探索构建以制度价值为导向的集成型制度和法治体系，使制度能量不断向制度能力转化。

三是要不断建立和完善制度执行的保障体系，并对其源头进行探究和创新。采取未雨绸缪、源头治理、预防为主的工作方法。要勇于跳出传统的以管理为本的思维局限，以更为系统性、全面的治理性眼光来看待原本局限于管理范畴内的各类问题。以预防为主，不断化解和减少风险，实现治标和治本的统一。要确保各级政府在公共管理环境中各司其职，各安其位，才能更加全面地履行政府职能。

（二）执政党治理现代化是国家治理现代化的必要前提

党的十九大报告指出，党政军民学，东西南北中，党是领导一切的，要坚持党对一切工作的领导。因此，在任何一种治理理念中，不论是国家治理还是全球治理，执政党治理都是必要的政治前提和政治保障。

在中国特色社会主义制度语境下，中国共产党是国家治理体系的领导核心，因此，党的领导是否有力就成为国家治理是否有力的决定性因素。党要管党、从严治党在当下就成了党建的最基本要求。具体来看，从严治党的严要从细节严起，从规范、严肃党内政治生活严起。早在党的十八大时期就已经提出，要提高"四自能力"，具体来说，就是自我净化、自我完善、自我革新和自我提高能力。可以说，这四种能力是中国共产党在新时代、新条件、新挑战下保持纯洁性和先进性的重要法宝，而这四种能力的提高则是靠全面从严治党，因为这是推进执政党走向治理现代化，实现向治理型政党转变的关键点。

从党的十八大以来的全面从严治党实践来看，以习近平同志为核心的党中央以壮士断腕的勇气，坚定不移推进党风廉政建设和反腐败斗争，重拳反腐、铁腕治吏，实现了从不敢腐、不能腐到不想腐。从 2012 年至 2017 年，我国制定和修订了近 80 部党内法规,超过现有党内法规的 40%,不断扎紧党内的制度笼子。[①]在制度建设如火如荼的同时,廉政教育也有序展开,以中华优秀传统文化和社会主义核心价值观规导人心,促进党员领导干部的不断自我净化。使中国共产党更加贴近人民群众,以更开放、更包容的心态接受人民的监督。此外,党风的纯正带动了民风、社风。党的十八大以来,党风、政风、社风和民风都实现了空前的好转。全面从严治党不光是停留在抽象口号上,而是实现了向基层的广泛延伸,为国家治理体系和治理能力的现代化提供了良好的政治基础。

(三) 法治现代化是治理现代化的关键

党的二十大报告指出,"全面依法治国是国家治理的一场深刻革命,关系党执政兴国,关系人民幸福安康,关系党和国家长治久安。必须更好发挥法治固根本、稳预期、利长远的保障作用,在法治轨道上全面建设社会主义现代化国家"[②]。在现代社会,法律是治国理政的最基本方式,法令行则国治,法令弛则国乱。坚持法治国家、法治政府和法治社会的一体化建设是党中央治国理政的重要方略。对此,党的十九届四中全会从战略和制度两个层面规划了依法治国的全面推进路径和重点举措。

一是进一步健全宪法全面实施的体制机制。从当前情况来看,宪法的权威性尚需进一步加强,保证宪法全面实施的体制机制还要加强和完善,保证宪法的全面实施还有很多工作要做。比如,要加强符合法律法规和相关制度文件的合宪审查工作,并依法撤销相关违宪审查工作。使宪法的全面实施具备更为牢固的制度性保障。

二是要进一步推进立法体制机制的完善化改革,在全社会推进立法的科学性、民主性,加强立法工作的法治化,不断在实践中提高立法效率和立法质量,有针对性地在重点领域加强立法工作,用善法来保障善治。

三是要进一步健全社会公平正义的法治保障制度。必须加强公民基本权利的法治保障,在法律的框架内使广大人民群众确实享有最为广泛的自由和权利。要进一步严格规范执法机关文明执法,并严格规范执法的自由裁量权。深化我国的司法体制改革,从程序上加强对各个关键环节的全面约束和监督,确保法的权威性和高效性,努力维护司法的公信力,努力使每一个案件都闪耀着公平正义的光芒。

---

① 陶文昭:《五年来,制定修订近 80 部党内法规制度,超过现有党内法规 40%,这说明什么》,上观新闻,https://www.jfdaily.com/news/detail?id=62595,2017 年 8 月 22 日。

② 习近平:《高举中国特色社会主义伟大旗帜 为全面建设社会主义现代化国家而团结奋斗——在中国共产党第二十次全国代表大会上的报告》,人民出版社 2022 年版,第 40 页。

四是要加强对法律实施的监督。在法律的实施过程中加强对法律的监督，确保行政、监察、审判和监察等权利依法得到正当行使，确保公民的合法权利切实得到有效保障，坚决拒斥对司法权的干预。进一步加强对违法行为，尤其是严重违法行为的查处和惩处工作，并依法严格追究其法律责任，依法让违法、犯罪分子付出应有的代价，坚决在所有领域内依法遏制任何违法犯罪行为。

五是要建设让人民满意的法治政府。权力要被关进制度的笼子，这是亘古不变的真理。而这个制度的笼子，从根本上说是由法治来编制的。因此，要用法治思维来完善国家行政体制，优化政府组织结构，厘清政府职能边界，完善权力配置，提高行政效能，构建职责明确、依法行政的政府治理体系。要进一步推进党和国家机构改革所取得的成果，同时要深化行政执法体制改革，强化对行政权的监督和制约，逐步形成一套更为有序、更为高效的行政体系，以此为基础，有效推进国家治理体系和治理能力的现代化。

六是要切实增强领导干部的法治和制度意识。党的十九届四中全会明确指出，各级党委和政府必须从自我做起，不断增强法治意识，带头积极维护法和制度的权威，进而带动全党、全社会形成崇德、崇制度的良好风尚，使制度能够高效运转起来。中国特色社会主义的基本性质决定了只有"关键少数"以实际行动真正守法用法，才能使良好的党风、政风带动社风、民风，在全社会范围内不断营造良好的法治氛围和法治环境，形成党员领导干部和全体公民自觉崇法、守法的良好局面。另外，还要在干部考核标准中纳入关于法治意识和制度意识的考核条目，以制度化的考核方式使党员领导干部形成崇法、守法的良好风尚，进而把我国的独特制度优势转化为治理效能，最终实现现代化建设的目标。

改革开放以来的发展实践充分证明，只有在党的领导下不断提高全党依法治国、依法执政的能力，才能使中国特色社会主义制度体系不断发挥其应有的效力，展现其强大的生命力和巨大的优越性。

（四）提高治理现代化水平要创新社会治理体制机制

要改进、创新社会治理方式，引入多元参与主体，推进多元化治理方式。党的十八届三中全会提出"创新社会治理体制"[1]，是社会治理理念的重大转变。与传统的管理相比，治理的观念不同，这种观念更强调多样化主体的多元参与，具体来说，即党委、政府还有各种社会主体的多元参与。可以说，这种多元化的参与观不再坚持传统管理观中倡导的"控制"这一观念，转而倡导一种服务和协调的观点，这就促使政府的角色必须由管理者和控制者转变为服务者和协调者。

---

① 《中共十八届三中全会在京举行》，载于《人民日报》2013 年 11 月 13 日，第 01 版。

具体来看：

一是要加快构建以党委领导、政府主导、社会参与为基础的社会治理方式。党委领导首先要明确中国共产党在治理结构中的领导地位，也就是说，其他社会主体都必须在党委的领导下参与到社会治理的各项事务当中，对治理进行反思和创新。主动积极了解党的理论、方针和政策，合法、合规、有序地保障社会治理活动在各个层面有效展开。

同时，政府不再是社会治理体系中的唯一主体，甚至很大程度上，在很多事务中不再是最重要的治理主体，而是主要在治理的实践中承担组织、协调等功能。其他主体则要在政府的组织和协调下同其他主体共同展开社会治理。

二是要加快构建崇德守法的社会治理方式。党的十八届三中全会明确指出，社会治理体系的发展和创新需要观念的引导，需要法律和道德的良好约束，因此，必须引入道德的软性约束和法律的刚性约束。具体来看，首先要在形式上加强法治保障，也就是要通过各种宣称和教育的形式来培育党员领导干部和人民群众的法治思维；其次要在加强法治建设的同时强化道德约束，让法律的刚性约束力和道德的柔性约束力统一起来，在社会治理过程中彰显出道德在约束、规范社会行为，调节利益关系，解决社会问题中的作用，建设公德、弘扬私德，重视家风建设，积极传播和建构社会的正能量。

三是要重视基层，加快构建和创新基层的社会治理方式。要在对基层的重视中坚持源头治理，以基层治理为抓手转变社会治理结构，为基础群众做好服务。还要以此次新冠肺炎疫情防控为契机，加快基层网格化社会管理的构建与实施，转变以往的简单自上而下的管控模式，而是要坚持上下联动，以人民群众的真实需求作为最根本的出发点。另外，还要尊重人民群众的主体性，善于倾听群众的真实意见，在倾听和反思中建立起良序的对话、协商机制，通过协商、对话来解决人民群众的具体利益诉求，从而有效化解利益冲突，维护最广大人民的根本利益。

四是要加快推进共建共治共享的社会治理格局。所谓共建，即社会事务需要多元化主体的多元参与，在各领域都在坚持党委领导、政府负责的大前提下，通过多元参与增强社会建设的活力和能力。所谓共治，即多元化主体共同参与社会治理。要进一步在法治建设的推动下维护社会公平正义，在人民群众参与治国理政事业中努力形成人人参与、人人尽责的良好局面。所谓共享，即人民群众共同享有治理成果。推进社会治理体系和治理能力的现代化，说到底，是为了更好地整合社会治理资源，形成社会治理的合力，提高社会治理效能，不断满足人民群众日益增长的物质文化需求。

第七章

坚定社会主义道路自信、理论自信、
制度自信、文化自信

2016 年 7 月 1 日，在庆祝中国共产党成立 95 周年大会的讲话中，习近平同志指出："全党要坚定道路自信、理论自信、制度自信、文化自信。当今世界，要说哪个政党、哪个国家、哪个民族能够自信的话，那中国共产党、中华人民共和国、中华民族是最有理由自信的。有了'自信人生二百年，会当水击三千里'的勇气，我们就能毫无畏惧面对一切困难和挑战，就能坚定不移开辟新天地、创造新奇迹。"① 2021 年 7 月 1 日，在庆祝中国共产党成立 100 周年大会的讲话中，习近平再次提到在新的征程上要坚定"四个自信"。② "四个自信"源自中国革命、建设和改革的伟大实践，是对中国特色社会主义发展取得辉煌成就的充分肯定，是全面建成小康社会、实现中华民族伟大复兴的中国梦的根本保证。

第一节 "四个自信"的理论基础

自信是一种积极、健康、进取、向上而富有生机活力的情感、意识、态度与

---

① 习近平：《在庆祝中国共产党成立 95 周年大会上的讲话》，载于《人民日报》2016 年 7 月 2 日，第 02 版。

② 习近平：《在庆祝中国共产党成立 100 周年大会上的讲话》，载于《人民日报》2021 年 7 月 2 日，第 02 版。

能力。坚定中国特色社会主义"四个自信",实质上就是认识到中国特色社会主义的科学性,坚定理想信念,坚持走中国特色社会主义道路,实现中华民族的伟大复兴。"不断增强'四个意识'、坚定'四个自信'、做到'两个维护'"①,坚定理想信念,才能凝聚中国力量、弘扬中国精神;开辟中国道路才能实现国家富强、民族振兴和人民幸福的中国梦。

一、"四个自信"继承和发展了马克思主义

在新的历史条件下,"四个自信"不仅是对"三个自信"②的赓续与发展,更是对中国特色社会主义建设成就的总结,是对当代中国发展问题的回应,是对未来中国前进方向的确信。中国特色社会主义"四个自信"的提出是理论创新的结果,是历史实践的自觉反映。马克思在《关于费尔巴哈的提纲》中指出:"哲学家们只是用不同的方式解释世界,问题在于改变世界。"③ 这是马克思主义的理论宣言,它内在地包含以下两重内涵:其一,以感性活动(实践)为理论基石发动哲学史上的伟大革命,是马克思实现人类思想史伟大变革的根本所在。其二,通过革命性的实践,改造旧世界,创造新世界,是马克思主义实践精神的现实指向。

马克思、恩格斯称自己为"实践的唯物主义者即共产主义者"④,将新唯物主义界定为"实践的唯物主义",以区别于从前的一切唯物主义(包括费尔巴哈的唯物主义)。从前的一切唯物主义是直观的唯物主义,其最根本的缺点就是对事物、现实、感性,只是采取直观的态度,而不是当作人的感性活动,当作实践去理解。费尔巴哈的直观唯物主义看到的是一个个生活在现实生活中的个人。按照马克思在《德意志意识形态》中的说法,这些人是"患瘰疬病的、积劳成疾的和患肺痨的穷苦人"⑤。但是这种不合理的社会现实产生的根据是什么?人与人、人与自然、人与社会之间为何应当是一种感性对象性关系?这一切都是人类的活动造成的,根据在于人类的活动。费尔巴哈的症结在于他看到了感性对象性关系,也看到了不合理的社会现实,但是他没有看到造成这种感性对象性关系以及不合理社会现实的根据。这个根据就是感性对象性活动(实践)以及感性活动

① 《习近平谈治国理政》第三卷,外文出版社 2020 年版,第 88 页。
② "三个自信"即中国特色社会主义道路自信、理论自信、制度自信。"四个自信"则是在"三个自信"基础上加入中国特色社会主义文化自信。
③ 《马克思恩格斯文集》第 1 卷,人民出版社 2009 年版,第 502 页。
④ 《马克思恩格斯文集》第 1 卷,人民出版社 2009 年版,第 527 页。
⑤ 《马克思恩格斯文集》第 1 卷,人民出版社 2009 年版,第 530 页。

（实践）由于现实的原因造成的分裂。人类历史的根基、人类生存和发展的根基就是感性活动或实践，这种感性活动或实践生成了感性对象性关系，即人与自然、人与人、人与社会之间的关系，但是由于各种客观现实因素，感性对象性活动本身发生变异和分裂，造成了异化的活动和异化的社会关系，这就是费尔巴哈直观看到的不合理的社会现实。

马克思将感性活动或实践引入唯物主义本体论，从而实现了哲学史上的伟大变革。马克思运用感性对象性活动，真正把新唯物主义与一切旧唯物主义区别开来。感性对象性活动（实践）贯穿于马克思主义哲学的不同内涵之中，实践观点使马克思新唯物主义得以确立，实现了哲学史上的革命性变革。马克思认为，共产主义"不是现实应当与之相适应的状况"①，共产主义只有在不断的实践中才能得以确立、发展和完善。马克思、恩格斯总是根据实践的变化和斗争的需要不断地丰富和发展自己的理论。实践的本质属性使社会主义从空想发展到科学，从理论发展到实践，从一国发展到多国，展现了社会主义的无穷活力。

二、"四个自信"体现了党对全体人民精神状态的新要求

自信是自我坚信的能力和力量，是自我信任情感的体现。任何一个特定的历史时代都有自己特定的时代内容，包括该时代的政治、经济、科技和文化各领域的发展状况。这些社会历史内容表现在该时代人们的全部社会生活及其成果中，并且以各种不同的思想理论体系和观念形态呈现该时代的社会意识形态。时代精神就是指能够反映该时代历史发展趋势和发展潮流，表现历史基本特征的社会意识形态。反映时代内容、代表历史发展趋势和潮流的各种社会意识形态从不同的角度、不同的方面体现着自己时代的精神。

时代精神作为社会历史趋势和发展趋势的反映，具有鲜明的时代性、历史性特征，它随着时代的推移而不断发展变化。文艺复兴时期的人文主义精神表现了处在上升时期的资产阶级思想。马克思主义是在人类社会建立起社会化大生产的工业文明之后，德国古典哲学、英国古典政治经济学、英法空想社会主义等思想已经不能表现新的时代精神的情况下而创立的。"增强'四个意识'、坚定'四个自信'、做到'两个维护'，是具体的不是抽象的。"② "四个自信"继承与发展了马克思主义，满足了社会历史进步的需要，是自己时代精神的升华，是体现近代以来社会文明继续进步的活的灵魂。

---

① 《马克思恩格斯选集》第 1 卷，人民出版社 2009 年版，第 166 页。
② 《习近平谈治国理政》第三卷，外文出版社 2020 年版，第 86 页。

第二节　坚定中国特色社会主义道路自信

方向决定道路，道路决定命运。[①] 无产阶级的解放和全人类的解放是一致的，这是人类历史上最伟大、最进步的运动，是以往的社会运动所无法比拟的。

一、中国道路表明了社会主义仍然拥有无限的魅力

《共产党宣言》诞生后一百多年来的历史进程证明了马克思"世界历史"理论的深刻性与前瞻性。习近平总书记郑重地指出："历史没有终结，也不可能被终结。中国特色社会主义是不是好，要看事实，要看中国人民的判断，而不是看那些戴着有色眼镜的人的主观臆断。"[②]

（一）中国道路为社会主义优于资本主义不断提供证明

国际资本主义世界秩序已历经殖民主义和霸权主义，向新的发展阶段演进。垄断资本依靠霸权垄断国际产业链与金融链，而产业链霸权和金融霸权的过度膨胀直接导致国家的金融危机、国家债务危机和就业危机，进而使得曾鼓吹"西方"是现代性的推动者的西方国家产生"逆全球化"潮流。究其根源，资本扩张是西方文明的行动旨趣，也是导致世界困境的制度根源。

国际资本主义的世界秩序是建立在近代主体性哲学基础上的。霸权主义世界秩序正面临着深刻的内在矛盾。因为资本主义内在矛盾的本质没有改变，资本扩张力始终建立在二元分立基础上，一方面推动社会生产力发展和资本积累。另一方面由于吮吸"自然力"而造成被吮吸者的"贫困积累"，造成发展中国家的多重"贫困累积"：经济贫困、生态贫困和人的发展空间的贫困。某些发展中国家实行资本主义，即使生产力在"起飞"阶段能够获得高速发展，随后也大多陷入了"中等收入陷阱"。

改革开放的实践逻辑使中国特色社会主义进入新时代，我国经济发展也进入

[①]　习近平：《同出席博鳌亚洲论坛 2018 年年会的中外企业家代表座谈》，载于《人民日报》2018 年 4 月 12 日，第 01 版。

[②]　习近平：《在庆祝中国共产党成立 95 周年大会上的讲话》，载于《人民日报》2016 年 7 月 2 日，第 02 版。

了新时代，基本特征就是我国经济已由高速增长阶段转向高质量发展阶段，中国道路优势日益显现。中国作为世界第二大经济体，体现了中国作为全球负责任大国的担当，也展现了哈佛大学教授约瑟夫·奈的所谓"软实力"概念。在今天，软实力比以往更为突出，作为国家综合国力的重要组成部分，依靠政治制度的吸引力、文化价值的感召力和国民形象的亲和力，释放出了巨大影响力。基于中国政权的稳定和经济的快速发展，中国的政治理念、理论、道路、制度越来越被世界其他国家所认可。中国的国际话语权不断提升，近年来提出的"一带一路"倡议和人类命运共同体、新发展理念等新理论，得到世界各国的高度关注，并成为世界发展的重要引领。

（二）中国道路克服苏联模式的弊端，开创当代社会主义新形态

中国道路是一条"中国特色"的社会主义道路，克服了苏联模式的弊端，开创了当代社会主义新形态。中国道路的发展不断证明，苏联模式是特定的社会历史条件下的产物，但它绝不是社会主义的唯一模式。众所周知，苏联模式在当时的历史条件下曾起过积极的作用，但是随着经济社会的发展，苏联模式的弊端逐步显现。在总结苏联模式社会主义经验教训的基础上，中国道路在学习借鉴苏联模式的同时，开始注意克服苏联模式的弊端。

我们党把马克思主义基本理论同时代主题紧密结合，开创了社会主义新形态。中国特色社会主义理论的提出是邓小平同志坚持一切从实际出发、实事求是而结出的理论硕果，马克思主义需要与中国实践紧密结合，因为"如果不同实际情况相结合，就没有生命力了"①。

国内外社会发展的历史事实证明：社会稳定是社会发展的前提，没有社会稳定，发展就是一句空话；没有社会稳定，再好的发展理念也都是空中楼阁。改革开放四十多年来的成功经验，最根本的一条就是坚持党的领导，保持社会稳定，从而取得了发展的骄人业绩。只有继续坚持中国共产党的领导，保持中国社会的稳定，才会有中国社会的进一步发展。因此，只有坚持党的领导，统一思想、深化认识，才能保证人民主体地位，共享发展成果。人民当家作主是社会主义民主政治的本质要求和最根本特征。只有坚持党的领导，才能消除各种杂音。

（三）中国道路突破与超越西方霸权话语体系

第二次世界大战之后，尤其在"冷战"结束之后，全球秩序就是由美国所主导的，包括军事、安全、国际经济、国际贸易、国际金融、国际价值观等一整套

---

① 《邓小平文选》第二卷，人民出版社1994年版，第118页。

的体系，构成了今天所有国家都处于其下的全球秩序。凭借经济与科技优势，西方国家始终固化其对全球意识形态话语权的控制与操纵，初步形成了对非西方世界的战略围堵。西方国家在意识形态话语权的绝对优势地位对东方尤其是中国的和平发展带来巨大的阻力与障碍。当下东方各国主流意识形态话语权，包括对内"言说的权力"和对外"言说的自由"两个方面，均受到西方国家所谓的"普世价值"的强力挑战，造成了东方"非西方话语体系"的缺失。如果试图进入西方话语体系去提高自己的话语权，也就是等于丧失了话语权。

"全球经济治理中的制度性话语权，是指国家及非政府组织在解决全球性经济问题上设定议题和形成决策、创设和改良规则、解释和适用规则、解决争端和处理危机时的话语理解和运用能力、话语构建能力以及话语说服能力。"[①] 全球经济治理的规则事关全球各个国家和民族的发展，必然要求其公正合理性。因此，我们不仅要对人类各民族的优秀成果有一个总体的认识，而且还要深度挖掘中华民族的优秀传统，并且使之与世界先进理念有机结合起来，改变基于东西方不同意识形态考虑问题的方式，寻求对人类有共同意义的发展理念，将中国的制度理念以世界语言的方式表达出来，逐步形成人类共同的认识基础，促进发展中国家共同进步。中国经济的国际影响力已经居于世界前列，国内市场潜力巨大，中国的发展离不开世界，世界的发展也需要中国。

二、中国道路为解决人类面临的共同问题提供了中国方案

中国道路的成功给世界提供了中国智慧、中国方案。当下，旧的国际秩序正在瓦解，传统的"中心—半边缘—边缘"三元结构[②]已被解构，新的国际秩序正在重建，诸多世界性难题亟待解决。比如，和平与发展这"两大主题"，需要几十年、上百年甚至更长的历史阶段去探讨。中国作为负责任大国，以实际行动兑现承诺。

（一）中国道路的和平性贡献

马克思指出："只有自然主义能够理解世界历史的行动。"[③] 世界上的霸权主

---

① 左海聪：《协力提高制度性话语权》，载于《人民日报》2016 年 2 月 19 日，第 07 版。
② 20 世纪中后期，随着新兴经济体和地区经济的兴起，美国学者沃勒斯坦提出了新的世界体系理论。他在"中心"和"外围"之间增加了"半边缘"的概念，并用"核心—半边缘—边缘"的结构来分析现代世界经济体系，从而建立起一个三层次的解释框架：一些经济减退的发达资本主义国家和一些新兴工业化国家，构成了"半边缘"国家，从而增加了现代世界经济体系的复杂程度。
③ 《马克思恩格斯文集》第 1 卷，人民出版社 2009 年版，第 209 页。

义者凭借科技优势，转嫁自身经济危机，甚至引致军事冲突和战争。与资本逻辑相互勾连的科学技术有时"表现为异己的、敌对的和统治的权力"①。与西方大国的崛起不同，中国道路顺应了世界历史潮流，在与世界深度互动、向世界深度开放的过程中形成了和平发展道路，使中国成为维护世界和平的坚定力量，打破"国强必霸"的传统模式，跨越"修昔底德陷阱"，以保护地球这一人类赖以生存的共同家园。追求和平，是当今世界新的带有全球性的战略问题，不仅反映了世界形势发展的大趋势，而且还反映了全人类的公共利益和迫切愿望。第二次世界大战后，世界大战的危险始终存在，而且，随着战争手段和特点的变化，战争对人类生存构成了根本的威胁，所以反对战争、争取和平是一个全球性的战略问题。邓小平指出："和平问题是东西问题。"② 这里的"东西问题"指的是当时美国和苏联两个超级大国之间以及以美苏为首的两大军事集团的关系问题。现代战争特别是核战争对人类生存构成严重威胁，世界各国人民都强烈地反对战争、拥护和平，和平力量强有力地遏制了美苏两个超级大国的全球争霸扩张，防止了战争因素的进一步扩大。

没有和平，任何建设事业都无从谈起。人类不可能在战乱频繁的国际环境中获得经济的持续发展，同样也不可能在贫困萧条的社会经济条件下保持世界持久和平。自第二次世界大战结束以来，由于国际相互依赖关系的扩展，全球性问题在国家间的相互关系中占据了越来越重要的地位。

（二）中国道路的生存性贡献

马克思强调："人们为了能够'创造历史'，必须能够生活。"③ 目前资本主义世界正面临着经济危机和生态危机。一方面表现为过度积累、经济停滞和金融化，另一方面表现为全球生态系统的破坏。而且这两个长期存在的系统性危机之间不能互相约减，因为它们都是由资本积累的逻辑引起的。资本主义制度的价值计算几乎视生态危机而不顾，且认为生态危机与经济危机之间只有很小的关联。他们认为，解决经济停滞的方式唯有经济增长，新自由主义就是良方。显然，这种观点是具有灾难性的，与此同时，这一解决方案仅仅是随机的临时方案，不能长期而稳定地解决系统性危机。这对于地球环境而言却是致命的。只要资本逻辑存在，资本主义制度下长期存在着的经济危机与生态危机就可能继续下去，而且这两种危机的断层线在日益扩大，因为经济与生态目标之间的矛盾冲突是资本主

---

① 《马克思恩格斯文集》第8卷，人民出版社2009年版，第358页。
② 《邓小平文选》第三卷，人民出版社1993年版，第105页。
③ 《马克思恩格斯文集》第1卷，人民出版社2009年版，第531页。

义制度内在的矛盾。习近平生态文明思想既是立足中国发展实际，由中国人提出来的破解发展困境、突破发展"瓶颈"的转型路径，也是回应世界正面临由工业文明至生态文明的大转变而构建的中国话语体系，更是马克思生态自然观的继承与发展，展示了一种与工业主义自然观完全不同的全新自然观。正如党的十九大报告所强调指出的那样，"人与自然是生命共同体，无止境地向自然索取甚至破坏自然必然会遭到大自然的报复"①，我们需要像对待生命一样对待生态环境，开辟人类生存的理想空间。

（三）中国道路的发展性贡献

世界发展的不平衡不充分乃是当今人类所面临的主要问题。树立和贯彻好新发展理念，就能使我国发展占据时代制高点，在日趋激烈的国际竞争中赢得更大的发展优势。"高质量发展，就是能够很好满足人民日益增长的美好生活需要的发展，是体现新发展理念的发展。"② 发展问题是世界各个国家所面临的社会和经济发展的问题，这也是每一个国家都没有解决的问题。邓小平说："发展问题是南北问题。"这里的"南北问题"指的是发展中国家（即南方国家）和发达国家（即北方国家）的关系问题。由于世界各国相互依存的加深，发展中国家在发展中面临困境这一状况也会给全世界的经济发展和社会进步，包括发达国家的发展造成阻碍。

新发展理念重大战略思想对当代发展问题的研究和认识提出了新的路径。新发展理念就国内而言深刻揭示了我国经济社会发展的客观规律，主要是破解中国长期存在的发展中的问题。今天的中国，经济总量超过 114 万亿元，比 2012 年翻了一番多；对世界经济增长的贡献总体上保持在 30% 左右，是世界经济增长的最大引擎。③ 在经济全球化时代，一个国家特别是大国、强国经济政策的外溢效应是明显的。在当今世界，发展问题具有普遍性、长期性。中国作为最大的发展中国家、世界第二大经济体，其路径的选择、道路的创新对人类的发展具有借鉴意义。创新、协调、绿色、开放、共享新发展理念，是面对中国发展问题而提出的，是中国发展全局的一场深刻变革。同时，新发展理念倡导的和平进步、和谐发展、和睦相处、合作共赢、和美生活是全世界的共同理想，这种和谐的价值观是以应对人类共同问题为目的的全球价值观，并逐步获得国际共识。

---

① 习近平：《高举中国特色社会主义伟大旗帜　为全面建设社会主义现代化国家而团结奋斗——在中国共产党第二十次全国代表大会上的报告》，人民出版社 2022 年版，第 23 页。
② 《习近平谈治国理政》第三卷，外文出版社 2020 年版，第 238 页。
③ 《2022 年下半年中国经济形势预测　中国经济行业市场现状分析》，中研网，https：//www. chinairn. com/hyzx/20221007/220951315. shtml，2022 年 10 月 7 日。

历史和现实已表明，人们并不能随心所欲地创造历史，选择什么样的发展道路往往是合力因素使然。在人类文明发展的历史进程中，现代化的生成具有历史的必然性。中国道路克服了苏联模式的弊端，开创了当代社会主义新形态，为社会主义优于资本主义不断提供证明，是解决人类面临的共同问题的中国方案。

三、坚定中国特色社会主义道路自信的基本依据

（一）中国特色社会主义理论来源的科学性

无产阶级要解放，不但要消灭资本主义私有制，还要消灭一切私有制，奠基于私有制基础上的阶级划分，已经成了社会生产力发展的障碍。因而，铲除私有、消灭阶级，是符合社会生产力发展客观要求的。同时现代生产力的发展，又提供了不是按照阶级利益来组织生产和分配，而是由社会按照社会全体成员的需要来组织生产和分配的可能性。这就为消灭私有，消灭阶级，解放无产阶级，解放全人类提供了可靠的物质前提。共产主义既是对资本主义私有制的否定，同时也是对一切私有制的否定。因此，推翻资本主义，实现共产主义，是无产阶级解放的条件，这就是说，无产阶级要得到彻底解放，只有在共产主义社会才能实现。

研究无产阶级解放的条件，是马克思主义理论的重要内容。马克思指出："工人阶级解放的条件就是要消灭一切阶级"。[①] 要达成消灭一切阶级这个总条件，必须创造经济的、政治的、精神的以及国内和国际的种种条件。这些条件不仅是多方面的，而且也是历史的、变化的。大体说来，就是无产阶级要建立自己的政党；在共产党的领导下进行革命斗争，夺取政权；在夺得政权之后，对社会进行社会主义改造和开展社会主义经济、政治、文化等各方面的建设，为过渡到共产主义、消灭一切阶级做准备；同时各国无产阶级联合起来，共同努力，争取世界革命胜利，在全世界实现共产主义。而要争得消灭一切阶级的条件，就需要全世界无产阶级长期奋斗，并且需要有正确的理论作指导。所以恩格斯说："完成这一解放世界的事业，是现代无产阶级的历史使命。"[②] 由此可见，马克思主义是研究无产阶级解放的条件，指导无产阶级实现解放的科学理论。

（二）辩证发展的现实悖论

马克思、恩格斯的世界历史理论指引了中国共产党人的理论探索。历史的合

---

① 《马克思恩格斯文集》第1卷，人民出版社2009年版，第655页。
② 《马克思恩格斯文集》第3卷，人民出版社2009年版，第566～567页。

力推动了中国革命和建设的伟大实践。在中国共产党的历史上，极"左"或极右是辩证发展的现实悖论，无论是在新民主主义革命时期还是在社会主义建设时期，都给党和国家造成过巨大的损失。

所谓极"左"，是指将"左"的思想推到极端，取消"自由的底线"，极"左"分子主张为了取得没有差别的公正而取消绝大部分的自由，实现这一目的需要强化国家机器，将群众的所有活动都置于国家的控制之中。极"左"思想对我们革命和建设造成了很大危害，给我国经济、政治、文化和社会发展都带来了无法估量的损失。

所谓极右，是指把右的思想推向极端，突破"平等的底限"。极右分子宣称国家要实行寡头统治，取消所有对弱者的保护。极右分子推崇历史虚无主义以及民族虚无主义，他们从不相信理想，不相信利他主义，也不相信人类的大同。他们始终认为自私自利、及时行乐就是人类的天性，所以，他们认为人权远远大于主权，私利要大于公利。改革开放之后，我国经过四十多年的努力，社会主义建设取得了巨大的成就，创造了多个第一，然而我们也存在着许多突出的现实问题，极右思潮开始发展起来。于是一些人假借改革之名，大行贪污腐败，妄图搞私有制，不断侵吞国有资产，一些所谓的"裸官"甚至卷款外逃，对国家造成了极大的危害，严重影响了中国的形象。在当代中国，一些极右分子全盘否定毛泽东思想，不断妖魔化爱国主义，不断否定历史人物，完全否定中华优秀传统文化，鼓吹西方资产阶级所谓的"普世价值"，把西方价值观奉为至宝。

历史和现实不断向我们证明，无论是极"左"还是极右对中国的革命和社会主义建设都是极其有害的。首先，它们都背离了社会主义，都与中国的传统文化和价值观念不相符，极"左"照搬苏联模式，极右则是对西方制度的顶礼膜拜，甚至主张全盘西化。其次，无论是极"左"还是极右都脱离了中国的实际，缺乏社会主义的政治感悟。最后，无论是极"左"还是极右都是在思想上走到极端，容易走向极权主义的深渊。所以，摒弃极"左"和极右的极端做法，在实践中开辟新的发展道路，才是符合中国国情的现实考量。

四、坚定中国特色社会主义道路自信的基本要求

（一）坚持和加强党的领导

围绕"治理什么样的国家，怎样治理国家"，习近平总书记形成了治国理政战略思想体系。国内外社会发展的历史事实证明：社会稳定是社会发展的前提，没有社会稳定，发展就是一句空话；没有社会稳定，再好的发展理念也都是空中

楼阁。五大发展理念是中国共产党人总结国内外发展经验教训的理论创新，是正确把握发展机遇，引领中国经济社会发展新常态的顶层理念设计。切实践行新发展理念，社会稳定就是最高的前提。改革开放四十多年来的成功经验，最根本的一条就是我们坚持党的领导，保持社会稳定，从而取得了发展的骄人业绩；"十四五"时期是我国全面建成小康社会、实现第一个百年奋斗目标之后，乘势而上开启全面建设社会主义现代化国家新征程、向第二个百年奋斗目标进军的第一个五年。我们只有继续坚持中国共产党的领导，保持中国社会的稳定，才会有中国社会的进一步发展。因此，必须统一思想、深化认识，切实把思想和行动统一到党中央重大判断和决策部署上来。没有思想和行动的统一，五大发展理念就是空中楼阁，就是一句空话。必须统一思想、深化认识，切实把思想和行动统一到党中央重大判断和决策部署上来。

（二）坚持和平与发展

追求和平，促进发展，是当今世界上真正带有全球性的战略问题，不仅反映了世界形势发展的大趋势，而且还反映了全人类的公共利益和迫切愿望。第二次世界大战后，世界大战的危险始终存在，而且，随着战争手段和特点的变化，战争对人类生存和发展构成了根本的威胁。所以反对战争争取和平是一个全球性的战略问题。

和平与发展问题是一种相辅相成、互为因果的辩证统一关系。人类不可能在战乱频繁的国际环境中获得经济持续发展，同样也不可能在贫困萧条的社会经济条件下保持世界持久和平。邓小平始终坚持从马克思辩证唯物主义的角度出发，把维护世界和平作为发展的必要条件，把发展作为维护世界和平的坚实基础。第二次世界大战结束以来，由于国际关系相互依赖关系的扩展，全球性问题在国家间相互关系中占据了越来越重要的地位。在全球性问题中除了和平与发展问题之外，还包括核战争威胁与核武器扩散、国际恐怖主义嚣张、世界局部战争不断、世界资源盲目使用、生态环境恶化、世界人口急剧增长、粮食危机和疾病蔓延等问题。这些问题的解决，归根结底都取决于和平与发展这两大问题是否得到解决。没有和平，任何建设事业都无从谈起。发展需要和平，和平离不开发展。

在和平稳定中谋求发展，是当今世界的头等大事。第二次世界大战后，世界各国都有不同程度的发展，包括多数社会主义国家在内的广大发展中国家实力在增强，但与西方发达国家相比，差距仍在拉大。

第三节　坚定中国特色社会主义理论自信

党的十九届四中全会审议通过的《中共中央关于坚持和完善中国特色社会主义制度、推进国家治理体系和治理能力现代化若干重大问题的决定》（以下简称《决定》），开宗明义指出："中国特色社会主义制度是党和人民在长期实践探索中形成的科学制度体系。"① 在西方强势话语评价体系下，弱势话语往往被规训和同化。中国要实现全球对五大发展理念的认同，需要在全球化的交往互动中抛弃西方对抗式二元思维，提高国家软实力，构建中国特色、中国风格、中国气派的哲学社会科学话语体系。

一、坚定中国特色社会主义理论自信的必要性

"理论的生命力在于不断创新。"② 改革开放几十年来，作为发展中的一个东方大国，中国正在快速崛起，今天的中国已经具有了较强的外部影响力，相应地，外部影响力会反过来作用在中国内部。如果我们不知道该如何负责任地使用、引导自己的影响力，这会给中国的政策制订带来巨大挑战。

西方国家在意识形态话语权的绝对优势地位对东方尤其是中国的和平发展带来巨大的阻力与障碍。当下东方各国主流意识形态话语权，包括对内"言说的权力"和对外"言说的自由"两个方面，均受到西方所谓的"普世价值"的强力挑战，造成了东方"非西方话语体系"的缺失。

当代中国意识形态话语权建设，需要在立足我国基本国情和社会主义意识形态建设特点的基础上，借鉴西方国家执政党意识形态话语权建设的有益经验与成功做法，坚持和巩固马克思主义在意识形态领域的领导权与主导权，正确处理意识形态的阶级性与包容性之间的平衡关系，保持我国主流意识形态的弹性与开放性，不断改进和创新中国共产党意识形态的话语表达方式与传播方式。理论自信将坚持固本，创新发展马克思主义意识形态话语，并通过转型，实现主流意识形态话语表达变换于世界媒体中，进而增强中国意识形态话语国际影响力。

---

① 《中共十九届四中全会在京举行》，载于《人民日报》2019年11月1日，第01版。
② 《习近平谈治国理政》第三卷，外文出版社2020年版，第76页。

二、坚定中国特色社会主义理论自信的理论基础

理论自信就是对中国特色社会主义理论体系的认可、肯定、信赖。"中国共产党是用马克思主义武装起来的政党，马克思主义是中国共产党人理想信念的灵魂。"① 马克思曾有一个著名的论断——"哲学家们只是用不同的方式解释世界，而问题在于改变世界"②。要理解这一哲学命题背后的真实意蕴，离不开马克思所处的时代和社会环境。

在工业革命带来的资本主义繁荣景象的背后，马克思和国民经济学家们一同目睹了工人沦为商品、资本日趋集中垄断、社会贫富差距加剧等残酷的现实，马克思怀着理性主义的情怀关注着人类发展的终极命运；但令他苦恼的是当时社会主流的思辨哲学仅仅在自己筑造的"空中楼阁"中呻吟着种种不满，而对改变在极端"异化"状态中的人们的生活境遇无能为力。所以，他毫不犹豫地对国民经济学家、黑格尔主观唯心主义思辨哲学和费尔巴哈直观唯物主义哲学进行批判，确立起以"现实的个人"为前提和以"感性对象性活动"为原则的历史唯物主义新世界观。他用哲学的睿智摆脱了"虚构的原始状态"，直面"当前的经济事实"，通过对人与劳动产品相异化、人与劳动相异化、人与人的类本质相异化、人与人相异化四重"异化"的剖析，在工人、劳动产品、劳动、类本质、人本身、资本家、工资等具体的对象中找到了劳动的本质和私有财产的本质。他呼吁"把对象世界归还给人"③，并将自己的异化劳动理论推进到一个全新的哲学境界——"当现实的、有形的、站在稳固的地球上呼出和吸入一切自然力的人通过自己的外化把自己现实的、对象性的本质力量设定为异己的对象时，这种设定并不是主体；它是对象性的本质力量的主体，因而这些本质力量的活动也必须是对象性的活动"④。

在马克思将异化劳动与私有财产的根源紧密结合起来时，他已经意识到要把社会从私有财产、奴役制等中解放出来，是要通过工人解放和全人类的解放才能实现的。这种"解放"是一种历史活动，绝非思想活动；是"使现存世界革命化，实际地反对并改变现存的事物"⑤。唯心主义哲学用高度的抽象让德国哲学从天国降到人间，那里的"人"是"从口头说出的、思考出来的、设想出来的、

① 《习近平谈治国理政》第三卷，外文出版社 2020 年版，第 76 页。
② 《马克思恩格斯选集》第 1 卷，人民出版社 1995 年版，第 61 页。
③ 马克思：《1844 年经济学哲学手稿》，人民出版社 2000 年版，第 119 页。
④ 马克思：《1844 年经济学哲学手稿》，人民出版社 2000 年版，第 124 页。
⑤ 马克思、恩格斯：《德意志意识形态》（节选本），人民出版社 2003 年版，第 19 页。

想象出来的"①；马克思要从"人间升到天国"，这里的"人"是"现实中的个人"，"这些个人是从事活动的，进行物质生产的，因而是在一定物质的、不受他们任意支配的界限、前提和条件下活动者的"②。这个有血有肉的现实个人，马克思视为全部人类历史的第一个前提。而人在创造历史的物质生产和物质交换中，改变自身的同时改变自己的思维和思维的产物。立足于"感性对象性活动"的全新哲学境域，马克思找到了人类历史的前提和根基，并在探索现实个人的本质力量和本真存在的"生产力"和"交往方式"的过程中，借助于"分工"回答了"异化劳动"的根据，以及最终消灭异化的路径；他将全部的人类社会历史，聚焦到了"感性对象性活动"这一"实践"活动之中。所以他说，"在思辨终止的地方，在现实生活面前，正是描述人们实践活动和实际发展过程的真正的实证科学开始的地方。"③

我们的自信源于实践。新中国成立以来，我们开启了社会主义现代化的伟大征程，至今仍在为之不懈奋斗。党的十八届六中全会提出的创新、协调、绿色、开放、共享发展理念，对社会主义现代化建设的伟大实践进行了规律性的总结和科学的认知，立足于当今中国发展的现实，既高度评价了我们所取得的成就，也客观指出了我们所面对的问题；既回答了中国现阶段的政治、经济、社会发展为何要遵循创新、协调、绿色、开放、共享新发展理念，也指明了立足全体人民的利益、依靠全国人民共同的实践如何实现中国的政治、经济、社会发展。

三、坚定中国特色社会主义理论自信的实践逻辑

中国特色社会主义建设实践中所展现出的高度的理论自觉和理论自信，已经成为马克思主义政党的鲜明特征和根本优势。中国特色社会主义实践所取得的伟大成就，坚定了我们党对中国特色社会主义的理论自信。

（一）让中国读懂中国：破解中国发展难题的科学理论

自信表现为主体对自我的信心，就理论自信而言，指理论创建主体对于自身理论的坚守。当今中国已经进入了一个经济社会矛盾和问题凸显的时代新常态，需要"用中国理论解读中国实践"④，转变发展理念，调整发展方式，创新发展

---

① 马克思、恩格斯：《德意志意识形态》（节选本），人民出版社2003年版，第17页。
② 马克思、恩格斯：《德意志意识形态》（节选本），人民出版社2003年版，第16页。
③ 《马克思恩格斯选集》第1卷，人民出版社2012年版，第153页。
④ 《习近平谈治国理政》第三卷，外文出版社2020年版，第326页。

思路。新发展理念正是在对传统发展观进行反思并借鉴吸收国外发展理论成果和对中国现实实践发展需要认识的基础上提出来的。它是破解中国难题的科学理论，对于解决我国当前和今后经济社会发展中的诸多难题，提供了新思路，作出了新选择。新发展理念是中国特色社会主义理论的重要组成部分，是马克思主义中国化的最新理论成果，深刻回答了实现什么样的发展、怎样发展的重大理论和实践问题，成为我们加快推进社会主义现代化的理论指导。不仅中国学术界、理论界能够看得清、听得懂，还要让中国百姓理解、接受并践行新发展理念。

（二）让世界读懂中国：对西方霸权话语体系的突破与超越

党的十八大以来，习近平总书记多次踏出国门，足迹遍布世界，多次主持并参与国际会议。在不同的场合不断地阐明"中国机遇"，提出"中国方案"，表明"中国态度"，在国际社会刮起一股"中国风"。他使国外听众在潜移默化中，改变了对中国的刻板印象，消除了一些曾经的误解，展现出卓越的外交智慧。习主席向世界展现出大国风采，开拓外交新格局、深化务实合作、分享发展机遇，引发强烈的共鸣。今天的中国已经成为世界第二大经济体。世界离不开中国，中国也离不开世界，让世界读懂中国尤为重要。中国在国际社会中的作用越来越大，国际社会渴望了解中国，也在努力走近中国，中国更有必要向世界解释清楚。向国际社会解释中国，是中国学者和政策研究者不可推卸的责任。

（三）推进"一带一路"建设，构建广泛的利益共同体

"综合研判世界发展大势，经济全球化是不可逆转的时代潮流。"[①] "一带一路"体现了中国关于 21 世纪国际经济关系与合作理念的主张。"一带一路"的建设，必须是包含最广泛利益共同体的建设。

第一，经济利益共同体是基石。每一个国家都有实现国富民强的愿望，中国有"中国梦"，欧洲有"欧洲梦"，同样，非洲有"非洲梦"。每个国家的梦想应该是相互协调、共同发展的，而不是互相敌对。"一带一路"把沿线各个国家的优势统一起来，大家互助互爱，在经济上共同发展、相互促进。打通技术、经验、管理等方面的壁垒，共同促进经济发展，为全方位的合作打下坚实的经济基础。

第二，责任共同体是凝聚力。"一带一路"的建设充分展示了中国作为一个大国的责任心，在整个世界经济下行的大环境中，沿线国家在力所能及的范围内共同承担发展的责任，是大家共同获得繁荣的关键点。特别是在经济危机来临之

---

① 《习近平谈治国理政》第三卷，外文出版社 2020 年版，第 194 页。

时，各沿线国家通力合作，共同为世界经济的稳定承担了自己相应的责任。这种患难与共的责任感是不同国家的各族人民能够携起手来共谋发展的核心点。

第三，构建同呼吸共命运的命运共同体。从经济利益的绑定，到责任的共同担当，再到生死与共的相互托付，沿线各国不断升级着互相的联系。在具体的实践过程中，各国放弃"零和思维"，照顾他国利益，以诚信促合作，并且共同遵守和平共处五项原则，包容不同文明，互相尊重、合作共赢，稳步推进共同的事业，充分展现了荣辱与共的命运共同感。

第四节　坚定中国特色社会主义制度自信

社会主义制度是以生产资料公有制为基础的社会主义经济制度和政治制度的总称。"制度自信"就是对中国特色社会主义制度的自信。中国特色社会主义制度是人民和历史的选择，奠立于中国特色社会主义的伟大成就。坚定"制度自信"，就要深刻认识中国社会制度的特色与优势，认识中国特色社会主义制度建设的一般规律，积极推进中国特色社会主义制度的建设与创新。

一、坚定中国特色社会主义制度自信的基本依据

制度自信，是一个政党、一个民族、一个国家对本国制度未来发展进程的准确把握，是对本国制度的充分认同和支持。

（一）制度自信的理论依据

马克思主义和中国化的马克思主义为中国特色社会主义制度自信提供了理论性基础。马克思唯物史观即历史唯物主义，它与历史唯心主义相对，既是马克思主义哲学的重要组成部分，也是哲学中关于人类社会发展一般规律的理论。它是科学的社会历史观和认识改造社会的一般方法论。其中联系的观点和发展的观点是唯物辩证法的总特征，它要求我们在认识和分析问题时要善于分析事物的具体联系，注重开放性、整体性和协调性。同时又要求我们在考察和分析事物时要坚持用长远的眼光，认清事物发展的总趋势是前进和上升的，从而克服形而上学、静止不变的问题。

（二）制度自信的价值基础

"我们党来自人民、植根人民、服务人民。"[①] 我们党的根本宗旨就是全心全意为人民服务，广大人民群众共同分享发展成果。习近平总书记强调："中国共产党领导人民打江山、守江山，守的是人民的心。治国有常，利民为本。为民造福是立党为公、执政为民的本质要求。"[②]

共享发展理念是评价发展过程和检验发展成果的重要理念，也是我国伟大复兴之路上必不可少的一个环节。共享是中国特色社会主义的本质要求，是改革和发展的出发点也是最终落脚点。共享发展理念作为指导新时期国家发展战略的五大发展理念之一，既回应了人民群众的全面诉求，也体现了社会主义的本质特征，必定能够凝聚起为实现国家富强、民族振兴、人民幸福而奋斗的最大合力。以人为本的科学发展观包括人的全面发展，也就是人的现代化。这也是全面小康社会建设的一个重要内容。人的现代化即人的素质现代化，人的身体素质、文化素质和道德素质达到现代化水准。人的全面发展的实现程度不仅取决于经济发展水平，还取决于社会发展水平。经济发展基础上的人的全面发展，不仅意味着物质上的富有，还意味着精神上的富有，包括享受政治上的民主、法制完备的环境、现代文化和教育方面的熏陶。

（三）制度自信的哲学基础

辩证唯物主义认为，整体和局部是对立统一关系，两者互相依赖，互为存在的前提。首先，整体只有对于它所包含的局部而言，才是确定的整体，它制约着部分的存在和发展，整体上的需要和利益决定组成它的局部的需要和利益，各局部只有证明它们在整体实现其目标和功能的过程中是不可缺少的，才能获得存在和发展的权力。

其次，整体是由局部构成的，离开了局部，整体就不复存在。局部只有作为整体中的一员才具有局部的性质；局部的好坏会影响着整体的发展变化。在一定的条件下，关键性的局部的成败会对全局的成败起决定性作用。整体的诸部分之间的关系不是单向的、线性的、机械的因果联系，而是一种相互的、多向的、非线性的因果联系，是一种复杂的相互作用关系。在这种关系中，诸部分互为因果。这种交互作用使诸部分处在不同的联系之中，所谓整体就是这种不可分割的

---

① 《习近平谈治国理政》第三卷，外文出版社 2020 年版，第 135 页。

② 习近平：《高举中国特色社会主义伟大旗帜　为全面建设社会主义现代化国家而团结奋斗——在中国共产党第二十次全国代表大会上的报告》，人民出版社 2022 年版，第 46 页。

联系。因此整体和局部就是相互制约、互为前提，没有局部的相互作用的存在，就没有整体的存在。整体的利益和目标是在局部利益基础上形成的，是局部共同的目标和利益。这种共同的目标和利益虽然不能简单地等同于局部利益，但必须包含局部利益，如果完全否定和排除了局部利益，整体的目标利益就会失去其价值和意义。

以经济建设为中心，这是事关社会主义生死存亡的大局，各项工作、各个部门，都必须服从这个大局，服务于这个大局。顾全大局是社会主义市场经济的内在要求。首先市场经济并不排斥全局观念。处理好这些关系的总的指导思想必须以唯物辩证法为指导，照顾全局，从实际出发，这两个观点缺一不可，只有这样，社会主义的现代化建设才能取得胜利。

中国特色社会主义制度为我们党带领全国人民争取全面建成小康社会决胜阶段的伟大胜利提供了强大的思想武器，体现了党在运用马克思主义辩证法解决现实问题的科学方法上又取得了新的进步。

二、坚定中国特色社会主义制度自信的实践逻辑

制度自信是对中国特色社会主义制度的自信，它涵盖了经济制度、政治制度、文化制度、社会制度、党的建设制度等方方面面。

（一）让中国引领世界

基于中国政权的稳定和经济的快速发展，中国的政治理念、理论、道路、制度越来越被世界其他国家所认可。中国的国际话语权不断提升，近年来提出的"一带一路"倡议、人类命运共同体、新发展理念、新型国际关系、人类共同价值、人类社会新形态等新理论，很快为世界所关注。

党的十八大以来，中国继续从国情出发，积极投身于世界发展的大格局中，坚持正确义利观、提出"一带一路"倡议、建立以合作共赢为核心的新型国际关系。通过发掘中华文化中积极的处世之道和治理理念，倡导人类命运共同体、新发展理念等主张，不断与国际社会一道共商共建共享全球治理新理念。这些举措顺应时代潮流，符合各国利益，推动全球治理理念创新发展。这一背景下，中国不断突破西方国家对全球意识形态话语权的控制与操纵，在意识形态话语权的优势地位不断得到巩固和提升，对中国的发展，乃至世界的和平发展都起到积极的作用。未来的中国将继续提升国际话语权，坚持以我为主，积极寻找国际共鸣点，通过中国特色的核心话语阐释自己的理论，用中国话语引领世界发展。

（二）提高全球经济治理中的制度性话语权

中国作为世界上第二大经济体，在全球经济发展中承担国际义务是理所当然的事情，但是如果想更好地承担义务，就要在全球经济治理中拥有制度性话语权，否则，责任和权利不对等，何谈更好地履行义务？"全球经济治理中的制度性话语权，是指国家及非政府组织在解决全球性经济问题上设定议题和形成决策、创设和改良规则、解释和适用规则、解决争端和处理危机时的话语理解和运用能力、话语构建能力以及话语说服能力。"[①] 而提高中国的话语权则需要在以下方面努力：

第一，在思想上提升对话语权的认识。全球经济治理的规则事关全球各个国家和民族的发展，必然要求其公正合理性。所以，我们提供有效的具体方案。在思想上获得认识之后，还要形成具体的方式，才能导引现实的实践。在此方面，"中国的方案提供能力在逐步提高，特别是在推动世界经济增长方面，赢得了广泛的关注。国内外经济学界普遍认为，当前世界经济处于平庸增长的长周期当中，而中国提出的一系列创新理念和采取的务实措施，为全球经济增长贡献了可行的方案。"[②] 例如，"一带一路"倡议的方案，建立亚洲基础设施投资银行的方案，建立亚太自由贸易区的方案，设立"南南合作援助基金"的方案等。这些方案都逐步落到实处，并且切切实实地发挥了巨大的作用。

第二，提升政治影响方式方法。"本国所提出的理念和方案能最终落实成为国际规则，话语权才真正转换成影响力。这是国际话语权建设的终极目标。这一转换过程需要强有力的政治操作能力，而中国庞大的国内市场是提高政治操作能力最为有效的杠杆。"[③] 中国经济的国际影响力已经居于世界第二，国内市场潜力巨大，使世界各国都与中国有着密切联系。同时，中国人也有强烈的对外消费意愿和能力，还有对外投资的巨大实力。中国需要善于利用我国国内市场的准入机制等条件，来提高中国在全球经济治理中的话语权。

第五节　坚定中国特色社会主义文化自信

中国共产党继承了中国传统文化中的优秀部分，在革命实践中形成了革命文

---

①　左海聪：《协力提高制度性话语权》，载于《人民日报》2016年2月19日，第07版。

②③　赵柯：《提高中国在全球经济治理中制度性话语权的路径》，载于《理论视野》2016年第4期。

化，在社会主义建设中形成了中国特色社会主义先进文化，共同构成了中国特色社会主义文化。坚定文化自信，事关国运兴衰、文化安全、民族精神的独立性。"文化是一个国家、一个民族的灵魂。"①

一、坚定中国特色社会主义文化自信的理论基础

在中国共产党的正确领导下，中国特色社会主义文化建设取得了突出成就，继承了中华优秀传统文化，形成了中国共产党革命文化和中国特色社会主义先进文化。文化方面取得的巨大成就，为中国特色社会主义"四个自信"的提出奠定了必然性基础。

（一）概念与现实的二元性

坚定文化自信，在社会主义事业整体布局中具有重大意义。从语言学角度来说，"词"由语素组成，是最小的能够独立运用的语言单位。"词"又是一个非常广义的概念。它不仅可以表现为文字、语言，也可以表现为线条、图形、色彩、音符、行为等多种形式。要辨析"词"与"物"之间的关系，应从"词"最常见的载体——文字着手。世界上的很多文字在被创造的过程中，都从某种意义上与其追求或表达的"物"有着紧密的关联。在东方，以汉字为例，其在创造之初，都会与某种事物的某一特征有着联系。根据有关史料的记载，汉字也就是在图画的基础上发展而来的。最早的汉字形式——甲骨文中的很大一部分文字是以实物为基础的；而通过摹仿事物的外形而创造出来的象形文字构成了汉字的基础。尽管还有指事字、会意字、形声字、转注字、假借字等诸多造字方法，象形字遵循着"词"与"物"的统一原则，虽然经历了古文字和今文字的发展，它作为汉字基础所坚守的这一统一原则并没有被彻底打破，相反，这一统一原则对汉字产生了非常深远的影响。东方的汉字因从临摹图画而来，在文字体系中被称为自源汉字。西方的字母文字则是以他者为参考，在借用的基础上经过后期的再创造而形成的借源文字。西方人在造字之初，也同样遵循着"词"与"物"相统一的原则。后来，他们因自身较为突出的推理和演算思维特质，在文字上要求简约、易于书写，使得他们的文字逐渐在抽象性方面高于形象性。在追溯人类文明发展的过程中，我们不难看出，"词"和"物"在人类社会的早期阶段更多的是遵循统一原则。

进入 19 世纪后，随着科学技术的发展，人们用各种各样新的思维方式去看

---

① 《习近平谈治国理政》第二卷，外文出版社 2017 年版，第 349 页。

待、理解和分析世界，传统的认识论和价值观不断被颠覆和重新解读。"词"和"物"的统一关系在对传统"摹仿说"的批判中逐步走向分离。20世纪以来，索绪尔的《普通语言学教程》等，将对传统"词"与"物"统一关系的颠覆演绎成为西方文化发展中的最强音符。福柯的《词与物——人文科学考古学》更是站在西方文化历史发展的高度，通过"词"与"物"的不同关系类型来区分不同的知识类型。16世纪文艺复兴时期知识型阶段，"词"与"物"因"相似性"而处于统一关系之中。17~18世纪古典时期知识型阶段，"用词的秩序再现物的秩序"，呈现出"词"与"物"之间"同一性和差异性"并存的新特征；到了19世纪的现代知识型，"词的秩序不表示真实事物而表现人对物的认识"。①"词"与"物"的关系不再以"表象"为依据，"词"自身成为一个独立的组织结构。除此以外，海德格尔、维特·根斯坦、罗兰·巴特等理论学家纷纷用自己的方式赋予了"词"高于"物"的地位或独立于"物"的地位。

（二）文化自信的哲学根据

在事物的发展过程中，存在着渐变论、突变论、断裂论以及辩证发展理论等观点，辩证发展理论与渐变论、突变论、断裂论有着明确的理论界限。

渐变论（phyletic evolution）的代表人物是达尔文，它是一种物种进化方式，认为新物种主要是原有物种通过不断的细微变异逐渐形成的，也就是渐变成种。达尔文始终认为自然界里不存在飞跃，自然选择只不过是借助细小的、不间断的变化而发生发展的，而不是突然产生巨大的变化，它只是依照缓慢的步骤发生。②渐变论的主要观点体现在以下几点：首先，新的物种主要是通过一个祖先居群而不断转变为已经变化了的后裔而产生的；其次，新物种的产生是缓慢和均匀的；再次，新物种的产生涉及数量巨大的个体，往往是整个原有物种；最后，新物种的产生往往是在原有物种的大部分或全部范围内发生的。所以，新物种的产生，它的化石记录通常是由不间断的序列构成的，这些不间断的序列能够将原有物种和新物种联系起来。

突变论是由法国数学家勒内·托姆（René Thom）提出的，其著作《结构稳定性和形态发生学》一书认为，物质变化过程是突然的发生的，他把物质系统内部状态的整体性"突跃"称为突变，其主要特点就是过程连续而结果不连续。突变论强调物质变化过程的间断或突然转换。托姆认为在物质世界和人类社会中存在着大量的突变现象，例如地震、海啸、大桥的坍塌、战争的爆发以及人的情绪

① 岳谦：《福科〈词与物〉中的历史观》，载于《兰州学刊》2007年第6期。
② 达尔文：《物种起源》，周建人等译，商务出版社1997年版，第21页。

的巨大波动等，都可以用突变论来解释、阐明。

断裂论主要萌芽于20世纪20年代A.A.格里菲斯对玻璃低应力脆断的研究，并于20世纪50年代逐渐形成，特别是伴随着航天事业的发展出现了超高强度的材料，而传统的强度设计已经远远不能满足这种超高强度的材料，因为传统的强度理论通常把材料和物质结构看作没有裂纹的整体，而在实际中，许多物质和材料是存在裂纹的，只是由于对材料的强度要求不高，所以裂纹的存在对物质的结构安全并没有造成太大的影响，但是在某些条件下一些材料就会出现结构的断裂，所以断裂理论逐渐发展起来。断裂论主要是研究含有裂纹物体的强度和裂纹扩展规律的理论。其主要任务就是研究各种物质的断裂韧度，建立断裂准则，研究裂纹扩展规律以及在腐蚀环境和应力同时作用下物体的断裂问题。

辩证发展理论即唯物辩证法，认为世界上的一切事物都处于变化发展中，它们之间处于普遍联系和相互作用中。唯物辩证法认为要从事物的内部以及该事物与其他事物的关系中去研究事物的发展，而事物发展的根本原因不在于事物的外部，而是归因于事物内部存在的矛盾，因为所有的事物都是矛盾的统一体，即包含着肯定自身存在的肯定性因素以及否定性因素，这两种因素是对立统一的，正是这两种因素的对立统一决定着事情的运动、变化和发展，在这一运动和发展过程中，物质开始了量变，而量变必然带来质变，从而推动事物不断从低级向高级发展，由旧事物向新事物转变。

所以，辩证发展理论与渐变论、突变论以及断裂论最根本的区别就在于其认为事物的发展变化来自事物内部的矛盾，正是由于事物之间存在矛盾才导致事物不停地处于运动变化和发展中，不断产生量变，量变导致质变，从而导致事物由旧事物嬗变为新事物。世界上的事物都是由旧事物到新事物的辩证转化而形成的。

二、坚定中国特色社会主义文化自信的实践路径

中国特色社会主义根植于中华文化沃土之上，中华民族的气魄与精神得益于中华文化的培育与滋养。历史是由人类实践活动创造的。我们看见人作为从事物质生产劳动的主体，面对客观的自然界，产生着客观的物化劳动成果，这些都是不以人的意志为转移的；但我们都非常清楚地知道，人类历史活动是人有意识的主观活动，人既具有能动地反映世界的本领，更有能动地改造世界的能力，这正是可以转变为巨大物质力量的精神力量。如前所述，一种精神力量能够转变为物质力量有着重要的前提：一是其要为实践的主体——人所掌握；二是这种精神的力量表现为理论形态时要"彻底""正确"，也就是其能准确抓住事物的本质。

物质文明和精神文明是推动我国现代化建设的"双轮",不能失之偏颇,要顾及均衡发展,这样我国健康发展的"大车"才能平稳行驶。就目前的具体形势分析,我国已经基本解决了人民群众的物质贫乏问题,也可以说物质文明已经获得显著提高。与物质文明相对应的精神文明,在我国的发展有待提高。换句话说,物质文明和精神文明的"双轮"要求平衡协调发展,而现在精神文明需要提高。面对这样的问题,具体说来,可能要从以下三个方面着手。

第一,宏观层面的用力,即国家层面。中国特色社会主义建设的成功增强了党和国家的理论自信。党和国家确立的物质文明和精神文明的协调发展,是对马克思主义理论的具体运用,也是对我国现代化建设经验的高度总结。同时,中华民族的优秀传统文化得到全国各民族的积极认同,这些珍贵的民族精华与现代精神也能够很好的兼容。党和国家十分重视人民群众的国家意识、法治意识、社会责任意识的培养教育。当然,道德建设也是一个国家精神文明建设不可缺少的部分,所以,国家要重视道德建设,建立长效机制,坚持依法治国和以德治国相结合,完善媒体监督机制,树立良好社会风气。

第二,社会层面的着力点。营造全社会积极学习的氛围,使全体国民都感受到精神的力量。党员领导干部需要做好带头模范作用,并且认真执行"两学一做",深入学习党章党规,学习习近平总书记系列重要讲话精神。只有不断加深对中国特色社会主义理论的情感认同和实践认同,才能以身作则积极践行社会主义精神文明的建设。同时,全社会要弘扬道德建设的主旋律,积极的宣传社会文明之事。

第三,个人层面上的努力。对于个人来讲,需要加强学习,提高修养。如果每一个都重视自己的修养,那么全社会就会形成好的风气和合力。中华民族自古以来就特别注重个人修养,其中有代表性的就是儒家的"慎独"。也就是说,无论何时何地,都要严格要求自己、反省自己,督促自己不断进步。要看重自己道德品质的修养,因为这关乎整个国民的素质提高问题。

第八章

坚持以人民为中心的崇高价值理念

坚持以人民为中心，是我们党的崇高价值理念，也是新时代坚持和发展中国特色社会主义的基本方略之一。对中国共产党而言，"以人民为中心"已经成为牢固树立的执政理念和政治立场。我们必须深入研究以人民为中心理念的生成逻辑，深刻领会其丰富内涵和理论创新意义，并在经济社会发展的各个环节中加以贯彻落实。

第一节　以人民为中心价值理念的生成逻辑

党的二十大报告提出，"必须坚持人民至上""坚持以人民为中心的发展思想。维护人民根本利益，增进民生福祉，不断实现发展为了人民、发展依靠人民、发展成果由人民共享，让现代化建设成果更多更公平惠及全体人民"。[①] 很明显，"人民"是党的二十大报告中的高频词汇，有 170 多次提到，而"以人民为中心"和"人民至上"分别有 4 次和 2 次直接提到。任何一种有吸引力的思想观念都不是凭空产生的，而是具有坚实的理论基础，彰显特定的历史传统和现实诉求。"以人民为中心"的崇高价值理念，立足于历史唯物主义基本观点，凝聚

---

① 习近平：《高举中国特色社会主义伟大旗帜　为全面建设社会主义现代化国家而团结奋斗——在中国共产党第二十次全国代表大会上的报告》，人民出版社 2022 年版，第 27 页。

着我们党领导中国人民进行革命、建设和改革的历史经验，反映着我们党在新时代应对各种风险和挑战的现实需要，具有深刻的理论逻辑、历史逻辑和现实逻辑。

一、以人民为中心价值理念的理论逻辑

中国共产党的历史，就是坚定学习和践行马克思主义的历史。以人民为中心的价值理念，体现了马克思主义的"人民性"品格，体现了历史唯物主义的基本立场和马克思主义政党理论的基本观点。

（一）以人民为中心的价值理念体现了马克思主义的"人民性"品格

在纪念马克思诞辰 200 周年大会上的讲话中，习近平总书记明确指出："马克思主义是人民的理论，第一次创立了人民实现自身解放的思想体系。马克思主义博大精深，归根到底就是一句话，为人类求解放。"[①] 党的二十大报告明确指出："人民性是马克思主义的本质属性，党的理论是来自人民、为了人民、造福人民的理论，人民的创造性实践是理论创新的不竭源泉。一切脱离人民的理论都是苍白无力的，一切不为人民造福的理论都是没有生命力的。我们要站稳人民立场、把握人民愿望、尊重人民创造、集中人民智慧，形成为人民所喜爱、所认同、所拥有的理论，使之成为指导人民认识世界和改造世界的强大思想武器。"[②] 纵观人类的思想史和哲学史，可谓群星璀璨，产生过无数伟大的思想家和经典的理论。然而，在马克思主义产生之前，在社会上占据支配地位的理论都是为统治阶级服务的，关注的是少数人的利益，是少数人统治多数人的工具和手段。马克思主义第一次站在人民的立场上，探寻人类自由解放的道路。在把握人类社会发展规律的基础上，描绘了一幅消灭剥削和压迫、人人自由平等的美好社会的蓝图。

从理论关切上看，马克思终其一生都在为人类解放而思考和奋斗。早在中学时期，马克思就立下了为人类谋福利的远大志向。在高中毕业作文《青年在选择职业时的考虑》中，马克思写道："如果我们选择了最能为人类而工作的职业，那么，重担就不能把我们压倒，因为这是为大家作出的牺牲；那时我们所享受的

[①] 习近平：《在纪念马克思诞辰 200 周年大会上的讲话》，载于《人民日报》2018 年 5 月 5 日，第 02 版。

[②] 习近平：《高举中国特色社会主义伟大旗帜　为全面建设社会主义现代化国家而团结奋斗——在中国共产党第二十次全国代表大会上的报告》，人民出版社 2022 年版，第 19 页。

就不是可怜的、有限的、自私的乐趣，我们的幸福将属于千百万人，我们的事业将悄然无声地存在下去，但是它会永远发挥作用，而面对我们的骨灰，高尚的人们将洒下热泪。"① 马克思毫无畏惧地批判普鲁士政府的专制统治，坚决捍卫人民的自由民主权利，为贫苦群众的利益辩护，主张通过无产阶级实现全人类解放。移居巴黎后，马克思热情参与工人运动，在革命实践中实现了从唯心主义到唯物主义、从革命民主主义到共产主义的重要转变。1848 年资产阶级民主革命爆发，马克思积极投身并指导这场革命斗争。革命失败后，马克思深刻总结革命教训，通过研究和批判古典政治经济学，揭示资本主义的本质和规律，写出了被誉为"工人阶级的圣经"的《资本论》。在晚年，马克思依然密切关注时代发展趋势和工人运动的新情况、新问题，力图从更宏大的视野来思考人类的命运。在马克思的关心和指导下，"第一国际"等国际工人组织相继创立，有力地推动了国际共产主义运动的发展。许多马克思主义政党逐步建立和发展起来，成为实现无产阶级和人类解放的根本政治力量。马克思的一生遭受重重磨难：被驱逐、生活贫困、子女夭折……事实上，以马克思的才干和能力，他完全有机会和统治阶层合作，过一种常人所向往的舒适稳定的生活。正是为人类求解放的目标和信念，使他选择了一条完全不同的生活道路。也正因为此，马克思成就了伟大的人生，在人类的历史长河中留下了自己的名字。

从理论内容上看，马克思主义的三大板块——哲学、政治经济学和科学社会主义——都具有"人民性"的价值取向。在马克思主义哲学产生之前，占统治地位的历史观是英雄史观。这种历史观从社会意识决定社会存在的错误前提出发，宣扬少数英雄人物创造历史，抹杀人民群众的历史作用，无视物质资料生产方式在社会发展中的决定作用。与英雄史观针锋相对，马克思主义哲学主张从实践尤其是物质资料的生产活动这个角度出发去解释社会历史的发展演变，认为是人民群众创造历史，推动社会变革。马克思主义政治经济学以商品作为逻辑起点，分析资本主义条件下财富价值的创造和增值，揭露了资本家榨取工人剩余价值的事实，表明广大劳动者在资本主义社会中所遭受的不公正对待，阐明生产资料的私有制是一切剥削的根源。科学社会主义基于对社会历史发展规律的把握，表明共产主义必然取代资本主义，强调资本主义生产力的发展及其基本矛盾必然产生自身的"掘墓人"——无产阶级，认为无产阶级必将站到历史舞台的中央，取得革命的胜利，建立自己的统治，实现全人类的解放。

从理论特点上看，马克思主义的其他特点也渗透了"人民性"的品格。我们

---

① 习近平：《在纪念马克思诞辰 200 周年大会上的讲话》，载于《人民日报》2018 年 5 月 5 日，第 02 版。

之所以认为马克思主义是科学的，就是因为它揭示了人类社会历史发展的客观规律，指明了人类从必然王国走向自由王国的路径；说马克思主义具有"革命性"，是因为它是指引无产阶级革命斗争、指引无产阶级政党进行社会革命和自我革命的行动指南；说马克思主义具有"实践性"，是因为它不是书斋中的学问，不仅仅提供对世界的理论解释，而是直接服务于无产阶级和人民群众改造世界的实践活动；说马克思主义具有"发展性"，是因为它随着人类实践的发展而发展，不断吸收人类最新的文明成果，回应人类最新面临的问题和挑战。在指导社会主义革命和建设的过程中，马克思主义总是和各国人民的具体实际结合起来，从而得到丰富和拓展。

（二）以人民为中心的价值理念体现了唯物史观的基本立场

更具体地说，坚持以人民为中心的价值理念，体现了唯物史观的基本立场，植根于唯物史观的理论逻辑。没有对唯物史观的深刻理解，就无法把握以人民为中心的思想。一般而言，关于社会历史发展及其规律的问题，有两种相互对立的观点：一种是唯物史观，另一种是唯心史观。在马克思主义产生之前，唯心史观一直占据优势。唯意志论和宿命论是唯心史观的两种版本。它们的共同缺陷在于，没有充分挖掘人的思想动机背后的物质根源。

马克思从物质而非精神的维度去解释社会历史发展的机制，创立了唯物史观。值得强调的是，这里的"物"不是指占据一定空间的物理事物、物质对象，而是指物质性的实践，确切来讲就是物质资料的生产方式。

生产方式在社会发展的历史进程中发挥基础性作用。马克思指出："任何一个民族，如果停止劳动，不用说一年，就是几个星期，也要灭亡。"① 生产活动是其他一切人类活动的前提。作家进行文学创作，需要笔和纸；科学家从事研究，需要实验材料和设备。这些东西都不会凭空产生，只能通过工人的劳动生产出来。唯物史观更关键的要点是，生产方式的性质决定整个社会结构的性质，影响着政治生活、精神生活的面貌。生产方式的变革导致整个社会历史的发展变化，决定社会形态由低级阶段向高级阶段演进。在一个被广泛引用的段落中，马克思写道："社会的物质生产力发展到一定阶段，便同它们一直在其中运动的现存生产关系或财产关系（这只是生产关系的法律用语）发生矛盾。于是这些关系便由生产力的发展形式变成生产力的桎梏。那时社会革命的时代就到来了。随着经济基础的变更，全部庞大的上层建筑也或慢或快地发生变革。"②

---

① 《马克思恩格斯文集》第 10 卷，人民出版社 2009 年版，第 289 页。
② 《马克思恩格斯文集》第 2 卷，人民出版社 2009 年版，第 591～592 页。

既然生产方式是推动社会历史发展的决定力量，那么，从事物质资料生产的广大人民群众在历史发展中必将发挥决定性的作用。人民群众不仅创造社会财富，而且创造并改变社会关系。意识形态的变化、社会制度的更替、生产关系的改变，归根到底取决于生产力的发展。而生产力的发展不会自发地实现，它必须依赖作为生产活动主体的人民群众。人类的生产力之所以呈现出发展的趋势，很大程度上就是因为人民群众的不断推动。在生产力和生产关系、经济基础和上层建筑这两对社会基本矛盾的解决过程中，人民群众具有促进生产力发展的能力和动力，他们希望变革那些不适应生产力发展的生产关系，也主张改变旧的社会制度和思想观念。不管是从行动、能力还是意愿上说，人民群众都代表了历史前进的方向。人民群众从事生产活动的方式决定了社会历史发展的走向和趋势。

不可否认，历史人物对历史发展会产生深远影响，其选择有时能够决定个别历史事件的结局。相比普通个人，历史人物凭借特有的权力、眼光、勇气、智慧、资源，能够在历史上发挥更加突出的作用。但必须清楚，无论什么样的历史人物，在历史上发挥正面还是负面的作用，都需要得到人民群众的支持，都会不可避免地受到历史发展规律的制约，都无法决定和改变历史发展的总体进程和方向。总之，人民，而非个别的历史人物，才是真正的历史创造者。以人民为中心，是对"人民群众是历史创造者"这条原理的当代表达和创造性运用。正因为人民群众是历史的创造者，我们党治国理政才必须以人民为中心，尊重人民的历史主体地位，充分发挥人民的首创精神，紧紧依靠人民建设有中国特色的社会主义。

（三）以人民为中心的价值理念体现了马克思主义政党理论的基本观点

坚持以人民为中心，是马克思主义政党性质和宗旨的内在要求。按照马克思主义的政党理论，政党是代表阶级利益，体现阶级意志，有自己的纲领、方针，为参与或夺取政权而活动的组织。政党是由本阶级中最活跃、最积极的成员组成，这些成员通常有共同的利益诉求和政治目的。政党是阶级斗争的产物。政党的任务就是领导本阶级的政治斗争，掌握和巩固政权，实现本阶级的利益。

马克思和恩格斯分析了资本主义社会的阶级对立，认为无产阶级是最先进、最革命的阶级，将成为资本主义的"掘墓人"。一方面，无产阶级是社会化大生产的产物，代表先进的生产力，组织化程度高，纪律性强；另一方面，无产阶级处于资本主义社会的最底层，受到的剥削和压迫最为严重。只有推翻资产阶级的统治，废除资本主义的生产关系，他们才能获得彻底的解放。因而，无产阶级的

221

革命性最彻底。无产阶级在反对资产阶级的斗争中形成了马克思主义政党。马克思主义政党的产生需要具备两个条件：一是工人运动的发展；二是科学社会主义理论的传播。

共产党就是代表整个无产阶级利益的政党组织。在《共产党宣言》中，马克思和恩格斯指出："共产党人不是同其他工人政党相对立的特殊政党。他们没有任何同整个无产阶级的利益不同的利益。他们不提出任何特殊的原则，用以塑造无产阶级的运动。"① 他们还指出，共产党同其他无产阶级政党的不同之处在于，共产党人追求整个无产阶级的"不分民族的利益"，在各个历史时期都始终代表整个"无产阶级运动的利益"。"过去的一切运动都是少数人的，或者为少数人谋利益的运动。无产阶级的运动是绝大多数人的，为绝大多数人谋利益的独立的运动。"②

根据党的二十大最新修订的《中国共产党章程》，"中国共产党不仅是工人阶级的先锋队，同时是中国人民和中华民族的先锋队，是中国特色社会主义事业的领导核心，代表中国先进生产力的发展要求，代表中国先进文化的前进方向，代表中国最广大人民的根本利益"③。此外，《中国共产党章程》对党员个人的思想和行动也提出很高的要求。每一个党员都必须全心全意为人民服务，为了实现共产主义的目标不惜牺牲自己的一切。人民的利益优先于党员个人的利益。党员也是劳动人民的普通一员，不得追求法律和政策规定范围之外的私利和特权。关于共产党和人民之间的关系，邓小平有非常精辟的论述："工人阶级的政党不是把人民群众当作自己的工具，而是自觉地认定自己是人民群众在特定的历史时期为完成特定的历史任务的一种工具。"④ 共产党之所以具有先进性，恰恰是因为其践行了全心全意为人民服务的宗旨，表达了人民群众的利益和意志，并且为人民群众的利益不懈奋斗。一旦背离了人民群众，凌驾于人民群众之上，党就失去了领导人民群众的资格。在这个意义上，坚持以人民为中心，是从马克思主义政党理论中合乎逻辑地引申出来的结论。

二、以人民为中心价值理念的历史逻辑

历史经验表明，坚持以人民为中心，是中国共产党在革命、建设和改革中不断取得胜利的重要法宝。自 1921 年建党以来，在不同的历史阶段，我们党始终

① 《马克思恩格斯选集》第 1 卷，人民出版社 2012 年版，第 413 页。
② 《马克思恩格斯选集》第 1 卷，人民出版社 2012 年版，第 411 页。
③ 《中国共产党章程》，人民出版社 2022 年版，第 1 页。
④ 《邓小平文选》第一卷，人民出版社 1994 年版，第 218 页。

坚持以人民为中心，将群众路线作为党的基本工作路线。正是在广大人民群众的支持和拥护下，我们党才领导中国人民取得了历史性的伟大成就。

在庆祝中国共产党成立 95 周年大会上的讲话中，习近平总书记告诫全党，要"永远保持对人民的赤子之心"，他指出："一切向前走，都不能忘记走过的路；走得再远、走到再光辉的未来，也不能忘记走过的过去，不能忘记为什么出发。面向未来，面对挑战，全党同志一定要不忘初心、继续前进。"① 这里所说的共产党人的"初心"，在党的十九大报告中得到了明确的界定，那就是"为中国人民谋幸福，为中华民族谋复兴"②。党的二十大报告则进一步肯定："中国共产党是为中国人民谋幸福、为中华民族谋复兴的党。"③

毫无疑问，中华民族拥有悠久的历史，创造出灿烂的文明，为人类做出过巨大的贡献，在世界民族之林中占有一席之地。然而，近代以来，随着帝国主义列强的入侵、封建统治的衰败，中国逐渐沦为半殖民地半封建社会。为了救国救民，无数仁人志士前赴后继、英勇奋战，抛头颅、洒热血，但由于历史和阶级的局限性，这些努力终究都失败了。可以说，中国近代史就是一部苦难和抗争的历史。在国家内忧外患、社会危机空前严重的历史背景下，中国共产党诞生了。中国共产党成立后，中国革命的面貌焕然一新。概括起来，中国共产党为中华民族做出了三个"伟大历史贡献"：一是带领中国人民打败日本帝国主义，推翻国民党反动统治，完成新民主主义革命，建立了中华人民共和国；二是带领中国人民完成社会主义革命，走上了社会主义道路；三是带领中国人民进行改革开放，极大促进了生产力发展，显著提升了综合国力，显著改善了人民生活。这三大历史成就的取得，和中国共产党始终践行以人民为中心的崇高价值理念是分不开的。中国共产党根据时代主题和社会主要矛盾的变化，与时俱进地调整自身的方针和政策，实现了党的政治目标与人民利益诉求的高度统一。

（一）新民主主义革命时期以人民为中心的思想和实践

第二次国内革命战争时期，中国共产党通过土地革命，废除封建地主土地所有制，实现"耕者有其田"，满足了广大农民对土地的需求，充分调动了农民生产和革命的积极性。早在 1934 年，在江西瑞金革命根据地，毛泽东就主张将关

---

① 习近平：《在庆祝中国共产党成立 95 周年大会上的讲话》，载于《人民日报》2016 年 7 月 2 日，第 02 版。

② 习近平：《决胜全面建成小康社会　夺取新时代中国特色社会主义伟大胜利——在中国共产党第十九次全国代表大会上的报告》，人民出版社 2017 年版，第 1 页。

③ 习近平：《高举中国特色社会主义伟大旗帜　为全面建设社会主义现代化国家而团结奋斗——在中国共产党第二十次全国代表大会上的报告》，人民出版社 2022 年版，第 21 页。

心群众生活的问题提上议事日程，他指出："我们应当深刻地注意群众生活的问题，从土地、劳动问题，到柴米油盐问题……一切这些群众生活上的问题，都应该把它提到自己的议事日程上。应该讨论，应该决定，应该实行，应该检查。要使广大群众认识我们是代表他们的利益的，是和他们呼吸相通的。"①

抗日战争时期，中华民族面临亡国灭种的危机，中日民族矛盾上升为主要矛盾。在生死存亡的重要关头，中国共产党提出全民抗战路线。1938年5月，毛泽东在延安发表了著名的《论持久战》，强调"兵民是胜利之本"。中国共产党顾全大局，以民族和人民利益为重，摒弃前嫌，促成了第二次国共合作，推动了抗日民族统一战线的形成，为抗战胜利奠定了坚实的政治基础。在政权建设方面，中国共产党人提出"三三制"原则。根据这一原则，在政权机构的人员名额分配上，代表工人阶级和贫农的共产党员、代表小资产阶级的"左"派进步分子和代表中等资产阶级、开明绅士、地方实力派的中间分子各占1/3。"三三制"原则最广泛地调动了各阶层人民抗日的积极性，最大限度地团结了一切可以团结的抗日群众。抗战期间，中国共产党放手发动群众，开展游击战争，积极建立敌后抗日根据地，使日本侵略者陷于"人民战争的汪洋大海"，从而发挥了中流砥柱的作用。

革命战争年代，毛泽东多次强调中国共产党要为人民服务和坚持群众路线的思想。在著名的《为人民服务》一文中，毛泽东开篇就指出："我们这个队伍完全是为着解放人民的，是彻底地为人民的利益工作的。"② 抗战胜利前夕，毛泽东在《论联合政府》中再次强调："我们共产党人区别于其他任何政党的又一个显著的标志，就是和最广大的人民群众取得最密切的联系。全心全意地为人民服务，一刻也不脱离群众；一切从人民的利益出发，而不是从个人或小集团的利益出发；向人民负责和向党的领导机关负责的一致性；这些就是我们的出发点……应该使每个同志明了，共产党人的一切言论行动，必须以合乎最广大人民群众的最大利益，为最广大人民群众所拥护为最高标准。应该使每一个同志懂得，只要我们依靠人民，坚决地相信人民群众的创造力是无穷无尽的，因而信任人民，和人民打成一片，那就任何困难也能克服，任何敌人也不能压倒我们，而只会被我们所压倒。"③

（二）社会主义革命与建设时期以人民为中心的思想和实践

中国共产党带领中国人民建立了新中国，确立并巩固了社会主义基本制度，

---

① 《毛泽东选集》第一卷，人民出版社1991年版，第138页。
② 《毛泽东选集》第三卷，人民出版社1991年版，第1004页。
③ 《毛泽东选集》第三卷，人民出版社1991年版，第1094～1096页。

实现了前所未有的社会变革。1954年通过的《中华人民共和国宪法》明确规定：一切国家党政机关必须紧紧依靠人民群众，保持与群众的密切联系，倾听群众的意见，接受群众的监督；一切国家机关工作人员必须效忠人民民主制度，服从宪法和法律，努力为人民服务。[①] 从此，"为人民服务"以国家根本大法的形式确立下来。

在民主政治方面，中国共产党领导人民建立了人民民主专政的国家政权。人民民主专政是我国有史以来最高类型的民主，是多数人的民主。工人、农民、知识分子和一切爱国者都是国家的主人，不仅可以按照自己的意愿选举代表，还可以通过各种形式直接参与国家和社会事务的管理。

具有临时宪法作用的《中国人民政治协商会议共同纲领》确定人民代表大会制度为我国的政权组织形式。1954年9月，第一届全国人民代表大会在北京召开，人民代表大会制度在我国正式确立。它规定：国家的一切权力属于人民，人民行使国家权力的机关是各级人民代表大会；各级人民代表大会的代表由人民选举产生，对人民负责，接受人民监督；国家的行政机关、司法机关由人民代表大会产生，对它负责，并受它监督。建立之初，人民代表大会按照宪法规定，积极行使自己的权利，在发展社会主义民主法制方面发挥了重要作用。

1949年9月，第一届中国人民政治协商会议召开，正式确立了中国共产党领导的多党合作和政治协商制度。这项制度规定了，中国共产党是执政党，各民主党派是参政党。作为执政党，共产党实质上是代表工人阶级和广大人民掌握人民民主专政的国家政权；作为参政党，民主党派参加国家政权，参与国家大政方针和国家领导人选的协商，参与国家事务的管理。

新中国成立后，以毛泽东同志为主要代表的中国共产党人非常关注民生问题。当时的中国经济已处于崩溃的边缘，在一穷二白的基础上改善民生的任务十分艰巨。解决民生问题，关系到党的执政地位的巩固。毛泽东指出："如果我们在生产工作上无知，不能很快地学会生产工作，不能使生产事业尽可能迅速地恢复和发展，获得确实的成绩，首先使工人生活有所改善，并使一般人民的生活有所改善，那我们就不能维持政权，我们就会站不住脚，我们就会要失败。"[②] 基于这样的考虑，中国共产党执政后采取有效的措施切实解决民生问题。例如，经济和行政手段并用，抑制通货膨胀，恢复正常的经济秩序；实施社会救济，保障人民的基本生活，推动社会保障体系的逐步建立；积极发展医疗卫生事业，不断健全全国卫生服务体系，保障人民的健康权益；大力发展教育，通过全国性的扫

---

① 陈智：《习近平新时代以人民为中心思想的生成逻辑》，载于《内蒙古社会科学》2018年第2期。
② 《毛泽东选集》第四卷，人民出版社1991年版，第1428页。

盲运动，提高人民群众的受教育程度，为改变新中国的落后面貌打下人才基础。新中国成立之初的民生事业的发展，很大程度上得益于中国共产党坚持人民立场，将"全心全意为人民服务"的宗旨贯彻于社会主义革命和建设的始终。

（三）改革开放时期以人民为中心的思想和实践

社会主义事业的发展并非一帆风顺。在经历"文化大革命"十年内乱后，国家建设百业待兴。党的十一届三中全会纠正了长期的"左"倾错误，批评了"两个凡是"① 的错误方针，结束了"以阶级斗争为纲"。② 顺应民心，开启了改革开放的伟大征程。经过四十余年的改革开放，我国已经成为世界第二大经济体、制造业第一大国、商品消费第二大国，外汇储备连续多年位列世界第一。中国人民在富起来、强起来的道路上迈出了坚实的步伐。

改革开放是全方位的。从实行家庭联产承包责任制、发展乡镇企业、取消农业税到农村承包地"三权"分置、精准扶贫、实施乡村振兴战略，从兴办经济特区到加入世界贸易组织、共建"一带一路"、设立自由贸易区，从以经济体制改革为主到全面深化经济、政治、文化、社会、生态文明体制和党的建设制度改革、行政管理体制改革、社会治理体制改革、纪检监察制度改革……一系列重大改革使中国人民得到了巨大的"获得感"。

作为改革开放的总设计师，邓小平继承并发扬了毛泽东关于人民群众的思想观点。在 1992 年的南方谈话中，邓小平提出了著名的"三个有利于"标准。他指出，评判我们工作的标准，"应该主要看是否有利于发展社会主义社会的生产力，是否有利于增强社会主义国家的综合国力，是否有利于提高人民的生活水平"③。其中，提高人民生活水平是首要考量。无论是发展生产力，还是增强综合国力，其最终目的和落脚点都是改善人民的生活。如果人民普遍贫困，甚至温饱都成问题的话，我们就无法理直气壮地说社会主义优于资本主义。"搞社会主义，一定要使生产力发达，贫穷不是社会主义。我们坚持社会主义，要建设对资本主义具有优越性的社会主义，首先必须摆脱贫穷。"④ 只有提高了人民的生活水平，我们才能体现社会主义制度的优越性。只有共同富裕，才能体现社会主义的本质要求。

---

① "两个凡是"即凡是毛主席作出的决策，我们都坚决维护；凡是毛主席的指示，我们都始终不渝地遵循。

② 《中共十一届三中全会（1978 年）》，中华人民共和国中央人民政府网站，http://www.gov.cn/govweb/test/2009-10/13/content_1437675.htm，2009 年 10 月 13 日。

③ 《邓小平文选》第三卷，人民出版社 1993 年版，第 372 页。

④ 《邓小平文选》第三卷，人民出版社 1993 年版，第 225 页。

以江泽民同志为主要代表的中国共产党人，在总结党的历史经验和思考新形势、新要求的基础上，提出了"三个代表"重要思想。江泽民指出："我们党之所以能得到广大人民群众的拥护和爱戴，很重要的一个原因就是我们党无论是在革命解放时期、社会主义建设时期还是改革开放时期，始终都代表着中国先进生产力的发展要求，代表着中国先进文化的前进方向，代表着中国最广大人民的根本利益。"① 这里把人民和先进生产力、先进文化联系起来，突出了三者的内在一致性。江泽民还强调了在新的历史条件下必须继续坚持群众路线，他指出："始终坚持同人民群众的血肉联系，是我们党战胜各种困难和风险、不断取得事业成功的根本保证。在任何时候任何情况下，与人民群众同呼吸共命运的立场不能变，全心全意为人民服务的宗旨不能忘，坚持群众是真正英雄的历史唯物主义观点不能丢。必须始终把体现人民群众的意志和利益作为我们一切工作的出发点和归宿，始终把依靠人民群众的智慧和力量作为我们推进事业的根本工作路线。"②

以胡锦涛为总书记的党中央总结改革开放的经验教训，立足我国社会主义初级阶段的基本国情，提出了"科学发展观"——"坚持以人为本，树立全面、协调、可持续的发展观，全力促进社会和人的全面发展"③。其中，"以人为本"是"科学发展观"的核心内容，它主要回答了"为谁发展、靠谁发展"的问题。传统的发展观更多强调发展的速度和规模（例如 GDP），却较少重视人本身。"科学发展观"明确了发展的终极目标是人，发展的目的是提升人民的素质、改善人民的生存条件、提高人民的生活质量。由此可见，以人民为中心的思想在"科学发展观"中也得到了充分的体现。

三、以人民为中心价值理念的现实逻辑

坚持以人民为中心的价值理念，也是新时代坚持和发展中国特色社会主义的现实需要。世情、国情、党情，都决定了我们必须始终坚持以人民为中心的崇高价值理念。只有坚持以人民为中心，我们才能在新的历史条件下战胜各种困难和挑战。

（一）坚持以人民为中心是战胜国际风险和挑战的现实需要

在党的二十大报告中，习近平总书记对国际形势作出了客观的分析。一方

---

① 江泽民：《论"三个代表"》，中央文献出版社 2001 年版，第 160 页。
② 江泽民：《论"三个代表"》，中央文献出版社 2001 年版，第 151 页。
③ 《中共中央关于完善社会主义市场经济体制若干问题的决定》，人民出版社 2003 年版，第 35 页。

面，"世界百年未有之大变局加速演进，新一轮科技革命和产业变革深入发展，国际力量对比深刻调整，我国发展面临新的战略机遇"。另一方面，"世纪疫情影响深远，逆全球化思潮抬头，单边主义、保护主义明显上升，世界经济复苏乏力，局部冲突和动荡频发，全球性问题加剧，世界进入新的动荡变革期。我国改革发展稳定面临不少深层次矛盾躲不开、绕不过，党的建设特别是党风廉政建设和反腐败斗争面临不少顽固性、多发性问题，来自外部的打压遏制随时可能升级。我国发展进入战略机遇和风险挑战并存、不确定难预料因素增多的时期，各种'黑天鹅''灰犀牛'事件随时可能发生"。①

为了更好地应对全球范围的风险和挑战，我们必须坚持以人民为中心的理念。在这个语境中，"人民"的概念涵盖了世界各国人民。习近平总书记呼吁："我们所处的是一个充满挑战的时代，也是一个充满希望的时代。中国人民愿同世界人民携手开创人类更加美好的未来！"② 坚持以人民为中心的价值理念就是要求：一方面，应当认识到，应对这些国际性的风险和挑战之所以迫在眉睫，是因为它们严重威胁各国人民及其子孙后代的福祉；另一方面，要解决这些全球性问题，必须依靠各国人民之间的密切配合、精诚合作。关注人类命运、加强人类合作，正是打造"人类命运共同体"的应有之义。

可以从"实然"和"应然"两个角度去解释"人类命运共同体"概念。从"实然"方面来说，命运共同体是现阶段我们面临的一种无可回避的现实状态，是不以人的意志为转移的发展趋势。经济相互依存、人员频繁往来，世界进入"一荣俱荣、一损俱损"的时代。从"应然"方面来讲，我们应当充分发挥主观能动性，树立命运共同体意识，认清世界各国命运相连的时代特征，进一步加强交流、密切合作。尽管全球化、信息化为人类命运共同体的形成提供了现实基础和客观条件，但这并不意味着我们在这一历史进程中无所作为。世界各国应当顺应这一历史发展的潮流，积极参与命运共同体的构建。"只要我们牢固树立命运共同体意识，携手努力、共同担当、同舟共济、共渡难关，就一定能够让世界更美好、让人民更幸福。"③ 构建人类命运共同体和以人民为中心的逻辑是一脉相承的。

（二）坚持以人民为中心是解决当前社会主要矛盾的现实需要

就我国的现实国情来说，党的十九大报告提出两个"没有变"：一个是社会

---

① 习近平：《高举中国特色社会主义伟大旗帜 为全面建设社会主义现代化国家而团结奋斗——在中国共产党第二十次全国代表大会上的报告》，人民出版社 2022 年版，第 26 页。

② 习近平：《高举中国特色社会主义伟大旗帜 为全面建设社会主义现代化国家而团结奋斗——在中国共产党第二十次全国代表大会上的报告》，人民出版社 2022 年版，第 63 页。

③ 习近平：《共担时代责任 共促全球发展》，载于《人民日报》2017 年 1 月 18 日，第 03 版。

主义初级阶段的基本国情没有变，一个是作为世界上最大的发展中国家的国际地位没有变。[①] 但在两个"没有变"的基础上，十九大报告指出，我国社会主要矛盾发生了变化。"中国特色社会主义进入新时代，我国社会主要矛盾已经转化为人民日益增长的美好生活需要和不平衡不充分的发展之间的矛盾。"[②] 党的二十大报告提出："我们始终从国情出发想问题、作决策、办事情，既不好高骛远，也不因循守旧，保持历史耐心，坚持稳中求进、循序渐进、持续推进。"[③]

事实上，关于社会主要矛盾的最新表述，本身就体现了我们党对人民利益和福祉的高度关注。实现好、维护好、发展好最广大人民的根本利益，首先就是要了解人民的利益诉求，想人民之所想，急人民之所急。只有了解了人民的利益诉求，才会朝着正确的方向努力。我们党正是着眼于人民需求目标的改变，重新阐释了社会主要矛盾的内容。而这一矛盾的解决，要求我们党进一步践行以人民为中心的发展思想。具体来说，解决不平衡不充分的发展问题，就是要加大收入分配调节力度，坚决打赢脱贫攻坚战，让每一个社会成员都能享受改革发展的成果，促进社会公平正义；实施城乡、区域协调发展战略，支持贫困地区加快发展。一句话，坚持以人民为中心，是解决当前社会主要矛盾的现实需要。

（三）坚持以人民为中心是巩固党的执政地位的现实需要

党的十八大以来，以习近平同志为核心的党中央全面从严治党，取得了显著成效。党的领导得到全面加强，党的政治纪律和政治规矩得到强化，管党治党政治责任层层落实，选人用人状况和风气明显好转，党内法规制度体系不断健全，巡视利剑作用彰显，反腐败斗争压倒性态势已经形成并巩固发展。

但必须清醒认识到，党的建设还存在不少薄弱环节。在新的历史时期，我们党面临非常复杂的执政环境，党的先进性和纯洁性有可能受到各种因素的消极影响。党内思想建设、组织建设、作风建设中存在的问题还没有得到彻底解决。例如，"四个意识"和"四个自信"不强的问题仍然比较突出；少数干部"为官不为""庸政懒政怠政"现象突出；基层党建工作比较薄弱，一些基层党组织软弱涣散；反腐败斗争形势依然严峻复杂，党员违纪问题仍然频发。[④] 从这些问题可以看出，全面从严治党依然任重而道远。

---

① 习近平：《决胜全面建成小康社会　夺取新时代中国特色社会主义伟大胜利——在中国共产党第十九次全国代表大会上的报告》，人民出版社 2017 年版，第 12 页。

② 习近平：《决胜全面建成小康社会　夺取新时代中国特色社会主义伟大胜利——在中国共产党第十九次全国代表大会上的报告》，人民出版社 2017 年版，第 11 页。

③ 习近平：《高举中国特色社会主义伟大旗帜　为全面建设社会主义现代化国家而团结奋斗——在中国共产党第二十次全国代表大会上的报告》，人民出版社 2022 年版，第 22 页。

④ 参阅《党的十九大报告学习辅导百问》，党建读物出版社、学习出版社 2017 年版，第 14 页。

敢于正视自身不足，直面困难和挑战，是我们党的卓越品格和优良传统。要经受住"四大考验"，抵御"四大危险"，最根本的一条，还是要坚持以人民为中心。习近平总书记指出："一个政党，一个政权，其前途命运取决于人心向背。人民群众反对什么、痛恨什么，我们就要坚决防范和纠正什么。"① 在发展中国特色社会主义的新时代，要把我们党建设成一个强有力的领导核心，必须不断强化这项政治优势。中国共产党之所以能取得革命、建设和改革的胜利，从建党之初的 50 多名党员发展到今天这样一个拥有九千多万党员的执政党，主要原因就在于得到了广大人民群众的拥护和支持，从人民群众那里汲取了伟大的智慧和力量。但要注意的是，党的执政地位和领导地位不是自然而然就可以一直保持下去的。如果脱离了群众，不关心群众利益，不彻底解决群众反映强烈的党内问题，我们党就会失去执政资格，从而被历史所淘汰。近些年来，世界上的一些老牌的执政党丢权垮台，我们应该从中吸取深刻的经验教训。总之，只要"不忘初心"，坚守人民立场，把为人民谋利益当作自己的使命，我们党就可以战胜任何困难和挑战，就能巩固执政地位和领导地位，确保红色江山永不变色。

第二节　以人民为中心价值理念的科学内涵

坚持以人民为中心，是我们党在发展问题上的重要理论创新成果，开辟了党的执政理念和执政实践的新境界。"以人民为中心"具有丰富的科学内涵，可以从目的论、动力论、评判论、分配论这四个方面来进行理解和阐释。②

一、目的论：把人民对美好生活的向往作为奋斗目标

习近平总书记指出："我们的人民热爱生活，期盼有更好的教育、更稳定的工作、更满意的收入、更可靠的社会保障、更高水平的医疗卫生服务、更舒适的居住条件、更优美的环境，期盼孩子们能成长得更好、工作得更好、生活得更好。人民对美好生活的向往，就是我们的奋斗目标。"③ 作为马克思主义政党，

---

① 习近平：《决胜全面建成小康社会　夺取新时代中国特色社会主义伟大胜利——在中国共产党第十九次全国代表大会上的报告》，人民出版社 2017 年版，第 61 页。

② 参阅付海莲、邱耕田：《习近平以人民为中心的发展思想的生成逻辑与内涵》，载于《中共中央党校学报》2018 年第 4 期。

③ 《习近平谈治国理政》第一卷，外文出版社 2018 年版，第 4 页。

"面对人民过上更好生活的新期待，我们不能有丝毫自满和懈怠，必须再接再厉，使发展成果更多更公平惠及全体人民，朝着共同富裕方向稳步前进"①。2013年3月，习近平总书记重申："中国共产党在中国执政，就是要带领人民把国家建设得更好，让人民生活得更好。"② 2014年2月，习近平总书记回答外国记者采访时指出："中国共产党坚持执政为民，人民对美好生活的向往就是我们的奋斗目标。我的执政理念，概括起来说就是：为人民服务，担当起该担当的责任。"③ 2016年10月，习近平总书记指出："弘扬伟大长征精神，走好今天的长征路，必须把人民放在心中最高位置，坚持一切为了人民、一切依靠人民，为人民过上更加美好生活而矢志奋斗。"④

从习近平总书记的这些重要论述可以看出，从目的论上讲，坚持以人民为中心的崇高价值理念，就是要为人民创造美好生活而奋斗。"为什么人的问题，是检验一个政党、一个政权性质的试金石。"⑤

为了人民的美好生活而奋斗，就要保持对人民的赤子之心。习近平总书记多次强调，全党要始终保持"对人民的赤子之心"，要"不忘初心、继续前进"。在国家民族危难之际，中国共产党登上历史舞台，完全是出于一片救国救民之心。习近平总书记指出："作为国家领导人，人民把我放在这样的工作岗位上，我就要始终把人民放在心中最高的位置，牢记责任重于泰山，时刻把人民群众的安危冷暖放在心上，兢兢业业，夙夜在公，始终与人民心心相印、与人民同甘共苦、与人民团结奋斗。"⑥ 无论走到哪里，他心中时刻牵挂的，总是广大人民群众，尤其是那些困难群众。每次下基层，习近平总书记都喜欢来到群众之间，与群众亲切地拉家常、谈发展，彰显出爱民如子的人民公仆形象。在亲民爱民、为民着想方面，习近平总书记为党员干部作出了很好的表率和示范。

为了人民的美好生活而奋斗，就要积极回应人民群众最关心的现实问题。亲民爱民不是面子工程，不能"口惠而实不至"。实现人民的美好生活，只有靠"撸起袖子加油干"。为人民的根本利益而奋斗，就必须把工作做到实处。在实际工作中，要把人民群众最关心的问题摆在突出位置。"要面对面、心贴心、实打实做好群众工作，把人民群众安危冷暖放在心上，雪中送炭，纾难解困，扎扎实

---

① 《习近平谈治国理政》第一卷，外文出版社2018年版，第28页。
② 《习近平接受金砖国家媒体联合采访》，载于《人民日报》2013年3月20日，第01版。
③ 《习近平谈治国理政》第一卷，外文出版社2018年版，第101页。
④ 习近平：《在纪念红军长征胜利80周年大会上的讲话》，载于《人民日报》2016年10月22日，第02版。
⑤ 习近平：《决胜全面建成小康社会　夺取新时代中国特色社会主义伟大胜利——在中国共产党第十九次全国代表大会上的报告》，人民出版社2017年版，第44~45页。
⑥ 《习近平谈治国理政》，外文出版社2014年版，第102页。

实解决好群众最关心最直接最现实的利益问题、最困难最忧虑最急迫的实际问题。"① 当前，医疗、住房、子女教育等方面的民生问题最受人民群众关注。这些问题之所以最受关注，主要就是因为它们是和人的生活质量密切相关的核心问题，是实现美好生活的"底限"。看不起病、买不起房、子女得不到良好的教育，会使人们陷入无尽的焦虑和烦恼。如果这些问题解决不好，人民的生活质量和幸福感就无从谈起。

按照党的十九大报告的要求，保障和改善民生需要持续不断的努力，既要"尽力而为"，又要"量力而行"。针对"看病难"的问题，实施健康中国战略，为人民群众提供优质高效的健康服务；针对"住房难"的问题，强化"房子是用来住的、不是用来炒的"这个定位，综合运用经济、法律等多种手段，抑制房地产泡沫，同时建立"多主体供给、多渠道保障、租购并举"的住房制度；针对"上学难"的问题，把教育事业放在优先发展的地位，以教育公平促进社会的公平正义，合理配置教育资源，加大对经济落后地区的投入力度，使每一个孩子都有机会接受良好的教育，让每一个家庭都对未来充满信心。新冠肺炎疫情暴发后，中国共产党和中国政府本着对人民负责、对生命负责的态度，在防控和救治两个战场协同作战，在人民生命和经济利益之间果断抉择生命至上。宁可承受一段时期经济下滑甚至"停摆"带来的严重损失，也要尽可能地维护人民的生命安全和身体健康。

为了人民的美好生活而奋斗，就要不断促进人的全面发展。马克思和恩格斯指出："代替那存在着阶级和阶级对立的资产阶级旧社会的，将是这样一个联合体，在那里，每个人的自由发展是一切人的自由发展的条件。"② "人的自由全面发展"不仅可欲，而且可行。恩格斯对其实现的可能性做出了论证："通过社会化生产，不仅可能保证一切社会成员有富足的和一天比一天充裕的物质生活，而且还可能保证他们的体力和智力获得充分的自由的发展和运用。"③ 美好生活的内容包含多重维度。改革开放四十余年来，人民群众生活水平不断提高，生存需要基本得到满足。当前，人民群众关注的主要不是"活下去"，而是"活得好"的问题。因此，执政党要带领人民创造美好生活，就必须贯彻新发展理念，以高质量发展，形成高质量发展格局，进而促进人的全面发展，满足人民多层次、多方面的需求。"高质量发展是全面建设社会主义现代化国家的首要任务。发展是党执政兴国的第一要务。没有坚实的物质技术基础，就不可能全面建成社会主义现代化强国。必须完整、准确、全面贯彻新发展理念，坚持社会主义市场经济改

---

① 《习近平谈治国理政》第二卷，外文出版社 2017 年版，第 364 页。
② 《马克思恩格斯选集》第 1 卷，人民出版社 2012 年版，第 422 页。
③ 《马克思恩格斯选集》第 3 卷，人民出版社 2012 年版，第 670 页。

革方向，坚持高水平对外开放，加快构建以国内大循环为主体、国内国际双循环相互促进的新发展格局。"①

二、动力论：依靠人民创造历史伟业

以人民为中心，就是要依靠人民创造历史伟业。人民是真正的历史创造者，这是历史唯物主义的一条基本原理。用习近平总书记的话说，人民既是历史的"剧中人"，也是历史的"剧作者"。② 离开了人民，我们的事业就没有胜利的可能。历史唯物主义是马克思主义的核心要义，它正确解释了人类社会历史发展的客观规律。只有按历史规律办事，我们才能避免走弯路。

中国共产党的历史和现实充分表明，党的根基和力量在于人民，人民群众是党的力量之源和胜利之本。我们什么时候赢得了人民，什么时候就赢得了胜利。中国共产党自诞生以来，面对的历史任务非常艰巨，面对的敌人非常强大。在这样的情况下，我们党取得了一个又一个的胜利，靠的就是广大人民群众的拥护和支持。在抗击疫情的中国行动中，给我们力量和信心的也是中国人民。14 亿中国人民，不分男女老幼，不论岗位分工，都自觉投入抗击疫情的人民战争，团结合作，汇聚起抗击疫情的强大力量。

中国人民是伟大的人民。习近平总书记对中国人民的精神品格作出很高的评价，他指出："中国人民是具有伟大创造精神的人民、伟大奋斗精神的人民、伟大团结精神的人民、伟大梦想精神的人民。"③ 这样伟大的人民、伟大的民族，是我们坚持"四个自信"的强有力的理由。只要中国人民继续弘扬伟大的民族精神，就一定能形成无坚不摧的强大力量，战胜前进道路上的一切艰难险阻，实现美好生活的目标，实现中华民族的伟大复兴。

依靠人民创造历史伟业，就是要坚持人民主体地位。必须有序推进社会主义民主政治建设，确保人民群众践行当家作主的权利。我国的基本政治制度，能够确保人民享有广泛的权利和自由，有机会参与到国家治理和社会治理中去。实践证明，中国特色社会主义民主制度适合中国国情，具有巨大的优越性，但这并不意味着它是完美无缺的。"制度自信不是自视清高、自我满足，更不是裹足不前、固步自封，而是要把坚定制度自信和不断改革创新统一起来，在坚持根本政治制

---

① 习近平：《高举中国特色社会主义伟大旗帜　为全面建设社会主义现代化国家而团结奋斗——在中国共产党第二十次全国代表大会上的报告》，人民出版社 2022 年版，第 28 页。

② 《习近平谈治国理政》第二卷，外文出版社 2017 年版，第 314 页。

③ 《习近平在第十三届全国人民代表大会第一次会议上的讲话》，载于《人民日报》2018 年 3 月 21 日，第 02 版。

度、基本政治制度的基础上，不断推进制度体系完善和发展。"① 在全面深化改革的大背景下，我们要有序推进政治体制改革。对于社会主义民主政治在规范和运行等方面存在的不足之处，必须加以纠正和完善，以进一步巩固和加强人民群众的主体地位，提高国家治理的活力。此外，还要加强基层民主建设，健全以职工代表大会为基本形式的企事业单位民主管理制度，使职工群众享有真正的知情权、参与权、监督权，在自己的实际工作中强化"主人翁"意识。

依靠人民创造历史伟业，就是要发挥人民群众的积极性和创造性。改革开放以来，从安徽小岗村的"大包干"探索到"杀出一条血路"的创办经济特区实践，从乡镇企业的异军突起到"温州模式""苏南模式"的兴起等，改革开放历史进程中的许多重要创举都是从群众中来，最终又回到群众中去。改革开放的成就，得益于高层领导决策和基层群众实践的完美结合。从某种程度上说，领袖的"领导力"就表现在对群众智慧的承认、概括和提升。今天，我国改革进入攻坚期和深水区，需要改的问题越来越复杂，越来越敏感。在这个历史关头，我们更需要发挥人民群众的首创精神。"在人民面前，我们永远是小学生，必须自觉拜人民为师，向能者求教，向智者问策；必须充分尊重人民所表达的意愿、所创造的经验、所拥有的权利、所发挥的作用。"② 发挥人民群众的创造性，具体可以从以下几个方面入手。

一是将教育放在优先发展的战略地位，竭力提高国民的文化素质。创造力不是与生俱来的东西，创造力的培养离不开先进的教育理念和精心设计的教育过程。要按照教育规律，建立健全创造性人才的培养机制。要积极推进教育事业的发展，普及教育，培养具有创新能力和国际视野的一流人才，使全体人民共享教育发展的成果。

二是全面贯彻"尊重劳动、尊重知识、尊重人才、尊重创造"的方针。在这"四个尊重"中，尊重劳动是根本。人民群众的主体是从事物质资料生产的劳动者。调动人民群众的积极性和创造性，首先就是尊重劳动。随着生产力的发展，越来越多的简单劳动被复杂劳动所代替，脑力劳动在整个社会生产过程中扮演越来越关键的角色。在脑力劳动中，知识、人才、创造这些因素得以充分体现。在"文化大革命"期间，"四人帮"等的愚昧行径极大限制了人民群众创造力的发挥，给党和国家的事业带来严重的损失。这个反面教训告诉我们：一个国家和民族的发展，一定要尊重知识和人才，最大限度地鼓励人们发挥聪明才智，挖掘创造的潜力。正如习近平总书记指出的，"要在全社会积极营造鼓励大胆创新、勇

---

① 《习近平谈治国理政》第二卷，外文出版社 2017 年版，第 289 页。
② 习近平：《在纪念毛泽东同志诞辰 120 周年座谈会上的讲话》，载于《人民日报》2013 年 12 月 27
日，第 02 版。

于创新、包容创新的良好氛围，既要重视成功，更要宽容失败，完善好人才评价指挥棒作用，为人才发挥作用、施展才华提供更加广阔的天地"①。

三是通过全面深化改革破除不利于人民群众发挥创造力的体制机制。当前，中央正在大力推进"大众创业、万众创新"，这是激发全社会创新潜能的重要举措。为此，需要不断促进体制机制的创新。例如，要构建公平竞争的市场环境，废除不利于创业创新发展的垄断协议，消除其他不正当竞争行为，出台公平竞争审查制度，建立企业信用信息发布制度；改革商事制度，实现工商营业执照、组织机构代码证、税务登记证的"三证合一"，放宽新注册企业场所登记限制，为创业者提供更加便利的工商登记服务；加大对知识产权的保护力度，加大对恶意侵权行为的惩罚力度，探索实施惩罚性的赔偿制度；改革社会保障制度，打破影响人才自由流动的障碍。

三、评判论：人民是阅卷人

从评判论上讲，以人民为中心，意味着"我们党的执政水平和执政成效都不是由自己说了算，必须而且只能由人民来评判。人民是我们党的工作的最高裁决者和最终评判者"②。对此，习近平总书记还有一个形象的比喻："时代是出卷人，我们是答卷人，人民是阅卷人。"③

实际上，"考试"的比喻最早可以追溯到毛泽东。1949 年 3 月 23 日，在即将进驻北平的历史时刻，毛泽东说："今天是进京赶考的日子"，"我们都希望考个好成绩"。新中国成立七十余年来的历史表明，我们党在这场"考试"中取得了优异的成绩。但必须清醒认识到，"这场考试还没有结束，还在继续。今天，我们党团结带领人民所做的一切工作，就是这场考试的继续"④。过去考得好，不等于将来考得好。因此，我们党必须不忘初心、牢记使命，全力以赴、持之以恒地投入到这场历史性的考试中。至于最终考得如何、得到什么样的成绩，只有让人民来评判。

为什么以人民为最终的评判者？可以从"合法性"和"认知优势"两方面来考虑。一方面，我们党执政的合法性要求人民来评判党执政的水平和成效。合

---

① 《习近平总书记重要讲话文章选编》，中央文献出版社、党建读物出版社 2016 年版，第 150 页。

② 《习近平谈治国理政》第一卷，外文出版社 2018 年版，第 28 页。

③ 《以时不我待只争朝夕的精神投入工作　开创新时代中国特色社会主义事业新局面》，载于《人民日报》2018 年 1 月 6 日，第 01 版。

④ 习近平：《在庆祝中国共产党成立 95 周年大会上的讲话》，载于《人民日报》2016 年 7 月 2 日，第 02 版。

法性（legitimacy）是政治哲学中的一个重要概念，其核心含义就是指统治者的统治权力和统治资格。统治者不仅关心自己凭借强力实现统治的事实，而且也希望自己的统治名正言顺，也就是具有合法性。任何一个政权都会千方百计地寻求自身合法性的论证。在传统社会，人们通常认为统治者的统治资格来自上天的赋予，这就是所谓的"君权神授"说。启蒙之后，"君权神授"说不再具有说服力。随着"自由""平等""民主"观念不断深入人心，人们越来越倾向于统治者的统治权力应当来自被统治者的接受和同意，只有人民的认可才能赋予统治者统治的合法性。在我国，人民是国家的主人，党治国理政的权力是由人民赋予的。换言之，我们党执政的合法性来自人民的认可和同意。这意味着，从规范的角度上说，我们党的执政水平和执政成效理应由人民来检验和评判。

另一方面，从认知角度上说，在评判执政者的工作业绩方面，人民群众具有优势。习近平总书记经常引用汉代唯物主义哲学家王充在《论衡》中的一句话："知屋漏者在宇下，知政失者在草野。"我们党是为人民服务的，党的全部工作都是围绕人民群众的利益来展开。党员干部有没有服务意识、服务得好不好、服务中有哪些需要改进的地方，作为服务对象的人民群众知道得最清楚，因而最有发言权。邓小平说："生活水平究竟怎么样，人民对这个问题感觉敏锐得很。我们上面怎么算账也算不过他们，他们那里的帐最真实。"① 群众的眼睛是雪亮的，要相信群众的判断力。党有没有真正代表人民群众的利益，人民群众完全可以做出明晰、全面、准确的判断。人民群众对党的工作进行评判，能够不断激发党员干部的服务意识，促使他们不断提升服务质量。一个不愿接受人民群众评判的党员，或经不起人民群众评判的党员，都是不合格的。

让人民成为真正意义上的"阅卷人"，首先要全面提高党员干部和人民群众的民主意识。我国是一个有着2000多年封建社会历史的国家，专制思想残余对人民群众仍然有不小的影响。邓小平曾告诫我们："旧中国留给我们的，封建专制传统比较多，民主法制传统很少。"② 很多群众还是信奉"人治"思想，"臣民"心态根深蒂固，相信权力至上，认为领导干部就代表了权威，平民百姓只要服从就行。只知道有被领导的义务，不知道自己有法律赋予的评价和监督的权利。有些群众知道自己有这样的权利，却不知道通过何种程序加以运用。面对腐败分子和腐败行为，只敢暗地里发发牢骚，而不敢拿起法律武器，通过正当途径检举揭发。甚至，当自己的合法权益受到公权力侵害时，也仍然倾向于容忍屈从；或者，就走向另一个极端，采取暴力手段激烈对抗。不光人民群众会受到专

---

① 《邓小平文选》第三卷，人民出版社1993年版，第355页。
② 《邓小平文选》第二卷，人民出版社1994年版，第332页。

制思想的影响，党内的一些领导干部也深受其害。他们缺少自觉接受人民评判的观念，没有在各方面监督下工作的习惯。有些领导干部特权思想严重，认为自己位高权重、高人一等，根本不屑于群众的评判和监督，千方百计地逃避、阻挠监督，甚至对敢于监督的人打击报复；有些领导干部自视甚高，在自己所在的单位和组织独断专行，认为自己的工作专业性强，其他人根本不懂，因而也就没有资格评价；还有些领导干部对群众评议采取敌视态度，认为这是对他的不信任，故意找他麻烦。

对于党员干部来说，要树立自觉接受群众评判的理念。应当通过广泛深入的思想教育，使党员干部明白：群众的评判是对他们最好的爱护，能够使他们保持头脑清醒，减少犯错。评判和信任并不矛盾，只有经得起评判和监督的干部才值得信任，才能被委以重任。接受人民的评判，会影响党员干部的舒适度，但这不是反对评判、抵制评判的理由。要把能否自觉接受人民的评判和监督，作为衡量领导干部党性修养水平的一个重要尺度，作为新时代选人用人的一个重要标准。正如习近平总书记指出的："不想接受监督的人，不能自觉接受监督的人，觉得接受党和人民监督很不舒服的人，就不具备当领导干部的起码素质。"①

要使人民群众更加充分地参与对党和政府工作的评价过程，必须重视公民意识的培育。所谓公民意识，是指社会成员对公民资格及其价值的认同，对国家主体地位的认同。② 良好的公民意识不是生来就有的，而是后天教育和训练的结果。学校教育是公民教育的主要途径。我们可以在义务教育阶段就开设相应的公民教育课程，帮助学生更好理解公民和政党、政府的关系，为学生将来走进社会、参与公共事务做好准备。此外，高校的思想政治理论课也可以融入公民教育的内容。除了加强学校教育外，社会教育的作用也不可替代。学校提供的只是系统的知识教育，而成为一个合格的公民仅仅具备相关的理论知识是不够的。应该在学校之外，通过专业性的培训机构、媒体，多渠道、多层次地对社会公众开展权利意识、法律制度等方面的教育，营造崇尚公民精神的社会风气。

让人民群众成为真正意义上的"阅卷人"，还要创造一个良好的"阅卷"环境。一是建立健全党和政府工作的信息公开机制。评判的前提是"知情"。应制定政务、党务信息公开的相关法律，明确责任部门和问责方式。尤其要推进涉及民生的信息公开，例如公共政策的制定和执行情况、公共财政预决算的情况、公共资源的配置情况等。此外，要推进党务公开，提高党组织领导班子建设、干部选拔任用、干部廉洁自律等事项的透明度。二是建立对群众评议的快速反应机

---

① 《习近平关于全面从严治党论述摘编》，中央文献出版社 2016 年版，第 199 页。
② 唐海花：《公民意识教育浅议》，载于《当代教育理论与实践》2009 年第 4 期。

制。虚心接受群众的批评建议，有助于我们党自我更新、自我完善。应完善受理、查核、反馈和落实的程序，客观公正地处理评议信息，让群众感受到对评判权的尊重。对在核查过程中不作为的、消极怠慢的，要严肃追究责任。

四、分配论：让全体人民共享发展成果

从分配论上讲，以人民为中心，就是将发展成果交由全体人民共享，达到共同富裕。党的二十大报告指出："我们坚持把实现人民对美好生活的向往作为现代化建设的出发点和落脚点，着力维护和促进社会公平正义，着力促进全体人民共同富裕，坚决防止两极分化。"① "发展成果由人民共享"，是从"发展为了人民"和"发展依靠人民"这两个命题合乎逻辑地引申出来的一个结论。

"共享"是党的十八届五中全会提出的五大发展理念之一，它要解决的是发展成果的分配问题。"共享"的内涵可以从以下四个方面去理解和把握。其一，从主体来说，共享是全民共享。共享的主体是全体社会成员，不是少数人共享、一部分人共享。其二，从对象来说，共享是涵盖各领域的全面共享。其三，从前提来说，只有共建才能共享，没有共建就没有共享。没有全体人民齐心协力共同参与中国特色社会主义的建设，就不会有足够多的可供共享的成果。其四，从过程来说，共享是渐进的共享，不是一下子就能实现的。② 这里值得强调的是，共享是一个代表公平正义的概念，而公平正义不等于平均。共享并不意味着每个人享有的成果一样多，共同富裕也不意味着在财富占有上的绝对平均。我们应当追求的是公平正义，而不是平均。在这方面，我们党需要吸取深刻的历史教训。邓小平告诫我们："我们坚持社会主义道路，根本目标是共同富裕，然而平均发展是不可能的。过去搞平均主义，吃'大锅饭'，实际上是共同落后，共同贫穷，我们就是吃了这个亏。"③

实现共同富裕，是马克思主义的一个重要价值目标，是社会主义的本质要求。马克思和恩格斯深刻批判了资本主义社会中存在的剥削、贫富分化和不公正，期望未来社会能够消除"三大差别"④，使每一个公民都能得到平等的对待。

和马克思主义经典作家的思想一脉相承，中国共产党人也始终将"共享"和"共同富裕"作为奋斗目标。在新中国成立之初，毛泽东同志就提出建设一个富

---

① 习近平：《高举中国特色社会主义伟大旗帜　为全面建设社会主义现代化国家而团结奋斗——在中国共产党第二十次全国代表大会上的报告》，人民出版社 2022 年版，第 22 页。
② 《习近平总书记系列重要讲话读本》，学习出版社、人民出版社 2016 年版，第 136 页。
③ 《邓小平文选》第三卷，人民出版社 1993 年版，第 155 页。
④ "三大差别"指工农差别、城乡差别、脑力劳动和体力劳动差别。

强的社会主义现代化国家的目标，他指出，"这个富，是共同的富，这个强，是共同的强，大家都有份"①。邓小平指出："社会主义不是少数人富起来、大多数人穷，不是那个样子。社会主义最大的优越性就是共同富裕，这是体现社会主义本质的一个东西。"② 江泽民也指出："实现共同富裕是社会主义的根本原则和本质特征，绝不能动摇。"③ 胡锦涛明确提出了"共享"的概念，"使全体人民共享改革发展成果，使全体人民朝着共同富裕的方向稳步前进"④。

落实"共享"理念、促进公平正义，概括起来就是两个层面的事：一是不断把"蛋糕"做大，二是把不断做大的"蛋糕"分好。

把"蛋糕"做大，就是要大力发展经济。经济社会发展水平，是决定社会公平正义的最主要因素。自 1971 年美国哲学家罗尔斯的《正义论》发表以来，正义成为当代政治哲学中的一个核心论题。关于具体的正义原则，在正义理论家那里存在广泛的争论和分歧。但是，几乎所有的理论家都会承认：提升弱势群体的生活质量，确保每一个社会成员都能过上有尊严的生活，是一个正义社会的最基本要求。而所谓有尊严的生活，大致就是党的十九大报告中提到的"幼有所育、学有所教、劳有所得、病有所医、老有所养、住有所居、弱有所扶"。要达到这些标准，就对社会整体的物质财富规模提出一定的要求。只有当经济社会发展到一定程度，才有可能让每一个人都有机会过上体面的生活。如果经济发展落后，资源严重匮乏，那么社会就会陷入集体性的贫穷，个人的基本生存都难以保证，公平正义也就不可能实现。"我们必须紧紧抓住经济建设这个中心，推动经济持续健康发展，进一步把'蛋糕'做大，为保障社会公平正义奠定更加坚实物质基础。"⑤

经济发展并不必然带来公平正义的结果，"共享"的实现程度也未必和经济发展水平成正比。我们在做大"蛋糕"的同时，也要把解决分好"蛋糕"的问题提上日程。

习近平总书记强调制度对于实现共享和正义的重要性，他指出："无论处在什么发展水平上，制度都是社会公平正义的重要保证。我们要通过创新制度安排，努力克服人为因素造成的有违公平正义的现象，保证人民平等参与、平等发展权利。要把促进公平正义、增进人民福祉作为一面镜子，审视我们各方面体制机制和政策规定，哪里有不符合促进社会公平正义的问题，哪里就需要改革；哪

① 《毛泽东文集》第六卷，人民出版社 1999 年版，第 495 页。
② 《邓小平文选》第三卷，人民出版社 1993 年版，第 364 页。
③ 《江泽民文选》第一卷，人民出版社 2006 年版，第 466 页。
④ 《胡锦涛文选》第二卷，人民出版社 2016 年版，第 291 页。
⑤ 《习近平谈治国理政》第一卷，外文出版社 2018 年版，第 96 页。

个领域哪个环节问题突出，哪个领域哪个环节就是改革的重点。对由于制度安排不健全造成的有违公平正义的问题要抓紧解决，使我们的制度安排更好体现社会主义公平正义原则，更加有利于实现好、维护好、发展好最广大人民根本利益。"①

以制度为中心来推进共享和正义，是有深刻的哲学论证作为依据的。著名的政治哲学家罗尔斯提出："正义的首要主题是社会基本结构。"② 对这个命题大致有两方面的论据：一方面，每个人的生活前景都不可避免地受到社会基本制度的影响；另一方面，对于维护背景正义（background justice），社会基本制度的作用不可替代。此外，制度具有强制性、稳定性、全局性、长期性等特点，这些特点使其成为促进公平正义的可靠保障。③

促进人民共享发展成果的理念，贯穿于"五位一体"的总体布局。在经济、政治、社会、文化、生态文明这五大领域中，以习近平同志为核心的党中央都提出了一系列相关的制度安排来推动社会公平正义。在经济领域，深化经济体制改革，营造公平竞争的环境。确保不同所有制主体能够公平参与市场竞争。坚持和完善以按劳分配为主体、多种分配方式并存的分配制度，不断提高一线劳动者的劳动报酬。不断完善再分配机制，缩小贫富差距。在政治领域，深化政治体制改革，保障人民群众当家作主的权利。加强社会主义民主制度建设，丰富民主形式，不断扩大公民有序政治参与。全面推进依法治国，维护公民基本权利。建立健全"不敢腐、不能腐、不想腐"的体制机制，强化对权力的制约和监督，遏制因滥用权力导致的社会不公。在社会领域，深化社会体制改革，不断改善民生。改革教育体制，扶持落后地区的义务教育，促进教育公平。完善就业创业体制机制，打破各种形式的就业歧视，维护劳动者平等就业的权利。深化医疗服务、公共卫生、药品供应、监管体制综合改革，解决看病难、看病贵、医疗资源分配不均衡的问题。建立健全社会保障制度，提高社会福利水平。完善精准扶贫的体制机制，实现脱贫攻坚目标。在文化领域，深化文化体制改革，增强全民族文化的创造力。在坚持马克思主义指导地位的前提下，充分发扬学术民主。为人民群众提供公平的文化资源，激发文化创造的活力。在生态文明领域，要"构建产权清晰、多元参与、激励约束并重、系统完整的生态文明制度体系"④，切实保护生态环境。建立生态环境责任追究制度，建立健全资源生态环境管理制度，实行资源有偿使用和生态补偿制度，从而维护代内和代际环境正义，为子孙后代留下天

---

① 《习近平谈治国理政》第一卷，外文出版社 2018 年版，第 97 页。

② 约翰·罗尔斯：《正义论》（修订版），何怀宏等译，中国社会科学出版社 2009 年版，第 6 页。

③ 参阅任俊：《习近平公平正义观的三重向度》，载于《唯实》2018 年第 9 期。

④ 《习近平总书记系列重要讲话读本》，学习出版社、人民出版社 2016 年版，第 240 页。

蓝、地绿、水净的美好家园。

第三节　以人民为中心价值理念的理论价值

以人民为中心的思想，是习近平总书记总结历史经验、把握时代特点作出的一大理论创新，具有重要的理论价值，实现了对中国古代传统"民本"思想和西方"人本主义"思想的超越。

一、以人民为中心思想对传统民本思想的超越

中国古代民本思想源于统治者和思想精英对治国实践的反思。经过长期的历史积淀，民本思想已经融入中华民族的文化和心理，影响着中国历史的发展进程。直到今天，民本思想对我国的政治文化和政治话语仍然产生潜移默化的影响。

从词源学上讲，"民本"一词最早出现在《尚书·五子之歌》中，所谓"民为邦本，本固邦宁"。大致意思是，人民是国家的根基，根基牢固了，国家才有安宁。不过，在奴隶社会晚期，尽管有民本思想的萌芽，"民"依然带有贬低蔑视的含义。例如，《论语·季世》中说："困而不学，民斯为下矣。"到了春秋战国时期，随着奴隶主阶级的衰落和地主阶级的兴起，人民在军事和生产中的作用日益突出，一些改革家开始推行军功授爵、奖励耕织等重民政策。与之相呼应，以儒家为代表的思想精英提出重民、保民、利民等主张，肯定了民众的地位和力量。比较有代表性的观点，如孟子的"民为贵，社稷次之，君为轻"（《孟子·尽心下》），荀子的"水则载舟，水则覆舟"（《荀子·王制》）。

汉唐时期，中国封建社会达到全盛，民本思想也得到快速发展。这个阶段，民本思想已经不仅仅局限于某个思想家或某个思想流派，而且还被引入官方的意识形态。以贾谊、董仲舒为代表的思想精英，进一步发展了民本思想。贾谊认为，民才是"万世之本"，国家、皇帝、官吏都应该以民为本。董仲舒指出，"天之立王，以为民也"，上天育民并不是为了君主，而上天立君主却是为了让他为人民做事。唐太宗李世民从隋朝的灭亡中吸取教训，他引用荀子的观点，把君主比作"舟"，把人民比作"水"，得出"水能载舟，亦能覆舟"的结论。此外，唐太宗在治理国家的实践中，还形成了"君依于国，国依于民"的民本思想。宋代以后，传统民本思想继续完善。朱熹将体恤民众视为治理国家的第一要务，他

说："天下之务莫大于恤民，而恤民之本在人君正心术以立纲纪"（《宋史·朱熹传》）。张载提出对民众要有仁爱之心，认为"民吾同胞，物吾与也"（《正蒙·乾称篇》），继而将知识分子的使命概括为"为天地立心，为生民立命，为往圣继绝学，为万世开太平"（《张子语录》）。明朝政治家和改革家张居正提出安民、保民的为政之道，认为"治政之要，在于安民，安民之道在于察其疾苦"（《答福建巡抚耿楚侗》）。明清之际，以王夫之、黄宗羲、顾炎武为代表的汉族士大夫对封建专制制度进行了深刻的反思。民本思想在这一时期有了比较大的突破，开始孕育现代民主的因素。例如，黄宗羲指出："天下为主，君为客"（《明夷待访录·原君》）。①

　　通过梳理传统民本思想的历史发展，可以总结出民本思想的基本内涵。第一，要敬畏和尊重人民。古人形象地运用"水"和"舟"的比喻，表明统治者必须对人民怀有敬畏之心。人民的支持会让统治者得到权力，人民的反对也会让统治者失去权力。第二，要体察民情、顺应民意。民心事关国家兴衰存亡。要得民心，要得到人民的拥护，就必须爱民知民。孟子曰："得天下有道，得其民，斯得天下矣；得其民有道，得其心，斯得其民矣"（《孟子·离娄上》）。第三，要改善人民的物质生活，使人民生活富足。中国历代有所作为的统治者都注意发展经济，改善民生。管子曰："凡治国之道，必先富民。民富则易治也，民贫则难治也。故治国常富，而乱国常贫"（《管子·治国》）。孟子强调民众拥有私有财产的重要性，提出"民之为道也，有恒产者有恒心，无恒产者无恒心"（《孟子·滕文公上》）。

　　中华优秀传统文化，是"中华民族的基因"，是中国特色社会主义文化的重要来源之一。新时代治国理政方略，离不开从中华优秀传统文化中汲取的养分。虽然传统的民本思想与今天的"以人民为中心"理念不能相提并论，但它的话语表达和实质内容都包含着国家治理的丰富经验，体现了古代先贤的眼光和智慧，从而构成了"以人民为中心"思想产生的"历史条件"。就其所提倡的重民、贵民、爱民、知民、利民、富民等方面，传统民本思想在今天仍然具有非常重要的理论和实践价值，但也必须看到，由于历史和阶级的局限性，传统民本思想也存在严重的缺陷。以人民为中心的思想，在吸收传统民本思想"合理内核"的基础上，实现了对后者的超越。这种超越主要体现在主题、立场、内容三个方面。

　　从主题上说，以人民为中心的思想实现了一个从"统治"到"发展"的转换。传统民本思想关注的是"统治"，并试图提供一套行之有效的"统治术"。

---

① 关于民本思想的历史发展，参阅吴海江、徐伟轩：《"以人民为中心"思想对传统民本思想的传承与超越》，载于《毛泽东邓小平理论研究》2018年第7期。

它假定，如果统治者能够掌握这套统治术，就会统治得更稳固、更长久。思想精英希望通过践行安民、保民、利民这些为政之道，更有效地统治民众，使得民众服从君主的统治，或至少不反对其统治。

从立场上来说，"以人民为中心"思想实现了一个从"统治者"到"人民"的转换。由于传统民本思想主要关注的是如何统治的问题，那么，毫无疑问，这些提倡民本的古代思想家都是站在统治者的立场上说话的。当思想精英提出"民贵君轻""治国之道，在于富民"这些观点时，他们的言说对象是统治者，而不是普通民众。归根到底，思想精英是为统治者服务的，甚至可以视为统治阶级的一部分。在传统民本思想中，民不是唯一的国家之本，君也是国家之本。民本始终与君本相联系，民本就是君本，民本意在尊君。孟子虽然提出"民贵君轻"，但同时也主张"无父无君，是禽兽也"。清代龚自珍猛烈抨击专制制度，揭露社会弊病，但同时又主张民众应效忠于君主。

从内容上说，以人民为中心，是关于发展的思想，解答了发展目标、动力、检验标准、成果分配等问题。按照这种发展思想，人民的幸福是发展的出发点和落脚点。从客观上讲，贯彻落实以人民为中心的发展思想，有利于我们党应对现实中的各种风险和挑战、巩固自身的执政地位。但如果因此就把以人民为中心理解成一种统治的技术和策略，就违背了中国共产党的宗旨和"初心"。共产党人的目标，与其说是统治，不如说是促进人自由而全面的发展。

在"以人民为中心"的思想框架中，不存在与"民"相对立的"官""君"之类的阶级概念。中国共产党作为执政党，是由人民中的先进分子组成的。我们党始终和人民在一起，为人民利益而奋斗。我们党领导人民发展经济、改善民生，促进全体人民共同富裕，不是为了自己的利益。在中国共产党领导下的社会主义国家，人民当家作主，不再是被统治的臣民。

"以人民为中心"实现了从"人民作为统治对象"到"人民作为历史主体"的转换。尽管古代的思想精英大多要求敬畏人民、善待人民，但他们骨子里不承认人民的历史主体地位，对人民或多或少存在蔑视和贬低。在他们那里，民众缺少知识和智慧，是被统治、被利用的对象。只要满足人民群众的基本生存需要，让他们有稳定的物质生活，就能实现君主"统而治之"的目标。至于人民群众可能具有的其他高层次需求，就显得无关紧要。在这个意义上，民本思想经常和愚民思想联系在一起。"夫惠本而后民归之志，民和而后神降之福……数以用民无不听，求福无不丰"（《国语·鲁语上》）。这句话中，惠本、民和的结果是用民，一个"用"字显示了民本的工具色彩。传统思想家鼓吹"唯上智与下愚不移"，宣扬"布衣不得干政"，极力排斥人民群众参与社会管理过程。

以人民为中心的思想，主张人民是历史的创造者，蕴藏着治国理政的智慧和力量。根据以人民为中心的思想，一方面，党的全部工作是为了人民的福祉，实现人民的利益。人民不是为实现某个政党或某个统治集团利益的工具。相反，政党是人民为完成某个历史任务而选择的工具。用康德主义的话说，人民是目的而非手段。另一方面，以人民为中心的思想要求紧紧依靠人民，充分发挥人民的能动性、创造性。习近平总书记高度重视人民群众的首创精神，他表示，"在人民面前，我们永远是小学生"①。这充分体现了把人民群众当作历史主体而非统治对象的执政理念，不仅契合历史唯物主义的基本观点，而且符合人类社会发展的潮流和趋势。

二、以人民为中心思想对现代西方人本主义的超越

从词源上来看，"人本主义"（humanism）起源于拉丁语的"人文学"，指那些与神学相区别的人文学科，诸如文法、修辞学、历史学、诗艺、伦理学等。到了 19 世纪，人们用"人本主义"一词来概括文艺复兴时期人文学者对古代文化的挖掘、梳理和研究工作，以及他们以人为中心的新世界观。人本主义鼓励人生享乐和个性解放，肯定现世生活的意义；反对封建等级观念，主张人人平等。人本主义思想极大推动了西欧各国的思想解放、科学进步和文化发展。

现代西方人本主义产生于 19 世纪的欧洲，这个思想流派用情感、意志、欲望来解读人性，把恐惧、厌烦、痛苦等心理体验当作哲学研究的对象。② 到了 20 世纪，科学技术造成的人性异化现象日趋严重，政治上法西斯主义的上台更是造成人性的扭曲，在这个背景下，存在主义应运而生。存在主义关注人的生存状态、人生的意义、人的自由等问题，在哲学上达到了现代人本主义思想的巅峰。

人本主义不是一个统一的思想流派，其表现形式和研究内容复杂多样。但总的说来，人本主义在现当代的发展具有这样的一些特征：第一，现代人本主义强调非理性因素对人的认识和行动的决定作用，强调非理性和理性的对立，认为理性的膨胀会压抑人的个性、限制人的自由，情感、意志、欲望等非理性的因素才彰显真正的人性。第二，如果说早期人本主义是"人类本位"，主张"人是万物的尺度"，那么，现代人本主义则可以说是"个人本位"。现代人本主义强调个人、个体的意义，关注个人的生存处境和人生价值，不满足于抽象地、一般性地讨论无差别的人性。第三，现代人本主义对现实社会具有强烈的批判性。人本主

---

① 习近平：《在纪念毛泽东同志诞辰 120 周年座谈会上的讲话》，载于《人民日报》2013 年 12 月 27 日，第 02 版。

② 丁东红：《现代西方人本主义思潮》，载于《中共中央党校学报》2009 年第 4 期。

义思想家认为，发达的科学技术造成了人的片面性。发达的科学技术虽然便利了人们的生活，但同时也被用于加强对人的控制，导致人对技术产生了极强的依赖性。人发明了机器，反过来却成为机器的奴隶。在发达资本主义社会中，人的能动性、创造性、批判性遭到了严重的压制。

如前所述，强调非理性、强调个体性、强调批判性，是现代人本主义的三大特征。但如果把这三个思想倾向绝对化，就会产生消极影响。以人民为中心的思想，在充分借鉴和批判的基础上，实现了对现代人本主义的扬弃和超越。①

以人民为中心思想追求的是人自由而全面的发展。现代人本主义过分强调非理性，容易陷入价值虚无主义。在以人民为中心的思想框架中，人不仅具有情感、意志、欲望，而且具有理性，理性和非理性因素是辩证统一的。促进人的全面发展，不仅要尊重人的情感需要、满足人的合理欲求，而且要培育人的理性能力。党的十九大报告提出，要"加强社会心理服务体系建设，培育自尊自信、理性平和、积极向上的社会心态"②。以人民为中心，要求培养人民的理性能力，搭建人民运用理性的机会和平台。理性是我们获取自然科学和社会科学知识必不可少的认知能力。没有理性，就无法把握我们所处的这个纷繁复杂的世界和社会。中国特色社会主义伟大事业的成功，需要千千万万专业性的人才运用他们的知识和才能。尊重知识、尊重创造，是以人民为中心思想的应有之义。在平衡理性和非理性的关系方面，以人民为中心思想实现了对现代西方人本主义的超越。

以人民为中心思想纠正了极端个人主义的缺陷。现代人本主义过分强调个体，会导致"自我"的膨胀，以及利己主义和极端个人主义的泛滥，从而伤害他人、社会和公共利益。这种思想拔高个人地位，宣扬个性解放，甚至不受限制地追求私欲的满足，会带来各种社会问题。这种由现代人本主义导出的极端个人主义思想，不仅存在于西方社会，而且在一定程度上也影响了当下中国社会的精神氛围。党内一些领导干部利欲熏心、以权谋私，就是极端个人主义的表现，严重损害了党的形象。③ 以人民为中心思想与以个人或自我为中心的思想正好针锋相对，是抵御极端个人主义的有力武器。人民是一个集体的概念，不是指某一个人，更区别于自我。以人民为中心，实际上对广大党员干部提出了一种很高的道德要求。坚持以人民为中心，不仅反对一味追求私利，而且要求在发生利益冲突时，必须为了保障人民利益而牺牲自我。人民至上的立场鲜明地体现在以人民为

---

① 丁东红：《现代西方人本主义思潮》，载于《中共中央党校学报》2009年第4期。

② 习近平：《决胜全面建成小康社会 夺取新时代中国特色社会主义伟大胜利——在中国共产党第十九次全国代表大会上的报告》，人民出版社2017年版，第49页。

③ 李怡、肖昭彬：《"以人民为中心的发展思想"的理论创新和现实意蕴》，载于《马克思主义研究》2017年第7期。

中心的思想中。将人民的根本利益作为自己的奋斗目标，体现出一种高尚的利他主义精神，从而在道义上实现了对现代人本主义的超越。

以人民为中心思想实现了批判性和建设性的统一。现代人本主义思想对西方文明、科学技术的运用、现代社会中人性的异化作出了深刻的反思和批判。但遗憾的是，对于揭示出来的这些社会问题，现代人本主义思想并没有给出令人信服的解决之道。因此，现代人本主义给人的一个总体印象是批判性有余、建设性不足。以人民为中心的思想克服了这个缺陷，批判性和建设性兼而有之。一方面，以人民为中心的思想可以提供一个规范性的角度，对我们党在治国理政过程中出现的问题进行批判性的反思。我们党的工作有没有实现人民的利益、有没有发挥人民群众的创造性、工作的成果有没有让全体人民共享，这些问题都可以作为反思和评价当前我们党实际工作情况的线索。另一方面，以人民为中心的思想可以作为行动指南和基本遵循，指导我们党更好地治国理政。不同于现代人本主义，以人民为中心的思想是由强有力的执政党而非学院中的思想精英提出的。中国共产党掌握丰富的社会资源，具有极强的行动力，有能力将自己的理念落实到治国理政的具体过程中。"以人民为中心的发展思想，不是一个抽象的、玄奥的概念，不能只停留在口头上、止步于思想环节，而要体现在经济社会发展各个环节。"[1]因此，相比现代人本主义，以人民为中心思想体现出更强的实践取向和务实风格。

第四节　坚持以人民为中心须正确处理三大关系

坚持以人民为中心的价值理念，必须正确认识三大关系：党性和人民性的关系；以人民为中心和以经济建设为中心的关系；中国人民利益和世界各国人民利益之间的关系。这三大关系得不到厘清的话，我们在理论和实践中就会遇到很多困惑与问题。

一、正确处理党性和人民性的关系

坚持以人民为中心的价值理念，不可避免地会涉及如何处理党性和人民性关系的问题。毕竟，在我国，中国共产党是各项事业的领导核心。那么，如何看待

---

[1]　《习近平谈治国理政》第二卷，外文出版社 2017 年版，第 213～214 页。

坚持以人民为中心和坚持党的领导之间的关系呢？在全国宣传思想工作会议上，习近平总书记明确指出："党性和人民性从来都是一致的、统一的。"① 党性和人民性相统一，是马克思主义的基本观点，也是意识形态领域和宣传思想工作中的一个基本原则。然而，关于这个问题现实中还是存在一些认识上的误区。主要有四种代表性的错误观点，有待澄清。

第一种观点主张，"党性和人民性相对立"。近年来，我们在网络上看到过这样的言论，一位官员质疑记者："你是准备替党说话，还是准备替老百姓说话？"这样的说法，明显是将党性和人民性对立起来，好像可以在党的立场和人民立场之间作一个非此即彼的选择。第二种观点主张，"党性高于人民性"。这种观点认为，既然党是领导一切的，党是人民的"主心骨"，人民需要党的领导，那么，党性自然就在人民性之上。第三种观点主张，"人民性高于党性"。这种观点从人民主权学说出发，认为党的执政地位有赖于人民的拥护和支持，没有人民的广泛认可，党就失去了执政的合法性，因而人民性在党性之上。第四种观点主张，"党性背离人民性"。这种观点从党内出现一些腐败问题的实际情况出发，认为部分党员干部贪污腐败，利用手中权力谋求私人利益，早就脱离了人民群众。这个现象被用来说明党性不一定始终和人民性保持一致。

要厘清党性和人民性之间的关系，首先要阐明"党性"和"人民性"这两个概念。从字面上来说，所谓"党性"，就是一个政党的本性。而就其本性而言，政党是阶级斗争的产物，它的任务和使命就是领导本阶级的政治斗争，谋求本阶级的利益。因此，坚持党性，就是维护政党及其代表的阶级的利益。而坚持人民性，"就是要把实现好、维护好、发展好最广大人民根本利益作为出发点和落脚点，坚持以民为本、以人为本"②。

党性是个历史的范畴。政党不是从来就有的，而是直到近代随着资本主义生产关系的逐步确立才得以产生。在政党的发展史中，不同的政党代表不同的阶级利益，坚持不同的政治主张，进而呈现出不同的党性。③ 在资本主义社会，主要的政党都是站在资本的立场上，为资产阶级的利益服务。虽然这些政党有时声称代表人民，但在资本利益与人民利益发生矛盾时，他们会毫不犹豫地选择资本利益。

马克思主义政党产生之后，党性和人民性第一次实现了统一。因为，马克思

①② 《胸怀大局把握大势着眼大事 努力把宣传思想工作做得更好》，载于《人民日报》2013 年 8 月 21 日，第 01 版。
③ 陈曙光、刘小莉：《坚持党性和人民性的统一》，载于《前线》2019 年第 5 期。

主义政党同其他政党的根本区别就在于，"始终同人民在一起，为人民利益而奋斗"①。我们党是最广大人民群众利益的最忠实代表，党的全部工作都是为人民谋福利，实现人的全面发展。在实际工作中，党信任并依靠人民群众的力量。密切联系群众，是党的一项优良作风和政治优势。作为工作方法，贯彻群众路线要求"从群众中来，到群众中去"，即"将群众的意见（分散的无系统的意见）集中起来（经过研究，化为集中的系统的意见），又到群众中去作宣传解释，化为群众的意见，使群众坚持下去，见之于行动，并在群众行动中考验这些意见是否正确。然后再从群众中集中起来，再到群众中坚持下去。如此无限循环，一次比一次地更正确、更生动、更丰富"。②

综上所述，从我们党的性质、宗旨、思想观点、工作方式来看，党性和人民性是高度一致的、统一的。只有无产阶级政党才会提出并践行"以人民为中心"的执政理念。这样看来，把党性和人民性割裂开来，是完全错误的观点。事实上，在当代中国的语境中，为党说话，就是为人民说话；为人民说话，就是为党说话。

而且，党性和人民性之间没有高低之分，两者互为逻辑前提。一方面，党性不能脱离人民性，不坚持人民性也就意味着失去了党性。一个党员，如果不能做到心系人民群众，不能踏踏实实为人民群众服务，他就无法被视为合格党员，他的"党性"就是存疑的。一旦丢弃了人民立场，站到了人民的对立面，就意味着党遗忘了自己的"初心"，所谓的党性就模糊了。另一方面，人民性也不能脱离党性。历史已经充分证明，要实现人民的根本利益，要实现人民当家作主，都离不开党的领导。正是在党的领导下，中国人民历史上第一次真正成为国家的主人。只有中国共产党才能集中最广大人民群众的智慧和力量，体现全国各族人民的意志。只有坚持党的领导，坚持正确的政治方向，坚持和党中央保持一致，坚持维护党中央权威，才能造福于广大人民。从这个意义上说，坚持人民性的前提是坚持党性。

党内的腐败现象不能用来证明所谓的党性背离人民性。习近平总书记明确指出，"我们党员干部队伍的主流始终是好的"③。这个论断是经得起实践检验的。很显然，在坚持和发展中国特色社会主义的新时代，甘愿为人民群众无私奉献的优秀党员干部层出不穷。党内存在腐败现象，是客观存在的事实，但这是少数党

---

① 《习近平新时代中国特色社会主义思想学习纲要》，学习出版社、人民出版社 2019 年版，第40 页。

② 《毛泽东选集》第三卷，人民出版社 1991 年版，第 899 页。

③ 习近平：《更加科学有效地防治腐败　坚定不移把反腐倡廉建设引向深入》，载于《人民日报》2013 年 1 月 23 日，第 01 版。

员干部的问题。不能把局部的问题夸大为整体的问题，不能把少数党员的问题夸大为全党乃至党性的问题。无论在什么样的历史条件下，面对何种风险和挑战，我们党的党性是毫不动摇的。这一点，在我们党诞生的那一刻起就已经决定了。当前，我们党正在深入推进党风廉政建设和反腐败斗争。这场斗争得到了广大人民群众的赞成和拥护，这恰恰体现了党性和人民性的统一而非背离。

二、正确处理以人民为中心和以经济建设为中心的关系

坚持以人民为中心的价值理念，必须正确理解"以人民为中心"和"以经济建设为中心"的关系。认为"以人民为中心"要取代"以经济建设为中心"的观点，是站不住脚、违背事实的。

"文革"期间，社会动荡，生产力发展缓慢，人民生活得不到有效改善，国民经济处于崩溃边缘，社会主义制度的优越性无从体现。在这个背景下，党的十一届三中全会拨乱反正，成功实现了党的工作重心的转移。毫无疑问，这是一个符合基本国情和时代发展要求的正确决定。改革开放之初，邓小平强调以经济发展为基础，推进社会全面发展进步。他指出："现代化建设的任务是多方面的，各个方面需要综合平衡，不能单打一。但是说到最后，还是要把经济建设当作中心。离开了经济建设这个中心，就有丧失物质基础的危险。其他一切任务都要服从这个中心，围绕这个中心，决不能干扰它，冲击它。"[①] 从开始实行改革开放到全面深化改革的今天，我们党从来没有否认"以经济建设为中心"这个指导思想。经济建设是我们党在相当长一个历史时期中的工作重心。坚持以经济建设为中心，是巩固党的执政地位的需要，是提升我国综合国力的需要，是实现人民根本利益的需要。

在新的历史方位，我国的基本国情没有改变。习近平总书记指出："我们要坚持发展是硬道理的战略思想，坚持以经济建设为中心，全面推进社会主义经济建设、政治建设、文化建设、社会建设、生态文明建设，深化改革开放，推动科学发展，不断夯实实现中国梦的物质文化基础。"[②] 在"五位一体"的总体布局中，经济建设仍占据中心位置。党的二十大报告指出坚持以经济建设为中心。它主要体现为高质量发展。"高质量发展是全面建设社会主义现代化国家的首要任务"，"要坚持以推动高质量发展为主题"，因为"发展是党执政兴国的第一要

---

① 《邓小平文选》第二卷，人民出版社 1994 年版，第 250 页。
② 习近平：《在第十二届全国人民代表大会第一次会议上的讲话》，载于《人民日报》2013 年 3 月 18 日，第 01 版。

务。没有坚实的物质技术基础，就不可能全面建成社会主义现代化强国。必须完整、准确、全面贯彻新发展理念，坚持社会主义市场经济改革方向，坚持高水平对外开放，加快构建以国内大循环为主体、国内国际双循环相互促进的新发展格局"。[1] 因此，我们没有理由认为，"以经济建设为中心"的思想过时了、被取代了、被超越了。

从义理上讲，"以人民为中心"和"以经济建设为中心"是相容的，因为两者完全是在不同的层面，回答不同的问题。如前所述，"以人民为中心"是对发展目标、发展动力、发展成效的评价以及对发展成果的分配等问题的回答，它的核心要义包括四个方面：为人民的美好生活而奋斗；紧紧依靠人民；让人民成为党执政成效的评判者；由人民共享发展成果。这些基本内涵背后都预设了很强的价值理念：民主、公平、正义、权利……"以人民为中心"是所有这些价值理念的集中体现。因此可以说，"以人民为中心"表达了执政者的一种价值观，它确立了人民在价值地位上的优先性。"以人民为中心"要挑战和取代的不是"以经济建设为中心"，而是"以统治者为中心""以有钱人为中心"等。

"以经济建设为中心"要表达的是一种根据国情适时调整的战略安排，而非执政者的价值理念。例如，我们可以说，文艺创作要以人民为中心、教育要以人民为中心，但不能说文艺创作要以经济为中心、教育要以经济为中心。如果以经济作为价值标准，会造成文艺和教育的扭曲，带来很多社会问题。任何一个明智的执政党，都不会试图把"以经济建设为中心"当作核心的价值理念，去思考和评价其他领域的工作。

回顾提出"以经济建设为中心"的历史背景，它要取代的其实是"以政治（阶级斗争）为中心"。这里的"中心"，确切含义应该是指工作重心。并不是说其他方面的工作不重要，而是说在协调推进各项工作的同时，要特别重视经济建设。当前，要实现更平衡、更充分的发展，归根到底还得靠经济建设。因此，"以经济建设为中心"是我们必须长期坚持的一项基本国策。

"以人民为中心"和"以经济建设为中心"的问题导向不同，导致两者在时间维度上也会呈现出不同的特点。作为一种价值观，"以人民为中心"是历史、现实、未来的统一。[2] 我们党干革命、搞建设、抓改革，都是为人民谋利益，让人民过上好日子。[3] 我们党过去坚持了"以人民为中心"，现在还是坚持"以人

① 习近平：《高举中国特色社会主义伟大旗帜　为全面建设社会主义现代化国家而团结奋斗——在中国共产党第二十次全国代表大会上的报告》，人民出版社 2022 年版，第 28 页。

② 韩喜平、巩瑞波：《"以人民为中心"三个问题的理论界说》，载于《湖北社会科学》2018 年第11 期。

③ 《习近平新时代中国特色社会主义思想学习纲要》，学习出版社、人民出版社 2019 年版，第 41 页。

民为中心"，将来也会坚持下去。而"以经济建设为中心"是阶段性、暂时性的概念。执政党会根据国际国内形势的变化，调整自身的工作重心。一旦基本国情发生改变，我国不再处于社会主义初级阶段的话，党的工作重心就会随之发生改变。一句话，价值理念可以长久保持，战略安排不会恒久不变。

"以人民为中心"和"以经济建设为中心"既有区别，又有关联。一方面，"以人民为中心"是评判"以经济建设为中心"的重要价值标准。"以经济建设为中心"这项战略安排是否得当，除了要考虑基本国情外，更为根本的，就是看它是否符合"以人民为中心"的价值理念。在当时背景下，我们党之所以作出将工作重心转移到经济建设的重大决定，为的就是人民群众的根本利益。实践表明，这个决定符合人民的根本利益，得到了人民的广泛支持，广大人民群众是"以经济建设为中心"战略安排的直接受益者。在这个意义上，"以人民为中心"确证了"以经济建设为中心"的正确性。

另一方面，"以经济建设为中心"是践行"以人民为中心"价值理念的重要举措。"以人民为中心"要避免成为空洞的口号，不能停留在思想环节，必须在经济社会发展中加以落实。虽然我国已经成为世界第二大经济体，但毕竟处在社会主义初级阶段和发展中国家的行列。要实现人民对美好生活的期待，必须持续把经济建设放在中心位置。"以经济建设为中心"为创造美好生活确立物质保障。经济建设是推进中国特色社会主义其他领域建设的前提。近年来，人民群众"获得感"的提升、生活质量的提高，与经济发展的成就是分不开的。如果我们不再"以经济建设为中心"，而是回到"以阶级斗争为纲"的老路，人民的美好生活就必然成为空想，"以人民为中心"的理念就成为一句毫无意义的空话。

三、正确处理中国人民利益和世界各国人民利益之间的关系

坚持"以人民为中心"的价值理念，是否意味着"以本国人民利益为中心"，或者直接就是某种版本的"中国优先"？答案是否定的。这里的"人民"，不仅包括中国人民，而且包括了世界各国人民。中国共产党始终把为人类做出新的更大贡献作为自己的使命。坚持以人民为中心，要求协调推进中国人民和世界各国人民的利益。

应当认识到，从根本上说，随着全球化和一体化的不断深入，当今世界各国人民的利益具有一致性。马克思和恩格斯指出："各个相互影响的活动范围在这个发展进程中越是扩大，各民族的原始封闭状态由于日益完善的生产方式、交往以及因交往而自然形成的不同民族之间的分工消灭得越是彻底，历史也就越是成

为世界历史。"① 这个论断的正确性得到了历史和现实的证明。习近平总书记对世界形势作出这样的判断："这个世界，各国相互联系、相互依存的程度空前加深，人类生活在同一个地球村里，生活在历史和现实交汇的同一个时空里，越来越成为你中有我、我中有你的命运共同体。"② 一个国家的经济出现问题，必定会波及其他国家。一个国家政局不稳、内战频发，难民就会大规模涌向别国，给别国的安全形势带来不稳定因素。"温室效应"导致冰川融化、海平面上升，不仅给一些沿海低地国家带来灭顶之灾，而且给世界上很多人口稠密的沿海发达城市造成巨大的威胁。无论是经济危机、安全危机还是环境危机，一旦危机来临，任何国家和地区都无法单独应对，更不可能置身事外。

实现中国人民的根本利益、实现中华民族的伟大复兴，不会损害他国人民的利益。"中国威胁论"认为，中国的强大必然会落入"修昔底德陷阱"，中国的崛起必将挑战现有的国际秩序，并最终导致战争；此外，该论断认为中国的强大也会威胁邻国的安全。

所谓的"中国威胁论"，既有认知上的误读，也有一直以来存在的偏见。中国坚持走和平发展道路，在追求本国人民利益的同时绝不以牺牲他国人民利益为代价。首先，从文化传统来说，中华民族是爱好和平的民族，中国人民是爱好和平的人民。在五千多年的历史发展进程中，中华民族一直追求并践行"和平、和睦、和谐"的理念。中华民族从来没有侵略他国、称霸世界的野心。即使在国力最为强盛的时期，中国也没有殖民和侵略的历史记录。崇尚和平、追求和平，深深植根于中华民族的精神世界。

其次，从历史经验来说，近代以来，中国人民遭受了野蛮的外族侵略，对战争带来的苦难有刻骨铭心的记忆。从1840年鸦片战争到1949年新中国成立，中国社会战火不断，人民苦不堪言。在第二次世界大战期间，中国作为"亚洲主战场"，为世界反法西斯战争的胜利做出了重大贡献，但也付出了惨痛的代价。正因如此，中国人民格外珍惜当下和平安宁的生活。秉承"己所不欲，勿施于人"的道德传统，中国人民拒绝将自己承受过的痛苦强加给他国人民。和平发展是基于历史经验的正确选择。

最后，从世界发展大势来说，和平发展顺应了世界发展的潮流。一个国家要繁荣兴盛，必须顺应世界发展大势。习近平总书记明确指出："什么是当今世界的潮流？答案只有一个，那就是和平、发展、和平、共赢。中国不认同'国强必霸'的陈旧逻辑。当今世界，殖民主义、霸权主义的老路还能走得通吗？答案是

---

① 《马克思恩格斯选集》第1卷，人民出版社2012年版，第168页。
② 《习近平谈治国理政》，外文出版社2014年版，第272页。

否定的。不仅走不通，而且一定会碰得头破血流。只有和平发展道路可以走得通。所以，中国将坚定不移走和平发展道路。"①

中国的发展非但不会给他国人民带来损失，还会造福世界人民。与中国人民打交道，收获的不仅是友谊，还有实实在在的利益。经过四十余年的改革开放，中国已经成为制造业大国、贸易大国、消费大国，巨大的市场潜力为世界各国的发展提供了机会。中国经济开始走向世界经济舞台的中央，成为世界经济稳定增长的重要引擎。在逆全球化思潮盛行、贸易保护主义抬头之际，中国主动扩大开放，有力支持了经济全球化。中国正在大力推进的"一带一路"建设，给沿线国家带来巨大的发展机遇。中国所到之处，不仅带来资金、企业、基础设施、就业机会，还带来了学校、医院、体育馆，便利了当地人民的生活，提高了人民的生活质量。在促进南南合作方面，中国堪称典范。作为联合国维和行动的中坚力量，中国维和部队在非洲战乱地区发挥关键作用。截至 2017 年，中国已成为最不发达国家的最大投资方。② 长期以来，中国为非洲很多国家提供了大量的无偿援助、低息贷款、技术和人员方面的支持。今天，仍然有千千万万的中国企业家、工程师、医务工作者活跃在非洲，为改变当地人民的命运而奋斗，有的甚至付出了自己宝贵的生命。面对严重威胁人类生存的生态环境问题，中国积极实施应对气候变化的国家战略，推动气候变化国际合作，成为全球生态文明建设的重要贡献者、引领者，展现了一个负责任大国的形象。

总而言之，坚持以人民为中心，并不意味着追求"中国优先"。中国人民的利益和世界各国人民的利益在根本上是一致的。中国好，世界才会好；世界好，中国才会好。落实以人民为中心的价值理念，要求我们将打造"人类命运共同体"提上日程。

---

① 《习近平谈治国理政》第一卷，外文出版社 2018 年版，第 266 页。

② 《联合国报告：中国成为最不发达国家的最大投资者》，人民网，http://world.people.com.cn/n1/2017/0720/c1002-29416627.html，2017 年 7 月 20 日。

第九章

意识形态工作是党的一项极端重要的工作

习近平总书记指出："经济建设是党的中心工作，意识形态工作是党的一项极端重要的工作"①，同时，进一步强调，"巩固马克思主义在意识形态领域的指导地位，巩固全党全国人民团结奋斗的共同思想基础"②，以及"意识形态工作事关党的前途命运，事关国家长治久安，事关民族凝聚力和向心力"③。

第一节　马克思主义意识形态理论的缘起

自18世纪末法国著名启蒙思想家特斯杜·德·托拉西（Destutt de Tracy）创造"意识形态"一词始，意识形态就是一个十分重要但又极其混乱的研究领域，无论处于何种时代，意识形态问题都备受人们的关注并存在争议。无论是曼海姆的"利益集团的思想体系"，还是列宁的"社会意识形式"，抑或是贝尔的"意识形态终结"等，对于意识形态本质的追寻和论争，都吸引着更多的学者将研究视角转向意识形态领域，也使得意识形态在社会发展、历史进步中的作用愈加清明。因此，研究马克思主义意识形态理论的历史脉络，把握当今时代意识形态之

①② 《习近平谈治国理政》第一卷，外文出版社 2018 年版，第 153 页。
③ 《胸怀大局把握大势着眼大事　努力把宣传思想工作做得更好》，载于《人民日报》2013 年 8 月 21 日，第 01 版。

于世界政治、经济、文化、社会、生态发展、竞争中的重要意义，是我国"既不走封闭僵化的老路、也不走改旗易帜的邪路"①，不断加强主流意识形态阵地建设的根本保证。

一、意识形态的缘起

意识形态作为一定社会形态的观念上层建筑，是一定社会形态及由经济形态所决定的政治制度全面且真实的反映，对于那样的社会形态而言，具有价值引领、行动指导和群众导向的性质。在阶级社会，统治阶级的意识形态或直接或间接反映了社会的经济基础，是一定阶级、阶层、利益集团利益诉求的具体表现。他们提出并建立的社会理想、价值观念、政治原则和行动战略，维护着统治阶级的政治统治。因此，政党往往力图保持、改变现有的社会制度的思想理论体系，以表达自身的政治信仰和政治观点，并以此动员和组织民众。

（一）意识形态概念的提出

在不同社会形态中，不同国家、民族、阶级对意识形态的理解各不相同。意识形态理论最早可以追溯到古希腊哲学家柏拉图口中的"洞穴隐喻"和"高贵的谎言"，他用此形容剥去华丽思想外衣后人的思想的真实写照。② 但关于意识形态概念的正式提出，国内外学者普遍认为是 18 世纪末由法国思想家德斯图特·德·特拉西（Destutt de Tracy）在《关于思维能力的备忘录》一文中首次提出，而其《意识形态原理》则是人类社会第一本关于意识形态理论的著作。1815 年，特拉西认为意识形态有双层内涵：其一，认识论域中的意识形态。他认为观念因人的感觉而可靠，传统意识和理论知识通过直接感觉得到验证，通过还原式的检验达到澄清虚假观念的目的。这里"意识形态"不再是一种解释性的理论，更是验证性的理论。基于此，意识形态成为一种积极的、进步的科学；其二，政治伦理实践中的意识形态。他认为可以通过感觉阐释道德、法律、政治、伦理等学说，并基于直接感觉的还原检验特性重新建立一种国民教育模式，拿破仑利用这种从政治伦理实践角度的意识形态以贬斥意识形态，他甚至将战争失败的原因归咎于这种意识形态的传播，认为这种形而上学的说教使得主观成为原因，故而法律不再是出于历史的教训，这使法兰西承受着不该承受的灾难。自此，"意识

---

① 习近平：《高举中国特色社会主义伟大旗帜　为全面建设社会主义现代化国家而团结奋斗——在中国共产党第二十次全国代表大会上的报告》，人民出版社 2022 年版，第 27 页。
② 柏拉图：《理想国》，郭斌和、张竹明译，商务印书馆 2019 年版。

255

形态论"被扭曲和否定，以至于 19 世纪上半叶，西方学者普遍从否定意义上理解意识形态，将其与科学对立，最终难逃被抛弃的命运。

（二）意识形态理论的发展

19 世纪初，黑格尔在其著作《精神现象学》中对意识形态理论进行了系统的阐释和发展，他通过对不同阶段的意识形态展开研究，最终得出不同的历史阶段意识形态呈现出不同特征的重要结论，揭示了意识形态发展的阶段性。他认为人的意识伴随意识形态的发展而发展，无论是认识的主体，还是认识的对象，在某种意义上都具有意识形态性。20 世纪初，德国社会学家卡尔·曼海姆提出所谓的"意识形态终结"的论断，他将意识形态的演变作为研究对象，这与《路德维希·费尔巴哈和德国古典哲学的终结》中的论述相互联系又相互区别。其意义在于告诫后人要根据时代的变化创新发展意识形态。卡尔·曼海姆认为工业社会的不断发展，会使合理性思维不断发展，意识形态自此便会在社会领域中现实化。当意识形态与社会现实达成一致时，意识形态的本质便会发生根本变化，被那时统一的"社会知识"取代。因此，卡尔·曼海姆这样理解意识形态：一方面是"总体"与"个别"相对应；另一方面是"特殊"与"普通"相对应。

（三）意识形态理论的重筑

20 世纪 60 年代，伴随资本主义生产方式固有矛盾的不断深化，经济危机的不断加深逐渐导致非意识形态化理论的破产。于是，资产阶级开始指责非意识形态化理论的错误，捍卫自己的意识形态。然而，非意识形态其实就是思想的真空，必然会被替代，甚至可能是马克思主义的意识形态。只有意识形态才能使人们确定方向、控制行为。非意识形态化理论学者们面对意识形态总体态势的变化，不得不改旗易帜，申辩称其理论被错误的理解，他们反对的并非意识形态本身。自此，"意识形态重铸"的理论在西方世界蔓延开来。

至此，意识形态经过黑格尔的继续发展，到"非意识形态化"的歪曲，因资本主义国家经济危机的爆发而再次被重申。这些对意识形态概念的阐释和发展都没有从辩证的角度出发，客观地剖析和阐释意识形态，仅仅是资产阶级为维护其阶级统治而进行的诡辩和欺诈。

二、马克思主义意识形态理论

马克思主义意识形态理论贯穿马克思、恩格斯理论研究和实践活动始终，他们以深刻的社会历史根源为基础，以当时先进的思想资料为条件，历经实践—反思—再实践，最终揭开了资产阶级意识形态虚伪的面纱，科学论证了意识形态理论的本质与内涵，创立和发展了无产阶级的意识形态理论。

（一）马克思主义意识形态理论的孕育形成

19世纪，伴随资本主义固有矛盾的逐步显现，人们开始思考如何认识、任何对待资本主义的问题，具体而言，即：一是资本主义的前途是什么？二是无产阶级的前途是什么？看似建立在理性基石上的资本主义，为何受难于非理性的周期性经济危机？凭借"自由、平等、民主、博爱"的意识形态去反对封建阶级统治的无产阶级为何没有获得所谓的"自由、平等、民主、博爱"？这种理论与现实之间的悖论推动了马克思主义意识形态理论的诞生与发展。1835年，马克思在其中学毕业考试的论文《青年在选择职业时的考虑》中写道："我们的幸福将属于千百万人"①，这反映着深受启蒙思想影响的少年马克思的精神理想，亦是马克思意识形态理论孕育的思想根基。

1841年，23岁的马克思刚刚博士毕业，此时的马克思虽还"完全是黑格尔唯心主义的观点"②，但他发扬了辩证法的革命因子，阐明了意识的主观能动性，在理论维度提出了实践的观点，体现出鲜明的批判精神和创新精神。1843年，马克思针对普鲁士政府颁布的书报检查令撰文《评普鲁士最近的书报检查令》，对资产阶级意识形态展开批判，揭露意识形态的阶级属性。《莱茵报》时期马克思发表的系列政治性文章，表明其已经站在被压迫的工人阶级的立场上，揭露和批判统治阶级意识形态的虚妄。退出《莱茵报》以后，马克思开始反思、总结，实现了对黑格尔哲学的扬弃。1844年，马克思创办《德法年鉴》，在"批判旧世界中发现新世界""是要对现存的一切进行无情的批判"③，"批判的武器当然不能代替武器的批判，物质理论只能用物质力量来摧毁；但是理论一经掌握群众，也会变成物质的力量"④ 这些经典文本的话语中，旗帜鲜明地表现着马克思、恩格斯世界观的转变，为创立科学的意识形态理论奠定了基石。

1844年，马克思从政治批判转向经济批判，并将两者结合起来。《1844年经济学哲学手稿》《神圣家族》和《英国工人阶级状况》，是马克思对意识形态理论体系进行探索的重要标志。他创造性地将异化与劳动结合，提出异化劳动理论。在《神圣家族》中，马克思、恩格斯以唯物主义战斗者的角色，对青年黑格

---

① 《马克思恩格斯全集》第40卷，人民出版社1982年版，第7页。
② 《列宁全集》第21卷，人民出版社1990年版，第59页。
③ 《马克思恩格斯全集》第1卷，人民出版社1956年版，第416页。
④ 《马克思恩格斯选集》第1卷，人民出版社1995年版，第9页。

尔派进行了严厉的批判。1845~1846年，《德意志意识形态》第一次系统论述了历史唯物主义的基本原理，虽然它构筑了科学的意识形态理论，但作为一部没有问世的著作，在一些表述和细节问题上其仍不够完善，沿用了旧思想的一些术语。1847年《哲学的贫困》公开发表，虽较于《德意志意识形态》更为精确，但因其论战式的定位，故而没有很好地阐明马克思主义意识形态理论。1848年《共产党宣言》用全新的术语全面系统地阐明了马克思主义，标志着马克思主义的意识形态理论从形成走向成熟。

（二）马克思主义意识形态理论的科学内涵

马克思和恩格斯运用辩证唯物主义和历史唯物主义的理论武器，在总结人类社会发展历史的基础上，最终形成唯物辩证的意识形态理论，撕下了意识形态的神秘面纱。

（1）阶级性。"统治阶级的思想在每一时代都是占统治地位的思想。"[①] 意识形态是统治阶级意志和利益的综合体现。对于任何阶级社会而言，统治阶级的意识形态都占据着主导地位，掌控着一个国家。它同时是一定社会历史时期的精神产物，由一定社会历史时期的物质生产关系所决定。马克思认为，统治阶级绝不单纯是物质生产的控制者，更是精神和思想的控制者。因此，要想真正认识意识形态，就必然要求追寻统治阶级的利益。正如马克思所说："思想的历史，岂不是证明，精神生产是随着物质生产的改造而改造的吗？任何一个时代的统治思想都不过是统治阶级的思想。"[②]

（2）实践性。马恩指出："人们的观念、观点和概念，一句话，人们的意识，随着人们的生活条件，人们的社会关系、人们的社会存在的改变而改变，这难道需要经过深思才能了解吗？"[③] 首先，意识形态不是空想，不是虚假的存在，而是明确指向现实世界的，是人们关于人与自然、人与人、人与社会之间关系的思想观念，意识形态依赖于社会生活，社会生活的变迁必然导致思想观念的变革；其次，意识形态作为一定社会形态的观念上层建筑，在本质上必然是实践的，意识形态对于人们的教化能够使人民更快、更好地适应社会，以实现现实的个人在整个社会发展中能够维持自身和开展活动。因此，意识形态的本质不外乎是人们社会物质生活实践观念的具体表现而已。

（3）相对独立性。即意识形态虽由一定历史阶段的物质生产所决定，但其又具备自己的特殊发展规律。具体而言，一是伴随意识形态的产生，意识形态的历

---

① 《马克思恩格斯文集》第1卷，人民出版社2009年版，第550页。
②③ 《马克思恩格斯文集》第2卷，人民出版社2009年版，第51页。

史继承性和相对独立的自身发展规律也随之而来。恩格斯指出："每一个时代的哲学作为分工的一个特定的领域，都具有由它的先驱传给它而它便由此出发的特定思想材料作为前提。"① 二是上层建筑作为一个极为复杂的系统，其内部各要素之间相互制约、相互影响，既有观念的和思想的内容，又有与之适应的机构和制度，它们在不同程度和不同维度上对意识形态产生影响。但需要注意的是，意识形态的这种独立性仅仅是相对的，其本质上仍是由一定社会历史阶段的经济基础决定的。

（三）马克思主义意识形态理论的当代价值

无论是古希腊圣贤的美好愿望，还是特拉西对观念学的解读，抑或是拿破仑情绪化的对待，传统意识形态理论都带有明显的抽象性和非现实性。与之相对的是马克思、恩格斯以现实物质生活条件为基础，为破解现实和时代问题，寻求思想观念在人类社会历史发展中的作用。马克思主义意识形态理论是马克思、恩格斯从唯物史观的高度，为人们全面、辩证地认识和理解意识形态的本质提供了方法，为无产阶级正确认识和实现自身的阶级意识提供了科学的指引。此外，在对资产阶级意识形态颠倒性和虚假性批判的进程中，他们对更高形态的社会主义社会和共产主义社会的意识形态的基本原则做了科学的畅想，为世界共产主义运动提供了理论依据。在马克思主义的论域下，意识形态的中心问题由纯粹地对现实的抽象批判变为剖析市民社会之间的矛盾根源，揭露统治阶级为维护阶级统治而将其阶级的意志包装为国家意志，并通过专职人员将其渗透于人民生活，转化为人民的生活思想。在马克思和恩格斯看来，深刻揭示意识形态的产生及运作是无产阶级拨开资产阶级用意识形态笼罩的社会现实问题和矛盾的前提，只有这样，才能够引导无产阶级意识到自身的革命性，使无产阶级的意识觉醒。

马克思主义意识形态理论为今天我国主流意识形态阵地建设提供了重要的启示。伴随我国改革开放进入深水区和攻坚区，不能否认的是今天我国社会仍面临着诸多问题和挑战，社会主要矛盾的转变使得意识形态领域的问题愈发严峻，意识形态领域"一元主导"和"多元并存"的现状，使得意识形态领域矛盾凸显。西方资本主义国家借助经济全球化的态势，不断加强对资产阶级意识形态的渗透，历史虚无主义、民主社会主义、民粹主义、新自由主义思潮大行其道。国内外意识形态领域面临的挑战要求我们"从制度上加强、改进和保障党对意识形态工作的领导"②，要正视意识形态领域的矛盾，追溯问题的根源，然后直面矛盾，

---

① 《马克思恩格斯选集》第 4 卷，人民出版社 1995 年版，第 704 页。
② 中共中央文献研究室编：《十八大以来重要文献选编》上，人民出版社 2014 年版，第 482 页。

破解根源，才是新时代不断增强主流意识形态话语权、管理权、领导权的有效途径。

第二节　中国共产党意识形态工作的历史沿革

中国共产党在成立之初就十分注重理论宣传，注重提升马克思列宁主义在广大人民群众中的指导作用，强调政治领导与思想引领。在长期的社会主义革命、建设和改革实践过程中，中国共产党开展了大量切实有效、深入人心的意识形态工作，巩固了主流意识形态的领导地位，积累了丰富的理论成果和实践经验。

一、革命战争时期的意识形态工作

从革命战争时期开始，党通过多种多样的方式、方法和策略，突破帝国主义和封建官僚主义的层层封锁，机动灵活地扩大马克思列宁主义的影响力和辐射力，从而争取到无产阶级劳苦大众的认可和支持，壮大了革命力量，最终使敌我双方的力量发生质变，赢得了革命的胜利。

（一）党创立初期和大革命时期的意识形态工作

早期共产党人面对近代中国积贫积弱的社会现实，面对充斥在国内的各种社会思潮：实用主义、进化论、超人主义、无政府主义等，敏锐地感觉到欲解决现实问题，必须发挥理论的指引力和凝聚力，也必须将实际与理论相结合。1920年，李大钊牵头在北京成立共产主义小组，开始向工农大众宣扬马克思主义；1921年，中国共产党正式成立，党的意识形态工作也随之而来。1921年8月，中共一大选举产生"临时中央执行委员会"，李达负责宣传工作；1921年9月，成立中共中央局，李达任宣传主任；中共二大，蔡和森开始负责宣传工作；1923年10月，《教育宣传委员会组织法》颁布，规定教育宣传委员会由党及青年团两中央协定派委员（17人）组成，设编辑部、通讯部、函授部、图书馆等；1924年5月，中央执行委员三届扩大会议通过"中央宣传部应当在党报上加重党内教育的工作，并且指导马克思主义研究会"，"指导并训练政治及策略问题的全党思想"[1] 等决议。党的意识形态工作逐步走向系统化，党的革命纲领这样规定：凡

---

[1] 《中共中央机关历史演变考实》，中共党史出版社2005年版，第132页。

是党员超过十人的地方委员会，应设宣传委员一名。与此同时，为更为有效地宣扬党的理论，以适应革命发展的需要，1921 年 9 月 1 日，中共中央局创办人民出版社；1921 年 11 月，中央书记局书记陈独秀指出："中央局宣传部在明年七月以前，必须出书（关于纯粹的共产主义者）二十种以上。"[①] 各地党组织响应党中央号召，先后创办一批以开展马克思主义启蒙教育，引导工农大众为目的的刊物，如北京的《劳动音》、上海的《劳动界》《向导》、济南的《济南劳动月刊》等。除此以外，早期的共产党人还采取创办工人学校，如上海第一工人补习学校、运输工人预备学校、纺织工人预备学校、农村补习教育社，在黄埔军校开设马克思主义的课程，开展思想政治教育等方式，达到教育工农群众，提升先进分子政治觉悟和理论水平的目的。

（二）土地革命时期党的意识形态工作

土地革命时期党的意识形态工作主要在农村革命根据地围绕土地革命，以农民和革命军队为主展开。深受帝国主义和封建主义压迫的中国劳苦大众，有着强烈的革命愿望，但苦于文化水平普遍低下。为使意识形态教育深入人心，得到人民的拥护，党必须在宣传内容上做到简明概要、通俗易懂，于是就有了"共产党是真正为工农谋利益的政党""苏维埃是穷人的政府""红军不拿工农一点东西""无产阶级只有分了田地，才有饭吃有衣穿""打倒英美帝国主义的走狗蒋介石"这样通俗简单的标语，同时还出现了《纪念十月革命歌》《只有跟着共产党走》《送哥当红军》《天下最恶土豪心》等革命歌谣。这些标语与歌谣，既达到了宣扬党的意识形态的作用，同时还深入实际、直达人民内心。在建设无产阶级新型军队方面，1929 年 12 月，人民领袖毛主席主持制定《古田会议决议》，指出："红军党内最迫切的问题，要算是教育的问题。为了红军的健全与扩大，为了斗争任务之能够负荷，都要从党内教育做起。"[②] 与此同时，特别强调解决红军战士文化水平低下的有效授课方法。1934 年 2 月 17 日，红军提出政治工作是红军的生命线，反对轻视政治工作，强调政治工作在军队建设中的重要地位。

（三）抗日战争时期党的意识形态工作

中国共产党的思想在抗日战争时期逐步走向成熟，明确提出马克思主义中国化，开展整风运动，清算"左"、右的错误思想路线，坚持贯彻全面抗战、持久

---

① 中国社会科学院现代史研究室、中国革命博物馆党史研究室选编：《"一大"前后》（一），人民出版社 1980 年版，第 24 页。
② 《毛泽东文集》第一卷，人民出版社 1993 年版，第 94 页。

战的方针，最终取得抗战胜利，进一步巩固和发展了根据地。土地革命时期，党的意识形态工作的重点在于工农大众与封建官僚、地主阶级之间的斗争教育；抗日战争时期，中日民族矛盾成为我国社会主要矛盾。基于此，为使广大人民群众和工农红军战士真正理解抗日民族统一战线，毛泽东提出："当着革命的形势已经改变的时候，革命的策略，革命的领导方式，也必须跟着改变。"① 详细论述了形成抗日民族统一战线的必要性，以及关门主义的危害性。军队围绕抗战救国开展主题思想政治教育工作，先后颁布《军委关于改组为国民革命军编制同时增加抗日课程的命令》和《总政治部关于新阶段的部队政治工作的决定》。针对革命以来，党内同志没有时间和精力进行马克思主义理论学习的现状，党的六届六次会议上毛泽东同志指出："普遍地深入地研究马克思列宁主义的理论的任务，对于我们，是一个亟待解决并须着重地致力才能解决的大问题。"② 此后，全国各地的抗日革命根据地掀起马克思主义教育活动。1938 年 5 月 5 日，在马克思诞辰 120 周年之际，延安马列学院成立。随后，中央党校（1935 年 11 月），中国人民抗日军事政治大学（1936 年 6 月），陕北公学（1937 年 8 月），鲁迅艺术学院（1938 年 4 月），安吴堡青年训练班（1937 年 9 月）、延安工人学校（1939 年 3 月），延安中国女子大学（1939 年 7 月）纷纷成立。与此同时，延安还先后创办诸多重要报刊，如《八路军军政杂志》《中国青年》《边区群众报》等。1945年 7 月，中共七大确立毛泽东思想为党一切工作的方针。

（四）解放战争时期党的意识形态工作

抗战胜利后，使广大人民群众和军队从抗日战争向解放战争进行思想转变成为党意识形态工作的主要内容。毛泽东同志在《抗日战争胜利后的时局和我们的方针》中指出："我们要在人民群众中间，广泛地进行宣传教育工作，使人民认识到中国的真实情况和动向，对于自己的力量具备信心。"③ 随着解放战争的顺利推进，大中城市的陆续解放，意识形态工作面向的对象变得复杂起来，原本主要针对工人、农民和军队的意识形态工作出现了一些问题。1948 年 11 月 18 日，中宣部和新华社联名发布《关于纠正各地新闻报道中右倾偏向的指示》，及时纠正和防范了意识形态工作上的偏差。1949 年 3 月，中共七届二中全会提出党的工作重心由农村转移到城市的决定。伴随中国革命获得全国性胜利，中国共产党成为新中国的执政党，于是对党员干部的理论要求也更高了。1948 年 10 月，党中

---

① 《毛泽东选集》第一卷，人民出版社 1991 年版，第 152 页。
② 《毛泽东选集》第二卷，人民出版社 1991 年版，第 533 页。
③ 《毛泽东选集》第四卷，人民出版社 1991 年版，第 1131 页。

央强调要加强党的思想理论建设，提高党员干部的马克思主义理论素养。1948年11月，各级党校逐渐完备。中共七届二中全会上，毛泽东同志告诫全党要坚持艰苦奋斗的作风，时刻警惕资本主义的"糖衣炮弹"，加强了党的意识形态工作的针对性。

二、新中国成立初期党的意识形态工作

新中国成立以后，中国共产党成为执政党，无产阶级和广大劳动人民成为国家真正的主人，马克思主义及其中国化成果成为新中国的主流意识形态。但需要注意的是，意识形态领域的斗争一直都存在，党的意识形态不会自然地成为全社会的主流意识形态，这就需要党在思想观念领域加强意识形态的改造与建设。经过早期中国共产党人的努力，马列主义、毛泽东思想成为我国社会主义经济建设、政治建设和文化建设的理论基础，成为党领导人民的合法性来源，得到了最广大人民群众的普遍认同和支持。

自新中国成立到改革开放前，我国的意识形态建设可以细分为两个阶段，第一个阶段是国民经济恢复期、社会主义改造和建设期；第二个阶段是"文化大革命"时期。这里需要说明的是，"文化大革命"时期，由于党对社会主要矛盾的认识偏差，使阶级斗争扩大化，意识形态领域的斗争冲击了我国的经济基础和上层建筑，给我国的经济社会发展造成了巨大的损失，也对主流意识形态带来巨大的消极影响，但"我国社会主义意识形态的性质仍然保持着，不但与所谓'无产阶级专政下继续革命理论'相区别的毛泽东思想仍然是党和国家的根本指导思想，而且马克思列宁主义在国家意识形态中的地位仍然确立"[1]。总的说来，新中国成立初期我国的意识形态工作的主要方略包括以下方面：

（一）确立马克思主义的指导地位

任何一种代表统治阶级利益的意识形态都需要通过国家权力维护和推行，无产阶级的意识形态也不例外。新中国成立后，意识形态建设的首要工作就是通过国家权力和法律法规确立党的领导地位和马列主义、毛泽东思想的指导地位。对于以毛泽东同志为主要代表的早期中国共产党人来说，新中国意识形态工作的核心在于"两破两立"，就要不断打破那种以为近代以来的中国可以成为独立自主的资本主义国家的幻想，树立只有社会主义能够救中国的信念；不断打破资本主义文明就是当代最高人类文明的幻觉，树立只有社会主义文明才是当代人类文明

---

① 侯惠勤、姜迎春、吴波：《新中国意识形态史论》，安徽人民出版社 2011 年版，第 50 页。

的真正出路的信念。1951 年 5 月，刘少奇在《党的宣传战线上的任务》报告中指明用马列主义教育引导全国人民，提高人民的思想水平和阶级觉悟，为社会主义建设和共产主义实现奠定思想根基是宣传工作的任务。1954 年 9 月，第一届全国人大通过《中华人民共和国宪法》，明确指出我国建设社会主义的路径转变。毛泽东在会上提出："领导我们事业的核心力量是中国共产党。指导我们思想的理论基础是马克思列宁主义"的论断。

（二）坚持主流意识形态宣传教育

党在革命战争时期形成了思想政治教育与宣传相结合的优良传统，不断吸收先进分子加入党组织，发展壮大党的队伍。新中国成立以后，党依旧坚持和贯彻主流意识形态建设与思想政治教育相结合的方法，针对社会现实，根据马克思主义基本原理，着眼社会主要矛盾，开展意识形态工作。毛泽东同志曾对思想政治工作的重要性和必要性做过这样的概括："思想工作和政治工作，是完成经济工作和技术工作的保证，它们是为经济基础服务的。思想和政治又是统帅，是灵魂。只要我们思想工作和政治工作稍微一放松，经济工作和技术工作就一定会走到邪路上去。"[1] 党的意识形态工作主要围绕两个群体展开，一是党员干部；二是广大人民群众，具体而言：

（1）党员干部的思想政治教育。党员干部的素质直接关系到党领导人民社会主义改造和建设的成效，而早期参加革命的党员干部的文化水平普遍偏低，加之长期的革命战争使其缺乏足够的学习时间和良好的学习环境，致使一些党员干部理论储备比较薄弱，而新中国成立后，对党员干部的理论素养提出了更高的要求。基于此，党员干部的理论学习和提高成为当时党必须解决的一个重大问题。1951 年 3 月，党中央发布《关于加强理论教育的决定的通知》，指出"现在国内战争已经基本上结束，党正面临着建设新中国的复杂任务，全党有系统地学习理论，比较过去任何时候都有更好的条件，也更加迫切需要"[2]。要求提高党员干部运用马克思主义的基本立场、观点和方法，以及真正联系实际解决问题的能力。《人民日报》先后刊发毛泽东同志的《实践论》《矛盾论》以及由中共中央毛泽东选集出版委员会主编的《毛泽东选集》第一、二、三、四卷。1954 年，中共中央再次提出要有计划、有步骤地将党内干部调入党校培训，以适应经济社会发展的需要。1958 年，郑州会议期间，毛泽东同志建议党员干部学习马克思

---

[1] 《毛泽东文集》第七卷，人民出版社 1999 年版，第 351 页。

[2] 中共中央文献研究室编：《建国以来重要文献选编》第 2 册，中央文献出版社 1992 年版，第 128 页。

主义政治经济学，并开出书单《马克思、恩格斯、列宁、斯大林论共产主义社会》、苏联《政治经济学教科书》等。

（2）人民群众的思想政治教育。深受封建文化影响的广大人民群众，需要新思想、新观念破除旧思想、旧观念。对于人民群众的思想政治教育，党的主要方式有：其一，通过大众传媒工具：报纸、广播等向广大人民群众宣扬马克思主义。新中国成立以后，党建立了以《人民日报》为首，各级党报机关报为核心，各类民间报刊共存的报纸宣传网络。刘少奇曾这样描述："报纸办的好，就能引导人民向好的方面走，引导人民前进，引导人民团结，引导人民走向真理。如果办的不好，就存在着很大的危险性，会散布落后的错误的东西，而且会导致人民的分裂，导致他们互相摩擦。"[1] 广播则是又一种政治宣传工具。1950 年 4 月，新闻总署发布《关于建立广播收音网的决定》；同年 6 月 6 日，《人民日报》发文："无线电广播是群众性宣传教育的最有力的工具之一，特别是在我国目前交通不便、文盲众多、报纸不足的条件下，如果善于利用无线电广播，则将发挥极大的作用。"[2] 其二，丰富文化载体，融入马克思主义政治观、道德观和审美观，包括音乐作品（《歌唱祖国》《社会主义好》《东方红》《让我们荡起双桨》等）、电影作品（《白毛女》《红色娘子军》《渡江侦察记》等）、美术作品（《在烈火中永生》《铁道游击队》《鸡毛信》《敌后武工队》等）等。

（三）消灭旧意识形态消极影响

新中国成立初期，党并没有回避意识形态领域存在的异质思想，进行了积极主动的批判与斗争。正如毛主席所说："正确的东西总是在同错误的东西作斗争的过程中发展起来的。真的、善的、美的东西总是在同假的、恶的、丑的东西相比较而存在，相斗争而发展的……这是马克思主义发展的规律。"[3] 新中国成立初期存在于我国社会内部的异质意识形态主要有唯心主义、个人主义、官僚主义、自由主义等，党当时的意识形态斗争主要针对资产阶级唯心主义思想，如1951 年批判电影《武训传》的唯心史观；1953 年批判梁漱溟文化保守主义；1954 年 10 月批判俞平伯对《红楼梦》的研究等。1955 年 1~3 月，中共中央先后发布《关于在干部和知识分子中组织宣传唯物主义批判资产阶级唯心主义思想的演讲工作的通知》《关于宣传唯物主义思想批判资产阶级唯心主义思想的指示》，直指资产阶级唯心主义。在与旧意识形态斗争的过程中，对知识分子的改

---

① 《刘少奇选集》（上卷），人民出版社 1996 年版，第 396 页。
② 《各级领导机关应当有效地利用无线电广播》，载于《人民日报》1950 年 6 月 6 日，第 3 版。
③ 《毛泽东著作选读》，人民出版社 1986 年版，第 785 页。

造是重点内容。新中国成立初期，全国拥有各类知识分子约 200 万人①，其中有大量国民党统治区的知识分子，还有一部分具有欧美留学教育背景。他们虽然有较高的文化水平，但对马克思列宁主义的了解却比较匮乏。如何在思想上让这些知识分子拥护党的领导，认同马克思列宁主义和社会主义道路，是党在意识形态领域面临的一项重要任务。1950 年 6 月，中共七届三中全会指出："对知识分子要办各种训练班，办军政大学、革命大学。要使用他们，同时对他们进行教育和改造。要让他们学社会发展史、历史唯物论等几门课程。就是那些唯心论者，我们也有办法使他们不反对我们。"② 1951 年 11 月 30 日，中共中央发布《关于在学校中进行思想改造和组织清理工作的指示》，要求在教职工和高中以上学生中开展学习运动，进行自我教育和自我改造。这些思想改造和理论学习运动，虽然在方法上过急、简单化，但整体来看，对于巩固新政权十分必要，在思想文化领域确立了马克思主义意识形态的领导地位。

三、改革开放后的意识形态工作

以邓小平同志为主要代表的中国共产党人突破"两个凡是"的思想桎梏，以经济建设为中心，坚持四项基本原则，探索社会主义的本质及其建设道路，中国自此进入改革开放。伴随全面改革的持续深入，党愈加重视意识形态工作，制定了一系列重要的方针政策，在我国改革开放和现代化建设进程中发挥了巨大的作用。

（一）解放思想与实事求是相结合

进入改革开放和社会主义现代化建设时期，党确立了解放思想、实事求是的思想路线。邓小平指出："实事求是，是无产阶级世界观的基础，是马克思主义的思想基础"③ "实事求是是马克思主义的精髓"④ "毛泽东思想最根本的最重要的就是实事求是"⑤。邓小平反复强调要把解放思想与实事求是有机地统一起来，其实也就是坚持理论与实践的统一。正如邓小平在面对十年"文化大革命"对人民思想带来的桎梏时的呼吁："一个党、一个国家、一个民族，如果一切从本本

---

① 张惠舰：《建国初期中国共产党对知识分子问题的认识及对策——以北京市为例》，载于《北京党史》2015 年第 2 期。

② 《毛泽东文集》第六卷，人民出版社 1999 年版，第 74 页。

③ 《邓小平文选》第二卷，人民出版社 1994 年版，第 143 页。

④ 《邓小平文选》第三卷，人民出版社 1993 年版，第 382 页。

⑤ 《邓小平思想年谱（1975 – 1997）》，中央文献出版社 1998 年版，第 67 页。

出发，思想僵化、迷信盛行，那它就不能前进，它的生机就停止了，就要亡党亡国。"① 邓小平对党思想路线的深刻论述，为新时期党在思想层面的拨乱反正和各项工作有条不紊地展开提供了强有力的思想武器。邓小平还强调，"文艺界所有的同志，以及从事教育、新闻、理论工作的同志，都经常地自觉地以大局为重，为提高人民和青年的社会主义觉悟奋斗不懈。"② 江泽民也强调，"思想政治工作是一门科学，各级领导干部和政工干部都要努力认识和掌握它的基本知识和规律。"③

（二）党的领导与群众路线相结合

中国共产党来自人民群众，代表人民群众，人民群众是党的力量源泉。坚持党的群众路线就是改革开放时期党的意识形态工作的一条根本方法。邓小平在全国人大八次会议上曾这样阐述党的群众路线：就是帮助人民群众自己解放自己，帮助人民群众正确认识斗争的方向，帮助人民群众创造幸福的生活。"只要我们信任群众，走群众路线，把情况和问题向群众讲明白，任何问题都可以解决，任何障碍都可以排除。"④ 因此，党员干部要起到模范带头作用，从自我做起。与此同时，邓小平还强调，意识形态工作不是假大空，意识形态工作要想取得成效就必须关注广大人民群众的物质利益，要把精神引领与物质激励相结合。所以，邓小平一直关注人民群众的切身利益和愿望，将人民的赞成与否、拥护与否、高兴与否、答应与否当作党各项方针政策的评价标准。坚持党的领导是改革开放时期意识形态工作的根本，而坚持群众路线则是党意识形态工作的出发点和落脚点。

（三）主流性与包容性相结合

如何协调主流意识形态与非主流意识形态之间的关系，是社会主义建设初期，我国意识形态工作面临的重要问题。毛泽东同志曾对这一问题进行过思考和探索，明确提出"百家争鸣、百花齐放"的方针。改革开放后，邓小平曾指出："一个革命政党，就怕听不到人民的声音，最可怕的是鸦雀无声。"⑤ 邓小平打破思想沉闷的僵局，推动社会主义思想创新和学术创新，繁荣社会主义科学文化，坚持"双百方针"，"坚持发扬学术民主、艺术民主，营造积极健康、宽松和谐

① 《邓小平文选》第二卷，人民出版社1994年版，第143页。
② 《邓小平文选》第二卷，人民出版社1994年版，第256页。
③ 《江泽民文选》第三卷，人民出版社2006年版，第97页。
④ 《邓小平文选》第二卷，人民出版社1994年版，第152页。
⑤ 《邓小平文选》第二卷，人民出版社1994年版，第144~145页。

的氛围，提倡不同观点和学派充分讨论，提倡体裁、题材、形式、手段充分发展，推动观念、内容、风格流派积极创新"①。

（四）科学性与有效性相结合

改革开放初期，因一定社会历史原因形成的错误政策、教条观念和价值偏差，我国在思想领域与苏联面临相似的困境：教条主义。封建残余以及资产阶级的腐朽文化，导致思想领域的僵化和半僵化。邓小平敏锐地认识到这种思想领域的僵化状态对生产方式、政治体制、工作作风和生活方式带来的束缚，邓小平同志指出："现在发生了一个问题，连实践是检验真理的标准都成了问题，简直是莫名其妙！"② 通过"真理标准"问题的大讨论，破除"两个凡是"的枷锁，重新确立"实践是检验真理的唯一标准"。为了更好地推进思想解放，与时俱进地推动马克思主义的发展，江泽民同志在党的十六大报告中提出："自觉地把思想认识从那些不合时宜的观念、做法和体制的束缚中解放出来，从对马克思主义的错误的和教条式的理解中解放出来，从主观主义和形而上学的桎梏中解放出来。"③ 意识形态归根结底是统治阶级利益的综合反映，服务于统治阶级，这要求意识形态工作不能脱离物质生产，实践证明，脱离物质生产实践空谈社会主义实践最终会被"人民不相信"④。党的十一届三中全会帮助党将工作重心转移到经济建设上，注重生产力的发展，关注综合国力的提高和人民生活的品质，并以此作为评价意识形态工作成果的一个指标。这样的思想转向源于党对社会主义建设有效性的重视，激发了人们对物质生产效能的功利追求，潜移默化影响着、催动着全社会各方面事业的改造和发展。"理论在一个国家实现的程度，总是决定于理论满足这个国家的需要的程度。"⑤ 实现理论从科学性向有效性的转化，才能避免陷入空洞的说教。苏联改革时期，虽认识到思想领域的僵化状态，但由于没有深入理解理论对于一个国家的意义，将这种僵化归咎于马克思主义，怀疑甚至否定马克思主义，并幻想寻求"人道的民主的社会主义"的替代，葬送了共产党在苏联的政权。中国共产党截然不同的改革表明，科学对待马克思主义，科学践行马克思主义，就能在社会主义建设过程中强化人民群众对马克思主义的理解和认同。

---

① 《中共中央关于深化文化体制改革　推动社会主义文化大发展大繁荣若干重大问题的决定》，人民出版社 2011 年版，第 14～15 页。

② 中共中央文献研究室编：《邓小平年谱（1975－1997）》上卷，中央文献出版社 2004 年版，第 320 页。

③ 《江泽民文选》第三卷，人民出版社 2006 年版，第 538 页。

④ 《邓小平文选》第二卷，人民出版社 1994 年版，第 314 页。

⑤ 《马克思恩格斯选集》第 1 卷，人民出版社 1995 年版，第 11 页。

第三节　新时代社会主义意识形态的科学内涵

党的十八大以来，以习近平同志为核心的党中央高度重视意识形态问题，将其视为党的一项极端重要的工作，始终用马克思主义指导中国社会主义的伟大实践，坚持用党的最新成果武装全党全人民的头脑，着力推动"四个全面"，形成系列重要理论成果，推动着中国特色社会主义事业深入发展。新时代社会主义意识形态包含着丰富的理论内涵，透视习近平总书记的系列讲话能够发现，其思想意蕴主要体现在筑牢思想根基、指明战略地位、明确基本原则和规划重点领域四个方面。

一、筑牢思想根基

在社会主义建设进程中，如何看待和对待马克思主义和社会主义，是意识形态工作不可回避且必须明确的关键环节。习近平总书记创造性提出坚定不移地巩固马克思主义的指导地位的指导思想，为新的时期，党筑牢意识形态工作思想基石奠定了基调。

总书记深刻总结国内外经验教训后指出："宣传思想工作就是要巩固马克思主义在意识形态领域的指导地位，巩固全党全国人民团结奋斗的共同思想基础。"[1] 现今，西方资本主义国家大肆宣扬马克思主义的"过时论""失败论"，企图动摇马克思主义的指导思想地位，颠覆中国特色社会主义制度的群众基础。马克思主义是科学的世界观和方法论，无论是在革命时期还是在社会主义建设时期，中国共产党始终坚持马克思主义的指导地位，并借此改变了近代中国人民被压迫、被剥削的凄惨命运，带领中国人民取得了新民主主义革命和社会主义革命的胜利。

与此同时，在中国革命、改革和建设的漫漫长河中，党结合中国革命、改革和建设的实践，不断推动马克思主义中国化的进程，形成了一个又一个理论成果。总书记高度重视党员干部的理想信念状况，明确指出："理想信念就是共产党人精神上的'钙'。"[2] 改革开放初期，腐败多发，归根结底在于一部分党员干

---

[1]　《习近平谈治国理政》第一卷，外文出版社 2018 年版，第 153 页。
[2]　《习近平谈治国理政》第一卷，外文出版社 2018 年版，第 15 页。

部的理想信念丧失。中国共产党人的理想信念就是在马克思列宁主义的指导下，以实现共产主义为根本目标，不断带领中国人民实现民族复兴和国家富强的中国梦。"革命理想高于天。"① 需要注意的是，在今天的中国，共产党人必须要正确认识和努力协调远大理想与共同理想的关系。共产主义是我们的终极目标，但这一目标的实现需要我们先完成"两个一百年"的奋斗目标，这源于人类社会历史发展和社会主义发展的规律。

当前我国社会有一股错误社会思潮，即把改革开放作为一个时间节点，用今天的成就去否定改革开放以前党和国家对社会主义的艰辛探索，用改革开放后出现的问题否定改革开放取得的成就。这种论断将我们党对社会主义的建设割裂开来，试图动摇中国特色社会主义的历史来源，须知改革开放前后都是党领导人民对社会主义的建设实践，没有党在社会主义建设的初步探索时期奠定的工业化基础，也就没有改革开放后现代化建设的快速发展。正如习近平总书记所说："中国特色社会主义是在改革开放历史新时期开创的，但也是在新中国已经建立起社会主义制度、并推行了 20 多年建设的基础上开创的。"②

二、指明战略地位

习近平总书记 2013 年在全国宣传思想工作会议上明确指出："意识形态工作是党的一项极端重要的工作。"③ "意识形态工作极其重要，事关党的前途命运，事关国家长治久安，事关民族凝聚力、向心力。"④ 这是总书记立足于新的历史方位，在深刻总结党长期的革命、改革和建设实践的基础上得出的科学论断。

作为我国唯一的执政党，能否在不断变化的国际国内形势中继续实现中华民族伟大复兴的中国梦，事关党的前途命运。这要求党必须不断加强自身建设，不断提升国家治理能力，不断提高抵御风险的能力。在党的建设内容里，意识形态建设是保持党的先进性和纯洁性的重要组成部分，这是党保持社会主义建设方向的政治保障和思想根基。目前，党内开始出现一些党员干部理想信念薄弱，得了精神上的"软骨病"的现象。从国内来看，伴随改革开放和经济全球化浪潮，我国社会的思想观念、组织形式和分配方式存在一定程度上的差异，西方资产阶级

---

① 习近平：《在庆祝中国共产党成立 95 周年大会上的讲话》，载于《人民日报》2016 年 7 月 2 日，第 02 版。

② 《习近平谈治国理政》第一卷，外文出版社 2018 年版，第 22 页。

③ 《习近平谈治国理政》第一卷，外文出版社 2018 年版，第 153 页。

④ 习近平：《胸怀大局把握大势着眼大势　努力把宣传思想工作做得更好》，载于《人民日报》2013 年 8 月 21 日，第 01 版。

的价值观念开始向我国人民渗透，对马克思主义的指导作用有了一些冲击，使一部分人，甚至是党员干部的思想开始动摇。同时，信息技术发展带来的网络化生存状态，在一定程度上再次助推了这种资产阶级价值观念的传播，使得党的意识形态工作和社会共识凝聚的环境变得异常复杂。因此，明确意识形态工作的重要性和紧迫性，巩固马克思主义的一元主导十分必要。从国际形势来看，西方资本主义国家试图从意识形态领域瓦解我国的社会主义道路，阻碍我国的经济发展，大肆宣扬中国"威胁论""崩溃论"，破坏我国的国家形象，以所谓的"普世价值"来干涉我国内政，更为恐怖的是推行所谓的"民主"，淡化意识形态领域的斗争。

"意识形态建设是整个国家建设的一个重要组成部分。"[①] 20 世纪国际共产主义事业出现的一些失败，主流意识形态的"失语"是其重要原因。在西方资本主义国家的"和平演变"下，苏联不仅没有采取行之有效的应对措施，反而放弃了对马克思主义指导地位的坚持，在思想文化领域搞"多元化"，导致人民群众思想混乱、价值迷失、信仰崩塌。这警示我们，思想防线的失守必然导致国家崩溃、政权瓦解。同时，党在长期的革命、改革和建设过程中，深刻认识到意识形态工作对于一个国家的意义，将意识形态工作摆在极其突出的位置上。邓小平也曾言，两手都要抓，两手都要硬。意识形态工作的做好与否还关系着民族向心力和凝聚力能否形成。任何国家和民族都有属于自己的历史文化传统，有着自己特殊的国情，中华民族亦不例外。而意识形态工作就承担着阐明中国特色、阐明中国国情和讲述中国故事的责任和使命。这种阐述能够充分调动广大人民的民族自豪感，更能坚定人民群众对中国特色社会主义的自信心。

三、明确基本原则

关于如何处理意识形态工作与经济建设的关系，我们党曾经犯过一些错误，新中国成立初期，由于对社会主义本质的不了解和实践经验的缺乏，加之国际国内形势的影响，我们片面夸大了意识形态的作用，犯了"左"的错误，以阶级斗争为纲，导致党和国家蒙受了巨大的灾难，直到确立"实践是检验真理的唯一标准"，我们才逐步解放思想、实事求是。后来，伴随改革开放的持续深入，又出现这样一种思想：打着反思社会主义建设的失误与教训的旗号，行"淡化意识形态"之实，导致西方资产阶级意识形态在我国社会内泛滥。对于这两种意识形态

---

① 秦宣：《意识形态工作是党的一项极端重要的工作——学习习近平总书记 8·19 重要讲话体会之一》，载于《前沿战线》2013 年第 9 期，第 6 页。

工作的错误定位，我们都要坚决反对。之所以出现这样的论调，归根结底在于没有正确认识经济建设与意识形态工作的关系。习近平总书记指出："只有物质文明建设和精神文明建设都搞好，国家物质力量和精神力量都增强，全国各族人民物质生活和精神生活都改善，中国特色社会主义事业才能顺利向前推进。"① 这要求我们坚持解放和发展生产力，坚持以经济建设为中心，才能为精神文明建设夯实物质基础。

关于坚持党性和人民性的统一，习近平总书记指出："党性和人民性从来都是一致的、统一的。"② "都要坚持党性和人民性相统一，把党的理论和路线方针政策变成人民群众的自觉行动，及时把人民群众创造的经验和面临的实际情况反映出来，丰富人民精神世界，增强人民精神力量。"③ 意识形态工作必须坚持党性，坚持党性就是要旗帜鲜明、站稳立场，坚持党性就是要坚持党对意识形态工作的领导权、管理权和话语权。同时，在强调党性的基础上还要重视人民性。坚持人民性就是想群众之所想、急群众之所需，将意识形态工作深埋进人民群众的现实生活，这样才能得到人民群众的认可，调动广大人民的积极性和创造性。党性与人民性是一脉相承、相互促进的，决不能将两者简单地结合或者粗暴地割裂开来，应将主流意识形态宣传同人民群众的精神文化需求相结合。正如习近平总书记所说："要树立以人民为中心的工作导向，把服务群众同教育引导群众结合起来，把满足需求同提高素养结合起来，多宣传报道人民群众的伟大奋斗和火热生活，多宣传报道人民群众中涌现出来的先进典型和感人事迹，丰富人民精神世界，增强人民精神力量，满足人民精神需求。"④

什么是正确的舆论导向？如何坚持正确的舆论导向？伴随改革开放的持续深入，经济社会发展进入攻坚区和深水区，各种新问题、新矛盾开始逐步显现，人民群众对现实问题愈发关注，加之互联网的普遍应用，信息碎片化、海量化使得一些原本就缺乏辨识能力的人们愈加易被左右。西方资产阶级意识形态的渗透和分化，加剧了人民群众对一些经济社会发展过程中出现的深层次问题的曲解，严重干扰全国人民共同奋斗的信心。因此，必须坚持正确的舆论导向，必须坚持党对新闻媒体的领导，确保新闻媒体真正起到用正能量引导和教育人民的作用。正如习近平总书记指出的："必须把政治方向摆在第一位，牢牢坚持党性原则，牢牢坚持马克思主义新闻观，牢牢坚持正确舆论导向，牢牢坚持正面宣传为主。"⑤

关于把握好时、度、效，习近平总书记指出："关键是要提高质量和水平，

① 《习近平谈治国理政》第一卷，外文出版社 2018 年版，第 153 页。
②④ 《习近平谈治国理政》第一卷，外文出版社 2018 年版，第 154 页。
③⑤ 习近平：《坚持正确方向创新方法手段 提高新闻舆论传播引领力》，载于《人民日报》2016 年 2 月 20 日，第 01 版。

把握好时、度、效，增强吸引力和感染力，让群众爱听爱看、产生共鸣，充分发挥正面宣传鼓舞人、激励人的作用。"①"时"即什么时候发声，面对突发社会事件时，主流媒体发声对于公众判断具有重要意义，主流媒体要尽量第一时间发声，但这里的第一时间又不单纯指速度，应该是在完整了解事情来龙去脉基础上的第一时间，没有调查就没有发言权；"度"就是程度，即如何说、说多少、说多久的问题。不同性质的事件应该有不同的处理方式；"效"就是效果或者效能，不能为了完成任务而开展工作，必须注重主流媒体发声的效果和效能，注重人民群众对主流媒体发声的态度和情感。这是新时代习近平总书记对我国主流媒体、新闻舆论引导者和工作者提出的新要求，也是新时代意识形态工作开展必须思考和践行的重要内容。

四、规划重点领域

新时期党的意识形态工作较之以往范围更广、程度更深、难度更大，故而明确当下意识形态工作的重点领域和治理方向显得至关必要。党的十八大以来，习近平总书记组织召开系列重要会议，明确我国意识形态工作的重点领域。

2016年5月17日，习近平总书记召开全国哲学社会科学工作座谈会，指出："坚持和发展中国特色社会主义，需要不断在实践和理论上进行探索、用发展着的理论指导发展着的实践。在这个过程中，哲学社会科学具有不可替代的重要地位，哲学社会科学工作者具有不可替代的重要作用。"② 哲学社会科学是意识形态工作的前哨，围绕当下马克思主义在某些领域、某些方面出现的"失语"现象，重塑哲学社会科学的马克思主义话语权十分必要，这也是推动哲学社会科学繁荣昌盛的必然要求。只有构建中国特色的学术体系和话语体系，才能为解决中国问题赋能，最终实现中国人民的价值追求，否则终将受制于人，这是当前我国意识形态建设工作的根本原则，绝对不能动摇。

2016年2月19日，习近平总书记主持召开党的新闻舆论工作座谈会，指出："党的新闻舆论工作是党的一项重要工作，是治国理政、定国安邦的大事。"③ 明确了新闻舆论工作对于党的重要性，明确了新闻舆论工作的使命和任务。新闻舆论工作是意识形态工作的着力点，新闻舆论工作的开展决定着中国特色社会主义在全世界人民心中的地位和意义，必须加强正面报道，让世界人民感受到中国的

---

① 《习近平谈治国理政》，外文出版社2014年版，第155页。
② 习近平：《在哲学社会科学工作座谈会上的讲话》，载于《人民日报》2016年5月19日，第02版。
③ 习近平：《坚持正确方向创新方法手段　提高新闻舆论传播力引导力》，载于《人民日报》2016年2月20日，第01版。

富强与文明，必须主动澄清错误认知，帮助人民群众客观地看待经济社会发展中的矛盾和问题。苏联失败的经验教训告诉我们，放弃了新闻舆论就等于放弃了意识形态工作，亦是放弃了党对国家和人民的领导。因此，必须坚持党对新闻舆论、新闻媒体的领导，不断提升新闻舆论传播的传播力和引导力。

2016 年 4 月 20 日，习近平总书记主持召开全国网络安全和信息化工作会议，提出："网络空间天气晴朗、生态良好，符合人民利益。网络空间乌烟瘴气、生态恶化，不符合人民利益。我们要本着对社会负责、对人民负责的态度，依法加强网络空间治理，加强网络内容建设，做网上正面宣传，培育积极健康、向上向善的网络文化。"① 今天，网络空间俨然已成为新时代党的意识形态工作最为主要的阵地，网络信息技术的发展给人民群众带来的巨大影响，迫使党必须对网络信息安全和舆情引导进行治理。网络是人民交流思想、表达利益诉求、宣泄情感的重要载体，要引导人民群众的情绪情感、支持人民群众的正面交流、化解人民群众遇到的问题、了解人民群众的所思所想。同时，面对西方资本主义国家的恶意渗透，决不能姑息养奸，必须真抓真管、有效治理，净化网络生态。这既符合广大人民群众的根本利益，也是维护国家安全和信息安全的必由之路。

2015 年 10 月 15 日，习近平总书记召开全国文艺工作座谈会，指出："文艺要反映人民心声，就要坚持为人民服务、为社会主义服务这个根本方向。"② 文艺工作的繁荣发展与社会生产力的发展密切相关，人民群众是历史真正的创造者，他们创造了人类社会的物质财富和精神财富，文艺工作必须坚持以人民为中心，源于人民、服务于人民，这也是社会主义国家的文艺工作与资本主义国家的文艺工作的本质区别。文艺工作的开展必须警惕和防范"金钱中心主义"，走向低俗化、庸俗化的道路，这就背离了社会主义的文艺方向，必须积极有力地反对和应对这种现象。

2016 年 12 月 7 日，习近平总书记主持召开全国高校思想政治工作会议，指出："办好我们的高校，必须坚持以马克思主义为指导，全面贯彻党的教育方针。要坚持不懈传播马克思主义科学理论，抓好马克思主义理论教育，为学生一生成长奠定科学的思想基础。"③ 高校是思想文化、价值观念的集中地，亦是意识形态工作的重要阵地，关系着为谁培养人、培养什么样的人的重要问题。因此，必须坚持党对高校的绝对领导，保障我国高校的根本性质和发展方向，这是高校意

---

① 习近平：《在践行新发展理念上先行一步　让互联网更好造福国家和人民》，载于《人民日报》2016 年 2 月 20 日，第 01 版。

② 习近平：《在文艺工作座谈会上的讲话》，载于《人民日报》2015 年 10 月 5 日，第 02 版。

③ 习近平：《把思想政治工作贯穿教育教学全过程　开创我国高等教育事业发展新局面》，载于《人民日报》2016 年 12 月 19 日，第 01 版。

识形态工作的重要使命。具体而言，就是要培养新时代大学生的精神信仰，只有娴熟专业技术而无精神信仰的大学生不是合格的大学生，要培养高校学生对主流意识形态内化于心、外化于行的价值认同，必须警惕西方错误社会思潮对高校师生的影响，主动揭露阐明错误思潮的本质，必须重视马克思主义在专业领域的"失语"，构建专业课程思政体系，确保高校为中国特色社会主义培养合格的接班人和建设者。

第四节　新时代党的意识形态工作面临的新境遇

伴随科技革命的持续深入和我国改革开放的快速发展，我国的综合国力和国际影响力不断提升，新时代党的意识形态工作迎来了新的发展机遇，但同时也面临着愈加严峻的国际形势、网络治理、时代挑战和现实问题，对新时代党的意识形态工作提出了更高的要求。因此，必须充分利用和借助时代机遇以有效认识和应对时代挑战，不断加强党的意识形态工作建设，不断提升主流意识形态在人民群众中的价值引领作用，助力党在"百年变局"之际攻坚克难，推动中国特色社会主义向前发展。

一、新时代党的意识形态工作的历史机遇

纵观国内国外经济、政治、文化变迁，结合当今科学技术的发展与应用，能够发现，新时代党的意识形态工作面临新的历史机遇，具体而言包括新时代党对意识形态工作的高度重视、新常态下我国经济发展奠定的物质基础、新技术语境中主流意识形态的社会化和新世界格局中我国国际地位显著提升四个方面。

（一）新时代党对意识形态工作的高度重视

自党的十八大召开以来，中国特色社会主义进入新时代已有十年了。党的二十大报告强调："十年来，我们经历了对党和人民事业具有重大现实意义和深远历史意义的三件大事：一是迎来中国共产党成立一百周年，二是中国特色社会主义进入新时代，三是完成脱贫攻坚、全面建成小康社会的历史任务，实现第一个百年奋斗目标。这是中国共产党和中国人民团结奋斗赢得的历史性胜利，是彪炳

中华民族发展史册的历史性胜利，也是对世界具有深远影响的历史性胜利。"①
以习近平同志为核心的党中央高度重视意识形态工作，提出："意识形态工作是
党的一项极端重要的工作，"② 于是，党中央先后组织文艺工作座谈会、全国宣
传思想工作会议、新闻舆论工作会议、哲学社会科学工作座谈会以及网络安全和
信息化工作座谈会等重要会议，习近平总书记出席并发表系列重要讲话。此外，
党中央先后颁布《关于加快共建中国特色哲学社会科学的意见》《关于培育和践
行社会主义核心价值观的意见》《中共中央关于繁荣发展社会主义文艺的意见》
等重要文件。与此同时，《习近平总书记系列重要讲话读本》《习近平谈治国理
政》等重要文献同步出版发行。这是新时代党加强意识形态工作的决心，亦是新
时代意识形态工作提升的重要机遇。

（二）新常态为我国经济发展奠定物质基础

"意识形态吸引力最终受制于经济基础和社会建设状况，因为软实力只有以
硬实力为依托，才能充分显示其魅力。"③ 改革开放四十余年来，我国的经济社
会发展取得了重大的成就，一跃成为世界第二大经济体，迈入中高等收入国家行
列。但伴随我国经济总量不断扩大，经济发展的生产要素和市场环境也在不断变
化，快速发展所带来的周期性和阶段性矛盾开始显现，我国经济发展进入速度变
化、结构优化和动力转换的新常态。对此，党带领全国各族人民全面深化改革，
创新驱动发展战略，在此基础上，新产业、新模式不断显现，为党的意识形态工
作奠定了坚持的物质基础。一来对于任何国家而言，经济、政治和社会的发展都
离不开道路和主义，我国的发展则离不开中国特色社会主义道路和马克思列宁主
义；二来一个国家的发展离不开高效完善的制度，亦离不开党的领导，而对于党
的领导而言，思想建设是核心。事实上，无论是从理论还是实践的角度来看，改
革开放四十余年我国经济社会的发展依然论证了中国特色社会主义道路的理论优
势和制度优势。今天，新常态需要新思想、新战略、新举措，这是我国经济社会
发展的必然要求，也必然为经济社会的持续发展提供服务。

（三）新技术语境中主流意识形态的社会化

意识形态工作本质是对人的思想工作，新世纪以来，以信息技术为主要标志

---

① 习近平：《高举中国特色社会主义伟大旗帜 为全面建设社会主义现代化国家而团结奋斗——在
中国共产党第二十次全国代表大会上的报告》，人民出版社 2022 年版，第 4 页。
② 《习近平谈治国理政》第一卷，外文出版社 2018 年版，第 153 页。
③ 黄明理：《马克思主义魅力与信仰研究》，人民出版社 2016 年版，第 210 页。

的第三次科技革命快速发展，从媒体角度来看，人类历史进入全媒体时代，互联网成为人们表达意见、宣泄情绪、传播信息、交流交往的主要场域。各类社会思潮充斥在网络空间内，严重影响着人们的价值取向，给人们的思维方式和行为方式带来深刻的变革，对国家治理提出更高的要求。"承认这一历史事实的政党和政治运动将生存下去，为我们的后代塑造未来。而拒绝承认这一历史事实的人将被冲进历史的阴沟里。"① 由此，网络空间成为意识形态领域交锋的主战场。故而，党应当充分利用好网络，使其成为宣扬主流意识形态、抵拒错误社会思潮的前沿阵地，不断推动主流意识形态的发展。首先，网络时代，人人都是信息的发布者和接收者，人们能够通过自己的网络行为影响和参与国家治理及国家决策，告别人类历史是少数人创造的假象。中国特色社会主义的意识形态应当体现和融入广大人民群众书写和创造历史的过程中，直面公众的意见、建议和诉求，实现主流意识形态为大众所接受、所认同的价值目标；然后，要打破传统媒体时代单向度、灌输式的意识形态建设策略，充分借助互联网技术，逐步向多向性、即时性、互动性的意识形态建设策略转变，实现意识形态管理者和人民群众意见反馈的良性交往。

（四）新世界格局中我国国际地位显著提升

如果说民族解放战争让世界开始承认和正视中国，那么新时代十年来中国取得的重大发展成就则开始让世界赞叹中国。中国实现了全面建成小康社会这个中华民族的千年梦想。中国经济实力实现历史性跃升。国内生产总值从 54 万亿元增长到 114 万亿元，我国经济总量占世界经济的比重达到 8.5%，提高 7.2 个百分点，稳居世界第二位；人均国内生产总值从 39 800 元增加到 81 000 元。中国一些关键核心技术实现突破，载人航天、探月探火、深海深地探测、超级计算机、卫星导航、量子信息、核电技术、新能源技术、大飞机制造、生物医药取得重大成果，进入创新性国家行列。② 正如巴基斯坦学者所说："高瞻远瞩的中国共产党带领勤劳的中国人民，创造了举世瞩目的发展成就，中国成为推动全球经济增长的主要力量。"③ 当今世界，国际关系和国际局势向着全球治理转变，中国开始在全球治理和国际事务中发挥着更加重要的作用，这体现着一个大国的担当。2013 年 12 月，习近平总书记提出"人类命运共同体"的科学命题，倡导和

---

① ［美］阿尔温·托夫勒、海蒂·托夫勒：《创造一个新的文明：第三次浪潮的政治》，陈峰译，上海三联书店 1996 年版，第 6 页。
② 习近平：《高举中国特色社会主义伟大旗帜 为全面建设社会主义现代化国家而团结奋斗——在中国共产党第二十次全国代表大会上的报告》，人民出版社 2022 年版，第 8 页。
③ 《让世界分享中国发展成果和机遇》，载于《人民日报》2018 年 4 月 6 日，第 03 版。

平发展、互利共赢的国际理念，得到国际社会的广泛认同。同年 12 月 30 日，习近平总书记强调："要注重塑造我国的国家形象，重点展示中国历史底蕴深厚、各民族多元一体、文化多样和谐的文明大国形象"①，对中国的国家形象作了明确定位，回应了国际社会的疑问，这一现象说明我国国际地位和国家形象在世界舞台上不断提高，获得了各国人民的认可和赞誉。这为新时代党的意识形态工作奠定了坚实的群众基础和国际基础。

二、新时代党的意识形态工作的现实挑战

进入 21 世纪以来，在经济全球化和第三次科技革命的宏观背景下，以经济发展和科技进步为核心的综合国力竞争日益激烈，并逐步向文化和思想领域发展。与此同时，伴随我国改革开放进入深水区和攻坚区，思想观念的桎梏愈发凸显，社会意识形态从相对稳定向问题突发的阶段转变。社会主要矛盾的具体方面开始在意识形态领域有所显现，并在一定程度上和范围内产生剧烈冲突，严重考验着党抵御风险和应对挑战的执政能力，强烈要求党在新时期强化意识形态领域的工作。事实上，意识形态工作能力的提升需要对国内外有准确的认知，明确党的意识形态工作面临的挑战的具体内容，这是新时代党的意识形态工作不断提升的内在逻辑。

（一）全球化中多样社会思潮蔓延

全球化是当今世界市场化的宏观背景，必然带来多种多样的社会思潮，引发思想文化领域的危机，其中信仰危机首当其冲。西方资本主义国家尽管在现代化进程中取得诸多成就，但仍未走出科技与人文、价值理性与工具理性的悖论，这与资本的逐利性密切相关，个人主义、拜金主义、享乐主义思想对当今的人们产生深刻的影响，也导致了今天全球性的问题，即对思想观念的反思和变革。如此也就不难理解人们"生活无意义""政治幻灭""自我不认同"等价值观念问题的出现，以及全球范围内的思想困惑和价值迷失。就我国而言，伴随改革开放和全球化浪潮而来的还有新自由主义、民主社会主义、历史虚无主义、普世价值、新左派等社会思想，这些多样化社会思潮打着学术创新的旗帜，构建学术陷阱，隐秘而巧妙地表达其利益诉求和政治诉求，误导人们的理论认知，影响、质疑、动摇甚至背离马克思主义。例如，新自由主义分子将"市场在资源配置中的决定

---

① 习近平：《建设社会主义文化强国　着力提高国家文化软实力》，载于《人民日报》2014 年 1 月 1日，第 01 版。

性作用"解读为"彻底的市场化";民主社会主义分子大肆宣扬"中国政治体制改革滞后"的论调;历史虚无主义打着"还历史真相"的幌子,歪曲、丑化党和新中国的历史,利用民众"猎奇"的心理,达到诋毁英雄人物,否定党的革命、建设和改革的合法性的目的;普世价值企图兜售所谓的"自由、平等、民主、博爱"思想,以实现其动摇党的执政地位的目的;新"左"派则片面放大党在改革进程中出现的矛盾,否定党带领人民取得的成就。面对全球范围内的精神陷落和我国国内的多样化社会思潮蔓延趋势,既不能简单地搞"一刀切""一言堂",也不能坐视不管,要注重对多样化社会思想的分析与引领。具体而言,首先,要坚持马克思主义的指导地位,纵观全球,任何国家的指导思想都是唯一的,决不能动摇;其次,坚持引领与批判相统一,坚决反对、批判和拒斥错误社会思潮对人民群众的荼毒;最后,坚持批判与吸收相统一,要善于吸收和利用多样化社会思潮中的合理内核,创新和发展马克思主义,使马克思主义更具时代性、开放性和包容性。

(二) 现代"意识形态终结论"的陷阱

20世纪30~70年代,资本主义固有矛盾所带来的经济危机频发,使资本主义国家开始向凯恩斯主义转变,加强对自由主义经济运行的干预程度,实行多种多样的福利政策;20世纪50~60年代,苏联高度集中的计划经济的弊端逐渐显现,社会主义国家掀起市场经济改革的浪潮。于是,在西方学术界产生这样一种共识:对福利国家的赞誉、对分权的期望、对混合经济体制的肯定、对政治多元化的诉求。苏联解体、苏东剧变之后,"意识形态终结论"愈发流行起来,弗兰西斯·福山在其著作《历史的终结及最后之人》里表达了这样的思想,即伴随国际共产主义运动进入低潮,过去那种地缘政治开始淡化,对于后来的人们而言,更为重要的是经济问题。各个国家之间的差异会逐步消散,即便有,也会从意识形态领域转向文化和经济方面。那么,意识形态真的终结了吗?对于此,马克思指出:"大工业通过普遍的竞争迫使所有个人的全部精力处于高度紧张状态。它尽可能地消灭意识形态、宗教、道德等等,而在它无法做到这一点的地方,它就把它们变成赤裸裸的谎言。"[①] 其实,根本没有什么"价值中立"的存在,西方向世界诠释的内容本身就带有"资本"的烙印,就"意识形态终结论"本身而言,也是一种意识形态。西方资本主义国家大肆宣扬资产阶级的意识形态,诋毁马克思主义和社会主义道路就论证了这一点。因此,所谓的"意识形态终结论",背后是资产阶级意识形态的现代转型,凭借意识形态的学术化、生活化转型,实

---

① 《马克思恩格斯选集》第1卷,人民出版社2012年版,第194页。

现对以中国为主的社会主义国家的意识形态渗透，使我们陷入意识形态终结的陷阱，放松思想领域的建设和意识形态领域的防范。

（三）网络对意识形态的推波助澜

以信息技术为主要标志的第三次科技革命，将网络普及应用于现代人类社会，人类社会自此裂变为现实社会和虚拟社会两个部分，两部分之间相互联系、相互作用、相互影响。网络安全、网络治理成为世界各个国家治理的重要组成部分。多年来，伴随网络时代的更新迭代，从所谓的"微时代""移动互联网时代""自媒体时代"再到"全媒体时代"，人们与互联网的交融愈加密切深入，人人都拥有"麦克风"，人人都是"记者"的现状愈发明显。于是，网络意识形态工作成为我国意识形态工作的重点领域。习近平总书记明确指出："过不了互联网这一关，就过不了长期执政这一关。"① 而互联网作为第三次科技革命的产物、一种新的传播技术，具有虚拟性、交互性、海量性、去中心化等特点，这虽然在一定程度上对于地区间、国家间的交流和我国主流意识形态的传播有着积极的意义，但同时也给主流意识形态建设带来了空前挑战。对此，习近平总书记认为要把网上舆论工作作为宣传工作的重点，因为宣传思想工作归根结底是做人的工作，人们集中在网络空间，那么宣传工作的重点就自然应该是网络舆论工作。目前我国网络意识形态工作面临双重挑战，首先是数字信息技术和意识形态建设的"敌强我弱"。从技术维度来看，以美国为首的资本主义国家占据网络的根基，例如目前全球支持互联网的根服务器，全部在西方资本主义国家的掌控之内，从意识形态建设层面来看，正是基于这样的技术垄断和技术霸主地位，以美国为首的资本主义国家人为阻碍信息的自由流通，形成一种单向输出的意识形态输出的优势。其次，多元文化、多元价值观的泛滥，弱化了主流意识形态的影响力和认同度。信息传播的新方式，吸引着"网生代"的目光，为扩大影响力，采用各种吸引眼球的方式方法，严重影响甚至改变着人们的思维方式、价值取向和行为模式。习近平总书记指出："很多人特别是年轻人基本不看主流媒体，大部分信息都从网上获取。必须正视这个事实，加大力量投入，尽快掌握这个舆论战场上的主动权，不能被边缘化了。"② 网络意识形态斗争走向国家化、多元化和多样化有其深刻的根源。从网络的开放性特征来看，任何国家、任何意识形态都无法独善其身，都必须在国际网络大空间内展开较量；另外，伴随我国改革开放的持续深入，一些深层次的矛盾开始显现，各阶层的利益诉求和价值取向开始分化，这

---

① 《习近平总书记重要讲话文章选编》，中央文献出版社 2016 年版，第 421 页。
② 《习近平关于全面深化改革论述摘编》，中央文献出版社 2014 年版，第 83 页。

些思想、观念和情绪借助网络进行传播，也加剧了网络意识形态工作的难度。

(四) 腐败之风带来价值认同危机

改革开放以后，社会结构变迁和经济利益关系严重分化，一些领导干部在全球化浪潮和市场经济背景下，由于缺乏抵御渗透、明辨是非的政治觉悟和理论认知，对党和国家的精神信仰及优良传统感悟不深，对错误社会思潮的防范和认识不清，动摇了理想信念，滋生了消极腐败之风，严重影响着党和国家的形象，影响着广大人民对党和国家的信任，给主流意识形态的价值认同带来了危机。思想决定行动，其实腐败问题本身亦是意识形态建设的问题，它突出反映了意识形态工作的缺失。首先表现为党执政的合法性、社会主义的民主和法治没有充分地完善；其次表现了主流意识形态和社会主义核心价值观没有深入人心，没有得到腐败分子的认同。但需要注意的是，也决不能以偏概全，因为某些领导干部的思想迷失和腐败行为，就全盘否定党的干部队伍。习近平总书记指出："我们党员干部队伍的主流始终是好的。"① 党的十八大以来，以习近平同志为核心的党中央上"打老虎"、下"拍苍蝇"，及时地为党挽回了人民群众的信任，主流意识形态的公信力、认同度和话语权也有所回升。但必须认识到的是，新时代党执政面临的环境依然复杂，党内存在的思想问题、作风问题和组织问题仍然存在，这是弱化党的先进性和纯洁性的因素之一，更是影响主流意识形态价值引领的重要因素，必须进一步重视和警惕腐败问题和不正之风的再次扩大，要坚定"猛药去疴""刮骨疗毒"的勇气和决心。

(五) 西方和平演变战略的实施

第二次世界大战结束后，以美国为首的资本主义发达国家实施文化渗透、和平演变和西化分化战略，大肆宣扬并推行所谓的"普世价值"，诋毁社会主义，策划"颜色革命"，使得不少社会主义国家分崩离析、改旗易帜。伴随经济全球化态势的深入推进，西方资本主义国家颠覆共产党执政地位和社会主义制度的行为不减反增，始终保持资产阶级价值观输出政策，并在输出方式、方法上更加多元和隐秘。从策略维度来看，不再追求全盘西化，而是鼓吹所谓的美国梦、普世价值，打着"自由、平等、博爱和人权"的幌子，行意识形态侵略之实；从方式方法来看，更多地采用互联网和新媒体的手段，更加地便捷和隐秘。西方的文化渗透战略可总结为"三步走"战略：第一步，崇拜西方；第二步，设立标准，裁判中方；第三步，动摇人民的理想信念，利用社会发展进程中不可避免出现的矛

---

① 《习近平谈治国理政》第一卷，外文出版社 2018 年版，第 385 页。

盾煽动人民对马克思主义、党和国家的不满，使其丧失判断力和辨识力。有学者认为，西方文化渗透的特点也可总结为三点："第一，更霸道，更明目张胆，更咄咄逼人；第二，理论性更强，更具迷惑性，更有渗透力；第三，更配套，更协调，更具整体效应。"① 可以看到的是，所谓的意识形态化和非意识形态化本质上依旧是意识形态的斗争。自"9·11"事件以后，美国就以和平演变作为对华意识形态工作的指导思想，奉行全面渗透和主动干涉的原则，实行外部影响和内部渗透的策略，并在一定程度上造成了少数人民成为西方利益代言人，价值观迷失的情况。正如美国前总统里根所言："在两种不同的社会制度的斗争中，'最终的决定性因素不是核弹和火箭，而是意志和思想的较量'。"② 因此，值此"百年变局"之际，我们党必须牢记苏联的前车之鉴，聚焦意识形态工作，牢牢掌握意识形态的领导权、管理权和话语权，赢得意识形态领域的胜利。

第五节　新时代加强党的意识形态工作的新思考

"一个政党，没有意识形态，就没有政治灵魂和政治旗帜，就会缺乏方向和动力。可以说，政党与意识形态有着天然的联系。"③ 因此，对于任何政党而言，意识形态工作都至关重要，只有借助意识形态的价值引领，才能获得最广大人民群众的认可，为政治统治提供合法来源。对此，习近平总书记提出"两个巩固"的思想，即巩固马克思主义的指导地位，巩固全党全国人民团结奋斗的共同思想基础。意识形态工作是一项系统性工程，涉及多方面内容，从内部因素来看，包含内容、途径、方式、方法等；从外部环境来看，受到信息技术和网络生态、人民精神素养和国际形势的影响。因此，本书提出关于新时代我国意识形态工作的新思考，以期为党和国家提供有益借鉴。

一、牢牢把握意识形态领导权

在任何国家，对于任何政党而言，为巩固执政地位、促进社会和谐和经济发展，必然要求其意识形态成为全社会的主流意识形态。于是，出现了这样的现

---

① 陈先奎：《关于西方敌对势力对我进行思想文化渗透的几个问题》，载于《文艺理论与批评》2001年第2期。
② 屈全绳、刘红松：《和平演变政策及其对策》，知识出版社1990年版，第67页。
③ 聂平平、胡其柱：《执政党合法性的意识形态视域分析》，载于《求实》2008年第2期。

象：统治阶级将自己的阶级利益包装成整个社会的普遍利益，将自己阶级的意志包装成普适性的价值追求，以达到在思想上统治的目的。苏联解体、苏东剧变的历史事实告诫我们，绝不能放弃意识形态的领导权，放弃了对意识形态的领导权就等于放弃了人民、放弃了党的执政地位。在今天这样一个利益多元、价值多元的时代，甚至于轻视或是忽视意识形态工作，就约等于放弃了意识形态的领导权，意味着其他的意识形态、阶级的思想能够对人民进行渗透和掌控，这是不能被接受的。列宁曾这样指出："从马克思主义观点看来，否认或者不了解领导权思想的阶级就不是阶级，或者还不是阶级，而是行会，或是行会的总和。因此，现在和将来都必须坚持领导权思想。"① 毛泽东同志也曾明确提出思想领导是一切领导的首要前提。因此，新时代党的意识形态工作必须重申领导权问题，这是加强马克思主义和社会主义核心价值观的关键所在。具体而言，需要把握以下几个方面的问题：

（1）坚持理论创新。马克思主义不是亘古不变，适用于一切问题的数学公式，而是无产阶级自诞生之日起，在革命、建设和改革进程中不断发展的理论。所以，牢牢掌握意识形态的领导权，需要我们将马克思主义的普遍原理与时代背景和本国发展的现实相结合，这是衡量马克思主义政党执政水平的重要标准。（2）凝聚共产主义理想。我们党作为无产阶级政党，以实现共产主义为最高理想和最终目标，是共产党人的政治灵魂，这决定了党的意识形态工作必须指向未来。但是，有些人由于不了解社会主义事业本身就是共产主义的一部分，从而对共产主义产生了怀疑和诋毁，对此，邓小平指出："推广到全体人民、全体青少年中间去，使之成为中华人民共和国的精神文明的主要支柱，为世界上一切要求革命、要求进步的人们所向往，也为世界上许多精神空虚、思想苦闷的人们所羡慕。"② （3）加强党的领导。"阶级是由政党来领导的；政党通常是由最有威信、最有影响、最有经验、被选出担任最重要职务而成为领袖的人们所组成的比较稳定的集团来主持的。"③ 坚定远大理想，获得广大人民支持的政党是开展意识形态工作的重要依靠。所以要坚决维护党的形象，坚决抵制历史虚无主义等社会思潮对党的诋毁和污蔑。（4）培养党员干部。党员干部是党开展意识形态工作的主要力量，他们的模范带头作用应当体现在社会主义建设、改革和发展的方方面面。因此，必须加强对党员干部的理论学习，使之成为社会主义的示范者和引领者。（5）科学对待优秀文化。党的意识形态工作同我国的社会历史传统是不可分割的，必须正确对待我国的传统文化。既不能全盘保留，也不能全盘否定，要坚

---

① 《列宁选集》第20卷，人民出版社1989年版，第111页。
② 《邓小平文选》第二卷，人民出版社1994年版，第368页。
③ 《列宁专题文集·论无产阶级政党》，人民出版社2009年版，第249页。

持在马克思主义的指导下，立足时代、立足实践，实现优秀传统文化的创新发展。正如习近平总书记所说："中华优秀传统文化是中华民族的精神命脉，是涵养社会主义核心价值观的重要源泉，也是我们在世界文化激荡中站稳脚跟的坚实根基。"[①]

二、坚持以人民利益为根本的价值追求

中国共产党作为中国人民和中华民族以及中国工人阶级的先锋队，全心全意为人民服务是党的价值旨归，而当代人民的利益包括诸多方面，大致可分为物质利益、精神利益、社会利益和政治利益。人民群众这一概念，也必须放在特定的历史时期和特定的国家中，因为现实的个人总是生活在现实的社会之中，只有结合那种由生产力所决定的生产关系进行考察，才能深刻了解和把握广大人民的真正需求。意识形态工作同样如此，只有真正把握人民的所思所想所求，意识形态工作才能有的放矢，真正体现价值引领的作用。所以，意识形态工作所坚持的人民利益的价值追求，就是要做到人民至上、共同富裕、民主法治、公平正义和社会和谐。（1）人民至上。这内在地包含着三层含义：首先，一切为了人民。党应当时刻关注人民的意愿、利益和诉求，把人民的意见当作党制定方针、政策的标准，其次，一切依靠人民。意识形态工作是一项系统工程，伴随着我国进入改革开放的攻坚区和深水区，社会矛盾开始凸显，对于这些问题的理解和应对，需要广大人民的力量。要在尊重人民群众的基础上，最大限度地发挥人民群众的首创精神。最后，一切成果由人民共享。一切工作以保障民生为落脚点，社会主义建设事业的成果只有惠及人民，人民的积极性和创造性才会得到有效发挥。中国共产党作为无产阶级政党，决定了党不是为一部分人和少数社会阶层谋利益，而是致力于实现最广大人民的根本利益。（2）共同富裕。这要求党在执政过程中，坚决不能搞两极分化，因为只有共同富裕才是真的社会主义，如果党在政策方针上出现了两极分化，那么就是歪路和邪路。同时，共同富裕也不仅仅是物质上的共同富裕，还要求着精神境界上的共同富裕。进入新时代，我国社会主要矛盾的变化，是党准确把握人民利益诉求得出的重要结论。新时代的人们不仅要求吃饱穿暖，还要求吃好穿好，这其实就是物质和精神共同富裕的统一。因此，"我们要在建设高度的物质文明的同时，提高全民族的科学文化水平，发展高尚的丰富多彩的文化生活，建设高度的社会主义文明"[②]。（3）民主法治。首先是要充分发

---

① 习近平：《在文艺工作座谈会上的讲话》，载于《人民日报》2015 年 10 月 15 日，第 02 版。

② 《邓小平文选》第三卷，人民出版社 1993 年版，第 208 页。

扬人民民主，这里的民主表达着人们应当能够在政治体系中看到他们的意志和利益，同时能够采取多种途径、多种方式了解和参与国家事务、社会事务。党要注重将实质民主与形式民主相结合，为公众的意见表达、利益诉求提供一个开放的、畅通的处理途径，使得人们的意见和想法能够有序、合法地表达；然后，要全面落实依法治国的基本方略，要从制度、法律和政策上保障人们当家作主的权力。通过依法治国，将社会的矛盾冲突限制在可控的范围内。（4）公平正义。所谓公平正义，就是要兼顾不同利益群体的平等，也就是罗尔斯所表达的能为社会中的弱势群体带来补偿的社会是公平的正义，这就要求党对全体人民，无论贫富贵贱都一视同仁，站在公平正义的角度，而并非某一群体的角度进行裁决，带有倾向性地进行政治统治和阶级管理。同时，要给予广大人民充分发展的广阔空间，实现人民的生活生存和发展的机会、资源的平等，实现公平正义的可持续发展，坚持按劳分配的主体地位。（5）社会和谐。这要求着人与人、人与社会、人与自然的三种和谐。要不断缩小贫富差距，保证人民的生活需求和幸福指数，解决人民之间存在的矛盾状况，实现人与人之间的和谐共处。坚持社会主义核心价值观，促进形成整个社会诚信友爱、互帮互助的和谐氛围，构建良好的人际交往环境，实现人与社会的和谐状态。注重对自然环境的保护，在最无愧于人类生存的前提下，尊重自然规律，实现人与自然的和谐共生，实现人从必然世界向自由世界的进步。

三、有效开展对多元社会思潮的深刻批判

当代中国的意识形态领域，各种思想观念碰撞、冲突的现状逐步凸显，新自由主义、民主社会主义、历史虚无主义、极端个人主义、新左派、普世价值等都试图去影响人们的思想观念和价值取向。因此，正确对待、批判和引领各种社会思潮，是当今党开展意识形态工作、提高意识形态工作能力的必经之路。

"马克思主义者不应该害怕任何人的批判。相反，马克思主义者就是要在人们的批判中间，就是要在斗争的风雨中间，锻炼自己，发展自己，扩大自己的阵地。"[①] 马克思主义本身就是批判的武器，但批判并不是全盘否定，而是具有建设性的批判，是在批判中发展自己的批判，是辩证的批判，是扬弃。这一方面表现为要坚持正确的批判导向。在任何人类社会变迁的关键节点，思想的先导和政治的革命往往最先展开。封建社会的建立，是在批判奴隶社会的社会制度和政治统治的基础上建立起来的。资本主义社会则是在反对封建统治，宣扬所谓"自

---

① 《毛泽东文集》第七卷，人民出版社 1999 年版，第 232 页。

由、平等、博爱"的基础上得到了广大人民的认同和支持，而马克思批判了资产阶级意识形态的假面，提出无产阶级专政的道路。今天，开展意识形态批判，与各种社会思潮的斗争，也需要从马克思主义的角度，从我国社会主义革命、建设和改革的现实与实际出发，坚持正确的批判导向。

首先，要在正确认识资本主义新变化的基础上，展开批判。当代资本主义产生了一些新的特性，福利国家的出现，资本主义由自由竞争走向垄断阶段又走向国家垄断资本主义，同马克思所生活的那个年代的资本主义出现了不同的特点，甚至具备了一些社会主义的特性。于是，意识形态终结论、民主社会主义、改良主义等思想产生了，他们鼓吹资本主义制度的自我修复能力，鼓吹资本主义制度的优越性，在一定程度上迷惑了一些人和一些国家，动摇了一些国家的社会主义道路。但需要注意的是，无论今天资本主义具备了哪些新的特征，都仅仅是资本主义在一定范围和程度内的改变，目的是缓解经济基础与上层建筑之间的矛盾，并没有改变它的本质。国家是阶级冲突的产物，逐利性是资本主义永远无法克服的内在逻辑。而社会主义国家是资本主义固有矛盾不断激化的破局之路。

其次，要基于经济社会的变化开展自我批评。这种自我批评包含对意识形态理论体系和意识形态工作方式方法的批判。对误读、扭曲马克思主义的思想和行为进行批判，深刻把握马克思主义的精髓，还马克思主义以本来面目。要对当今经济社会出现的问题、走的弯路进行批判，坚持马克思主义的基本原则，经济上坚决反对和批判新自由主义思潮；政治上要时刻警惕腐败奢靡之风，转变政府工作职能，还政于民，将权力关进制度的笼子里；文化上要辩证地继承中华优秀传统文化，辩证地对待社会中充斥的多元文化思想，逐步完善和发展中国特色社会主义制度。

再次，要坚持意识形态的创新。理论创新是在实践基础上的理论发展，在面对和解决社会历史提出的问题的基础上，实现理论的与时俱进。今天，中国改革开放进入攻坚期，对马克思主义提出了更高的要求。只有创造性地发展马克思主义，回应现实关切，才能增强主流意识形态的凝聚力和吸引力，才能引领多样化社会思潮。这要求我们坚持马克思主义的基本原理。马克思主义基本原理是马克思主义的基本立场、观点和方法的集中体现，如果只从社会现实出发，而忽视马克思主义的基本原理和要求，那么就容易走上改旗易帜的邪路。

最后，要注重发展马克思主义在某一领域的具体理论。要创造性地运用马克思主义，研究新的情况、解决新的问题，并及时进行理论总结和概括。

四、注重意识形态网络阵地的建设治理

20 世纪末，伴随信息技术的快速发展，互联网迅速普及并日益渗透到人们生活的方方面面，成为人们获取信息、学习知识、娱乐休闲的主要载体和途径，深刻改变着人们的思维模式、行为方式和价值取向，这给党的意识形态工作带来了巨大的挑战，但同时也带来了机遇。习近平总书记将网络界定为新时代党意识形态工作的重点领域，应坚持正确的人民导向，人在哪里，党的意识形态工作就应该在哪里。面对这样的时代背景和技术背景，党应当坚持"趋利避害、为我所用"的工作方针，发挥社会主义主流意识形态的价值引领作用。首先，巩固主流意识形态在网络空间的指导地位，打造马克思主义的网络阵地。历史经验表明，意识形态领域的斗争，轻视就是放弃。马克思主义不去争取和占领网络空间，那么各种非马克思主义和反马克思主义将大行其道。故而，我们要坚持用马克思主义的指导思想引领多元意识形态，吹响网络理论宣传的号角，大力建设马克思主义的网络阵地，扶持、支持和建设一批红色网站、理论学习网站，开展马克思主义的数字化工程，抢占网络宣传阵地。同时，培养一批网络思想政治工作者，专门应对党的网络宣传工作。需要注意的是，互联网具有即时性、海量性、交互性等特征，网上宣传工作不同以往，传统说教式、灌输式的宣传方式似乎难以深入人心，因此，要积极主动变革宣传方式，从内容到形式进行网络化，从人民群众的实际生活出发，贴近人们的生活，这样才能更好地帮助人们自觉抵御各种意识形态的渗透和侵蚀。然后，要注重网络生态的净化，包括舆论生态和网络秩序两个方面。从舆论生态来看，由于互联网的匿名性、即时性和海量性等特点，导致网络空间众声喧哗。故而要深刻理解人民的诉求和想法，通达社情，高度重视新闻媒体的网络化建设，引导社会热点，疏导公众情绪，强化网络舆情的预警反应机制，及时了解信息并化解矛盾，这样才能更好地提升官方媒体和主流发声的公信力。从网络秩序来看，面对信息技术对国家网络安全和信息安全提出的新要求和新课题，要深刻把握和运用互联网发展的规律，采取有效的应对措施，加强管理，构建良好的网络生态并形成理论成果。要综合运用技术手段，实现对网络信息、网络内容的技术监控体系，严防错误社会思潮的肆意蔓延，要及时跟踪世界各国网络文化发展的动向，加快网络监管、网络治理相关政策法律的完善和构建。同时，要充分发挥个人、组织、民间团体和相关企业的主体作用，构建从一元主导到多元共治的网络综合治理格局，探索网络环境净化的长效机制，不断推动网络空间的健康有序、良性可持续发展。

287

第十章

打造共建共治共享的社会治理格局

"健全共建共治共享的社会治理制度，提升社会治理效能。"[1] 打造共建治共享的社会治理格局，结合中国社会治理的变迁，需要回应时代诉求，要善于立足新时代、抓住新矛盾、承接新任务。构建共建共治共享社会治理格局，是顺应历史发展趋势和人民群众愿望的必然选择，也是推动国家发展的现实需求和建设现代化强国的内在要求。

第一节　打造共建共治共享社会治理格局的时代诉求

一、中国社会治理70年之变迁

回顾中华人民共和国成立70余年来的社会治理经验，在新中国成立之初，新中国为了改变一穷二白的落后面貌、巩固来之不易的新生政权，开辟了中国社会治理的新纪元；直至1978年改革开放，中国为了改善人民生活水平、解放和发展生产力，开创了社会治理的新局面；党的十八大以来，中国为了全面建成小

---

[1] 习近平：《高举中国特色社会主义伟大旗帜　为全面建设社会主义现代化国家而团结奋斗——在中国共产党第二十次全国代表大会上的报告》，人民出版社2022年版，第54页。

康社会、夺取新时代中国特色社会主义伟大胜利，开启了社会治理的新时代。可以发现，其中蕴含的治理理念不断更新、依托的治理结构趋于完善、采取的治理方式持续革新，形成了适合中国国情、具有中国特色的社会治理格局。70余年来，我国始终坚持走中国特色的社会治理道路，从大国之治迈向强国善治，实现了历史性的飞跃，一方面积攒了丰富的中国经验，另一方面为全球治理提供了"中国范本"。

关于中国社会治理70年的经验，有学者概括为"革命型"社会治理（1949~1956年）、"管控型"社会治理（1957~1987年）、"管理型"社会治理（1978~2012年）和"治理型"社会治理（2012年起至今）4个阶段。[①] 还有学者也做出4阶段划分，但对社会治理的阶段性特征描述有些许差异，认为1949~1978年是一元化社会管理体制形成和巩固阶段、1978~1992年是传统社会管理体制有所延续但日趋解体阶段、1992~2002年是现代社会治理体制奠基阶段、2002年至今是现代社会治理体制自觉建构阶段。[②] 也有学者认为新中国成立以来的社会治理大致可以分为三个阶段，分别是新中国成立到改革开放初期的社会控制阶段、1992~2012年的社会管理阶段和2013年党的十八届三中全会至今的新社会治理阶段。[③] 还有学者从价值导向和基本内涵两个角度分析了新中国成立以来社会治理的变迁过程，在价值导向上经历了由共同富裕到建立市场化社会，到"以人为本"再到"以人民为中心"的变化历程；在基本内涵上经历了动员群众参与、由打造社会治理多元主体体制、经过夯实社会治理多元主体体制到和谐社会建设再到共建共治共享的历程。[④]

综上可以发现，"社会管理"与"社会治理"及其相关概念先后作为政治命题出现在中国社会治理发展脉络上，需要理清两者之间的联系与区别。"社会管理"最早是在1988年的《关于国务院机构改革方案的说明》中出现的，但当时并没有从治理的角度进行阐释和说明。在2002年党的十六大报告中，提出了"坚持打防结合、预防为主，落实社会治安综合治理的各项措施，改进社会管理，保持良好的社会秩序。加强国家安全工作，警惕国际国内敌对势力的渗透、颠覆

---

① 朱涛：《新中国70年社会治理变迁与基本经验》，载于《北京工业大学学报》（社会科学版）2019年第19卷第4期。

② 孙涛：《从传统社会管理到现代社会治理转型——中国社会治理体制变迁的历史进程及演进路线》，载于《中共青岛市委党校 青岛行政学院学报》2015年第3期。

③ 何元增、杨立华：《社会治理的范式变迁轨迹》，载于《重庆社会科学》，2015年第6版。

④ 朱前星、黄辰呈：《新中国成立以来中国社会治理价值导向和基本内涵的变迁》，载于《西南民族大学学报》（人文社科版）2020年第41卷第2期。

和分裂活动"①；在这次会议上，社会管理作为维护社会稳定的内容被提出。紧随其后，在 2003 年党的十六届三中全会上进一步提出了"完善政府社会管理和公共服务职能，为全面建设小康社会提供强有力的体制保障"，2004 年十六届四中全会再次提出了"深入研究社会管理规律，完善社会管理体系和政策法规，整合社会管理资源，建立健全党委领导、政府负责、社会协同、公众参与的社会管理格局"。自此，社会管理的概念就与通俗意义上的社会治理相吻合了。而在此之后，几乎所有的国家级或中央级党政会议上都会对"社会管理"进行相关部署，其解释也更加具体和详细。

在党的十八届二中全会上，开始摸索将"社会管理"转变为"社会治理"，实现理念的转换与更新。习近平总书记指出："社会治理是社会建设重大任务，是国家治理的重要内容……当前改革处于攻坚期深水区，社会管理面临新情况新问题，迫切需要通过深化改革，实现从传统社会管理向现代社会治理转变。"②直至党的十八届三中全会提出了"社会治理"的概念，并且指出要"加快形成科学有效的社会治理体制，确保社会既充满活力又和谐有序"③。其后，党的十八届四中全会根据全面依法治国的要求指出要"坚持系统治理、依法治理、综合治理、源头治理，提高社会治理法治化水平"④。党的十八届五中全会进一步强调要"加强和创新社会治理，推进社会治理精细化，构建全民共建共享的社会治理格局"。党的十九大又进一步完善了"社会治理格局的内容"，从"共治共享"拓展为"共建共治共享"，提出"打造共建共治共享的社会治理格局。加强社会治理格局建设，完善党委领导、政府负责、社会协同、公众参与、法治保障的社会治理体制，提高社会治理社会化、法治化、智能化、专业化水平"。综上可见，有关社会治理的表述越来越精准，其内涵也日益丰富。

虽然社会管理与社会治理的提法仅有一字之差，但提法的变化却有着深刻的意义。社会管理是仅存在中国语境中的概念，在相关研究中被解释为西方国家所常用的社会发展、社会政策、社会控制等概念。⑤ 社会管理与社会治理的目的都是调节社会矛盾、缓解社会冲突从而维护社会秩序，但两者在主题、过程、内容和结果上都存在着重大的区别。社会管理的说法强调主体对客体的管理和控制，

① 江泽民：《全面建设小康社会 开创中国特色社会主义事业新局面》，人民出版社 2002 年版，第 37 页。
② 习近平：《让老百姓过上好日子——关于改善民生和创新社会治理》，载于《人民日报》2016 年 5 月 6 日，第 09 版。
③ 《中共十八届三中全会在京举行》，载于《人民日报》2013 年 11 月 13 日，第 01 版。
④ 《中共十八届四中全会在京举行》，载于《人民日报》2014 年 10 月 24 日，第 01 版。
⑤ 岳经纶、邓智平：《社会管理创新的理论与行动框架——以社会政策学为视角》，载于《探索与争鸣》2011 年第 10 期。

而社会治理要求的是多元共治；社会管理主要是自上而下进行单向度的管控，社会治理则强调互动、协商与合作；社会管理依赖政府对社会公共事务进行管理，社会治理强调各行为主体共同参与治理过程；社会管理具有强制性，社会治理则更为柔性。在中国情境下，社会管理主要是围绕国家与社会、政党与政府的关系而展开的，而当下的社会治理更多的是强调自治与服务、平等与合作、参与和协商。所以，从社会管理到社会治理不仅是方式、手段和内容上的简单变化，更是一种整体性、系统性的治理创新。正如习近平总书记所说，"治理和管理一字之差，体现的是系统治理、依法治理、源头治理、综合施策"①。

二、立足新时代、抓住新矛盾、承接新任务

在党的十九大报告中，习近平总书记开宗明义作出了一个重大政治论断："经过长期努力，中国特色社会主义进入了新时代，这是我国发展新的历史方位。"这一论断内涵清晰而明确，通过"五个时代"得以全面阐述：这个新时代是承前启后、继往开来、在新的历史条件下继续夺取新时代中国特色社会主义伟大胜利的时代；决胜全面建成小康社会、进而全面建设社会主义现代化强国的时代；全国各族人民团结奋斗、不断创造美好生活、逐步实现全体人民共同富裕的时代；全体中华儿女勠力同心、奋力实现中华民族伟大复兴中国梦的时代；我国日益走近世界舞台中央、不断为人类作出更大贡献的时代。② 如今我国社会主要矛盾已经转化为人民日益增长的美好生活需要和不平衡不充分的发展之间的矛盾。美好生活需要不同于物质文化生活的需要，是人民群众的安全感、获得感、公平感、归属感、幸福感需要得到实现。不平衡与不充分分别对应着经济和社会发展中需要解决的问题。在我国社会主要矛盾已经发生变化的背景下，社会治理亟须应对新的挑战：如何实现人民日益增长的美好生活需求、如何解决好不平衡不充分的发展问题、如何克服这两者之间的矛盾。习近平总书记指出："人民对美好生活的向往，就是我们奋斗的目标。"新时代的社会主要矛盾变化对社会治理提出了新的要求，要求治理内容更广、治理标准更高、治理方式更多元、治理主体更多、治理理念更加现代化。③

立足于新时代，党的十九届四中全会紧抓社会主要矛盾，指出了"社会治理

---

① 习近平：《推进中国上海自由贸易试验区建设 加强和创新特大城市社会治理》，载于《光明日报》2014年3月6日。

② 习近平：《决胜全面建成小康社会 夺取新时代中国特色社会主义伟大胜利》，载于《人民日报》2017年10月28日，第01版。

③ 武荣：《我国社会主要矛盾转变对社会治理的新要求》，载于《北方经济》2019年第11期。

是国家治理的重要方面"，将社会治理作为核心议题，提出"建设人人有责、人人尽责、人人享有的社会治理共同体"，"确保人民安居乐业、社会安定有序，建设更高水平的平安中国"，就"必须加强和创新社会治理，完善党委领导、政府负责、民主协商、社会协同、公众参与、法治保障、科技支撑的社会治理体系，提高社会治理社会化、法治化、智能化、专业化水平"。[①] 社会治理作为调节与化解社会矛盾、维护社会安全的重要途径，需要超越过去传统的社会管理理念与手段，形成与新时代社会变化相适应的社会治理理念与手段，打造共建共治共享社会治理格局，提高社会治理效能。[②] 其中，党委领导、政府负责、公众参与是社会治理体系的基本模式，社会协同、民主协商是社会治理体系的特色路径，法治保障、科技支撑是社会治理体系的时代要求。[③] 打造共建共治共享社会治理格局，建构社会治理共同体可以从纵向分散以改善治理权力生态、多维互嵌以优化合作治理结构、转移共享以下沉主体治理责任、兼容并包以聚合治理主体利益。[④]

第二节　打造共建共治共享社会治理格局的应然逻辑

党的十九大报告中明确提出要打造共建共治共享的社会治理格局。加强社会治理制度建设，完善党委领导、政府负责、社会协同、公众参与、法治保障的社会治理体制，提高社会治理社会化、法治化、智能化、专业化水平。坚持和完善共建共治共享的社会治理格局是完善和发展中国特色社会主义制度、推进国家治理体系和治理能力现代化的重要内容。坚持和完善共建共治共享的社会治理格局是适应社会主要矛盾转化和建设人人有责、人人尽责、人人享有的社会治理共同体的必然要求。坚持和完善共建共治共享的社会治理格局是防范化解风险、建设更高水平的平安中国的迫切需要。

一、共建共治共享社会治理格局的基本内涵

共建共治共享社会治理格局从字面上可以拆解为"共建共治共享""社会治

---

① 《中共中央关于坚持和完善中国特色社会主义制度推进国家治理体系和治理能力现代化若干重大问题的决定》，载于《人民日报》2019年11月6日，第01版。

② 王爽：《新时代创新社会治理的路径选择研究》，载于《延边党校学报》2020年第36卷第1期。

③ 潘男：《新时代社会治理体系的内在逻辑》，载于《中共杭州市委党校学报》2020年第4期。

④ 徐顽强：《社会治理共同体的系统审视与构建路径》，载于《求索》2020年第1期。

理""格局"三个部分。有关"社会治理"已经在前文中进行了充分的阐释，在此就不再赘述。"共建共治共享"中连续出现三次的"共"字在《说文解字》中解释为"同也""从廿廾"，现代意义上可理解为共同、一起，做状语使用。"共"表示的是社会治理中的关系性，包括了社会治理多元主体之间、治理主体与客体之间的复杂关系，而且这些关系之间通过"共"字而形成结合，就是所谓的"共同体"。学术上"共同体"的概念由德国社会学家滕尼斯在 1887 年出版的《共同体与社会》一书中首次使用，其本质是"关系本身即集合，或者被理解为现实的和有机的生命"①。所以在这层意义上，共建共治共享的社会治理格局就是一种社会治理共同体，是将"社会共同体"与"公共治理"进行融合的产物，基于共同的治理理念、追求共同的治理目标而建构。然而，社会治理实践是一个动态的过程，其间包括利益关系的协调、矛盾冲突的化解等，要求一定的结构性。这就是"格局"一词的深层表意，"格"一般用来形容物体的空间结构与形势，"局"表为布局、分布、摆放、安置的位置。社会治理格局贯穿于治理过程之中，起到制衡各种利益关系、缓和矛盾冲突的积极作用。所以，共建共治共享社会治理格局指的是关系性和结构性的治理体系，这一体系内既有复杂的关系存在，也有较强的系统逻辑。

那么，如何理顺社会治理中的关系？如何架设社会治理中的结构？答案是通过"共建共治共享"打造一个人人有责、人人尽责、人人享有的社会治理共同体。共建共治共享，是经过 70 余年长期摸索、符合国情民情、已经充分证明的成功经验，是中国社会治理理论和实践本土化探索的最新成果。共建共治共享社会治理格局从总体上看是一个紧密联系、不可分割的整体，在具体的社会治理实践中始终保持内在的关联性。既是对既有治理理论的发展和完善，也是对已有治理经验的总结和反思，更是社会治理的新目标和新要求。唯有夯实共建基础、汇聚共治合力、实现共享价值，才能确保社会治理富有活力、充满效率。

共建指的是共同建设。新中国自成立之日起就依靠全民共同建设，在中国共产党的带领下，中华民族实现了站起来到富起来，而今大步走在强起来的伟大之路上。作为国家的主人，人民群众埋头苦干、勇于创新，靠一砖一瓦、靠科学技术筑起了坚实的社会治理之基石。习近平总书记指出："每个人的前途命运都与国家和民族的前途命运紧密相连。国家好，民族好，大家才会好。"② 而今日之新时代是"属于每一个人，每一个人都是新时代的见证者、开创者、建设者"③，

---

① ［德］斐迪南·滕尼斯：《共同体与社会》，林荣远译，北京大学出版社 2019 年版，第 3 页。
② 《习近平谈治国理政》第一卷，外文出版社 2018 年版，第 36 页。
③ 习近平：《在第十三届全国人民代表大会第一次会议上的讲话》，载于《人民日报》2018 年 3 月 21 日，第 02 版。

接下来夺取新时代中国特色社会主义伟大胜利还需要全民共建。实现中华民族伟大复兴的伟业需要每一个中国人付出更大、更多的努力。

共治要求共同参与社会治理活动，每个治理主体都参与到治理过程中来，或出谋划策提供治理思路，或亲力亲为参与治理实践。这样的社会治理能够通过集思广益寻找到最适合的治理方式，达成最理想的治理效果。而且，每个治理主体都参与社会治理，还能有效避免"搭便车"行为。社会治理是具体的社会领域的公共治理行为，个人、组织和机构等主体通过交流、协商、调节等方式共同参与社会治理，最终作出共同的行为选择，不仅满足个人的基本需求，还维护正常的社会秩序和运转。①

共享是指共同享有社会治理的最终成果。"让广大人民群众共享改革发展成果，是社会主义的本质要求，是社会主义制度优越性的集中体现。"② 人民群众在社会治理中提供了源源不断的共建力量、贡献了取之不竭的共治智慧，社会治理的成果如健康有序的社会常态、和谐稳定的社会面貌、安全舒适的社会环境，理应由人民群众共同享有。正如习近平总书记所指出的："生活在我们伟大祖国和伟大时代的中国人民，共同享有人生出彩的机会，共同享有梦想成真的机会，共同享有同祖国和时代一起成长与进步的机会。"③ 不过共享并不意味着平均分配，而是根据一定的原则和制度安排实现合理分配，保证人民群众充分享受社会治理的红利。

二、共建共治共享社会治理格局的逻辑主线

在社会实践中要把为人民服务作为根本出发点，把让人民满意作为最终追求和目标，奠定国家治理现代化的现实基础。因为"人民是历史的创造者，群众是真正的英雄。人民群众是我们力量的源泉"④。坚持以人民为中心是我国长期以来社会治理取得成效的经验总结，保证了在社会治理的实践中尊重人民群众的主体地位，维护人民群众的根本利益。习近平总书记指出："要坚持人民主体地位，顺应人民群众对美好生活的向往，不断实现好、维护好、发展好最广大人民根本利益，做到发展为了人民、发展依靠人民、发展成果由人民共享。"⑤ 社会治理

① 唐钧：《社会治理的四个特征》，载于《北京日报》2015年3月2日第14版。
② 《促进社会公平正义，让广大人民群众共享改革发展成果》，中国共产党新闻网，http：//theory.people.com.cn/n1/2018/0122/c40531-29779501.html，2018年1月22日。
③ 《习近平：在十二届全国人大一次会议上的讲话》，中华人民共和国中央人民政府网站，http：//www.gov.cn/ldhd/2013-03/17/content_2356344.htm，2013年3月17日。
④ 《习近平谈治国理政》第一卷，外文出版社2018年版，第5页。
⑤ 《习近平谈治国理政》第二卷，外文出版社2017年版，第214页。

以人民为中心和逻辑主线，是贯穿新时代社会治理体系的价值导向，也是破解当下社会治理难题的根本依据。坚持以人民为中心，打造共建共治共享社会治理格局，具体包含了治理目标是为了人民、治理过程要依靠人民、治理成果由人民评判三层含义。

打造共建共治共享社会治理格局是为了人民，因此要以人民的诉求为出发点。人民群众作为社会和国家的主人，是一种根本的动力源泉，促进了社会治理格局日臻完善、社会治理体系不断健全。突出人民群众的主体性地位，就是要求人民群众广泛参与社会治理，进行共建共治共享。满足人民群众的基本生活诉求是社会治理的本质要求，满足人民群众的美好生活追求是社会治理的持续目标。新时代人民群众在追求更好的生活时，需要社会和国家提供更优质的教育、更适宜的居住环境、更全面的医疗卫生服务、更系统的养老保障等，这些都是社会治理需要解决的问题。打造社会治理格局、创新社会治理机制就是以共建共治共享的途径着力解决与人民群众休戚相关的社会问题。

为人民谋福利、为人民办实事、为人民解忧一直是社会治理的主要重心，但社会治理并不是大包大揽，而是依靠人民群众、鼓励人民群众广泛参与。习近平同志曾说过："古今中外的实践都表明，保证和支持人民当家作主，通过依法选举、让人民的代表来参与国家生活和社会生活的管理是十分重要的，通过选举以外的制度和方式让人民参与国家生活和社会生活的管理也是十分重要的。"[1] 社会治理从政府主导到多元参与，人民群众的力量是其中最主要的推动力。新时代，人民群众的主体意识的重要性进一步凸显，人民群众不再以消极的、被动的态度参与社会治理，而是主动地、自愿地参与其中。人民群众作为社会治理的主体之一，还不断扩展参与治理的途径，尤其是通过网络渠道，如微博发文、微信小程序投票等。人民群众还自发组成一些社会组织，以社区、公益组织、互助组织的形式参与到社会治理之中。

社会治理需要时刻关注人民群众是否满意，人民群众的怨言和不满就是治理过程中需要及时改进的地方。正如习近平总书记所指出的，"中国共产党的一切治理活动，中华人民共和国的一切治理活动，都要尊重人民的主体地位，尊重人民首创精神，拜人民为师"。[2] 所以，"检验我们一切工作的成效，最终都要看人民是否真正得到了实惠，人民生活是否真正得到了改善"。[3] 尤其是当下，社会治理真抓实干促进民生改进，使人民群众的生活水平得到提高、生活环境得到改

---

① 《习近平谈治国理政》第二卷，外文出版社 2017 年版，第 293 页。

② 习近平：《在庆祝中国人民政治协商会议成立 65 周年大会上的讲话》，载于《人民日报》2014 年 9 月 22 日，第 02 版。

③ 习近平：《在纪念毛泽东同志诞辰 120 周年座谈会上的讲话》，人民出版社 2013 年版，第 19 页。

善，才能证明社会治理有效。人民群众的不满和怨言则说明社会治理工作不到位，如果不加以改进则会造成社会矛盾积压，随后的社会治理难度还会进一步增加。在社会治理实践中，打造共建共治共享社会治理格局是为了更充分地保障人民群众参与社会治理的权益、更充分满足他们参与社会治理的意愿。社会治理通过汇聚民智、民力解决人民群众关心的社会问题，通过有效、高效治理成果赢得民心民意，才能"使人民获得感、幸福感、安全感更加充实、更有保障、更可持续"①。

三、共建共治共享社会治理格局的理念遵循

"善治"作为 21 世纪后政治经济学和公共管理最重要范畴之一，在党的十八届四中全会报告中首次出现，表明了其得到了来自中国官方的接纳与认可。这距离中国学术界对此概念的关注已有约 20 年的时间。国内第一个关注并对此概念加以阐释的学者是俞可平，他将"善治"界定为"公共利益最大化的公共管理"，是"政府与公民对社会公共生活的合作管理，是政治国家与市民社会的一种新颖关系，是两者的最佳状态"，包含了合法性、透明性、责任性、法治和回应 5 项要素。② 后来，这一概念得到了更准确的解释，但核心观点始终是围绕政府与公民之间的关系而展开的，所关注的重点在公共治理领域。③ 所以，善治的概念对应着中国民生领域的社会治理，实现善治也就是社会治理所追求的目标。而要实现社会治理的善治目标，需要打造一个共建共治共享的治理格局进行社会治理，保证即使矛盾与冲突仍然会在社会上出现，但却能最大限度地被社会所包容、被制度所接收、被机制所化解。

社会治理善治目标的实现需要通过一定的治理方式和手段来予以落实。常见的治理方式包括自治、法治和德治，但是单一的治理方式和手段在具体的社会治理实践中容易造成"头痛医头、脚痛医脚"或"哪里有问题治哪里"的治理碎片化、分散化后果。针对这一问题，我国的乡村治理经验提供了"三治融合"的解决策略。"三治融合"是指将自治、法治和德治三种不同的治理手段在治理过程中相互结合，形成以自治为核心、法治为保障、德治为支撑的整体性治理体系。"三治融合"的经验缘起于 2013 年的浙江桐乡市高桥镇，当时该镇因为拆迁、征地等引发了不少社会矛盾，老百姓信访、上访频繁。为了改善这种局面，

---

① 《祝福各族人民新春吉祥 祝愿伟大祖国更加繁荣昌盛》，载于《人民日报》2018 年 2 月 14 日，第 01 版。
② 俞可平：《治理和善治：一种新的政治分析框架》，载于《南京社会科学》2001 年第 9 期。
③ 俞可平：《善治与幸福》，载于《马克思主义与现实》2011 年第 2 期。

高桥镇摸索建立了群众参与的百姓参政团、道德评判团、百事服务团，尝试建立起一种常态治理机制。结果，这样的做法很快就在解决社会矛盾、维护社会稳定中发挥了作用，自治活力得到有效释放、法治思维不断深入人心、德治力量持久发力。高桥镇的成功治理经验经过不断总结、推广成了"三治融合"的典范。

在摸索社会治理模式中实现的"三治融合"并不是将自治、法治和德治三种不同的治理方式简单相加，每一种治理方式的稳定性、成本、效果都不尽相同，发挥三种治理方式的聚合效应才能真正达成善治。自治固本，法安天下，德润人心。实现高质量的"三治融合"，通过自治消化矛盾，借助法治定分止争，依靠德治春风化雨，才能真正走上社会治理的善治之路，这是打造共建共治共享社会治理格局的现实之选择，也是推进社会治理有效的题中之要义。首先，要以自治为基础。自治是人民群众通过参与治理过程而实现社会治理的过程。在我国，基层群众自治包括了村民自治和社区自治两种形态，分别对应的自治主体是村民委员会和居民委员会。处理好基层社会的公共事务要依靠基层群众自治，村民和居民以基层群众的身份直接选举村委会和居委会干部，通过村委会和居委会的会议参与公共事务的决策等。基层群众自治是一种自上而下的社会治理能力的培育过程。其次，社会治理要以法治为根本保障、以德治为有力补充。社会治理必须始终在法治框架内进行，法治之于社会治理意味着一种强制性的约束力。法治是治国理政之利器，系统全面的法律体系在社会治理中发挥着警示和惩戒的作用。如果说法治是外化于行的规范约束，那德治则是一种内化于心的善恶标杆。德治是建立在普遍的道德共识之上的，培育社会道德风尚、彰显社会道德价值，以社会公德、职业道德和家庭美德等为切入点推进社会治理中德治发挥潜移默化的引导作用。

第三节　打造共建共治共享社会治理格局的现实关照

"加强和创新社会治理，关键在体制创新，核心是人，只有人与人和谐相处，社会才会安定有序。"[①] 社会治理必须关注和重视民生问题，致力于保障与改善民生，因为民生问题是人民群众最为关心的、最直接且现实的问题。民生是任何时代任何国家在发展中都无法回避的社会命题，"保障和改善民生是一项长期工

---

① 习近平：《推进中国上海自贸区建设　加强和创新特大城市社会治理》，载于《人民日报》2014年3月6日，第01版。

作，没有终点站，只有连续不断的新起点，要实现经济发展和民生改善良性循环"。①

在当下中国，"民生工作面临的宏观环境和内在条件都在发生变化，过去有饭吃、有学上、有房住是基本需求，现在人民群众有收入稳步提升、优质医疗服务、教育公平、住房改善、优美环境和洁净空气等更多层次需求"。② 这些与人民群众日常生活、吃穿住行息息相关的民生事业多具有公共产品的属性，政府主要是发挥主导作用，承担兜底性、基础性的责任。打造共建共治共享社会治理格局的目标就是要在政府主导下，在民生问题中寻找效率与公平的最佳平衡点。社会治理也必须始终围绕这一关键命题，做到注重民生、保障民生、改善民生、提高民生、发展民生。习近平总书记不仅强调"抓民生要抓住人民最关心最直接最现实的利益问题，抓住最需要关心的人群，一件事情接着一件事情办、一年接着一年干，锲而不舍向前走"③，而且明确表态："让人民过上幸福美好的生活是我们的奋斗目标，全面建成小康社会一个民族、一个家庭、一个人都不能少"，"一定不要搞那些脱离实际、脱离群众、劳民伤财、吃力不讨好的东西"。④ 在打造共建共治共享社会治理格局的实践中，倡导公平与正义，平衡秩序与活力，以期在民生领域有所作为，从而真正实现"惠及民生"，达致全体人民学有所教、劳有所得、病有所医、老有所养、住有所居。

一、"学有所教"与基础教育保障

教育公平是"全世界所有国家和所有与教育问题有关的人最关心的问题"⑤。为了保证九年义务教育的顺利实施，我国在 1986 年颁布了《义务教育法》，将教育公平上升为国家意志。义务教育是基于平等权利、面向学龄人口的普及型国民教育，理应是最能体现教育公平的。美国教育家贺拉斯·曼曾说过，"教育的普及有可能让每一个儿童都能够被训练成为准备从事所有职业和促进经济发展的

① 《习近平在天津考察时强调——稳中求进推动经济发展持续努力保障改善民生》，载于《人民日报》2013 年 5 月 16 日，第 01 版。
② 《习近平谈治国理政》第二卷，外文出版社 2017 年版，第 374 页。
③ 中共中央宣传部编：《习近平总书记系列讲话重要读本》，学习出版社、人民出版社 2016 年版，第 215 页。
④ 中共中央文献研究室编：《论群众路线——重要论述摘编》，中央文献出版社、党建读物出版社 2013 年版，第 138 页。
⑤ ［瑞士］查尔斯·赫梅尔：《今日的教育为了明日的世界》，联合国教科文组织出版办公室、中国对外翻译出版公司 1983 年版，第 1 页。

人。"① 所以，实现教育公平意味着能够为每个成员提供相同的、充分的发展机会，促进社会各阶层之间的正常流动。正如习近平总书记在 2016 年 9 月 10 日考察北京市八一中学时所说："教育公平是社会公平的重要基础，要不断促进教育发展成果更多更公平惠及全体人民，以教育公平促进社会公平正义。"② 但时至今日，教育不公平的问题仍未能全面解决，在实际的基础教育工作开展过程中，我国不同地区的教育经费投入、学校设施以及师资配置上还存在着不均衡的现象。因此，接受义务教育的学生所享受的教育资源也存在差异，主要表现为教育的城乡差距、教育的区域失衡和教育的校际差别。③

所以，抓好义务教育阶段的优质均衡发展和质量提升，成为促进教育公平的关键点。为实现优质均衡发展，可以采取校际教师适度流动、学科基地协同孵化等方式促进师资和学科合理配置，适度对偏远地区、贫困地区进行教育扶贫，进行补偿性教育。基础教育质量的全民提升致力于解决"上更好的学"的问题，是与教育教学改革同步的，对学校和教师都提出了相应的要求。对学校而言，要强化德育、智育、体育、美育和劳动教育，坚持"五育"并举；对教师来说，要求组建高素质、专业化的师资队伍，肩负教书育人的时代使命。真正实现"学有所教"不仅需要克服基础教育不公平的难题，还需要借助于社会治理解决一些家长的"烦心事"，如学区选择、公办与民办择校、上下学接送等事关基础教育的热点难点问题。教育部自 2019 年起积极推进免试就近入学政策全覆盖，特别要求公办学校和民办学校同步招生。全国大部分省区建立中小学弹性离校制度，鼓励学校提供课后服务，以解决家长接送、学生课后生活等难题。

二、"劳有所得"与劳动权益保障

新时期社会主要矛盾破解的关键就在于满足人民日益增长的美好生活需要，而处于优先和中心位置的就是就业问题。"就业就是最基本的民生"④，更稳定和更高质量的就业可以为提高经济收入、改善居住条件、保障医疗卫生等奠定基础。近年来，就业优先的理念越来越明确，从优先位置到优先战略，再到 2019 年的《政府工作报告》首次将就业优先政策与财政、货币等政策一并置于宏观层面。尽管 2020 年的政府工作报告中和工作会议上"就业"一词多次被提及，提

---

① 滕大春：《美国教育史》，人民出版社 2001 年版，第 303 页。

② 《习近平谈治国理政》第二卷，外文出版社 2017 年版，第 365～366 页。

③ 勾训：《关于教育公平若干问题的理论思考》，载于《长春师范大学学报》2018 年第 37 卷第 9 期。

④ 习近平：《高举中国特色社会主义伟大旗帜 为全面建设社会主义现代化国家而团结奋斗——在中国共产党第二十次全国代表大会上的报告》，人民出版社 2022 年版，第 47 页。

出了包括就业优先政策要全面强化、千方百计稳定和扩大就业、促进失业人员再就业等措施，但受新冠肺炎疫情防控的影响，不少企业尤其是中小微企业面临生存和运营的压力，其提供的就业机会势必会有所减少，直接造成了稳就业、保就业的难度增加。解决这一问题，迫切需要健全公共就业服务和职业技能培训制度，通过劳动保障部门提供必要的职业介绍、就业训练等服务，借由职业技能培训提升劳动者就业能力和就业质量。

与就业密切相关的另一个问题是劳有所得的保障问题。劳动创造了社会财富，只有让劳动者劳有所得，才能更好体现劳动价值，充分保障与维护劳动者的切身利益。每逢岁末年初都会大批曝光农民工欠薪的问题，随即就会成为社会关注的焦点。经过社会治理以及多年来持续不断地协调多部门共同努力，近年来全国范围内拖欠农民工工资的案件数量、欠薪金额、欠薪人数呈现出"三量齐减"的态势，合理欠薪已经是合围之势。当下，还需要建立健全长效的解决机制，确保劳有所得成为应有的社会常态。一方面要明确企业主体对农民工的工资支付责任，加强企业工资支付监控网络建设，从根本上加强对用工企业的源头监管。另一方面要引导行业有序发展，尤其是对建筑行业长期存在的层层外包、劳务和转包业务等问题进行严格整治和查处。

突如其来的疫情将直播经济带入了发展的快车道，正当直播经济热潮未散之时，地摊经济也一时间跃然而起。看似不起眼的摆地摊因为门槛低、投入少、收效快，短时间内就激起了社会活力。而且对于购买者来说，地摊购物不单纯是一种消费行为，更多时候也是融入地方生活、感受城市情怀的一次体验。但地摊经济能否可行、能持续多久是对我国社会治理的考验，每一座城市、每一片区域都有配套的商业体系，重启地摊经济是否能够成为促发展的务实之策还需要更多的考量。重启地摊经济的举措的确在一定程度上有利于解决就业问题，但需要认识到鼓励并不意味着放任，重启并不是要回到过去杂乱、粗放的无序状态。摆地摊造成的占道经营、噪声扰民、假冒伪劣产品流通等问题特别需要加以引导和规范，从而使地摊经营模式成为新的消费增长点。

三、"病有所医"与医疗卫生服务

新冠肺炎疫情肆虐全球，抗击疫情成为全世界全人类的共同战役。中国自疫情暴发便采取了一系列举措进行严格防控，取得了一定的阶段性成果，但疫情防控不能松懈，所以必须抓好常态化疫情防控工作。此次疫情的暴发对任何一个国家来说都是一场治理能力的考验，中国的抗疫经验显然是提交了一份相对优秀的成绩单。不过，医疗卫生服务体系不健全、不完善的问题也随之暴露出来，疫情期间出现相关部门间推诿或不作为、信息披露不及时和预警缺位等问题。当然，疫情防控情况特殊、具有应急性质，如隔离这样的处理方式在常态化的医疗卫生服务体系中并不常见。但近年来对于普通百姓来说，看病难、看病贵的常态导致一部分人选择小病拖、大病扛，与此同时医患冲突甚至是恶性伤医事件也时有发生。医疗卫生服务事关人民群众的身体健康，关系着千家万户的幸福，既是最为关切的民生事业，也是矛盾和冲突极易集中的社会领域。

实现"病有所医"，让人民群众看得上病、看得起病、看得好病，是医疗卫生服务事业发展的根本落脚点。目前医疗卫生服务事业最大的"瓶颈"问题是医疗消费需求与治疗资源配置的不对称。医疗卫生服务事业作为国家公共卫生事业的基础，直接关系着公民的健康权益能否得到基本保障，所以需要通过公共财政支持、公共医疗资源的均衡配置等促进优先发展，确保医疗卫生服务的可及性与公平性。除此之外，医疗卫生服务事业的推进还需要卫生改革、医药改革、医疗保障制度改革、公共卫生制度改革、公私立医院改革等多方面的努力，而且要求在普及健康生活、优化健康服务、完善健康保障、建设健康环境、发展健康产业上不断谋创新、出实招。不过，过度的政府干预和完全的市场化容易导致医疗卫生服务事业的推进出现适得其反的后果，所以通过社会治理从而找到最佳的平衡点成为最佳尝试途径。国际组织如世界银行、世界卫生组织、国际红十字会等自2000年起就开始对我国偏远和贫困地区提供医疗技术援助和人员支持，以改善这些地区落后的医疗卫生服务水平，尤其是2008年汶川大地震后，国内外相关组织及时提供了必要的医疗资助。当下还可以沿着这一路径继续努力，如成立一部分具有相对独立性的医疗行业管理组织或协会，使其参与相关决策、法律制度与行业标准等的制定、监督以及执行；鼓励发展社区义务工作，及时准确获取社区居民在医疗方面的相关信息等；设立缓解医患关系的第三方民间调解机构，借力解决医患矛盾；鼓励医学、社会工作、公共服务相关专业的人员参与医疗志愿活动，解决人员不足的问题。

四、"老有所养"与基本养老保障

我国在未富先老的情况下进入了老龄化社会，而且老龄化进程快且水平高、老年人口的规模大且形态稳定的现状还会在未来相当长一段时间内维持下去。作为重要的民生问题，养老问题虽然看似是针对老年群体，但事实上养老问题的社会治理却是面向全人口和全生命周期的。养老不仅事关个人与家庭，也关系着国泰民安，如果不能及时妥善地得到解决，势必会引起一系列的问题。老吾老以及人之老是中华民族养老、尊老、敬老的传统美德，现如今实现老有所养、老有所依成为至关重要的民生要计。党的十八大奏响了保障和改善民生的最强音，加快养老保障和服务已成为增进民生福祉的客观要求。但因老龄化的问题影响复杂，常常会涉及一些家庭、社区、养老机构、政府等多主体，还会与住房、医疗、人口结构等问题交织而形成综合性问题，针对养老问题的社会治理已经迫在眉睫。国务院在 2022 年印发了《"十四五"国家老龄事业发展和养老服务体系规划》，明确提出发展目标："十四五"时期，积极应对人口老龄化国家战略的制度框架基本建立，老龄事业和产业有效协同、高质量发展，居家社区机构相协调、医养康养相结合的养老服务体系和健康支撑体系加快健全，全社会积极应对人口老龄化格局初步形成，老年人获得感、幸福感、安全感显著提升。① 目前我国的养老工作离这一目标还有不小的差距。

老有所养不仅包括对老年人日常生活进行照料和养护，还包括为老年人提供健全的社会养老保险体制和全面的养老服务。要鼓励赡养老人的家庭保持"家有一老、如有一宝"的心态，可以倡导社区发挥作用进行互助养老，依靠公办与民办养老机构提供养老服务支援，妥善解决医护和养老问题。中国有一句俗语："养儿防老"，揭示的是几千年来传统的家庭养老模式。家庭养老基于一种代际间的双向养护，父母抚育子女长大成人，子女再反哺和赡养年迈的父母，而且基于此形成的孝道成为有关养老的重要文化工具。这种模式下的家庭是最重要甚至是唯一的养老主体。但伴随着经济社会转型，尤其是受到计划生育政策的影响，传统家庭结构和规模都发生了很大变化。特别是流行的"四二一"家庭结构在应对传统家庭养老问题时经常会遇到财不济用、力不从心的状况。家庭养老的功能不断弱化的同时，催生了养老向福利型、社会化的快速转变。不过，从突破传统观念的掣肘到养老政策制定落实再到养老机构成立运转、养老产业扶持，养老问题的破解之道还处于起步阶段。更重要的一点是要创新养老模式，让老年人有事干，除了干自己的事，还要参与到养老工作中来，让老年人在干事中主动养老，而不是无所事事地"被养老"。事实上，养老问题的社会治理中还存在诸多障碍，如老年人管理工作中的体制壁垒。民政部门负责管理农村及大部分的老年人，企业退休老年人由人力资源和社会保障部门管理，公务员和事业单位退休的老年人又归组织部门管理。

---

① 中华人民共和国发展和改革委员会：《"十四五"国家老龄事业发展和养老服务体系规划》，中华人民共和国发展和改革委员会官网，https：//www.ndrc.gov.cn/fggz/fzzlgh/gjjzxgh/202203/t20220325_1320220_ext.html，2022 年 3 月 25 日。

五、"住有所居"与住房保障制度

不管社会如何发展、时代如何变化，中国人对于住房的执着念想从"安得广厦千万间"的感慨起就一直存续至今。住房关系到老百姓的切身利益，也关系着人民群众的安居乐业。所以，实现住有所居既是一项社会经济命题，也是重要的民生目标。党的十八大以来，习近平总书记心系百姓安居冷暖，始终把"实现全体人民住有所居目标"[①] 作为一项重要改革任务，全面部署、躬身推进。近年来，从"房住不炒"定位到房地产长效管理机制，从住房保障到供应体系建设，从易地搬迁扶贫到棚户区改造，朝着实现住有所居、保障住有宜居的目标不断前行。2020 年政府工作报告中，李克强总理也再次提及住房问题，可见党和政府对这一民生问题的高度重视。但解决住房问题并不能一蹴而就，如房地产市场如何稳定价格、保障房供给何以保质保量的问题都需要从长计议。

自 1998 年实施的住房制度改革终结了近半个世纪的计划体制下住房福利以来，围绕"住有所居"而衍生出的购房与租房问题背后承载的是一个异常复杂的社会治理难题。住房制度改革的实施使得房地产成为各地最主要的资本来源，其热度超过了当时的股票与债券的效应。加之同年全球爆发金融危机，中国的住房趋势开始转向重购轻租。在健康、成熟的社会市场条件下，买房与租房理应是相差无几的选择；而在当前的中国房地产市场中，购租失衡已经成为一种结构性的制约因素。

与购房难相伴而生的是租房难，这种困境主要集中出现在一线城市。这主要是因为房屋租赁市场供需缺口大。房屋租赁市场的稳定性与人口城市化密切相关，租房难的问题是人口流动、户籍指标等诸多社会因素交织而引发的。大城市所推出的公租房具有明显的社会福利属性，主要是为了保障低收入群体的基本住房需求。但实际申请中需要满足相应的条件，不仅对收入有一定要求，还会与户籍、社保缴纳年限等指标挂钩。这些限制直接将一部分急需申请公租房的流动人口排除在外了。公租房的推出本身是一件利国利民的好事，但要进一步办好，真正使住房困难群众受益，还急需加强社会管理，在准入、使用、退出等方面建立规范机制，实现公共资源公平善用。

[①] 《习近平谈治国理政》，外文出版社 2014 年版，第 192 页。

第四节 打造共建共治共享社会治理格局的实践路径

中国地大物博、人口众多，自 1949 年起选择了不同于其他国家的、具有中国特色的社会主义道路，经过 70 余年的发展，已经在国民素质、制度形态、组织架构等各方面都形成了独特性。基于此，打造共建共治共享社会治理格局已经不能简单借鉴其他国家的治理思想和手段了，更需要基于中国国情探寻可行的实践路径。本节具体从打造共建共治共享社会治理格局的文化、法治及技术 3 条实践路径加以分析。

一、打造共建共治共享社会治理格局的文化路径

无论是在何种类型的治理体系中，文化都是比经济、政治更为深层也更为持久的支撑力量。中国上下五千年的治国经验可以提供充分的佐证，文化在社会治理中发挥着深远的影响。儒家指引"修身齐家而治国平天下"，主张"德礼并用"；道家崇尚"道法自然、无为而治"；法家推崇法治，提倡不别亲疏，不殊贵贱，一断于法"；墨家"兼爱"，认为"兼相爱，交相利"。这些"中华优秀传统文化是中华民族的"根"和"魂"，是最深厚的文化软实力。不仅充满了哲理性与思辨性，而且蕴涵了治家、为政之道，提供了古往今来社会治理的有益启发。所以，"要治理好今天的中国，需要对我国历史和传统文化有深入了解，也需要对我国古代治国理政的探索和智慧进行积极总结"①。这启发当下的社会治理实践应充分汲取和挖掘、传承并利用传统优秀文化的精髓，探索社会治理格局中文化路径的创新。

打造社会治理格局中文化路径发挥作用的机制是充分利用与激活文化的引导、教化、规制等约束功能。现代社会中，文化不再从属于政治与经济领域，而逐渐成为一个相对独立的领域。随着社会进步和时代发展，文化关涉的层面日渐增多，内容愈加丰富，基础性作用与深远影响也凸显出来。文化在社会治理中更偏向于"软治理"，这与文化本身的特性与作用机制相关。"就社会治理而言，在当下日趋个体化的社会内，文化所具有的微观权力机制与思想意识规范性，可

---

① 习近平：《牢记历史经验历史教训历史警示　为国家治理能力现代化提供有益借鉴》，载于《人民日报》2014 年 10 月 13 日，第 01 版。

以作为治理的有效工具或载体，承担起治理功能。"① 而且，文化在社会治理中"最主要的价值功用就在于它通过一系列文化载体在社会建构一种精神秩序，发挥文化规则引导与道德教化的功能，从而实现一种合理性的状态"②。

在打造共建共治共享的社会治理格局中，文化路径的践行方式是相对简单的。一方面，中国悠久历史中积攒的诸如"和谐""人和""民本"与"礼"等优秀文化底蕴充足；另一方面，现代社会的文化建设是融入百姓日常生活中，为广大群众所喜闻乐见的。中华传统文化中和谐共处的自然观念、重德守信的伦理观念、与人为善的社会观念、有所作为的人生观念，这些共识性的认知在社会治理实践中消解冲突、平衡利益、化解矛盾，最终实现规范、融合与调节。当这样的效应得以扩散至整个国家，则会基于共同的文化根基而得到更多人和更广泛的认同，实现社会治理中的柔性整合。当下中国，铸牢中华民族共同体意识，对内要共建各民族共有精神家园，对外要实现中华民族伟大复兴。这种在悠久历史中不断延绵、治理困境中自觉融合的共同体意识中所承载的身份认同、精神家园、国家梦想，则是全体人民共同认可的核心价值，也是当下中国社会治理的最高共识。但事实上，如何将这样的共识贯穿至社会治理的具体实践，在多元化、去中心化的当下仍是需要谨慎应对的难题。尤其是一些西方国家曾多次借以人权、民族、宗教和民主、自由等议题大肆进行文化渗透，企图通过"西化"或"分化"的图谋离间我国党群、干群之间的关系，干扰社会共识的生成。

如果说文化是社会治理的共识基础和价值纽带，那么架构共识、维系纽带的则是各种形式的文化实践。文化路径的最终目标在于通过加强文化建设、培养文化认同，从而为社会治理提供价值动力。首先，加强文化建设的实践是具体而生动的，既包括文明公约、村规民约、家规家训等形式，也包括开展国民教育、普法教育、实践考察等方式。在社会治理过程中加强舆论引导和宣传，培育和践行社会主义核心体系，创建精神文明、传播文化力量，提高社会主义核心价值观的影响力、感召力和吸引力，增强社会治理的制度自信和认同基础。通过文化建设，将"大力发展社会主义先进文化，加强理想信念教育，传承中华文明，促进物的全面丰富和人的全面发展。"③ 作为社会的精神生产系统，文化产业不仅能够创造物质财富，还具有调节社会生态、平衡利益分配和再建文化心理的特性。④

---

① 李山：《社区文化治理的理论逻辑与行动路径》，高等教育出版社 2017 年版，第 86 页。

② 蔡文成、赵洪良：《结构·价值·路径：文化治理的内在逻辑与实践选择》，载于《长白学刊》2016 年第 4 期，第 133～140 页。

③ 习近平：《高举中国特色社会主义伟大旗帜 为全面建设社会主义现代化国家而团结奋斗——在中国共产党第二十次全国代表大会上的报告》，人民出版社 2022 年版，第 23 页。

④ 胡惠林：《国家文化治理：发展文化产业的新维度》，载于《学术月刊》2012 年第 5 期。

因此，大力发展不同形态的文化产业，在增强文化资本积累、提升文化软实力的同时，还可以满足文化消费需求、疏导社会情绪，发挥社会调节器与维稳器的作用。

其次，培养文化认同是为了让人民群众在各执一词、莫衷一是的讨论和争辩中，通过独立思考和理性判断辨析出真正优秀的文化，并给予充分的肯定与认可。诚然，东西方的文化各有所长，但现如今中国人已无须妄自菲薄，亦不必言必称西方。中国之治"创造世所罕见的经济快速发展奇迹和社会长期稳定奇迹"①，已经充分彰显了中华民族优秀的传统文化、革命文化和社会主义先进文化的魅力。基于此而建立的文化自信，正是新时代打造共建共治共享社会治理格局的思想基础。文化自信的更高指向是中国自信，是"事关国运兴衰、事关文化安全、事关民族精神独立性的大问题"②。借力于文化自信，社会治理实践中通过各种社会传播途径，弘扬中国精神、传递中国能量，以协调、整合各行为主体的力量，从而形成共建共治共享的向心力和凝聚力，最终实现社会治理格局的建构与维系，提高社会治理效能、实现有效治理。

二、打造共建共治共享社会治理格局的法治路径

中国几千年的历史中尽管不乏文景之治、开元盛世、贞观之治，但朝代不断更迭、政权频繁更替，究其原因在于实行"人治"，而人治的最终结果无一例外地演变为专制、独裁。为了避免重蹈覆辙，新中国成立以来便选择了以法治作为国家治理的基本方式，其依据是我国的根本大法——《中华人民共和国宪法》。虽然现行宪法几经修正，但"实行依法治国，建设社会主义法治国家"的法治原则未曾改变。正如习近平同志所说，"法治是国家治理体系和治理能力的重要依托"③。法治作为治国理政的有益探索，经过70余年的努力坚持，法治国家、法治政府和法治社会一体建设，使得法治理念深入人心，法治权威亦得以彰显，法治力量更是不断强化。法治是社会治理现代化的必由之路，故而打造共建共治共享社会治理格局也离不开法治保障。社会治理中法治路径的基本意涵是要求社会治理各类主体在遵守法律规定、尊重法治精神、遵循法制逻辑的前提下，坚持以法治精神来引领社会治理，以法治秩序的实现作为社会治理的目标，最终形成在

---

① 《中共中央关于坚持和完善中国特色社会主义制度推进国家治理体系和治理能力现代化若干重大问题的决定》，人民出版社 2019 年版，第 2 页。

② 《习近平谈治国理政》第二卷，外文出版社 2017 年版，第 349 页。

③ 中共中央宣传部编：《习近平新时代中国特色社会主义思想三十讲》，学习出版社 2018 年版，第 181、189 页。

法制轨道上实现社会良治的法治化过程。

有学者认为法治是截至目前人类创设的治理社会、规范社会秩序最行之有效的制度设计。[①] 但实际的社会治理实践中，遭遇社会矛盾时倾向于诉诸人情关系而非法律制度加以解决，个人利益申诉时强调权益保障却选择无视责任义务，这在很大程度上消解了法治的成效。造成这种局面的主要原因是当前我国的法制建设相对滞后。我国的法律体系虽然早已形成，现行的法律体制也在不断完善中，但其体例分散不成系统、部分内容难以操作等现实问题依然存在。而且，社会治理涉及的领域众多，相对应的法律法规设置不全，甚至存在一些漏洞和盲点。社会治理中法治方式效果不佳的另一个原因在于整个社会的法治思维缺失。典型的法治思维不足的表现是重政令轻法规、重权力轻责任、重经验轻规范、重感情轻法规。[②] 在当前社会中，大量与法治理念相违背的事情时常发生。一些领导惯用集中整治、强压控制等强制性方式来解决工作中遇到的问题，人民群众中也有不少"信访不信法""信闹不信法""信权不信法"的不良现象。因此，打造社会治理格局的法治路径意在借助法律、制度的实现，以保障社会治理格局的生成与运转。不仅需要法律制度和体系的不断完善，还需要法治理念能够跟上，也需要法治方式行得通。

法者，治之端也。社会治理格局也依赖于结构完整、内容合理的法律体系的支撑与保障。马克思曾说过，"法律是肯定的、明确的、普遍的规范，在这些规范中自由获得了一种与个人无关的、理论的、不取决于个别人的任性的存在。法典就是人民自由的圣经。"[③] 新形势下的社会治理主体更加多元、治理方式更加多样，更需要科学立法，尤其是着力于解决社会治理过程中法律依据不足、制度机制短缺的问题，以保障社会治理的整个过程和各个环节都有法可依。社会治理的概念尽管多次出现于政府官方报告、主流媒体报道中，但在立法上却尚未有清晰的界定。有鉴于此，社会治理格局法治路径的第一要义就是从立法上对社会治理的内涵与外延作出厘定，为社会治理实践的开展提供法律支持。而且，当下的社会治理难题主要集中于义务教育、公共交通、医疗卫生等公共服务领域，是人民群众最关心、最迫切、最需要解决的现实问题。强化社会治理重点领域的立法和制度建设，有利于推进社会治理实践的有序开展。此外，社会治理格局主张共建共治共享，而多元治理主体势必存在主次分别，多方利益协调也是困难重重。这就需要具体化的法律制度对社会治理的参与主体、治理过程和手段进行规范，保证社会治理有序开展，主体间不错位、不争权，合力整合社会资源，提高社会

---

① 肖雯：《法治视阈下社会治理创新刍议》，载于《重庆行政》2020 年第 21 卷第 3 期。
② 李新民：《法治思维不足的主要表现及原因》，载于《法制博览》2019 年第 19 期，第 113、115 页。
③ 《马克思恩格斯全集》第 1 卷，人民出版社 1995 年版，第 176 页。

治理效率。

社会治理格局法治化进程的推进不仅要求健全的法律体系支撑，更离不开法治理念提供的源源动力。社会治理实践的渐进性与法治理念的发展相契合，随着法治理念的不断丰富与发展，其对社会治理实践的指导作用也得到增强。法治理念虽然相对于具体的法律体系和制度结构而言是抽象的，但绝非空洞的理论说教，其公平正义的价值追求恰是社会治理共建共治共享的践行方向。具体到社会治理实践中，首先要求保持对宪法和法律的敬畏之心，做到法律面前人人平等，遵守法律没有特权，执行法律没有例外。特别是领导干部要注重在法律约束下行使规范权力，不越权、不谋私。在日常生活中，老百姓的法律意识淡薄、法律信仰缺失的现象频发，造成了社会治理时常遭遇困境的后果，最终势必会影响法治中国的建设。只有人民群众树立了对法律的信仰，才可能真正成为法治的忠实崇尚者、自觉遵守者和坚定捍卫者。近年来社会治理实践中的许多矛盾和冲突升级，如深入开展扫黑除恶专项斗争等最终不得不诉诸执法办案加以解决，有效发挥了司法的惩戒功能、监督功能和强制执行功能，从而树立了司法威信。当法治成为全民信仰时，在社会治理实践中"合不合法"问题就会被时刻谨记。

"徒法不足以自行"，社会治理格局的成功建构也离不开在治理实践中力行法治方式，现阶段的社会治理不再是传统的"运动式""应对式"的治理模式，而是以法治为基本方略，正在向依法推进社会治理的方向不断努力。虽然社会治理格局要求做到共建共治共享，但不同治理主体需各司其职才能切实保障社会治理的依法推进。社会治理只有始终在法律约束内进行，方能形成良好的法治环境，即办事依法、遇事找法、解决问题用法、化解矛盾靠法，从根本上解决大闹大解决、小闹小解决、不闹不解决的现象。正如习近平所指出的，"对各类社会矛盾，要引导群众通过法律程序、运用法律手段解决"[①]。社会治理实践中的法治建设要真正落到实处，需要引导人民群众懂法、守法、用法，离不开全社会公民的共同参与。通过不断加强法治建设，在社会治理的具体实践中畅通与拓宽人民群众合理合法的利益诉求渠道，从而把社会矛盾纠纷的处理引入法治化的轨道，既有助于公平正义的法治思维落地有声，也有利于从源头上解决社会矛盾、维护社会稳定。

三、打造共建共治共享社会治理格局的技术路径

在 2018 年召开的中国科学院第十九次院士大会、中国工程院第十四次院士

---

① 中共中央文献研究室编：《习近平关于全面依法治国论述摘编》，中央文献出版社 2015 年版，第 6 页。

大会上，习近平同志这样说过："进入 21 世纪以来，全球科技创新进入空前密集活跃的时期……科学技术从来没有像今天这样深刻影响着国家前途命运，从来没有像今天这样深刻影响着人民生活福祉。"[①] 21 世纪以来，中国的新一代通信与网络技术、高性能计算技术、先进能源技术、生物医药技术、先进制造技术、新材料技术、现代农业技术、资源环境技术 8 项现代科技已经进入国际先进水平行列，一方面见证了科技发展的中国成就，另一方面为世界科技发展贡献了中国智慧。在这样一个科技日新月异、信息瞬息万变的时代，科技在金融服务、社会公益、智能制造、企业管理等诸多领域的应用方兴未艾。同时，21 世纪更是科技走进生活、走进百姓的时代，如互联网、大数据、人工智能、云计算、区块链等技术已经潜移默化地嵌入普通人的日常。试想一下，我们如果没有了手机，该怎么随时随地与亲友进行联系？如果离开了网络，该如何快速高效地搜索信息？社会治理新格局的打造也衍生出了依托新兴技术的必要性，2015 年国务院先后发表《促进大数据发展行动纲要》《关于积极推进"互联网＋"行动的指导意见》作为初步探索，随后 2017 年国务院再次发文《新一代人工智能发展规划》，表态要"推进社会治理智能化"[②]，直至党的十九届四中全会上提出"科技支撑"，正是来自党和政府的正式宣言。

打造社会治理新格局的技术路径指的是在社会治理中实现技术工具、手段与过程的嵌入，目的在于充分实现科技创新与社会治理的深度融合。这一经验古今中外并非罕见，但基于共建共治共享理念下的社会治理与科学技术的结合则区别于简单的技术治理。一般来说，技术治理的缘起可以追溯到弗朗西斯·培根的《新大西岛》和圣西门的《论实业体系》[③]，经过英国、法国而后传入美国，引起了一场以技术治理为中心的运动。围绕技术治理后续发展形成了两种不同的主张，一种观点认为借助于科技来改善传统的治理经验，另一种观点则认为社会治理的主体应该是掌握科学技术的人。这样的分歧持续了相当长的时期始终未有定论，基于此还演绎出"技术治理主义""技术中介理论"和"行为技术理论"等具有代表性的学理观点。不可否认，技术治理的运用具有独特的优势，但有学者认为技术治理既有以生产和赋权特征为代表、有助于增进社会福祉的积极作用，也存在着以侵入和约束为特征、潜藏着的社会风险和政治风险。[④] 所以，打造社会治理格局中技术路径的摸索首先需要克服技术治理本身的局限性，其次是在此

---

① 习近平：《在中国科学院第十九次院士大会、中国工程院第十四次院士大会上的讲话》，载于《人民日报》2018 年 5 月 29 日，第 02 版。

② 《新一代人工智能发展规划》，人民出版社 2017 年版，第 28 页。

③ 刘永谋：《技术治理的哲学反思》，载于《江海学刊》2018 年第 4 期。

④ 张丙宣：《技术治理的两副面孔》，载于《自然辩证法研究》2017 年第 9 期。

基础上进一步推动社会治理中的技术应用以提高其效度。

当下，科学技术如大数据、物联网、云计算等应用已经渗透到社会的各行各业，不仅催生了"共享经济""网红经济"等新经济发展力量，而且全方位地影响并改变着人们的生产和生活。尤其是在打造社会治理格局的努力中，技术也因其所特有的"直接、干脆的工具理性，对于解决现实治理过程中的问题有特别的功用和效能"①。一方面，技术的创新与运用提供了政府服务与社会治理的新思路，智能化治理成为进一步优化的目标；另一方面，治理中技术手段的介入填补了盲区，使得公众和社会组织得以有效地参与到社会治理中来。相较于制度路径与法治路径，技术路径更加强调精准性，这是由科技本身的属性决定的。如大数据平台和人工智能的应用可以更准确全面地获取信息，形成精确的、海量的信息库，从而在大量分析和精准判断的基础上作出更为客观的决策。而且，社会治理中技术手段的运用还在一定程度上克服具体的、特殊的治理情境，从而保证了客观性。现代技术的加持使得信息记载更为全面、图像数据更为可视、监控追踪更为可控，更是摆脱了传统的度量、普查等途径及其潜在的主观性。同时，技术理性亦契合了复杂社会治理下追求清晰化、简单化的逻辑需求。技术运行具有公开、透明的特性，不仅有助于打破信息交流与协同治理中的壁垒，还可以确保在具体的治理实践过程中实现追因溯果。

技术路径在社会治理格局的构建中具有独特的优势和广阔前景，这在基于互联网架构的电子政务平台、公交系统的监管工作、电子警察系统等社会治理实践中都得到了充分的检验与认证。最近的一次验证是新冠肺炎疫情防控，在这一过程中可以直观地感受到社会治理中技术路径的应用价值。在整个疫情防控的过程中，大数据、人工智能等技术应用于人员物资的管控、疫情传播检测的分析、医疗救治和医药研发、复工复产以及秩序恢复，发挥了十分重要的作用。例如，"疫情地图"的开发利用了可视化的地图形式，展示了全国各地累计确诊疫情病例、累计治愈数量及疫情分布等情况；"新型冠状病毒传播监测"专项工作平台，实现疫情可追溯、可预测、可视化和可量化，为疫情防控提供了准确的数据支撑；"人工智能病原检测和抗病毒药物重定位大数据平台"助力军事医学科学院发现了一些药品在细胞层面上对新冠病毒具有潜在抑制作用；"码到成工"和"码上通行"等应用成功研发"社区防疫通"模块，有效支撑和保障了复工复产、秩序恢复。举国上下的疫情防控已进入常态化阶段，社会治理中技术所提供的战斗力还在持续发挥效力。

由上可见，社会治理中技术路径所展现的效能性是不容小觑的。但不可否

---

① 徐玉生、张彬：《新时期基层党组织建设与社会治理耦合互动研究》，载于《探索》2016年第1期。

认，技术发展还存在着诸多不确定性。科学与技术自身是价值无涉的，但作为一种中立的、无能动性的工具或手段，在具体的社会治理实践中与治理主体的能动性相关联，则意味着关涉了利益、关系、权力等因素。因此，在打造共建共治共享的社会治理格局中，依托技术路径时必须要警惕其出现价值偏离的风险。而且，技术作为社会治理中的一项"利器"，在具体的社会治理实践中实现了数据共享、信息可追溯，但不可避免也存在隐私保护、系统定期维护等问题。所以，应对技术性能上的挑战是社会治理格局打造过程中技术路径进一步优化和升级的首要任务，这就要求在科学技术领域不断创新、攻克"瓶颈"、实现突破。

第十一章

建设社会主义生态文明

从农耕到工业化转型升级，正是从自然经济到商品经济、从原始生态平衡到近代以来的生态危机转变。基于资本主导、市场驱动，个体利益最大化不仅驱动人与人之间的发展不平衡，也必将造成人与自然的不平衡。在公共物品供给和社会选择的公共性缺失的现实情形下，这两种不平衡存在着交互恶化的动力机制，贫困、不平等与可持续发展问题成为全球性难题。党的十八大以来，党中央以前所未有的力度抓生态文明建设，全党全国推动绿色发展的自觉性和主动性显著增强，美丽中国建设迈出重大步伐，我国生态环境保护发生历史性、转折性、全局性变化。以人民为中心，以唯物史观、辩证发展的方法论，将人、自然及社会辩证统一起来，为生产力发展、生态文明建设重塑社会生产关系。以统筹协调为手段，以人的全面发展为目标，激活被生产关系束缚的生产力各积极因素，形成确保充分、有效、持续的公共物品供给和社会选择的公共性的经济基础与政治制度结构。这是对传统生产方式及工业文明的超越，这种进步具有时代性和全球性实践意义。

第一节 社会主义生态文明建设的历史方位

建设生态文明，需要明确生态文明的前史。通过对人类社会发展史中的农耕文明和传统商工文明的生产力及其生产关系的特征与规律的研究，研究生态危机的成因与机制，以便于从中发现社会主义生态文明的内涵与机制。

一、农耕文明顺应生态的机制与不足

基于土地私有而封建和农耕，这一时期的经济形态通常被称为自然经济。按人类社会发展进程中的产业升级次序，当为农耕文明。

（一）生产力层面

相对于快速崛起的商工文明，农耕文明尚处于物质资料普遍短缺的人类更早的历史时期。这与其依靠尚不具备改善土地、改变气候条件的技术与制度有着根本的关系。作为基础、支柱、主导产业，农业主要依靠自然资源从事种植、养殖，利用水土等自然条件从事生产，对生态环境有严格的依赖。换言之，由于生产力发展水平较低，农业文明时代主要处于依赖、尊重、敬畏自然的阶段，通过依存和顺应自然的秩序，以规避遭致源于自然条件的限制和惩罚。

由此，顺应自然条件与规律，保护生态环境就是保护生产资料，就是保护和发展生产力。从生产和技术的层面来看，对自然资源环境的维护、顺应、保护，更加有利于生产和再生产。没有现代科学和市场共同作用，人们对自然界的认知是有限的，破坏和污染生态环境的能力与动力是相对缺乏的。人们对自然的因循、学习、利用，还没有达到过度使用、滥用的技术力量与社会驱动的阶段。

（二）生产关系层面

农耕文明时期，土地是权力的基础和财富的代表。对土地的占有和维护，是形成并代表最高权力。人们崇尚道法天然、天人合一的伦理道德，体现为人们对自然界的遵从、保护。农耕文明基于土地进行自给自足的生产，而不是以交换和盈利为目的的商品经济。生产力的低下和物质的短缺，决定了社会差距的相对有限性。这种有限性决定了生产总量和自然界达成某种平衡，意即自然规律对社会运行构成严格约束。在这种条件下，马尔萨斯的人口原理就有一定的合理性，即人口规律受制于自然规律。因此无论从生产技术还是生产关系，也就是生产力生产关系上面来考虑，在农耕文明时期，人们对自然界都处于认知有限、受制于自然力作用的历史阶段，从而，尊重天命、道法天然，而不是寻求构成生态危机的方式方法。

（三）物质短缺对人的限制

自然力对人的约束，在经济上是短缺，在政治上是专制集权和野蛮、暴政，在思想上则为封建礼教及禁欲主义。这种短缺和集权，对人的自主行为的普遍强制，造成社会根本制度的相对稳定性。一方面为生产力的稳定发展提供制度维系；另一方面，以适应"永恒不变"利益为目的而建立的上层建筑，必然抛弃对科学和变化的追求，将科学变为维护和辩护私利的奴仆，最终成为僵化既有分配制度和利益格局的桎梏。当然，这种制度体系制约之下的生产力的发展缓慢，也给自然及生态系统的自我循环和自我维系，持续地提供了数千年的生态稳定和社会僵化的物质基础。

二、商工文明改变生态的机制及其危害

商工时代，特别是工业化和与之相适应的资本制度体系，在更大程度上促进生产力的空前增强，人们改变自然的能力与速度超出了自然界本身的演化节奏，"人定胜天""支配自然"所造成的破坏生态的盲动也越来越突出。无论是环境污染，还是生产生活的过度挥霍与浪费，均存在着不可持续的基本特征。[1] 人们面临着"被迫应对双重危机"（即经济危机和生态危机）的时代困境。[2]

（一）生产力层面

产业结构的升级动力来自逐利与竞争。这种机制激励人们对生产生活中的新事物和新领域的发现、识别、投机及投资。社会力量的关注点就从传统的农耕转向对商业、手工业乃至机器大工业等领域开拓，以占有更大生产发展空间。

诸如上述商业手工业等产业兴起，主要依靠交换体系来激活任何可以带来私利的逐利行动。正是这种唯利是图、不择手段、不计后果的生产方式，将自然与生态污染到不可持续的危机的势态，彻底改变了人与自然的天然和谐的关系。新技术新发明、新物质新材料，不断驱动市场发展，形成产业化、规模化、经济效益化等效应。但是这种脱离对水土的高度依赖的商工生产在系统性、持久性地影响自然界。例如能源、农药及化学合成材料的发明和广泛的利用，使得生态环境遭受破坏，工业废物的排放产生对大自然环境和循环系统的空前改变。环境系统

---

[1] ［英］布雷恩·威廉·克拉普：《工业革命以来的英国环境史》，王黎译，中国环境科学出版社2011年版，第13~101、129~198页。

[2] ［日］吉田文和：《环境经济学新论》，张坤民译，人民邮电出版社2011年版，第196~197页。

本身的运行条件和机制，受到人类所创造的物质介入性干扰，生态循环系统遭到持续性和系统性破坏，加剧环境退化的步调、速度以及影响。这种影响是商工生产的伴生物，因此不是片段性、间断性、局部性的，而是整体性、连续性、内在性、普遍性地发挥消极影响。

（二）生产关系层面

农耕文明没有现代工业技术和市场机制驱动，要想移山确属"愚公"之举，至少是需要子孙世代长期巨大付出，才有可能完成人世间极为罕见的壮举。但是在资本主导、市场驱动和技术支撑之下，只要有适当的利益的持续激励，移山填海就是充满"理性"与"效率"之举。伴随着资本主义生产方式的形成和确立，工业化超越了农耕时代的物质技术短缺，形成过剩生产对自然界的破坏和对人的强制剥削等扭曲行为，侵蚀人的主体性和自然的本来面貌，彻底改变人类社会历史和自然界的法条。因此，资本主义全球化势必带来全球性环境危机。[①] 生态危机的社会成因在于失衡的经济社会结构。

一是行为主体差异化。工业化之所以污染生态环境，重要原因是依赖个体利润最大化和个体成本最小化。个体成本的外部化就是将无限的个体成本转嫁给他人，以及社会及其后世子孙。由于市场主体的非对等性，普通民众对于污染和危害缺乏认知能力，在获得利益补偿时又缺乏讨价还价或生态环境定价能力，因此对于污染乃至波及自身利益之侵犯，亦会被迫选择无视乃至放纵。这将造成持续性的生态环境污染，进而形成铺张浪费、污染严重的生产方式。换言之，社会差距构成不对等的成本分摊和收益分配关系，而收入分配的制度刚性使分配行为扭曲，作为一种共同性权益的文明与生态必遭受系统性制约。

二是地区性失衡。从历史来看，最初的污染从未被发现到被发现，从局地污染到全球性生态危机，这是商品化生产和产业的同质化竞争，推进全球生态系统面临程度不同的压力而不能得到调整。工业化产生的对自然经济和生态环境的破坏始终存在并且有其必然性；而污染的方式、程度以及能否得到及时有效的治理，既取决于各地的制度和治理的能效，更依赖全球一致行动的政治立场、认知高度，以及协同治理能力、利益平衡能力和制度变迁的可能性。显然现实条件仍然达不到这种要求，结果只能是地区性失衡与生态文明的迟滞。

三是公共物品的公共性缺失。以资为本和人的主体性很难有效协调。作为资本主导、市场驱动之下的契约型政府，以及旨在争权夺利的政党来说，受到资本

---

① ［美］罗尼·利普舒茨：《全球环境政治：权力、观点和实践》，郭志俊、蔺雪春译，山东大学出版社 2012 年版，第 92～242 页。

的支撑和掌控，而并不是站在生态环境和居民消费者利益立场之上。放纵资本与市场的逐利行为，助长污染的程度；只是在污染不可预测、不可控、不可改变，并且遭到公愤的时候，更多的人被鼓动起来参与针对特定指标下的环境保护的政治运动，呼吁和推动生态保护制度与政策的出台。

综之，资本主导市场驱动之下的工业化造成内在的外部性。这是一种个体理性造成整体非理性，整体缺乏有效监控和治理的普遍结果。对不同主体进行统筹协调，是个体主义不可能接受和实现的旨在整体理性的状态，生态文明只能沦为空想。生态危机是必然，而生态文明建设则很难成功实践。这是西式民主之下社会选择不良政策的根本原因及机制。①

（三）商工文明的生态危机

个体主义、经验主义、功利主义所能追求的短期均衡，是资本个体理性的基本逻辑，最终造成整体长期非理性的结果，即生态危机，违背生态文明的根本方位。以人与自然的失衡为代价，对社会失衡进行再平衡，是对社会结构失衡的一种事后自救性补救。例如，人们大面积地使用农药和化肥来增加粮食农业产出以弥补农业作为弱势产业造成的利益的亏损。依靠对自然生态系统的可持续性的侵害来弥补该群体在社会竞争中的劣势和亏欠、亏损。实现各产业、各群体自主自为的再平衡。但是人与自然之间的失衡被打破了。

生态危机根源于资本主导下的结构失衡。不对等的权益分配与成本分摊，不能缓解而是加剧两者的失衡态势。要进行生态文明建设，不仅要对涉及公共物品和人民福祉的事业进行有效和持续供给，更需要依托制度变革和经济基础，广泛地开展社会实践。

在深陷社会矛盾漩涡却没有新的成功社会实践给出明确的理论方法启迪的时代，一些理论家们对实现生态文明的制度的理解，是过度经验主义和混乱的，是对生态和社会主义理解上的抽象、单调和空想。② 但是所有这些对社会主义生态文明建设的作用，正如空想社会主义对科学社会主义的作用一样：提供有待辩证地改造的思想素材。基于生态危机的问题和中国的创新实践，有机马克思主义者对生态灾难和对资本主义制度的看法很有冲击力，似乎更具有"为中国说话"的

---

① ［美］布赖恩·卡普兰：《理性选民的神话：为何民主制度选择不良政策》，刘艳红译，上海人民出版社 2016 年版，第 174～221 页。

② ［印］萨拉·萨卡：《生态社会主义还是生态资本主义》，张淑兰译，山东大学出版社 2012 年版，第 147～289 页；［美］戴维·佩珀：《生态社会主义：从深生态学到社会主义》，刘颖译，山东大学出版社 2012 年版，第 282～299 页。

政治倾向①；事实上，他们只是抓住了问题的核心、讲出了事实真相而令少数人深感不悦而已。

三、社会主义生态文明的基本内涵

从生态演变和人类发展历史进程的相关性中可以看到，"生态文明是人类文明发展的历史趋势"②。建设社会主义生态文明，是当代中国为适应这一未来发展大趋势所进行的战略抉择。

（一）社会主义初级阶段的生态问题

农耕文明的绝对短缺和商工文明的相对过剩，均没有构成与生态文明相匹配的发展高度。伴随着中国的市场化改革，快速工业化、城市化同样存在着经济与生态的矛盾冲突问题。市场化改革和快速工业化，一方面带来经济的高速增长、收入水平的大幅提高，但是这种增长方式的共性特征，即存在并积累着经济社会与生态环境相互矛盾的初级阶段的增长问题。换言之，权益分配与成本分摊的非均等性原则决定着生态环境污染的最大和最直接受害者，也是基本的民生问题的承担者，改革的成本分摊者，社会发展中的滞后者，社会成本、生态成本的承担者。这些涉及工业化和城市化进程中的粗放型增长模式带来的生态问题，需要依据制度进行转方式、调结构，不能实现高质量发展的新型的工业化城市化转向。

（二）社会主义生态文明的主要内容

新时代生态文明建设是"五位一体"总体布局、"四个全面"战略布局和新发展理念所包含的重要内容。逐步形成"绿水青山"就是"金山银山"的社会共识，引领社会主义经济与生态建设的统筹协调，是社会主义生态文明建设的重要内容。

经济的高速增长带来了发展全面性的内在需要，体现了人们对经济增长之外的政治、社会、生态、文化等各方面的发展需要的满足。这是社会发展的全面性和人类需要的多样性的统筹协调，更是经济文明和生态文明发展的物质保障。生态文明导向之下，经济发生从高速增长转向高质量发展的根本转变。生态文明立

---

① ［美］菲利普·克莱顿、贾斯廷·海因泽克：《有机马克思主义：生态灾难与资本主义的替代选择》，孟献丽等译，人民出版社 2015 年版，第 3~54、207~262 页。
② 潘家华等：《生态文明建设的理论构建与实践探索》，中国社会科学出版社 2019 年版，第 7~13 页。

足人与人、人与社会及人与自然的关系的协调，达成对自然生态的保护修复和更高效的利用、对经济增长的方式的转型、对生活方式及习惯的优化等目标效果。这也必将带来经济社会和谐发展和人的全面发展的良序关系的形成。

生态文明建设已经融入经济社会各方面的建设与发展规划及实践之中。"五位一体""四个全面"和"新发展理念"，以及精准扶贫、高压反腐与从严治党、制度治党的实践，这些战略决策和重大举措，均与生态文明不谋而合并且高度契合。通过对旧式生产方式的创新发展，实现人与自然、人与社会和谐互动、互利共存、互利共享。

（三）生态文明是人们美好生活的必备内容

农耕文明时代的绝对短缺和商工时代的相对过剩，这两种结构失衡的矛盾，在社会主义生态文明时代的解决，则依赖于逐步实现的综合性相对平衡的生产方式，即体现为对各方面各时期的统筹协调、全面和可持续发展的战略实践。这是基于唯物史观和辩证法的世界观、方法论所能达到的认知高度，也是社会主义根本制度所能推动和保障的实践目标。实现人与社会、人与自然之间的统筹协调，推进并保障生态文明可持续发展，体现了人类在自然界和社会发展认知中的成熟和理性。

收入提高、差距缩小，是经济发展巨大成就的体现与实现，在此基础上的青山、碧水、蓝天、乡愁，也必然成为人们美好生活的必需品。人与社会的和谐，人与自然的和解，正是生态文明建设的途径和实现。

2020年以来全球抗疫实践表明，制度差异在解决人与自然和人与社会的矛盾时存在突出的差别。人类面对共同的灾难的挑战，这并非单独地主要对药物研制、医疗配备能力，真正的挑战是，社会整体的共识与集体行动的能效。这需要完备的物质支撑、社会共识及科学决策的形成，以及党和各级政府在应对疫情时的充分、灵活、有力的作为。如果每一个体、机构乃至群体只考虑个体或局部私利，而忽视和损害整体及长期利益，那么将造成更为严峻的公共成本甚至人类灾难。

第二节 社会主义生态文明建设的理论基础

社会主义生态文明建设的方法根源于马克思主义；马克思主义正是建立在对资本主义的超越，是对工业文明提出的质疑和对未来社会发展方向和制度设计的构想。社会主义生态文明建设虽然处于起步阶段，但中国的经济与政治制度为生态文明建设的探索和实践提供了基础和保障。

一、马克思主义是方法论前提

马克思主义世界观方法论指导下的生态文明建设，需要基于人民利益至上、人民当家作主，发现人民群众在历史进程中的主体地位和财富创造的历史过程，体现社会主义生态文明建设的根本性转变。

（一）人民立场

人民立场决定了以人民为中心发展，以实现人民根本利益为目标，而不是过度强调具有排他性的个体私利至上和最大化。从实践的目的和实效性上看，马克思主义是人民的理论武器，而西方主流理论则是富人的理论。通过人与人、人与自然的辩证统一、统筹协调，以发展推动更大的发展、更多人的发展，以及人的全面发展。对于生态文明建设而言，基于人民群众的立场和利益进行实践，着力于解决涉及人民根本利益的主要矛盾，解决发展中的结构性失衡问题，解决人的解放和生产力的解放问题，解决改革与发展过程中面临的任何的挑战和问题，这其中就包括生态环境和相对贫困等问题。这是旨在保护和维护人民根本利益的，旨在生态与文明辩证统一的理论与实践。

（二）唯物史观

唯物史观为人们提供科学有效认知和有序改造世界的理论方法工具。科学探索、社会实践、改造自然，这些活动需要旨在人民发展的科学世界观与可靠的方法论指导。对世界的科学认知和对社会本质的精准把握，将会决定认识世界、改造世界的方向、目的和效率。科学世界观、方法论指导之下，人们对自然规律、社会规律的积极主动认知、探索、创新实践，以更有效的方式和更有力的手段促进共同利益、长期利益，保障长期可持续的发展，符合社会、自然规律，顺应人们共同认识与利益需要。对自然生态和社会心理等客观规律的科学把握，是促进社会的发展、促进对生态文明的认知、把握目标的实现。相反，私有制对唯心史观形而上学的依赖，对个体至上的经验与功利主义的坚守，形成内在相互适宜的解释和守旧的思想意识形态，旨在维护现状，保护私利，甚至不惜损害他人和社会的根本利益。社会矛盾与生态危机的不断形成正根源于此。

(三) 辩证方法

实践中的科学认知来自人们实践中的创造性发现。创新实践又需要新的世界观方法论的指引。这种辩证性发挥作用的实质是，突破落后制度与认知范式对科学认知的束缚，对既有制度和利益格局的变革，以提升理论认知的限度与科学程度，提升解决实践难题的速度、力度及程度。

基于唯物史观的辩证法是建设社会主义生态文明的根本方法。坚持个体差异性这一逻辑起点，实现对差异化个体进行统筹协调、辩证统一关系的把握，才能真正站在人民群众的利益立场上，以辩证法的思维，分别个体个性但不分化群体和整体，从而具有各主体之间的统筹协调、全面可持续发展的机制与可能。

坚持人民立场，运用辩证方法，这就能够导向生产发展的统筹协调性和长期可持续性，也就是说从纵向和横向各个方面强调内在一致性，在承认矛盾前提下的内在一致性、统筹协调性，而不是将整个系统进行割裂分割和分化对立。例如在人与自然的辩证统一关系上，"我们不要过分陶醉于我们人类对自然界的胜利"[1]，对自然要"取之以时、取之有度"[2]。生态文明建设中的人与社会、人与自然的统筹协调性，旨在经济社会的平稳健康可持续发展，以保障和强化人与自然之间的内在协调性和辩证发展性。

二、以人民为中心是价值导向

山水林田湖草沙是生命共同体，更是人们赖以生存和发展的自然条件。保护生态环境就是保障民生。"青山就是美丽，蓝天也是幸福。要像保护眼睛一样保护生态环境，像对待生命一样对待生态环境。"[3]

(一) 生态环境保护的民生性质

从历史与事实上不难发现，环境污染的最大受害者是普通中低收入群体，保护生态环境的短板也是普通人群。这是因为他们在摆脱自然束缚和社会压力方面，是整个社会各阶层群体中相对最为弱势的群体。协调经济与生态，改善环境、治理生态问题，坚守时代性和民意所指向，就要从影响人民群众生活最突出的事做起。因此，解决低收入群体的收入问题、民生问题与解决保护生态环境问

---

① 《马克思恩格斯全集》第26卷，人民出版社2014年版，第769页。
② 《习近平关于社会主义生态文明建设论述摘编》，中央文献出版社2017年版，第12页。
③ 《习近平关于社会主义生态文明建设论述摘编》，中央文献出版社2017年版，第8页。

题，正是解决发展中的不平衡不充分矛盾的两个重要的方面。

解决生态问题，既是一种新的生产方式的开启，也是改善生活及收入水平提高的契机，为该群体支持生态环境建设与监督的条件及能力提供物质基础。这种联合举措的实质就是，既解决低收入群体的生存、就业及生活改善的难题，又有助于解决节约资源、保护生态环境、构建美丽人居环境的系统性问题。将这两者统筹结合在一起，就是解决资源环境及生态与社会主义文明的大难题。

（二）中国特色社会主义制度的助推与保障

资本驱使人与社会、人与自然关系的矛盾性与异化，构成社会与生态双重危机与不可持续。

中国特色社会主义制度驱动和保障下的生态文明建设，并不是主要用来帮助资本增值、私人利润最大化，而是通过上述手段，实现人与社会、人与自然协调，推动以人民为中心、人的自由全面发展目标的实践与实现。

以人民为中心的发展理念，通过引导资本和技术来推动全面的发展以及多元化的财富创造和实现，克服自然因素所形成的限制条件，用不断取得的发展来突破更大更可持续发展中的自然与社会层面的各种约束，以获取更广泛的、可全面的、高效可持续的发展。这正是人与社会、人与自然高度统一之下的生态文明，即新时代新的文明形态的具体体现。

（三）生态文明的多维性匹配人的全面发展性

人的主体性前提下的人的全面发展性，意味着人们不再具有严重的不对等的认知能力和行为能力，由此，人们之间难以持续存在制度性的隐藏信息、隐藏行动上的道德风险与逆向选择问题。因为这些问题正是消极外部性如环境污染问题的内在激励机制。

作为新型文明形态的生态文明，体现在生产、技术、环境、道德、制度、文化和价值等各个方面的文明及其不断提升，既是满足人的全面发展的内在要求，也是体现旨在实现和保障人的主体地位性的核心价值理念。因此，这种文明的建设本身就构成了惠及全体人民的公共物品的供给，以匹配人的全面发展性的需要。有关该物品供给的制度、利益的选择与确立，需要基于整体长期的战略高度进行维系和规范，这需要统筹协调各方面的因素。这种社会整体长期理性的统筹协调机制，正是旨在满足人民对美好生活向往的需要，是全体人民自由全面发展的根本途径和目标。

三、立足中国创新实践是基础

（一）生态文明的物质基础与制度保障

生态文明建设需要有强大的物质基础和技术保障以及政策的支撑。在自然经济条件下人们的行为没有超出对大自然的严重破坏，而是受制于自然的约束，所以生态危机还没有真正生存在工业社会当中，工业制造业新材料的出现，以及市场资本运作之下造成过度生产、过度浪费，这种生产方式对生态环境造成不可预测、不可控制的危害。生态文明是一种新的对生态维护和生态建设的一种更高的要求，是基于对工业社会破坏的一种遏制和修复。

生态文明建设既是对工业时代的破坏的一种遏制，也是对未来美好生活的一种创造性建设。在这种条件下，遏制工业时代的生产危机，不仅仅是技术上的发明创造、足够多的资源投入，还有新的制度体系能够与资本主义的制度体系相抗衡。资本主义的物质基础和技术条件虽然可能解决生态危机带来的问题，但治理上的物质和技术的需求，尚不有助于实现这一目的，而是加剧危机的严重性。质言之，这不是物质和技术的短缺，而是制度的历史性局限。

社会主义制度是对资本主义制度的一种历史性的全方位的超越。这种新制度带来了生产力的全新发展激励、科技的进步、社会思想的凝聚，以及计划统筹协调。这种旨在达成社会理性的公共选择，体现和保障人的发展与自然的共存共进退的一种辩证统一的协调性，将人与自然的协调和人与人之间的协调再度有效、有序地协调起来；用发展的眼光和共同的利益，推进人与自然的协调，人与人的共存共进退。这是人与自然相协调、相促进的和谐关系的制度优势，而不是造成人与人之间关系的异化，人与自然之间关系的异化的这种社会制度结构。这种制度体系将带来更大发展以及更多的可持续。

坚持发展生产力、改善制度结构与体系，是生态文明的物质制度自身的基础和前提。解决生产力及其技术落后问题与解决生态危机是一体的。依靠发展来解决和保证发展的可持续性，在对制度的优越性、公共性、整体性的保障和刺激下，将使生产力的束缚变成对共同利益的促进和实现，实现人与人的和谐、人与自然的和解。

（二）生态与文明的有序有效展开

经济、政治、社会、文化等发展的不平衡，带来生态保护的力度失衡。从市

场逻辑来看，环境污染、生态危机是一个持久性难题，全球面临经济差距与生态
环境危机，这困扰着全球人类。对于西方资本主义国家分权分利制衡的这种社会
分化机制，国内也难以形成公司大宗激励行动，因此在环境问题上，国内也不一
定能够得到很好的解决，更谈不上对全球性生态问题作出世界各国一致性制度安
排和行动。其中的关键就在于经济发展的不平衡，成本利益的落差过大，不能形
成利益上的一致性进而在行动上达成共识。

社会主义生态文明建设，是一项涉及人、自然及社会各方面的系统性工程，
需要全方位、全地域、全过程可持续地展开。首先，通过减少贫困、逐步解决相
对贫困，增强全体人民在发展中的获得感，广泛提升人们的文明程度和实践生态
文明的能力与价值实现；其次，推进社会主义核心价值观，形塑有利于生态文明
的新型财富观，赋予生态环保及美丽环境以财富与价值性；最后，从制度与道德
的激励约束机制上，强化生态文明建设中的规范与规制性，将生产、生活及文化
等行为引向低碳环保及可持续发展的价值理念。

（三）坚持人民政府对市场主体的规制

推进生态文明建设，需要依托广泛的共识和社会力量的鼎力支持。这种支持
既源于生产领域，又受制于分配及消费等环节。这些使命的推动与担当离不开人
民政府的积极作为。

提高经济发展水平，提高和改善人们对自然社会认识的高度和科学程度，提
升生产、分配、消费等经济活动的生态环境性能，摆脱资本和市场运作下的工业
文明的逻辑，走向以人为本、全面发展的社会主义生态文明逻辑，构建持续相匹
配、相促进的制度体系和制度改革规则，是实践社会主义生态文明的基础及保
障，更是党和政府的宗旨使命所在。一方面，动员生产企业，督促企业和规范企
业在建设当中的主体性，持续地激励积极性，扬长避短、分工协作，这是政府所
应有的作为。以人民为中心的发展理念，进行生态文明价值塑造，引导和培育直
接的生态经济的生产者、供给者，激励其提供技术、产品及服务。另一方面，为
生态文明建设进行再分配。需要人民政府在价值塑造、价值分配、行为干预上，
发挥不可替代的引领导向及规制作用，才能可靠而且有效地利用资本和市场社会
力量，为生态文明建设提供制度性保障。

（四）统筹协调生态文明建设的根本手段

生态文明建设不是一种同步并举地形成共识和一致行动的普及性日常工作，
而是需要经济的、社会的、技术的、制度的等手段的支撑，以逐步地形成认知、
集体行动、利益协调和制度约束。这是一种超越自然主义、超越资本主义的以人

民为中心的发展理念所能够达到的新高度。这种高度依赖于生产方式的改变，革新社会治理格局结构，实现人、自然及社会的健康有序可持续性、全面性的统筹协调全面发展。统筹协调的主要领域包括：

一是生产领域的结构优化。将过剩的产能和技术转换成社会需要的生态经济的技术和产能，将有助于改善生态和生活的质量，引入产业转型升级和现代经济体系的建设通道。

二是对各主体的利益再平衡。"保护生态环境就是保护生产力，改善生态环境就是发展生产力。良好生态环境是最公平的公共产品，是最普惠的民生福祉。"① 对整体性生态系统与经济社会关系从战略高度和长期的发展角度进行平衡；对政府与市场及分工协作精准定位。

三是对生产与消费结构及方式的调整优化。对高污染能源的依赖降低，减少浪费、采取"光盘行动"、节约生产资源，实施太阳能入户工程，扩大天然气的使用和进口量。同时推动社会化服务与保障体系的健全，对各种协调机制运行中的漏洞进行随时的、有针对性的功能校正与弥补。

第三节　社会主义生态文明建设的实践探索

中国特色社会主义生态文明，既是发展生产力、实现高质量发展的内在要求，也是社会主义生产关系所能够支撑和促进的更高的文明形态。党和政府将建设生态文明全面融入现代化建设的总体战略布局，在实践探索中全面展开。

一、转方式调结构践行绿色发展理念

（一）推进经济生态化发展

人民群众对最基本的衣食住行和安全、社会保障等问题的关注，远高于对经济增长的快慢的关心，只有解决这些紧迫的问题，才会更接地气、顺应民意。这是现代化发展中全体人民共同的多元化的需求。这种增长不是只体现一部分人的利益的增长，而是要惠及所有人的共同福利和长久的利益，即基于广大人民群众的基本生存发展的需要，以人民为中心，实现全面可持续发展。

---

① 《习近平关于社会主义生态文明建设论述摘编》，中央文献出版社 2017 年版，第 4 页。

实现生态化可持续是现代经济体系所需。依据新技术，广泛利用新材料、新能源，通过金融及管理制度的创新，促进节能环保产业、产品的普遍使用，降低生产生活能源消耗。例如，通过发展绿色金融加大金融支持力度，支持清洁能源的生产与使用，对天然气、秸秆沼气化等技术提供资金支持，对生态环境保护的地区、企业及个人都要进行更广泛和系统的资金与政策支持。事实上也可以发行绿色债券，普遍推行垃圾分类制度，加快推进养殖行业中的废弃物、有害物的无公害处理和资源转化。同时，作为激励约束机制的建立健全，加强生态环境质量监控和考核评价实效性，将生态文明建设从实践探索到制度建设纳入日常工作决策与实践中来。以严格和严密的制度对生态化经济的运行进行激励、保障与规范。

（二）限制资本对生态的过度扭曲

资本投机的短期性、私利最大化，存在着个体局部和短期的根本性局限，并且这种制度在市场机制中恶化为生态危机。显然生态问题不可能过度依靠资本主导下的市场体制机制来修复、保护和彻底解决；人类文明新进程也不是资本制度所能实现的。

限制资本消极外部性的行为。资本的逐利性质形成工业化的思维，即通过大量投入产出以带来更多利润，从而将产品生命周期缩短，其结果就是过度生产，大量消费与浪费，成为生态文明建设的最突出的矛盾。与此同时，资本驱动之下的监管套利，使产业链的全球布局与生态环境污染与危机的全球扩散同步进行。

因此以人民为中心，构建全球人类命运共同体，以满足人们对美好生活的需要，解决生产的普遍的相对过剩，是限制资本消极外部性及其全球扩散的具体举措。这与生态文明对系统整体性、统筹协调性、科学实践性、长期可持续性的内在要求完全相辅相成。生态系统的修复，依赖于生态保护举措的整体性、协调性、利益补偿性等涉及统筹协调及利益转移机制。这种客观要求决定了生态文明建设需要从宏观全局、长远战略着手，做到既顾及个体和局部，也统筹兼顾全面平衡的发展。这种平衡性不是单一维度上的狭隘利益上的均衡，而是全面的系统性的综合平衡。这种辩证法强调并着力实现建设实践的动态持续性。显然这对于资本逻辑和市场机制来说，是不可思议的事情；但是对于以人民为中心、社会主义生态文明建设来说，则是不可或缺的。

（三）加快推进生态保护修复

对生态环境的保护与修复，既是解决人民急难愁盼的民生问题之一，也是生态污染的事后补救，是解决生态保护中的利益再分配社会再平衡问题，是建设中国特色社会主义生态文明最为基础和紧迫的问题。

加快推进这项工作并要实现长效机制，需要争取一致性的共识和国家力量的保障。这是对可持续发展、国家繁荣富强和人类命运共同体的一种长线投资，也是凝聚共识，凝聚社会资本的投资行为。特别是对生态功能区保护的各类主体的利益补偿，对失衡的利益分配关系进行再平衡，以将资本的弊端、市场的局限引导调控到符合人民长远根本利益的可持续的轨道上来。这些举措均需要立足国内、涉及全球的一种具备积极外部性的投入，需要持续的资金技术的支撑。只有依靠国家力量支撑价值观的导向和持续的资金的投入，以及国家监察力量的监督，才能维持其社会公正性和长期可持续性。

（四）促进资源节约集约利用

在工业发展中，通过碳金融的制度手段，达到"双碳"目标；在农业生产及农村生产生活中，通过利益补贴补偿，解决由于发展不足造成的环境污染及治理保护成本的缺乏问题，是促进资本节约利用的重要途径。

促进资源节约和综合利用的途径有两点。一是先进技术的引进、使用；二是给这种技术使用进行价值导向和利益补偿。没有技术发明，就不能广泛使用新材料、新能源，而有技术发展也未必就会广泛运用到生产领域。因为这需要有利可图的市场环境。这种新环境的培育和维持，需要政府通过各种财政货币政策手段来营造。

二、守住生态与发展两条底线

保护生态与促进发展是当今生态文明建设的两个底线。在资本和市场的作用下，人与自然和人与社会的矛盾性体现在生态危机和发展不足。预防突发灾难性事件和群体性事件，是生态文明建设所能预防和化解的难题。

（一）环境污染与贫困的恶性循环

利益分配与成本分摊所存在的非对等性，既可以表现为收入分配的非均等性，也必然扩散到生态环境污染的成本非对等性。从社会到生态的双重失衡性，如果不能得到社会制度性介入与精准扶贫，就不可能阻止贫困的恶性循环，也难以推进生态文明建设的实效性和长期持续性。

生态环境与绝对贫困之间的矛盾性，显然会驱使社会需要构建和维持一种更高级的具备物质实力的超越旧时代的新型文明形态，形成基于独立的公共立场、具有战略眼光和选择能力的党政主体。消除绝对贫困，建设生态文明，是全面建成小康社会、全面建设社会主义现代化国家的题中必有之意。

（二）生态文明与高质量发展的良性互动

生态和发展具有辩证统一的良性循环关系。生态是自然资源和环境，作为人类所依赖的载体和物质来源。发展是人们在生态基础上实现的物质、技术、文化、制度、生活各方面的提高与改善。对于普遍性的提高和改善，还是一种补短板的过程，对于生态保护也是对自然环境的非正常状态的修复和保护。能否将生态与发展的短板补齐，是涉及治安和社会稳定的全面发展问题。

解决生态修复保护和民生发展问题，并非仅限于简单地提高工资和提高货币收入；而是需要系统性地治理社会与生态问题。这种治理体系与能效的保障，需要制度性的安排，需要持续的经济支撑，需要观念的改变，这都体现了一种统筹协调、全面平衡，需要新的制度的设计和改革。但真正的核心难题在于，一方面，在生产分配平衡问题上的进一步改善，即缩小差距，使人们有对等的平台和话语以应对外部性问题，即针对环境污染和生态环境治理问题，可以形成一种共同性的治理机制和限制；另一方面，在生产污染减少的过程当中，需要转型升级产业结构，需要投入更多的资金技术来对产业进行扶持、利用以及限制，也就是从生产技术层面、从资金支持层面、从社会认同鼓励和现实层面都要做出系统性的改变。因此在对民生改善的同时，也是对资本运营和资本生产的社会环境的升级进化和矫正。

此外，除了对生产技术升级和传统制度的调整外，还要实现生态文明建设的一种回归。财富多元化、价值分配均等性，促进人的发展的本位性和全面性，是协调可持续发展和共同创造财富的制度保障。保护和维护生态系统的行动本身就是一种创造财富和有价值的行为。为这些活动赋予价值，获得财富分配，是生态文明建设的经济基础与制度保证。

三、在不断发展中促进人与自然和谐共生

自然是生命之源，是共同发展的载体。人们保护自然、保护生态，最终是保护人类自身。要寻求和保障人与自然的和谐共生，还要处理好财富创造的多元性、价值交换的对等性和稳定性、公平性、效率性的关系问题，以免祸及生态。

（一）人与自然的和谐共生

绿水青山，不仅是人们群体的金山银山，也是人民群众及其后世子孙健康与

发展的基础。要想把绿水青山变成真正的金山银山，还是需要外部条件的，因为绿水青山在过去被污染之前，就是存在着的，但是并没有给当地的居民带来真正的福利和现代化的生活方式。因此，绿水青山要变成金山银山，需要社会整体赋予其绿水青山的市场价值及财富功能，这就要求外部经济的景气和健康成长，对绿水青山产生需求，并且能将生态与经济利益对等交换，保持各群体之间的相对平衡。这种社会性交换，需要接受市场的一定程度和范围的信号显示与调节，但更需要通过人们的自觉主动和国家的综合布局以进行利益平衡。这虽是人与人的社会交换，但更是体现了人与自然的和谐相处。

自然环境存在地域性差异，但也存在着以同构性方式保持与外界的互动。不同主体之间的相互需求和交换，需要保持个体的特色和为社会的广泛需要所创造特定的供给。绿水青山只作为主体功能区提供生态和环境，对其他主体及环境起着支撑、保障作用。无论是从旅游的角度、从生态产品的角度，还是从作为公共权属的自然资源供应的角度来说，都需要依托尊重、顺应、保护自然生态环境的理念和原则，以此作为基础与工业品进行交换。这是一种基于人们对自然资源及生态环境与基于人为加工制造业的产品的交换，也是人与自然、人与社会之间所展开的不同层次的物质或利益交换。由于这是充分利用自然和人为的交易过程，因此更需要超越两者之间的更大、更为高远的价值裁决和利益再平衡的社会机制，以实现人与自然、人与人的关系的相对平衡，例如通过人民民主专政的社会主义国家对其间的利益进行分配与补偿，才具有公共性与公正性的根本保障。

（二）人与人的和谐合作及共赢

财富创造与价值分配的非对等性，构成权力与利益的分配不平等。人与人的财产权利制度将这种不对等引致的不平等加以固化和僵化，窒息了社会竞争与阶层流动，造成人与人的关系的异化而不可持续。人与人的关系的不和谐，不可能使其在共同的生态环境、生态文明上有所共识和集体一致行动。相反，对受损权益进行必要的补偿，以提升权益分配和成本分摊的公平效率性，才是保护自然生态和促进人类文明的基本经济前提。

因此，对于自然生态的保护和修复，就生态文明的建设而言，是一种新型的财富创造过程，它们能够满足人们多样化的需求，因此必将参与更为公平正义及可持续性的社会价值分配，达到人与人的和谐、人与自然矛盾的和解。但关键问题在于，这种分配不可能完全依靠市场自发、不对等的交易关系，而是需要站在社会整体长期理性的战略高度进行利益补偿。利益补偿的前提在于，自然、生态的产权的清晰界定，旨在体现整体可持续性的效率公平性；拒绝垄断性定价和各主体不对等条件下的有偏性的利益输送或攫取，以及成本转嫁性非对等分摊，这一点正是资本与市场所引致生态危机的"现行通行机制"。由此可见,人与人的和谐合作及共赢,是生态文明建设的条件与目标的高度统一。

第四节　社会主义生态文明建设的制度保障

建设社会主义生态文明的关键在于坚实的经济基础和政治制度。立足"以人民为中心"理念,通过构建"选择性制度、强制性制度及引导性制度"等体制机制[1],实践在发展中保护、在保护中发展的举措,实现经济社会发展与人口资源环境相协调的可持续发展的战略目标。

一、生态文明建设的制度前提

(一)根本制度保障

生态文明的制度建设,包括激励性保障制度和约束性规范制度,以及维持这两方面制度体系的辩证发展性的体制机制设计。

制度建设依赖实践,从而进行确定性的规则设计安排,以对实践加以规制和规范。也就是对各类主体的权力与义务能够明确界定,使人们在实践当中对制度的普遍依赖和需求大于对其的排斥,人们的行为选择和绩效相对更为优化,而不是束缚创新实践。这是对有效、有序实践的动态优化的保障。因此,制度建设绝不是寻求一种僵化的、一劳永逸的枷锁,以此锁定创新实践和改革。自古以来,有关环境保护和生态文明制度的建设,都是为了促进发展、疏解矛盾,而不是阻碍发展或者放慢发展又或累积矛盾、激化矛盾,使得一种创新性的社会生产方式能够形成经济基础和持续不断的经济产出和合理的利益分配结构。

生态文明建设对经济基础的依赖性和对制度保障的内在需要,体现出生态文明的系统性和动态发展性的基本特征。这种涉及所有人、整个自然及人类社会各方面的多样性和发展全面性,内在要求人们在财富创造中的多元性,人们对生态环境的保护与质量的更高要求,体现为对自然资源保护的财富形式和工业加工制造生活便利安全程度的财富的形式,这两种财富形式构成全面发展的社会共同体对不同财富形式的相互需要与交换的经济社会关系。

---

[1]　陈晓红等:《生态文明制度建设研究》,经济科学出版社 2018 年版,第 118 页。

决定彼此之间的交换的价值依据，需要基于社会共识和社会平衡机制，而不可能完全继续依靠不完全竞争的市场交易体制，也就是不仅仅依据供求的稀缺程度和谈判各方的势力对比来决定，而是基于人的主体性和自由全面发展的需要，进行生态与经济的协调发展导向下的公正与可持续发展目标下的分配。

（二）体制机制驱动

财富创造与使用的多元化势态，适应人们对多样化生活的需求需要。在生态文明建设过程中，为生态和文明赋值，进行利益交换时，必然要涉及财富形式之间的交换关系。生态与文明不仅是当代人的公共物品，还是后代人的公共财富，只有靠社会理性而担当社会理性的判断的主体，来自民意和社会需求以及社会供给之间才能有序有效协调。

在马克思劳动价值论中，价值正是一种社会分配关系的尺度，是基于物质财富创造的社会分配的体现。只不过在不同的时期，这种分配机制不同，例如要靠市场，还是靠社会理性，这取决于根本制度的性质所赋予人的地位，以及其可以容纳的体制机制可进行调适的灵活度。

个体理性的决断造成的整体分配失衡，是具有个体经验的、功利主义的、短期均衡的结果。这种情形适合小商品经济和工业化时期对个体利益高度关注之下的私有制，而对于高度发达的生产力和社会合作条件下的共存共荣的历史阶段，需要社会理性来做决断。人们所面对的是整体的共同不可分割性，整体的、长远的打算的计划性、战略性，体现人们对更高、更远的社会目标的认知掌控和调控的需要。对于生态环境保护还处在一种自上而下的"政治号召""行政命令""思想动员"的阶段，尚未上升到以不同形式的财富生产及其社会交易的经济活动中来。这种运动形式主要的推动力在于社会的强制约束，而缺少更多的直接生产和交换的积极性的激励和保障。通过自下而上的自主、自为的经济基础和自上而下的强力地推动和统筹协调，才能形成一个完整有序、有效、持久的生态文明与维系体系。

二、以利益补偿机制保障和激励生态文明建设

（一）对权责外溢的内在纠正

作为自然资源消费者的居民和企业，其资源使用和造成的环境污染，构成生态文明建设的负面因素。由于上述主体经济活动的内容、影响存在重大的、突出

的非对称性和非对等性，在权责利方面的界定无法保证清晰和有效。将权益分配和成本分摊按资本或按社会性权力的大小进行逆向转移，会放大和加剧分配及分摊上的不平等。这是资本的基本逻辑，也是构成资源环境和生态系统的负面压力的主要社会根源。

对于生态文明建设的根本而言，不可能是纯粹的资源和环境的问题，而是在于人类社会制度运行本身。社会理性就是至关重要的指标，在该理性之下发展而来的价值理念、公平正义观，则是基于对称性、对等性的分配与分摊原则，进行生态文明建设行动上的利益补偿与负面因素上的限制和整治。

例如，对于自然的保护和水源涵养地的维护就显得异常重要。这种保护费用的支付，近似于公共物品的供给，需要靠公共支出来实现，即对维系水源涵养地区进行利益补偿。补偿的对象体现为生态环境的保护和为保护生态环境而丧失的工业化经济发展，以及收入提高带来的利益减少，这是一种不同地区不同发展机会和发展空间之下的利益平衡问题。企业和市场特别是资本，也未必按照生态文明的要求进行自我约束和自我管理，这需要党和政府规制，以及社会的广泛监督，以迫使其履行职责。监督的不可替代性、不可或缺性一定要培育出来。这种培育不只是一种政治的行动，还是经济的支援和思想意识形态的滋润，让经济社会各类主体主动承担应有的社会责任。

（二）创设全员全面参与建设的主体条件

如果没有足够的认知、确权、责任确定及问责追责，就更不可能形成对污染水资源的行为进行监督、制衡的权利索赔，就不会有更多的社会责任来对生态环境形成一种保护的动力。例如，在现有科技和制度体制之下，地下水污染既没有引起社会普遍关注，也没有得到广泛的认知测量和控制。这体现了污染者和受害者之间的能力预见程度上不对等的关系，这种不对等助长企业持续偷排偷放。因此污染的治理，依靠科斯谈判、自由交易的定价方式，是难以将负外部性内部化，也不可能将环境恢复到污染之前的状态。依据"科斯谈判"的交易方式[1]，这并不能解决污染问题，只是将污染的程度和方式商量到谈判和交易各方满意的程度。也即，生态文明建设只是依赖于个体理性的选择，而并不是整体长期理性条件下的理性与价值的实现。

事实上，一次污染事件可能涉及很多污染指标，但是能够被监控到的是有限的，所谓的制裁的证据总是基于已有的技术和政策然而不可能全面真实准确，所

---

[1] ［美］曼瑟·奥尔森：《权力与繁荣》，苏长和、嵇飞译，上海世纪出版集团 2005 年版，第 37 ~ 70 页。

以这种监管制裁控制的指标维度远远小于实际的污染的尺度和维度，因此这种漏洞一定会不断累积，有待日后的发现，但是那时为时已晚。很多的生态危机、疾病、意向，都没有被预测到，而规模性、群体性事件的爆发，却是一种没有预测到的必然事件。

因此，对于生态环境保护的预见性、前瞻性、保护性、预设性，要有充分的准备。设立风险基金补偿保护及问责机制，使终身受益和终身问责能够相互匹配、相互统一，这样才能够做出一定的应对，形成准备机制和物质保障，这是通过制度设计，以预防可能发生的风险与成本。

（三）全局动态性统筹协调的支撑与持续

2014 年北京的"APEC 蓝"，是通过技术与行政的手段，来实现对自然条件的一定程度和范围的恢复。这只是表明集体行动的效果，还需要通过一定的手段达到相应的效果；但要想保证这种效果的普遍性、持久性，就需要系统性地安排和控制才能够实现。这也说明在一定的条件下，就一定能实现相应的特征，这具有可测可控性，这为人们提供了一个极佳的生态文明建设实践的样板。

事实上，在发达国家工业化、城市化过程当中，出现过更为严重的环境污染与生态危机，后来通过集中整治，也出现了环境在一定程度上的恢复和质量的改善。这是人类社会对发展、对生活质量的更高要求的一种目标的实现。也就是说，一定的技术可以作为发展的基础和支撑，一定的政治活动、行政手段和法律制度也能发挥相应的作用。但是这都不是问题的主要方面。因为主要的问题是，这种手段是否具有普遍性和持久性，也就是从全球范围内来看，从长期眼界和长期预测的角度来看，生态环境问题和生态文明问题依然严峻，全球变暖、极端天气频发，表明当前的制度体系仍然难以真正地调控生产与生态危机。因为人们还没有真正地实现共识和集体行动，这是因为没有制度保障。没有将自己的行动蔓延到更多的社会群体与个体以作为共同实践的整体，因此就不可能达成共识，更不可能有持续的集体一致行动。

社会发展中的财产权利占有不平等和收入分配的贫富差距，造成群体、阶层等内在差异性与分化。这种对立的失衡性矛盾在根本利益上的差距，必然使其在生态环境这一涉及共同和长远利益的问题上同样难以形成共识与集体行动。因为对于不同国家来说，不同的主要矛盾的差异性定位，决定其各自不同的资源投入方向与程序。例如，虽然发达国家关注生态环保，但是环保在国内各种政策选择上的先后次序、支持力度和宽度均有所不同。特别是对于发展中国家，主要关注民生健康温饱问题。发达国家完成工业化，想通过国际关系准则来限制发展中国家的工业化，减少排放，这是一种以后发劣势的方式限制后发国家发展经济的机会和权利，因此对于共同面对的环境问题缺乏积极主动性以及协调的信息资源和合作。将发达国家工业化进程中的污染产业，向各工业化国家转移和转嫁，并形成对这些国家的利益崛起、资源崛起和环境质量的破坏，达到这样的一种成本转嫁的目的。这是一种个体短期利益大于整体长期利益的狭隘之举，也与生态文明的全体人类共建相背离。

实践中，若不能将资源充分地利用，不能将技术共享，就不能以此促进更大的可持续发展。人们获得了发展和生态文明的基础手段，但是并没有将其发挥有效的作用与效率效用，这是逐利资本在市场运作之下，现实利益至上和私利最大化的生产关系的制度强制所内在决定的，是人的发展的不平等和人与自然之间的不平衡。这是一种制度性扭曲，是私有制的历史性局限。因此，在生产力发展基础上的制度适应性改革与建设，是破解根本问题和问题的根本的关键环节。

三、以制度准则规范生态文明建设

构建基于人民政府主导、激励约束各类企业主体和社会组织，以及人民群众均要共同参与的生态环境治理制度体系，是确保社会主义生态文明建设有序进行的长效机制。

（一）严格规范生态产权制度

在涉及生态文明建设的制度建设上，无论是规制还是激励，都需要基于权利与义务的明确性与对等性，明确责任与义务和贡献，也就是明确考评的指标体系和考评程序，达到客观公正，既要有有效的激励，还要有有效的监督约束，甚至包括一票否决和终身问责制。

在相关激励约束制度的执行过程中，进行制度、伦理、道德的纠错机制的设计，维护制度的有效性和权威性，是生态文明培育的保障与纠错机制。

实施最严格的生态环境保护制度，这是一种基本的规制。自然资源的所有权、使用权、管理权有效界定与有序分置，实现各相关主体的权责对等与实施。特别地，作为公共物品的自然资源，在有效和可持续利用的调控与监督问题上，政府不能缺位。对自然资源价格形成机制进行改革，建立和完善各类资源有偿、公正地使用的制度机制，建立并严格执行自然资源资产离任审计制度，以终身受益和终身追责的激励约束机制发挥体制机制作用。这些新制度的确立和履行并能发挥预期的效果，还需要激励机制的健全配套。

（二）完善市场运行和社会监督的体制

控制和治理环境污染，共同参与生态环境保护，是所有人的共同职权。但是经济社会结构的非均衡性甚至失衡的势态，并不能将这些主体有效调动，有效参与生态文明建设。这就需要从制度上建立健全资源、环境及生态监控管理治理制度体系，建立既能够有效反映市场供求、资源稀缺及可再生的程度，又能实现资源、环境、生态的价值的代际补偿的再分配关系，还需要健全责任追究制度和环境损害赔偿制度，强化制度的激励与约束机制的作用。这些旨在确权定责的制度，通过利害关联机制，将各相关主体的责权利有机融入生态环境保护的事业中来，形成市场激励和社会监督约束共同参与、协调治理的动态体系，在尽可能大的可能性上防止道德风险、逆向选择等机会主义问题的内生性发生。

（三）科学化行政管理制度

生态环境污染与保护，涉及资源环境及民生人权，对财产权利进行清晰界定，是权责交易、转移及事后问责的前提。而这一关键前提则依赖于党和政府管理体制的健全、灵活和有效性。也就是在生态文明建设中的行政管理体制建设上，也要遵循科学管理、有效行政的制度原则。

从环境保护法这一基本法律的层面，提升生态环保在经济社会各项活动中的优先地位，是赋予科学行政的法律基础。对环境管理制度的改革，最为紧迫和突出的是环保机构设置的相对独立性，即同级行政机构与环保机制之间的相对独立性，并且环保机构属于上级派出机构，形成对同级政府经济社会发展与环境保护关系监督约束机制。这是解决生态文明与经济文明冲突问题及环保机构与同级政府机构的冲突问题在法律与行政制度方面的新规定。与此同时，对一方行政管理绩效考核与职级晋升，不能一味地坚持唯经济、唯 GDP；而是基于"五位一体"总体布局的战略高度，进行全面、客观、有效地评价，形成基于生态环境问题的"一票否决"机制。

（四）严明法纪协同问责制度

没有规矩不成方圆，生态文明建设依赖全面有效的制度激励约束。作为更高层级文明形态的社会主义生态文明，将人、自然、社会三个层面进行统筹协调，不仅需要制度建设，更需要维护制度的那些制度能够健全和高效。这种制度安排即是要以严明的法纪进行规制和问责。这些制度是对个体理性行动的统筹，是对有违整体利益的不当行为的强制纠正和严惩。

市场自由和资本民主，将个体私欲及私利放大到与整体长期利益相违背的程度，这并不是生态文明的要求、体现和实现。将个体理性和私利最大化与整体理性及利益优化统筹协调起来，既是对普通人形成必要的普遍约束，还是对党政领导、执法执纪干部从严整治与规范。完善制度体系，需要用最严格的监管及治理制度、最严密的法律规章，保护生态环境、保持生态红线。其中最为关键的前提条件在于，"完善经济社会发展考核评价体系"[1] 和终身追究环境责任[2]。

四、以社会主义价值观引领生态文明建设

缺乏时代性、实践性和人民性的环境观及其伦理价值判断，是没有共同尺度和实践性的混乱。[3] 社会主义生态文明是带着上述问题而从价值重塑的高度，着手解决这些问题的全新方案。

（一）生态文明建设的价值导向

生态环境是一种公共物品，是人类共同创建、依赖和共享的多样化的财富。树立保护生态环境观念也是参与社会财富生产和价值创造，并且参与价值分配的价值理念与行为准则。每一个公民都应当承担这种文明所需要肩负的职责使命。每个人都需要分摊成本和贡献力量。这种共同的财富创造也应当与其他形式的财富创造一样，获得正当且可持续的、不断改善的社会性分配结构，对有损于生态环境保护、造成环境污染的行为主体进行严厉惩治，将外部化的成本内部化。

对于激励机制的建设，既要通过生态文明建设实践，改造生态环境，改变传统思维观念，又要确立反对环境污染的反面教材，并坚决予以整治。但问题在于，是否达到标本兼治的长效机制的能效？淘汰高污染和落后的产能，如对"黄标车"进行管制，各重点城市和地区实行小汽车限牌。对高能耗、高污染、高排放的企业整治，有关环境污染的治理行为一定程度上变成政治行为，其政治运动大于政策制度设计。其不足之处在于，缺乏经济支撑和利益平衡。环境污染问题的治理还处在治理环境污染这样一个技术政策和行政的任务策略层面；而没有将这一系列的活动放在经济基础社会发展大战略、利益平衡与补偿这个整体布局上来。因此，推进制度创新，才能从根本上转变环境质量恶化的趋势。淘汰落后产

---

① 《习近平关于社会主义生态文明建设论述摘编》，中央文献出版社 2017 年版，第 99 页。
② 《习近平关于社会主义生态文明建设论述摘编》，中央文献出版社 2017 年版，第 100 页。
③ ［美］戴斯·贾丁斯：《环境伦理学》，林官明、杨爱民译，北京大学出版社 2002 年版，第 145～288 页。

能及高污染的企业，相当于迫使农民放弃秸秆焚烧。这是将生产从低效低端向高效高端升级的过程。因此需要资金和技术的有效支撑，需要长期的制度保障和利益格局的调整。整个社会向这种新的生产分配方式转变的首要在于生态文明建设下的价值重塑。

（二）生产与消费的文明培养及提升

生态文明不仅是资源的节约和生态环境的保护修复，更需要生产和消费等经济行动上的文明。能源消费结构的改变，源于人们对煤炭这种消费能源的不经济性而带来一种对于更高效的能源消费的需求，这需要资源配置结构和技术改善状况的供给。人们愿意支付清洁能源的费用，这需要经济基础的支撑、政策的激励保障，以及思想观念的跟进。产业结构的升级支持整个生产和消费者的升级和节能环保在这样的物质技术支持支撑之下的实践活动，改变人们传统的生产消费观念，同样要有严格的多维度的支撑。思想观念经过较长的培育塑造，匹配实践对思想观念的要求。例如农村种植造成的秸秆焚烧历史悠久，但是要让农民真正地放弃这一传统习惯，紧紧依靠行政处罚的措施来强制禁止，显然只是可见的一个方面，此外还需要有效的激励措施，保障措施长久地维持而不可逆，才会让人们形成一种新的观念。这些条件如果不能健全和持续地发挥作用，人们的老旧观念还会死灰复燃，因为有利益激励和成本约束。

生产和消费方式升级改造的不可逆性，使人们从高增长时代的生产消费方式转向生态文明，这需要技术、资源、生产及管理制度、思想意识、价值与道德等各个层面协同增效，缺一不可。否则，只要存在着某种或某些短板，就会形成局部性短板制衡整体效率的难题。

对于收入分配来说，收入分配赶不上正常的平均分配时，居民迫于生计和成本的压力，就会寻找可替代性的生活方式以降低其私人成本，这种方式会对环境构成新的压力，因此减少污染的途径之一就是减少贫困，当然减少贫困未必带来生态环境的改善；但是贫困一定会造成环境的恶化。因此，这不仅仅是生存成本降低的要求所致，也是对环保标准、生态文明意识和能力的淡化，特别是对制衡监督污染者污染行为的力量的短缺，放纵环保差距。例如，居民对各种废旧物品和垃圾进行分类，以便于管理和处理，但是问题在于，有些人不具备这种客观条件，比如其识别程度和能力，还有某种个体理性条件下所形成的主观恶意打破这种规则。因此，对于生态环境和生态文明的建设，这是一种涉及根本制度、体制机制及技术资源等系统性、全局性和长期性的工程，任何一个环节出现漏洞都会形成不同原理的限制条件。这种限制条件一旦产生后果，要比通过补短板方式预先治理的成本大得多。

第五节　社会主义生态文明建设的国际视野

生态文明是一项将人、自然及社会统筹协调、旨在人的全面发展的文明新形态。率先开展生态文明建设的实践，能够为全球生态文明建设的实践探索提供前瞻性的、可资借鉴的理念及方法论上的意义。中国积极参与全球生态问题治理，顺应人类文明进程的必然趋势，是构建全球生态治理体系的倡导者和贡献者。

一、生态文明建设是一个开放性课题

正如工业化及其对资源环境及生态的影响不可避免，生态文明也必然是一个广泛而且开放的课题，以便于其他任何仍处于工业化进程中的经济体参与研究和构建。但是各经济体的发展阶段和发展程度的差异性，以及制度的重大差别，决定了不同生产方式之下的生态文明的内涵与形式上理解、建构的成效，并不会完全一致。但一点是具有共同性的，即强调自然资源、生态环境对人类共同体的至关重要性。这是基于生产力有效发展的高度，对人与自然之间的内在关系进行重要和必要调整的共同关切。

资本主导、市场驱动之下的工业化，将经济社会活动推向全球化，将各地的人、自然及社会愈发紧密地连接起来，形成物质、技术、思想、文化等的交流和交换，同时也形成将负面影响（包括资源环境及生态问题）向各地扩散的关系格局。基于各自特征，保护资本增殖制度规则前提下的市场机制配置污染与危机成本，是一种长期和广泛流行的理论思维方式。①

但是，在生产力和制度建设取得一定发展和达成一定高度的支撑下，当经济社会发展的进一步发展愈发受制于资源环境及生态条件时，全球共同行动，构建生态文明的共识和行动也会具有时代及实践的内在必然性和紧迫性。

在这种条件下，生态文明建设涉及全球各国、各地区及其中的每一个阶层，涉及现在和未来，因此这是一个包容并能够及时有效统筹协调各种差异的一个系统性、长期性工程，还具有因个体差异、特殊阶段差异而具备的包容性和开放性的特征。求同存异体现着一种战略政治智慧。开放性表明理论认知、技术水准、

---

① 〔德〕马丁·耶内克、克劳斯·雅各布主编：《全球视野下的环境管治：生态与政治现代化的新方法》，李慧明、李昕蕾译，山东大学出版社 2012 年版，第 323～373 页。

治理长度、技术水平都是一个开放的态势，为治理、监督、问责、制度选择与改革等行为提供充分的伸缩空间。

生态文明的开放性还体现在随着社会的发展，财富的视角维度发展的多元性、文化的多样性和人们的需要及其满足的不良信息都需要包容，兼收并蓄，相互借鉴，实现共同合作共赢的格局，以改变观念、求同存异、共荣共进的合作姿态，展开各方面的相互学习、扬长避短、改革优化。其中的驱动力量在于，随着生产的不断发展，更多共同的创新性实践，必将形成更多的创新理念与共识。人们在生产实践和思想文化价值的互联互通式交流沟通中，不断增加对人、自然及社会的认知和行动上的共识。如在生态环境问题的治理策略上，越来越多的人和地区认识到坚持标本兼治和专项整治并重，常态治理和应急减排协调，本地治污和区域协作，多策并举、多地联动，社会共同行动、群防群控、全力出动，以达到全球性生态治理成效。

二、基于人类命运共同体推动生态文明建设

利益的驱动比成本的承担更为迅速高效，因此，经济全球化早于并快于生态文明的全球化。现行国际秩序并不适宜于生态环境共同治理的准则。[①]

但是问题不在于可以被改变的制度，而是根本在于，人们同在蓝天下，面对共同的未来。在全球化的根本态势之下，人类命运愈益凸显其休戚与共的特性。推动共建人类命运共同体，建设生态文明，关乎整个人类社会的未来。因此国际社会应该着眼于整体和长远，选择携手同行，共谋全球生态文明建设之路。构建经济发展中的内在协调机制，将不同主体的不同利益进行旨在激励和保障生态文明建设的联系、协调、补偿促进并形成保障机制，是生态文明建设的必要前提。

基于个体私产的"恒产"形塑理性行为主体的"恒心"，行为主体的独立性和分权制衡的自由主义和无政府主义在全球的泛滥，全球各国和群体的一致行动不能形成。生态文明的全球生产和建设缺乏共识和集体一致行动的物质利益激励保障，缺乏资源技术、经济利益上合作、共赢、共享的驱动。

从国际格局来看，虽然经济社会已经具备推进生态文明建设的技术、资源等物质条件，但并不具备有效驱动和利用该物质条件以推进生态文明建设的制度保障体系。私有经济不能自发和自觉构成具有公共物品性质的生态文明，过剩时代的生产力并不能形成更广泛和更加可持续的发展。经济社会在存在广泛的过剩产

---

① ［澳］罗宾·艾克斯利：《绿色国家：重思民主与主权》，郇庆治译，山东大学出版社 2012 年版，第 16~43 页。

能和产品的条件下，继续加剧生产能够持续破坏生态环境、有违生态文明的过剩产能与产品，这种生产方式即是大量生产、过度消费浪费的途径，增加资本增殖的可持续性。

由于发展阶段及产业升级的高度不同，完成工业化的发达国家，在生态环境污染进而受到国内居民及政治压力以后，上调环境保护标准，提高环境污染者的成本，迫使污染性产业在全球范围选择监管套利。由此，高端环保产业和低端污染产业的国际分工带来污染，分置于不同国家。产业和贸易的全球化，给生态环境的污染向全球化扩展提供了源源不断的经济支撑。这些低端性高污染产业的产品并无垄断性定价能力与权力，它从属于落后国家工业化的起点和需要，也受制于发达国家向外投资与对外贸易的资本逐利的需要。基于发达国家对垄断产品的垄断地位和低端产品的竞争性地位这种价格落差的长期持续存在，发展中国家环境治理的收益不明显，治理的力度不够。因此全球性的生态危机在市场不对等的定价机制中在没有利益补偿的情况下，很难得到真正解决。但这决不表明全球不需要解决这样的难题，只是还没有达到解决这些问题所需要的经济基础与政治制度这样的条件，因此，全球生态治理与生态文明建设仍然任重道远。

三、中国特色社会主义语境下生态文明建设的世界意义

兼顾历史，着眼于时代，立足实践，坚持人类命运共同体的发展理念，坚持共同但有区别的责任等原则，坚持公平原则、发展权与生态文明建设辩证统一的原则，反对任何强权和单边主义。

中国坚持人民至上原则和科学发展观，以人的全面发展促进更广泛更可持续的发展，坚持统筹协调全面发展的基本原则，着力于共建人类命运共同体，参与基于气候变化的各种国际合作与全球治理，具有相对更高远的战略定位和相应的制度优势，并在社会主义生态文明建设实践中做出更多的创新与探索。建设绿色家园是人类的共同梦想，推进国土绿化建设，建设美丽中国。与此同时，倡议共建"一带一路"，利用多边合作机制[1]，开启生态环境保护，共同改善环境，积极应对全球性气候变化和生态危机挑战，为全球生态安全、经济社会可持续发展做出更多的努力和更大的贡献。

---

[1] 《习近平关于社会主义生态文明建设论述摘编》，中央文献出版社 2017 年版，第 138 页。

第十二章

推动国防和军队现代化的新战略

党的十八大以来，在党的坚强领导下，人民军队实现整体性革命性重塑、重整行装再出发，国防实力和经济实力同步提升，一体化国家战略体系和能力加快构建，建立健全退役军人管理保障体制，国防动员更加高效，军政军民团结更加巩固。人民军队坚决履行新时代使命任务，以顽强斗争精神和实际行动捍卫了国家主权、安全、发展利益。

第一节　加强国防和军队现代化建设的时代背景

新时代国防和军队建设，是在内、外两个方面因素的共同推动下展开的。一个是外部刺激因素，包括国际安全战略环境发生的新变化，以及以信息技术乃至人工智能为主要标志的新军事革命向前推进；一个是内生性因素，面对国情、党情、军情的新变化，为了达成国防和军队现代化建设的新时代、新使命，我们十分有必要围绕未来打什么样的仗、怎样打仗，建设什么样的军队、怎样建设军队，究竟需要构建什么样的体制机制和政策制度等一系列重要问题展开深入探讨。

一、当前国际形势的新变化

当前国际形势总体保持稳定，和平与发展的时代主题未曾有变，但呈现出百年未有之复杂变局。其一,霸权主义与强权政治仍然是导致部分地区动荡不安的重要因素。一些强权国家片面强调自身的所谓"绝对安全",却为其他国家带去了绝对的"不安全"。美国于2019年初公布的新版《导弹防御评估报告》提出既要保护美国本土、盟国的安全,又要构建全球导弹防御系统(GMD),提升立体式反导能力,再次暴露出美国对"绝对安全"的一味坚持。其实,"绝对安全"是一种幻想。一个让全世界都不敢入眠的国家,一个让全世界都提心吊胆的国家,它自己难道真的能够睡得安稳吗?[①] 为了确保自身优势地位,将未来有可能取代其优势地位的权力中心扼杀在摇篮之中,同时向一些发展中国家输出意识形态、扩大影响力,美国频频对外发动军事威胁、经济制裁及文化渗透。例如,纠集一些国家在中国南海海域进行"自由航行"、军事演习,制造争端、发起挑衅,引导国际舆论;大搞单边主义,修改国际经贸规则,千方百计把持全球经济的控制权和话语权,实现自身经济利益最大化;政府与非政府组织(NGO)联手输出民主,制造"颜色革命",引起相关国家和地区政权更迭、社会动荡。其二,保护主义、"新孤立主义"、民粹主义盛行,国家间碰撞与对立的"火药味"变浓。如2018年初以来,美国为了围堵、遏制中国,与中国产生激烈的贸易战,这绝非单纯的经济战,还包括金融战、科技战、意识形态战、瘟疫战,堪称一场全方位、全时空的"立体战""持久战",是一种单边主义和多边主义之间、自由贸易和保护主义之间的斗争。其三,恐怖主义和恐怖活动跨出中东地区的"大本营"向全球蔓延,对世界和平稳定造成威胁。乌克兰危机、巴以冲突等加剧了局部地区的冲突与动荡,对世界局势造成巨大冲击。

国际格局正处于交替期,大国之间的力量对比发生变化,其相互关系也处在调整之中,但"一超多强"格局未发生根本改变。总体上看,中国等发展中国家异军突起,成为世界格局中一股举足轻重的力量,相比之下,西方阵营内部矛盾层出不穷,且面临一系列棘手的社会治理问题,主导世界的能力不断下滑。但即便近年来美国的世界霸权优势地位影响严重,其"一超"地位一时也难以撼动,在经济、科技、军事等领域保有明显优势。今后东西方世界的力量对比将持续转变,不过将经历一个漫长的过程才能迎来根本性变化。

地缘政治思维重新回归世界政治舞台,大国之间的明争暗斗日趋激烈。放眼世界,有中东变局、俄国与西方世界在乌克兰问题上的冲突,中美等国之间的地缘政治之争。与"冷战"时期不同的是,大国竞争的焦点从政治、经济、军事、科技等传统领域向网络、太空、极地、远洋等"新疆域"扩展。如一直以来,北极气候严寒、常年冰封,挡住了世界各国勘探资源、开辟航线的步伐,但伴随全

---

① 刘明福:《论美国——对话基辛格〈论中国〉》,北京古籍出版社2017年版,第53页。

球升温、冰层解冻，如今这一区域已成为各国投资开发的焦点地区之一，成为大国频繁激烈角逐的场域。2019年美国国防部和美国海岸警卫队发布的战略性规划文件，均将目光投向北极地区。美国时任国务卿迈克尔·蓬佩奥（Michael Pompeo）在公开讲话中直言不讳地指出，目前美国在北极地区的战略利益正在遭到新的挑战。"新的挑战"究竟指什么？对以上战略性规划文件进行分析可知，正在积极推动极地地区军用机场、防空系统及军事基地建设，并以"极地大国"自居的俄罗斯，就是美国北极战略的"新的挑战"。在新兴科技领域，大国之间的封锁与反封锁、领先与反超的比拼同样如火如荼。2020年美国《新闻周刊》网站刊文称，在中美地缘政治对峙中，最明显的区别是：中国经济强大，而且与发达世界和发展中世界深度融合。中国与所有国家开展贸易，而且中国越来越富裕。在电信和人工智能等一系列关键技术方面，中国处于领先地位。中国不仅在量子计算和人工智能方面，而且在生物技术、绿色能源和其他许多领域都寻求主导地位。

既有国际秩序体系根基动摇，新旧秩序之争成为各方争斗焦点。"二战"以后形成的、延续至今的国际秩序，是在美国等西方国家主导下建立起来的，这种自由主义国际秩序与美国的世界霸权构成了相互促进、相互作用的系统。但时过境迁，美国综合实力并未取得实质性突破和飞跃，却将摊子越铺越大，加之受金融危机的冲击，美国霸权主义的经济基础深受影响，出现透支局面，其干预、控制国际秩序的意愿与能力双双下降。一个显著的例子是，商人出身的特朗普一切以利益和金钱为中心，习惯于从经济成本的角度决定美国的国际政策，在他执政期间，美国已经退出《跨太平洋伙伴关系协定》（TPP）、联合国教科文组织、《全球移民协议》、联合国人权理事会、伊核协议、《苏联和美国消除两国中程和中短程导弹条约》（简称《中导条约》）、《巴黎气候协定》、世界卫生组织等，人们对美国的一连串"退群"行为已经习以为常。美国的"退群"之举并不意味着要放弃领导地位，而是试图对现有制度进行重构，以减轻自身的国际责任负担，从而找到代价最小的、对自身最有利的、继续统治全世界的"最优解"。与此同时，新兴市场国家和发展中国家加速发展，使世界格局更趋于多极化，尤其是作为发展中大国的中国，已经在国际舞台上扮演越来越重要的角色。根据西方观察家的说法，在联合国15个专门机构当中，中国取得4个机构的领导岗位，包括联合国粮食及农业组织（FAO）、联合国工业发展组织（ONUDI）、联合国国际电信联盟（UIT）和国际民用航空组织（ICAO）。在这次新冠肺炎疫情中，世界卫生组织总干事更被西方认为是偏向中国的。

总之，进入新世纪后国际关系发生的深刻变化仍在继续，一些具有规律性的特点和趋势进一步显现。国际形势对我国利大于弊、积极因素多于消极因素的总体状况没有改变，但某些挑战和问题趋于尖锐，颇值得我们关注与警惕。

二、世界新军事革命加速推进

过去认为，世界新军事革命是以信息技术为核心和基础，将以微电子技术为代表的高新技术及其物化了的武器装备系统与创新的军事理论及体制编制相结合，极大地（数量级）提高军事系统的军事效能，从而引起整个军事领域全方位、深层次的变革，最终导致战争形态的转型。[①] 随着现代科技日新月异，我们对新军事革命的内涵有了更为深刻的理解。

美国、俄罗斯等军事强国为顺应信息化新军事革命的新趋势、新方向，在推进军事转型、重塑军事体系等方面做出一系列努力，体现出"更高""更广""更快""更活"四大特征。

其一，更高，即"空天一体"。事实上，空与天之间并无天然鸿沟。20 世纪50 年代，人类首颗人造地球卫星上天后，鉴于大气层内外空间介质及飞行器材设计理念各异，科学家以大气层为分界，将地表之上划分为两个空间，其中外层空间又称太空空间，即所谓的"天"。后来，航天技术取得日新月异的高速进步，飞行高度在 2 万~10 万千米之间的飞行器层见叠出，且部分飞行器活动范围兼顾大气层内外；另外考虑到军事指挥和保障的集中统一，"空"与"天"、大气层内外再次走向聚合，形成当下流行的"空天"概念。[②] 空天一体的概念源自 50 年代。在美苏争霸的大背景下，两国都成功将人造地球卫星送上了太空，展开对外太空的激烈角逐。1959 年，美国空军率先将地表之上的物理空间统一称作"航空航天空间"，将其作为空军的未来主战场之一。此后，"航空航天"（简称"空天"）、"空天一体"等新概念为越来越多的军事强国所接受，并以之指导本国空天尖端武器研发、空天军事体系整合与重构等工作。如 2015 年俄罗斯将空军和空天防御兵合并，组建空天军，主要由太空部队、防空反导部队与空中力量组成。未来的空天一体将是太空力量主导的空天一体，而非空中力量主导的空天一体。

其二，更广，即"全维感知"。现代战争要求战场信息感知系统必须具备全手段、全空间、全地域、全时域、全频域、全天候的"六全"覆盖能力，以实现对战场作战空间无缝隙、无误差、无延时感知。为此，世界军事强国通过多种途径提升战场感知。进入 21 世纪以来，新一代信息技术迅猛发展，为实现战场全

[①] 董子峰：《信息化战争形态轮》，解放军出版社 2006 年版，第 183 页。
[②] 董文先：《空天一体是基本趋势》，载于《解放军报》2006 年 11 月 7 日，第 6 版。

维信息感知展示出广阔的应用前景。基于全维信息的战场感知体系，不仅抗干扰、抗攻击能力强，而且可以实现战场信息全网可知、可视、可控，是现代战争克敌制胜的有力手段。信息化战争时代，多元作战指挥系统将陆军、海军、空军、太空军、电子战部队、网络战部队等融为一体，使得战争形态、军事布局与兵力展开等发生了翻天覆地的变化，信息战已经成为军事革命向前推进的催化剂。例如，伊拉克战争中，美军借助侦察卫星、预警机、信息传输—综合研判系统等先进平台和技术手段，将伊拉克军队的一举一动纳入掌握之中，让这场战争演变成"一边倒"的"信息不对称战争"。另据 2017 年俄罗斯"军事工业综合体"网站报道，俄罗斯国防部部长绍伊古宣称，为了更有效地指挥军队，将积极采用新的信息搜集、加工和显示技术，俄罗斯军队将建立"统一的信息空间"，采用新的信息搜集和处理技术。统一的信息空间将集成 51 家联邦权力执行机构的自动化系统，提高国家国防指挥中心的资源配备。如今，统一的信息空间已有超过 18 万名使用者，并且每年增加 30% 以上。

其三，更快，即"技术颠覆"。军事强国都将战略打击与战略威慑能力建设，作为提升整体作战能力的重中之重，其中研发的重中之重是超高音速武器和激光武器。2017 年美国"防务内情"网站报道，美国国防部承诺将在 2018～2022 财年，率先给欧洲司令部和太平洋司令部装备高超声速兵器，以形成一定的"常规快速全球打击"能力。为反制"西方威胁"，2014 年俄罗斯总统普京在"2016—2025 年国家军备计划会议"上表示，要打造全新的"攻击能力，包括维持可靠的核威慑能力"，俄罗斯国防部副部长鲍里索夫对媒体表示，俄罗斯拟建立自己的"全球快速打击系统"。[1] 2016 年俄罗斯进一步推进新一代战略核武器发展，连续披露多项高超声速武器研制计划，加紧开展高超声速武器试验，积极应对美国"快速全球打击"威胁。

其四，更活，即"力量融合"。在应对多样化重大、突发事件中，当今世界任何一支单一的军事力量都将独木难撑，因而充分发挥综合优势和潜能，把多种力量与资源高度融合运用已成为重要趋势。军事强国在加强作战要素整合、军种力量融合的同时，十分注重战略性作战力量与战区基本作战力量的统筹区分。美军一向强调联合作战，曾明确宣布，美军投入战场的部队"必须是联合部队指挥官指挥的部队"。为了在未来的"信息化混合战争"中占据主动，美军在 2012 年率先提出"全球一体化作战"新理论。该理论强调依靠信息技术力量的跨领域、跨军种、跨部门、跨地域协调，把散布于世界各地的军事力量、指挥体系及

---

① 《俄罗斯打造"快速打全球击系统"剑指何方》，中国日报网，http://news.cnr.cn/gjxw/gnews/20141011/t20141011_516580410.shtml，2014 年 10 月 11 日。

信息化兵器熔铸成一个整体，旨在激发所有作战体系、作战团队、作战成员的协同一致性，实现各种军事力量的有机整合。可以预见，美军这种以海军为先导，以空军为主力，诸兵种高度联合的作战形式将在未来高科技条件下的局部战争中广泛应用。

三、国防与军队现代化建设的时代使命

军队因使命而存在，军人因履行使命而荣光。[①] 使命高于一切，责任重如泰山，履行使命是人民军队的核心价值，人民军队也正是在不断完成历史使命中发展壮大的。

革命战争年代，人民军队有打仗、做群众工作和生产"三大任务"，做战斗队、工作队和生产队。"三大任务"是由人民军队的性质、宗旨和革命战争的特点决定的，在人民军队建军之日起便奠定了底色，并在革命战争的艰辛历程中形成和发展起来。

1927 年 12 月，毛泽东亲自为红军定下了打仗、筹款、做群众工作三项任务。1929 年 9 月，中共中央提出，红军的根本任务是发动群众斗争，实行土地革命，建立苏维埃政权，要纠正单纯军事观点、极端民主化、非组织观点、绝对平均主义等各种非无产阶级思想。[②] 同年 12 月，《古田会议决议》明确规定，红军是一个执行革命的政治任务的武装集团，不仅要搞军事斗争，还要积极投身于宣传群众、组织群众、武装群众等工作。1934 年，受"左"倾错误路线的干扰，曾将红军的三大任务简化为武装斗争一项，淡化乃至抹掉了红军宣传群众、组织群众、武装群众的任务[③]，以所谓正规战，反对人民战争的战略战术，为红军与苏区事业带来难以估量的重大损失。1935 年召开的遵义会议，重新回到了毛泽东的正确路线上，恢复了毛泽东对红军的军事指挥权，红军继续坚决、完整地执行三大任务。抗日战争时期，三大任务发展成为打仗、做群众工作、生产三项。在解放战争即将在全国取得胜利的前夕，毛泽东又及时指出，人民解放军永远是一个战斗队，又是一个工作队，同时还是生产队。人民军队执行三大任务是有主有次的，作为无产阶级革命和专政的工具，它的根本任务是战斗队。在不妨碍执行作战任务的前提下，它可以同时是工作队、生产队。打仗、做群众工作和生产，是人民军队建军宗旨的具体体现。

---

① 《担负起党和人民赋予的新时代使命任务》，载于《解放军报》2018 年 3 月 27 日，第 1 版。
② 王宗华主编：《中国现代史辞典》，河南人民出版社 1991 年版，第 130 页。
③ 张静如等编著：《中国共产党思想史》，青岛出版社 1991 年版，第 120 页。

改革开放与社会主义现代化建设时期，国防与军队建设的使命是保证国家与社会的长治久安，为社会主义现代化建设的顺利进行建立起外部屏障。新中国成立后，党和国家领导人认为，在一个较长的时间段里，"西强我弱"的综合国力差距将继续存在，西方敌对势力对我进行"和平演变"的阴谋不会收手，对我实行武装侵略和军事包围的策略不会改变。对于新中国而言，保家卫国、抵御外侵是一项需要时刻紧抓的重要工作。我们要建设一个富强、民主、文明的社会主义现代化强国，离不开一个和谐稳定的社会秩序。人民军队作为社会主义国家的坚强柱石，就必须完成这一任务，尽心尽责地守护好每一寸疆土，保证国家和社会的繁荣昌盛，保障社会主义现代化建设顺利进行。邓小平提出建设一支强大的现代化、正规化革命军队的总目标，号召解放军承载起强化国防、抵御外侮、捍卫人民幸福、参与社会主义建设的庄严使命。这一使命的变化，与全党工作中心转移到经济建设上来是相一致的。1982年12月通过的《中华人民共和国宪法》第二十九条第二款规定："国家加强武装力量的革命化、现代化、正规化的建设，增强国防力量。"①

进入21世纪，国内外局势瞬息万变，站在新的历史关口上，我们党和国家既面临千载难逢的跨越式发展良机，也面临诸多风险叠加的危机与挑战。如果说20世纪军队履行职责的关键还是打赢机械化战争，保卫祖国每一寸疆土的话，那么在新世纪信息化时代，这些已经难以确保总体意义上的国家安全，维护各个维度、各个层次的国家利益。随着形势的发展，江泽民正式提出了我军"打得赢、不变质"两个历史使命和建设目标②，制定了我军由机械化向信息化的转型发展之路。

新时代国防与军队现代化建设的使命，是为民族复兴提供战略支撑，具体表现为"四个战略支撑"。中华民族伟大复兴的中国梦，是我们党对国家、民族和人民作出的庄重承诺。中华民族伟大复兴，绝不是轻轻松松、敲锣打鼓就能实现的，需要全党必须准备付出更为艰巨、更为艰苦的努力；需要人民军队扎紧国家安全的篱笆，提供强有力的战略支撑。党的十九大报告指出，"建设一支听党指挥、能打胜仗、作风优良的人民军队，是实现'两个一百年'奋斗目标、实现中华民族伟大复兴的战略支撑"③，鲜明标定了强军梦在中国梦中的地位作用。2019年国务院新闻办公室发表《新时代的中国国防》白皮书，首次正式公开新

---

① 全国人民代表大会常务委员会编：《中华人民共和国宪法》，中国民主法制出版社2018年版，第22页。

② 本书编写组编：《"三个代表"重要思想与全面建设小康社会》，中共中央党校出版社2002年版，第135页。

③ 习近平：《决胜全面建成小康社会 夺取新时代中国特色社会主义伟大胜利——在中国共产党第十九次全国代表大会上的报告》，载于《人民日报》2017年10月28日，第1版。

时代中国军队"四个战略支撑"的使命任务，即"为巩固中国共产党领导和社会主义制度提供战略支撑；为捍卫国家主权、统一、领土完整提供战略支撑；为维护国家海外利益提供战略支撑；为促进世界和平与发展提供战略支撑"①。"四个战略支撑"是新时代军队的使命任务，也是人民军队建设发展的根本价值所在②，深刻揭示了新时代人民军队的历史使命，指出了人民军队的前进方向，规划了人民军队的任务目标，明确了人民军队的建设原则，是一个管根本、管全局、管长远的纲领性文件。将"四个战略支撑"作为新时代人民军队的新使命，契合了我国周边安全形势的新需要，顺应了人民海军走向深蓝的新呼唤，是人民军队对自身使命任务的最新概括性认识。③

一支人民军队，唯有不忘初心、固本开新，才能行稳致远，永葆战斗力。不管国防和军队建设在一个什么样的环境下展开，不管其阶段性目标发生了什么新变化，人民军队的性质、宗旨、终极理想都丝毫未发生变化。新时代人民军队的新发展，将为中国梦的实现创造最有利的外部环境和安全保障。

第二节　明确党在新时代的强军目标

2013年3月，习近平指出，要建设一支听党指挥、能打胜仗、作风优良的人民军队。建设一支强大的人民军队，是我们党的不懈追求，是新时代的迫切需要，是与国家现代化建设的步伐同频共振的重大战略部署。

一、建设一支强大的人民军队是党的不懈追求

"为创造中国人民的军队而奋斗，是全国人民的责任。没有一个人民的军队，便没有人民的一切。"④ 我们党在不同的历史阶段，参照时局的变动，从实际任务出发，制定出符合时代要求的任务目标，指导我军建设不断向纵深推进。

人民军队自1927年南昌起义至今，从一支弱小的、武器装备极其简陋、大

---

① 中华人民共和国国务院新闻办公室：《新时代的中国国防》，人民出版社2019年版，第14页。

② 陈荣弟：《为实现中华民族伟大复兴提供坚强战略支撑》，载于《人民日报》2019年7月26日，第19版。

③ 《新时代中国军队要提供"四个战略支撑"》，载于《南方日报》2019年7月25日，第A2版。

④ 《中国共产党指导思想文库》编委会编：《中国共产党指导思想文库》，中国经济出版社1998年版，第541页。

多靠战场缴获的工农武装逐渐成长为今天五大军种合成作战，拥有较强大的火力、突击力和机动力的现代化军队，成为保家卫国的钢铁长城，成为保护人民生命财产安全的忠诚卫士。我军成军、建军的历史，就是一部勇于进取、逆境求强、敢为人先、开拓创新的奋斗史。

我们党从人民军队初创之日就非常重视其组织与建设。在经历了南昌起义、秋收起义、广州起义等一系列武装起义后，1927 年 9 月，毛泽东领导"三湾改编"，从组织上、体制上加强了党的领导，实现了军队的民主，是以高度的革命乐观主义精神对部队所作的一场有力的政治动员，使得军队凝聚力、战斗力空前提高。1929 年 12 月，古田会议顺利召开，系统总结了自 1927 年以来我们党创立红军的斗争经验，强调红军必须健全党的各级组织，正式规定了人民军队的性质、宗旨和任务，为把我军建设成为新型无产阶级军队初步奠定了基础。1937年"卢沟桥事变"爆发后，我们党着眼于全民族的利益，毅然决定将工农红军和南方各省游击武装统一整编为国民革命军第八路军和国民革命军新编第四军。1942～1944 年，中共中央先后制定了关于对敌斗争、精兵简政、统一领导、拥政爱民、发展生产、整顿三风、审查干部、时事教育、三三制、减租减息十大政策。[1] 通过更广泛地开展群众性的游击战争，在抗日斗争中边打边建，充分地发挥人民战争的威力，抗日武装力量迅速发展壮大。抗战胜利后，1948 年 11 月 1日，中央军委统一要求野战部队"应实行正规编制，统一称号，总队改称为军，师和旅统一称师，不再称旅"。将野战部队划分为四大集团，"以地名区分，即中国人民解放军西北野战军（第一野战军）、中原野战军（第二野战军）、华东野战军（第三野战军）、东北野战军（第四野战军）"。各部队统一冠名"中国人民解放军"。[2] 根据这一要求，逐步构建起简明高效、整齐划一的指挥中枢，组建起一支可以执行大规模长距离作战任务的野战部队、地方部队和民兵三位一体的武装力量，使一直以来指引人民军队不断克敌制胜、由幼小走向强大的毛泽东军事思想亦取得新的发展。

新中国成立后，人民军队中的一部分军人就地转业，投身于地方建设事业，致力于医治战争创伤，让满目疮痍的国家尽快恢复元气。军队自身也抓紧向革命化、现代化和正规化跨越。1949 年 3 月 5 日，毛泽东在中共七届二中全会上指出，要在强大陆军的底子上，努力建设强大的海空军，让人民军队拥有陆海空立体化作战能力，以适应未来国防的需要。1952 年 7 月 10 日，毛泽东在给军事学院的训词中提出了军队现代化、正规化建设的任务，指出现在已经到了建军的高

---

[1] 八路军第 115 师暨山东军区战史编辑室编：《八路军第 115 师暨山东军区战史》，解放军出版社 2017 年版，第 207 页。

[2] 中央档案馆编：《中共中央文件选集》第 17 册，中共中央党校出版社 1992 年版，第 446～447 页。

级阶段，要建设一支正规化、现代化的国防部队。这支人民军队先后取得了抗美援朝战争，以及对印度、对苏联、对越南自卫反击战的胜利，有力地打击了来犯之敌，保卫了新生的人民政权，维护了边境的安宁和平，捍卫了领土和主权的完整，打出了中国军队的声威。

20 世纪 80 年代末，国际形势发生重大变化，科学技术广泛应用于军事方面，军队结构和武器装备性能更新换代加速。1991 年的海湾战争显示出高技术武器的巨大威力，对第二次世界大战以来形成的传统战争观念产生强烈冲击，在全世界范围内掀起了研究未来新型战争的热潮，从而引发了一场以机械化战争向信息战争转变为基本特征的世界性军事革命。人民军队开启了从数量优势型军队向质量制胜型军队、从传统机械化军队向高科技信息化军队转型的漫漫征程。1985 年 6 月，中央军委主席邓小平出席了在京西宾馆召开的军委扩大会议，宣布人民解放军裁减员额 100 万。在第六届全国人大五次会议上，时任中国人民解放军副总参谋长徐信对外宣布：我军精简整编、裁减员额 100 万的任务已基本完成。全军总员额由原来的 423.8 万人减至 323.5 万人。[1] 军队员额在总人口中所占比例趋于合理，在全世界也是比较低的。

迈入 21 世纪以后，各主要军事强国纷纷下大力气抢占信息站制高点，为使人民军队满足现代化战争的新需要，党中央、中央军委果断决定将信息化作为努力方向，重视高科技信息化武器装备的研发，加快武器装备体系信息化、智能化、一体化建设，协调"把经济建设搞上去"和"建设强大的国防"之间的关系，已初步搭建起一整套以打赢信息化战争为宗旨的军事作战系统。[2] 2016 年元旦，中央军委提出"军委管总、战区主战、军种主建"的基本原则，以推动军队指挥体系、领导体制革新为抓手，协调推进规模结构、政策制度和军民融合深度发展改革。[3] 将原第二炮兵部队整合更名为中国人民解放军火箭军，新成立担负心理战、网络战、电子战、情报战等作战任务的战略支援部队，新成立实施联勤保障和战略战役支援保障的联勤保障部队。将传统的解放军四总部分别更名为中央军委联合参谋部、中央军委政治工作部、中央军委后勤保障部、中央军委装备发展部，突出"军委管总"，实现"联合指挥"。将 1985 年 6 月确立的七大军区撤销，成立五大战区，淡化以往军区的大"陆军"色彩，强调海、陆、空、火箭军等诸兵种联合作战和联勤保障。将军事训练、政治工作、军队建设等工作转交

---

① 张宝忠：《跟随邓小平四十年》，中央文献出版社 2015 年版，第 258 页。

② 方晓志：《人民军队 90 年历程奠定"强军梦"坚实基础》，环球网，https://opinion.huan-qiu.com/article/9CaKrnK4pNo，2017 年 8 月 1 日。

③ 张树军主编：《十八大以来全面深化改革纪事（2012—2017）》，河北人民出版社 2017 年版，第 560 页。

军种领导机构负责，战区专管作战。

一直以来，人民军队建军治军所积累的丰富经验，颇值得加以认真总结并发扬光大。目前，中国已处于由大向强发展的"节骨眼"上，国防和军队建设面临全新的考验。必须着眼于坚持和发展中国特色社会主义，在新的历史起点上加快推进国防和军队现代化，努力建设与我国国际地位相称、与国家安全和发展利益相符的强大军队。

二、建设一支听党指挥、能打胜仗、作风优良的人民军队

听党指挥、能打胜仗、作风优良，明确了新时代加强军队建设的聚焦点和着力点。"强军兴军抓住这三条，就把握住了正确方向，就能起到纲举目张的关键成效。"[1]

其一，政治建军是立军之本、强军之本，要坚持用习近平强军思想武装官兵，坚持全军听党指挥。建军 90 多年来，我军之所以能够不负党的重托和期望，出色地完成了一个又一个党赋予的重大政治任务，根本原因就是我军始终把自己置于党的绝对领导之下，始终把听党指挥作为自身建设的首要，做到党旗所指、军旗所向。面对新的形势和任务，我们要始终把思想政治工作放在首位，牢固树立党对军队绝对领导的政治自觉和政治自信，忠实履行党和人民赋予的使命任务，写就新的辉煌历史。必须始终不渝地坚守人民军队的根本原则和宗旨，坚决与党的大政方针保持高度一致，将对祖国和人民的忠诚装在心上，积极响应党中央、中央军委和习主席的号召。务必在政治上保持清醒的头脑，政治站位一定要高，做"政治的明白人"，毫不犹豫地贯彻和执行党中央、中央军委的命令与要求，毫无保留地信任和拥护党的领导与决策。必须坚持党对军队的绝对领导，与"军队非党化""军队国家化"等歪理邪说作坚决斗争。倾力打造健康、积极、向上的先进军营文化，组织好、开展好"坚定信念、铸牢军魂"集体学习活动，动员官兵努力学习党史、军史，从中汲取精神养分，深入推进新时代军人的军魂熔铸和价值观重塑，确保我军听党指挥的优良传统不断得到传承和发扬。

其二，部队主责主业是备战打仗，要强化担当主责、服务主业的意识，保障战斗力标准全面贯彻到部队建设各领域、全过程。军队为战争而备，军人为打仗而生，军队首先是战斗队，军队永远是战斗队。我军曾在残酷的革命战争中千锤百炼，虽然各个历史时期的具体任务和使命不一，但行军打仗的基本任务一直未

---

[1] 汤俊峰、常培育、孙存良：《建设一支听党指挥能打胜仗作风优良的人民军队》，载于《解放军报》2017 年 11 月 29 日，第 7 版。

发生变化，敢打、能打、打胜向来是军队的使命所在、价值所系，是维护国家安全、实现强军梦的必然要求。必须坚持"能打胜仗"这个强军之要，以打胜仗为目标，时时刻刻盘算如何打好仗，一丝不苟地抓好军事训练，所有工作、所有资源都要向"能打胜仗"倾斜，以此作为考核战斗力强弱的核心标准①，把政治建军的作用威力直接体现在引领保证备战打仗上，做到"招之能来，来之能战，战之能胜"。

坚持以新形势下国家战略需要为圆心推进秣马厉兵、整装备战，增强军队军事训练效果。战备来不得半点松懈，训练来不得半点虚假，必须不断拓展和深化军事斗争准备，按照打仗的标准搞建设抓准备，坚定不移把信息化作为军队现代化建设的发展方向，根据实战要求严格锻造部队战斗力，以能打胜仗的标准考核任用，磨炼不畏艰险、敢打必胜的作战意志，增强全体官兵的血性、狼性，铸就常胜之师所具有的英武之气，努力提升军队应对中高烈度战争考验、执行多种军事任务、打赢高科技信息化战争的能力。要强化实干意识，干实事、求实效、练实功，牢固树立战斗力标准，坚决不"耍花枪"，不搞"形象工程"和"彩旗演习"，不人为营造"视觉效果"，不消极保守，不"明哲保身"，不消极保安全，遇到危险科目就绕着走，突出实战化训练，把战场设真、情况设险、标准设难，以实战刻度丈量精神硬度，以打仗标准增加血性浓度。修订完善计划方案，全面加强练兵备战。坚持在备战中练兵、在用兵中强兵，真想打仗的事情，真谋打仗的问题，真抓打仗的准备，要让训练的硝烟味越来越浓，让打仗的紧迫感明显增强，确保一声令下能够拉得出、上得去、打得赢。领导干部要身先士卒，带头做好备战打仗的好榜样，提升自身的军事素养，做到懂打仗、善谋略、会指挥。②

其三，作风优良是我军克敌制胜的"传家宝"，也是实现党在新时代的强军目标的基本要求。我军的优良作风包含着人民军队的建军原则和光荣传统，体现出革命军队的政治本色和精神风貌。习近平同志指出，老百姓看军队，最直观、最主要的是看作风。一定意义上讲，军队的样子，重要的就是指作风，因为作风体现和反映军队本质。作风好，军队的样子就好；作风差，军队的样子就差。③要始终保持军队优良的作风和钢铁般的纪律，增强军队的凝聚力、向心力、战斗力。

从严治军是建设强大军队的铁律，作风优良才能塑造英雄部队，作风松散可

---

① 刘孟信、胡伟主编：《人民军队党管党员、党管干部研究》，中共党史出版社 2018 年版，第 362 页。

② 武警部队党委：《大力加强新时代武警部队政治建军》，载于《求是》2018 年第 23 期。

③ 刘志辉主编：《平易近人——习近平的语言力量》（军事卷），上海交通大学出版社 2017 年版，第 17 页。

以搞垮常胜之师，我们必须深刻汲取历史教训，严整军风、严明军纪，严格管理、严格要求。应不断推动依法治军、从严治军走向深入，扎实开展"三严三实"① 专题教育，彻底破除"四风"问题，坚决防止"四风"反弹，珍惜和爱护人民军队的光辉形象。坚持把解决突出问题不断引向深入，紧紧盯着深层矛盾和问题持续用力，久久为功、综合施策，从根源上加以解决。深入总结既有制度建设成果，确保相关配套保障政策制度的落实，持续跟进总结最新经验教训，推动制度建设不断创新发展。② 领导要想带出好作风，除了自身要过硬，还必须敢唱"黑脸"，不怕得罪人。"老好人"式的领导见错不管、违规不纠，助长歪风邪气，部队不可能有好作风。③

三、全面推进国防和军队现代化的战略部署

国不富无以强兵，兵不强无以保国④，强军战略必须始终与强国战略相协调，强国必须强军，提出并实现强军目标，最直接的意义就是筑牢中国梦的安全基石，为强国梦提供可靠安全保障。

将国防和军队现代化作为社会主义现代化的有机组成部分加以整体布局，是我们党一以贯之的大政方针。1959 年 12 月至 1960 年 2 月，毛泽东在读苏联《政治经济学教科书》时说：我国的社会主义现代化建设，理应在工业、农业、科学文化三方面之外，再添上国防和军队现代化。⑤ 这些都是从不同角度提出现代化的目标，并没有明确涉及战略步骤问题。1964 年 12 月，第三届全国人民代表大会的政府工作报告首次明确提出实现"四个现代化"目标的"两步走"设想。⑥ 改革开放以来，针对新的形势和新的使命，我们党的口号更加客观、务实，修改了原计划于 20 世纪末实现的"四个现代化"目标，于 1987 年党的十三大正式提出了"三步走"⑦ 战略构想，并在长期建设和改革的实践中，不断对其进行丰富

---

① "三严三实"是指"既严以修身、严以用权、严以律己；又谋事要实、创业要实、做人要实"。

② 赵传金：《作风优良是保证》，中国共产党新闻网，http://dangjian.people.com.cn/n1/2017/0807/c117092-29453771.html，2017 年 8 月 7 日。

③ 吴铭：《作风优良靠平时点滴养成》，载于《解放军报》2019 年 1 月 9 日第 7 版。

④ 任天佑：《问道改革强军》，国防大学出版社 2015 年版，第 16 页。

⑤ 《毛泽东选集》第八卷，人民出版社 1999 年版，第 116 页。

⑥ 《1964 年政府工作报告（摘要）》，引自本书编写组编：《政府工作报告汇编（1954—2017）》上卷，中国言实出版社 2017 年版，第 301 页。

⑦ "三步走"战略构想：第一步，实现国民生产总值比一九八〇年翻一番，解决人民的温饱问题。这个任务已经基本实现。第二步，到本世纪末，使国民生产总值再增长一倍，人民生活达到小康水平。第三步，到下个世纪中叶，人均国民生产总值达到中等发达国家水平，人民生活比较富裕，基本实现现代化。然后，在这个基础上继续前进。

和发展。国防和军队现代化建设始终与国家现代化建设保持步调一致。在"以经济建设为中心"的 20 多年发展期中，虽然"军队要忍耐"且不得不忍耐，被迫放慢了自身现代化建设步伐，但是国民经济取得了快速腾飞，为国防建设的后续推进储备了坚实的经济基础和发展动力。党的十六大以来，国防建设与经济建设逐步向着相互协调的方向调整发展，并从党的十七大开始确立了"走出一条中国特色军民融合式发展路子"的战略举措。

党的十九大报告勾勒出了新时代全面推进国防和军队现代化的整体蓝图，即 2020 年基本建成机械化军队，信息化建设长足进步，战略威慑力显著增长，争取至 2035 年基本建成现代化军队，至 2050 年左右全方位进入世界一流军队行列。① 党的二十大报告将如期实现建军一百年奋斗目标，加快把人民军队建成世界一流军队作为全面建设社会主义现代化国家的战略要求，进一步擘画了新时代国防和军队现代化的宏伟蓝图。②

信息化建设是基石。军队信息化建设是打赢信息化战争的必然要求。21 世纪以来的几场高技术局部战争表明，在体系对抗中，信息化优势是主导优势，信息能力差距是最大的差距。与强敌相比，我军最薄弱的环节恰恰是信息化水平。我军信息化建设的总体目标是，在 21 世纪中叶全面实现军事形态的整体转型，把我军建设成为一支信息化水平高、体系作战能力强、能够应付任何突发事件和在各种军事行动中占据主动的信息化军队。根据上述目标，我军信息化建设的主要任务是，以提高基于信息系统的体系作战能力为着眼点，以实现重点突破、构成基本体系为首要任务，充分利用信息技术，完善信息基础设施建设，开展信息系统综合集成，加强信息化主战武器系统建设，开展军队信息化理论研究，制定法规标准体系，重视体制机制改革和信息化人才培养，加快军队的信息化转型，为锻造信息化之师、制胜信息化战争奠定基础。③

"四个现代化"是关键。习近平主席提出的军事理论、军队组织、军事人员、武器装备四个现代化④，科学总结出国防和军队现代化建设必须认真遵循和大力投入的四个方面。其一，军事理论现代化是先导。先进的军事科学理论，能够揭示战争的特点和规律，从而使我们正确认识和运用军事规律，把握军队建设的客观规律，合理制定军队建设的任务目标与基本方案。习近平指出："科学的军事

---

①④ 习近平：《决胜全面建成小康社会　夺取新时代中国特色社会主义伟大胜利——在中国共产党第十九次全国代表大会上的报告》，载于《人民日报》2017 年 10 月 28 日，第 01 版。

② 习近平：《高举中国特色社会主义伟大旗帜　为全面建设社会主义现代化国家而团结奋斗——在中国共产党第二十次全国代表大会上的报告》，人民出版社 2022 年版，第 55 页。

③ 刘兴堂、刘力主编：《国家安全与空天防御及网电斗争》，西北工业大学出版社 2018 年版，第 36 页。

理论就是战斗力，一支强大的军队必须有科学理论作指导"①。其二，组织形态现代化是保证。纵观历史，但凡生产力和生产方式发生深刻变革的时期，必然会推动军事现代化的演进，在这一过程中无一例外地会调整、重构、创新军事发展体制，进而形成顺乎时代发展潮流、符合军队自身建设实际的军事现代化范式。军队组织形态现代化是一项复杂的系统工程，必须整体筹划设计，要下大力调整职能、理顺关系、优化结构、提高效能，逐步解决制约军队建设发展的深层次矛盾和问题，以适应信息化条件下一体化联合作战需要。以完善战略指挥体制为首要，以健全战区联合战役指挥体制为枢纽，以优化部队指挥体制为基础，形成"精兵、合成、高效"的联合作战指挥体制。② 其三，军事人员现代化是核心。人是战争中的第一物质力量，是战争诸因素中最活跃、最重要的力量③，必须大力实施人才战略工程，以更大的决心、更高的标准、更有力的举措，把人才队伍建设提高到一个新水平；必须进一步强化人才强军的思维理念，进一步创新人才建设的办法举措，进一步营造人才成长的良好环境。④ 其四，武器装备现代化是重点。从一定意义上讲，设计武器装备就是设计未来战争。目前虽然我军的武器装备已实现了制式化，进而向机械化、自动化、电子化发展，但总的来看与现代化战争的要求还有较大差距，要及时更换老旧落后设备，建成一支以信息武器、人工智能武器为核心的武备系统，推动武器装备机械化、信息化、智能化（简称"三化"）融合发展；坚持研、训、战紧密结合，把研制工作与实战化运用对接起来，建立健全武器装备信息反馈机制；大力推进中远程弹道导弹等新锐武器装备列装部队。

战略能力是根本。党的十八大报告指出：解放军战略能力的建设必须坚持以国家核心安全需求为导向。我们国家正走在强国道路上，面临的安全环境是瞬息万变的，促使我们必须大力提升军队的战略应变能力、战略投送能力和战略威慑能力，着眼于打赢未来信息化战争，必须加快我国的国防和军队现代化建设进程，大力提高国家的战略能力。

具体从两个方面入手，其一为战略软实力，主要包括战略统筹能力、战略谋划能力等；其二为战略硬实力，主要包括战略进攻能力、战略部署能力等。应紧贴国防和军队现代化建设需要，凸显实践性、威慑性与预判性，让战略能力增长

---

① 《习近平在出席解放军代表团全体会议时强调：全面实施创新驱动发展战略　推动国防和军队建设实现新跨越》，载于《人民日报》2016年3月14日，第01版。

② 王天玺主编：《贯彻落实党的十八大精神理论与实践探讨》上卷，经济日报出版社2013年版，第201页。

③ 杨亚平、祁永信主编：《军事社会学概论》，南京大学出版社1989年版，第342~343页。

④ 邓一非：《大力推进军事人员现代化》，载于《解放军报》2018年5月4日，第07版。

同军队建设、国防建设发展相一致，契合民族复兴、国家振兴之需要。① 应立足现代化战争要求，大力提升科技创新对军队战斗力生成的拉动作用，整体增强我军诸多作战单元、要素的有效集成作战能力，推动"抓经济"与"促国防"齐头并进，让国防和军队现代化建设的战略安排不断明晰、逐步落实。

第三节　把人民军队全面建成世界一流军队

在明确建设一支什么样的强大人民军队后，下一个突出问题是，究竟该怎样建设强大人民军队？党的十八大以来，以习近平同志为核心的党中央围绕这一关键性问题，深入进行理论探索和实践创造，阐明了新时代军队使命任务和强军的建设布局、战略指导、必由之路、强大动力、治军方式等重大问题，为达成党在新时代的强军目标，把人民军队全面建成世界一流军队提供了科学指南和行动纲领。②

一、"打仗打不赢，一切等于零"

习近平主席强调指出军队首先是一个战斗队，是为打仗而存在的，这一重要论断深刻阐明了遏制战争和打赢战争是军队的职能所系、价值所在，能打仗、打胜仗是战斗队的应有之义。"军队是战斗队"这一本质属性是由人民军队的使命职责决定的，永远都不会改变，而且只能加强。军队打不赢，无颜面对"江东父老"，会直接导致中华民族伟大复兴的历史进程被中断，甚至亡党亡国。

2014年10月，习近平指出："能打仗、打胜仗"是强军之要，必须将战斗力作为军队建设成绩的唯一标准③，将战斗力标准抬升至空前重要的位置，意味着我们党对军队建设的规律、原则与标准的总结认识上升到了前所未有的高度。战场上能不能打赢，关键看平时有没有把战斗力标准"立起来、落下去"。"立起来"就是把它当作衡量一切工作是否到位的准绳。"落下去"就是将其落实到武装拉练和军事教育的各个层次、各个方面、各个角落。确保把战斗力的生成提高作为选择部队建设思路举措的基本依据，对战斗力建设有利的人才就要大胆任用，对战斗力建设有利的工程就要优先上马，对战斗力建设有利的做法就要坚

---

① 周立存：《全面推进国防和军队现代化》，载于《解放军报》2017年11月10日，第07版。
② 《新时代人民军队的胜战之道——牢固确立习近平强军思想在国防和军队建设中的指导地位》，载于《光明日报》2019年6月1日，第07版。
③ 《习近平谈治国理政》第二卷，外文出版社2017年版，第404页。

决推广；反之，就要坚决舍弃，防止鱼龙混杂、良莠不分。具体要做到以下几个方面：

消灭"不会打""打不起来"的侥幸心理，树立辩证的战争观。我们的和平发展需要一个战略机遇期，中华民族要实现伟大复兴，就必须牢牢抓住难得的战略机遇期，一心一意谋发展。这就要求我们必须尽最大努力遏制战争，营造国家发展所需要的良好环境。但也必须指出，慎重决策并不是害怕战争、消极避战甚至妥协退让，而是要把慎战、敢战和善战融为一体。战略指导者既要有宽阔的胸怀和长远的眼光，又要有坚定不移的意志和勇于取胜的信念，不该打的时候坚决不打，该打的时候决不含糊。我们不去侵略别人，但对侵害我国领土主权和权益、破坏我国统一和团结的行为，一定要及时果断地下定打的决心，敢于以坚决的行动实施自卫反击，必要时不惜付出重大代价也要确保赢得战争胜利。维护战略机遇期不等于消极避战，不能一提到和平崛起就不能"放一枪打一炮"，勿让和平发展自捆手脚，必要时动武完全正当。在外部强权和恶势力面前，下跪求饶，只会使他们更加狰狞，更加嚣张，更加得寸进尺，唯一有效的办法是针锋相对，拿起武器，把命运紧紧掌握在自己手里。

破除"消极保安全"思想和演训中的"花架子"，树立正确安全观和真打实备的思想。当前，一些基层机关满心想着的是"训练出了事，一切等于零"，不少单位把不出事故作为全部工作的落脚点。安全标准事实上成了有些部队工作的第一标准，而战斗力标准则降到次要的地位。为了保证不出事，故意下调训练难度，规避难度系数高、危险系数高的科目，甚至把演习变成"演戏"。一些基层机关在演习中设立所谓的"指挥部"，搞摆拍、造声势，总结报告中强调战果、宣扬"突破"，对自身不足的理性检讨却只字不提。要确立"重检查不重评比、重实效不重形式、重检讨不重输赢"的指导思想，不摆成绩重检讨，超越输赢察得失，坚决破除"红必胜、蓝必败"的传统思维，在演习中发现问题、总结经验教训，为全军部队牢固树立战斗力标准、扎实推进军事斗争准备奠定坚实基础。

摒弃违背战斗力标准的政绩观，找准正确的工作方向。政绩观是否得当，与军队战斗力养成紧密相关。真正的政绩不可能平白无故从天上掉下来，只能通过脚踏实地、真抓实干出来。贪图享受出不了政绩，投机取巧走"捷径"也出不了政绩。树立聚焦和服务战斗力标准的政绩观，就是要时时刻刻紧绷打仗这根弦，时时刻刻思考怎么赢得战争，将注意力多放在抓实训、提战力上，确保将优势资源优先集于演习备战上。只有明确科学的政绩观，所有工作指向战斗力提升，才能狠抓真抓演习实训，使之落到实处，增强我军科技水平、战略威慑力和综合作战能力。[①]

二、深化国防和军队改革

党的十八大后，党中央、中央军委、习近平主席对推进国防和军队改革作出了许多新指示。党的十八届三中全会通过的《中共中央关于全面深化改革若干重大问题的决定》，在第十五部分专门深刻阐述了深化国防和军队改革的总体思路。[②] 新时代深化国防和军队改革，主要包括以下几个方面：

领导管理体制改革。党的十八届三中全会指出，应推进军队指挥机制改革，调整军委总部部门优化，革新军兵种领导架构和机制。[③] 要不断深化"军委管总"，确保军委的绝对领导地位，加强军委机构统筹全军、调度全军、指挥全军的作用。推动指挥中枢机构、职责、职位的合理调配，重构诸军种领导管理机制，加快新型作战力量建设，实现信息化管理的规范化、便利化、高效化。

联合作战指挥体制改革。准确把握、贯彻落实习近平主席指示精神，立足指挥体制稳定发展的现实需要，着眼提升打赢现代化战争的实战化水平，构建与"能打仗、打胜仗"相符合的联合作战指挥体制。应注意以下原则：转变观念，坚持方向；整体联动，平战结合；平等联合，统一领导；精简高效，运转顺畅。

推进军队政策制度改革。以军事人力资源政策制度和后勤政策制度为改革重心，充分考虑不同类型人才职业能力发展变化的不同规律，有针对性地筹划制度安排、设计运作机制和推动政策调整，逐步健全完善军事人力资源分类开发机制。

新型军事人才培养改革。快速推进的世界新军事变革，既是对我军人才培养的严峻挑战，也是一次难得的历史机遇，这就要求军队院校必须采取行之有效的措施和手段。要加强监督指导，定期分析部队人才队伍建设形势，及时制定有针对性的改进措施，确保各项政策措施落到实处。

武装警察部队指挥管理体制和力量结构改革。将原"中国人民武装警察部队"改为"中国人民武装警备部队"，强化中央军委对武警部队的统一指挥和调度，优化武警部队的指挥中枢架构，开启"脖子以下"部分的编制结构改革。

深化国防和军队改革具有突破性、革命性以及"里程碑"式的意义。要深刻

[①] 李博：《把战斗力标准贯彻到军队各项建设之中——学习习主席关于军队战斗力建设的重要指示精神》，载于《解放军报》2013年9月24日，第07版。

[②] 本书编写组编：《关注全面深化改革热点 专家学者十二人谈》，中共党史出版社2014年版，第249页。

[③] 《中共中央关于全面深化改革若干重大问题的决定》，人民出版社2013年版，第55页。

认识到推动国防和军队改革对实现强国梦、复兴梦的伟大意义，把国防和军队改革置于实现民族振兴这个大背景中加以通盘考虑、整体筹划。

三、全面贯彻科技兴军战略

2003 年的伊拉克战争，美军在短短 3 个星期内，将萨达姆引以为傲的共和国卫队打垮，在占领伊拉克首都巴格达后，又几乎毫无损失地拿下萨达姆老家提克里特。这让不少军事专家特别是热衷于军事预测的"军事预言家"们大跌眼镜。美英联军迅速战胜的原因是多方面的，其中，高科技在其中的特殊作用成为人们关注的焦点。科技未曾像如今这样密切关乎一个国家的国防安全和战略筹划，未曾像如今这样有力推动我军的发展步伐。美国等西方国家的强大军事实力，尤其是高科技武器方面的领先态势，刺激了世界其他国家的军事革新，其中自然也包括我国。

强国必须强军，军强才能国安。放眼今日之全球，新一轮科技革命正以一日千里的速度向前推进，科技革命在深刻改变人们生产生活方式的同时，也掀起了新一轮席卷全世界的军事革命浪潮。军事专家们预言：未来的战争将是一场别开生面的信息化战争。信息化战争，简称"信息战"，也叫指挥控制战、决策控制战，是军队在陆、海、空、天、信息、心理六维战略空间进行的、以信息和知识为主要作战力量的、附带杀伤破坏减到最低限度的战争。要想建成一支世界一流军队，就必须全面贯彻科技兴军战略，如此才能在未来高科技信息化战争中立于不败之地。

一直以来，习近平主席都非常注重现代化军队的建设。2014 年底，习近平主席指出："要坚持创新驱动发展，紧跟世界军事革命特别是军事科技发展方向，超前规划布局，加速发展步伐。"[①] 2016 年两会期间指出："必须高度重视战略前沿技术发展，通过自主创新掌握主动，见之于未萌、识之于未发，下好先手棋、打好主动仗。"[②] 2017 年两会期间提出"科技兴军"的重要战略思想，强调要"推动科技兴军必须在国家战略布局中统筹谋划，加强同国家战略规划对接"[③]。在新调整组建的军事科学院、国防大学、国防科技大学成立大会暨军队院校、科研机构、训练机构主要领导座谈会上，习近平主席指出："科技是现代战争的核心战斗力。我们要赢得军事竞争主动，必须下更大气力推进科技兴军，坚持向科

---

① 习近平：《加快构建适应履行使命要求的装备体系　为实现强军梦提供强大物质技术支撑》，载于《人民日报》2014 年 12 月 5 日，第 01 版。

② 习近平：《全面实施创新驱动发展战略　推动国防和军队建设实现新跨越》，载于《人民日报》2016 年 3 月 14 日，第 01 版。

③ 习近平：《加快建立军民融合创新体系　为我军建设提供强大科技支撑》，载于《人民日报》2017 年 3 月 13 日，第 01 版。

技创新要战斗力，依靠科技进步和创新把我军建设模式和战斗力生成模式转到创新驱动发展的轨道上来。"① 同年，在庆祝中国人民解放军建军 90 周年大会上，习主席强调"要全面实施科技兴军战略，坚持自主创新的战略基点，瞄准世界军事科技前沿，加强前瞻谋划设计，加快战略性、前沿性、颠覆性技术发展，不断提高科技创新对人民军队建设和战斗力发展的贡献率"②。

习近平主席指出："要坚持向科技创新要战斗力，加强国防科技创新特别是自主创新、原始创新。"③ 抓住军事科技创新的潜在增长点，发布军事科技进步基本纲要，建立独立的主管协调部门，把国防科技置于引领崛起、优先发展的重要战略位置，积极探索具有我军特色的武器装备现代化的发展道路。经历长期科技积淀和研发积淀，终于迎来军事科技"井喷"的可喜局面，诸多先进军事科技成果孵化成功，实现量产，装备部队，形成战斗力，实现了武器装备的质的飞跃。

2017 年，《解放军报》一篇题为《敢于弯道超车的"闯将"》的文章披露，海军工程大学肖飞教授成功研制出中压直流综合电力系统，为国家节省 10 亿元经费，标志着我国军舰综合电力系统获重大突破。④

2018 年，在天津举行的第二届世界智能大会上，国家超算天津中心对外展示了由国防科技大学牵头研制的我国新一代百亿亿次超级计算机"天河三号"原型机，超级计算机被誉为是计算机中的 F1。它的问世，意味着我国超级计算机的研发已经处于世界的绝对领先地位。

2019 年 12 月 17 日，首艘国产航母"山东舰"在海南三亚某军港交付海军。"山东舰"在"辽宁舰"的基础上做了较大改动，如减少舰岛部分面积，扩大了飞行甲板和机库的面积，使得舰载机载机数量增多、出动效率提高，大大增强了航母战斗力。

2020 年 1 月 12 日，055 型驱逐舰首舰"南昌舰"归建入列中国人民解放军。该型舰是我国完全自主研制的新型万吨级驱逐舰，拥有吨位大、载弹量大、自持能力强、隐身能力强、战场感知能力强等特点，装备有海红旗-9B、鹰击-18A、CIWS、反潜助飞鱼雷、长剑巡航导弹等非常先进的防空、反舰、反潜、对陆攻击等先进武器，是海军跨向远洋、实现跨越发展的代表性战舰，其意义和重要性甚至堪比首艘国产航母。

再如中国人民解放军火箭军装备的"东风26"为核常兼备导弹，具备打击

① 习近平：《必须下更大气力推进科技兴军》，载于《新京报》2017 年 7 月 20 日，第 A5 版。
② 习近平：《在庆祝中国人民解放军建军 90 周年大会上的讲话》，载于《人民日报》2017 年 8 月 2 日，第 02 版。
③ 《习近平在出席解放军和武警部队代表团全体会议时强调 在常态化疫情防控前提下扎实推进军队各项工作 坚决实现国防和军队建设 2020 年目标任务》，载于《人民日报》2020 年 5 月 27 日，第 1 版。
④ 《敢于弯道超车的"闯将"》，载于《解放军报》2017 年 5 月 21 日，第 02 版。

大型水面舰艇的能力，射程达 3 000～4 000 千米，是中国第一个射程可到达关岛及关岛美军基地的常规弹道导弹，因此被冠以"关岛快递"或"关岛杀手"的称号。东风 17 高超声导弹在国庆 70 周年阅兵仪式上首次公开亮相。它是世界上第一种已经列装部队的高超音速导弹，具有突防速度快、圆概率误差小的特点，使得我军常规精确打击能力如虎添翼，可精确打击第一岛链之内各关键目标，例如反导雷达、防空系统、指挥中心、通信中心和后勤补给基地、空军机场和海军基地等目标。

从"山东舰"国产航母、"南昌"号大型导弹驱逐舰，再到东风系列高超声速武器，我军相继取得了一个个令人惊叹的辉煌成就，实现了一次次伟大飞跃，使我军在多个领域立于世界军事革命浪潮潮头。全国人大代表、中央军委科学技术委员会副主任辛毅认为："一支强国的军队，必须要在科技上面是强大的。我们必须要把科技进步、科技创新、科技对军队的贡献放在重要的地位来抓，只有这样才能够向实现党在新时代的强军目标、强军梦迈进。军委科技委组建三年多来，从体系设计、规划计划、任务落实上，推进科技创新的工作，在组织上、制度上，进行了一系列的部署安排，取得了很好的效果。"①

四、提高国防和军队建设法制化水平

法治兴则国家兴，法治强则军队强②，依法治军是依法治国的重要组成部分。依法治军、从严治军是治军铁律，是世界各国的共同做法。

党的十八大以来，习近平主席对加强依法治军、从严治军做出一系列重要论述，深入论述了新形势下依法治军、从严治军的重要性、基本遵循及奋斗目标，系统破解了各类有关新时代依法治军、从严治军甚为关键的理论与现实难题，引领我军在法治轨道上朝着强军目标阔步前进。党的十八届四中全会将依法治军、从严治军纳入全面依法治国的重要组成部分，充分说明我们党对推进军队法治建设的高度重视，为引领我军在法治轨道上实现强军目标奠定了基础、开辟了道路。提高国防和军队建设法制化水平，应主要做到以下几点：

其一，加快军队法治建设步伐。世纪之交，陆军军、师、旅三级政治机关增设军队律师，为各机关党委提供专业法律咨询，保障军人军属的合法权益，被海内外媒体视作解放军法制建设的开创性举动。随后，海军、空军、火箭军、武警

---

① 《解放军和武警部队代表热议：中国科技进步贡献率为科技兴军提供强力支援》，央广网，ht-tps：//baijiahao. baidu. com/s？id=1627688626209910459&wfr=spider&for=pc，2019 年 3 月 11 日。

② 王炳林、郝清杰等：《21 世纪中国马克思主义创新性研究》，安徽人民出版社 2016 年版，第 230 页。

等部队也陆续编配了军队律师。时至今日，虽然我国现行军事法规制度已达4 000多项，基本涵盖了国防和军队建设的方方面面，但与发达国家相比、与军队建设的实际需求相比，军队法治建设还相对滞后，重人治、轻法治的现象还没有得到根本克服。2015年，《中央军委印发关于新形势下深入推进依法治军从严治军的决定》要求："全军用强军目标引领军事法治建设，强化法治信仰和法治思维，按照法治要求转变治军方式，形成党委依法决策、机关依法指导、部队依法行动、官兵依法履职的良好局面，提高国防和军队建设法治化水平。"① 应根据该决定要求，努力形成军队法治建设与国家法治建设相协调、相衔接的良性运作机制，努力建设一支与法治国家、法治政府、法治社会相称的法治军队，凸显军队法制化在全面依法治国中的推动和支持作用。

其二，加大军队普法执法力度。有了健全的法规制度，关键要看能否得到很好的执行。"依法"与"从严"两者并举，才能保证治军的合乎规范、平稳有序、令行禁止，才能保证全军统一思想、统一目标、统一号令，此为其他治军方式方法无法比拟的。随着军队法治建设的不断推进，部队各项工作已经基本做到了有法可依，但是有的基层官兵和领导干部，在实际执行过程中，个别情况下会根据个人喜好，搞选择性执法，甚至明知违法而为之。因此要保证军事法规的庄严性和威严性，将法律执行的主体客体、方式方法、规则要求、流程步骤等细节具体化，建立健全军法执法监督机制，坚持依法治军与从严治军并举，从实战的理念、要求、标准出发，对依法治军和从严治军进行评价、估计，找出存在的差距，提出改进意见，引导、促进依法治军、从严治军按照实战需要来筹划和组织实施，更好地向打仗聚焦、向打仗用劲。②

其三，强化官兵的法律基础知识和法治意识素养。法治精神是否浸润人心，取决于每一个人对法治的观感与看法。强化官兵法律基础知识和法治意识素养，是深入推进依法治军、从严治军的第一步和关键一招。官兵法治素养的提升须以法律知识的学习为前提。法治素养不是与生俱来的，需要通过后天学习法律知识来逐步提升。基层官兵在执行军事任务时会遇到各种各样的法律问题，为确保行动依法开展，唯有通过院校教育、组织安排和自我要求全面、深入、持久地学习，才能了解和掌握有关法律规范的原则和规则。③ 应从入职入伍的那一天起，就把法律基础知识教育和法治意识素养培育纳入军事院校、一线部队的教育培训序列之中，作为院校学员、部队官兵培养方案和实训方案的有机组成部分，强化

① 《中央军委印发关于新形势下深入推进依法治军从严治军的决定》，中国政府网，http：//www. gov. cn/xinwen/2015－02/26/content_2822131. htm，2015年2月26日。

② 王祥山编著：《实战化的科学评估》，解放军出版社2015年版，第50页。

③ 丛文胜等：《国防法治——国防和军队建设法治化》，解放军出版社2016年版，第413页。

法制宣传教育，在全军营造遵纪守法的良好氛围，让法治精神、法治理念走进全军将士的心田，让信仰法治、坚守法治蔚然成风，培育官兵遇事找法、办事依法、事事守法的良好习惯。

其四，发挥党员干部的模范带头作用。将依法治军落到实处，党员干部应以更高标准要求自己，严守底线、不越"雷区"，在知法守法方面率先垂范。重点抓住领导干部这个关键少数，将法律法规列入领导干部理论学习内容，努力培养领导干部的法治信仰、法治精神、法治观念、法治意识，并以之指导工作进行。党员干部应树立法大于权的理念，保持对法律的敬畏之心，合理用权、秉公用权、严以用权，将自觉接受外界监督当成是一种纪律，一种关爱，一种习惯。[1]

第四节　坚持党对人民军队的绝对领导

坚持党对人民军队的绝对领导，是人民军队区别于其他一切军队的根本标志，是我军从胜利走向胜利的终极密码。推进强军事业不断发展，必须毫不动摇地坚持党对军队的绝对领导，确保人民军队听从党的召唤。

一、党对军队绝对领导的原则是在实践中形成、在斗争中坚持的

坚持党对军队的绝对领导，使我军在过去90多年的历史中，历经各种艰难险阻、复杂境况，却愈挫愈勇、愈战愈强。在党组织正确的、强有力的带领之下，我军与各类错误口号和路线作了顽强抗争，对内而言消除了别有用心的人的分裂、颠覆和破坏，对外而言抵制了敌人在意识形态领域的干扰，粉碎了敌人离间党与军队、军队与人民关系的阴谋，从根本上保障了人民军队由弱及强、不断成长。[2]

坚持党对军队绝对领导有着深刻的历史渊源和历史必然性。近代中国社会是一个半殖民地半封建的社会，中国人民受到封建主义和帝国主义的双重压迫，无议会可利用，无组织工人罢工的合法权利，这一特殊国情决定了革命的阶级及其政党必须举行通过武装革命取得政权，必须建立一支忠于党忠于人民忠于革命事

---

① 胡志彬：《不断提高国防和军队建设法治化水平》，载于《解放军报》2018年4月20日，第07版。

② 刘茂杰：《党对军队绝对领导的历史回顾与经验启示》，载于《学习时报》2017年7月26日，第06版。

业的武装力量。然而，刚诞生不久尚显稚嫩的中国共产党，对建设军队并未形成理智、清晰的认知，没能意识到党直接掌握革命军队的极端重要性，不重视武装斗争，放弃了党对武装斗争的领导权。"四一二""七一五"反革命政变的惨痛代价，使我们党痛彻地领悟到组织无产阶级革命军队的必要性和急迫性，独立建军一事开始被提上日程。[①]

1927年8月1日的南昌起义，开启了中国共产党带领人民武装反抗国民党反动统治、建设一支新式人民军队的新纪元。八七会议确定了武装反抗国民党反动派的屠杀和在湘鄂赣粤4省发动农民起义的方针。会后，毛泽东作为中央特派员返回湖南组织秋收起义。8月18日，毛泽东在长沙市郊沈家大屋参加了湖南省委的工作会议，具体研究了起义的有关问题，决定在湘中一带发动起义。

毛泽东领导的秋收起义失败后，各部队损失较大，从5000人减员至2000人。在向井冈山转进的路上，部队士气低沉，一些连队被打散，当时的军队还保有浓重的旧式军阀军队的不良风气。为此，毛泽东在三湾主持召开前委会议，将严重减员的部队由1个师压缩为1个团，称中国工农革命军第1军第1师第1团。还在部队中建立新式官兵关系，规定官兵待遇一致，长官不能体罚士兵，并在连一级军事单位设置党支部。

三湾改编让士兵的合法权益得到保证，有了翻身做主人的体验，革命热情和战斗意志空前高涨起来，一支被失败阴霾笼罩的部队重新焕发了活力。这次改编保证了党对军队的绝对领导，从政治、组织两个方面奠定了人民军队的鲜亮底色，在建军史上拥有重要地位。毛泽东在《井冈山的斗争》中回顾道："两年前，我们在国民党军中的组织，完全没有抓住士兵，即在叶挺部也还是每团只有一个支部，故经不起严重考验。"[②]

1928年4月，朱德、陈毅指挥的工农武装与毛泽东领导的部队在井冈山会师，整编为中国工农红军第四军（简称"红四军"），毛泽东和红四军前委对这支部队的政治建设倾注了大量心血，在军以下各级军事单位均设立了党组织。

但是，1929年6月召开的中共红四军第七次代表大会否定了毛泽东提出的必须反对不要根据地建设的流寇思想和必须坚持党的集权制（当时对民主集中制的一种称谓）领导原则的正确意见。会议决议对于"自下而上的民主集中制"的主张、对于部队中确实存在的流寇思想，都没有给予批评。[③]会后，毛泽东被剥夺了红四军前委书记的职位，被贬至闽西休养，遭到了不公正的对待。后来，随着政治军事领域一连串失利的出现，很多政治工作干部要求毛泽东复职，于是前

①　中央档案馆编：《中共中央文件选集》第3册，中共中央党校出版社1983年版，第291页。
②　中共中央文献编辑委员会编修：《毛泽东选集》第一卷，人民出版社1991年版，第65～66页。
③　沙健孙主编：《中国共产党史稿：1921—1949》，中央文献出版社2006年版，第205页。

第十二章　推动国防和军队现代化的新战略

委致信毛泽东，要他回到红四军就职。毛泽东服从命令，重新担任前委书记，并主持召开中共红四军前委扩大会议，决定对红四军进行整训，并准备召开中共红四军第九次代表大会，将红四军政治建军原则确立下来。为开好此会，毛泽东开始大量调查研究，鼓励大家充分发表意见，揭发和批评各种非无产阶级思想。他指导各提案小组经过十多天讨论，研究各种错误倾向和错误思想的根源、危害以及纠正的方法，起草《纠正党内非无产阶级意识的不正确倾向》等决议草案，为大会的成功召开奠定了坚实基础。1929 年 12 月，中共红四军第九次代表大会（即古田会议）召开，通过《古田会议决议》，这一重要决议，确立了思想建党、政治建军原则，新型人民军队由此定型。

1937 年 8 月，红军改编为八路军，开赴抗日前线与日军作战。受时势和新体制所限，一度取消了政治委员建制，只建政训处，政治机关的功能也大为削弱。部队中旧军队习气有所抬头：军阀主义开始滋长，"副官吃香"、称兄道弟的江湖义气流行，出现了侵犯群众利益、个别干部"跑路"的问题。受政治部主任任弼时委派，总政治部组织部部长黄克诚到八路军第 115 师实地考察。黄克诚经过 15 天左右的基层调研后，根据观察所得及所思所想，在向师首长汇报后，又向任弼时复命，并根据任弼时的指示，负责拟定一份关于军队政治工作的报告，以总司令朱德、副总司令彭德怀、政治部主任任弼时名义呈交党中央。其后，中央复电同意"恢复政治委员及政治机关原有制度"[1]。为贯彻中央这一命令，八路军总部决定任命聂荣臻为第 115 师政治委员、关向应为第 120 师政治委员、张浩为第 129 师政治委员。有学者指出，政治委员和政治机关制度的恢复，对继承和发扬我军的优良传统和作风，保持人民军队的本色，具有重要的历史意义。[2]

抗日战争时期，为契合对敌斗争的需要，1945 年 4 月党的七大作出决定，在部队逐步恢复党的委员会制度。大会结束之后，晋冀鲁豫军区响应党的七大号召，率先在所属团以上部队中恢复了党委制，并进行了富有成效的探索和总结。党中央充分肯定了他们的经验和做法，于 1947 年 2 月指示全军团以上部队恢复党委制度，规定：有关军事战斗、日常工作、政策制定及干部任用等事宜，除了特殊情况下需要首长当机立断外，普通情形下，须由部队各级党委会广泛商量后定下调子，再由首长负责落实。[3] 1948 年 9 月，毛泽东又为中央起草了《关于健全党委制的决定》，强调党委制是防范个人独断专行、搞"一言堂"，确保民主

① 《任弼时年谱》，中央文献出版社 2004 年版，第 353 页。
② 张铁柱、曹智、陶德言主编：《父辈的抗战》，长江文艺出版社 2015 年版，第 167 页。
③ 《中共中央关于在军队中组织党委会的指示》（一九四七年二月二十七日），引自中共中央文献研究室中央档案馆编：《建党以来重要文献选编（一九二一——一九四九）》第 24 册，中央文献出版社 2011 年版，第 95 页。

集中制进行的关键制度，各级党组织都要健全党委会制度，所有关键事宜须交由委员会广泛商议，由其集思广益，拍板执行，"集体领导和个人负责，二者不可偏废。"①

1948 年以后，革命形势已经有了很大发展，各大解放区业已融为一体，石家庄、济南等大城市已被解放，其余也解放在即，人民解放军被整编为四大野战军，其正规化程度显著提升，解放全中国已是时间问题。在这一关键时刻，中央督促全党全军检讨、反思和消除自由化状态，将所有权力收归中央，做到号令一致、令行禁止。1948 年 1 月，中共中央发布《关于建立报告制度》②，这是党中央坚持民主集中制、反对无政府无纪律倾向长期斗争在新条件下的发展，在党的制度建设史上占有重要地位。为了保证党的战略任务的实现，1948 年 11 月，中央军委发布《关于整顿全军纪律的训令》，提出全军各级机关必须认真开会反思自由化状态，彻底消除无组织的不良风气和思想倾向，要认真开会检讨，形成决议。③

回顾历史，不难得出"党对军队绝对领导的原则是在实践中形成、在斗争中坚持的"结论。

二、全面深入贯彻军委主席负责制

2017 年 11 月，中央军委印发《关于全面深入贯彻军委主席负责制的意见》（以下简称《意见》），指出中央军委实行主席负责制，是党和国家不断摸索军事指挥体系建设所酝酿出的最新的、最主要的成果。《意见》强调："中央军委实行主席负责制，是宪法和党章规定的重大制度，是坚持党对军队绝对领导的根本制度和根本实现形式。全面深入贯彻军委主席负责制，是最大的政治纪律和政治规矩，是维护党中央权威、维护核心最实际的体现，是长城永固的定海神针。"④

全面深入贯彻军委主席负责制，既是根本的制度设计，也是强军的实际需要。保证将中央的理论创新成果和重大决策部署落到实处，推动各项工作取得新

① 《中共中央关于健全党委制的决定（一九四八年九月二十日）》，引自中国人民解放军政治学院训练部编：《中国共产党历史学习参考材料》，中国人民解放军政治学院 1959 年印行，第 326 页。
② 《中央关于建立报告制度的指示》（1948 年 1 月 7 日），引自中国延安精神研究会编：《中共中央在延安十三年资料 2 重要资料选辑》下册，中央文献出版社 2017 年版，第 358 页。
③ 《中国人民解放军通鉴》编辑委员会编：《中国人民解放军通鉴 1927—1996》，甘肃人民出版社 1997 年版，第 1386 页。
④ 《红色血脉——党史军史上的今天 | 11 月 2 日中央军委印发〈关于全面深入贯彻军委主席负责制的意见〉》，新华网，https：//baijiahao.baidu.com/s？id＝1715280772668984133&wfr＝spider&for＝pc，2021 年 11 月 2 日。

成绩、实现新进步，是新时代赋予解放军的重大职责和神圣使命。使命呼唤担当，使命引领未来。全军官兵特别是高级干部只有自觉把全面深入贯彻军委主席负责制作为铁规、铁律来坚守，牢记在心、落实于行，履职尽责、干事创业，决不能有任何动摇、任何迟疑、任何含糊，才能确保部队绝对忠诚、绝对纯洁、绝对可靠，才能担当起党和人民赋予的新时代使命任务。

维护和贯彻军委主席负责制，根本指向是确保党对军队的绝对领导，核心要义是坚定不移看齐追随，坚决听从习主席指挥、对习主席负责、牢记习主席嘱托、响应习主席号召、落实习主席指示，做习主席的好战士，着眼政治建军、素质强军、从严治军。全军上下要坚定维护核心、看齐追随，把落实军委主席负责制作为各项工作的重心所在，作为最庄严神圣的原则准则来奉行遵守。

强化"四个意识"，在听党指挥、敢作敢为、励志图强上毫不动摇。执行党中央的决断毫不拖泥带水、接受和拥护党对人民军队的绝对领导，是全面深入贯彻军委主席负责制的根本所在。坚持绝对标准，不搞相对标准，相信组织、崇敬组织、听组织的话，严守党的基本路线，落实党的重大方策和重大决断，发自内心地相信习主席和党中央，切实做到"唯一的、彻底的、无条件的、不掺任何杂质的、没有任何水分的忠诚"①。培养政治敏感性，把党的政治建设摆在首位，将"两个维护"作为最高政治原则，善于从政治上判断形势和分析问题，使自身政治素养与担负起的领导岗位相符合，永远保持鲜亮的政治本色不动摇、不褪色。严守党章党规和政治纪律，把对党忠诚落实到不折不扣执行党的路线方针政策、厚植党执政的政治基础上，坚决防止和反对个人主义、分散主义、自由主义、本位主义、好人主义、拜金主义，坚决防止和反对宗派主义、山头主义、圈子文化、码头文化，坚决反对搞两面派、做两面人。

坚定政治方向，在履行使命、保家卫国上毫不动摇。人民军队正在大踏步走在争创世界一流的路上，在追求实现跨越式发展的同时，还要保证军队的旗帜不变色，军队的军魂不变味。为达成这一目的，我们必须贯彻政治建军原则，维护军委主席负责制不动摇，这决定了我军建军方向，关乎党和国家建设事业的成败，关乎"两个一百年"奋斗目标的实现，绝不允许有任何懈怠和偏差，绝不允许有任何否定和破坏。任何轻视政治工作的思想，任何削弱政治工作的做法，任何损害政治工作的行为，都是极端错误的、危险的。我们要始终坚持党从思想上、政治上建设和掌握军队不动摇，坚持发挥政治工作生命线作用不动摇，以强烈的使命担当和责任意识创新发展政治工作，使服务时代主题成为我军政治工作

---

① 《在中国特色强军之路上阔步前行（治国理政新实践）》，载于《人民日报》2016年3月1日，第01版。

的最强音。必须强化坚定的政治意识和强烈的使命担当，以只争朝夕的精神，时刻铭记保家卫国的神圣职责，胸怀理想，矢志强军报国，在大是大非面前站稳立场，切实从思想上、政治上建设和掌握部队，做到一切行动服从中央、听中央号令、向中央看齐。

全面从严治党，在建强班子、纯正生态上毫不动摇。军队党的建设，事关我军凝聚力、组织力和战斗力的夯实和提高，事关我军本色宗旨，事关党的执政基础和国家的长治久安。军队必须自觉坚持党对军队的绝对领导，自觉向党的领导核心靠拢，自始至终与党中央、中央军委保持步调一致、同向同行，坚决执行党中央和中央军委指示。把各级党委主体责任和纪委监督责任真正严起来实起来，把管党治党责任担在肩上，着力抓好改革任务落实，强化责任担当，增强改革执行力，抓好各项改革的协同，确保各项改革举措落地，层层传导压力，把全面从严治党抓严抓实抓细。①

坚持改革强军，在调整改革、创新发展上毫不动摇。科学判断军队现代化建设的新任务新挑战，全力追赶世界新军事革命浪潮，从军队组织形态、军队信息化建设等方面全面发力，加快推进一流军队建设，把握各项改革任务内在关联性，区分轻重缓急，通盘考虑、统筹实施。深化国防和军队改革，各级党委和领导既是组织者，也是参与者，要把自己摆进去，从自身严起，从现在改起，从小事抓起。

三、全面加强新时代军队党的领导与党的建设

强国强军，关键在党。习近平主席在擘画国防和军队现代化建设蓝图时，一直将党的建设置于军队所有工作的前面，作为头等大事来抓，提出一系列闪烁着理论光芒、符合时代要求的重要思想。2018 年 8 月 17～19 日，中央军委党的建设会议在北京召开。中共中央总书记、国家主席、中央军委主席习近平出席会议并发表重要讲话。他强调，"落实新时代党的建设总要求，落实新时代党的组织路线，坚持党对军队绝对领导，坚持全面从严治党，坚持聚焦备战打仗，全面提高我军加强党的领导和党的建设工作质量，为实现党在新时代的强军目标、完成好新时代军队使命任务提供坚强政治保证"②。习主席高屋建瓴，深入论述了新时代我军加强党的领导和党的建设的一系列重大理论和实践问题，立起了新时代

---

① 王宁：《坚决维护和贯彻军委主席负责制　确保党对武警部队绝对领导》，载于《学习时报》2017年 10 月 11 日，第 01 版。

② 习近平：《全面加强新时代我军党的领导和党的建设工作　为开创强军事业新局面提供坚强政治保证》，载于《人民日报》2018 年 8 月 20 日，第 01 版。

我军党的领导和党的建设工作的根本遵循。要深刻理解习主席重要讲话的重大意义和思想精髓，坚持党对军队绝对领导，坚持全面从严治党，坚持围绕整军备战，努力提升全军加强党的领导和党的建设执行力度与执行效果，奋力开创强军兴军新局面。以下四个方面需要注意：

突出维护核心狠抓政治建设。狠抓落实政治建设，将其落实到军队党的建设各个方面，深入普通官兵的思维认知，改造普通官兵的行为举止。深入开展主题教育活动，将政治建设纳入军事院校学员、领导干部培训的重要教学内容，让习近平新时代中国特色社会主义思想入耳、入脑、入心，自觉提高政治站位，自觉维护党和军队的团结统一，将党的纪律和军规军纪挺在前面，确保在党和国家工作大局下令行禁止、统一行动，自觉讲大局、讲服从，增强组织力、执行力，遵从习主席号令。

聚焦强军打赢谋求制胜优势。能打仗、打胜仗是强军之要，军队建设必须牢固确立战斗力这个唯一的根本的标准，真抓实备、常备不懈、确保召之即来、来之能战、战必胜。要用好战斗力这把尺子，以此衡量武器装备水平、军队编成水平、指挥科学化水平，作为衡量一切工作落实与否、到位与否的基本标准。认真做好备战工作，准备迎接实战检验，增强军事演习的实战化水平，科学统筹军事力量的应用，增强军队的科学化、信息化及人工智能化水平，提升联合作战能力和全域作战能力[1]，把握战争的主动权，增强军队战斗力，应战、敢战、善战，方能止战。[2]

坚持问题导向增强工作实效。苏联和东欧国家的"前车之鉴"告诫我们：兵权之所在，则随之以兴；兵权之所去，则随之以亡。当前，意识形态斗争尖锐复杂，敌对势力千方百计对我军煽动颠覆，胡说什么"军队非党化"和"军队国家化"，妄想在我军思想防线上撕开缺口，"把水搅浑"。他们将把各种反马克思主义意识形态的思潮混杂在政治性谣言甚至所谓"心灵鸡汤"之中，企图挑拨离间我军与党、我军与人民以及我军内部官兵之间的关系。粉碎敌对势力实施"政治转基因工程"以及妄图对我军官兵"拔根去魂"的政治图谋，最根本的就是要固本培元、铸牢军魂，应以强烈的使命感和危机感，赢得意识形态领域战争的完全胜利。应千方百计增强广大官兵的政治觉悟和政治免疫力，把握官兵思想变化的脉动，引导官兵始终自觉听党指挥，发挥典型引领作用，激励官兵学习先进典型、争当先进典型。

抓好关键少数强化责任担当。习近平总书记强调，领导干部尤其是高级干部

---

① 习近平：《决胜全面建成小康社会 夺取新时代中国特色社会主义伟大胜利——在中国共产党第十九次全国代表大会上的报告》，载于《人民日报》2017年10月28日，第01版。
② 吴德慧编著：《开创中国特色社会主义新局面》，研究出版社2017年版，第159页。

要常有敬畏之心，严于自律，守好底线，守好规矩，要抵制腐败诱惑，增强道德约束力，将党纪国法牢记在心，保持政治定力，尤其是私下独处时更应如此，其中的"慎独慎微"对全体党员都适用。领导干部要遵照这一标准，自觉增强表率意识，加强党性修养，工作上努力成为行家里手，政德上立起标杆，以高站位、高认同、高定力为官兵树立榜样，统率官兵瞄准实战要求，苦练杀敌本领，接受党和人民检阅，让党和人民放心。[①]

经过不懈努力，军队党的建设取得引人注目的骄人成绩，具体反映在理论、制度和实践等多个层次、多个方面。如继承和发展了军队党的建设的相关理论，并赋予其新时代的新使命，确保军队党的建设按照合理的轨道继续前行；颁布执行了若干部军队党内法律法规，为依法治军从严治军提供了法律准绳。[②] 这些都有力确保我军一流军队建设步伐的行稳致远。

第五节　推动军民融合深入发展

在中国特色社会主义进入新时代、国防和军队建设也进入新时代的新起点上，必须加快国家经济建设和国防建设各领域互通有无、融为一体、形成合力，特别聚焦海洋、太空、新能源等国防尖端核心领域。我们要始终以习近平强军思想为指导，坚定不移踏实走好中国特色军民融合之路，为实现中国梦、强军梦提供强大动力和战略支撑。

一、世界主要国家推进军民融合的做法

"二战"后，世界各主要强国及地区一边医治战争创伤，恢复国家元气；一边鼓励民间科技力量参与军事领域研发，进行了有益的尝试和探索，取得了一些经验，促进了军民共用技术的巨大发展。

美国军民融合历程。20世纪90年代以后，美国政府开始倡导"以军带民"，重视国防与民生的携手共进。90年代中期以后，是美国军民融合发展的启动、发展及成熟阶段。1994年，美国国会技术评估局将军民一体化作为国家长期发

[①] 沈志华、崔连杰：《全面加强新时代军队党的建设的根本遵循》，载于《解放军报》2018年7月6日，第07版。

[②] 罗金沐：《军队党的建设始终与改革开放时代大潮相呼应》，载于《解放军报》2018年12月13日，第06版。

展战略确定下来，并初步做了顶层设计。1998 年美国国防部颁布的《国防授权法》，要求美国国防部务必扩大对军民两用科技的经费开支，并规定了两用技术项目经费的分摊原则。[①] 美国"以军带民，以民促军"政策的实施，促使美国军用、民用两大领域实现了跨越式发展。

俄罗斯军民融合历程。苏联解体后，俄罗斯继承了苏联绝大部分的国防工业基础。虽然重工业和国防工业拥有强劲实力，种类较全，但是重工业、轻工业及农业的比例长期畸形，积重难返。重工业在整个工业体系中独占鳌头，其中八成以上的重工业部门与军火制造有关联；轻工业非常落后，与老百姓日常生活密切相关的民用品生产，不仅种类匮乏，质量亦参差不齐，非但难以满足本国人民的需要，更谈不上进入国际市场。俄罗斯政府高层逐渐意识到，如果不变更这种重工业、军事工业一家独大的局面，俄罗斯不可能激活市场经济发展，改善本国人民的物质生活，于 20 世纪 90 年代开始"军转民"。[②] 1990 年，俄政府出台了《俄罗斯联邦共和国国防工业"军转民"法》，并在 1995 年颁布的《俄联邦国家国防订货法》中明确规定，只要具备生产研发资质的科研单位，在获得许可证后，都可以获得国防订货，从事军火生产[③]，希望以此改变军事研发领域的不合理格局，但由于国内局势不稳、金融动荡，俄罗斯"军转民"步履维艰，所取得的实际效果并不是很多。

日本军民融合历程。"二战"后，日本沦为战败国，军工生产受到国际社会的严格管束。"冷战"爆发为日本军事武装的发展提供了契机。朝鲜战争期间，日本军事工业在短短四年间逐步复苏，那些表面上生产民用品的企业，一一以优惠条件转让给了民间企业，开始形成军事工业民营化，促进军民两用技术和产业的发展，形成门类齐全、水平较高的国防工业体系，推进军民一体化进程。

欧盟军民融合历程。"二战"后，欧洲各发达国家顺应民众的和平渴求，开始以新的视角重新审视军事工业与民用工业的发展顺序，1975 年欧洲太空总署（ESA）的成立，意味着先民后军战略得以实施。欧盟优先保障民用领域的科技进步，待其逐渐成熟后再转用于军事领域。

目前来看，各主要国家和地区依照国际局势和本国需要，开展军民融合理论与实践探索，走出了各自不同的发展路子。主要有四种模式："军民一体化""以民掩军""先军后民"和"以军带民"。

---

① 仲泽宇主编：《经济全球化与中国经济 2011》，群言出版社 2012 年版，第 419 页。

② 吕彬、李晓松、姬鹏宏编著：《西方国家军民融合发展道路研究》，国防工业出版社 2015 年版，第 221 页。

③ 国防科工委政策法规司编：《国外国防科技工业政策法规选编》，国防工业出版社 2015 年版，第 51 页。

美国推行"国防部主导、民为军用、以军带民"的"军民一体化"政策。20 世纪 90 年代以来，因军队发展的需要，全球范围内科技生产力大有提高，部分发达国家尝试建立"军民包容""寓军于民"的国防和军队建设新模式，希望通过增加科技创新增长点、提升科技进步水平，推动综合国力和国际竞争力的提高，并为军事领域高科技尖端武器研发培养大批优秀科技人才。面对苏联解体、"冷战"终结，世界政治军事格局发生深刻变化，美国国防部提出了"国防部主导、民为军用、以军带民"的国防和军队建设与经济社会发展携手共进、共同进步的思想，强调如过去那般由扩大军事工业拨款来获取武器供应的做法已不是明智之举，应充分调动民间科技研发力量，以民用军事科技产品和服务来改善军品供给，满足国防现代化需要。为了确保"军民一体化"政策落到实处，美国成立专门机构，制定政策、推动实施并密切监督军民一体的实施；制定和颁布《国防工业技术转轨、再投资和过渡法》等系列法规，作为"军民一体化"政策实施的法律依据；引入市场竞争激励机制，以招投标等方式刺激军民一体化发展。①

日本推行"先民后军、以民掩军"的发展模式。"二战"结束后，反法西斯盟国发表了《波茨坦公告》，其中第 11 条规定："日本将被许维持其经济所必需及可以偿付货物赔款之工业，但可以使其重新武装作战之工业不在其内。为此目的，可准其获得原料，以别于统治原料，日本最后参加国际贸易关系当可准许。"②"二战"后，日本作为法西斯主义的策源地之一，其军事工业受到了联合国的硬性限制和密切监督，其军事力量的发展受到种种限制。这种特殊的环境和条件，决定了日本不得不采取先富国、后强兵的军事发展战略和在国防建设上采取"先民后军、以民掩军"的发展模式。1970 年，日本颁布的《国防装备和生产政策》，强调要加入竞争元素，吸引新鲜血液，大量采购由本国民用工业生产的武器装备。近些年，日本面对复杂多变的安全态势、日本大地震的经验教训和中国等发展中大国的成长路径，筹划集合军、民两个领域的力量合力打造一个灵活高效的军工体系。日本虽然没有一套独立完整的国防工业体系，也没有专门的从事武备生产的工厂，但它的民间科技公司不仅拥有不可小觑的科技研发能力，而且拥有稳定可靠的、较为宽裕的经费投入。日本政府也在不遗余力地赞助其发展，如将三菱重工业股份有限公司、川崎重工业株式会社等企业列为"重点军事工业"，在经费、政策、管理等各方面给予大力扶持，保证其不断发展。

俄罗斯推行"先军后民"模式。首先，制定相关政策。俄罗斯政府认为，在俄罗斯经济复苏的过程中，不但要推进民用技术的发展，而且应优先保障高科技

① 巴忠倓编：《和平发展进程中的国防战略》，学习出版社 2014 年版，第 131 页。
② 《中美英三国促令日本投降之波茨坦公告（摘要）（一九四五年七月二十六日）》，引自世界知识出版社编：《日本问题文件汇编》第 1 集，世界知识出版社 1955 年版，第 6 页。

武器的研发投产、装备部队。其次，建立若干集团。成立一批既能生产较为尖端的先进武器，又能实现军事技术的民用转化，成为军用、民用两大领域皆能获利的双栖型工业企业。这为俄罗斯促进国防工业军民融合发展提供了进一步的保证。最后是积极寻求国际合作，拓展军民两用技术开发渠道。俄罗斯的军民两用技术在国防工业方面可占 70% 以上，具备独一无二的生产和科研潜力，可以大量生产极富竞争力的民品。俄政府将包括微电子技术、光电器件、人工智能系统、空气动力系统等在内的许多关键性军民两用技术列为可以实施国际合作的技术。[1]

以色列推行"以军带民"模式。大力推行"军转民"和"民转军"。以色列把军事工业作为国民经济的重点发展对象和排头兵，积极将军事领域先进科技转为民用，把一些军事企业划归民间所有，刺激各类企业使用军费开支研发民用产品。此外，采取"战时为战，平时为出口"的方针，这样，既保证了国防工业的发展，又能为国家赚取外汇、解决就业等社会问题。其一，奖励军事工业退休、离职员工到民用企业发光发热，施展其技术和才华，为军转民贡献力量。其二，由军事工业出资，并购民用工业，尽可能规避企业风险。其三，借助民间资本实现技术转移。其四，军事工业介入准军工品市场。

可见，世界上几种主流军民融合模式均源自各自的国情、军情、市情和民情，力求贴近实际，例如，共性的特点是强化多领域合作统筹，提升经济建设和国防军队建设的整体支撑能力，构建军民科技协同创新体系，实现军民资源互通共享等。以上蕴含着普遍性、规律性和深层次问题，很值得我们深入探求。

二、把军民融合发展上升为国家战略

党的十九大报告强调，要坚定实施军民融合发展战略，形成军民融合深度发展格局。

在融合状态上，达到军民深度融合的一体化状态，在这种状态下，经济和国防两大体系能够产生强大的合力。当下，各主要军事强国无不在激烈角逐中，分外重视军民融合、军民一体化，希望一面增强国家综合国力，一面促进国防和军队现代化，以"一劳永逸"地实现国家安全。要不断凝聚军民融合深度发展共识，树牢"一盘棋"的建设理念，完善"一条线"的建设机制，实现"一体化"建设内容。

在战略定位上，强调军民融合发展是国家战略之一。在更宽阔的领域、更高

---

[1] 于川信主编：《军民融合战略发展论》，军事科学出版社 2014 年版，第 129 页。

级的层次上推进军民融合，扎实推动国防科技和武器装备领域军民融合深度发展，不仅有利于国防和军队现代化建设从国家经济发展中分享更多红利，获取更多资金支持，更可以充分吸收民间优质科技力量加入到军工研发队伍中去，有利于增强国家战争潜力和军队战斗力，有利于为地方发展注入新动力、提供新引擎。

在奋斗目标上，发展与安全兼顾、富国强军统一，事关国家兴衰、事关人民福祉，是一个决定中华民族伟大复兴的重大战略问题，也是军民融合深度发展的最终目的和最高目标。统筹增量存量，建立完善军民融合基本制度，努力实现军民融合的科学管理和系统整合，加快形成协同并进、多措并举的军民融合深度发展格局。

在总体要求上，坚持富国和强军相统一，加强宏观指导、统筹兼顾，做好重点科技研发领域的项目资助和政策配套，形成军民一体化的国家战略框架和机制。注意着眼全局、推动创新、深化改革、做好统筹、立足法治，遵照习近平主席对军民融合战略提出的"四字"[①]方针，将我国军民融合发展做得更扎实、更见实效。

在实现途径上，进一步提高政治站位，准确把握新时代军民融合发展的重要使命，坚持开拓创新，做深做透军民融合发展这篇大文章。融合的领域要抓准，围绕基础性、前沿性的军民两用技术，加大军民协同攻关，把国家战略和地方实际更加紧密地结合起来。融合的载体要建强，尽最大努力解决制约军民融合发展的深层次问题和障碍。[②]

推进军民融合发展战略意义深远。军民融合发展上升为国家战略，是一次意义深远的改革，是新的历史时期党中央根据经济建设和国防建设发展规律作出的重大决策，立足于对军队建设与经济发展和谐共进规律的宏观把握，找到了推动民用经济和军工事业协调发展的根本路子，为实现富国强军的统一指明了方向。只有深入实施军民融合发展战略，才能源源不断地获取维护现代国防安全、提升综合国力的强大物质力量、精神力量、制度力量，才能在国家由大向强的进程中提供最强有力的安全保障。军民一体化的观念越强，军民融合的程度越深，我们国家的生产力和军队的战斗力就越强大，我们国家的硬实力和软实力就越强大，就能真正把国家安全和发展的命运牢牢掌握在我们自己手里，真正永远立于不败之地。

---

① 新时期的军民融合制定了"四字"方针指在，在"统"字上下功夫，在"融"字上做文章，在"新"字上求突破，在"深"字上见实效。

② 张高丽：《深入学习贯彻 强化改革创新 加快形成军民融合深度发展新格局》，载于《人民日报》2017 年 10 月 2 日，第 02 版。

三、深化拓展重点领域军民融合

2017 年 9 月，习近平主席提出国防科技工业是军民融合发展的重点领域，要向重点领域聚焦用力，坚持自力更生、艰苦奋斗，攻克科技难题，推动国防科技工业体制改革，为新时代军民融合创造有利条件，加快形成全要素、多领域、高效益的军民融合深度发展格局。[①]

加快形成军民融合深度发展格局，关键在于从战略和问题两个方向上实现突破，抓住国民经济发展和军队建设两大中心工作，进一步激发体制改革和科技创新的强大驱动力，兼顾市场在资源配置中的决定性作用及政府的宏观调控作用，夯实"法制"和"人才"两大要素，快速推进国防科技领域多元、高效、深入的军民融合发展新格局的形成[②]，构建军民融合深度发展的科学体系。

明确军民融合深度发展的方式方法。军民融合包罗万象、千头万绪，欲做到军地多方密切协作、步调一致，则一定要让双方破除交流障碍，理顺工作条线，从国防和军队现代化建设的迫切需要出发，合力攻关国家重特大项目，满足一线部队的实战需要，加强军地双方的科技、人才力量对流，做到互通有无、声气相通，在推动军事科技发展的同时，促进地方社会经济的进步，实现"军转民""民参军"的双向良性互动。以构建平台、组建联盟、打造团队、树立品牌等方式，协商建立技术支持中心、后勤服务小组、"企业动员联盟""产学研联盟"，大力推动军民科技成果的对接、互动，在军、民两大科技领域间构造牢固可靠、密切对流、着眼长远的桥梁。

继续扩大军工科技的开放力度。降低军事科技研发的民间准入门槛，简化项目准入手续，减少准入审查环节，实行"多证合一"，如民间机构所承担项目若不涉及军事核心机密，则不应将保密资格写入招投标协议书。制定优惠政策，加强政府宏观调控，创造一个公平有序的市场竞争环境，推动越来越多有实力、有技术、有想法的民间军事科技公司加入武器装备招标竞争队伍中去。弥合军民军事企业之间的鸿沟，不论是公有制还是私有制，只要能助力国防和军队现代化，就应该考虑将其纳入军品研发队伍，其中核心领域的军事科技研发由国家力量负责，因事关国家军事机密，民间力量不得介入；重要领域的军事科技研发由国家和民间力量共同完成，双方站在同一起跑线上，共同竞争；一般领域则完全向民

---

① 习近平：《向军民融合发展重点领域聚焦用力》，载于《人民日报》2017 年 9 月 23 日，第 01 版。
② 《好风凭借力，融合正当时——十八大以来国防科技工业军民融合发展回眸》，载于《中国军转民》2018 年第 3 期。

间力量开放。

加强关键领域和核安全领域的军民融合建设。重点支持太空领域、网络空间领域和海洋领域的军民融合建设，具体包括卫星遥感技术、卫星探测数据军转民技术、重型运载火箭研发论证、深海探测技术、极地科学勘测活动、极地耐寒科考设备等领域。引入民间力量，加强国家核安全领域的研发论证，确保国家核安全能力提升。

如今，军事科技方面的军民融合已经有了较大推进，实现了新的突破。"一箭三星"（one rocket launch three satellites）、北斗三号（Beidou – 3）发射成功。自 2000 年以来经过 20 余年的努力，北斗卫星全球组网完成，形成全球覆盖能力，全部实现北斗系统"三步走"战略①。军事工业高精尖设备的突飞猛进，极大保障了"中国制造 2025"战略的推行。若干军工企业通过与地方密切联系，投资铺设高科技产业，对地方经济的转型与发展起到了强有力的刺激作用。

---

① 北斗系统"三步走"战略：第一步，从 2000 年到 2003 年，我国建成由 3 颗卫星组成的北斗卫星导航试验系统，成为世界上第三个拥有自主卫星导航系统的国家；第二步，建设北斗卫星导航系统，于 2012 年前形成我国及周边地区的覆盖能力；第三步，于 2020 年左右，北斗卫星导航系统将形成全球覆盖能力。这是一条适合我国国情的卫星导航发展路线。

第十三章

"一国两制"和祖国统一的新思想

在中国，最具有特色的政治实践就是"一国两制"。该政治实践是在国家的主权内部以一系列制度安排和法律规定的方式对一部分区域进行的一种创新性治理。因此张建将"一国两制"定位为有关国家统一的高度、国家治理的高度和民族复兴的高度，"'一国两制'与中国现代国家的历史进程紧密相连。'一国两制'的探索不仅促进了国家统一的理论，而且是推动实现国家统一的伟大构想，同时也丰富了国家治理的重大实践，使中华民族的伟大复兴的命运紧密相连"①。香港、澳门的实践经验已经证明"一国两制"在国家统一、主权完整和社会现代化方面的成功，更重要的是创造性地丰富了马克思主义民族国家统一的理论和发展了马克思主义中国化理论。

第一节 "一国两制"的理论逻辑及其制度优势

"一国两制"是国家理论的重要内容之一，是中华人民共和国实现实体国家完整统一的重要制度创新。领土完整和主权完整是任何一个现代国家的核心政治任务，所以也是"一国两制"的出发点和目标，是解决香港、澳门和台湾问题的

---

① 张建：《"一国两制"与中国现代化国家历史进程——以香港特别行政区实践"一国两制"为视角的研究》，载于《港澳研究》2019 年第 1 期。

前提与基础，在这个前提下，其他的具体制度才有谈判的可能空间。

一、"一国两制"产生的背景和过程

（一）邓小平提出"一国两制"

中华人民共和国成立之初，在经济复苏的同时政治领域也在积极探索着国家统一的问题。1979 年元旦，全国人大常委会《告台湾同胞书》宣布停止对金门等岛屿的炮击，明确指出统一祖国是一个关系全民族前途的重大任务，早日实现祖国的统一是历史赋予的神圣使命。1981 年 9 月 30 日，在全国人民代表大会常务委员会委员长叶剑英的阐述中，[①] "叶九条"勾勒出了祖国和平统一的具体方针政策。因缘际会，在 1982 年 9 月的某一天，英国首相撒切尔夫人访华，因此，邓小平抓住时机，就香港主权、1997 年以后及其过渡时期的安排等一系列重要问题向撒切尔夫人清晰地阐明中方立场。在充分调研的基础上，1983 年 3 月底国务院港澳事务办公室（以下简称"港澳办"）在参考"叶九条"的基础上，向中共中央递交了《关于解决香港问题的修改方案》（后称"十二条"），该报告主要提及有关解决香港问题、与英方谈判的基本方针和基本方案。直至 1982 年邓小平会见海外人士时，将"叶九条"解释为"一个国家，两种制度"，我国才正式地提出"一国两制"的概念。邓小平在 1984 年的 6 月会见香港人士时发表了讲话——关于《一个国家，两种制度》。他详细阐明了香港、台湾要实行的是资本主义制度，而大陆要实行的是社会主义制度的"一个国家，两种制度"。[②] "一国两制"是中国的制度创新，在世界历史上从未出现过，其提出到实践应用，经历了漫长的政治谈判，最终与英国达成一致意见，"一国两制"成为解决香港回归的政策方针。1997 年 7 月 1 日，香港终于回归祖国。而中国"一国两制"的构

---

① "叶九条"，即叶剑英提出的"有关和平统一台湾的九条方针政策"（简称"叶九条"），为中国大陆对台湾政策文件之一。一般认为，"叶九条"已经包括了往后一国两制的基本涵意。其要点是：第一，建议举行中国共产党和中国国民党两党对等谈判，实行第三次合作，共同完成祖国统一大业；第二，建议双方共同为通邮、通商、通航、探亲、旅游以及开展学术、文化、体育交流提供方便，达成有关协议；第三，国家实现统一后，台湾可作为特别行政区，享有高度的自治权，并可保留军队。中央政府不干预台湾地方事务；第四，台湾现行社会、经济制度不变，生活方式不变，同外国的经济、文化关系不变；第五，台湾当局和各界代表人士，可担任全国性政治机构的领导职务，参与国家管理；第六，台湾地方财政遇有困难时，可由中央政府酌情补助；第七，台湾各族人民、各界人士愿来祖国大陆定居者，保证妥善安排，不受歧视，来去自由；第八，欢迎台湾工商界人士回祖国大陆投资，保证其合法权益和利润；第九，热诚欢迎台湾各族人民、各界人士、民众团体提供建议、共商国是。

② 鲁平口述、钱亦蕉整理：《鲁平口述香港回归》，中国福利会出版社 2009 年版，第 19~20、26~27 页。

想成为在一个国家的内部实行不同制度的先例。随后借助谈判的方式，中国将澳门问题顺利解决后，澳门于 1999 年 12 月 20 日回归祖国。中国实现统一的最重要一步就是顺利解决香港、澳门问题。

（二）江泽民发展"一国两制"

江泽民进一步深化发展了"和平统一、一国两制"的构想，在"八项主张"中着重体现了其核心思想。为了进一步阐述邓小平提出的"和平统一、一国两制"的思想精髓，在"为促进祖国统一大业的完成而继续奋斗"的重要讲话中，江泽民系统明确地阐述了自己有关"一国两制"的核心观点。随后他提出的"八项主张"重申了坚持一个中国的原则、发展两岸关系、推进祖国和平统一等若干问题，此主张对推动中国统一的进程影响深远，在海峡两岸和国际上引起巨大的反响。在 2002 年 11 月，党的十六大报告中对"八项主张"做了进一步完善和说明，主要有两点：一是"台湾问题不能无限期地拖延下去"；二是"同台湾同胞一道，加快两岸人员往来和经济文化等领域的交流，坚决反对台湾分裂势力"。① 再一次严正声明了中央政府对收复台湾的决心和策略。

（三）胡锦涛完善"一国两制"

2005 年 4 月 26 日，时任中国国民党主席连战访问大陆。而在 4 月 30 日的历史性会晤，便是由中共中央总书记胡锦涛与中国国民党主席连战参加的，这是自 1949 年后国共两党最高领导人的首次正式接触，也是两党关系史上的标志性事件。自此以后，国共两党关系史掀开了新的篇章，这对推进两岸关系和平发展具有重大意义。这次会晤成功促使两岸达成"两岸和平发展共同愿景"②；掀开了两党关系史上新的一页。③ 2008 年，在纪念《告台湾同胞书》发表 30 周年的座谈会上，胡锦涛总书记进一步重申了中央愿与台湾进行深度的全方位的社会经济合作以奠定祖国统一基石的态度。

---

① 江泽民：《全面建设小康社会，开创中国特色社会主义事业新局面》，载于《人民日报》2002 年 11 月 18 日，第 01 版。

② "两岸和平发展五项共同愿景"全文：五十六年来，两岸在不同的道路上，发展出不同的社会制度与生活方式。十多年前，双方本着善意，在求同存异的基础上，开启协商、对话与民间交流，让两岸关系充满和平的希望与合作的生机。但近年来，两岸互信基础迭遭破坏，两岸关系形势持续恶化。两岸关系正处在历史发展的关键点上，两岸不应陷入对抗的恶性循环，而应步入合作的良性循环，共同谋求两岸关系和平稳定发展的机会，互信互助，再造和平双赢的新局面，为中华民族实现光明灿烂的愿景。

③ 《胡锦涛会见连战和参加两岸经贸论坛的台湾人士》，载于《人民日报》2006 年 4 月 17 日，第 01 版。

（四） 习近平在新时代继续推进"一国两制"

党的十八大以来，以习近平同志为核心的党中央提出了关于国家统一和"一国两制"的一系列重要主张，这是以习近平同志为核心的党中央在新的历史时期的产物，具有新理念、新思想、新战略的特点。习近平指出，国家统一是中华民族走向伟大复兴的必由之路，在涉及有关国家统一的重大问题上，我们旗帜鲜明、立场坚定，坚决不动摇、不妥协。2015 年 11 月，这一阶段的标志性事件就是习近平主席与台湾地区的领导人马英九在新加坡实现历史性会晤。2017 年 10 月，党的十九大报告指出，始终坚持"一国两制"和"推进祖国统一"是发展中国特色社会主义的重要方略。党的十九大指出，首先，香港、澳门顺利回归祖国标志着"一国两制"的实践取得巨大成功。事实证明，"一国两制"的方案具有实践的可行性和优越性，是目前为止实现国家统一和地方经济繁荣稳定的最优选择。其次，要继续保持香港、澳门长期繁荣和稳定，就必须在坚持"一国两制"的前提下，贯彻"港人治港""澳人治澳"的地方自治政策，严格遵循宪法与基本法办事，完善与基本法相关的机制和制度。要支持特别行政区政府和行政长官坚持依法施政、积极作为，团结一致地带领香港、澳门的各界人士齐心协力谋发展、促和谐，保障和改善民生，稳中有序地推进民主，维护社会的繁荣稳定。最后，坚决维护国家主权和领土完整，绝不容忍出现国家分裂的历史悲剧。我们绝不允许任何人、任何组织、任何政党，在任何时候、以任何形式，把任何一块属于中国的领土从中国分裂出去！2019 年 1 月 2 日，在《告台湾同胞书》发表 40 周年的纪念会上，习近平指出，应该将和平统一作为一项基本原则，然后丰富"一国两制"，这是既考虑主权统一，又体恤台湾民众，维护台湾长治久安的重要指导思想，体现了博大精深的中华智慧。制度不同，不是统一的障碍，更不是分裂的借口。"一国两制"的提出，本就是充分考虑了台湾的现实情况，同时也维护了台湾同胞的利益福祉。"一国两制"充分考虑了台湾现实情况、台湾同胞的感情以及充分吸收海峡两岸同胞的建议，必须坚持"一个中国、和平统一、台湾稳定、两岸繁荣"的原则。

二、"一国两制"的理论逻辑和法律依据

"一国两制"的核心问题和本质要求是国家主权的唯一性。恩格斯认为："国家是整个社会的正式代表，是社会在一个有形的组织中的集中表现。"[1] 一个

---

[1] 《马克思恩格斯全集》第 26 卷，人民出版社 2014 年版，第 298 页。

地域内，可以有多个不同类型的组织，但是只能有一个具有暴力垄断权力且被普遍认可的合法政府。

主权唯一性是"一国两制"的底线。国家主权是一个国家对内可以管理和保护国民，对外可以抵御外敌的合法性权力，具有唯一性。"主权问题不是一个可以讨论的问题"是中英谈判香港问题的基调，答应香港在 1997 年完整回归是中英谈判协商的前提。"维护祖国统一"是"一个国家两种制度"的前提，而"维护祖国统一"的本质是保障中央对全国的绝对唯一权威，而其实现必须建立在两个方面：一个是主权的归属和行使；另一个是领土的完整和中央管治。习近平也明确支持"一个中国原则是两岸关系的政治基础"①。只有拥有一定的权威，国家治理才能获得广泛的社会基础和必要条件。

首先，主权是国家权力的核心。"只要国家存在，每个社会就总有一个集团进行管理，发号施令，实行统治，并且为了维持政权而把实力强制机构、其装备同每个时代的技术水平相适应的暴力机构把持在自己手中。"② 国家权力因此成为国家的核心要素，也是构成国家治理的基本主体要素。主权者，即国家权力的所有者，指国家权力归谁所有。在现代国家里，主权是最本质属性。联合国的很多原则均来自现代国家的主权原则。而在国家的"四有"要素（主权、领土、居民、政权组织）中，主权是最不可或缺的要素。从国内统治上讲，主权是制定或更改法律的权力；从国家间关系角度讲，主权是一个国家不受外来力量支配的权力。由此可以得出，在不得违反法律和既定程序的前提下，中央可以依据国家行为以及主权行使权力。

从所有者的多少来看，国家权力可以分为个别人、部分人和全体人民所有。如《中华人民共和国宪法》规定："中华人民共和国的一切权力属于人民"，便属于后者。国家权力的配置是国家治理的体制条件。国家权力为谁所有，属于国体，决定一个国家的基本性质和不同的人在国家中的地位。国家权力的归属是国家治理的根本基础。国家权力的配置，指国家权力通过一定方式配置在具体的人和机构手中，构成国家权力的实现形式。从纵向来看，表现为国家整体与国家部分之间的分别执掌状况，如联邦制和单一制。中央对地方具有较强的管理权力，同时也承担因地方治理效果不佳而出现的不良后果。因此，中央对香港特别行政区（以下简称"香港特区"）和澳门特别行政区（以下简称"澳门特区"）应该享有绝对的指导权和监督权。

其次，在主权统一和唯一的前提下，特殊情况的地方政府可以拥有一定的权

---

① 习近平：《为实现民族伟大复兴　推进祖国和平统一而共同奋斗》，载于《人民日报》2019 年 1 月 2 日，第 02 版。

② 《列宁全集》第 37 卷，人民出版社 2017 年版，第 68 页。

力，但中央都保留了其唯一权威性的特权。中央政府始终把持监督和指导权。根据《中华人民共和国香港特别行政区基本法》（以下简称《香港基本法》）的规定，"一国两制"下香港治理事务有三种类型。第一，对中央管理的事务，针对这类事务中央有应对权和决定权，而香港特区有建议权和配合权①；第二，中央和香港特区关联的事务；第三，在香港自治范围内的事务上，虽然《香港基本法》有明确规定"中央有督导权和监督权"，但是实践上却较难落实。《香港基本法》的第二条规定："全国人民代表大会授权香港特别行政区依照本法的规定实行高度自治，享有行政管理权、立法权、独立的司法权和终审权。"因此，立法权、行政管理权、司法权和终审权均是中央授权的，必须接受中央的监督。其中中央的督导和监督权被划分为三部分：①中央对香港特区行政管理权的督导和监督。香港特区的行政长官有义务将财政预算、决算报中央人民政府备案，中央政府可依据《香港基本法》的相关规定，对提交的备案预算和决算进行监督。该法的第四十八条第八项规定，说明了除了有事后监督外，还有事先督导。②中央对香港特区立法权的督导和监督。该法的第十七条第 2 款规定和第 3 款规定说明：中央对非自治范围内的事务可进行事后监督。但是通过查看第一百五十八条第 1 款的规定可知，中央有权解释《香港基本法》自治范围内的条文。③中央对香港特区司法权的监督。该项监督是指香港特区的终审权属于香港特区终审法院。全国人大常委会有督导权和监督权。这也是对审判所依据的《香港基本法》的司法解释，即普通法所说的判决理由。

最后，地域和领土边界清晰是现代国家的重要特征。在现代国家，地域规模有大有小，但绝大多数国家都有相当的地域规模。更重要的是地域边界清晰和固定。② 以以色列为例，以色列是一个以犹太人为主要民族的国家。过去的犹太人曾在巴勒斯坦定居，最后建立了一个统一国家。但随后，这个国家分别被巴比伦帝国和罗马帝国占领，后来犹太人对罗马人的统治发动起义，但却被罗马大军攻破了耶路撒冷，圣殿也被拆毁。至此，犹太人过上了颠沛流离的生活。1948 年，犹太人在联合国的支持下，于地中海东岸建立以色列国。然而此地原本属于巴勒斯坦这个国家，以色列也因此经常和巴勒斯坦爆发领土争端和民族矛盾。当年，联合国通过了实行分治的决议，要求将以色列的国土面积设定为 1.49 万平方千米，而以色列政府则宣称其国土总面积应该达到 2.2 万平方千米，领土面积应该包括戈兰高地和东耶路撒冷，但这一宣称并没得到任何国家的承认。如今过了70 余年，以色列国经历了 5 次中东战争和大小规模不一的军事冲突后，领土面

---

① 宋小庄：《中央对香港全面管治权解析》，载于《紫荆》（香港）2017 年第 12 期。
② 徐勇：《关系中的国家》，社会科学文献出版社 2019 年版，第 19 页。

积也随之扩大。截至 2017 年，以色列实际控制土地面积已经达到 2.7 万平方千米，其中包括在与巴勒斯坦发生的军事战争中占领的土地面积。由此可见，一个国家的领土边界清晰对于一个国家政治主权形势和社会稳定具有关键性作用。台湾地区对于中国沿海地区的重要性可以说是生死攸关的。目前台湾问题可以说是中国地缘政治的核心问题。为遏制中国的崛起，美国构筑了三条岛链，其中第一岛链的战略封锁线（北起阿留申群岛、中经日本群岛、琉球群岛、台湾地区，南至菲律宾、澳大利亚、新加坡的环线），台湾地区是这条封锁线中至关重要的"腰"，一旦大陆统一了台湾，这个"腰"就被斩断了，那么遏制中国的战略封锁线就断了，不仅如此，而且会大大提升中国的国际地位，试想一个包括了目前世界经济总量排名第四的中国大陆、排名第二十的台湾、排名第三十四的香港以及澳门所组成的"大中华经济圈"的前景将会产生多大的国际影响力。因此无论是军事、经济还是政治，台湾、香港和澳门对大陆都有至关重要的意义。

三、"一国两制"的优势

"一国两制"在国家宪制决策上是高度理性化的，是中央从国家现代化的长远战略出发作出的自主性政治决断。

（一）中国的改革开放离不开香港的深入融合与参与

"一国两制"方针是在 1978 年党和国家的工作重心转移到社会主义现代化建设，开始改革开放的历史节点上提出的。"一国两制"在香港和澳门的运用不仅是祖国统一、反对霸权主义和维护世界和平的需要，更是国家改革开放和实现现代化的需要。很早之前，改革开放的总设计师邓小平就指出，"保持香港的繁荣稳定是符合中国的切身利益的。所以我们讲'五十年'，不是随随便便、感情冲动而讲的，是考虑到中国的现实和发展的需要"[①]。此后又明确强调"一国两制""不是为了安定香港的人心，而是考虑到香港的繁荣和稳定同中国的发展战略有着密切的关联。中国的发展战略需要的时间，除了这个世纪的十二年以外，下个世纪还要五十年，那末五十年怎么能变呢？现在有一个香港，我们在内地还要造几个'香港'，就是说，为了实现我们的发展战略目标，要更加开放……前五十年是不能变，五十年之后是不需要变。所以，这不是信口开河"[②]。在庆祝国家改革开放 40 周年活动中，习近平主席在会见香港澳门访问团的各界代表时，强

---

① 《邓小平文选》第三卷，人民出版社 1993 年版，第 103 页。
② 《邓小平文选》第三卷，人民出版社 1993 年版，第 267 页。

调了体制改革的助推作用、市场经济的示范作用，肯定了香港和澳门对国家现代化建设具有的不可替代的功能和价值。田飞龙认为香港和澳门回归内地，为内地的发展起到了积极作用。它为内地提供港澳资本，提供现代化动力；促进内地企业国际化发展；推动内地现代治理体系建设；为内地和国际交流合作搭建桥梁。[1]

（二）香港和澳门的繁荣稳定离不开祖国大陆的强大后盾

"'一国两制'是东方文明的智慧结晶，鲜活地体现了社会主义与资本主义两大社会制度的嫁接；香港特别行政区和澳门特别行政区某种意义上甚至可以说是社会主义制度对接、利用、改造资本主义的示范场。"[2] 香港和澳门的繁荣稳定得益于国家领导的聪明智慧和英明决断——保持香港和澳门的资本主义制度，也是依赖于社会主义制度的托底保障和祖国丰富多样的社会资源。"不保证香港和台湾继续实行资本主义制度，就不能保持它们的繁荣和稳定，也不能和平解决祖国统一问题"[3]，保证港澳的稳定繁荣是我国的重要国家战略和民族利益。事实上，"一国两制"也的确发挥了重要的制度优势，为港澳经济发展创造了条件和空间，提升了香港和澳门在国际经济中的地位。澳门在回归祖国后，经济有了长足的发展，产业结构逐渐转向多元化，经济生态更加健康，经过数年的"固本培元，稳健发展"，澳门经济不仅走出了低迷期，而且整体实力有较大幅度提升，社会发展进步明显。

第二节 "一国两制"的实践经验总结与启示

从实践经验来看，"一国两制"的优越性在澳门特区更加彰显，事实上，在香港实行过程中出现的小插曲为更好地探索"一国两制"和研究台湾回归提供了重要经验。近年来，在大陆与台湾密切深入融合的基础上，国家进行了关键性的基础设施建设和经济体平台建设，以经济一体化为切入口实现全面深入融合基础上的统一。

---

① 田飞龙：《具有澳门特色的"一国两制"实践经验解析：港澳比较及国家战略的视角》，载于《港澳研究》2019 年第 4 期。

② 杨允中、刘景松：《创建澳门学术研究的创新高地——杨允中教授访谈录》，载于《澳门研究》2014 年第 1 期。

③ 《邓小平文选》第三卷，人民出版社 1993 年版，第 67 页。

一、澳门经验：澳门经济繁荣和社会安定

澳门回归祖国之前，经济整体低迷、没有活力，失业率极高，居民生活水平下降，潜在社会矛盾冲突加剧。回归后，充分借助"一国两制"的政策红利，加强与祖国内地的合作，祖国给予澳门优惠的营商政策和良好的营商环境，使得澳门经济社会快速向好发展，澳门经济出现奇迹，没有经济下滑，反而创造了腾飞的契机。澳门整体经济实现了结构性调整和路径优化发展的目标，其国际地位也不断得到提升。

澳门经验是"一国两制"的成功实践成果，其意义不仅在于促进了澳门的经济社会发展，更重要的是展示了"一国两制"的制度优势。澳门模式的成功关键在于澳门在政治上坚持与中央高度统一，在地方社会治理上强经济、建民生。澳门各届行政长官和特区政府深知内地与澳门之间的关系，坚持坚决拥护党的领导、坚持与祖国发展战略相统一、坚持依靠内地的市场空间，遵循培元固本稳健发展的思路，形成了以博彩旅游业为龙头，其他行业协调发展的多元健康发展态势。

（一）政令统一及保持与中央高度统一的治澳政策

回归祖国二十余年来，澳门特区政府一贯坚持行政领导、以人为本、合作共治的发展理念，使澳门走上了经济发展、政治稳定和社会和谐的道路。首先，尊重《宪法》在澳门特区的最高效力。《宪法》作为国家的基本法律，在其领土内具有最高的法律效力，这是毋庸置疑的。时任澳门行政长官崔世安曾发表有关维护宪法权威和实施基本法教育的观点，其强调了宪法学习是澳门同胞爱国爱澳必须接受的意识形态教育。其次，澳门非常重视对澳门民众尤其是青年一代的爱国主义教育。澳门特区注重把特别行政区青少年的公民教育，置于"一国两制"的基本架构下进行。澳门特区在中学和高中教育的具体内容的规定中明确了学生应该进行政治参与和法律生活的教育学习，培养具有民族认同、种族认同和多元共生价值观的社会参与意识和能力。这些特定的课程根据受教育者的年龄水平和认知水平进行适当分类，以实现教育效果。再次，澳门"行政主导"的管制模式有助于政令统一。从回归后澳门的实践经验来看，"行政主导"主要是建立一种立法行政关系，行政权力相对于立法权力处于支配地位。澳门的行政领导体制既不是议会制，也不是总统制，它既具有总统制的特征，又具有议会制的特征。一方面，这不是完全分离和限制的关系；另一方面，这不是讨论与行动统一的关系。在一定程度上，行政领导在世界各国的政治丛林中具有自己的独特性和代表性。它不像总统制那样纯粹强调权力的限制，也不像议会制那样仅仅强调合作。相

反，它试图全面利用总统制和议会制的优势来实施相互制约与合作的新模式。①
在行政与立法的严格协调关系中，澳门更加重视行政机关与立法机关之间的相互
合作。换句话说，在澳门特区的行政长官制度中，虽然行政机关与立法机关之间
存在制约，但相互之间的协调与合作也存在，而制约是次要的。因此，可以认为
行政长官制旨在实现约束和协调，本质上是"以合作为主要，约束为补充"。由
此也培养了澳门人爱国爱澳意识，为澳门与中央保持一致、维护国家政治稳定发
挥了重要作用。

（二）发挥传统优势借力区位发展平台助力经济繁荣

二十余年来，澳门特区与祖国的区域经济合作得到了全面推进，取得了显著
成效。澳门与祖国区域经济合作的重点是澳门与广东省珠海市、大珠三角地区、
泛珠三角地区等多层面的合作。国家主席习近平明确指出："澳门同胞要充分发
挥'一国两制'体制的优势，善于抓住祖国总体发展的机遇，更好地乘坐祖国改
革发展的快车，促进澳门经济社会的持续健康发展。"他说："我坚信，在澳门特
别行政区行政长官和政府的领导下，澳门各界人士将能够团结，坚持不懈，携手
并进，继续写出更多激动人心的澳门故事，使他们能够与全国人民并肩前进，全
面建设小康社会，实现国家现代化，实现中国人的梦想。"②

首先，发展传统优势产业。葡萄牙政府在1847年正式将澳门的博彩业合法
化，自此之后博彩业成为澳门的重要经济产业。但是长时间的发展中，澳门博彩
业也存在一些制度机制上的问题，尤其是缺乏内部竞争，缺乏革新动力，竞争力
大大下降。回归后，澳门特区政府将博彩业的特区经营权开放为游戏产业专营
权，打破了原有的垄断状态，吸引了竞争者，并且明确了"以博彩旅游业为龙
头、以服务业为主体，其他行业协调发展"的经济发展思路。③此后，澳门的博
彩总收入逐年增长。2013年，博彩业总收入达到了创纪录的3 619亿澳门元，是
2002年赌博权开放之初的15倍（235亿澳门元），是同期美国拉斯维加斯的7
倍。据相关统计，澳门的博彩总收入在2018年反弹至3 028亿澳门元，比2017
年增长13.6%。④此外，博彩旅游业的繁荣也拉动澳门特区经济整体性复苏，各
种基础设施项目也相继启动。不仅如此，澳门特区的对外贸易也在蓬勃发展。澳

① 郑益奋：《回归20年澳门特区政府管治的成功经验》，载于《澳门研究》2019年第4期。
② 习近平：《在澳门特别行政区政府欢迎晚宴上的致辞》（2014年12月19日），载于《人民日报》2014年12月20日。
③ 澳门特别行政区政府：《中华人民共和国澳门特别行政区政府二零零一年财政年度施政报告》，2000年版。
④ 柳智毅：《澳门回归20年经济民生发展的回顾与前瞻》，载于《澳门研究》2019年第1期。

门的统计资料表明，人均生产总值从 1996～1999 年统一前的 135 657 澳门元（17 029 美元）至 117 620 澳门元（14 718 美元）提升至 2000～2018 年统一后的 119 911 澳门元（14 940 美元）至 666 893 澳门元（82 609 美元）①。由此表明，澳门已成为亚洲乃至世界上最富有的经济体。

其次，加强澳门与祖国内地之间的资源共享和经济合作。2003 年 10 月 17 日，中央政府与澳门特区政府签署 CEPA。CEPA 的签署被誉为是澳门经济品质成长的重要杠杆。CEPA 协议签署以后，中央政府和澳门特区政府又分别签署了 10 个 CEPA 补充协议。在此基础上，中央政府与澳门特区政府又分别进一步签署了贯彻落实 CEPA 的一系列协议。随着澳门与内地各层次经贸合作的签署和逐步落实，两地之间合作的制度性障碍逐渐被经济的强粘合力破除，经济交流与合作的发展势头非常好。截至 2018 年，中国内地累计对澳门特区非金融类直接投资 24.58 亿美元，内地在澳门累计完成营业额 191.2 亿美元。②

2019 年《粤港澳大湾区发展规划纲要》的正式发布意义深远。首先，《粤港澳大湾区发展规划纲要》前瞻性地预见了国家未来发展的形势，这对应对国际逆全球化有非常重要的"未雨绸缪"的意义。粤港澳大湾区发展不仅可以应对国际政治经济形势的变化，也能有效促进湾区内经济合作，促进我国技术创新发展。其次，粤港澳大湾区具有非常重要的战略地位，能够满足技术突破和制度创新的需要。最后，大湾区建设，可以实现澳门、香港和内地三地之间的融合。

（三）进行行政改革和优化保障制度，提升澳门居民的民生福利

回归祖国前夕，澳门的公共安全状况恶化，经济陷入衰退，公众对公共行政和公务员的整体评价较低。2003 年的非典（SARS）疫情凸显了特区政府治理能力的许多缺陷。2006 年，欧文龙事件③的发生，以及在这一时期出现的许多社会民生问题，曾一度使特区政府的管治威信面临严重的信任危机。2005～2009 年，为响应经济社会发展的需要，第二届特区政府开始对公共行政进行"系统的规范

---

① 根据澳门特别行政区政府入口网站 https：//www.gov.mo 公布的相关资料整理。
② 《2018 年 1－12 月内地与澳门经贸交流情况》，中华人民共和国商务部网站台港澳司，http：//tga.mofcom.gov.cn/article/sjzl/macao/201903/20190302844194.shtml，2019 年 2 月 28 日。
③ 欧文龙事件：澳门特别行政区前运输工务司司长欧文龙在 2006 年 12 月因涉嫌巨额贪污案被廉政公署拘捕。2009 年 4 月，经澳门终审法院裁定，欧文龙滥用职权、受贿、洗钱、财产申报的虚假声明及财产来源不明等 81 项罪名成立，判处监禁 28 年半，成为澳门特区政府成立以来因贪腐下台的最高级官员。欧文龙的行为极大地破坏了澳门特区政府的形象和公信力，损害了法治制度，其故意程度极高，整体犯罪情节相当恶劣。

性改革"。①针对前述的一些问题，澳门公共行政部门进行了一系列改革，包括：改善服务态度，提高服务效率，加强投诉处理，引入服务承诺，推出多项电子服务以及引入"质量管理认证"。同时，取消两个临时市政机构，成立民政局，建立多个服务站和一站式服务中心；改革公共服务法律制度，废除公职人员职业免税制度，建立新的退休保障制度，完善评估制度，修订工作时间表制度，制定领导和监督者一般规则，建立问责制；完善公共政策咨询制度。此外，澳门特区政府在公共服务领域进行了市场化改革，例如解除管制、民营化等。②

在养老领域，澳门特区政府于 2007 年启动了负责任的"社会保障和养老保障体系重整"咨询方案，致力于建立更加完善的社会保障体系，与广大人民分享经济发展成果。澳门特区一向高度重视和支持弱势群体及贫困家庭。自回归以来，为了应对社会的快速变化和提高居民的生活水平，自 2006 年提高了最低生活保障指数，截至 2019 年，指数提高到了 225.3%，补助高至 4 230 元。与此同时，也增加了对老年人和特困群体的社会救助金金额。

在教育领域，澳门特区政府持续加强对教育资源的投入。免费教育由原来的 10 年扩展到 15 年，免费教育在澳门已经基本落实到位，有效地保证了青少年的受教育权，同时也加强对在职人员和老年人的教育，启动了"持续教育资助计划"和"终身学习奖励计划"。

在医疗方面，澳门提出了共享发展成果的"现金分享计划"。澳门的"医疗补贴计划"是一种一次性的惠民政策，旨在补贴居民的医疗开支，目前为止已经达到 600 澳门元/人·年。③澳门特区政府持续加大对医疗卫生资源的投入，现已基本实现了免费医疗全覆盖，大大改善了居民的就医条件。

在住房保障方面，豁免低收入人群租金。澳门特区优化了社屋制度，采取分级式租金豁免措施，大大纾解了特困群体的租房负担。根据《2019 年财政年度施政报告》，特区政府将继续实施社屋住户豁免租金措施，向符合资格的社屋轮候家庭发放临时住屋补贴。

二、香港经验：香港社会动荡与国安立法

香港是"一国两制"最早的"试验田"，虽然近年来出现了"港独"等扰乱

---

① 许昌：《澳门公共行政组织架构——二十年间的演变及未来的平稳过渡》，引自娄胜华主编：《澳门人文社会科学研究文选（行政卷）》，社会科学文献出版社 2009 年版，第 353～354 页。

② 曾军荣、吴帅：《澳门特别行政区公共行政改革：动因、策略与难题》，引自《"21 世纪的公共管理：机遇与挑战"第五届国际学术研讨会论文集》，2008 年 10 月，第 6～7 页。

③ 《2019 年度医疗补贴计划及特别计划使用期即将届满》，中华人民共和国澳门特别行政区政府入口网站，https：//www.gov.mo/zh-hans/news/333720/，2021 年 4 月 12 日。

社会治安和破坏国家和平稳定大局的不法行为，但是实践已经证明这些不和谐的小插曲其实是"一国两制"实践的宝贵经验，对后续成功收复台湾具有重大借鉴意义。党的十八大以来，中央政府朝着依法治国和有序融合的方向积极调整治理和战略，并取得了积极的成果。尤其是在 2020 年国安法的出台，香港才重新恢复社会秩序，更重要的是政治秩序也走上与大陆高度统一的道路。

自 1997 年回归祖国以来，香港的政治生态发生了深刻的变化。一方面，在"一国两制"的原则和《香港基本法》确立的宪法秩序的基础上，香港的民主政治取得了长足的进步；另一方面，政治民主化带来的社会动员效应也使香港长期积累了深层次的经济和社会矛盾，例如单一的产业结构、经济增长放缓以及贫富差距过大，通过竞争性选举和"街头政治"等政治形式向世界公开展示。[①] 近年来，香港社会的分裂、撕裂和对抗日趋激烈，出现了"双重普选""全国人民代表大会的解释权"等一系列社会混乱和政治困境。

全国人大常委会为香港特别行政区制定维护国家安全的法律，是经《全国人民代表大会关于建立健全香港特别行政区维护国家安全的法律制度和执行机制的决定》审议通过的重大决定。这一决定彰显了中央的权威和中央维护国家安全和地方社会治安的决心与能力，具有深远的意义。涉及香港的国安立法程序启动，在香港产生了非常大的政治影响。一方面，对于普通香港市民而言，支持国安立法的呼声高涨，通过签名等形式表明政治立场，支持中央立法；另一方面，中央出手让"港独"和"黑暴"分子以及与之勾连的外部势力惊恐不已。

"港独"势力嚣张的原因如下。

1. 立法迟缓导致宪法约束力不够

一方面，香港特区行政长官产生办法引发的争议。普选特首人选由提名委员会推荐是 1990 年公布的《香港基本法》早已规定好的，但是其中仍有不够明确的地方。2012 年后，香港行政长官和立法会产生办法上的分歧给反动势力提供了机会，为后续一系列麻烦的产生制造了可能。最终以"占领中环"的形式集中凸显。非法"占领中环"运动是对香港宪制秩序底线的破坏，是对香港特区政府社会治理能力的严峻考验，是导致后面修改《逃犯条例》风波的重要原因之一。非法"占领中环"是一个极具破坏性的、暴力示威代替文明表达诉求的标志性事件。

另一方面，维护国家安全在《香港基本法》中的实质性空缺。"香港特别行政区应自行立法禁止任何叛国、分裂国家、煽动叛乱、颠覆中央人民政府及窃取国家机密的行为，禁止外国的政治性组织或团体在香港特别行政区进行政治活

---

① 刘兆佳：《回归后的香港政治》，商务印书馆 2013 年版，第 222~226 页。

动，禁止香港特别行政区的政治性组织或团体与外国的政治性组织或团体建立联系。"虽然《香港基本法》第二十三条明确规定维护国家安全立法是香港特区政府必须履行的制宪义务，但是，回归以来，香港特区政府始终未完成这一任务，未能弥补国家安全立法上的漏洞，给反对势力死灰复燃创造了机会，给了"港独"分子可乘之机，也是其敢甚嚣尘上的重要原因。在"一国两制"下的香港特区宪制秩序中，国家安全在政治秩序中具有基础性和前提性地位，但是香港将国家安全简单地理解为"国防与外交权力"，这是严重的错误。"一国两制"不仅是制度问题，更是实体问题。

特区管制权与建制派在维护香港秩序和维护统一方面存在问题，导致民主走向民粹、外部势力无底线、港独势力泛滥，已经对香港和中央造成了严重挑战。因此必须加快宪制进程，国安立法必须得到完善和强化。

2. 国家意识在香港国民教育中的薄弱

中西意识形态之间激烈斗争的独特历史、治理上的频繁秘密战争以及为民意而展开的激烈斗争，塑造了香港年轻一代复杂的民族情感、脆弱的民族认同感和浓厚的地方意识。香港回归后，实行"非殖民化"和政治教育的工作没有取得显著效果。虽然中央一直致力于在学校教育中加强香港青年人的爱国教育，但是香港从未在教育立法中进一步推进，香港严重缺乏有利于树立国家观念和民族观念的教育机制。这种情况为香港暴动和反对势力发展提供了空间，助长了对违反国家宪法和基本法的"一个国家，两个制度"的一系列"另类解释"。在香港特区的宪法秩序中，"一国两制"，"国家"是前提，但在香港本地法学和政治理解上，它似乎仅被解释为"国防和外交权"，在治理顺序上非常薄弱。这是对"一国两制"中国家形象和国家权力的误解。"校园港独"是其最直接、最严重的后果。这也是造成"校园港独"的历史根源和现实动机。香港的一些年轻人对中华文明的辉煌历史和祖国的发展缺乏了解，没有摆正自己的位置。

在156年的殖民统治期间，港英政府从未停止过培训和培育香港人的政治价值。尤其是《中英联合声明》签署后，港英政府大力培育港人的西方政治价值观和维权意识，培育香港的地方意识和对自治的渴望，这给中央政府在香港埋下了"地雷"，迟早有一天会被引爆。在1997年回归后出生的群体中，"回归一代"已成为主题，他们没有英国殖民控制的"第一手记忆"，但一些人深深地沉浸在殖民历史观中，倡导全盘西化，学习西方的民主制度，对内地的政治制度很排斥，缺乏对国家和民族的认同。这些都成为校园"港独"思想潮流迅速传播的根源。

3. 国际国内时局变化对"港独"势力的影响

中美关系和台湾时局对"港独"势力发展产生了一定的影响。在中美关系方面，随着中国的崛起，美国担心中国超越自己而要遏制中国的动作越来越多，意在全方位和全力遏制中国，因为香港的重要战略地位，美国对香港越发关注，意图让香港变成美国用来遏制中国的一颗棋子。以美国为首的西方国家通过各种方式干预香港内务，遏制中国发展。2019 年初，为防止香港成为犯罪分子逃避刑事责任的天堂，香港特区政府修订了《逃犯条例》和《刑事司法互助条例》，但是美国一直不怀好意干扰修订，借此机会挑拨离间，破坏香港与内地的互信关系，对香港进行渗透，搞分裂和颠覆，挑战"一国两制"的合法性和权威性。①

就台湾方面而言，两岸关系愈趋紧张，部分"台独"分子肯定希望"一国两制"在香港失败，不能在台湾实行。因此"台独"势力也加入到破坏香港政局的运动中来。为了削弱台湾人民对"一国两制"的认同和向往，"台独"势力利用在香港发生的事件大做文章。

香港反修例的骚乱不仅成为西方反华势力危害中国政治安全、金融安全、社会和谐稳定的突破口，而且受到"台独"分裂分子的炒作和操纵。"反华台独"的思想是破坏两岸关系的政治工具。自香港反修正法爆发以来，台湾政界、舆论和社会各界都高度重视。在外界力量的干扰参与下，动荡已成为当前影响台湾政治动荡的关键因素。所以，反对"台独"、支持两岸和平对话、共谋祖国统一大业是我们的重要任务。

三、香港国安立法出台的重要性

十三届全国人大三次会议表决通过的《全国人民代表大会关于建立健全香港特别行政区维护国家安全的法律制度和执行机制的决定》对香港社会稳定具有重大意义。根据实际情况完善"一国两制"，实行与香港有关的国家安全法规将有助于维护香港的法治环境和社会秩序。健全香港特别行政区法律制度和执法机制，是保障国家安全和统一意识形态的重要举措。法治是香港的核心价值，是香港实行"一国两制"的重要基石。

（一）涉港国安立法的必要性

香港回归以来，国家坚定执行"一国两制""港人治港"的政策。但是"一国两制"在实践中遭遇了挫折，出现了新的问题。当前最重要的就是国家安全问题日益突出。尤其是修正风波以来，香港要独立、要自决、要公投的主张不断涌现，反华势力挑拨民众从事破坏性活动试图分裂国家；公开侮辱和玷污国旗和国

---

① 张建：《美国对香港修例风波的介入：评估与影响》，载于《统一战线学研究》2020 年第 1 期。

徵，煽动香港人民反对中国共产党，包围香港的中央政府机构，歧视内地居民。此外，一些外国势力明目张胆干预香港内务，与香港的反华和"港独"势力联合作战。这些活动是对"一国两制"的挑战和破坏，是对国家安全的威胁和对中央权威的蔑视。没有和谐稳定的社会环境，就不可能有安居乐业的家园。尽管《香港基本法》第二十三条明确规定香港特别行政区负有维护国家安全的宪法责任和立法义务，但是有被搁置的风险。完善维护国家安全的法治机制才是破解当前困局的关键。

（二）涉港国安立法的基本原则

以《宪法》和《香港基本法》为基本准则，综合"一国两制"在香港和澳门的实践经验，建立和完善香港特别行政区法律体系和维护国民权益的执法机制。可以通过多种方式获得国家一级的安全保障，将相关国家法律纳入《香港基本法》附件3，以及发布中央人民政府的指示。在综合分析、评估和判断各种因素的基础上，提出灵活的政策与刚性的法律相结合的办法。

第一，国家安全至上。利用香港政局扰乱民心，挑战中央政府和《香港基本法》权威，是党和中央坚决不允许发生的，维护国家安全是香港地区政府的责任，而且只有国家政治安全稳定才有地方的繁荣发展。

第二，创新"一国两制"实践措施。"一国两制"的核心思想和理念已经被各届中央领导人和中央政府详细清晰地阐释清楚了，"一国"是前提，是基础，是底线，"两制"是为了保证香港地区制度的连续性和稳定性，但不是目的也不是最终的结果，仅是过渡，但是这个过渡期可以很长。香港由于历史的特殊性，文化背景多元混杂，多国势力掺杂其中，多党势力相互较量，所以其发展要采取灵活多样的道路，但是要时刻警惕颠覆势力的破坏。

第三，维护法律的权威性。《宪法》和《香港基本法》是香港特别行政区治港的两大基本法，香港的一切涉政活动都必须严格遵循两法的规定，否则香港将是无法无治之地。

第四，打击国外干涉势力。坚决防止和遏制外来势力干涉香港事务，防止分裂、颠覆、渗透和破坏活动是未来很长一段时间内治理香港的重要工作内容。

第五，香港居民的切实利益是衡量标准。不管"港独"分子如何叫嚣民主、自治，只要破坏香港社会秩序，扰乱生产秩序，使老百姓生活不得安宁，生活条件不能提高，这都是虚伪的民主。

（三）涉港国安立法的主要内容

坚定不移、全面准确贯彻"一国两制""港人治港"、高度自治是国家的大政方针，是保证香港特别行政区的自治权和香港居民的公民权利的法宝。其主要内容包含：

第一，重申和阐明"一国两制"的准确含义。

"一国两制"政策以"一个中国"为原则，强调"中华人民共和国是代表中国的唯一合法政府"。"两种制度"是从"一个国家"继承而来的。重点是"两制"的问题，"两制"并不代表香港地区可以完全延续原先资本主义统治的那一套，并不是可以罔顾国家利益，并不是可以挑战国家政治意识形态和权威。"两制"不是目的，也不是未来的发展方向，而是过渡性的权宜之计。

第二，明确香港在维护国家安全方面的责任与义务。

有国才有家，内地和香港特区之间就是这样一种"皮之不存毛将焉附"的关系。每个地方政权都应该以维护国家主权统一、领土完整和意识形态一致而承担起应有的宪法责任，香港同样也不例外。

第三，阐明全国人大常委会的制宪权利。

全国人民代表大会常务委员会有关立法的宪法含义。其一，全国人民代表大会常务委员会以维护国家安全的法律体系和执法机制，有权制定有关建立和改善香港特别行政区行政法规的法律。其二，全国人民代表大会常务委员会澄清有关法律，以有效防止、制止和惩治任何严重分离、严重破坏国家政权，组织和实施恐怖活动的行为。其三，全国人民代表大会常务委员会澄清在香港特别行政区实施有关法律的方式，以及正式施行的时间。

第三节　解决台湾问题的时机

在 1949 年 2 月的西柏坡，毛泽东与米高扬谈台湾问题时就看到了台湾问题的复杂性，由于外国势力的干涉，台湾问题比西藏问题更复杂，解决它更需要时间。[①] 可见，台湾问题的复杂性，其中夹杂着国内和国际双重问题。

一、等待恰到好处的时机

最早，我国将台湾问题作为解放战争的一部分来看待。中央一度明确表态

---

① 陈毓述、陈丽华：《开国前夜：毛泽东在西柏坡的风云岁月》，中共党史出版社 2003 年版，第 301～302 页。

"武力解决台湾问题"。1949 年 3 月 15 日，新华社就发表了《中国人民一定要解放台湾》的时评；1949 年 12 月 31 日，中共中央又发表了《告前线将士和全国同胞书》；但是 1950 年朝鲜战争爆发，美国第七舰队横亘在台湾海峡，使人民解放军解放台湾的计划被迫推迟。解决台湾问题的第一个时机被迫错过。

"台湾问题也可以通过谈判解决。"这是毛泽东在 1955 年时提出的重要观点，成为指导台湾问题解决的重要原则，也持续不断地为和平解决台湾做出各种舆论和实际行动。[①] 20 世纪 60 年代中期以后，由于一系列历史原因，台湾工作出现了极端的"左"思潮，以前的政策被搁置，一时间武力统治台湾的声音甚嚣尘上，中国共产党探索祖国和平统一的进程也被打断了。直到 1978 年改革开放后，才提出了"和平统一"政策，探索了祖国统一战略。中国共产党对祖国统一战略的探索进入了新时期。

此后很长一段时间，台湾经济发展很迅猛，承接了欧美的低端产业转移，并和中国香港、新加坡、韩国并称为"亚洲四小龙"，经济带动社会政治转型，台湾大多数同胞对台湾的社会制度、生活方式也更加认同，"解放"台湾已不合时宜。因此，"和平统一、一国两制"的方针政策被适时提出。1979 年元旦，全国人民代表大会常务委员会发布了标志着党中央解决台湾问题政策重大转变的《告台湾同胞书》，其中重申了中华人民共和国政府是中国唯一的合法政府。1980 年邓小平执政时期，把解决台湾问题摆在了很重要的层面上，但是由于前一段时间的沉沦，国内经济没有很好的发展。因此党中央决定优先发展经济，打铁还需自身硬，只有自己的实力强大了才能实现祖国大陆和台湾的真正统一。

在 20 世纪 90 年代初，随着美苏两极争霸格局的结束和两岸开始正式的交流，两岸关系有新的转机。一方面，结束了两岸长达 38 年的隔离状态，历史性地迈出了双方谈判中的重要一步；另一方面，人们开始逐渐放弃"一国"原则，并试图创建"两个中国"。在以李登辉为首的"台独"政治家的纵容下，"两个中国"的声音逐渐显现。随着对外开放的加快和国内经济形势的改善，以江泽民同志为主要代表的中国共产党人开始为促进祖国的和平统一投入更多的精力。李登辉是导致两岸关系陷入政治对抗的关键性人物——提出了"两个中国"的痴人说梦的观点。其继承者"台独"头目陈水扁有过之而无不及，变本加厉推行"台独"，而与此同时，国民党节节败退，而且当民进党的势力增强并逐步控制了台湾的政治局势时，台湾的分裂主义形势变得更加严峻。自 2012 年以来，台湾局势发生了急剧变化。特别是接连不断的社会运动和"反服务贸易风暴"，不仅

① 陈毓述、陈丽华：《开国前夜：毛泽东在西柏坡的风云岁月》，中共党史出版社 2003 年版，第 301～302 页。

影响了两岸关系的和平发展，而且更为不利的是从此国民党在台湾的势力日渐衰落，民进党长期把持台湾大局，对统一台湾构成了现实威胁。今天，和平解决台湾的时机尚未到来。我们需要等待，但不是被动地等待，还有很多事情要做。

二、国力强盛和文化自信是底气

邓小平说解决台湾问题的关键是我们要把自己的事情做好，当年其强调的是发展经济、搞发展。今天我们可以当之无愧地说，我们遵照了总设计师的指示，不过对于今天的时局，我们除了经济建设，还需要文化建设，形成中国自己的话语体系，讲中国故事，提升文化自信心。

（一）经济实力和国际地位为祖国统一奠定了坚实基础

自党的十八大以来，我国经济社会发展取得举世瞩目的伟大成就，"我国经济实力实现历史性跃升。国内生产总值从五十四万亿元增长到一百一十四万亿元，我国经济总量占世界经济的比重达百分之十八点五，提高七点二个百分点，稳居世界第二位；人均国内生产总值从三万九千八百元增加到八万一千元。谷物总产量稳居世界首位，十四亿多人的粮食安全、能源安全得到有效保障。城镇化率提高十一点六个百分点，达到百分之六十四点七。制造业规模、外汇储备稳居世界第一。建成世界最大的高速铁路网、高速公路网，机场港口、水利、能源、信息等基础设施建设取得重大成就。我们加快推进科技自立自强，全社会研发经费支出从一万亿元增加到二万八千亿元，居世界第二位，研发人员总量居世界首位。基础研究和原始创新不断加强，一些关键核心技术实现突破，战略性新兴产业发展壮大，载人航天、探月探火、深海深地探测、超级计算机、卫星导航、量子信息、核电技术、新能源技术、大飞机制造、生物医药等取得重大成果，进入创新型国家行列"[①]。

我国经济实力日益增强，为解决台湾问题奠定了坚实的经济基础，同时也要看到我国经济处于平稳上升趋势，这种上升趋势不用被主动打断。所以就我国而言，无论是对大陆经济，还是大陆与台湾关系，我们都不会轻易采取武力手段。

（二）中国话语体系和文化自信为祖国统一奠定了文化基础

在台湾问题上，除去西方势力干预和"台独"分子的破坏行为外，其实在民

---

① 习近平：《高举中国特色社会主义伟大旗帜　为全面建设社会主义现代化国家而团结奋斗——在中国共产党第二十次全国代表大会上的报告》，人民出版社2022年版，第8页。

众中还存在着文化价值冲突问题。台湾长期处于美国干预状态，其西方化色彩严重，西方文明价值观对台湾人尤其是青年一代的影响深远，西方文化中心论为主导文化价值，虽然底子里具有深厚的中华文化积淀。台湾青年不了解中国革命发展史，不能从中国实践发展过程中客观评价中国大陆发展中存在的问题，也不能认识到中国奇迹的伟大，未形成民族自豪感。"一个国家要实现祖国统一，民族团结，社会和谐，稳定与发展，人民要和平，安居乐业。它不仅取决于强大的政治领导，还取决于强大的物质文明，卓越的精神文明，科学的生态文明以及完整的制度和法治。这还需要整个国家和社会成员之间高度的政治和心理认同以及意识形态的绝对统一。"① 因此，当前重要的问题是构建中国话语体系，培养中华民族和中国特色社会主义的文化自信。

推进中国话语体系建设，这也是中国继续为人类做出更大贡献的内在要求。改革开放以来中国的发展，为发展中国家迈向现代化提供了途径，为世界上既要加速发展、保持独立，又要为人类贡献智慧和解决方案的国家提供了新的选择。目前，世界正处于"百年未有之大变局"，在这种情况下，促进中国话语体系的发展，使世界更加了解中国的智慧，将有助于促进世界的更好发展。

为了促进中国话语体系的加强，我们必须坚持马克思主义的指导思想，努力提高文化和理论意识，在研究中体现中国特色和中国风格。我们应努力提高学术的独创性和水平，完善标志性的学术观念，创造中国特色和具备国际视野。为全面建设社会主义现代化国家提供学术支持，为世界发展贡献中国智慧和中国解决方案。②

三、祖国统一的战略战术

解决台湾问题，实现祖国统一不仅要有国家战略设计，更需要微观层面的战术配合。

（一）祖国统一是中国梦的重要组成部分

祖国统一需要居高望远，需将统一台湾放在中华民族伟大复兴和中国特色社会主义伟大事业的宏大叙事之中，增强战略思维能力。

① 董立仁：《增强"四个认同"力凝聚民族团结正能量》，载于《领导科学论坛》（理论）2014 年 4 月 7 日。
② 洪晓楠：《推动中国话语体系强起来》，载于《人民日报》2019 年 8 月 14 日，第 09 版。

（二）厚植共同利益增进两岸命运共同体认同

全力推进"融合战略"，构建两岸命运共同体。两岸不断融合是实现和平统一的必经阶段和基本途径，也是实现中国和平统一的重要基础。两岸人员交流、合作的意愿、潜力和空间都很大。不论未来两岸关系如何变化，大陆将坚定不移地消除干扰，并坚持不懈地推进和深化两岸一体化战略。通过海峡两岸各个领域和层次的融合与发展，共同的记忆和共同的身份将被塑造。台湾海峡两岸的同胞彼此和谐相处，增进了共同的民族认同感和文化认同感，促进两岸关系的融合发展。[1] 自从1979年开始倡导两岸实行"三通"[2] 以来，中央和大陆积极为双方全方位交流创造条件和机会，随着两岸经济文化交流的日益频繁和畅通，两岸无论是在教育、旅游还是经济领域都展开了深入的合作，加深了大陆与台湾之间的利益共同体建设。中国强势发展的优势也必将给台湾带来更多发展机会，海峡两岸应该共谋发展。

（三）加强外交能力建设，消灭美国"以台制华"的幻想

台湾海峡目前的局势复杂而严峻。民进党当局竭尽全力"依靠美国抵抗统一"，作为影响台湾海峡局势和海峡两岸统一的最大外部因素，美国力求在奥巴马时代与中国建立"积极、建设性和全面"的关系，但其继任者特朗普在2017年上台后，以"美国优先，美国第一，使美国再次强大"为准则，重新定义了中美关系。由于对中国的狭隘而单一的理解，特朗普对中国的崛起做出了战略性的错误判断。他坚持超霸权和零和思维，将中国的角色从过去的"伙伴"转变为"战略竞争对手""大国"和主要威胁。在美国长期对华政策的基础上，美国对华遏制的立场变得越来越强硬，正是中国在定位上的质的变化导致了从过去的竞争与合作到遏制中国的崛起，再到美国对华战略的重大调整，这种战略思想和新范式的建立，使中美之间的博弈趋于复杂。在民进党当局积极推行"依靠美国，抵抗中国"的战略时，未来将不排除美国决策者错误评估局势，错误判断大陆，挑战大陆底线的可能性。

从美国保守派对华政策来看，右翼保守派通常对中国持负面看法。自21世纪初以来，经过足够的积累，在特朗普上台前后，世界发生许多重大变化。因为

---

① 朱卫东：《新时代中国统一方略：从必须统、必然统到如何统、统什么》，载于《台湾研究》2019年第4期。

② 两岸"三通"是指台湾海峡两岸之间双向的直接通邮、通商与通航，而不是局部或间接的"三通"。两岸"三通"将增加两岸政治上的互信度，可搁置争议，消减敌意，增强民族凝聚力；经贸和民间交流也将进一步加强。"三通"将带来更多投资，给客运与物流行业带来机遇。

中国的崛起，美国的危机感激增而变得更加敏感。保守派坚持对美国文化和体制的自信，是无法阻止以中国为代表的非西方国家的崛起的。尤其是人工智能和更新一代的通信技术的发展会对世界经济结构、社会结构和人类历史进程产生重要影响。美国的国防保守派和现实主义保守派视中国为美国在地缘政治和安全领域的主要威胁。中国军事和技术实力的快速增长使中美在西太平洋地区之间的军事实力差距逐渐缩小，以及中国技术进步对美国军事技术优势形成挑战。国防保守派为了增加国防预算不惜以国家的长远利益为代价。

在高新技术领域，尤其是 5G 科学技术方面的突破和领先至关重要。当前，美国对华为 5G 的封锁行动并未取得预期效果，美国盟友特别是其欧洲盟友中仍有许多国家倾向于使用华为 5G 设备，这离不开华为在欧洲国家的多年耕耘，也离不开政治风险发生后华为采取的一系列积极应对措施。然而，中美两国在经济和技术领域展开的竞争却并未停止，未来中国政府与企业仍需警惕来自美国的预防性打压，并加快自主研发的步伐，及早摆脱对西方国家的技术依赖。5G 技术对整个世界经济将会产生颠覆性的影响。美国及其一些盟友目前对华为 5G 的干预和禁令已成为华为进一步发展的严重障碍。中国需继续建立一个新的生态系统，形成独立发展的技术支持体系，在全国信息产业发展中实现"弯道超车"。

在军事领域，强大的军事力量是保障国家统一和抵御各种分离势力的重要力量。我国应该积极利用现代信息技术发展高科技军事和培养素质过硬的队伍，为应对各种变局做足准备。

第十四章

构建人类命运共同体

构建人类命运共同体是以习近平同志为核心的党中央基于当今国际形势、中国参与国际交往的现实要求以及人类的前途命运提出的重大命题。中国共产党提出这一命题经历了一个动态发展的过程。这一命题的提出绝非偶然，马克思共同体思想、马克思世界历史理论、中国共产党外交理论是这一命题提出的重要理论基础。可以说，中国最早地提出了构建人类命运共同体的命题，而且也为此采取了一系列的实际行动，如推动"一带一路"建设、推动建设新型国际关系、积极参与引领全球治理体系建设，等等。未来推进人类命运共同体构建，需要构建国际认同的话语体系、构建相应的权责利体系、建设"五位一体"的美好世界、抓好"一带一路"倡议的落实工作。

第一节　构建人类命运共同体的中国方案

习近平总书记对构建人类命运共同体命题的阐述有一个逐步丰富完善、认识逐步深化的过程。在阐发这一重大战略思想的同时，以习近平同志为核心的党中央还采取了一系列实实在在的行动切实推进构建人类命运共同体。

一、构建人类命运共同体的提出

2012 年 12 月，习近平在同在华工作的外国专家代表座谈时指出："国际社会日益成为一个你中有我、我中有你的命运共同体。"① 这是习近平第一次在公开场合正式提出"命运共同体"的概念。2013 年 3 月，他在莫斯科访问时在一所大学的演讲中指出，现在全球国家与国家之间的联系、相互依赖的程度史无前例地加深了，人类共处地球村，"越来越成为你中有我、我中有你的命运共同体"②。从其演讲内容可以看出，习近平认为人类社会已经形成一种相互联系、紧密依存的命运共同体，并且这种共同体相互联系和依存的程度正在加深。

2013 年 9 月，习近平在二十国集团领导人第八次峰会第一阶段会议上的发言中指出各国要树立命运共同体意识。这就提出了"树立命运共同体意识"的命题。2014 年 7 月他在巴西国会演讲时指出，"我们应该倡导人类命运共同体意识，在追求本国利益时兼顾他国合理关切，在谋求本国发展中促进各国共同发展，建立更加平等均衡的新型全球发展伙伴关系"③。从其阐述看，他所倡导的人类命运共同体意识应该是求同存异、互利共赢、共同发展、荣辱与共的意识。同年 10 月，习近平在周边外交工作座谈会的讲话中要求讲好中国故事，让命运共同体的意识在中国周边国家生根发芽。在阐发树立命运共同体意识的同时，习近平总书记还在多个场合的讲话中阐发了多层次、宽范围的命运共同体。

2013 年 3 月，习近平在坦桑尼亚尼雷尔国际会议中心的演讲中指出中非是一直以来的命运共同体。④ 这里他提出了中非命运共同体。同年 9 月，他在接受土库曼斯坦、俄罗斯等五国媒体联合采访时指出上海合作组织成立 12 年来，"成员国结成紧密的命运共同体和利益共同体"⑤。这就提出了上海合作组织成员国命运共同体。同年 10 月，他在印度尼西亚国会演讲时指出中国愿与东盟各国共建更加紧密的中国与东盟命运共同体。这就提出了中国—东盟命运共同体。同月他在亚太经合组织工商领导人峰会上提出了构建亚太命运共同体的命题。

2015 年 4 月，习近平在巴基斯坦议会演讲时提出了中巴命运共同体。2014 年 5 月，他在亚洲相互协作与信任措施会议第四次峰会上指出在亚洲大家园里的

---

① 吴绮敏：《中国是合作共赢倡导者践行者》，载于《人民日报》2012 年 12 月 6 日，第 01 版。

② 习近平：《顺应时代前进潮流 促进世界和平发展》，载于《人民日报》2013 年 3 月 24 日，第 02 版。

③ 习近平：《弘扬传统友好 共谱合作新篇》，载于《人民日报》2014 年 7 月 18 日，第 03 版。

④ 习近平：《永远做可靠朋友和真诚伙伴》，载于《人民日报》2013 年 3 月 26 日，第 02 版。

⑤ 《习近平接受土、俄、哈、乌、吉五国媒体联合采访》，载于《人民日报》2013 年 9 月 4 日，第 02 版。

各国，"日益成为一荣俱荣、一损俱损的命运共同体"①。这就实际上提出了亚洲命运共同体。2014年7月，他在巴西国会演讲时提出人类命运共同体。2015年1月，在中国—拉共体论坛首届部长级会议上习近平指出，中拉关系的发展使得双方更加渴望构建中拉命运共同体。这就提出了中拉命运共同体。综合以上可以看出，习近平阐述的人类命运共同体的范围是十分广泛的：它包括国家间的命运共同体，国际组织的命运共同体，以及国家同国际组织间的命运共同体，还有人类命运共同体等。

网络命运共同体也是习近平总书记所阐述的人类命运共同体的重要方面。2015年12月，在浙江乌镇第二届世界互联网大会上，习近平在开幕式演讲中指出，"各国应该加强沟通、扩大共识、深化合作，共同构建网络空间命运共同体"②。2016年4月他又在讲话中指出，"我们倡导尊重网络主权、构建网络空间命运共同体，赢得了世界绝大多数国家赞同"③。2016年11月，习近平在浙江省乌镇举行的第三届世界互联网大会开幕式上通过视频讲话的方式指出，"互联网发展是无国界、无边界的，利用好、发展好、治理好互联网必须深化网络空间国际合作，携手构建网络空间命运共同体"④。可以看出，习近平十分重视网络命运共同体建设，将网络命运共同体建设作为人类命运共同体建设的重要内容。

通过对习近平有关人类命运共同体的表述进行梳理可以看出，其对构建人类命运共同体的提法存在多种情况，如打造人类命运共同体、建设人类命运共同体、构建人类命运共同体等。比如，2015年3月，他在博鳌亚洲论坛当年年会上发表主旨演讲指出，"共同营造对亚洲、对世界都更为有利的地区秩序，通过迈向亚洲命运共同体，推动建设人类命运共同体"⑤。2016年6月，他在第八轮中美战略与经济对话和第七轮中美人文交流高层磋商联合开幕式上讲话指出，"推动构建以合作共赢为核心的新型国际关系，打造人类命运共同体"⑥。2015年9月，他在接受美国《华尔街日报》书面采访时提出了构建人类命运共同体。实际上，不论是打造，还是建设，或者是构建，这些提法所表达的内涵基本上是一致的。通过习近平系列重要讲话数据库检索可以看出，他最早在博鳌亚洲论坛2015

① 习近平：《积极树立亚洲安全观 共创安全合作新局面》，载于《人民日报》2014年5月22日，第02版。
② 习近平：《在第二届世界互联网大会开幕式上的讲话》，载于《人民日报》2015年12月17日，第02版。
③ 习近平：《在网络安全和信息化工作座谈会上的讲话》，载于《人民日报》2016年4月26日，第02版。
④ 张璁：《集思广益增进共识加强合作 让互联网更好造福人类》，载于《人民日报》2016年11月17日，第01版。
⑤ 习近平：《迈向命运共同体 开创亚洲新未来》，载于《人民日报》2015年3月29日，第02版。
⑥ 习近平：《为构建中美新型大国关系而不懈努力》，载于《人民日报》2016年6月7日，第02版。

年年会上的主旨演讲中提出建设人类命运共同体，在 2015 年 9 月接受美国《华尔街日报》书面采访时提出构建人类命运共同体。不过在 2016 年之后，习近平更多使用的是"构建人类命运共同体"这一提法，中国共产党的文献目前也主要使用这一提法。

二、构建人类命运共同体的基本内涵

构建人类命运共同体的坚持原则。2015 年 9 月在联合国大会上，习近平强调对于联合国的宪章和宗旨，我们一定要继承和弘扬，通过新型国际关系的构建进而打造人类命运共同体。[①] 同年 10 月，他在伦敦金融城演讲时提到各国共同构建人类命运共同体，构建新型国际关系，推动国际关系的民主化，以对话协商而不是对抗方式解决国际争端和纠纷，是中国一直以来所倡导的。[②] 2015 年 9 月，他在纪念中国人民反法西斯战争胜利七十周年大会上指出人类命运共同体意识是人类应该树立的意识，"世界各国应该共同维护以联合国宪章宗旨和原则为核心的国际秩序和国际体系，积极构建以合作共赢为核心的新型国际关系，共同推进世界和平与发展的崇高事业"[③]。通过习近平的这些阐述可以看出，其所倡导的构建人类命运共同体所应坚持的原则实际上就是 2019 年 5 月习近平在亚洲文明对话会开幕式主旨演讲中提出的夯实共建亚洲命运共同体、人类命运共同体的四点主张，即坚持相互尊重、平等相待，坚持美人之美、美美与共，坚持开放包容、互学互鉴，坚持与时俱进、创新发展。除此之外，还有其所提到的继承和弘扬联合国宪章的宗旨和原则，坚持对话协商化解分歧。

构建人类命运共同体的目标。这一目标正如党的十九大提出的，"各国人民同心协力，构建人类命运共同体，建设持久和平、普遍安全、共同繁荣、开放包容、清洁美丽的世界"[④]。

构建人类命运共同体的秉承理念。概括地讲，就是共商共建共享。正如 2019 年 3 月习近平在中法全球治理论坛闭幕式上的讲话中指出的："我们要坚持共商共建共享的全球治理观，坚持全球事务由各国人民商量着办，积极推进全球治理

---

① 习近平：《携手构建合作共赢新伙伴　同心打造人类命运共同体》，载于《人民日报》2015 年 9 月 29 日，第 02 版。

② 杜尚泽、黄培昭：《习近平在伦敦金融城发表重要演讲》，载于《人民日报》2015 年 10 月 23 日，第 01 版。

③ 习近平：《在纪念中国人民抗日战争暨世界反法西斯战争胜利 70 周年大会上的讲话》，载于《人民日报》2015 年 9 月 4 日，第 02 版。

④ 习近平：《决胜全面建成小康社会　夺取新时代中国特色社会主义伟大胜利》，载于《人民日报》2017 年 10 月 28 日，第 01 版。

规则民主化……共同推动构建人类命运共同体。"① 2017 年 11 月，习近平在出席亚太经济合作组织工商领导人峰会时发表主旨演讲，指出我们将秉持共商共建共享理念，主动积极地参与全球治理。

构建人类命运共同体的现实要求。主要包括：一是各国参与。习近平总书记多次强调人类命运共同体的构建需要世界各国共建，中国愿与联合国成员国一道推动新型国际关系的构建和人类命运共同体的构建，以及推进全球治理。二是国际合作。2017 年 6 月，习近平在上海合作组织成员国元首理事会第十七次会议上讲话指出，上海合作组织各成员国应该继续保持协同合作的传统，新加入成员国和老成员国之间保持融合协作、相互支持、深化互信，共建人类命运共同体。2018 年 5 月，在中国工程院第十四次院士大会上，在谈到国际科技交流合作时习近平指出，人类在能源和粮食安全、健康、气候等方面还面临着诸多共同挑战，这需要国际科技界的交流合作，推动科技创新，造福世界各国人民，造福于人类。三是付诸行动。习近平特别强调务实工作，强调务实行动。他不仅提出了构建人类命运共同体的理念，还特别强调通过实际行动构建人类命运共同体。四是重点加强"一带一路"建设。2017 年 5 月，在"一带一路"国际合作高峰论坛圆桌峰会的闭幕会致辞上，习近平指出，"'一带一路'建设把沿线各国人民紧密联系在一起，致力于合作共赢、共同发展，让各国人民更好共享发展成果，这也是中方倡议共建人类命运共同体的重要目标"②。

三、构建人类命运共同体的中国行动

（一）推动"一带一路"合作

自 2013 年习近平总书记提出共建"一带一路"倡议以来，在中国的不懈努力下，在世界多个国家的配合和参与下，"一带一路"建设为构建人类命运共同体注入了强大动力。首先，"一带一路"倡议与世界多个国家的发展战略相契合，实现了中国"一带一路"发展倡议同多国、多个国际组织发展战略的对接，各国主动融入"一带一路"倡议，实施共赢合作、共同发展。就欧盟"容克计划"

---

① 习近平：《为建设更加美好的地球家园贡献智慧和力量》，载于《人民日报》2019 年 3 月 27 日，第 03 版。

② 习近平：《在"一带一路"国际合作高峰论坛圆桌峰会上的闭幕辞》，载于《人民日报》2017 年 5 月 16 日，第 03 版。

来说，这一计划同中国"一带一路"倡议互联互通、促进国际产能合作的目标不谋而合，从而为双方开展合作提供了利益契合点的基础，因此在中欧双方的共同努力下，欧盟"容克计划"同中国"一带一路"倡议开始逐步对接，并取得重要成果。比如，一是在对接交通基础设施建设方面，欧盟已就"泛欧交通运输网"达成协议，计划将欧洲目前分割、缺乏联系的交通设施联系起来，这样，"一带一路"与"容克计划"的实施，将使得陆上丝绸之路的距离大大缩短，并降低运输成本，从而推动中欧的贸易发展，有助于中欧命运共同体的构建。二是中国与沿线国家加大基础设施建设投入，近年来，中国同周边的俄罗斯、越南、蒙古国、哈萨克斯坦、缅甸等国加大基础设施建设投入，推动陆上互联互通。比如，中俄黑龙江大桥基本建成、珲马铁路得以重新启动，中越沿边公路、国际铁路建设不断推进。三是"一带一路"沿线国家贸易总体呈增长态势。"2019年上半年，中国对沿线国家的非金融直接投资68亿美元，对沿线国家进出口超5 000亿美元，同比增长9.7%，高出同期进出口贸易增长5.8个百分点。很显然，我国与'一带一路'沿线国家的贸易往来发展势头十分良好。"[1] 四是旅游与留学方面成绩显著。根据中国"一带一路"网公布的"一带一路"成绩单显示，"一带一路"自提出以来，沿线旅游人数明显增长，教育合作增强，孔子学院在沿线国家设立的数目逐步增加。

（二）推动建设新型国际关系

党的十八大指出，当今世界正在发生深刻复杂变化，和平与发展尽管是时代主题，但是，"世界仍然很不安宁。国际金融危机影响深远，世界经济增长不稳定不确定因素增多，全球发展不平衡加剧，霸权主义、强权政治和新干涉主义有所上升，局部动荡频繁发生，粮食安全、能源资源安全、网络安全等全球性问题更加突出"[2]。面对复杂多变的国际形势，习近平指出我们讲爱国主义并不代表我们缺乏国际情怀，中国共产党的重要使命之一是为人类做出更大贡献，中国共产党人和中国人民都是具有国际情怀和国际视野的，中国政府也是具有国际担当的，随着中国国家实力的增强，中国也将随着这一增长承担相应更多的国际义务。[3] 针对国际上散布的"中国威胁论"，担忧中国崛起后会搞霸权主义，习近平明确表示，这种担心根本是多余的，没有必要的，我们多次向国际社会表明我们的态度、亮明了我们的立场，中国坚定走和平发展道路，以前不搞霸权、不搞

① 侯杰：《"一带一路"建设的贸易效应研究》，载于《对外经贸实务》2019年第11期。
② 习近平：《弘扬传统友谊 共谱合作新篇》，载于《人民日报》2014年7月8日，第03版。
③ 《习近平接受金砖国家媒体联合采访》，载于《人民日报》2013年3月20日，第01版。

军事扩张，以后也不会这样做，永远都不会。① 在向世界传达中国和平正义之音的同时，以习近平同志为核心的党中央也在积极采取行动推动建设新型国际关系。主要表现在：一是积极构建大国关系。中俄战略协作进一步密切。自党的十八大以来，中俄两国元首、官方往来互动频繁。不仅如此，2015 年双方签署联合声明，开启了丝绸之路经济带建设与欧亚经济联盟建设对接合作进程。2017年 5 月，普京来华出席"一带一路"国际合作高峰论坛，表示支持并愿积极参与"一带一路"建设。在双方的共同努力下，中俄关系结下累累硕果。习近平对此给予高度评价，他指出，中俄关系经历七十余年的发展，正处于历史上的最好时期。中国和俄罗斯两国在政治上的互信比较牢固，在涉及双方的重大利益、重大关切问题上也是相互尊重、彼此支持的。中国和俄罗斯双方的高层交往机制已经建立，双边多领域的合作机制也已建立并逐步完善，目前多方面领域、多方面内容的合作正在展开。而且中国和俄罗斯在抵御法西斯侵略问题上也结下了深厚的情谊，中国和俄罗斯关系的长远发展具有坚实的民意基础。② 二是全面推进周边外交。按照 2013 年 10 月中国周边外交工作座谈会的精神，中国积极推进周边外交。建设孟中印缅经济走廊、打造中国—东盟自贸区升级版、筹建亚洲基础设施投资银行（亚投行）、建设中巴经济走廊等，都是这一努力的体现。三是加强与发展中国家的务实合作并提供力所能及的正义援助。中国是当今世界最大的发展中国家，高度重视同发展中国家的关系。2015 年 9 月，习近平在第七十届联合国大会一般性辩论会上承诺，中国在联合国的一票永远属于发展中国家。在国内外多个场合，习近平宣布了多项帮助发展中国家发展的举措。2018 年，习近平在中非合作论坛北京峰会开幕式上表示中国愿以多种方式，再向非洲提供 600 亿美元支持，"免除与中国有外交关系的非洲最不发达国家、重债穷国、内陆发展中国家、小岛屿发展中国家截至 2018 年底到期未偿还政府间无息贷款债务"③。

（三）积极参与引领全球治理体系建设

2016 年 9 月，习近平在主持中共中央政治局第三十五次集体学习时指出，国际力量的不断变化、全球性挑战的逐渐增多，需要推动全球治理以及变革世界治理体系，当然在这一过程中，中国不会坐视不管、不闻不问，而是会自己参与，主动承担责任。④ 事实的确如此，中国积极参与引领全球治理体系建设，并为此

① 《习近平接受金砖国家媒体联合采访》，载于《人民日报》2013 年 3 月 20 日，第 01 版。
② 《习近平接受俄罗斯主流媒体联合采访》，载于《人民日报》2019 年 6 月 5 日，第 01 版。
③ 习近平：《携手共命运　同心促发展》，载于《人民日报》2018 年 9 月 4 日，第 02 版。
④ 习近平：《加强合作推动全球治理体系变革　共同促进人类和平与发展崇高事业》，载于《人民日报》2016 年 9 月 29 日，第 01 版。

做出重要努力和贡献。为建设人类命运共同体，中国提出"一带一路"倡议，推动"一带一路"倡议与沿线国家发展战略对接，建立丝路基金；牵头成立亚投行，推动国际货币基金组织改革和全球金融治理体系完善；推动经济全球化和贸易自由化；在东北亚问题上特别是朝核问题上发挥建设性作用，维护地区稳定；积极居中调解伊朗核问题，为伊核问题和平解决、为国际和平做出贡献；积极参与国际核合作，健全核安全法规；积极推动军事国际合作，中国军队积极参与国际维和、人道主义援助；积极推动《巴黎气候协定》落实，主动承担全球气候变化治理国际责任；积极向全球贫困国家提供援助，提供贫困治理经验；积极参与和推动极地、外太空、反腐、网络空间等领域治理规则制定和完善，推动全球治理更加公平正义；积极搭建全球治理平台，举办"一带一路"国际合作高峰论坛等；积极扩大对外开放，扩大对外进口，改善营商环境，增设自由贸易试验区，加快海南全岛建设自由贸易试验区和中国特色自由贸易港等。中国坚持构建人类命运共同体的全球治理理念，努力通过共商、共建、共享寻求全球治理的合作路径，在一些大国不能承担全球治理责任的情况下，中国主动担当、负重前行，成为全球治理的重要贡献者和核心引领者。

第二节　构建人类命运共同体的理论基础

马克思共同体思想、马克思世界历史理论以及中国共产党外交理论是构建人类命运共同体的重要理论基础。

一、马克思共同体思想

马克思、恩格斯对于"共同体"有着十分深入系统的阐述。但作为西方思想文化的组成部分，共同体思想绝非由马克思首创。它是马克思对欧洲古代思想文化继承创新的结果。柏拉图在《理想国》中提及了城邦共同体。亚里士多德在《政治学》中认为城邦都是一定程度上的共同体，追求至善的共同体就是城邦共同体或政治共同体。当然，无论是柏拉图还是亚里士多德，他们所论述的城邦共同体都是他们身处的古希腊城邦共同体。在古希腊城邦共同体走向衰落、罗马崛起之时，西塞罗提出把罗马建成"法的共同体"。西塞罗认为，"没有足够的智慧和法律的约束，国家的治理就会变得一塌糊涂。罗马人之所以将自己的城邦演变成西方世界的代表，就是基于对法律的信仰和敬畏，使每一个公民都能在制定

405

的规范中实现城邦的有序发展"。① 当罗马帝国走向衰落之时，西方基督教势力崛起，提出要建立"神的共同体"。近代启蒙思想家卢梭根据社会契约论提出建构"政治共同体"。在卢梭之后，德国哲学家费希特依据卢梭的社会契约论提出了"意志共同体"的概念，同时也是德国人的黑格尔提出了国家是"伦理共同体"观点。作为欧洲优秀传统文化的弘扬者和传承者，马克思、恩格斯在汲取欧洲优秀文化的基础上阐释了对共同体的理解和认识。

马克思、恩格斯阐述最早的共同体形态是"自然形成的共同体"。恩格斯在《家庭、私有制和国家的起源》中指出，在原始社会，人们结成了原始的氏族、部落等社会共同体，形成了相应的制度，这些都是自然生成的，是神圣且不可侵犯的，是自然赋予的最高权力，生活在共同体中的人们必须无条件服从。正因为如此，所以恩格斯指出这种社会有值得人们赞叹和羡慕的地方，但是生活在这个时代的人们，"他们彼此并没有差别，他们都仍依存于——用马克思的话说——自然形成的共同体的脐带。这种自然形成的共同体的权力必然要被打破，而且也确实被打破了"。② 可以看出，恩格斯这里提及的"自然形成的共同体"是一种原始社会的共同体。这种共同体是建立在生产力极端不发达基础之上的，其存在的基础是血缘关系。在原始社会，广大地区人口极度稀少，人类差不多完全受到大自然的支配，在恶劣的自然环境面前，人独自的生存是极其艰难的，因此只有"抱团取暖"，采用共同体方式才能更好地生存。但是，这种情况也导致一种现实问题的出现，即共同体宰制个人，个人缺乏自主性。随着生产力发展，社会分工出现，原始社会公有制逐步被私有制所取代，由于阶级矛盾与冲突的出现及其发展到不可调和的地步，为了缓和这种矛盾与冲突，避免社会的毁灭，国家产生了。所以，国家不是人类社会产生时即产生的，当原始社会的发展进入到一定阶段，社会分裂为截然对立的对立面，而单靠原始的社会制度已经难以调节这种对立冲突，在这种情况下，就要求有一种超越社会之上的力量来调节和缓和社会冲突，将社会的对立控制在"秩序"范围内，这是社会发展迫不得已的选择。"这种从社会中产生但又自居于社会之上并且日益同社会相异化的力量，就是国家。"③

这样，阶级和国家共同体出现了。"由于国家是从控制阶级对立的需要中产生的，由于它同时又是在这些阶级的冲突中产生的。"④ 因此，毫无疑问，国家

① 陈安杰：《构建人类命运共同体对马克思共同体思想的创新性贡献》，载于《浙江学刊》2019 年第 5 期。

② 《马克思恩格斯选集》第 4 卷，人民出版社 1995 年版，第 96～97 页。

③ 《马克思恩格斯选集》第 4 卷，人民出版社 1995 年版，第 170 页。

④ 《马克思恩格斯选集》第 4 卷，人民出版社 1995 年版，第 172 页。

尽管表面上是作为调节社会对立面的"中立者"姿态而出现的，但事实上，它是在社会之中最强大的，在经济上具有主导地位的阶级主导的国家，国家是他们对于经济上处于弱势地位的阶级进行统治的工具。这表明，在国家共同体里，居于统治地位的阶级总是希望而且努力将社会秩序控制在自己需要的范围之内，在这个意义上，当然可以说国家共同体就是阶级国家的共同体。马克思、恩格斯认为，在前资本主义社会，政治国家吞没社会，个人依赖于阶级国家共同体，在原始社会共同体、奴隶社会共同体以及封建社会共同体中，个人依附于人，个人的独立性和自由受到了自然经济的限制，个人没有主体意识，而且越是生产力发展落后，往往人对共同体、对人的依赖就越强，也就是说，共同体本位的特征就越明显。

进入资本主义时代，生产力的发展使得个体的生存能力得以增强，也使得个体的主体意识得以启蒙和觉醒，同时政治革命的完成使得政治国家与市民社会得以分离，政治革命带来了政治解放，近代资产阶级思想家提出的自由、平等、私有制不可侵犯等人权得以实现，"人身、新闻出版、言论、结社、集会、教育和宗教等自由，都穿上宪法制服而成为不可侵犯的了。"① 这样，个人在形式上实行了独立和自由。不过，在马克思、恩格斯看来，资本主义社会是一个彻头彻尾的"虚幻共同体"。因为，在资本主义社会，市民社会决定国家，政治国家表面代表着整体社会的公共利益，但实际上只是代表着资产阶级的利益。在前资本主义社会，个人服从于共同体，但在市民社会中则相反，因为市民社会里，人都是利己的个人，都以实现自我的利益最大化为目标，所以这也导致市民社会是个人逐利的战场，是私人利益与公共利益冲突的舞台。"正是由于私人利益和公共利益之间的这种矛盾，公共利益才以国家的姿态而采取一种和实际利益（不论是单个的还是共同的）脱离的独立形式，也就是说采取一种虚幻的共同体的形式。"② 所以，资本主义政治国家是一个虚伪虚幻的共同体。而资产阶级出于自身统治利益考虑，故意以超级的立场，以共同体整体利益的代表人身份，将自身的利益说成是全社会利益，甚至是全人类利益，将自己狭隘的价值说成是全社会价值甚至是普世价值，使得这种虚幻的共同体具有很大的隐蔽性和欺骗性。当然，相对于前资本主义社会而言，这种个体的自主和自由的实现，这种虚伪虚幻的共同体是人类社会的一大进步，但是，在这个共同体之中，被支配的阶级不仅身处于虚幻共同体之中，而且这种共同体对于他们而言还是新的桎梏。③

在马克思、恩格斯看来，在自然的共同体、虚幻共同体中，人都不可能得到

---

① 《马克思恩格斯选集》第 1 卷，人民出版社 1995 年版，第 597 页。
② 《马克思恩格斯全集》第 3 卷，人民出版社 1960 年版，第 37～38 页。
③ 《马克思恩格斯全集》第 3 卷，人民出版社 1960 年版，第 84 页。

自由全面的发展，相反，人的自由全面发展会得到阻碍。如果说在前资本主义自然共同体阶段，人的自由全面发展受到"以人的依赖性"异化社会形态的限制，那么在资本主义社会，人的自由全面发展则是受到了"以物的依赖性"异化社会形态的限制。在资本主义社会，资产阶级依靠对生产资料的一己占有，对劳动者进行剩余价值的无情剥削，劳动者在经济上被剥夺的同时也失去了自己的人格。基于这一认识，马克思提出了"真正共同体"的思想。在他看来，这种真正的共同体只有在人类进入共产主义社会才能实现，进入共产主义社会，"代替那存在着阶级和阶级对立的资产阶级旧社会的，将是这样一个联合体，在那里，每个人的自由发展是一切人的自由发展的条件"①。这里提及的联合体是指"自由人联合体"。在这个联合体里，每个个人在自己的联合中并通过这种联合获得自由："人终于成为自己的社会结合的主人，从而也就成为自然界的主人，成为自身的主人——自由的人。"② 马克思认为进入生产力高度发达的共产主义社会，个人在自己的联合中摆脱了对人的依赖、对物的依赖，实现自己的真正自由和全面发展。当然，达到这种状态是需要相应条件作保障的。其中，无产阶级推翻资产阶级专政，建立无产阶级专政，是必要的政治保障。"工人革命的第一步就是使无产阶级上升为统治阶级，争得民主。无产阶级将利用自己的政治统治，一步一步地夺取资产阶级的全部资本，把一切生产工具集中在国家即组织成为统治阶级的无产阶级手里，并且尽可能快地增加生产力的总量。"③ 以此摆脱物的依赖，在实现政治解放基础上实现人的经济解放，并通过生产力的发展，以及建立在此基础上的人与人的普遍交往，创造实现人自由联合的条件，实现人自由联合体的形成。

二、马克思世界历史理论

在人类社会的很长时期内，特别是在古代，各民族、各国家彼此总体是孤立、隔绝的，只有地域相邻的地方会存在一些联系，因此，相对地讲，各民族、国家都处于孤立的发展之中。因此，这时的世界历史根本谈不上是世界历史，它只是各民族、国家的历史，多则是地区的历史。但是，随着生产力的发展，随着资本主义的出现和发展，这种情况发生了根本改变。随着资本主义生产方式的出现，各民族、国家间相互影响、相互联系的范围逐步拓展，各民族、国家间以往

---

① 《马克思恩格斯选集》第 1 卷，人民出版社 1995 年版，第 294 页。
② 《马克思恩格斯选集》第 3 卷，人民出版社 1995 年版，第 760 页。
③ 《马克思恩格斯选集》第 1 卷，人民出版社 1995 年版，第 293 页。

相对封闭隔绝的状态被打破，"历史也就在愈来愈大的程度上成为全世界的历史"①。这也就是说，人类历史是在伴随资本主义发展的进程中逐步发展成为世界历史的。

在马克思看来，资本主义大工业的发展对于世界历史的形成提供了物质性的动力。工场手工业的发展已经使得生产与交往走向分离、分工扩大，加深了各地的交往和联系。资本主义经济的发展导致了政治变革，资产阶级政治革命的发生为资本主义发展提供了政治制度保证。工业革命的推动使得资本主义世界历史时代的到来明显加快。资本主义大工业的发展推动世界市场的形成从而消灭了过去民族和国家间封闭隔绝的状态。机器大工业的发展，为远洋轮船、铁路等交通设施的建设提供了现实基础，而且机器大工业的使用使得生产能力大大增强，这样随着生产产品产量的大幅增加，也使得产品的销路问题摆在了眼前，为了扩大产品销售，资本家千方百计地在世界各地寻找新的产品销售地和廉价原料供应地，他们遍地开花，构建起资本主义的世界体系，这也加深了世界各国人民的联系，将原来狭隘的地方性的小市场变成了一个世界统一的大市场。正是在这个意义上，恩格斯指出，随着资本主义大工业的发展，原来那种古老的民族工业被消灭，而且即便是现在仍然在消失，这些古老的民族工业为新的工业所排挤，而新的工业关乎各文明民族的生死存亡，在新工业中，工业的原料不仅来自本地，而且可能来自世界各地，生产出来的产品也不仅仅是满足本地需要，而且能够供世界各地的居民消费，这也就是说，原来旧的以本国产品生产满足本国百姓的需要被新的世界性的工业产品满足需要所代替。② 这样也使得世界各国的联系加深，各文明国家发生的事情也必然会对外在国家产生影响。

在马克思、恩格斯看来，资本对于世界历史开创具有最根本和直接的影响。马克思、恩格斯认为，中世纪欧洲城市行会里创造的最初的资本是等级资本，这一资本向现代资本转变是历史必然，是资本发展的内在要求，因为"资本越发展……也就越是力求在空间上更加扩大市场，力求用时间去更多地消灭空间"③。资本扩张的本性成为世界历史形成和发展的重要动力。资本是利用人类社会生产实践所产生的社会关系的力量来实现自身增值的。资本逐利的现实要求使得资本主义的生产规模呈现不断增大的趋势，而这种日益扩大的生产规模同相对有限的国内市场存在着必然的矛盾，它驱使资本家千方百计突破区域限制，发展对外贸易，扩大产品销售，获得更多利润。资本在追求经济世界扩张的同时，也在力促将这种经济权力拓展为政治与文化权力，因为这样更便于为资本的扩展扫清障

---

① 《马克思恩格斯全集》第 3 卷，人民出版社 1960 年版，第 51 页。
② 《马克思恩格斯选集》第 1 卷，人民出版社 1995 年版，第 276 页。
③ 《马克思恩格斯全集》第 46 卷（下），人民出版社 1980 年版，第 33 页。

碍，因此，资本在全球的扩张也带来资本主义政治制度和文化在世界范围内的扩张，这也使得资本的全球化衍生为资本主义文明的全球化，世界历史成为资本主义扩张史。

资产阶级是推动世界历史形成的重要主体。资产阶级是资本的人格化主体。在世界历史的形成中，资本与资本家是如影随形的，两者是"两位一体"的。资本具有扩张的本性，资产阶级同样具有扩张的欲望，他们迫使一切不想灭亡的民族和国家采用资本主义的生产方式，迫使他们在自己的土地上实行所谓的资本主义文明制度，成为资产者。① 在这种情况下，发达国家的资产阶级通过迫使落后国家服从、服务于自己而连成了一体的世界。在这一过程中，各个民族、国家隔绝孤立的状态被打破，世界各民族、国家在接受资本主义文明的影响中推动了历史向世界历史的转变。可以看出，是资本主义、资产阶级开创了世界历史，并且资产阶级在开启世界历史的进程中推动了全球化的发展。当然，我们应该看到，资产阶级所开辟的世界历史只是序曲，资产阶级扮演着世界历史的开辟角色以及后来在全球化运动中的领导角色，但这并不意味着它就是世界历史的真正主体，情况正好相反，"资本主义这种引领全球的地位是暂时的"②。马克思、恩格斯认为，资本家通过对生产资料的占有实现了对工人阶级的人身占有，使得资产阶级对无产阶级的剥削以及政治统治得以形成，这不可能是人类社会的本质所在，人类历史发展将终结于社会主义世界历史时代，到那时无产阶级、人类实现解放，个人得到全面自由发展。

马克思、恩格斯认为，国际分工、世界市场、世界交往是世界历史形成的重要条件。国际分工与世界市场互为条件。没有国际分工，世界市场就不存在，反过来，没有世界市场，国际分工也难以存在。资本主义大工业的发展带来分工的深化，而分工深化的结果必然导致交往的扩大，并最终导致世界交往的出现。对此，马克思、恩格斯指出，因为国际分工的出现以及世界市场的形成，过去那些自给自足、封闭隔绝的状态被打破，取而代之的是，各民族多方面的交往、联系和彼此依赖。在这一进程中，不仅仅是人们的物质交往程度的加深，而且精神生产和交往也是如此。民族的精神文化产品成为全球性的公共财产，民族的局限性越来越被打破，民族和地方的文学逐步走向世界。③ 这也使得世界各国的交往逐步加深，这种交往以经济为纽带，也包括政治、文化等方面的交流。世界市场、世界交往在国际政治上带来的一个结果就是形成了资产阶级及其对立面——无产阶级，而他们的冲突也随之成为世界性冲突。世界市场与世界交往的形成，以及

---

①③　《马克思恩格斯选集》第 1 卷，人民出版社 1995 年版，第 276 页。
②　刘国胜：《论马克思世界历史理论的内在逻辑》，载于《江西社会科学》2007 年第 3 期。

世界资本主义体系的建立，使得世界各国卷入世界市场的大网，使得资本主义制度具有了世界性质，在世界资本主义市场体系与政治制度下，生产力的发展使得生产资料日趋集中，劳动社会化程度越来越高，财富愈加集中于资本家个人手中，这也使得世界无产阶级遭受的压迫空前。而这种压迫及其对这种压迫的必然反抗会加速直至造成资本主义制度走向灭亡。"世界经济、政治、文化等方面日益加深的联系和交往以及世界性的阶级对抗和冲突，为社会主义的产生创造了广阔的前景。"①

在马克思、恩格斯看来，世界市场、世界交往的形成，历史进入世界历史，也会导致落后国家依附于发达国家的不平衡发展，这种不平衡发展既会体现在落后国家与发达国家之间，也会体现在资本主义国家之间，资本主义国家之间也会存在相对落后、不平衡发展的问题。这种状况进而会使得落后国家从属于发达资本主义国家，使得东方受制于西方，农民的民族依赖于资产阶级的民族，进而造成国家间的不平等，使得国际关系变得不和谐、不公正，这也是导致国家间冲突不断、国际局势动荡不安、一些落后国家长期贫困落后和内战频繁甚至国家消亡的重要原因。

如前所述，世界历史是由资本主义开创的，但并不是说世界历史就等于资本主义的历史。世界历史尽管由资本主义所开创，但资本主义本身只是世界历史进程的一部分，在经历了资本主义历史、社会主义历史并存的时代之后，人类历史终将进入社会主义世界历史时代。纵观人类的发展，全人类的自由解放才是世界历史的真正主题、发展的本真方向，资本主义开启了世界历史的序幕，同时也意味着无产阶级时代的到来，"因为无产阶级本身就是世界历史性的"。②

三、中国共产党外交理论

构建人类命运共同体命题的提出体现了对中国共产党外交理论的坚持和发展。中国共产党本身就是具有人类关怀的政党，中国共产党在关注民族、国家命运的同时，始终也在密切关注世界前途、人类命运，强调维护民族尊严和利益、尊重国家主权、主权国家一律平等，反对以大欺小、倚强凌弱、以富压贫。新中国成立之初，毛泽东和中共中央在确定新中国的外交政策时就明确提出，新中国要奉行独立自主的外交政策，坚决维护中国的主权，为此毛泽东形象地提出"另

---

① 张爱武：《马克思恩格斯关于历史向世界历史转变机制的理论及方法论启示》，载于《毛泽东邓小平理论研究》2003年第2期。

② 刘国胜：《论马克思世界历史理论的内在逻辑》，载于《江西社会科学》2007年第3期。

起炉灶""打扫干净屋子再请客"等外交主张。当然，毛泽东并不拒斥按照平等原则同所有国家建立外交关系，但他也估计到，敌视中国的帝国主义国家在短时间不可能改变他们的态度，因此他指出只要一些国家不改变敌视中国的态度，中国也坚决不给它们在中国的合法地位。

新中国成立后，新中国尽管鉴于当时国际形势实行"一边倒"的外交政策，但是在处理对苏关系时，毛泽东仍然坚持新中国外交的独立自主地位，从未在重大原则问题上做出有损国家主权的让步。受中国传统文化影响，毛泽东在处理国际关系时向来奉行"和平至上"。1955 年 5 月，他在同时任印度尼西亚总理沙斯特罗阿米佐约的谈话中指出，中国并不排斥西方国家，只要它们愿意，中国也是愿意同它们进行合作的。打仗是不好的，中国愿意用和平方式解决纠纷和争端，能不打仗就不打仗，打仗对西方也没有好处，过去的历史已经证明了这一点，战争的双方都要付出相应的代价，"亚非国家的团结是有希望的，万隆会议已经走了第一步。以后我们应该共同努力，继续工作，团结起来，促进和平。即使有战争，我们也可以把它推迟。我们要争取和平的环境，时间要尽可能的长，这是有希望的，有可能的"①。

毛泽东向来主张国与国之间相互尊重、平等相待。在他的领导下，和平共处五项原则成为新中国处理对外关系所坚持的基本原则，也成为不同国家处理国际关系坚持的重要原则。毛泽东并不排斥向世界先进国家学习，他多次强调古为今用、洋为中用，学习别国长处包括向资本主义国家学习，为我所用。他在谈到对待世界各国、各民族的长处时特别提到，对于别人的长处，我们当然是一定要虚心学习的，不可盲目自大，但学习也要把握原则，不能盲目照搬，要批判地学，"不能盲目地学，不能一切照抄，机械搬用"②。当然，他在主张学习国外先进的同时，也强调要在批判中学习，对于国外腐朽落后的东西要坚决抵制，指出"外国资产阶级的一切腐败制度和思想作风，我们要坚决抵制和批判。但是，这并不妨碍我们去学习资本主义国家的先进的科学技术和企业管理方法中合乎科学的方面。工业发达国家的企业，用人少，效率高，会做生意，这些都应当有原则地好好学过来，以利于改进我们的工作"③。

邓小平继续强调以和平共处五项原则为基础处理国家间关系。同时他也主张着眼于自身的战略利益，尊重对方的利益，超越社会制度和意识形态的异同，不搞意识形态的争论，不计较历史的恩怨，在和平共处五项原则的基础上发展同所有国家的友好合作关系。1974 年在联合国大会第六届特别会议上，邓小平对于

---

① 《毛泽东文集》第六卷，人民出版社 1999 年版，第 413 页。
② 《毛泽东文集》第七卷，人民出版社 1999 年版，第 41 页。
③ 《毛泽东文集》第七卷，人民出版社 1999 年版，第 43 页。

反对帝国主义剥削和掠夺、改造国际经济关系阐述了中国主张。

改革开放之初，面对国际形势，邓小平高瞻远瞩地指出和平与发展是当今世界的主题。他向全世界宣告，中国的外交政策主要有两点：一是坚决反对国际霸权主义行径，维护世界和平；二是中国是属于第三世界的。现在当然属于第三世界，即便是以后发展起来了，发达了，也仍然站在第三世界一边。这反映了中国外交政策的站位，即我们是与广大的发展中国家站在一起的，即便是成为发达国家，也不会像以前的超级大国、大国那样搞霸权，倚强凌弱。而且邓小平也明确提出中国奉行独立自主的外交政策，不参加任何集团、不同任何大国结盟。

邓小平以高度的人类关怀思考着国际关系和中国外交。他多次论述了构建国际新秩序。1990 年，他在会见加拿大总理时指出中国不接受他国干涉内政，中国所走的道路、实行的社会制度选择是立足中国实际的产物，它也获得了中国百姓的拥护，所以不会接受他国干涉而改变，这也是中国和国际社会倡导的国际关系新秩序的重要原则。

在 20 世纪 90 年代前后，国际局势风云变幻，其间，苏东剧变，美苏两极格局对立结束，社会主义运动遭遇重大挫折，在复杂的国际形势下，邓小平指出，现在国际形势不可测的因素多得很，"我们千万不要当头，这是一个根本国策"。① 当然，不当头，不代表我们在国际问题上就可以无所事事、庸庸碌碌、无所作为，中国完全可以在推动国际政治经济新秩序上有所作为，中国谁也不怕，但也不要轻易得罪谁，把握和平共处五项原则处理国际关系。

江泽民担任党的总书记后对国际形势、处理国际关系、推进中国外交进行了一系列重要论述。以江泽民同志为核心的党中央仍然坚持邓小平关于和平与发展是当今世界两大主题的判断，指出当今世界正处在大变动时期，美苏两极格局对立已经完结，国际力量正在分化组合之中，世界多极化发展格局变得明朗，这一格局最终形成必然经历长期过程，而且也注定是曲折的，充满着各种未知数甚至是对抗和冲突，当然争取和平避免战争，在一段时间内是可能的。② 基于这种形势判断，党中央提出，中国长期奉行的和平外交政策，即独立自主，不会改变，致力于维护中国的国家主权，推动世界和平发展，是中国外交长期奉行的基本目标。在关乎中国国家主权和民族利益的重大问题上，中国不会做出任何让步，不会屈从于任何外界压力，中国不同任何国家结盟，也不参加任何军事集团，不称霸也不走扩展之路，反对霸权主义、军事侵略、政治胁迫，完全是维护国际社会公平正义与和平发展的坚定支持者。③

---

① 《邓小平文选》第三卷，人民出版社 1993 年版，第 363 页。
② 《江泽民文选》第一卷，人民出版社 2006 年版，第 241 页。
③ 《江泽民文选》第一卷，人民出版社 2006 年版，第 242 页。

以江泽民为核心的党中央提出了构建国际新秩序问题并对此进行了进一步阐释。江泽民指出，世界各国不因大小、强弱而不平等，都是国际社会平等的一员，国家间应该相互尊重、友好相待、包容开放、求同存异，对于国际间的纷争应按照国际法通过协商方式和平解决，"不得诉诸武力和武力威胁"①。他强调了尊重世界多样性、文明共生性的重要性，指出丰富多彩的世界能够为人们相互学习、彼此借鉴、共享文明、取长补短创造条件、提供前提。江泽民还强调，世界各国人民生活在一个相互依存的世界，中国将进一步扩大开放，愿意同世界各国开展联系与合作，促进共同繁荣。

在联合国成立五十周年特别纪念大会上，江泽民指出，经济联系和合作加深了国际联系与合作，推动了国家间科技、金融、文化等其他多方面的交流与合作。他同时指出，我们只有一个星球，这是我们共同栖息的家园，在这样一个共同的大家园中生活，人类必须学会共同面对、迎接各种挑战，比如环境污染、气候变化、贫困失业、国际犯罪、流行疾病等。在生态环境恶化问题上，发达国家应负有主要责任，因为发达国家在前期工业化过程中、在现代化推进过程中对于环境的破坏是欠了债的，所以它们自然要对全球生态环境保护做出更大的贡献。全球性问题的逐步化解需要靠各国的共同努力、密切合作和协同配合。② 这就实际上指出了构建人类命运共同体的现实背景。

在对外关系上，江泽民主张中国要坚持平等互利的原则，同世界各国和地区广泛开展贸易往来、经济技术合作和科学文化交流，促进共同发展。当然，针对周边国家、发展中国家和发达国家，以江泽民同志为核心的党中央分别提出了对应的外交政策和思想。他指出，中国奉行睦邻友好，这也是中国的一贯立场和态度，今后也不会做任何改变。对于中国和邻国的关系问题，存在争议的着眼于和平和稳定的大局，要通过和平谈判的方式解决，暂时解决不了的，可以暂时搁置争议、求同存异。第三世界在中国外交工作中长期以来具有重要地位，中国将始终如一地与第三世界国家站在一边，相互支持、相互配合，共同维护国际公平正义、正当权益。在坚持和平共处五项基本原则的基础上，同发达国家发展友好关系，超越社会制度、意识形态的差异尊重彼此，和平友好相处。"要寻求共同利益的汇合点，扩大互利合作，共同对付人类生存和发展所面临的挑战。"③

进入 21 世纪以后，经济的发展、全球化的推进，使得世界联系和相互依赖的程度明显加深。在这种背景下，世界各国应该如何处理相互的关系，胡锦涛在耶鲁大学演讲时指出，"历史经验表明，在人类文明交流的过程中，不仅需要克

---

① 《江泽民文选》第一卷，人民出版社 2006 年版，第 243 页。
② 《江泽民文选》第一卷，人民出版社 2006 年版，第 480 ~ 481 页。
③ 《江泽民文选》第二卷，人民出版社 2006 年版，第 41 页。

服自然的屏障和隔阂，而且需要超越思想的障碍和束缚，更需要克服形形色色的偏见和误解。意识形态、社会制度、发展模式的差异，不应成为人类文明交流的障碍，更不能成为相互对抗的理由"①。胡锦涛特别强调发展对于中国、世界各国的重要性。他指出，中国是发展中国家，发展是党执政兴国的第一要务。发展也关系到世界各国人民的福祉，长远地看也关乎国际安全。国际社会没有普遍的发展和共同的繁荣，人类社会就永无太平之日。经济全球化的发展、各国的利益交织也会使得各国的单独发展与全球的发展紧密相连。② 对于国家间的冲突和安全问题，胡锦涛继续强调运用协商谈判、通过和平的方式解决国际纠纷，反对强行干涉别国内政、侵犯别国主权，任何形式地使用武力，或者是以武力恐吓都不应该被允许，对于反恐工作要做到标本兼治，不能"头痛医头"，要从根源上找问题，毫不留情地打击恐怖主义，有序有效推进军控和核裁军，坚决防止核扩散，从战略上维护全球稳定。③ 胡锦涛还基于当今世界现状和人类社会未来明确提出了建设"和谐世界"的主张。他在雅加达亚非首脑会议上提出，"推动不同文明友好相处、平等对话、发展繁荣，共同构建一个和谐世界"④。在党的十七大上，胡锦涛进一步指出中国的主张是携手世界各国人民为构建持久和平、共同繁荣的和谐世界而努力，为实现这一愿望，中国倡导国际关系中要坚持和弘扬民主、和睦、协作、共赢的精神，遵守国家法和国际关系基本准则，同时他从政治、经济、文化、安全、环保五个具体方面阐述了中国共产党的主张。⑤

第三节　构建人类命运共同体的现实依据

构建人类命运共同体的提出和实践，不仅具有其坚实的理论基础，而且也具有其深刻的现实依据。这种现实依据既有全球背景也有现实国情的考量。

一、全球化遭遇困境

如前所述，近代以来，随着资本主义的发展，历史进入了世界历史，伴随这

---

① 胡锦涛：《在美国耶鲁大学的演讲》，载于《人民日报》2006 年 4 月 23 日，第 01 版。
②③ 《胡锦涛文选》第二卷，人民出版社 2016 年版，第 353 页。
④ 胡锦涛：《与时俱进继往开来　构筑亚非新型战略伙伴关系》，载于《人民日报》2005 年 4 月 23 日，第 01 版。
⑤ 《胡锦涛文选》第二卷，人民出版社 2016 年版，第 650 页。

一进程，世界进入全球化时代。伴随资本主义生产方式的出现、拓展，就出现了资本主义现代性的问题，"资本现代性也随着在世界范围内扩张，其本质不过是资本生产方式的全球扩张，其主要表现形式就是经济全球化/资本全球化"。① 当然，在人类进入资本主义阶段的不同时期，经济全球化呈现不同特征。如今的世界在经济全球化的浪潮中已发展成为一个名副其实的"地球村"。全球化对于全球各民族，国家的政治、经济、文化、社会、科技等产生了重要影响，并增进了它们之间的联系，造成了高度分化的格局并推动了彼此的依赖，人类的前途命运也因此前所未有地被连接在一起，居于这样的一种世界之中，人们"实际上已经处在一个你中有我、我中有你的命运共同体中"②。这也就是说，在全球化浪潮的推动下，人类已经形成一个休戚与共、命运相连的命运共同体，大家都在作为共同体的成员为深化全球化贡献力量。

不过，应该看到，当前全球化仍然面临着诸多障碍。这些障碍阻滞了全球化发展。

（一）全球发展不平衡问题突出

现在，发达国家的政治精英考虑到本国日益高昂的劳动力成本以及出于本土环境污染的担忧，不断将本国的劳动密集型以及对环境污染较大的产业转移至发展中国家，发达国家则大力发展高新技术产业，同时发挥金融业的优势，而新兴的发展中国家具有人力资本优势，劳动力成本低，这就使得它们能够承接发达国家的落后产能，以发展能耗相对较大、劳动力密集型的产业实现工业化起步。

这样做，一方面导致发达国家的劳动就业机会大大减少，使得发达国家的失业率增加，在发展中国家较为低廉的人力成本竞争下，工厂纷纷倒闭，从而导致发达国家民众对全球化批评的声音越来越多，比如美国底特律就是一个十分鲜明的例子。底特律是 20 世纪上半叶美国著名的汽车城，美国几家著名的汽车品牌皆汇聚于此，但后来走向衰落，连市政府也申请破产保护，成为美国失业率、犯罪率很高的城市之一。另一方面，尽管一些发展中国家凭借人口红利形成的较为低廉的商品价格优势在国际市场获得一定的利润，比如国内外也有很多人认为中国是全球化浪潮的最大受益者，全球化成就了中国，中国利用自己的劳动力资本优势推动了工业化发展，迅速迈向现代化，并在此基础上逐步推进科学技术进步，从而综合国力大踏步前进。但实际上，"劳动力以及资源的流动性与资本技

① 李包庚、王祯：《论"人类命运共同体"思想的出场逻辑与时代价值》，载于《西南大学学报》（社会科学版）2019 年第 4 期。
② 周俊武：《人类命运共同体理念的中国特色、理论内涵和价值取向》，载于《湖南师范大学社会科学学报》2018 年第 5 期。

术的流动性相比还是显得格外缓慢，通过资本要素创造的财富要远比单纯依靠劳动创造的财富多得多"①。在当前全球化背景下，一个令人不愿意看到的现实是，全球化的成果并未为全球民众所共享，全球化带来的经济发展、科技进步等并未惠及广大世界民众，不仅如此，资本主导的全球化分配加剧了全球的贫富分化，世界经济正在步入"赢者通吃"的马太效应——富者越来越富，穷人越来越穷，少数富者享受了世界大多数财富。另外，尽管在全球化背景下，一些后发国家因为抓住了发展机遇，经济得到了比较快速的发展，但是一个现实的问题是，随着这些后发国家的发展，它们之间在发展中出现的矛盾和问题也在逐步增多，由于后发国家底子薄、发展起步晚，所以在全球化当中往往为发达国家所支配，这样它们与发达国家的差距仍然很大，甚至面临着越来越边缘化的趋势。

（二）"逆全球化"浪潮涌动

在经济全球化背景下，生产要素的全球化流动和配置促进了全球经济发展和财富增长。但是，总体来看，现在的经济全球化主要还是由西方发达资本主义国家主导的，所以它们就成为全球化的最主要的受益者。但是，随着发展中国家特别是中国的崛起，以及世界经济增长乏力，很多西方发达国家出现了民族主义意识、贸易保护主义意识增强的倾向，以及行为加重的问题。这些问题也被认为是"逆全球化"问题。比如，WTO 多哈回合谈判受阻、英国"脱欧"公投、"美国优先"战略的提出和行动，等等，从 2008 年全球金融危机爆发以来，世贸组织成员国推出了两千多项贸易限制措施，而且比较讽刺的一点是，标榜贸易自由化的美国却成为贸易限制的急先锋，实行最为严格的贸易限制，2005 年当年，"美国就颁布了 90 多项贸易保护措施，占全球总量的七分之一，居各国之首"。②

（三）全球生态环境危机

身处全球化时代的人们，不难发现，全球化既给人们生产生活带来了极大的改善和改变，同时也造成了一系列生态环境问题，比如全球变暖、大气污染、物种多样性加速减少等。造成全球生态危机的原因有很多，但资本主义国家无疑是引起这一问题的根源。因为资本主义是鼓励竞争和逐利的，资本主义市场经济本身就是一种竞争性的经济制度，这种制度具有追求财富增殖、经济增长的特性，建立在资本主义经济基础上的资本主义政治制度也是强调竞争制约的，比如三权分立、两党或多党竞争，通过资产阶级不同集团的轮流执政维护资产阶级经济利

①② 王东、宋辰熙：《"逆全球化"浪潮下人类命运共同体的理论与现实》，载于《新视野》2019 年第 6 期。

益，资本主义的文化也具有强调适者生存、鼓励竞争的特质。正如福斯特指出，"资本主义要求增长的必然规律、刺激人们的消费、海外扩张、滥用自然资源而不为子孙后代考虑、超越地球的承载能力等特征正是资本主义制度对环境产生危害的直接原因。"① 同时，在资本主义发展到现代阶段，一些资本主义国家将高污染、高能耗产业转移至发展中国家，造成这些国家严重的生态问题，不仅如此，发达国家还利用自身的政治、经济以及话语优势，奉行生态霸权主义，不积极承担和履行自己应尽的生态环境国际职责。

二、全球治理面临危机

（一）全球治理领导力缺失

从国际政治上看，目前全球尽管存在美国一个超级大国、多个世界强国并存的格局，并越来越向多极化方向发展，也存在着联合国，但实际上，当前的国际社会处于无政府状态，联合国不是"世界联合政府"，世界上不存在一个自上而下领导的中央政府，美国奉行单边主义，充当世界警察，也面临包括中国在内的世界大国以及广大发展中国家越来越多的抵制和不满，它只是国际社会力量较强的一员，不可能扮演世界政府角色。"整个国际关系体系与其构成单位之间没有从属关系。这是国际体系与其他社会体系的根本区别之一。"② 这就使得全球治理面临着缺乏有效领导的困境。尽管说当今世界美国仍然是独一无二的超级大国，但是其并未承担起应有的担当和作为。美国麻省理工学院教授查尔斯·金德尔伯格提出了"金德尔伯格陷阱"概念。他所说的"金德尔伯格陷阱"的大致内涵是：在世界权力转移的过程中，新兴的力量未能承担起领导责任，提供不必要的公共产品，衰落的力量又未能提供必要的公共产品，结果导致全球权力转移的过程中出现权力真空，出现世界性的经济危机和战争冲突。在他看来，在"一战"之后，美国取代英国成为超级大国，但它并未像原世界霸主英国那样提供必要的世界公共产品，发挥领导作用，从而导致第二次世界大战的发生以及战前持续多年的经济大衰退。现在美国的种种表现更加充分地说明了这一点，自特朗普执政以来，美国发起了"退群潮"，"不仅体现出美国狭隘的国家利益观，更为

---

① 张新宁：《经济危机与生态危机交困中的资本主义》，载于《马克思主义研究》2013 年第 10 期。
② 俞正梁主编：《当代国际关系学导论》，复旦大学出版社 1996 年版，第 26 页。

重要的是严重破坏了正常的全球治理秩序，削弱了整体治理效率"。① 美国不愿意承担国际领导作用，不愿继续无偿提供国际公共产品，这也使得国际社会寄希望于世界第二大经济体的中国承担起提供国际公共产品的责任。

（二）全球治理由西方主导

第二次世界大战以后，发展中国家快速崛起，特别是苏联解体以后，发展中国家的快速发展使得国际力量出现了西方相对下降、东方相对崛起的态势。但是，我们注意到，西方在全球治理中的主导地位并未得到明显改变。如前面所述，尽管美国作为超级大国未能承担应有的大国担当，但从当今世界秩序来看，全球治理仍由以美国为首的西方发达国家主导。以美国为首的西方发达国家主导的全球治理，在规则制定上首先服从并服务于西方国家，发展中国家处于被治理的地位，处于治理的边缘，具有明显的偏倚不公。这种治理结构体系人们称为国际治理的"中心—边缘"结构体系，这种体系的核心反映的是西方中心主义。在西方国家主导的全球治理体系中，西方发达国家出于自身利益考量欢迎发展中国家参与进来，同时又掌控着规则的制定权、话语权，表面上看，"许多国际规则貌似平等无欺，但这些以西方发达国家为中心的全球治理规则机制，一定程度上已成为其谋取私利的工具，而其他国家则无法获得公平参与权和利益分配权，这就是由治理规则偏倚不公所带来的全球治理民主性赤字"。②

（三）全球公共产品供给不足

在全球化的今天，尽管其进程遭遇到一些挫折，但仍是不可阻挡的历史趋势。在这种背景下，国际社会对国际公共产品的需求也是有增无减。公共产品不能满足国际社会需求以及国际社会对于公共产品的现实需求之间还存在很大矛盾。从国际公共产品供给的主体看，传统的西方发达国家当前仍是主要的供给主体，新兴国家如中国、印度等是新起的供给主体，"从供给能力看，传统大国的供给能力尚远远大于新兴国家，但总体的供给能力有所下降；从供给意愿看，传统大国的供给意愿近年来急速下降，供给责任和担当意识显著减弱"。③ 导致出现这一情况的重要原因，前面已经提及，在于以美国为首的西方大国特别是美国并未承担起应有的责任，并未向国际社会提供应有的国际公共产品，不仅如此，

---

① 赵义良、关孔文：《全球治理困境与"人类命运共同体"思想的时代价值》，载于《中国特色社会主义研究》2019 年第 4 期。

②③ 高立伟、贺剑霄：《构建人类命运共同体：矫正全球治理失灵的智慧良方》，载于《江西师范大学学报（哲学社会科学版）》2019 年第 3 期。

美国政府还在一味地"退群""敲竹杠""甩包袱",新型大国尽管有意愿但毕竟能力有限,所以难以在短时间内向国际社会供应所需的公共产品。同时,国际行为体的主权性与国际公共产品的非主权性也存在一定的矛盾,这种矛盾进一步表现为主权国家利益与国际利益的冲突。

(四) 主权国家集体行动困境凸显

目前的全球治理虽说是全球治理,实际上并未完全覆盖全球所有国家。各国在具体国际事务上所采取的行动往往并不一致,甚至有些国家根本没有履行自己的承诺。各国在国际行动中往往基于对自己所获利益的评估判断采取行动,这样,导致主权国家集体参与的一致性与其利益判断的一致性存在很大关联,也就是说,主权国家认为采取的国际行动越符合自身利益和集体利益,集体行动的一致性就越强。全球的有效治理应是个体理性和集体理性的统一。一方面各成员国是个体理性的成员国,另一方面它们又具有集体理性,全球有效治理是两种理性的统一,以及磨合的结果。如果国际社会成员因为成员国的数量较多而导致相互的监督减弱,那么组织的成本会增多,这样成员国对于采取集体行动的意愿就会降低,使得集体行动受挫。事实上,"成员国履行承诺的意愿是推动全球治理进程发展的重要因素,而全球治理的不平衡则体现出全球层面治理目标与国内政治逻辑之间的不一致"。[①] 这种现实困境是由当今主权国家利益与国际社会利益的冲突造成的,也在于以美国为首的西方国家没能很好地发挥示范引领作用,唯利是图,与凡是对自己有利即干、无利就跑的行事风格的不良示范存在很大关系,同时也与当今国际社会治理机构的治理能力不足有关。

(五) 全球治理机构力不从心

当今以联合国为代表的国际组织包括区域组织在推动全球和区域治理中都曾经发挥了积极作用。但是当前一个不可忽视的事实是,国际组织在全球治理中的作用越发受到限制。以联合国为例,联合国目前的机构设置和功能运作确实存在一些弊端,难以有效应对国际社会的各种新型威胁和挑战,在应对朝核问题、巴以冲突、叙利亚危机、美俄争端等诸多国际问题上,联合国安理会也是"心有余而力不足",因此多年来国际社会推进联合国机构改革的呼声越来越高。除了联合国之外,其他一些国际组织也都出现了类似情形。出现这一问题的根源主要还在于以美国为首的西方大国从中作梗。而人类命运共同体思想的提出,体现了对

---

① 赵义良、关孔文:《全球治理困境与"人类命运共同体"思想的时代价值》,载于《中国特色社会主义研究》2019 年第 4 期。

西方中心主义思维、对抗性思维的超越。人类命运共同体思想主张国家之间相互尊重、平等互惠、互利共赢、交流互鉴、合作互助，有助于构建和谐的国际关系，推动全球治理。

三、参与国际交往的必然性

作为世界四大文明古国之一，中国在古代一直是或者说长期是世界的超级大国。在历史尚未进入世界历史之前，中国一直对于周边国家发挥着重要影响，居于"天下"的中心的中国，无论是政治、经济还是文化制度方面都对周边国家产生了重要影响。在人类历史进入世界历史后，中国相对衰落了，鸦片战争后，西方侵略纷至沓来，中国先后同侵略中国的列强签订了一系列不平等条约，通过这些，中国逐步丧失了一系列国家主权，逐步沦为半殖民地半封建社会。中国衰落了。可以说，近代的中国，是被敌人的侵略带入国际交往的，同时在国际交往中又处于被动挨打的地位。为了改变中国贫穷落后、任人欺凌的局面，一代又一代中国先进分子怀揣着实现民族复兴的中国梦艰辛求索。在中国共产党成立之前，一些先进分子进行过努力但都失败了。尽管这些努力失败了，但还是在不同时期、不同程度上都为实现民族复兴奠定了条件和基础。中国共产党成立后，中国革命的面貌焕然一新。在中国共产党的带领下，1949 年新中国成立，中华民族从此站立起来，中国摆脱了外来压迫，推翻了封建压迫，这为民族复兴奠定了坚实基础。新中国成立后，中国先后同苏联、东欧社会主义国家以及周边国家建立了外交关系。1953 年朝鲜战争结束，抗美援朝的胜利，更是向国际社会显示了新中国的气象，从此使得国际社会不敢轻视中国。但在新中国成立后的一段时间内，中国的影响主要还限于社会主义阵营内部。

中苏关系恶化，特别是中苏关系决裂后，毛主席根据形势的发展变化推动了中国同美国建立联系，同西方国家建立外交关系，这也使得中国在国际上的影响力逐步扩大。不过，在很长时期内，由于中国经济实力不济，所以在国际上的影响受到了制约。改革开放后，随着中国经济的崛起，塑造外交话语权的需求就成为面临的重要现实任务。经过改革开放后的几十年发展，中国已经从站起来实现了富起来、强起来。确实如此，中国的领土面积相当于欧洲之和，人口总量相当于欧洲加日本和美国的人口之和，能够在新中国成立以来的七十余年时间迅速迈向现代化，人类历史上从未有过这种实践，因为西方实现现代化花费了几百年的时间，而且是一个个国家陆陆续续地迈入现代化，当时由工业化逐步迈向现代化的国家，人口规模也比较小，一般几百万，多则上千万。所以，中国的崛起，从站起来迈向富起来、强起来，创造了世界奇迹。与这一进程相伴随的是中国在国

421

际全球化中坐标的位移。在新全球化时代，中国综合国力显著提升，国际影响力大为增强，中国负责任的大国形象愈加深入世界人心，在国际交往中，中国逐步从旧全球化时代的世界边缘走向新全球化时代的世界中央。同时中国历史地位得到了根本改变。中国对于世界的贡献也在前所未有地增加。

习近平总书记在党的十九大上不仅明确了中国共产党的初心和使命，而且也明确了中国共产党为人类、为世界做出贡献的国际使命。"中国共产党始终把为人类作出新的更大的贡献作为自己的使命。"① 这就表明中国共产党是具有双重使命的先进政党。在国内使命上，中国共产党肩负着为民族谋复兴、人民谋幸福的使命；在国际使命上，中国共产党肩负着为人类做出更大贡献的使命。在这个意义上当然可以说，"构建人类命运共同体的提出体现了中国共产党人为世界作出新的更大贡献的使命与担当，提供了解决人类问题的中国智慧与方案"。②

第四节　构建人类命运共同体的推进路径

构建人类命运共同体需要构建国际认同的话语体系、构建相应的权责利体系、建设"五位一体"的美好世界，同时抓好"一带一路"这一落实人类命运共同体构建的重要抓手。

一、构建国际认同的话语体系

当前，人类命运共同体理念已经提出，并已获得国际社会越来越多的认可，但是，构建人类命运共同体并未形成全球公认的价值理念。在构建人类命运共同体上，我们尚处于"有理说不出、说了没人听、听了没听懂、听懂没人信"的尴尬境地。导致这一困境出现的重要原因在于：

一方面是西方话语优势。当今世界的竞争是综合国力的竞争，同时也是话语权的竞争。在这方面，西方国家具有明显的优势。西方国家经过资本主义经济发展，形成了西方代表性的资本主义经济理论，在政治上形成了具有代表性的西方民主政治话语，而且它们长期又凭借经济的优势地位、军事优势地位将西方的文

---

① 习近平：《决胜全面建成小康社会　夺取新时代中国特色社会主义伟大胜利》，载于《人民日报》2017年10月28日，第01版。
② 刘俊杰：《构建人类命运共同体的提出依据、中国角色与现实路径》，载于《福建论坛》（人文社会科学版）2019年第6期。

明包括话语体系传播至世界，经过不断的话语包装，形成西方话语体系，西方话语体系的核心要义是西方制度、思想文化是世界上最文明先进的，是拯救世界、推动国家发展的不二选择。相对来讲，后发国家在经济上、军事上长期落后于西方，它们在寻求国家发展的探索中往往迷恋、引入西方的经济体制、政治体制甚至包括思想文化，西方依靠实力传播西方话语，后发国家又引入和帮助传播西方话语，这样就在全球建立了西方话语霸权。"西方的话语霸权已造成了这样一种'元叙事'，即西方是先进的、合法的、权威的，西方是世界的主导者。"① 这种思维不仅在一些西方国家根深蒂固，即便是在一些发展中国家也由于西方的长期宣传成为一种较为普遍的认识。在西方话语霸权下，一些西方国家经常抹黑中国，将中国的崛起视作是一种威胁，如提出"修昔底德陷阱"。它本身是一种历史现象，却被一些西方国家有意解读为所谓的历史规律。他们根据中国崛起的背景，别有用心地宣扬"国强必霸"，渲染"中国威胁论"，又将中国关于人类命运共同体构建、"一带一路"倡议等实践活动看成是"新殖民主义"。针对中国的崛起，他们提出不符合中国国情的责任主张，要求中国承担更多的国际责任，"中国责任论"一时甚嚣尘上。"受这种传统观点的负面影响，中国逐渐崛起，引起了国际社会，特别是西方发达国家的担忧。'人类命运共同体'提倡世界各国平等相处、公平正义、共同发展与合作共赢的新理念，这与以美国为首的西方国家唯我独尊的'霸权主义'是格格不入的。"② 还有一点值得关注的是，一些深受西方话语影响、长期遭受西方打压的发展中国家，也对中国的发展产生了猜忌，它们为了能够从西方国家获得更多的利益，迷恋、附和西方话语，奉承西方的"中国威胁论""新殖民主义"等论调，对中国的崛起和一些善意的做法发表一些攻击言论，甚至是采取抵制措施。

另一方面与前者相对的是中国屡弱的国际话语权。与西方和话语霸权形成对比的是，中国的国际话语权存在明显偏弱的情况。尽管改革开放后经过几十年的迅速发展，中国综合国力大为增强，但中国的国际话语权没有达到与综合国力相当的地步，相反，中国的国际话语权还存在话语屡弱的情况。造成这种现状的原因在于，一是中国对外的传播主体主要是官方，而在信息全球化时代，国际传播的主体是十分多样的，它包含了个人、非官方组织等。中国对外传播的主体是官方，在西方话语霸权和意识形态影响下，很容易将中国官方对外的宣传看成是一种意识形态的渗透，一种政治宣传，这样就更容易引起西方的担忧、警觉和反

---

① 王祯、李包庚：《推进"人类命运共同体"理念对外传播问题探论》，载于《理论导刊》2019年第6期。

② 周银珍：《"人类命运共同体"理论指导下的中国国际话语权重塑研究》，载于《云南民族大学学报》（哲学社会科学版）2018年第2期。

感。二是国家传播的话语载体存在不足，这一点与西方形成对比。传播载体是宣传自身价值观和主张的重要平台，"在当前的国际话语体系下，西方 50 多家媒体跨国公司占据了世界 95% 的传媒市场，可以说西方国家在国际话语体系中仍占据着绝对主导地位"。① 这也就是说，中国在世界传媒市场占有的份额连 5% 都不到，这显然与中国的世界大国地位是很不相称的。三是中国在国际话语产出上还存在明显不足。在世界上具有影响的国际话语，比如大家耳熟能详的"文明冲突论""修昔底德陷阱"等都来自西方，尽管一些西方话语存在偏失，但也存在一些合理之处，所以经过西方的包装宣传，深入人心，而中国在国际上的话语供给确实偏弱，这一点与中国知识界、学术界的贡献不足有关，而提及这一点就不得不提及中国近代屈辱的历史。鸦片战争后，长期处于被动挨打境地的中国，在探寻国家前途命运时，中国先进分子也在从西方寻求救国救民的良方，这样自然在同西方的接触中，长期处于被输入的状态，西方的话语也对中国产生了重要影响，以至于毛泽东在延安整风时期批评一些人"言必称希腊"②，以至于到了今天，中国的发展已今非昔比，中国模式、中国道路取得了重大成功，有人仍然习惯于用西方话语理解、阐释中国，甚至一些学者限于西方话语之中。"中国长期以来国际学术话语的'断层'和'失语'，使得我国话语内容的逻辑缺乏论证，而且中国话语大多表现为政策性的宣示，缺乏广泛深刻的论证阐发。"③ 四是中国话语表达方式和方法存在不足。俗话说"到什么山上唱什么歌"，我们以往提倡在中国宣传要注重贴近群众生活的语言，同样向国外宣传，面对不同民族、不同文化、不同信仰的多元群体进行宣传，也要注意采取适合他们的话语表达。中国的语言叙事基于中国的历史文化背景和政治背景，不容易为国外所理解，如果不注意传播对象的接受度，自说自话的传播，只能陷入"有理说不出，说了也传不开"的境地。

针对当前构建人类命运共同体的现实困境，构建人类命运共同体国际认同的传播路径主要在于以下几点。

（一）中国要做好自己

在国际上，总体来讲，国家的实力影响着国家的话语权。一个小国、弱国是谈不上话语权的。鸦片战争后，作为一个人口众多的大国，中国却长期遭受外国

---

① 刘昌明、杨慧：《构建人类命运共同体：从外交话语到外交话语权》，载于《理论学刊》2019 年第 4 期。

② 《毛泽东选集》第三卷，人民出版社 1991 年版，第 797 页。

③ 王祯、李包庚：《推进"人类命运共同体"理念对外传播问题探论》，载于《理论导刊》2019 年第 6 期。

的侵略欺凌，便充分说明了这一点。新中国成立以来特别是改革开放以来，随着中国综合国力的提升，中国的国际影响力显著增强也说明了这一点。但正如党的十九大指出的，"我国仍处于并将长期处于社会主义初级阶段的基本国情没有变，我国是世界最大发展中国家的国际地位没有变"①。因此，中国还必须把发展作为第一要务，以经济建设为中心，统筹推进"五位一体"总体布局，推进"四个全面"战略布局，不断发展壮大自己，做好自己，这是增强中国话语权的根基。

当然，中国在国际上提出了构建人类命运共同体的理念，中国首先自己必须言行一致、以身作则、说到做到。中国古语讲，"听其言、观其行"，只要中国言行一致，国外的误解、攻击就变得苍白无力。从现实中看，中国确实既是"构建人类命运共同体"的提出者也是推动者、践行者。所以，在构建人类命运共同体上，中国是彻头彻尾的先行者，中国发出的相关倡议和采取的实际行动也获得了国际社会的普遍好评，不少国家响应中国倡议，积极参与这一伟大工程的构建。②中国今后仍然需要做到言行一致，推进人类命运共同体建构。

（二）完善构建人类命运共同体的话语体系

构建人类命运共同体的话语体系需要中国哲学社会科学工作者发挥智力支持作用。"在各自的学科领域内，对相关研究议题、研究视角、研究内容、研究方法等方面进行创新，解读人类命运共同体理念为破解全球和平赤字、发展赤字、治理赤字贡献了哪些中国智慧，提供了哪些中国方案，只有有理、有据、有系统、有体系的逻辑论证，才能为人类命运共同体国际传播的对策落地做好理论支撑。"③在构建话语体系上要注重利用中国传统文化优势，同时也要精通国外话语体系特别是西方话语体系，融汇中西方话语体系。中华优秀传统文化是打造具有中国风格话语体系的重要文化支撑，因此要从中华优秀传统文化中汲取养料，并结合当前实际进行现代转换，赋予其新的时代内容，同时也要汲取世界优秀文化成果元素，进行新的提炼概括，并结合中国文化、中国实际进行新的话语创造，通过构建中西融通的话语体系，构建充满真实性、严谨性、系统性、接地气的国际话语体系，形成中西方体认的共识，更好地传递"中国声音"。

---

① 习近平：《决胜全面建成小康社会 夺取新时代中国特色社会主义伟大胜利》，载于《人民日报》2017年10月28日，第01版。

② 刘俊杰：《构建人类命运共同体的提出依据、中国角色与现实路径》，载于《福建论坛》（人文社会科学版）2019年第6期。

③ 李淑文、刘婷：《人类命运共同体对外传播的现实困境与实践路径》，载于《出版发行研究》2019年第5期。

（三） 创新跨文化传播方式方法

在这方面，一是要注重拓展对外传播主体。在利用官方媒体发挥话语优势的基础上，更应该利用非官方的力量传播话语，这样更能避免域外国家以意识形态为名进行话语限制和反制，同时非官方的交流对话，话语传播更能够加强民意基础。在这方面，科研机构、私营企业、公共组织、国外华侨等都可在话语传播中发挥作用，因此，要创造条件为他们发挥作用提供机会。二是要加强传统媒体和现代媒体的融合。不断突破单一化媒介传播的局限性，开拓更加广泛和形式多样的传播体系。为此，一个重要方面是注重运用大数据。"大数据分析方法、云计算平台及挖掘系统，以前所未有的方式将人、事、物三者之间的关系数量化、数字化，有助我们对价值观传播这样异常复杂行为的分析和理解。"① 三是积极构建话语传播平台。利用各种媒介媒体，充分发挥包括互联网、出版物、国际会议、民间活动等在内的话语平台作用。在这方面需要指出的是，构建人类命运共同体的中西之争，是官方意识形态的争论，这种争论主要体现在知识界，西方知识界对于政府的行为具有重要影响，因此，可以培养更多贯通中西、外语熟练的相关领域研究专家，通过国内外国际会议、论坛等拓宽中国知识分子的传播渠道、拓展其影响力。

二、构建相应的权责利体系

构建人类命运共同体的根基工程是构建利益共同体，构建这一共同体要求必须构建相应明确的权责共同体。

（一） 构建责任共同体

人类命运共同体事关人类命运，需要人人共建，从这个意义上说，人类命运共同体构建人人有责。当然，在当今世界，由于人大都是寄居在某一国家之中，所以国家就承担了构建人类命运共同体的主体责任。这也就是说，构建人类命运共同体世界各国皆有责任，皆要承担责任。在这方面，我们看到，中国不仅率先提出了构建人类命运共同体的重大命题，而且还以感恩、开放、积极、有为的心态和姿态，主动承担起构建人类命运共同体的职责。这一方面是中国共产党使命的使然，另一方面也与中国传统文化密切相连。中国古代就有一种"天下观"，

---

① 陈伟军：《人类命运共同体构建与中国价值观的国际传播》，载于《新闻界》2019 年第 3 期。

强调"天下大同""协和万邦""四海之内皆兄弟"等，这种"天下观"为构建人类命运共同体的提出奠定了思想文化基础。当然，正如前文所言，构建人类命运共同体不是中国一国能够完成的，中国也完成不了，这是一项需要全球各国参与的长期、系统的过程。为此，中国共产党在积极承担国际职责、主动作为的同时，也在不断推动世界各国共同致力于参与全球事务治理。当今国际事务纷繁复杂、人们的需求多元复杂，一个或几个国家难以担负起为全球提供公共产品的职责，"当前国际经济力量的分散化，使得由任何一个国家或几个国家来为全球提供公共品的时代已经终结"①，只有世界各国皆承担起职责，特别是大国承担起应有的责任，国际组织发挥应有作用，构建人类命运共同体的目标才可能逐步实现。

（二）构建权利共同体

权利共同体建设也是推动人类命运共同体构建的重要内容。权利和责任是对立统一的两个方面。人们在依法享有权利的同时必然要承担与之相对应的责任，仅享有权利不承担责任，或者是仅承担责任不享有权利，都是违背公平正义的。构建责任共同体，首先要保证各国平等参与全球治理的权利。达到这一点必须实现国际关系民主化，优化全球的治理和分配体制，保证国际社会成员的"人权"，坚持以人类命运共同体理念为指导，推动国际事务共商解决。国无论强弱与贫富，皆乃国际社会之成员，且众成员一律平等，无超出他国之特权，享平等参与国家事务治理之权利。故此，习近平总书记指出，人类命运共同体乃国际成员共建共享之物，成员为参与者、受益者、奉献者，一国受益，他国受损，一国发展，他国止步或倒退，皆与人类命运共同体之精髓相不符。然而，"各国能力和水平有差异，在同一目标下，应该承担共同但有区别的责任"②。另外，就是保证各国共同分享治理成果的权利。保证世界的发展成果为世界各国及其人民所共享。在这方面要打破不合理的更多服务于西方发达国家的国际旧秩序，建立新的符合广大发展中国家和世界各国利益的国际新秩序。

（三）构建利益共同体

马克思认为每一社会经济关系首先是作为利益表现出来的，利益关系是社会经济关系的核心内容。在马克思、恩格斯看来，对利益的追逐成为人类进行生产

---

① 朱赛飞、孙亚忠：《人类命运共同体：跨越"金德尔伯格陷阱"的中国智慧》，载于《思想教育研究》2018 年第 5 期。

② 习近平：《谋共同永续发展 做合作共赢伙伴》，载于《人民日报》2015 年 9 月 27 日，第 02 版。

活动的重要动因，也是驱动人类社会向前发展的重要动力，在不同的时代、不同社会制度下，个体、群体的利益诉求存在着差异，阶级利益存在对立，无产阶级及其政党代表了最广大群众的利益，进入共产主义社会，阶级差别及其利益对立将会被消灭。人类命运共同体首先应该是利益共同体。在全球化背景下，个人和国家对利益的追逐驱动了各国的密切交往和利益联结，形成了世界各国广泛的共同利益。"共同利益是构建各层次共同体的生机之源，是孕育命运共同体获得持续发展的现实动因。"①

全球化的推进已经使得世界成为一个密切联系的利益共同体，当然这种利益共同体还有待进一步加强、引导和规范。为此，这就提出了构建利益共同体的任务。构建利益共同体需要构建覆含宽领域、多层次的利益共同体，不断扩大和增强利益的交汇点，进一步加强世界的交往和利益交融。在这方面，建设更加开放的世界市场，推动世界贸易自由便利化，不断打造国家间沟通合作新平台，成为必不可少的举措。

三、建设"五位一体"的美好世界

党的十九大指出，"我们呼吁，各国人民同心协力，构建人类命运共同体，建设持久和平、普遍安全、共同繁荣、开放包容、清洁美丽的世界"。② 这就提出了建设美好世界的命题，同时指出了什么样的世界是美好世界，即美好世界是持久和平、普遍安全、共同繁荣、开放包容、清洁美丽的世界。

（一）构建持久和平的世界

人类的历史可以说是与战争相伴的历史。战争给人类带来了重大灾难和创伤，也给人们带来挥之不去的痛苦记忆。正因为如此，和平才显得弥足珍贵。特别是在经历了两次世界大战之后，尽管局部战争不断，但是大规模的战争始终未有再现，这也是人类对于战争教训汲取的结果。由于国家、民族以及社会不同群体之间的分歧和冲突始终存在，所以就需要采取一定的方式进行化解。纵观人类历史可以看出，解决这些分歧和冲突的方式无外有二，即对话协商和战争。事实上，人类在进入世界历史之后就开始不断运用对话协商处理涉及共同命运问题的

---

① 谢文娟、张乾元：《论构建人类命运共同体的"四位一体"——学习习近平人类命运共同体的重要论述》，载于《社会主义研究》2018年第2期。

② 习近平：《决胜全面建成小康社会 夺取新时代中国特色社会主义伟大胜利》，载于《人民日报》2017年10月28日，第01版。

行为，比如，第一次世界大战后成立的国际联盟就曾协助多国就国际范围内的难民、卫生等问题展开对话协商，但长期以来，对话协商并未成为国家间交往和国际事务治理的核心理念和方式，在经历了频繁、惨烈的战争与冲突之后，特别是经历了两次世界大战之后，国际社会才真正意识到通过对话协商方式化解国际争端与分歧、进行国际交往与合作的重要性和必要性，认识到解决分歧和冲突的最好方式是对话协商，最糟糕的方式是战争，战争这一解决方式往往带来更大、更持久的对抗和冲突。不过，真正将对话协商从理论上升到构建人类命运共同体理念、方式和途径的高度并在实践中大力推动的则开始于党的十八大之后。党的十八大后，党中央从实际出发提出构建人类命运共同体的全球治理新方案、新理念并强调坚持对话协商构建人类命运共同体。当然，习近平总书记提出构建人类命运共同体并强调坚持对话协商构建人类命运共同体，绝非凌空蹈虚之举，亦非一时之念，而是基于对人类社会发展规律的深刻认识、基于世界各国的长远利益和共同利益、基于中国共产党人对人类做出新的更大贡献的使命和担当、基于对以往国际关系发展经验教训的高度反思、基于《联合国宪章》的宗旨和原则。因此，构建持久和平的世界必须坚持以对话协商解决分歧与冲突，并构建长期稳固的对话协商机制，走出对话而不对抗的国际交往新路。

（二）构建普遍安全的世界

普遍安全的世界关系着世界每个国家的福祉和安宁，因此也为世界各国，为联合国和其他国际组织所关注。这也是人类命运共同体打造所致力于解决的内容。安全是一个概括性、历史性的概念。安全作为一个宏观的概念，包括经济安全、政治安全、军事安全、网络安全、意识形态安全等，所以它具有集合性。而且在人类发展的不同历史阶段，安全也具有不同的内涵，比如网络安全就是现代安全所具有的内容。在全球化时代，安全又是共同联系的，一个国家或几个国家间的动荡和冲突会导致地区或全球性的动荡和冲突，所以营造普遍安全的世界，需要世界各国的共同努力，"在世界各国共同发挥作用的前提下，以普遍安全的基本形式推动人类命运共同体的构建"。[①] 在构建普遍安全的世界时，一方面需要中国自身把握好方向，坚持和平发展的道路。对此，改革开放以来中国共产党及其领导人都明确表示中国坚持和平发展道路，即便是将来发达了，也坚持不称霸，不搞对外扩张。另一方面需要建设新型安全伙伴关系。建设新型安全伙伴关系，尊重主权、合作共赢、平等互信是必不可少的条件。建设新型安全伙伴关

---

① 高地：《人类命运共同体的形成依据、思想内容及构建路径研究》，载于《思想教育研究》2018年第8期。

系，一是要建设共同安全，正如前文所讲，全球化时代，任何国家都难以置身事外，因此一个或部分国家不能将自己的安全建立在别人的不安全基础之上，这样的安全是缺乏牢固基石的，要有人人安全、我才安全的意识，尊重每一个国家的安全。二是要建设综合安全，统筹捍卫各方面安全，坚持标本兼治，分清缓急，既解决当前突出问题，也应对潜在威胁。三是建设合作安全、普遍的安全，新型安全伙伴关系的建立需要各方面共同努力，合作推进。四是建设可持续性安全，突出发展与安全并举，解决影响安全的发展性障碍，夯实安全的现实根基。

（三）构建共同繁荣的世界

构建人类命运共同体要求我们构建一个共同繁荣的世界，一个两极分化、发展悬殊的世界不符合人类命运共同体的要求。构建一个共同繁荣的世界是人类社会理应的共同价值追求，也是中国和中国共产党的奋斗目标及美好追求，它要求各国必须把发展放在突出位置，同舟共济谋发展，牢牢把握新科技革命和产业革命的发展机遇，创造开放包容、创新互惠的经济发展前景，同时兼顾经济发展的长远目标和当下情形，不断优化产业机构，建立适合本国国情的经济发展方式，解决发展中的突出矛盾和问题，推动生产力的发展。另外，"构建开放型世界经济，严格践履世界贸易组织规则，加速贸易、投资自由化便利化，建立平等包容、互利共赢、透明开放的多边贸易体制，解决发展失衡、治理困境、数字鸿沟、公平赤字等问题，既把蛋糕做大又把蛋糕分好"。① 同时推动多方合作，以人类命运共同体构建不断搭建合作共赢的平台，注重支持和保护各国特别是发展中国家享有平等发展的权利，关注世界性贫困问题的解决，带动和帮助落后国家发展经济，鼓励不同国家开展不同经济社会发展方式的变革，尊重各国变革探索的自由权利。

（四）构建开放包容的世界

多样文化、多元文明的存在构成了璀璨多彩的绚丽世界，是世界的宝贵财富。人类发展历史证明，以强力压制甚至以消除一种文化、文明实施霸权，带来的是灾难，这种霸权的强势最后也是自食恶果。人类因丰富多样的文化文明而充满魅力，这种魅力给人类自身带来自信和滋养，为人类成长和进步奠定阶梯。多元文化文明并立的今天，本身也包含着各种文化文明的交流和交融、互动和互鉴，不能以一种优劣的眼光和态度对待其他文明与文化，而应坚持开放包容的态度，尊重多样的文化文明，积极吸收借鉴其他文明的优秀成果，为我所用。中国

① 郝保权：《人类命运共同体的中国智慧与文明自觉》，载于《人民论坛》2019年第26期。

共产党人向来主张尊重多元文化、文明，在坚守自己文化传统的同时，不断立足当今实践、面向世界创新自己的文化文明。构建人类命运共同体要求多元文化文明的平等相待、相互尊重、相互欣赏、相互借鉴，以通达建设开放包容世界的目标。在这方面，中华文明完全可以为人类构建开放包容的世界做出独特贡献。中华文明崇尚和谐，中华文明中的儒家思想文化的内核是"己所不欲，勿施于人"，突出"三人行必有我师"，中华文明中的天下大同、天下为公的观念，都为人类不同文明间的相互欣赏学习提供了重要文化支撑。正如前文所讲，西方中心主义往往带着一种有色眼镜去看待其他文明，贬低其他文明，唯我独尊，这种观念及其实践实际上是不利于人类社会、国家间和平共处的，而以儒家文明为主要构成部分的中华文明则有利于不同文明间的民族和国家和平共处、互相学习借鉴。

（五）构建清洁美丽的世界

人类只有一个地球。人与自然和谐共生是人类社会的理想，也是人类自身生存发展的基本前提。尊重自然规律，保护自然、顺应自然，是人与自然和谐相处的基本保障。进入工业化以来，人类活动的全球性影响越来越大，这使得在生态环境上，人类的命运越来越紧密联系在一起。事实证明，不顾自然规律、不顾后代子孙的盲目发展和肆意破坏，只会带来生态环境的破坏和恶化，人类自身也将遭受惩罚，人类集聚和生存的地球不应该是脏乱差的地带，而是清洁美丽的家园。构建人类命运共同体要求建设清洁美丽的世界。一方面，就中国来说，在国内，我们必须以习近平生态思想为指导，坚持"绿水青山就是金山银山"的发展理念，推动绿色发展，加快绿色发展的相关法律政策制定完善，提升环保意识，倡导简约适度、绿色低碳的生活方式，建立健全绿色低碳循环发展的经济体系，构建清洁低碳、安全高效的能源体系，加强突出环境问题整治和生态系统保护力度，推进生态环境监管体制的改革和优化。同时，中国应积极履行全球环境治理的中国义务，中国签署并严格遵守《联合国气候变化框架公约》《巴黎协定》等，在联合国成立 75 周年大会上习近平总书记提到，中国的二氧化碳排放要力争在 2030 年前达到峰值，2060 年前实现碳中和，积极学习借鉴先进国家环境保护与治理的经验，加强相应的交流和合作。另一方面，就世界范围来看，各国在气候保护、全球生态危机方面要采取共同行动，共商策略，共同承担其责任，当起鸵鸟、逃避责任，或者是挑肥拣瘦，只愿意承担小责任、不愿承担应有责任，又或者是各自为政、不闻不问，最终只会带来全球的生态环境恶化。各国应在国内层面和国际层面制定环境治理的规划和行动，并将国际、国内两方面统一起来，以环境问题的合作和解决，推动全球性共识凝聚，在这方面发达国家应该更多地肩负起职责，利用资本优势、技术优势等推动环境治理，帮助发展中国家参与环境治理，同时发展中国家也要紧跟潮流和趋势，推动发展模式创新和转换，"不走先污染后治理的老路，加强观念、技术、管理等领域的协商和交流，促进各国在产业结构、能源利用与资源节约等方面能力的全面提升，为人类社会发展谋福祉"。①

四、抓好"一带一路"倡议的落实工作

"一带一路"倡议是落实构建人类命运共同体的重要抓手，必须坚持不懈地推进这一工程。

（一）加强"一带一路"的顶层设计

中国作为"一带一路"倡议的提出者，应该对推进这一倡议有着清晰的规划和目标。这一倡议的规划"在决策层面要有全国一盘棋的整体布局，做好顶层设计，由国家安全委员会、中央财经领导小组、中央经济改革领导小组和中央外办统一协调战略规划，由国务院及各部委局、地方政府等执行部门提出具体实施方案，统筹安排，扎实推行"②。这里，一方面要注重推动"一带一路"建设更加精细化的管理，加强顶层设计，提升合作的经济政治效益。"中国政府、企业、相关单位在开展经济合作时要充分评估其政治后果，尤其是对于那些有可能带来较大政治风险、安全风险以及有可能陷入所在国政治纷争、国际政治纷争或者导致内部政治分歧、经济财政风险的项目要进行准确的评估。经济账做好了，账面漂亮了，政治结果迟早会到来，经济账是政治账的基础，政治账则是经济账自然而然的结果。"③另一方面加强顶层设计，推动"一带一路"建设转型升级。这里要注重推动更加广泛的多边合作，同时中国在加大国际公共产品供应的同时，推动在国际标准制定中的主导权。"'一带一路'不能仅仅满足于经济实务层面的合作，应该在实务合作的基础上，推进基础设施建设、经济、金融、投资、贸易等相关领域的标准化等形而上层面的合作。这种规则、标准的制定权，中国必须牢牢控制在手里。"④

---

① 杨宏伟、张倩：《人类命运共同体的结构及其建构》，载于《教学与研究》2018 年第 11 期。

② 何茂春等：《"一带一路"战略面临的障碍与对策》，载于《新疆师范大学学报》（哲学社会科学版）2015 年第 3 期。

③④ 胡宗山、聂锐：《"一带一路"倡议：成就、挑战与未来创新》，载于《社会主义研究》2019 年第 6 期。

（二）加强互联互通合作

没有广泛的国家间互联互通就不存在人类命运共同体构建的问题，这是命运共同体构建的基础工程。缺乏互联互通，就无所谓全球化。"共建'一带一路'致力于亚欧非大陆及附近海洋的互联互通，建立和加强沿线各国互联互通伙伴关系，构建全方位、多层次、复合型的互联互通网络，实现沿线各国多元、自主、平衡、可持续的发展。"① 基础设施是"一带一路"实现全球经济连接和发展的重要根基。因此依托基础设施建设加强互联互通，优化多边合作，造福沿线百姓，推动沿线国家经济发展繁荣，很有必要。为此，一是要加强政策沟通，加强经贸、投资领域的贸易谈判，建立相应的平台，比如建立"一带一路"国际商事调解中心等；二是要加强设施联通，比如"构建以新亚欧大陆桥等经济走廊为引领，以中欧班列、陆海新通道等大通道和信息高速路为骨架，以铁路、港口、管网等为依托的互联互通网络"②。三是推动贸易畅通，加强贸易合作，推动国际国内双循环。四是推动资金融通，如推动"一带一路"人民币结算，加强亚投行建设。五是推动民心相通，加强"一带一路"沿线教育、文化、旅游往来，深化民间交流合作。

（三）加强经贸投资合作

加强经贸投资合作，应积极推动落实一系列重要经贸合作战略构想，比如"孟中印缅经济走廊""中国与东盟自贸区升级版""中巴经济走廊""丝绸之路经济带""21世纪海上丝绸之路"等，使之从构想成为现实，造福于中国及周边邻邦。在加强对外经贸投资合作中，我们应该注重发挥企业或一级商会、行会组织的作用。商会可以在平衡不同利益关系的产业谈判中发挥作用，也可以为政府提供经济咨询、市场调研、产业谈判等支持。商会和行会能够在政府与企业间发挥沟通联结作用，发挥桥梁纽带作用，因此应重视商会的国际交往合作作用，推动其配合政府完成国际经贸问题的谈判，在政策制定上听取其意见。这也就要求政府推动政府职能转变，真正做到发挥市场的决定性作用，简政放权。"这意味着给商会、行会留出更多的市场空间。应与其建立良好的互动关系，要充分调动

---

① 《推动共建丝绸之路经济带和21世纪海上丝绸之路的愿景与行动》，载于《人民日报》2015年3月29日，第04版。

② 国家发展和改革委员会：《推动"一带一路"建设迈向高质量发展》，载于《财经界》（学术版）2019年第17期。

其积极性、发挥其主动性。"[①] 同时，加强对外经贸投资合作，还应该继续积极扩大对外开放。在这方面，中国应积极创建更多更加开放的合作平台，并提供相应的国际公共产品，促进跨境电商贸易发展，培育新的贸易增长点，提升投资合作水平，推进国际产能合作，"共建自由贸易区，形成更多贸易投资制度性安排，构建面向全球的'一带一路'自由贸易区网络。提升贸易投资自由化、便利化水平，推动国际贸易'单一窗口'建设，通过中国—东盟博览会等活动促进企业间合作"[②]。

---

① 何茂春等：《"一带一路"战略面临的障碍与对策》，载于《新疆师范大学学报》（哲学社会科学版）2015 年第 3 期。

② 耿洪洲：《围绕构建人类命运共同体 推进"一带一路"建设》，载于《中国党政干部论坛》2018 年第 7 期。

参考文献

[1]《马克思恩格斯选集》第 1~4 卷，人民出版社 1995 年版。

[2]《马克思恩格斯全集》第 23 卷，人民出版社 1972 年版。

[3]《马克思恩格斯文集》第 1 卷，人民出版社 2009 年版。

[4]《马克思恩格斯文集》第 10 卷，人民出版社 2009 年版。

[5]《毛泽东选集》第一卷，人民出版社 1991 年版。

[6]《毛泽东选集》第二卷，人民出版社 1991 年版。

[7]《毛泽东选集》第三卷，人民出版社 1991 年版。

[8]《毛泽东选集》第四卷，人民出版社 1991 年版。

[9]《邓小平文选》第一卷，人民出版社 1994 年版。

[10]《邓小平文选》第二卷，人民出版社 1994 年版。

[11]《邓小平文选》第三卷，人民出版社 1993 年版。

[12] 江泽民：《论"三个代表"》，中央文献出版社 2001 年版。

[13] 江泽民：《论党的建设》，中央文献出版社 2001 年版。

[14] 习近平：《习近平谈治国理政》，外文出版社 2014 年版。

[15] 习近平：《习近平谈治国理政》第二卷，外文出版社 2017 年版。

[16] 习近平：《习近平谈治国理政》第三卷，外文出版社 2020 年版。

[17] 中共中央文献研究室编：《习近平关于全面从严治党论述摘编》，中央文献出版社 2016 年版。

[18] 中共中央宣传部编：《习近平总书记系列重要讲话读本》，学习出版社、人民出版社 2016 年版。

[19]《习近平接受金砖国家媒体联合采访》，载于《人民日报》2013 年 3 月 20 日。

[20]《中共中央关于完善社会主义市场经济体制若干问题的决定》，人民出版社 2003 年版。

[21] 中央文献研究室：《毛泽东思想综论》，中央文献出版社 2006 年版。

[22] 中共中央文献研究室：《十七大以来重要文献选编》（全 3 册），人民出版社 2011 年版。

[23] 《中国共产党第十七次全国代表大会文件汇编》，人民出版社 2007 年版。

[24] 《中国共产党第十八次全国代表大会文件汇编》，人民出版社 2012 年版。

[25] 《中国共产党第十九次全国代表大会文件汇编》，人民出版社 2017 年版。

[26] 习近平：《高举中国特色社会主义伟大旗帜　为全面建设社会主义现代化国家而团结奋斗——在中国共产党第二十次全国代表大会上的报告》，人民出版社 2022 年版。

[27] 刘焕明：《近代中国的民主之路与历史经验》，江苏人民出版社 2017 年版。

[28] 刘焕明：《中国特色社会主义政治制度创新研究》，江苏人民出版社 2013 年版。

[29] 本书编写组编著：《党的十九大报告学习辅导百问》，党建读物出版社、学习出版社 2017 年版。

[30] 本书编写组编著：《〈中共中央关于全面深化改革若干重大问题的决定〉辅导读本》，人民出版社 2013 年版。

[31] 蔡长水、刘振华：《新世纪党建九大问题》，江苏人民出版社 2001 年版。

[32] 陈至立：《中国共产党建设史》，上海人民出版社 1991 年版。

[33] 广西老科学技术工作者协会，广西老年基金会编：《社会公平与社会和谐》，广西人民出版社 2007 年版。

[34] 江流：《当代社会主义的若干问题》，重庆出版社 1999 年版。

[35] 李慎明：《全球化背景下的中国大党建》，人民出版社 2010 年版。

[36] 卢先福、端木婕：《中国执政党建设研究》，上海人民出版社 2002 年版。

[37] 戚晓曙：《中国现代产业体系的构建研究》，中国经济出版社 2011 年版。

[38] 宋镜明、戴德铮、丁俊萍：《马克思主义建党学说史》，武汉大学出版社 1993 年版。

[39] 宋镜明：《毛泽东建党科学体系发展史》，武汉大学出版社 1998 年版。

[40] 宋晓明：《中共党建史：1921—1949》，党建读物出版社 1996 年版。

[41] 王关兴、陈挥：《中国共产党反腐倡廉史》，上海人民出版社 2001 年版。

[42] 辛荣：《新世纪执政党建设研究》，陕西人民出版社 2004 年版。

[43] 严家栋：《毛泽东思想研究大系·党建卷》，上海人民出版社 1993 年版。

[44] 严强：《宏观政治学》，南京大学出版社 1998 年版。

[45] 叶学平主编：《新时代中国现代化经济体系建设》，武汉大学出版社 2018 年版。

［46］曾昭宁：《公平与效率：中国走向现代化的抉择》，石油大学出版社1994年版。

［47］赵生晖：《中国共产党组织史纲要》，安徽人民出版社1987年版。

［48］赵云献、陈登才：《马克思主义党的学说经典著作导读》，山西人民出版社1998年版。

［49］张海波：《经济发展质量：经济学范畴与统计测度》，武汉大学出版社2012年版。

［50］张志伟主编：《西方哲学史》，中国人民大学出版社2002年版。

［51］张卫江主编：《中国特色社会主义政党制度》，中央编译出版社2007年版。

［52］张世飞：《马克思主义党建理论中国化研究》，经济科学出版社2013年版。

［53］中共中央党建研究所：《党的建设大事记（十七大—十八大）》，党建读物出版社2013年版。

［54］中共中央宣传部编：《习近平新时代中国特色社会主义思想学习纲要》，学习出版社、人民出版社2019年版。

［55］中共中央宣传部理论局组织编：《科学发展观学习读本》，学习出版社2006年版。

［56］中共中央组织部、全国党的建设研究会：《新时期党的建设科学化书系》，党建读物出版社2011年版。

［57］中共中央组织部、全国党的建设研究会：《纪念中国共产党成立90周年党建研讨会（上下）》，党建读物出版社2012年版。

［58］中国社会科学院马克思主义研究部：《36位著名学者纵论中国共产党建党90周年》，中国社会科学出版社2011年版。

［59］周淑真：《政党和政党制度比较研究》，人民出版社2001年版。

［60］祝宝钟：《党建正能量　聚力中国梦——以改革创新意识加强新时期党的建设》，人民出版社2013年版。

［61］刘焕明、陈绪新：《习近平治国理政思想与中国化马克思主义的整体推进》，载于《马克思主义研究》2017年第6期。

［62］陈锡喜：《马克思主义党建理论发展的逻辑必然——学习十六大报告，全面推进党的建设新的伟大工程》，载于《上海交通大学学报》（哲社版）2002年第4期。

［63］陈曙光、刘小莉：《坚持党性和人民性的统一》，载于《前线》2019年第5期。

[64] 陈智：《习近平新时代以人民为中心思想的生成逻辑》，载于《内蒙古社会科学》2018 年第 2 期。

[65] 丁东红：《现代西方人本主义思潮》，载于《中共中央党校学报》2009 年第 4 期。

[66] 付海莲、邱耕田：《习近平以人民为中心的发展思想的生成逻辑与内涵》，载于《中共中央党校学报》2018 年第 4 期。

[67] 韩喜平、巩瑞波：《"以人民为中心"三个问题的理论界说》，载于《湖北社会科学》2018 年第 11 期。

[68] 贺金浦：《毛泽东思想建党与中国传统文化》，载于《社会科学研究》1993 年第 3 期。

[69] 黄敬才：《试析邓小平新时期"制度建党"的战略构想》，载于《甘肃社会科学》2006 年第 3 期。

[70] 贾淑品：《习近平新时代治国理政思想的研究价值与深化方向》，载于《北京教育学院学报》2019 年第 9 期。

[71] 李丁：《深入把握思想建党的七个特性》，载于《理论探索》2015 年第 2 期。

[72] 李怡、肖昭彬：《"以人民为中心的发展思想"的理论创新和现实意蕴》，载于《马克思主义研究》2017 年第 7 期。

[73] 李义凡：《毛泽东廉政建设思想的突出特点》，载于《郑州大学学报》（哲社版）1999 年第 6 期。

[74] 黎昕：《弘扬古田会议精神的时代意义》，载于《福建论坛》（人社版）2011 年第 11 期。

[75] 刘世军：《中共三代领导人对党建理论的战略思考》，载于《社会科学》2001 年第 1 期。

[76] 刘晓钟：《江泽民"执政建党"思想研究》，载于《理论学刊》2003 年第 2 期。

[77] 秋石：《论在思想上建党》，载于《求是》2002 年第 12 期。

[78] 唐海花：《公民意识教育浅议》，载于《当代教育理论与实践》2009 年第 4 期。

[79] 田雪：《中国特色社会主义进入新时代判断依据研究》，哈尔滨师范大学博士学位论文，2019 年。

[80] 任俊：《习近平公平正义观的三重向度》，载于《唯实》2018 年第 9 期。

[81] 荣兆梓：《从〈哥达纲领批判〉到社会主义基本经济制度三位一体的新概括》，载于《政治经济学评论》2020 年第 4 期。

［82］桑学成：《试论毛泽东关于执政党反腐败的思想》，载于《唯实》2003年第12期。

［83］尉松明：《民主集中制的由来、实质及其完善》，载于《甘肃社会科学》2005年第1期。

［84］王军旗、王强：《十八大以来党中央治国理政新理念新思想新战略的历史地位》，载于《中国井冈山干部学院学报》2016年第5期。

［85］吴海江、徐伟轩：《"以人民为中心"思想对传统民本思想的传承与超越》，载于《毛泽东邓小平理论研究》2018年第7期。

［86］吴琼：《建党90年来思想政治工作的历史经验及其启示》，载于《学术论坛》2011年第11期。

［87］张世飞：《论马克思主义党建理论中国化的科学体系》，载于《马克思主义研究》2010年第6期。

后 记

　　本书是教育部哲学社会科学研究重大课题攻关项目"党中央治国理政新理念新思想新战略研究"（16JZD001）最终成果。

　　党的十八大以来，以习近平同志为核心的党中央带领全党全国各族人民坚持稳中求进工作总基调，统筹推进"五位一体"总体布局、协调推进"四个全面"战略布局，重申党对一切工作的集中统一领导，一体推进不敢、不能、不想的"三不"反腐体制机制建设，进一步坚定"四个自信"，推进国家治理体系和治理能力现代化，不断开创现代化建设的新局面，推动经济社会持续健康发展，使得我国综合国力显著增强，国际影响力大幅提升，中华民族迎来了从站起来、富起来到强起来的历史性跨越。与此同时，党中央在推进中国式现代化的进程中提出的一系列治国理政方略，引领当代中国走向未来社会主义强国之路，为实现中华民族伟大复兴提供了有力精神支撑。本书主要具有以下三个特点：

　　一是系统性。全书共14章，涉及"为什么党能在百年未有之大变局中表现出强大的领导力""如何进行全面深化改革""怎样打造共建共治共享社会治理格局"等重大问题，涵盖政治建设、经济建设、文化建设、社会建设、生态文明建设等领域，不仅从宏观上分析总结了党领导人民进行伟大革命、推进伟大斗争、实现伟大梦想的基本经验，而且从不同侧面反映了中国特色社会主义伟大征程上中国共产党人探索治国理政规律的历史轨迹；不但阐明了当前我们所处的国际环境，而且剖析了国内外形势变化的背景因素；还提出了相应的对策建议；书中内容丰富而翔实，既有理论性论述，也有实务性措施。

　　二是时代性。本书立足党和国家事业发展大局，着眼于解决当代重大现实问题。新时代面临的现实问题是错综复杂、矛盾交织、情况多变的，诸如经济全球化深入推进带来的机遇与风险，全面从严治党面临的考验和挑战，社会主要矛盾转化给党的执政能力建设带来的压力，等等。面对这些现实课题，如何把握历史方位并做出正确决策？中国共产党如何更好地引领广大人民群众共同奋斗？如何防止权力腐败蔓延发展？这不仅关系到党能否有效地领导全国各族人民实现中华

441

后　记

民族伟大复兴，而且直接关乎我国社会主义现代化进程是否能够顺利推进。本书通过对上述问题的深入研究，尝试在这些方面作出一些探索和回答，力图把握时代脉搏，用最新研究成果来回应实践中出现的各种难题，努力做到与时俱进。

三是实践性。要解决好中国共产党治国理政的重大理论与现实问题，必须坚持实事求是的思想路线。本书注重阐释党的十八大以来党中央治国理政方略，揭示党领导人民进行伟大斗争、推进伟大事业、建设伟大工程、实现伟大梦想中所积累的基本经验和基本规律，直面实际工作中存在的突出问题，澄清一些思想上的模糊认知，提出切实可行的对策建议，具有一定的实践价值。同时，本书还吸收借鉴近年来学术界研究成果中有关政党执政方面的内容，从不同角度探讨了一体推进"三不"体制机制的对策建议、建设现代化经济体系的举措、实现治理体系与治理能力现代化的具体路径、推动军民融合深入发展、构建人类命运共同体的推进路径等实践措施和思路，力求有效地解答党中央治国理政过程中遇到的各种难题。

自 2016 年底项目获批以来，经过长时间的深入思考、反复酝酿和认真修改，《新时代治国理政方略研究》一书终于完成并付印。本书凝聚了众多专家学者的智慧和编辑们的辛勤劳动。在此向尊敬的子课题负责人王永贵教授、邱耕田教授、徐玉生教授、陈绪新教授、贾淑品教授等专家学者致以崇高的敬意和衷心的谢意！同时也向为本书写作给予很多支持的各位同仁表示感谢，对我的硕士研究生和博士研究生们的认真校阅表示感谢！

感谢经济科学出版社的大力支持，使得本书有机会呈现在广大专家、学者面前，大家共同研究和探讨新时代治国理政方略。经济科学出版社对我们工作的支持和帮助，使得本书增色不少。

因时间仓促和水平所限，书中的部分内容尚需进一步改进，请广大读者指正。

刘焕明

2022 年 11 月 22 日

教育部哲学社會科学研究重大课题攻關項目
成果出版列表

序号	书　名	首席专家
1	《马克思主义基础理论若干重大问题研究》	陈先达
2	《马克思主义理论学科体系建构与建设研究》	张雷声
3	《马克思主义整体性研究》	逄锦聚
4	《改革开放以来马克思主义在中国的发展》	顾钰民
5	《新时期　新探索　新征程 ——当代资本主义国家共产党的理论与实践研究》	聂运麟
6	《坚持马克思主义在意识形态领域指导地位研究》	陈先达
7	《当代资本主义新变化的批判性解读》	唐正东
8	《当代中国人精神生活研究》	童世骏
9	《弘扬与培育民族精神研究》	杨叔子
10	《当代科学哲学的发展趋势》	郭贵春
11	《服务型政府建设规律研究》	朱光磊
12	《地方政府改革与深化行政管理体制改革研究》	沈荣华
13	《面向知识表示与推理的自然语言逻辑》	鞠实儿
14	《当代宗教冲突与对话研究》	张志刚
15	《马克思主义文艺理论中国化研究》	朱立元
16	《历史题材文学创作重大问题研究》	童庆炳
17	《现代中西高校公共艺术教育比较研究》	曾繁仁
18	《西方文论中国化与中国文论建设》	王一川
19	《中华民族音乐文化的国际传播与推广》	王耀华
20	《楚地出土戰國簡册［十四種］》	陈　伟
21	《近代中国的知识与制度转型》	桑　兵
22	《中国抗战在世界反法西斯战争中的历史地位》	胡德坤
23	《近代以来日本对华认识及其行动选择研究》	杨栋梁
24	《京津冀都市圈的崛起与中国经济发展》	周立群
25	《金融市场全球化下的中国监管体系研究》	曹凤岐
26	《中国市场经济发展研究》	刘　伟
27	《全球经济调整中的中国经济增长与宏观调控体系研究》	黄　达
28	《中国特大都市圈与世界制造业中心研究》	李廉水

序号	书 名	首席专家
29	《中国产业竞争力研究》	赵彦云
30	《东北老工业基地资源型城市发展可持续产业问题研究》	宋冬林
31	《转型时期消费需求升级与产业发展研究》	臧旭恒
32	《中国金融国际化中的风险防范与金融安全研究》	刘锡良
33	《全球新型金融危机与中国的外汇储备战略》	陈雨露
34	《全球金融危机与新常态下的中国产业发展》	段文斌
35	《中国民营经济制度创新与发展》	李维安
36	《中国现代服务经济理论与发展战略研究》	陈　宪
37	《中国转型期的社会风险及公共危机管理研究》	丁烈云
38	《人文社会科学研究成果评价体系研究》	刘大椿
39	《中国工业化、城镇化进程中的农村土地问题研究》	曲福田
40	《中国农村社区建设研究》	项继权
41	《东北老工业基地改造与振兴研究》	程　伟
42	《全面建设小康社会进程中的我国就业发展战略研究》	曾湘泉
43	《自主创新战略与国际竞争力研究》	吴贵生
44	《转轨经济中的反行政性垄断与促进竞争政策研究》	于良春
45	《面向公共服务的电子政务管理体系研究》	孙宝文
46	《产权理论比较与中国产权制度变革》	黄少安
47	《中国企业集团成长与重组研究》	蓝海林
48	《我国资源、环境、人口与经济承载能力研究》	邱　东
49	《"病有所医"——目标、路径与战略选择》	高建民
50	《税收对国民收入分配调控作用研究》	郭庆旺
51	《多党合作与中国共产党执政能力建设研究》	周淑真
52	《规范收入分配秩序研究》	杨灿明
53	《中国社会转型中的政府治理模式研究》	娄成武
54	《中国加入区域经济一体化研究》	黄卫平
55	《金融体制改革和货币问题研究》	王广谦
56	《人民币均衡汇率问题研究》	姜波克
57	《我国土地制度与社会经济协调发展研究》	黄祖辉
58	《南水北调工程与中部地区经济社会可持续发展研究》	杨云彦
59	《产业集聚与区域经济协调发展研究》	王　珺

序号	书　名	首席专家
60	《我国货币政策体系与传导机制研究》	刘　伟
61	《我国民法典体系问题研究》	王利明
62	《中国司法制度的基础理论问题研究》	陈光中
63	《多元化纠纷解决机制与和谐社会的构建》	范　愉
64	《中国和平发展的重大前沿国际法律问题研究》	曾令良
65	《中国法制现代化的理论与实践》	徐显明
66	《农村土地问题立法研究》	陈小君
67	《知识产权制度变革与发展研究》	吴汉东
68	《中国能源安全若干法律与政策问题研究》	黄　进
69	《城乡统筹视角下我国城乡双向商贸流通体系研究》	任保平
70	《产权强度、土地流转与农民权益保护》	罗必良
71	《我国建设用地总量控制与差别化管理政策研究》	欧名豪
72	《矿产资源有偿使用制度与生态补偿机制》	李国平
73	《巨灾风险管理制度创新研究》	卓　志
74	《国有资产法律保护机制研究》	李曙光
75	《中国与全球油气资源重点区域合作研究》	王　震
76	《可持续发展的中国新型农村社会养老保险制度研究》	邓大松
77	《农民工权益保护理论与实践研究》	刘林平
78	《大学生就业创业教育研究》	杨晓慧
79	《新能源与可再生能源法律与政策研究》	李艳芳
80	《中国海外投资的风险防范与管控体系研究》	陈菲琼
81	《生活质量的指标构建与现状评价》	周长城
82	《中国公民人文素质研究》	石亚军
83	《城市化进程中的重大社会问题及其对策研究》	李　强
84	《中国农村与农民问题前沿研究》	徐　勇
85	《西部开发中的人口流动与族际交往研究》	马　戎
86	《现代农业发展战略研究》	周应恒
87	《综合交通运输体系研究——认知与建构》	荣朝和
88	《中国独生子女问题研究》	风笑天
89	《我国粮食安全保障体系研究》	胡小平
90	《我国食品安全风险防控研究》	王　硕

序号	书　名	首席专家
91	《城市新移民问题及其对策研究》	周大鸣
92	《新农村建设与城镇化推进中农村教育布局调整研究》	史宁中
93	《农村公共产品供给与农村和谐社会建设》	王国华
94	《中国大城市户籍制度改革研究》	彭希哲
95	《国家惠农政策的成效评价与完善研究》	邓大才
96	《以民主促进和谐——和谐社会构建中的基层民主政治建设研究》	徐　勇
97	《城市文化与国家治理——当代中国城市建设理论内涵与发展模式建构》	皇甫晓涛
98	《中国边疆治理研究》	周　平
99	《边疆多民族地区构建社会主义和谐社会研究》	张先亮
100	《新疆民族文化、民族心理与社会长治久安》	高静文
101	《中国大众媒介的传播效果与公信力研究》	喻国明
102	《媒介素养：理念、认知、参与》	陆　晔
103	《创新型国家的知识信息服务体系研究》	胡昌平
104	《数字信息资源规划、管理与利用研究》	马费成
105	《新闻传媒发展与建构和谐社会关系研究》	罗以澄
106	《数字传播技术与媒体产业发展研究》	黄升民
107	《互联网等新媒体对社会舆论影响与利用研究》	谢新洲
108	《网络舆论监测与安全研究》	黄永林
109	《中国文化产业发展战略论》	胡惠林
110	《20 世纪中国古代文化经典在域外的传播与影响研究》	张西平
111	《国际传播的理论、现状和发展趋势研究》	吴　飞
112	《教育投入、资源配置与人力资本收益》	闵维方
113	《创新人才与教育创新研究》	林崇德
114	《中国农村教育发展指标体系研究》	袁桂林
115	《高校思想政治理论课程建设研究》	顾海良
116	《网络思想政治教育研究》	张再兴
117	《高校招生考试制度改革研究》	刘海峰
118	《基础教育改革与中国教育学理论重建研究》	叶　澜
119	《我国研究生教育结构调整问题研究》	袁本涛 王传毅
120	《公共财政框架下公共教育财政制度研究》	王善迈

序号	书　名	首席专家
121	《农民工子女问题研究》	袁振国
122	《当代大学生诚信制度建设及加强大学生思想政治工作研究》	黄蓉生
123	《从失衡走向平衡：素质教育课程评价体系研究》	钟启泉 崔允漷
124	《构建城乡一体化的教育体制机制研究》	李　玲
125	《高校思想政治理论课教育教学质量监测体系研究》	张耀灿
126	《处境不利儿童的心理发展现状与教育对策研究》	申继亮
127	《学习过程与机制研究》	莫　雷
128	《青少年心理健康素质调查研究》	沈德立
129	《灾后中小学生心理疏导研究》	林崇德
130	《民族地区教育优先发展研究》	张诗亚
131	《WTO主要成员贸易政策体系与对策研究》	张汉林
132	《中国和平发展的国际环境分析》	叶自成
133	《冷战时期美国重大外交政策案例研究》	沈志华
134	《新时期中非合作关系研究》	刘鸿武
135	《我国的地缘政治及其战略研究》	倪世雄
136	《中国海洋发展战略研究》	徐祥民
137	《深化医药卫生体制改革研究》	孟庆跃
138	《华侨华人在中国软实力建设中的作用研究》	黄　平
139	《我国地方法制建设理论与实践研究》	葛洪义
140	《城市化理论重构与城市化战略研究》	张鸿雁
141	《境外宗教渗透论》	段德智
142	《中部崛起过程中的新型工业化研究》	陈晓红
143	《农村社会保障制度研究》	赵　曼
144	《中国艺术学学科体系建设研究》	黄会林
145	《人工耳蜗术后儿童康复教育的原理与方法》	黄昭鸣
146	《我国少数民族音乐资源的保护与开发研究》	樊祖荫
147	《中国道德文化的传统理念与现代践行研究》	李建华
148	《低碳经济转型下的中国排放权交易体系》	齐绍洲
149	《中国东北亚战略与政策研究》	刘清才
150	《促进经济发展方式转变的地方财税体制改革研究》	钟晓敏
151	《中国—东盟区域经济一体化》	范祚军

序号	书　名	首席专家
152	《非传统安全合作与中俄关系》	冯绍雷
153	《外资并购与我国产业安全研究》	李善民
154	《近代汉字术语的生成演变与中西日文化互动研究》	冯天瑜
155	《新时期加强社会组织建设研究》	李友梅
156	《民办学校分类管理政策研究》	周海涛
157	《我国城市住房制度改革研究》	高　波
158	《新媒体环境下的危机传播及舆论引导研究》	喻国明
159	《法治国家建设中的司法判例制度研究》	何家弘
160	《中国女性高层次人才发展规律及发展对策研究》	佟　新
161	《国际金融中心法制环境研究》	周仲飞
162	《居民收入占国民收入比重统计指标体系研究》	刘　扬
163	《中国历代边疆治理研究》	程妮娜
164	《性别视角下的中国文学与文化》	乔以钢
165	《我国公共财政风险评估及其防范对策研究》	吴俊培
166	《中国历代民歌史论》	陈书录
167	《大学生村官成长成才机制研究》	马抗美
168	《完善学校突发事件应急管理机制研究》	马怀德
169	《秦简牍整理与研究》	陈　伟
170	《出土简帛与古史再建》	李学勤
171	《民间借贷与非法集资风险防范的法律机制研究》	岳彩申
172	《新时期社会治安防控体系建设研究》	宫志刚
173	《加快发展我国生产服务业研究》	李江帆
174	《基本公共服务均等化研究》	张贤明
175	《职业教育质量评价体系研究》	周志刚
176	《中国大学校长管理专业化研究》	宣　勇
177	《"两型社会"建设标准及指标体系研究》	陈晓红
178	《中国与中亚地区国家关系研究》	潘志平
179	《保障我国海上通道安全研究》	吕　靖
180	《世界主要国家安全体制机制研究》	刘胜湘
181	《中国流动人口的城市逐梦》	杨菊华
182	《建设人口均衡型社会研究》	刘渝琳
183	《农产品流通体系建设的机制创新与政策体系研究》	夏春玉

序号	书 名	首席专家
184	《区域经济一体化中府际合作的法律问题研究》	石佑启
185	《城乡劳动力平等就业研究》	姚先国
186	《20 世纪朱子学研究精华集成——从学术思想史的视角》	乐爱国
187	《拔尖创新人才成长规律与培养模式研究》	林崇德
188	《生态文明制度建设研究》	陈晓红
189	《我国城镇住房保障体系及运行机制研究》	虞晓芬
190	《中国战略性新兴产业国际化战略研究》	汪 涛
191	《证据科学论纲》	张保生
192	《要素成本上升背景下我国外贸中长期发展趋势研究》	黄建忠
193	《中国历代长城研究》	段清波
194	《当代技术哲学的发展趋势研究》	吴国林
195	《20 世纪中国社会思潮研究》	高瑞泉
196	《中国社会保障制度整合与体系完善重大问题研究》	丁建定
197	《民族地区特殊类型贫困与反贫困研究》	李俊杰
198	《扩大消费需求的长效机制研究》	臧旭恒
199	《我国土地出让制度改革及收益共享机制研究》	石晓平
200	《高等学校分类体系及其设置标准研究》	史秋衡
201	《全面加强学校德育体系建设研究》	杜时忠
202	《生态环境公益诉讼机制研究》	颜运秋
203	《科学研究与高等教育深度融合的知识创新体系建设研究》	杜德斌
204	《女性高层次人才成长规律与发展对策研究》	罗瑾琏
205	《岳麓秦简与秦代法律制度研究》	陈松长
206	《民办教育分类管理政策实施跟踪与评估研究》	周海涛
207	《建立城乡统一的建设用地市场研究》	张安录
208	《迈向高质量发展的经济结构转变研究》	郭熙保
209	《中国社会福利理论与制度构建——以适度普惠社会福利制度为例》	彭华民
210	《提高教育系统廉政文化建设实效性和针对性研究》	罗国振
211	《毒品成瘾及其复吸行为——心理学的研究视角》	沈模卫
212	《英语世界的中国文学译介与研究》	曹顺庆
213	《建立公开规范的住房公积金制度研究》	王先柱

序号	书　名	首席专家
214	《现代归纳逻辑理论及其应用研究》	何向东
215	《时代变迁、技术扩散与教育变革：信息化教育的理论与实践探索》	杨　浩
216	《城镇化进程中新生代农民工职业教育与社会融合问题研究》	褚宏启 薛二勇
217	《我国先进制造业发展战略研究》	唐晓华
218	《融合与修正：跨文化交流的逻辑与认知研究》	鞠实儿
219	《中国新生代农民工收入状况与消费行为研究》	金晓彤
220	《高校少数民族应用型人才培养模式综合改革研究》	张学敏
221	《中国的立法体制研究》	陈　俊
222	《教师社会经济地位问题：现实与选择》	劳凯声
223	《中国现代职业教育质量保障体系研究》	赵志群
224	《欧洲农村城镇化进程及其借鉴意义》	刘景华
225	《国际金融危机后全球需求结构变化及其对中国的影响》	陈万灵
226	《创新法治人才培养机制》	杜承铭
227	《法治中国建设背景下警察权研究》	余凌云
228	《高校财务管理创新与财务风险防范机制研究》	徐明稚
229	《义务教育学校布局问题研究》	雷万鹏
230	《高校党员领导干部清正、党政领导班子清廉的长效机制研究》	汪　曢
231	《二十国集团与全球经济治理研究》	黄茂兴
232	《高校内部权力运行制约与监督体系研究》	张德祥
233	《职业教育办学模式改革研究》	石伟平
234	《职业教育现代学徒制理论研究与实践探索》	徐国庆
235	《全球化背景下国际秩序重构与中国国家安全战略研究》	张汉林
236	《进一步扩大服务业开放的模式和路径研究》	申明浩
237	《自然资源管理体制研究》	宋马林
238	《高考改革试点方案跟踪与评估研究》	钟秉林
239	《全面提高党的建设科学化水平》	齐卫平
240	《"绿色化"的重大意义及实现途径研究》	张俊飚
241	《利率市场化背景下的金融风险研究》	田利辉
242	《经济全球化背景下中国反垄断战略研究》	王先林

序号	书　名	首席专家
243	《中华文化的跨文化阐释与对外传播研究》	李庆本
244	《世界一流大学和一流学科评价体系与推进战略》	王战军
245	《新常态下中国经济运行机制的变革与中国宏观调控模式重构研究》	袁晓玲
246	《推进21世纪海上丝绸之路建设研究》	梁　颖
247	《现代大学治理结构中的纪律建设、德治礼序和权力配置协调机制研究》	周作宇
248	《渐进式延迟退休政策的社会经济效应研究》	席　恒
249	《经济发展新常态下我国货币政策体系建设研究》	潘　敏
250	《推动智库建设健康发展研究》	李　刚
251	《农业转移人口市民化转型：理论与中国经验》	潘泽泉
252	《电子商务发展趋势及对国内外贸易发展的影响机制研究》	孙宝文
253	《创新专业学位研究生培养模式研究》	贺克斌
254	《医患信任关系建设的社会心理机制研究》	汪新建
255	《司法管理体制改革基础理论研究》	徐汉明
256	《建构立体形式反腐败体系研究》	徐玉生
257	《重大突发事件社会舆情演化规律及应对策略研究》	傅昌波
258	《中国社会需求变化与学位授予体系发展前瞻研究》	姚　云
259	《非营利性民办学校办学模式创新研究》	周海涛
260	《基于"零废弃"的城市生活垃圾管理政策研究》	褚祝杰
261	《城镇化背景下我国义务教育改革和发展机制研究》	邬志辉
262	《中国满族语言文字保护抢救口述史》	刘厚生
263	《构建公平合理的国际气候治理体系研究》	薄　燕
264	《新时代治国理政方略研究》	刘焕明

……